KB189143

생산운영관리

이순룡 · 이종호 · 오지연

法 文 社

머 리 말

정보통신기술(ICT)의 급속한 발전과 기술혁신으로 사물인터넷(IOT) 등과 융합해 생산과정을 지능화·최적화한 스마트공장이 출현하고, 산업경쟁의 글로벌화는 제조 및 서비스업의 혁신을 요구하고 있다. 제조업은 산업경쟁력의 기반이자 일자리 창출의 원천으로서 지속적인 경쟁성장의 원동력이라 할 수 있음에도 우리 산업은 경쟁력 약화와 성장 잠재력 감소에 대한 우려가 커지고 있다.

시간과 공간의 개념을 초월하여 세계의 기업들과 경쟁을 하고 총체적 경영의 가치창출 활동을 통해 시공을 뛰어넘어 글로벌 경영과 전략적 경영이 필요한 때이다. 이에 따라 선도기업들은 생산운영을 포함한 각 기능별 활동들을 통합·운영하고 전략적 선택과 집중을 통해서 급변하는 경영환경에 대응하고 지속가능한 성장을 추구하고 있다.

이런 시대의 변화에 맞추어, 제조(서비스)업의 운영관리에 초점을 맞추어 저술하였으며, 특히 생산운영관리를 공부하려는 학생과 산업현장에서 근무하는 실무자와 경영자들에게 유용하도록 기술하려고 노력하였다.

본서는 크게 다섯 편으로 편성하였다.

제 I 편에서는 생산운영관리의 기본이 되는 생산시스템의 가치창출을 다루고, 이를 기반으로 글로벌 경쟁에서 선도기업으로서의 위치를 확보할 수 있도록 생산운영의 기반이 되는 틀과 전략적 방향을 제시하였다. I 편은 경쟁무기로서의 운영 탁월함, 생산경영의 기본 개념, 생산·운영 전략, 총체적 품질경영을 4개의 장으로 나누어 기술하였다.

제 II 편에서는 생산시스템의 설계를 다루면서 경쟁무기로서의 신제품 개발의 접근사례와 방법론, 서비스 전략과 설계, 프로세스의 설계와 혁신 사례와 방법론, 전략적 능력계획과 설비 선정에 대해서 설명하였으며, 시설·공장 입지의 내용은 IV편의 공급사슬관리와 연관하여 기술하였다. 특히 7장 프로세스의 설계에서는 유연생산방식의 셀, 모듈, 블록 등에 관한 국내외 사례를 제시하여 기술하였다.

제Ⅲ편에서는 생산시스템의 운영관리 부분으로서 수요예측, 생산계획, 일정관리, 프로젝트 관리, 재고관리, MRP/ERP 시스템, JIT & 린시스템, 통계적 품질관리 등을 자세하게 다루었다. 16장 JIT & 린시스템에서는 JIT와 린생산의 본질을 규명하고 아울러 JIT와 동시관리를 기술하였다.

제Ⅳ편은 본서의 저술에서 역점을 두고 기술한 부분으로서, 단일 기업의 경쟁이 아닌 공급사슬 대 공급사슬의 경쟁체제로 바뀌고 있는 글로벌산업의 환경변화를 반영하여 SCM개요 및 네트워크 관리, 수요와 공급 균형 맞추기, 전략적 구매 및 아웃소싱을 사례와 함께 3개의 장으로 나누어 상세하게 다루었다.

제Ⅴ편의 21장 생산·운영성과의 종합관리에서는 현대기업의 원가관리, 자원고갈과 환경경영을 다룬 생산·운영성과의 평가와 종합적 생산관리를 기술하여 결론으로 대신하였다.

이 책에 실린 내용 모두를 대학의 생산운영관리 강좌에서 단강으로 다루기에는 벅찬 분량이므로, 담당 교수님께서는 주어진 시간과 강의 목표에 맞추어 탄력적으로 강의하셔야 할 것이다.

본서가 빛을 보게 되기까지는 많은 분들의 도움과 따뜻한 격려가 큰 힘이 되었다. 그분들의 도움이 없었다면 이 책을 새로운 내용으로 알차게 꾸미지 못했을 것이다. 그동안 많은 참고가 된 저서와 논문을 발표해 주신 선배 및 동료 교수를 비롯해서 귀한 경험과 실무자료를 제공해 주신 관계자 모든 분들에게 감사를 드린다. 특히 본서를 집필하는 데 필요한 저서와 참고서를 빨리 볼 수 있도록 도움을 주신 영업부의 권혁기 대리와 본서가 출간되도록 힘을 실어 주신 장지훈 부장님에게 고마움을 표하고 싶다.

이 책이 출간되기까지 깊은 관심과 애정으로 보살펴 주신 법문사 사장님과 촉박한 일정임에도 불구하고 내용을 짜임새 있게 꾸며 주신 편집부 김제원 부장님께 깊은 감사를 드립니다.

2016년 3월

저자 일동

차 례

제 I 편 생산시스템의 가치창출

제 II 편　생산시스템의 설계

제 5 장　신제품 개발의 새로운 접근   115~157

제 15 장 종속수요품의 재고관리

제 IV 편   제조기업의 공급사슬관리

제 V 편   운영성과의 평가와 관리

I

생산시스템의
가치창출

제 1 장
경쟁무기로서의 운영

논어에 "사람이 멀리 내다보며 깊이 생각하지 않으면, 반드시 가까운 근심이 있게 된다"는 말이 있다.[1] 경영학에서 멀리 내다보고 생각한다는 것은 추세가 어떻게 돌아가는지를 분석하여 시사점을 도출하는 것과 일맥상통한다. 그래서 이 장에서는 제조업의 글로벌 추세가 어떻게 돌아가고 있는지를 알아보고 이로부터 생산·운영관리를 위해서 얻을 수 있는 시사점이 무엇이 있는지를 규명한 후 국내 제조기업의 위상을 파악할 것이다. 또한 시사점을 바탕으로 생산·운영관리부문이 운영 탁월함(operational excellence)을 확보함으로써 기업의 경쟁무기로 활용될 수 있는 방법에 대해서 개괄적으로 설명할 것이다.

1 제조업 추세

주요국의 경제성장률을 도식화한 [그림 1-1]을 보면 한국은 신흥개발국과 선진국 사이에 끼어서 고군분투하고 있다. 선진국들은 제조업의 중요성을 직시하고 제조업 부흥을 위해서 국가적으로 노력을 기울이고 있으며 신흥개발들은 산업구조 고도화를 통해서 제조업을 부양하고 있기 때문에 앞으로 세계시장에서 경쟁은 더 치열해질 수밖에 없다.

우리나라는 국내총생산(GDP) 중에서 제조업이 차지하는 비중이 28%로 상당히 높다.[2] 즉 제조업의 쇠퇴는 우리나라 경제의 쇠퇴를 가져올 수밖에 없는 구조이다. 그

---

1) 논어 15편 위령공(衛靈公)에 나오는 '인무원려 필유근우'(人無遠慮 必有近憂). 공자, 김형찬 옮김, 논어, 슬기바다, 2005.
2) The World Bank홈페이지, DataBank

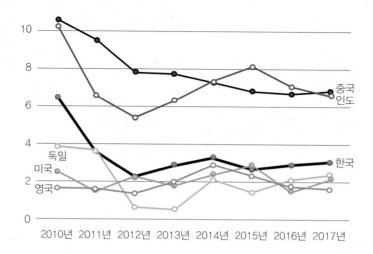

그림 1-1   제조업 국가경쟁력 Top 6의 경제성장률 추세[3]

출처: IMF 홈페이지에서 제공되는 국가별 경제성장률 자료 중에서 미국경쟁력위원회에서 발표한 제조업 국가경쟁력 순위(2016) Top 6 데이터만을 추출해서 도식화 함.

렇다면 제조기업의 핵심 기능인 생산·운영관리가 경쟁력을 확보하기 위해서는 어떻게 해야 할 것인가?

1.1 글로벌 제조업 추세

다음 요인들을 중심으로 글로벌 **제조업의 추세**를 살펴보고 생산·운영관리을 위한 시사점을 도출할 것이다.

① 신흥시장으로 수요 중심축 이동
② 선진국 제조기업의 리쇼오링(Reshoring)
③ 스마트 팩토리
④ 제조기업 내 서비스 활동 확대
⑤ 공급망 확대에 따른 리스크

1.1.1 신흥시장으로 수요 중심축 이동

세계은행 자료를 분석한 결과 213개 국가 중에서 인구수가 많은 상위 10개 국가의 비중이 전 세계 인구의 약 60%를 차지하고 있으며, 인구가 가장 많은 나라는 중국으로 전 세계의 약 19%를 차지하고 있고 2위가 인도로 이 두 나라의 인구만 합쳐도 전 세계 인구의 36.7%가 된다. 이들 10개 국가 중에서 선진국은 미국(4.5%)과 일본(1.8%)

뿐이며 나머지 나라들은 신흥개발국이다.

2012년 세계경제포럼에서 발표되었던 자료에 따르면 신흥개발국의 GDP가 증가하면서 신흥개발국의 중산층이 지속적으로 증가할 것이며, 2012년 기준으로 중국과 인도 중산층의 소비는 전 세계 소비의 5% 정도이지만, 2025년 경에는 미국과 EU 국가들의 중산층 소비가 비슷해 질 것이며 2050년이 되면 중국과 인도의 소비가 선진국 국가의 소비보다 더 커질 것으로 예측된다.[3] 즉 기존의 선진국 중심의 수출정책을 고민해 볼 필요가 있다는 것을 의미한다.

통상적으로 글로벌 컴퍼니들은 해외시장 진출(Go-To-Market) 전략으로 글로컬라이제이션(Glocalization, globalization + localization) 전략을 채택하고 있다. 이 전략의 기본 가정은 다음과 같다. 신흥개발국 국민들은 경제력을 보유하고 있지 못하기 때문에 일단 현지에 진출한 후에 해당국의 경제력이 커질 때까지 기다리고, 본국에서 만들어진 제품을 현지화(포장 변경, 감미료 추가 등)시켜서 판매하면 된다는 전략이다.

고빈다라잔(V. Govindarajan) 교수는 글로벌 컴퍼니가 신흥개발국에서 성공하기 위해서는 리버스 이노베이션(Reverse innovation)[4]을 추진해야 한다고 했다.

인도에서 출시된 면도날이 한 개뿐인 질레트 가드의 폭발적인 성공 이유가 바로 리버스 이노베이션을 통해서다. 인도 시장엔 면도할 나이의 인구가 4억 명이 넘지만 2008년까지 질레트의 인도 매출은 좀체 늘지 않았다. 당시 리버스 이노베이션을 통해서 신흥개발국 재진출을 강조하고 있었던 P&G가 질레트를 인수했다. P&G는 R&D 부서의 제품 개발 엔지니어들을 인도로 2~3주간 출장을 보냈다. 그들은 소비자들의 집에서 숙식을 하면서 인도 남자들의 면도 습관을 직접 관찰했고 쇼핑 습관도 파악했다. 인도의 대부분 남성들은 전기가 부족한 집에서 한 개의 화장실을 가족들과 공동으로 사용하고 있기 때문에 집 밖에서 컵에 물을 받아 면도를 하고 있었으며 인도는 기온이 높아 찬물을 사용해서 면도한다는 사실을 알게 되었다. 그러나 이중, 삼중 면도날은 뜨거운 물에 씻지 않으면 털이 날을 막히게 해 면도가 어려웠기 때문에 더운물을 사용하지 않는 인도 상황에 적합하지 않다는 사실을 알게 되었다. 이러한 모든 발견을 포함시켜 면도날이 한 개뿐인 싱글 블레이드 면도날 질레트 가드를 2011년에 출시했고 질레트의 2013년 인도 면도기 시장 점유율은 약 50%로 증가되었다. 원재료 중에서 일부를 현지에서 구매했고 현지 생산 공장을 활용함으로써 비용도 현격하게 줄여 타 제품에 비해서 원가경쟁력을 확보할 수 있었다.

---

3) World Economic Forum Task Team & DTT, "The Future Manufacturing: Opportunities to Drive Economic Growth", *A World Economic Forum Report*, Apr. 2012.
4) 비제이 고빈다라잔 & 크리스 트림블, *리버스 이노베이션*, 도서출판 정혜, 2013.

신흥개발국 국민들이 글로벌 컴퍼니들의 제품을 구매하지 않는 이유는 가격이 비싸기 때문도 있지만 그것보다는 신흥국의 인프라, 환경, 문화, 라이프 사이클 등을 전혀 고려하지 않고 있기 때문에 현지인들의 취향과 환경을 잘 아는 현지 토종기업이 만든 좀 더 저렴한 제품이 더 잘 팔린다는 것이다. 그래서 글로벌 컴퍼니들은 현지 시장을 위해서 본국의 지원을 받아 별도의 신제품을 현지에서 개발하고 생산해야 한다는 주장이 리버스 이노베이션이다.

이러한 점을 고려해 본다면, 단순히 신흥개발국을 생산거점으로 보아서는 안되며 시장개발이라는 관점에서 접근해야 한다는 것을 의미한다. 그러면 무엇이 생산ㆍ운영관리 측면에서 달라지게 되는가? 운영 네트워크, 배송 네트워크, 신제품 개발, 공정관리 및 품질관리, 조달, 수송 전반에 걸쳐서 생산 의사결정 사항들이 달라지고 일상에서의 실행방식이 달라지게 된다.

하지만 시장개발 전략은 표준화와 관련해서 커다란 문제를 야기시킬 수 있다. 통상적으로 기업들은 운영과 관련된 대부분의 영역을 표준화시키고 통합시킴으로써 규모의 경제를 달성하고자 한다. 현지 중심의 운영은 전사관점에서의 일관성인 통합성 (integration)을 깨뜨릴 수 있기 때문에 본사 운영부문의 반발을 이끌 수 있다.

1.1.2 선진국 제조기업의 리쇼오링

과거에는 제조원가를 낮추기 위해서 노동비가 싼 해외로 생산시설을 옮겼던 오프쇼어링(off shoring)이 대세였다. 결과적으로 미국의 애플이나 나이키는 미국 내에 단 한 개의 공장도 운영하지 않았고 미국 내 제조 공동화 현상이 만들어지게 되었다.

하지만 2008년 글로벌 금융위기를 겪은 많은 국가들이 경제 성장과 고용 창출의 원동력이 되는 제조업을 새로운 시각으로 바라보고 다양한 정부 정책을 내놓기 시작했다.

미국 정부는 2012년부터 제조업 고용 100만명 창출을 내세우며 미국으로 복귀하는 기업에게 법인세 완화, 자금 지원, 상장 시 우대조치를 제공했다. 2014년에는 유턴 기업 이전 비용의 20%를 정부가 지원하는 등의 혜택을 약속했다. 법인세율을 35%에서 28%로 줄이면서 2015년까지 포드(Ford), 인텔(Intel) 등 약 440여개 제조업체가 일부 시설들을 미국으로 재이전했으며, 최근 리쇼오링 정책을 지원하기 위해 법인세율을 현행 35%에서 15%까지로 대폭 인하하겠다는 방침을 밝혔다.[5]

다른 주요 국가들의 동향도 이와 비슷한 추세를 보이고 있다. 일본은 '잃어버린 10년'이 시작된 2000년대 초부터 입지 제한 및 신사업 규제 완화, 지방 클러스터 육성,

5) "오프쇼어링은 잊어라…'리쇼어링'", 조선일보, 2017.10.10.

노동 유연성 확보 등 꾸준히 리쇼어링 정책을 폈다. 그 결과 2016년 해외 공장을 보유한 834개 제조업체 중 11.8%인 98개 기업이 일본으로 생산시설을 옮긴 것으로 알려졌다.[6)

독일은 다른 나라들에 비해서 해외 공장 운영비중이 낮았음에도 불구하고 투자·개발 보조금을 최대 50%까지 지급하고 노동시간을 주 48시간까지 연장할 수 있도록 하는 등 관련 정책을 꾸준히 펴고 있으며 지능형 공장으로 제조업의 미래 경쟁력을 갖추는 '인더스트리 4.0' 정책을 통해 기업들의 복귀를 유도하고 있다.

10여 년 전만 해도 중국에서는 매우 저렴한 노동자들을 무한대로 공급받을 수 있었기 때문에 중국에 생산기지를 세운다는 것은 매우 탁월한 선택으로 간주되었고 중국은 기업들이 원하는 1순위 아웃소싱 대상국이었다. 2000년에서 2009년까지 중국의 수출은 거의 5배 이상 증가했으며 전 세계 수출물량에서 차지하는 비중이 3.9%에서 9.7%로 증가하였다. 글로벌 기업들이 중국으로 몰려들면서 중국 공장 근로자의 임금 상승률은 2005년부터 2010년까지는 연평균 19%(CAGR)에 이르렀지만 동일 시기 미국 공장 근로자의 임금은 단지 4%가 증가했을 뿐이다.

생산성으로 중국의 노무비를 현실화시켜 보면 저임금 확보를 통한 원가절감 효과는 생각보다 훨씬 미미하다. 결과적으로 어느 정도 시간이 흐르면 원가경쟁력을 확보하기 위해서 중국에 진출했던 글로벌 기업들은 더 낮은 임금을 제공할 수 있는 다른 아시아 국가나 아프리카로 생산기지를 옮기게 될 것이다.

생산기지를 저임금의 신흥개발국으로 아웃소싱 한다면 노무비 절감효과는 커지겠지만 노무비 때문에 가려진 물류 수송비가 생산기지와 시장과의 거리차이로 증가된다는 사실을 고려해야 한다. 즉 개별 원가항목이 아닌 제조원가 전체를 고려하여 장기적인 관점에서 시설 입지 및 아웃소싱 여부를 전략적으로 결정해야 한다.

독일 아디다스가 저렴한 인건비 혜택을 보던 중국 공장을 철수하고 2016년 9월 자국의 안스바흐에서 '스피드 팩토리'를 가동하기 시작했다. 즉 인공지능, 클라우드, 로봇, 3D 프린터 기술에 기반한 스마트 공장을 도입함으로써 해외에 공장을 짓는 만큼의 효용을 자국에서도 얻을 수 있게 되었다는 것을 의미한다. 궁극적으로 생산·운영 관리에서 고민해야 하는 것은 혁신에 기반한 생산성 향상이다.

---

6) "美 제조업 U턴에 일자리 7만개↑ ··· 한국은 박한 지원에 손사래", 서울신문, 2018.1.3.

1.1.3 스마트 팩토리

선진국 공장 내부의 모습이 바뀌고 있다. 공장의 상징과 같이 여겨졌던 컨베이어 벨트 양쪽에 서서 단순하게 조립만 하던 근로자의 모습을 이제는 거의 볼 수가 없다. 자동화율이 높아지면서 단순직 공장 근로자들의 일은 줄고 엔지니어의 역할이 늘면서 스마트한 공장에 가까워지고 있으며 이러한 변화가 선진국 공장의 리쇼오링 붐을 가속화시키고 있다.

미국·독일·일본 등 선진국 정부들도 자국 기업의 스마트 팩토리 구축을 지원하고 있다. 독일은 '인더스트리 4.0' 정책을 통해 스마트 팩토리 기술이전을 지원하고, 일본도 미래 산업 육성을 위한 5대 프로젝트 중 하나로 스마트 팩토리 확대를 추진하고 있다.[7]

스마트 팩토리(Smart Factory)란 사물인터넷(IoT), 인공지능(AI), 빅데이터, 로봇 등의 ICT(정보통신기술, Information & Communication Technology)가 결합된 데이터기반 운영 체계를 갖는 '지능형 공장'을 말한다. 전자기술과 IT를 기반으로 1970년대부터 추진해 온 '공장 자동화'보다 한 단계 더 진화한 것이다. 독일 지멘스의 암베르크(Amberg) 공장은 세계에서 가장 잘 구현된 스마트 공장으로 꼽히며[8] 자동화율은 75%에 이르고 생산 제품 100만개 중에 불량품은 12개에 불과하다.

2010년 말 기준 약 100만 대의 산업용 로봇이 사용되었는데 2017년에는 200만 대를 넘었고 2020년이 되면 300만 대에 이를 것이라고 한다. 2018년 국제로봇협회(IFR)에 따르면 산업용 로봇은 2017년 전 세계적으로 38만7천대가 판매됐고 2016년 대비 31.5% 증가될 것으로 보고했다.[9] 이처럼 제조업 전반에서 로봇의 사용이 증가하는 가장 큰 이유는 변동성을 줄이며 반복공정에서 속도를 향상시키고 공장가동률과 생산성을 향상시킬 수 있기 때문이다. 즉 로봇이 사물인터넷(IoT)과 연결됨에 따라 공정 통제력이 증가하기 때문이다.

다음 〈포스코 사례〉에서 볼 수 있는 것처럼 IoT 장비를 통해서 데이터를 취합하고 머신러닝과 같은 AI 도구를 활용하여 불량품을 판정하고 빅데이터 분석을 통해서 불량 원인을 분석한다. 최근에는 AI가 스스로 고장·불량을 예측하고 예방하는 기능까지 담고 있다.

---

7) "AI가 공장관리… 스마트 팩토리가 新성장동력", 조선일보, 2018.8.29.
8) "[뉴 테크놀로지] 기계끼리 대화… 工場이 똑똑해진다", 조선일보, 2014.7.1.
9) "세계 산업용 로봇시장 1위는중국…韓은 3위", *ZDnet Korea*, 2018.7.12.
   "지난해 판매 산업용 로봇 1/3이 중국으로", *The Gear*, 2018.6.26.

사례 ● 포스코, 세계 최초 인공지능 제철소 구축

포스코의 광양제철소는 철강업계 최초로 2015년 광양 후판공장을 스마트 팩토리 시범 공장으로 지정한 이후, 2016년 3월부터 자동차용 강판을 비롯한 4개 부문 생산공정에 IoT(사물인터넷), AI, 빅데이터(Big data) 등을 접목한 스마트 팩토리를 확대시키고 있다. 2017년부터 성과가 나타나기 시작했는데 제품 두께 편차를 줄이는 등 140여건의 과제를 발굴해 약 160억 원의 비용을 감축했다. 특히 포항제철소 2고로의 경우 연간 생산량을 5% 늘림과 동시에 연료비를 4%가량 줄였다.

스마트 팩토리는 제철소 생산설비에 사물인터넷(IoT)을 적용해 조업 데이터를 모으고, 수집된 데이터를 빅데이터 기반으로 실시간 분석 · 예측한다. 이 과정에서 인공지능(AI)이 자가 학습을 통해 최적의 솔루션과 제어방식을 찾아낸다. 예를 들어 딥러닝을 통한 인공지능을 구현해 용광로의 노황을 자동 제어하는 과정을 보면 용광로에 사용하는 석탄과 철광석 등을 수작업으로 샘플링하던 방식을 현재는 고화질 카메라를 설치해 석탄과 철광석의 상태 및 용광로의 연소상태를 고화질카메라를 통해 판단 및 예측할 수 있으며 용광로 내부의 쇳물 온도도 IoT센서를 활용해 실시간으로 데이터화해서 사용하고 있다.

이러한 데이터 기반 공장 운영체계에서는 생산 현장에서 발생하는 현상들의 상관관계까지 파악할 수 있기 때문에 원인을 몰랐던 돌발 장애나 품질불량 문제 등도 쉽게 해결할 수 있게 된다.[10]

포스코는 GE의 스마트 팩토리 솔루션 APM(설비자산 성관리 솔루션)을 결합하여 스마트 팩토리를 구현하는 플랫폼인 '포스프레임(PosFrame)'을 개발하여 철강제품 생산과정에서 수집한 모든 정보를 모으고 분석해 시각화 할 수 있게 되었다.

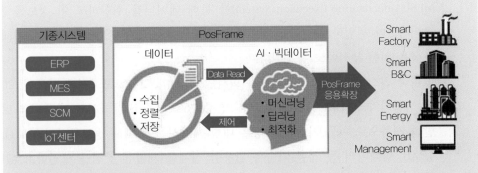

포스코의 스마트 플랫폼 PosFrame

출처: "내가 바로 스마트 팩토리", *Economic Review*, 2018.11.19.

---

10) "포스프레임 플랫폼 등 '인공지능 제철소'로 탈바꿈", 조선일보, 2018.4.4.

	R&D, 디자인	공급 사슬관리	생산	마케팅 & 세일즈	AS 서비스
동시공학을 가능하게 하는 전사 R&D와 제품 설계 DB 구축	✓		✓		
서비스 개선, 판매 증진 등 가치를 향상시킬 수 있도록 고객 데이터의 통합 및 공유	✓	✓		✓	
가상 협업 사이트를 통해서 데이터 공유	✓		✓	✓	
외부 변수를 사용하고 공급 네트워크 전반에서 향상된 수요 예측과 공급계획을 수립		✓	✓	✓	✓
린 생산방식 구축: 생산을 모델화하고 최적화, 상황판 개발			✓		
대량 고객화(Mass Customization)와 처리량을 향상시키기 위해서 센서 데이터 중심 분석방식을 구현			✓		
서비스를 제공하고 결함을 찾아내기 위해서 센서 또는 고객 피드백으로부터 실시간으로 데이터를 수집		✓	✓	✓	✓
전사 차원의 협업을 통해서 공급 사슬 가시성을 개선		✓	✓		✓

그림 1-2   기업 전반에 걸쳐 영향을 미치는 빅데이터

출처: McKinsey Global Institute, "Big Data: The next frontier for innovation, competition, and productivity", *McKinsey*, June 2011.

최근 이슈가 되는 빅데이터(Big Data) 역시 생산공정에 적용되고 있다. [그림 1-2]는 빅데이터가 기업 전반에 걸쳐서 어떻게 영향을 미치는지를 정리한 것으로 가장 많이 영향을 받는 영역이 생산부문임을 알 수 있다. 생산부문에서 초기 빅데이터의 활용은 공정품질 향상의 근간이 되었다. 다양한 센서가 생산공정에 활용되어 MES(Manufacturing Execution System)를 통해 데이터를 취합하고 이 정보를 분석함으로써 좀 더 세밀하게 결함을 찾아내어 재작업을 줄일 수 있게 되었으며 이제는 수율 향상을 위한 분석에도 활용된다.

미국 헬스케어 · 제약 전문 투자 회사인 HBM파트너스 보고서에 따르면, 2017년 미국 식품의약국(FDA) 승인을 받은 신약 중 76%는 중소 제약사와 제약 스타트업이 개발한 제품으로 이들 기업의 특징은 대형 제약사들에 비해 정보통신기술(ICT), 인공지능(AI), 빅데이터 등 첨단 기술을 활용한 신제품 개발에 강점을 보인다고 했다. 통상 신약 개발에 착수해 정부 당국의 승인을 받기까지 10~15년이 걸리는데, 이 중 4~6년 정도는 초기 단계인 자료 조사에 쓰인다. 하지만 스타트업이나 중소 제약사들이 AI와 빅데이터 등 신기술을 활용해 이 사전 연구 기간을 1년 안팎으로 줄임으로써 전체 신약 제품 기간을 단축시킴으로써 획기적으로 비용을 절감하게 되어 대형 제약회

사들과 경쟁이 가능하다고 한다.[11]

또 하나 중요한 기술이 3D 프린팅이다. 이것은 적층 제조(Additive Manufacturing)와 관련이 있다. 2011년에만 해도 6,500개의 산업용 적층 제조용 모듈이 판매되었는데 2005년과 비교할 때 두 배에 달한다.

2013년 GE는 항공기 엔진 노즐을 3D프린팅 기술로 만들겠다고 선언했다. 노즐은 1,300도 고온을 견디며 엔진 내부 압력을 높여 추진력을 얻게 하는 항공기 핵심 부품의 하나다. 20여 단계를 거쳐야 했던 복잡한 공정을 3D프린팅 기술로 한 단계로 압축하면 제조 리드 타임을 단축해 훨씬 빠른 시간에 높은 품질의 부품을 한 번에 찍어낼 수 있게 된다.[12]

시간이 흐르면서 생산공정은 IT와 점점 더 친밀해지고 있다. 특히 공장 근로자의 업무 효율을 향상시키기 위한 실질적인 적용도 다양하게 이루어진다. 예를 들어 오랫동안 현장 작업자들은 제품 제조에 관한 정보를 참조하거나 기입하거나 하는 도구로서 종이 서류를 활용했지만 이제는 설계도, BOM(Bill of Material) 정보, 작업지시서, 검사표 등을 데이터화시켜 태블릿 PC와 헤드셋 음성 입출력 방식을 통해서 확인[13]할 수 있게 함으로써 작업자들의 손을 자유롭게 활용하면서도 원하는 정보를 즉각적으로 활용할 수 있게 실용화시키고 있다.

이제 IT를 배제한 생산은 생각할 수 없으며 앞으로 그 속도는 더 빨라질 것이다. 미래 공장 근로자들은 단순한 조립공이 아닌 생산성 향상을 위해 다양한 자동화기기를 사용하고 유지보수할 수 있는 엔지니어로 변화하게 될 것이며 이를 위해서 직무 재설계 및 체계적인 역량 정의가 이루어져야 하며 이를 가능하게 하는 전문적인 역량 계발이 필수적으로 이루어져야만 한다.

1.1.4 융합으로 제조기업 내 서비스 활동 확대

미국 제조기업에서 근무하는 근로자의 63%(7.3백만)가 생산과 직접적으로 관련된 인원이고 나머지 37%는 서비스 관련 직무를 갖고 있는 것으로 나타났다([그림 1-3] 참조).[14] 통상적으로 제조기업 내에서 서비스 타입의 업무라고 한다면 AS 업무만을 생각하겠지만 경영지원이나 인사 업무, 마케팅, R&D 등이 서비스 유형의 업무이다.

---

11) "AI · 빅데이터 활용… 작년 美 FDA 승인 신약 76%가 중소 · 스타트업 제약사 제품", 조선일보, 2018.11.2.
12) "3D 프린팅 전성시대 (上) … 글로벌기업 발빠른 행보", 매일경제, 2014.6.17.
13) "공장을 변화시키는 태블릿", 일본경제신문, 2012.11.20.
14) McKinsey Global Institute, "Manufacturing the Future: The next era of global growth and innovation", *McKinsey*, 2012.

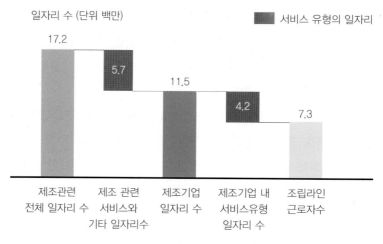

일자리 수 (단위 백만)　　　　　　　　　　■ 서비스 유형의 일자리

제조관련　　　제조 관련　　　제조기업　　　제조기업 내　　　조립라인
전체 일자리 수　서비스와　　　일자리 수　　　서비스유형　　　근로자수
　　　　　　　기타 일자리수　　　　　　　　　일자리 수

그림 1-3　　미국의 제조관련 근로자 수

출처: McKinsey Global Institute, "Manufacturing the Future: The next era of global growth and innovation", *McKinsey*, 2012.

제조기업 내에서 서비스 유형의 직무는 2002년에서 2010년 사이에 2.4%나 증가했는데 대부분 R&D 영역에서 증가한 것으로 나타났다.

제조기업 내에서 서비스 업무가 늘어나는 이유는 두 가지 관점이 있다. 첫째, 제품과 함께 서비스를 추가로 제공함으로써 수익유형을 다양화시켜 매출향상을 기하고 경쟁력을 확보할 수 있다고 믿기 때문이다. 프랑스의 지게차 제조업체 펜윅(Fenwick)은 자신들이 만드는 지게차에 데이터 감지 센서와 무선 주파수 신원확인 장치를 설치해 고객들의 사용 패턴에 대한 정보를 축적했다. 이런 정보를 기반으로 접근 제한 및 원격 감시, 자산 관리, 고객별 인트라넷(펜윅 온라인), 지게차 운전자 학교까지 다양한 신규 서비스를 개발하였고 그 결과 이 회사의 매출액 5억 유로 가운데 50%가 서비스에서 발생하고 있다. 스웨덴의 베어링 제조업체인 SKF는 인터넷 브라우저를 통해 고객들이 멀리서도 전자 모니터링을 할 수 있도록 함으로써 장비의 서비스 수명을 연장할 수 있었다. 예를 들어 진동분석 데이터는 고객들에게 기계 고장 가능성을 미리 경고할 수 있다. 이런 노력에 힘입어 이 회사는 기술자들을 굳이 현장에 파견하지 않고도 최상급의 유지보수 서비스를 제공할 수 있었다.[15]

사물인터넷(IoT) 시대에는 알이페이나 애플페이(아이폰+금융)와 같이 서비스가 융합된 패키지 상품을 창출하는 비즈니스 모델이 유망하다. 최근 들어 제조기업에서 제공되는 서비스들은 펜윅, 애플이나 GE처럼 IT 서비스가 증가하고 있다.

---

15) Werner Reinartz & Wolfgang Ulaga, "How To Sell Services More Profitably", *Harvard Business Review*, No. 233. May. 2008.

둘째, 제품 혁신의 방향이 소프트웨어 융합이기 때문이다. 소프트웨어 융합이란 제품의 하드웨어를 제어하는 마이크로 프로세서, 메모리 등에 소프트웨어를 내장해 제품 본연의 가치를 증폭시키는 것을 의미한다. 최고급 자동차는 내장된 소프트웨어를 갖는 70~100개의 마이크로 프로세서에 의해서 제어 되는데 최신 여객기와 비슷한 수준이라고 한다. 지난 10여 년 동안 자동차 산업에서 발생한 혁신 내용을 보면 자동차 혁신의 80%는 전자·전기 부문에서 나왔고 제조원가에서 전자·전기 부품이 차지하는 비중은 40%이다.

과거 20세기 산업화 시대의 제조업 경쟁력은 기계의 생산성 기반이었다면 이제 21세기 정보화시대의 제조업 경쟁력 원천은 소프트웨어에서 나오기 시작했다. 경쟁이 상향 평준화되어 하드웨어는 기본이 되었기 때문이다. 즉 혁신 측면에서 본다면 신제품 개발 방식이 하드웨어 중심의 기능 확대 관점이 아닌 소프트웨어 중심의 사용 확대 관점으로 전환해야 한다.

제조기업이 고민해야 하는 또 다른 차원이 서비스 상품제공이다. 많은 제조기업들이 수익을 다각화시키겠다는 기대감을 갖고 서비스 상품을 출시하지만 고객을 맞이할 준비가 제대로 되지 못한 상태에서 서비스를 제공하게 됨으로써 서비스 실패로 이어지는 경우가 빈번하게 발생하고 있다. 한 번의 서비스 실패는 엄청난 파장을 일으킬 수 있다. 서비스 상품을 판매하겠다고 결정했다면 운영부분이 보다 전문화가 되어야만 한다. 회사 전반의 서비스 전달 프로세스를 확립하고 지속적으로 개선시켜야 하며 이와 연계된 지원체계를 변화시키고 균질한 서비스를 제공할 수 있도록 서비스 표준화 작업이 병행되어야만 한다. 이와 더불어 구성원 모두 서비스 요원이라는 마인드를 가질 수 있도록 기업문화 자체가 제조업 중심에서 서비스 중심으로 축이 이동해야만 한다.

소프트웨어의 영향력이 커지면서 글로벌 기업의 판도도 변화하고 있다. 시가총액 세계 100대 기업에서 소프트웨어 기업이 차지하는 비중은 1980년대 14%에 불과했으나 1990년 17%, 2010년 34%로 20년 사이에 2배가 되었다.[16]

반대로 '소프트웨어 혁신'에 뒤처진 기업은 사라지고 있다. 디지털카메라의 출현은 필름 카메라의 최강자인 코닥을 무너뜨렸다. 세계 1위 휴대전화 업체였던 노키아, 워크맨으로 음악시장을 이끌던 소니는 스마트폰과 MP3 등 소프트웨어 중심의 시장 변화에 제대로 대응하지 못해 몰락의 길을 걸어야 했다. IBM은 1990년대 중반 이후 PC 사업 부문을 매각했고 소프트웨어와 서비스 부문에 기업 역량을 집중하였다. 제너럴 일렉트릭(GE)은 최근 실리콘밸리에 1,200여 명의 연구진이 참여한 R&D센터를 열고

---

16) "소프트웨어(SW) 강자, 글로벌 시장서 살아남는다", 중앙일보, 2015.4.26.

하드웨어와 소프트웨어를 융합하기 위한 시도를 하고 있다.

1.1.5 공급사슬 확대에 따른 리스크

글로벌화가 확대되면서 공급사슬 구조가 복잡해지고 산업간 기업간 연관관계가 복잡해지면서 결과적으로 다양한 리스크에 시달리고 있다. 특히 대형 기상이변의 발생 빈도가 증가한 것으로 나타났는데 해당 생산기지에 피해를 줌으로써 〈표 1-1〉처럼 전체 공급망의 생산 중단이나 신제품 출시 지연 등의 생산 차질을 빚었다. 이것은 고객 불만, 브랜드 이미지 손상, 주주신뢰 하락 등의 피해를 초래했다.

자동차 1대를 만들기 위해서는 약 20,000개의 부품이 필요하다. 그런데 1개 부품을 납품하는 기업체가 자연재해로 인해서 생산을 하지 못하게 된다면 이 완성차 제조기업은 19,999개 부품을 갖고 있더라도 생산을 중단할 수 밖에 없다.

2011년 일본 동북부 지역에서 발생한 지진여파로 인해 자동차, 전기 · 전자, 철강, 석유, 화학 등 광범위한 분야에서 피해가 발생했다. 특히 부품 공급망 붕괴는 직접 피해를 보지 않은 지역에도 대규모 생산 차질을 발생시켰다. 자동차산업은 지진 직후 완성차 공장이 조업을 전면 중단하는 사태가 발생되면서 부품소재기업이 독과점화됐을 때 올 수 있는 폐해를 경험했다. 지진 전까지만 해도 생산효율화와 비용절감을 우선시하여 구축된 공급망이 일본 경쟁력을 이끌어 온 동인이었다는 평가를 받았다. 하지만 JIT(Just in Time)를 통한 재고 감축 및 부품 구매 집약화로 인해 위기발생시 대체 조달이 곤란하여 생산 차질이 장기간 지속되는 결과를 초래한다는 것을 인식하게 되었다. 특히 독자적인 기술을 가진 특정 업체로부터 특화된 부품을 조달받는 경우에는 위기 발생시 대응력이 현격하게 떨어지게 된다. 대지진 이후 효율성 위주의 일본

표 1-1 대형 악재로 인한 생산 차질 사례

연도	악재	피해 기업	결과
2011	태국 홍수	혼다 웨스턴디지털	공장 침수로 26만대 생산 차질 HDD 부품난으로 1분기 PC 380만대 생산 차질
2011	일본 지진	혼다 도요타 GM	7주간 영국 공장 50% 생산 중단 신제품 출시 지연 미국 내 픽업트럭 공장 1주일 생산 중단
2010	아이슬란드 화산	BMW, 닛산	전자부품 수송 지연으로 7,000대 생산 차질
2001	미국 9.11테러	포드	캐나다 생산부품의 수송 지연으로 미 조립공장 생산 중단(생산목표 13% 미달성)

출처: 홍선영, "실패에서 배우는 글로벌 SCM 위기 대응 전략", *CEO Information*, 2013.4.3.

제조업에서는 공급망 구조 변화가 필요하다는 목소리가 높아졌다.[17]

1.1.6 시사점 요약

(1) 신흥시장으로 수요 중심축 이동

신흥개발국을 생산거점으로만 보아서는 안되며 시장개발이라는 관점에서 접근해야 한다. 이를 위해 운영 네트워크, 배송 네트워크, 신제품 개발, 조달, 공정관리 및 품질관리, 수송 전반에 걸쳐서 생산운영전략 방향성이 달라지고 일상에서의 실행방식을 바꾸어야 한다. 그러나 시장개발 전략은 표준화와 관련해서 커다란 문제를 야기시킬 수 있다. 현지 중심의 운영은 전사통합성(integration)을 깨뜨릴 수 있기 때문에 본사 운영부문의 반발을 이끌 수 있으므로 운영전략에서 통합수준 및 표준화수준 등이 충분히 고려되어야 한다.

(2) 선진국 제조기업의 리쇼오링

저렴한 노무비를 통한 원가경쟁력 확보를 위한 아웃소싱 전략은 한계에 도달했고 많은 제조기업들이 본국으로 공장을 환원시키고 있다. 오히려 빠른 공급망을 구축함으로써 수요의 불확실성을 줄여서 얻는 이익이 저렴한 노무비를 통한 비용우위를 상쇄하고도 남을 만큼 높다면 원가경쟁은 무의미해진다. 예를 들어 저렴한 노무비 때문에 가려진 비용요인인 물류 수송비가 생산기지와 시장과의 거리차이로 인해 함께 증가한다는 사실을 고려해야 한다. 결국 개별 원가항목이 아닌 제조원가 전체를 고려해야 한다는 것을 의미하며 좀더 장기적인 관점에서 시설 입지 및 아웃소싱 여부를 전략적으로 결정해야 한다는 것을 의미한다.

(3) 스마트 팩토리

제조업 전반에서 로봇의 사용이 증가하는 이유 중의 하나는 변동성을 줄이고 반복 공정에서 속도를 증가시키며 공장 가동률과 생산성을 향상시키기 위해서인데, 혁신에 기반한 생산성 향상의 핵심이 바로 스마트 팩토리이다. 이제 IT없는 생산은 생각할 수 없으며 향후 그 속도는 더 가속화될 것이다. 앞으로 공장 근로자들은 단순한 조립공이 아닌 다양한 자동화기기를 생산성 향상을 위해 사용하는 운영자이며 기술자로 변신해야 한다. 이것이 의미하는 것은 근로자들에 대한 선발 원칙이나 역할 그리고 보상과 관련된 인사 원칙들이 환경변화에 따라 변화되어야 하며 공장에서 근로자들을 지식 노동자로 전환시키도록 한단계 업그레이드된 교육이 필요할 것이다.

---

17) 구본관, "일본의 서플라이 체인 재구축과 시사점", *SERI 경제 포커스*, 2011.9.27.

(4) 융합으로 제조기업 내 서비스 활동 확대

이제 제조업 경쟁력 원천은 소프트웨어에서 나오기 시작했다. 최근 정부가 '제조업 혁신 3.0'을 제시하며, 정보통신기술이나 소프트웨어를 접목하여 제조업을 한 단계 끌어올리려는 것도 같은 맥락이다. 즉 융합형 신제조업 창출을 위해 IT/SW 기반의 공정혁신과 융합 성장동력 창출을 추진하고, 주력산업의 핵심역량 강화를 위해 소재·부품의 주도권 확보와 제조업의 소프트 파워 강화를 모색하고 있다. 혁신 측면에서 본다면 신제품 개발 방식이 하드웨어 중심의 기능 확대 관점이 아닌 소프트웨어 중심의 사용 확대 관점으로 전환해야 할 것이다. 소프트웨어 중심으로 전환된다면 신공정 개발방식이나 램프업(Ramp up) 과정에서 프로젝트에 참여하는 팀원과 현업 관련부서 그리고 공급자 간의 의사소통이 훨씬 정교해져야 한다는 것을 의미한다.

(5) 공급사슬 확대에 따른 리스크

효율적으로 공급사슬을 재구축한다고 해도 재해와 전쟁 등 다양한 리스크는 계속해서 발생할 것이다. 리스크 대비체제를 어떻게 구축하는가도 중요하지만 얼마나 빨리 회복할 수 있는가도 중요하다.

이상의 시사점을 종합 고찰하여 운영탁월성을 확보한다면 제조기업의 경쟁우위를 달성할 수 있다.

1.2 한국의 제조 경쟁력

산업통상자원부는 세계무역기구(WTO)가 발표한 '세계 무역보고서 2014'에서 우리나라의 1인당 GDP가 2만7,522달러로 집계됐다고 한다. 이는 지난 21년간 2.6배 증가했으며, G20 국가 개도국(11개국) 중에서도 1위에 해당한다. 우리나라 GDP 성장의 견인차 역할을 해온 것은 휴대폰·반도체·선박·자동차·철강 등 산업계 제조업 분야다. 한국무역협회 국제무역연구원에 따르면, 2018년 기준 우리나라 제조업은 반도체 매출액 1위(2017년), 휴대폰 출하량 1위(2017년), 조강 생산량 6위(2017년), 자동차 생산(2017년, 6위)과 선박 건조량(2017년, 2위) 등에서는 순위는 높았지만 실제 생산량은 감소한 것으로 나타났다.[18]

미국경쟁력위원회는 딜로이트와 함께 2010년부터 3년에 한 번씩 글로벌 제조 경쟁력 순위로 만들어 발표해 왔으며 〈표 1-2〉가 그 결과이다. 우리나라의 경우를 보면 2010년에는 경쟁력 순위가 3위였지만 2013년에는 5위로 그리고 2020년에는 6위로

---

18) "2018 세계 속의 대한민국", 국제무역연구원, 2018.10.15.

표 1-2 글로벌 제조 경쟁력 순위

2010년		2013년		2016년		2020년(예측)	
순위	국가	순위	국가	순위	국가	순위	국가
1	중국	1	중국	1	중국	1	미국
2	인도	2	독일	2	미국	2	중국
3	한국	3	미국	3	독일	3	독일
4	미국	4	인도	4	일본	4	일본
5	브라질	5	한국	5	한국	5	인도
6	일본	6	대만	6	영국	6	한국
7	멕시코	7	캐나다	7	대만	7	meig_si_ko
8	독일	8	브라질	8	멕시코	8	영국
9	싱가포르	9	싱가포르	9	캐나다	9	대만
10	폴란드	10	일본	10	싱가포르	10	캐나다

출처: 미경쟁력위원회에서 발표한 2010년, 2013, 2016년도 글로벌 제조 경쟁력 순위를 취합 작성함.

예측되어 경쟁력이 점진적으로 떨어지고 있다. 흥미로운 점은 2010년 우리보다 순위가 낮았던 독일과 미국이 제조업 부흥 정책을 강력하게 추진하면서 순위가 높아졌다는 것이며, 특히 관심을 가져야 하는 것은 일관되게 리쇼오링 정책을 추구해온 미국이 2020년에 다시 1위를 탈환할 것으로 예측된다는 점이다.

미국 경제전문지 포춘(Fortune)이 2017년에 발표한 전 세계에서 매출액이 가장 큰 500대 기업에 15개의 한국 기업이 포함됐다.[19] 2004년 11개에서 2014년 17개로 6개가 늘어났지만 2017년에는 오히려 15개 기업으로 줄어들었다. 이는 중국이 같은 기간 15개에서 100개로 85개가 늘어난 것과 대조적이다.

우리 경제의 견인 동력은 제조업이지만 우리 제조업 경쟁력은 떨어지고 있다. 제조업이 경쟁력을 확보하기 위해서는 제조기업의 핵심인 생산·운영이 경쟁무기로 활용될 수 있는 방법들을 찾아봐야만 한다.

---

19) Fortune 홈페이지(2017)

② 경쟁무기로서의 운영탁월함

2.1 기업에서 생산 · 운영의 역할

마이클 포터(M. E. Porter)에 의하면 기업은 가치를 창출하기 위해서 활동하는데, 가치(Value)란 구매자들이 원하는 제품 또는 서비스를 구매한 대가로 기업에 기꺼이 지불하는 금액을 말한다. 가치를 창출하는 활동들을 가치사슬(Value Chain)이라 하여 본원적 활동과 지원적 활동으로 구분한다. 기업이 경쟁사보다 우위를 확보하려면 저렴한 비용으로 이러한 활동을 수행하거나 차별화와 가치 증대를 유도하는 방식으로 기업활동을 수행해야 한다([그림 1-4] 참조).

[그림 1-4]는 전형적인 제조기업의 가치사슬로 생산 · 운영부문은 가치를 창출하는 본원적 활동이 이루어지는 곳으로 색깔이 칠해져 있는 부분인 조달(source), 생산(make), 물류(delivery)가 해당된다. 그러나 가시사슬은 보편적으로 알고 있는 조직도와는 다소 차이가 날 수 있다. 왜냐하면 조직도란 한 회사가 추구하는 전략을 지원할 수 있도록 회사의 역량을 조직화한 것이기 때문에 회사별로 그 모습이 다르며 동일산업에 속한 기업이라고 할지라도 구조가 다를 수 있다.

생산 · 운영부문에서 제품과 서비스를 생산하기 위해서 필요한 원자재, 노동력, 기계설비, 에너지, 정보 등을 획득하기 위해서 필요한 자금을 **재무**부문에서 제공하면 생산 · 운영의 일부분인 **구매**부문에서는 마련된 자금으로 다양한 물자와 권리를 구매

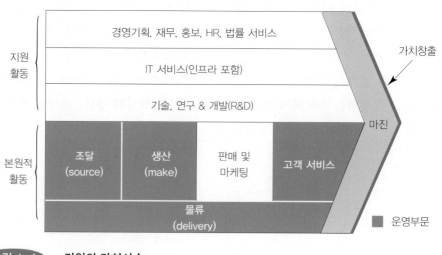

그림 1-4 **기업의 가치사슬**

출처: M. Porter & V. E. Millar, "How Information Gives You Competitive Advantage", *Harvard Business Review*, Jul. 1985.의 내용을 보완함.

하여 이들을 필요로 하는 부서에 조달한다. **생산·운영**부문에서는 조달 받은 원자재, 노동력, 에너지, 정보 등을 생산공정에 투입하여 고객이 원하는 제품이나 서비스를 산출한다. **판매 및 마케팅**부문에서는 도매나 소매기업에게 생산된 제품에 대한 정보를 알리고 판매함으로써 매출을 올리게 된다. 판매대금은 제품의 소비자가격에서 도매 및 소매기업의 유통단가를 뺀 납품금액이다. 판매대금 중에서 일부는 공급업체에 물자를 구매한 매입금액으로 제공된다.

기업은 재무활동 → 조달활동 → 생산활동 → 판매활동의 순환과정을 반복하면서 달성하고자 하는 목표 즉 이익을 얻게 된다. 이들 기본 활동들은 밀접한 연관성을 갖고 있다. 가령 수요예측과 판매계획이 부실하면 이것을 토대로 하여 세워지는 생산계획 역시 부정확하게 마련이며 생산계획이 수립된다고 하더라도 생산자원의 조달활동이 부실하게 이뤄지면 생산계획대로 생산활동을 할 수 없게 된다. 따라서 생산활동은 재무활동, 조달활동, 마케팅활동 등과 상호보완적으로 전개된다.

[그림 1-5]는 전사 경영계획을 수립되는 과정을 보여주고 있다. 우선 매출액과 이익을 포함한 재무목표를 수립한다. 그런 후 시장조사 결과를 바탕으로 제품별 수요예측을 하여 판매계획을 수립한다. 판매계획을 기초로 하여 구체적으로 어떤 제품(품종)을, 언제, 어디(생산 라인), 얼마(수량)를 만들 것인가 하는 생산계획을 세우게 된다.

생산계획을 실행하기 위해서 생산요소인 공장설비·원자재·노동력을 효과적으로 조달하기 위해서 조달계획을 수립하는데 여기에는 원자재 구매계획이 포함되며 더불

참고 계획	비전	마케팅/판매활동	생산활동	조달활동	재무활동
	장기경영계획	수요예측 시장조사 판매실적	제품개발계획 판매계획	공장가동계획 생산계획	생산능력계획 조달계획
수립 계획	차년도 경영목표	판매계획	생산계획	조달계획	자금계획
주요 세부 계획		마케팅계획 판촉계획 제품재고계획	생산능력계획 일정계획 원가계획 공정품재고계획 외주계획 인원계획 수송(운반)계획 품질계획 설비보전계획	자재구매계획 재고계획 공급자평가계획	투자계획 운영자금계획

그림 1-5 **경영계획 수립 순서**

어 인원계획, 공장계획, 설비보전계획 등이 수립된다. 아울러 이들 계획들을 실행하기 위해서 필요한 자금을 조달하기 위한 자금계획을 수립한다. 이와 같이 생산활동을 효과적으로 수행하는 데는 생산활동과 연관된 타 부문의 활동 계획이 뒷받침되어야 한다.

스티브 잡스에 이어 애플의 CEO를 승계한 사람은 COO(chief operating officer)였던 팀 쿡이며 이것은 제조기업에서 운영은 핵심이라는 것을 상징적으로 보여주는 신호이다. 즉 생산·운영을 경쟁무기로 활용할 수 있어야 함을 의미하지만 아직도 많은 제조기업들 사이에 생산·운영은 주요 기능 중 하나로 여긴다. 그러나 선도 제조기업에서는 생산·운영을 하나의 경쟁무기로 활용하고 있는데 바로 운영부문의 탁월함(operational excellence)을 확보하는 것이다. 여기서 한발 짝 더 나가 생산·운영으로부터 더 많은 가치를 찾아낼 수 있는 기업이 미래의 선도 기업이 될 수 있다.

2.2 운영 탁월함 추구하기

2.2.1 전통적 생산·운영 목표

운영 탁월함(operational excellence)이란 운영 부문에서 고성과(high performance)를 내는 것을 의미하는 것으로 일을 바르고(right) 빠르게(fast) 제때에(on time) 변화하는 상황에 맞추어(flexible) 저렴하게(cheaply) 수행하는 것을 말한다. 이처럼 운영 탁월함을 달성하게 되면 경쟁무기로 활용될 수 있는 품질 우위, 신속성 우위, 확실성 우위, 유연성 우위, 원가 우위를 얻을 수 있게 되며 이들이 생산·운영 부문의 목표가 된다.

고객들은 자신들의 필요에 따라 제품을 구매한다. 그래서 고객이 구입하여 사용하는 제품은 매력적이며 고장이 없고 믿을 만해야 한다. 결국 **품질**은 제품이 사용용도에 적합할 뿐만 아니라 고객에게 만족감을 제공하는 것을 의미한다.

신속성은 고객이 제품이나 서비스를 제공받기 위해 얼마나 기다렸는가와 관련이 있는 것으로 고객에 대한 신속한 제품·서비스 제공으로 고객만족을 도모하는 데 일차적 목표가 있다. 이 밖에 신속한 생산·운영 활동은 재공품(works in process)을 줄이고 재고 회전율을 높인다.

확실성은 고객에게 정시에 제품이나 서비스를 제공하여 약속을 지키는 것을 의미한다. 버스나 비행기가 요금이 저렴하고 빠르게 운행된다 해도 시간을 지키지 못하면 소용이 없다. 고객입장에서 볼 때, 시간을 제대로 지키는 것은 중요하다. 기업 입장에서 볼 때, 확실성은 시간과 금전을 절약하며 안전성을 확보해 준다. 제주행 항공기가 연착하게 된다면, 서울행 항공기의 연발을 초래하고 환불과 위약금을 물게 되며 고객들로부터 불만을 사게 된다.

유연성은 주어진 상황(요구)에 따라 생산·운영 활동을 변경할 수 있는 것을 말한다. 특히 고객지향시장에서는 고객만족을 위해 고객요구에 따라 생산·운영 활동을 전개해야 한다. 고속버스 회사는 명절을 전후하여 임시버스를 증편함으로써 고객에게 서비스도 제공하고 수입을 올릴 수 있다. 회사의 특정 공장에서 불이 나서 가동할 수 없게 되었을 때, 운영 네트워크의 타 공장들의 생산량을 조율하여 공급물량을 유지함으로써 고객의 불만을 잠재울 수 있다.

원가를 마지막에 제시한 것은 위의 여러 목표들의 달성 정도에 따라서 그의 크기가 결정되기 때문이다. 원가는 다른 생산목표들과 상충관계에 있거나 영향을 받는다. 가령 품질이 나쁘거나 생산이 더디고 정시에 이루어지지 않는다면 손실이 발생하여 원가가 증대된다. 이들간의 관계와 영향력을 나타낸 것이 [그림 1-6]이다.

원가, 확실성, 유연성, 품질, 신속성과 관련해서 높은 성과를 얻게 된다면 당연히 리딩 제조기업이 될 수 있지만 현실적으로 이 모든 목표를 동시에 추구하고 달성할 수는 없다. 게다가 운영 탁월함과 관련되는 것은 이 5개 요인뿐만 아니라 다음에 소

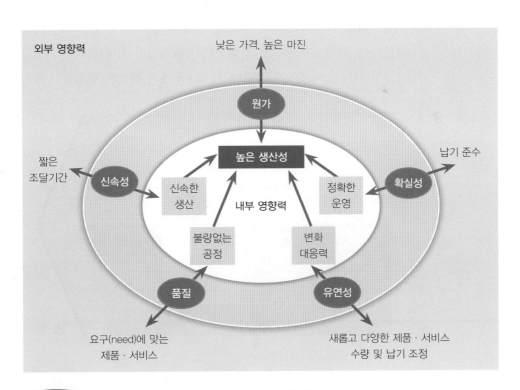

그림 1-6 생산·운영 목표 상호간의 관계와 영향력

개할 조직 경계에 존재하는 새로운 기회에서 제시되는 요인들도 함께 관리해야 하기 때문에 목표 달성은 더욱 어려워진다. 그렇기 때문에 3장에서 설명할 운영전략에 따라 목표를 수립하고 장기적으로 운영 탁월함을 달성할 수 있도록 단계적 접근방법을 적용하는 것이 현실적이다.

2.2.2 조직 경계에 존재하는 기회

앞에서 가치사슬에 관해서 설명했듯이 운영 기능 하나만 잘한다고 기업이 탁월한 성과를 낼 수 있는 것은 아니며 관련된 기능 부서들과의 유기적인 협업이 이루어질 때 성과는 향상된다. 그러나 현실에서 보면, 부분 극대화가 아닌 전체 최적화를 추구해야 한다고 강조하지만 아직도 각 기능부서 간에는 보이지 않는 벽이 존재하며 각 부서는 하나의 사일로(silo)처럼 고립되어 자신의 일만을 열심히 처리한다. 만일 기능 부서 간의 벽을 허물 수 있다면 진정한 가치를 만들 수 있게 된다. [그림 1-7]은 생산·운영 부문과 관련된 기능 부서 간에 존재하는 기회들을 도식화 한 것이다.

① 시장 대응시간(time to market). 고객의 니즈에 맞는 제품을 만들고 짧아지는 제품 수명 주기에 대응하기 위해서는 연구&개발만의 힘으로는 불가능하다. 혁신적인 기술이라도 그것이 얼마나 빠르게 시장에 출시할 수 있는지가 더 중요해졌기 때문이다. 과거 순차적으로 진행되던 제품개발이 이제는 리딩 기업들 사이에서는 병행 개발이 이루어지고 있다. 영업·구매와 생산의 주도적인 참여가 필요

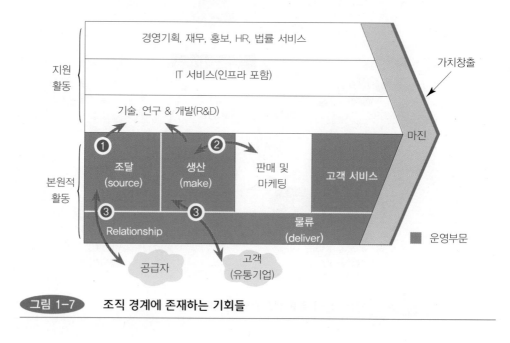

그림 1-7   조직 경계에 존재하는 기회들

하다. 즉 제품의 컨셉을 만들고 제품 시방을 만들 때부터 BOM(Bill of Materials) 구성을 함께 논의하고 제조 공정을 찾아야 하며, 프로토타입의 제품화가 결정된 후에는 가급적 빠르게 양산될 수 있도록 램프업(ramp up) 속도를 높여야만 한다. 여기에 한발 더 나아가 구매나 조달의 프로액티브한 지원이 필요하다.

② 균형 이루기(balancing). 제조 기업은 팔릴 만큼 만드는 것이 최상이다. 즉 수요와 공급을 일치시켜 재고를 최소로 줄이는 것이다. 이를 위해서는 판매와 생산의 긴밀한 조정작업이 기반이 되어야 한다. 제조기업은 수시로 수요를 파악하여 변동 이유를 파악하고 공급물량을 빠르게 맞추는 것이 가장 중요하다. 이를 위해서는 반드시 공급망 전체 입장에서의 최적화가 첫 번째 우선순위가 되어야 한다.

③ 긴밀한 관계 구축하기(tight relationship). 제조기업 단독으로 양질의 제품을 적기에 저렴하게 만들 수는 없다. 그래서 공급자와 고객(유통기업)과의 관계 구축에 기반한 협업이 중요하다. 우선 고객과의 관계구축은 수요예측도를 향상시키기 위한 쪽으로 진행된다. 소비자의 실수요는 항상 요동치고 있기 때문에 완벽하게 예측할 수 없다. 과거에는 제조기업이 재고를 보유하고 있어도 괜찮다고 생각했다. 공급망 전체의 입장에서 전체 최적화를 고려한 것이 아니라 부문 극대화 관점에서 재고를 보았기 때문이다. 이제는 공급자가 함께 갈 수 있는 파트너가 되었을 때 제조기업의 경쟁력이 증가하게 된다.

궁극적으로 운영탁월함(Operational Excellence)을 달성한다는 것은 전술한 5개의 전통적 생산·운영 목표와 3개의 조직 경계에 존재하는 기회들 모두에서 탁월함을 이룬다는 것을 말한다.

이 장의 요약

　　제조업에서 가장 핵심 부문이 생산운영부문이지만 경쟁무기로 활용하는 기업들은 극히 일부의 선도기업들에게만 해당한다. 이 장에서는 제조기업이 생산운영부문의 운영탁월함을 통해서 경쟁우위를 확보하는 방법을 설명하고 있는데 1절에서는 제조업의 추세를 알아보고 2절에서는 제조기업에서 생산운영부문의 역할 및 운영탁월함을 추구하는 방법 등을 설명한다.

　　이 장에서 기술된 주요내용을 요약하면 다음과 같다.

- 최근 글로벌 제조업의 추세를 보면 ① 신흥시장으로 수요 중심축 이동, ② 선진국 제조기업의 리쇼오링(Reshoring), ③ 스마트 팩토리, ④ 제조기업 내 서비스 활동 확대, ⑤ 공급사슬 확대에 따른 리스크가 증가하고 있다.
- 미국경쟁력위원회 기준 한국의 제조 경쟁력은 3위(2010), 5위(2016), 6위(2020 예측)로 점점 하락하고 있지만 미국, 독일, 일본과 같은 선진국의 경쟁력 순위는 높아지고 중국 등의 경쟁력은 유지되고 있어 선진국과 중국 등의 신흥개발국의 협공을 받고 있어 새로운 차원의 경쟁무기가 필요하다.
- 선도 제조기업에서는 생산운영부문을 하나의 경쟁무기로 활용하고 있는데 바로 운영부문의 탁월함(operational excellence)을 확보함으로써 가능하다.
- 생산의 목적은 고객의 만족과 경제적 생산에 있다. 따라서 생산시스템은 최소한의 투입비용으로 산출가치의 최대화를 이루도록 생산활동을 전개하여야 한다. 생산목적을 위해 생산경영자가 지향해야 될 목표는 품질·신속성·확실성·유연성·원가이다.
- 경영활동기능인 재무·조달·생산·마케팅기능은 서로 유기적으로 전개된다. 따라서 이들 활동은 상호보완적으로 전개되어야 한다.
- 운영탁월함을 확보하기 위해서는 전통적인 생산·운영 부문의 목표인 품질 우위, 신속성 우위, 확실성 우위, 유연성 우위, 원가 우위를 확보하고 여기에 조직 경계에 존재하는 기회인 빠른 시장대응 속도(time to market), 수요와 공급의 균형 맞추기, 고객 그리고 공급자와 긴밀한 관계 구축을 통한 협업에서 고성과(high performance)를 달성해야 한다.

제 2 장
생산경영의 기본 개념

1 생산의 기본 개념

1.1 생산의 목적

1.1.1 생산요소와 효용창출

기업이 이용 가능한 자원, 즉 인간, 원자재, 기계설비, 에너지, 정보 등을 유용하게 활용하여 제품이나 서비스로 변환시켜 가는 과정을 가리켜 생산·운영활동이라 한다. 이와 같은 활동은 공장, 농장, 광산, 사무실, 병원, 백화점, 은행, 운송기관, 식당 등에서 볼 수 있다. 상당수의 경제학자들은 생산·운영을 유형·무형의 경제재를 창출하는 활동, 즉 경제적 생산(economic production)으로 이해하면서 그의 기본을 효용 (utility)[1]의 창출에 두고 있다.[2]

본 서에서는 생산을 다음과 같이 정의하고 이에 따라 논술하기로 한다. **생산·운영** (production·operation)이란 생산요소(투입물)를 유형 또는 무형의 경제재(산출물)로 변환시킴으로써 효용을 산출하는 변환 과정(transformation process)이다([그림 2-1] 참조).

변환과정으로 표현되는 생산에는 재화의 생산, 저장·운송, 교환, 오락, 정보·통신 등이 포함된다(〈표 2-1〉 참조).

"구슬이 서 말이라도 꿰어야 보배"라는 속담이 있다. 하나하나의 구슬은 구멍을 뚫고 실에 꿰어짐으로써 목걸이와 같은 효용가치를 지닌 보배가 된다. 즉 구슬을 실에

---

1) 산출물에 대한 소비자의 만족감 정도를 효용이라 한다.
2) 경제학에서 제본스(W. Jevons, 1831~1882)와 맹거(C. Menger, 1840~1921) 등이 효용개념을 도입하여 생산을 확대 해석함에 따라 서비스 활동을 포함한 광의의 생산개념이 확립되었다.

투입	변환과정	산출	
생산요소	**공정 · 프로세스**	**경제재**	**효용**
원자재 노동력 · 기계 · 장치 에너지 데이터 · 정보	가공 · 조립 제조 운영 운반 · 운송 저장	제품 서비스 정보	형태 기능 소유 기간 장소

그림 2-1 **생산의 기본 의의**

꿰는 '생산'이라는 활동을 통하여 '보배'라는 재화의 효용가치가 이루어진다. 수많은 구슬을 실에 꿸 때에는 바늘에 실을 꿴 다음 구슬 구멍에 바늘을 꿰어 감으로써 실만 사용할 때보다 훨씬 빠르게 꿸 수 있다. 이 경우 능률(efficiency)[3]이 오른다고 할 수 있는데 바늘로 꿰는 것이 맨손으로 꿰는 것보다 능률이 높다.

기업의 제조활동과 견주어 볼 때, 실과 구슬은 생산대상인 원자재이며, 바늘은 생산수단인 기계설비에 해당되고, 실을 꿰는 사람은 생산주체인 작업자 내지는 노동력에 비유할 수 있다. 이상 열거한 원자재(material), 기계설비(machine), 작업자(man)를 가리켜 흔히 3M 또는 생산요소라 한다. 그러나 광의의 생산요소에는 에너지와 정보를 포함시키는 것이 타당하다. 즉 에너지가 없으면 기계설비를 돌릴 수 없을 뿐만 아니라 정보가 없으면 고객요구의 충족이나 합리적인 생산시스템의 운영은 불가능하다.

위의 생산요소들을 투입해서 변환시킴으로써 산출물이 만들어지는데, 산출물이 제품과 같은 유형재인 경우, 생산의 변환과정은 주로 생산공정에 해당된다. 생산공정은 고객의 소용이 닿는 산출물, 즉 적절한 형태와 기능을 갖춘 산출물이 사용하기 적절

표 2-1 **생산의 여러 유형과 예**

생산 · 업무의 유형	보기
재화의 생산	농업, 수산업, 광업, 건설업, 가스 · 전기의 생산, 제조업
저장 · 운송	창고업, 화물 · 여객 운송업, 이삿짐 센터, 택배
교환	도소매업, 금융업, 시설 및 건물 임대업
오락	영화, 연극, 음악회, 스키장, 수영장, 노래방, 여행사
정보 · 통신	신문, 방송, 전화, 위성통신, 인터넷, 광고

3) 능률은 $\frac{산출}{투입}$ 또는 $\frac{실적}{표준}$으로 나타낼 수 있다. 절대 능률과 상대능률의 개념이 있다.

한 장소 내지 시간에 제공되도록 작용한다. 궁극적으로 유형재의 생산은 소비자 내지 고객의 소용, 즉 형태·장소·시간의 효용과 소유의 효용을 낳는 기능이 있다([그림 2-1] 참조). 자동차나 스마트폰의 디자인을 새롭게 바꾸어 경쟁력을 높이는 것은 형태효용의 창출과 관련이 깊다.

산출물이 무형재인 서비스의 경우에는 형태효용의 창출기능이 없으며 주로 장소와 시간의 효용이 창출된다. 그의 대표적인 예로서 운송서비스를 들 수 있는데, 가령 한라산 철쭉제에 참석하기 위해 제주행 항공편을 이용하는 경우 장소와 시간의 효용이 창출된다. 은행과 같은 금융기관에서는 은행업무설비와 인적자원을 활용하여 예금이라는 투입물을 획득해서 대출 서비스로 전환시키며, 현금카드와 ATM기를 사용하여 필요한 곳에서 필요한 때에 현금으로 변환시킴으로써 고객의 요구에 맞는 장소, 시간, 소유의 효용을 만들어 낸다.

1.1.2 생산의 목적: 고객 만족과 경제적 생산

기업의 생산활동을 전제로 할 때, 생산의 목적은 고객 만족과 경제적 생산이라 할 수 있다. 고객 만족과 생산자의 이익은 경제적 생산에 의한 산출물의 효용창출을 통해서 이루어질 수 있다.

전통적인 생산론자들은 생산의 목적을 생산요소 결합의 경제적 최적화(least cost combination), 즉 생산원가 내지 투입비용의 최소화에 두어 왔다. 그러나 기업에서 산출된 재화나 서비스는 고객의 니즈나 욕구를 충족시키는, 즉 잘 팔리는 것이어야 한다. 왜냐하면 기업 자체가 존속하고 발전하기 위해서는 생산된 제품이나 서비스는 시장에서 수요가 있어야 하고 이로부터 이윤을 얻을 수 있기 때문이다.

생산기업이 이윤을 얻기 위해서는 경제적 생산을 통한 효용가치의 창출, 특히 투입요소의 비용감소와 함께 산출물의 가치증대, 즉 부가가치의 창출이 필요하며 이 경우 산출물의 시장평가가치는 투입된 비용보다 커야 한다.

$$\frac{\text{산출가치}}{\text{투입비용}} > 1 \qquad \text{단 가치} > \text{가격} > \text{원가}$$

그러므로 생산기업에서는 최소한의 투입비용으로 산출가치액이 최대가 되도록 생산활동을 펴야 한다.

1.2 서비스의 생산활동

1.2.1 서비스의 개념과 기능

생산활동은 제조활동과 서비스활동으로 대별된다. 제조활동에 의해 냉장고, 자동차, 시계, 비누 등과 같은 유형적인 제품이 생산되는 데 반하여, 서비스활동에는 의사의 진료, 자동차 수리 · 미용 · 운송 · 연예 · 정보처리 등과 같이 무형적인 서비스가 제공된다.

서비스(service)의 본질은 타인을 위한 정신적 그리고 육체적 노무의 제공으로 볼 수 있다. 서비스에 대한 여러 정의를 종합해 보건대, 서비스란 고객의 편익과 만족을 위해서 서비스 제공자 자신 내지 다른 서비스 자원(장비, 시설, 물품, 노동력, 지식, 기술, 정보, 아이디어 등)을 이용하는 과정, 노력, 행동의 수행이다.

기업의 입장에서 보면 서비스는 고객의 요구에 정성껏 부응하기 위해서 대가를 받고 고객에게 제공되는 물리적 기능(physical function)과 정서적 기능(emotional function)의 조합이라 할 수 있는데, 이들 기능은 서비스의 창출 및 제공활동을 통해서 실현된다.

물리적 기능과 정서적 기능은 서비스 산업에서 서비스를 구성하는 주요 기능으로서 서비스 업종에 따라 두 기능의 비중이 다르다. 가령 전기, 가스, 수도, 운수, 통신 등의 업종은 물리적 기능의 비중이 높고 음식점, 호텔 업종은 두 기능의 비율이 분산되어 있다.

1.2.2 서비스의 특성

서비스의 독특한 성질로는 서비스 형태의 무형성, 재고의 비저장성, 계측의 곤란성, 서비스의 이질성, 서비스의 소멸성(수요의 시한성), 사용의 비반복성, 생산과 소비의 동시성(비분리성) 등을 꼽을 수 있다. 제품과 구별되는 서비스의 주요 특성들(〈표 2-2〉 참조)을 기술하면 다음과 같다.

표 2-2 제품과 서비스의 특성 비교

기능별	제품	서비스
형　　태	유　형　성	무　형　성
내　　용	동　질　성	이　질　성
저　장(유지)	저　장　성	소멸성(시한성)
생산과 소비	분　리　성	비분리성(동시성)

① 형태의 무형성(無形性). 서비스는 실체가 보이지 않고 만져지지 않는다. 그래서 서비스는 재고로 저장될 수 없으며 서비스활동을 측정·평가·관리하기가 힘들다. 이는 물리적인 속성 내지 제품 속성으로 측정할 수 없으며, 서비스는 어떤 구조를 갖고 있는 것이 아니라 기능(function)이기 때문이다.

② 내용의 이질성(異質性). 서비스는 그의 무형성으로 인해 표준을 정하기가 어렵기 때문에 제공되는 서비스의 내용이 제공자나 제공장소, 시기에 따라 다를 수 있다. 서비스는 인식하기 어렵고 생산활동의 측정이 곤란하여 관리자의 주관이나 제공자의 융통성이 개재되기 쉽다. 아울러 고객의 이질성으로 인해 요구되는 서비스의 내용 또한 다양하다. 그래서 서비스 과정(process)의 표준화가 중요하다.

③ 서비스의 소멸성(消滅性)/수요의 시한성(時限性). 제품은 수명기간 동안 존재하지만 서비스는 제공 후 소멸된다. 서비스는 그의 무형성 내지 비저장성으로 인해 판매되지 않아도 소멸된다. 연극공연, 열차 및 항공기의 좌석 등에서 볼 수 있는 것처럼 많은 서비스의 수요는 시한성이 있다.

④ 생산과 소비의 동시성(同時性)/비분리성(非分離性). 제품과 달리 서비스의 생산과 소비 내지 판매는 동시에 이루어진다. 서비스의 경우 대부분 고객이 생산과정에 직접 참여하므로 서비스 제공자와 고객과의 긴밀한 접촉이 필요하다. 생산과 소비의 동시성은 서비스 품질관리의 장애요인이 되기도 한다.

1.2.3 제조활동과 서비스활동의 차이

앞에서 제품과 차별되는 서비스의 특성들을 기술했는데, 이는 순수 서비스의 경우이다. 많은 경우 재화와 서비스를 혼합해서 생산하고 있어 이들의 명확한 구분은 쉽지 않다([그림 2-2] 참조).

현실적으로 이들 생산자의 구분은 쉽지 않은데 순수 재화를 생산하는 제조활동과 순수 서비스를 산출하는 서비스 활동 간의 차이점을 정리해 보면 〈표 2-3〉과 같다.

순수재화	혼합생산	순수서비스
• 제조공장	• 식당	• 은행
• 농장	• 자동차수리공장	• 병원
• 광산	• After Service	• 컨설팅회사

그림 2-2   **재화와 서비스의 스펙트럼**

특성	제조활동	서비스활동
표 2-3　제조활동과 서비스활동의 차이

특성	제조활동	서비스활동
산출물의 형태	유형의 제품	무형의 서비스
제품·서비스의 저장	재고로 저장	저장할 수 없음
생산·운영 시설 규모	대규모	소규모
생산·운영 사업장수	적음	많음
생산자원의 집약	자본집약적	노동집약적
생산과 소비	별도로 행해짐	동시에 행해짐
고객과의 접촉 빈도	낮음	높음
고객의 역할 정도	낮음	높음
고객요구 반응시간	김	짧음
품질·생산성 측정	쉬움	어려움

　이들 제조 활동과 서비스 활동 간의 차이점은 제조업과 서비스업을 운영·관리하는 데 중요한 전략 변수가 된다. 즉 제품과 같은 재화는 형태가 있어서 물리적 변환 즉 가공·생산·저장·운송 등이 가능하지만, 형태가 없는 서비스는 이와 같은 물리적 변환이 어렵다. 그 대신 고객과의 긴밀한 접촉을 위해 양질의 인적자원을 개발하고 고객이 접근하기 쉬운 곳에 서비스 시설을 분산해서 운영하며, 생산 기능과 마케팅 기능을 통합해서 운영하는 것 등이 중요하다.

　제조업의 경우 수요 변동에 재고를 활용할 수 있어 한 곳에서 집중적으로 생산하여 규모의 경제를 추구할 수 있지만, 서비스업에서는 한시적인 서비스 수요로 인하여 수요에 대응한 분산된 생산을 도모하는 경우가 대부분이다. 서비스의 수요가 한시성을 띠고 있지만 고객 수요를 확률적으로 예측하거나 사전에 예약을 받음으로써 불확실한 수요에 어느 정도 대비할 수는 있다.

　대부분 서비스의 경우 생산과 동시에 소비·판매되기 때문에 제품처럼 유통경로를 통해서 고객에 제공되기는 힘들다. 고객이 서비스 사업장(예: 은행, 극장 등)으로 가거나 아니면 서비스 제공자가 고객에 접근(예: 앰뷸런스, 안마사 등)하여 고객과 서비스 제공사가 접촉한다. 통신강좌, 인터넷 뱅킹, 전자 상거래 등과 같은 예외가 있는데, 이 경우 고객과 서비스 제공자는 통신수단을 통해서 접촉한다. 이 밖에 고객접근이 용이하도록 서비스 시스템을 교통이 편리한 곳이나 고객이 접근하기 쉬운 곳에 분산시켜 운영하는 햄버거 체인이나 시중은행의 현금자동인출기의 경우도 있다.

　소비자의 생산과정 참여와 더불어 대부분의 서비스활동은 제공자와 고객과의 대면 접촉을 통해서 이루어지므로 제조활동과 달리 고객과의 접촉 정도가 높다. 따라서 서비스 시스템의 효율은 서비스활동에 종사하는 구성원들의 자질, 능력, 마음가짐에 따라서 크게 좌우된다.

서비스는 형태가 보이지 않고 만져지지 않는 무형성으로 인해 서비스 활동을 계량적으로 측정하고 관리하기 어렵다. 즉 서비스는 눈에 보이지 않으므로 인식하기 힘들 뿐만 아니라 생산활동의 측정이 곤란하여 관리자의 주관이나 제공자의 융통성이 개재되기 쉽다.

1.3 생산관리 개요

1.3.1 생산관리 개념

생산요소의 투입과 변환과정([그림 2-1] 참조)에서는 원가나 비용[4]이 발생하고 산출물을 고객(시장)에 판매함으로써 매출 내지 수익이 실현된다. 매출액을 증가시키고 비용을 최소화하려면 경제적 생산을 통하여 효용이 높은 제품(또는 서비스)을 생산할 수 있도록 생산시스템을 설계하고 이를 관리하고 운영해야 하는데 이를 위해 생산관리가 필요하다.

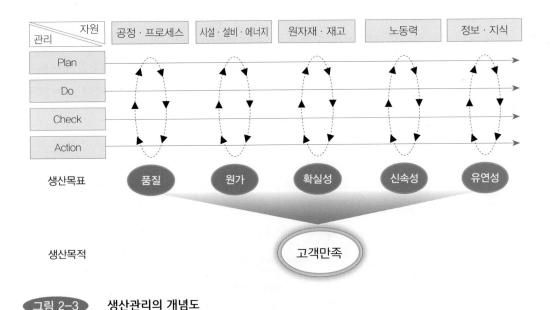

그림 2-3   생산관리의 개념도

---

4) 투입과정에서 발생하는 비용은 재료비 · 노무비 · 에너지코스트 등으로 대체로 이들은 변동비를 구성하고, 변환과정에서 발생하는 비용은 공장설비의 감가상각비 등으로 고정비가 대부분을 이룬다.

즉 **생산관리**(生産管理)란 생산목적인 고객만족을 위해 적질(適質)의 제품(또는 서비스)을 적기(適期)에 적량(適量)을 적가(適價)로 생산해서 공급할 수 있도록 이에 필요한 자원들을 효율적으로 활용하고 관련된 생산과정을 구축하여 생산활동을 관리하는 일이다([그림 2-3] 참조).

생산관리의 적용분야가 종래 제품 생산활동에서 서비스 생산활동으로 확대되어 생산관리에 대한 표기도 Production Management에서 Production & Operations Management(생산운영관리)로 바뀌었다.

1.3.2 시스템 관점에서 본 생산관리

시스템 사고는 생산문제를 시스템 전체의 입장에서 인식하고 영향을 주는 구성요소 내지는 하위 시스템 간의 상관관계나 작용들을 밝힐 수 있다. 우선 시스템의 정의에 대해서 알아 보겠다.

1) 시스템의 개념

시스템(system)이란 "하나의 전체(복합체)를 구성하는 서로 관련이 있는 구성요소들의 모임"이다. [그림 2-4]에서 생물의 유기체는 다수의 기관(organ)으로 구성되어 있는데 기관은 조직(tissue)으로 이루어졌으며 조직은 세포(cell)로 구성되어 있다. 생물의 유기체가 하나의 시스템이면 기관은 그의 하위시스템(sub system)이고 조직은 그보다 더 하위의 시스템(sub-sub-system)인 시스템 계층이 형성된다. 그러나 세포를 시스템으로 볼 때 핵은 세포의 하위시스템(sub-system)이 된다. 즉 시스템의 크기는 한없이 커질 수도 작아질 수도 있으며 어느 특정 시스템에 국한시킬 수도 있다.

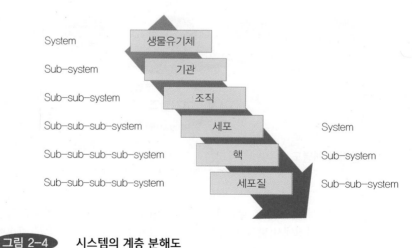

그림 2-4　**시스템의 계층 분해도**

2) 시스템즈 어프로치

시스템즈 어프로치(systems approach)란 시스템 개념을 이용하여 전체의 입장에서 상호관련성을 추구하여 주어진 문제를 해결하려는 사고방식이다. 결국 시스템 사고는 시스템을 전체의 입장에서 살피고 아울러 시스템 범위 내에서 구성요소들을 적절하게 분석하는 방식으로 시스템 분석, 시스템 공학, 시스템 경영 등이 있다.

시스템에 주어진 목표달성이 효과적으로 이루어지기 위해서는 시스템을 하위시스템으로 분할하여 하위시스템 별로 심도있게 문제를 파악하고 더불어 전체 시스템의 입장에서 하위시스템 간의 충돌이나 알력을 조정해야 한다.

하나의 하위시스템만을 고려한 최적치는 기업 전체의 시스템을 고려하여 구하는 시스템 최적치보다 기업목표에 대한 기여도 관점에서 볼 때 그 효과가 작다. 이 경우 하위시스템만의 개별적 성과를 능률(efficiency)이라고 하고 기업시스템의 전체 성과를 유효성(effectiveness)으로 표현한다.

기업을 하나의 시스템으로 볼 때 각 부문(sub-system)의 성과가 모여서 기업 전체(super system)의 성과를 이룬다는 관점에서 부분 최적화(sub optimization) 즉 하위시스템의 능률보다 최적화, 즉 시스템 전체의 유효성을 추구하는 것이 시스템즈 어프로치의 기본 방향이다.

3) 생산시스템의 기능

생산시스템이란 시스템 개념을 도입하여 전체 기업을 하나의 시스템(system)으로 보고 생산을 하나의 서브 시스템(sub-system)으로 본 것이다. 생산시스템이 추구해야 할 궁극의 목표는 앞에서 생산관리의 목적처럼 고객만족, 생산급부(제품과 서비스)의 효용창출과 경제적 생산이다. 따라서 생산시스템은 이들 목표를 달성하는 기능을 갖추어야 하며 생산물의 효용창출은 변환기능에 의해서 수행된다. 그러나 경제적 생산은 원자재, 노동력, 에너지, 기계설비, 데이터 등과 같은 생산자원의 경제적 결합이 이루어졌을 때 가능한데 이는 관리기능에 의해서 달성할 수 있고 변환기능과 관리기능이 상호 보완적인 관계를 가질 때 최상의 결과를 얻게 된다

생산시스템은 투입(input), 변환과정(transformation process), 산출(output)의 세 부분으로 나뉠 수가 있고 종종 투입 · 산출 시스템으로 표현되는데 [그림 2-5]가 그 예이다. 생산시스템으로서의 역할을 다하기 위해서는 생산자원에 대한 변환기능과 관리기능을 갖추어야 하며 변환시스템과 관리를 하는 컨트롤 시스템으로 구성된다.

변환시스템은 여러 생산자원들을 투입하여 효용을 지닌 제품 내지 서비스로 바꾸는 변환기능을 말한다. 컨트롤 시스템은 생산시스템의 원활한 진행을 관리하는 체제

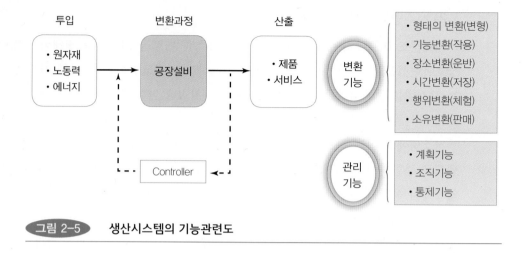

투입　　　　　　변환과정　　　　　산출

• 원자재
• 노동력
• 에너지

공장설비

• 제품
• 서비스

변환
기능

• 형태의 변환(변형)
• 기능변환(작용)
• 장소변환(운반)
• 시간변환(저장)
• 행위변환(체험)
• 소유변환(판매)

Controller

관리
기능

• 계획기능
• 조직기능
• 통제기능

그림 2-5　　생산시스템의 기능관련도

이다. 예를 들어 생산공정에서 제품에 이상이 검출되면 그 원인이나 상황에 따라 투입요소 내지 생산공정에 조치를 취하게 되는데 이 경우 컨트롤 시스템에 의해서 투입요소 내지는 생산공정에 대한 관리가 행해진다.

1.3.3 생산 경영자의 역할

경영자는 조직의 목적 달성을 위해 조직활동을 효율적으로 전개할 책임이 있다.

한 마디로 말해서 생산 경영자는 기업의 목적 달성을 위해서 생산 자원을 효율적으로 관리하고 이를 경제적으로 이용함으로써 산출물의 부가가치를 창출하는 역할을 맡고 있다.[5] 경제적 생산으로 창출된 효용은 정(正)의 효용(positive utility)이어야 한다. 그러나 생산의 변환과정에서 여러 가지 부작용과 부산물이 생길 수도 있는데, 이 중에는 자연환경을 파괴하는 부(負)의 효용(negative utility)을 낳을 수도 있다. 이 경우 생산 경영자는 부의 효용 산출을 억제하기 위해서 환경 친화적 제품 설계, 청정생산이나 공해 방지 대책 같은 것을 추진할 필요가 있다.

기업 환경의 급격한 변화와 생산 자원의 제약 등으로 기업의 생산 활동은 많은 제약을 받는 경우가 증가하면서 이들 여건에 창조적으로 적응하지 않고서는 생산의 목표 달성은 어렵다. 이 경우 생산 경영자는 생산 상의 제약을 극복하고 환경변화에 대처할 수 있도록 생산체계를 설계하고 이를 효율적으로 관리하고 운영할 필요가 있다. 따라서 생산관리의 분야는 생산체계의 설계와 관리로 나누어 전개하는 것이 합리적이다.

---

5) R. J. Hopeman, *Production: Concepts, Analysis, Control*, 3rd ed., Merill Inc., 1976.

1.3.4 생산관리의 주요 문제

기업의 의사결정은 의사결정자가 속한 경영계층(management zone)에 따라서 최고 경영층의 전략적 결정(strategic decision), 중간 관리층의 관리적 결정(administrative decision), 하부 관리층의 업무적 결정(operating decision)으로 구분되며, 아울러 의사결정이 미치는 영향기간의 장단에 따라서 장기적 의사결정과 단기적 의사결정으로 나눌 수 있다.

장기적 내지 전략적 의사결정은 생산시스템의 설계와 같이 발생 빈도는 매우 드물지만 장기간에 걸쳐서 의사결정의 영향력이 나타나는데 반해서, 단기적 의사결정은 일정계획이나 재고관리와 같이 의사결정의 빈도는 높지만 그 영향 기간이 짧은 업무적 의사결정이 주류를 이룬다.

생산 의사결정의 주요 문제들을 장기적 결정(설계 결정)과 단기적 결정(운영 결정)으로 나누어 제시한 것이 〈표 2-4〉이다.

1) 장기적 의사결정문제: 생산시스템의 설계

장기적인 의사결정 문제로 의사결정 효과가 장기간에 미치는 전략적인 결정문제들

표 2-4 생산 의사결정의 주요 문제

의사결정 유형		기본 문제
구조 결정	운영전략	품질, 원가, 시간, 유연성 중 어디에 중점을 둘 것인가
	제품 · 서비스 설계	어떤 제품 · 서비스를 생산 · 제공할 것인가
	생산능력	생산능력을 얼마로 정하는 것이 경제적인가
	공정설계	그 제품 · 서비스를 어떻게 생산할 것인가
	공급망 설계	글로벌 관점에서 공급망을 어떻게 구조화시킬 것인가
	시설입지	제품 · 서비스를 생산 · 제공할 시설을 어디에 둘 것인가
	설비배치	설비와 장비들을 어디에 배치하는 것이 경제적인가
	직무설계	작업은 어떻게 하는 것이 작업자와 조직에 이로운가
운영 결정	수요예측	제품 · 서비스에 대한 시장 수요는 얼마인가
	공급망 리스크관리	공급망에 발생할 수 있는 리스크에 대한 계획 및 대처방안은 있는가
	생산 · 서비스계획	당기의 생산량은 얼마로 하며 충원은 어느 정도로 하나
	일정관리	생산의 순서, 일정, 작업자를 어떻게 계획하고 통제하나
	물류관리	글로벌화와 시장확대에 대응하여 적시 배송율을 증가시킬 수 있는 방법은
	프로젝트 관리	규모가 크고 비반복적인 프로젝트는 어떻게 관리하는가
	서비스관리	수요 변동에 어떻게 대응하며 서비스부하와 능력의 균형은 어느 정도인가
	재고관리	필요한 물품을 언제, 얼마를 조달하며, 재고는 얼마로 하나
	품질관리	고객이 만족하는 품질을 이루기 위해 설계, 원자재, 공정을 어떻게 어느 정도로 관리하는가

을 열거할 수 있다.

① 제품 내지 서비스의 설계 및 선정. 이는 제품이나 서비스 수요와 생산 시스템의 생산능력에 비추어 그 유효성이 높은 수준에서 결정되어야 한다.

② 부분품 · 서비스 내용의 설계. 제품을 이루는 부분품 내지 생산요소들은 제품의 코스트와 품질에 상당한 영향을 미친다. 서비스 내용이나 과정 또한 고객만족과 직결되므로 부분품이나 서비스 내용의 설계는 매우 중요하다.

③ 생산공정의 선정 및 설계. 생산공정의 설계는 생산시스템의 유효성이 크도록 설계되어야 하며 이에 소요되는 생산설비의 선정은 합리적인 수준에서 결정되어야 한다.

④ 공급망 설계. 효과적인 공급망 구조를 결정하기 위해서는 기업의 글로벌화를 고려하여 계획적이며 전략적으로 결정되어야 한다.

⑤ 입지 결정. 공장입지는 원자재, 노동력 등의 생산자원과 제품을 판매하는 시장과의 관계에서 결정되어야 한다. 서비스(영업) 장소의 입지는 고객의 입장에서 결정하는 것이 중요하다.

⑥ 시설 및 설비배치의 결정. 공장 내의 설비배치는 작업(생산물)의 흐름, 설비 및 공장 건물의 상황, 운반 통로 및 운반 수단 등을 고려하여 운반 코스트와 생산 코스트가 낮은 수준에서 결정되어야 한다. 서비스 시설의 경우는 고객이 만족할 수 있는 서비스를 경제적으로 제공할 수 있도록 배치하여 한다.

⑦ 생산에 종사하는 작업자의 직무설계. 직무 설계는 작업자가 직무(job)를 효과적이고 만족스럽게 수행할 수 있도록 설계되어야 한다.

⑧ 효율적인 관리시스템의 구축. 생산성은 생산경영의 성과를 측정하는 주요 수단이므로 생산시스템은 생산성이 높도록 설계되어야 한다. 생산시스템을 효과적으로 운영, 관리하기 위해서는 효율적인 관리 시스템이 구축되어야 한다.

⑨ 생산시스템의 종합 조정 문제. 기업의 환경 변화에 유연하게 적응하고 기업 전체의 유효성을 높일 수 있도록 하기 위해서는 일차적으로 생산시스템, 즉 변환 시스템과 관리시스템의 종합 조정이 수반되어야만 한다. 이에는 운영전략 내지는 생산정책을 토대로 하는 전략적 경영(strategic management)이 뒷받침되어야 한다.

2) 단기적 의사결정 문제: 생산시스템의 운영 및 관리

생산시스템의 운영과 관리에 관한 전술적인 결정문제들은 다음과 같다.

① 생산계획 문제. 수요에 맞게 생산자원의 배분을 적절히 하려면 우선 수요예측이 정확해야 한다. 그 다음에는 수요에 알맞은 생산자원의 배분을 위한 생산계획과 일정계획이 수립되어야 한다.

② 일정관리 문제. 생산계획에 의해 경제적인 생산활동을 전개하려면 세부 일정계획을 세워서 이에 맞추어 진도를 관리할 필요가 있다.

③ 물류관리 문제. 소비자가 원하는 제품을 적시에 배송할 수 있으며, 더불어 반품 처리 문제와 원가도 절감할 수 있는 최적 방안을 모색해야만 한다.

④ 서비스 관리 문제. 서비스 수요의 불규칙성과 시한성으로 인해 수요 변동을 재고로 조절할 수 없다. 노동력이 고용 수준을 조절하는 충원계획이나 능력계획을 토대로 하는 부하와 능력의 균형이 일정관리에서 중요하다.

⑤ 재고관리 문제. 생산 내지 서비스 활동을 원활히 할 수 있도록 재고를 유지하고 아울러 재고관리비를 최소화하기 위해서는 발주시기, 발주량, 안전재고 수준 등을 적절히 결정할 필요가 있다.

⑥ 품질관리 문제. 소비자가 만족할 수 있는 품질의 제품(서비스)을 경제적으로 생산하는 문제 가운데 품질수준, 샘플링 방식, 품질관리의 기법 내지 제도의 결정 문제가 중요하다.

⑦ 시스템 신뢰성과 보전에 관한 문제. 공장설비의 고장 내지는 정지로 야기되는 손실이라든가 고장 발생 상황, 설비의 보전 능력 등을 감안하여 결정해야 한다. 또한 공급망 내에서 발생가능할 수도 있는 잠재 리스크에 대해서 대응방안을 사전에 준비해 두는 것이 중요하다.

⑧ 인력관리에 관한 문제. 인건비는 생산시스템에서 발생되는 원가 중 많은 비중을 점하고 있으며 작업 능률과 생산성과 깊은 함수관계에 있으므로 직무 설계, 모티베이션, 작업 측정, 임금 제도 등을 충분히 검토해야만 한다.

⑨ 생산시스템에서 발생하는 원가 관리 내지는 절감 문제. 경영 성과의 측정 기준인 기업 이익의 증대라든가 비용을 최소화하기 위해서 원가관리 내지는 원가절감을 도모함은 바람직한 경영행위이다.

요컨대 이들 생산시스템에서 야기되는 생산관리상의 문제들은 모두 중요한 생산관리의 직능인 동시에 생산경영자의 중요한 책무이기도 하다.

앞에서 열거한 여러 문제들 가운데 장기적 의사결정과 관련된 생산시스템 설계는 전략적 문제로 시스템 유효성(effectiveness)과 관련이 있으며, 단기적이며 업무적인 의사결정과 관련되는 운영 및 관리는 업무활동의 능률(efficiency) 문제와 관련된다.

2 생산관리의 발전

2.1 근대의 생산관리

2.1.1 실학사상에서 본 생산경영

우리나라는 고대사회 이래 조선시대에 이르기까지 수요를 충족시키기 위해 수공업 중심의 생산활동을 해 왔다. 한국 생산관리의 전사(前史)를 고려시대의 관장제(官匠 制)에서 찾을 수 있다.[6]

조선 봉건사회의 생산 경제를 살펴보면 숙종, 영조, 정조 시대에 나타난 획기적인 학술인 실학(實學)을 통해서 민족적 긍지를 가질 수 있는데, 당시 실학사상의 중심 인 물에는 우리에게 익히 알려진 유형원, 이익, 정약용선생 등이 있다.[7]

반계(磻溪) 유형원(1622~1673)은 「반계수록(磻溪隨錄)」에서 농지를 사각형으로 구획 정리할 것을 주장했고 기술자에게는 공정한 대우를 해 줄 것을 주장했으며 「경국대 전(經國大典)」에서는 공장(工匠, 기술자)을 등급으로 나누고 세금에 차등을 두었는데 기 술이 정교한 자를 세금으로 억압하는 것은 부당하다고 했다.

성호(星湖) 이익(1681~1763)은 "천하에 가장 아까운 것은 유용한 것으로 무용한 것 을 만들어 버리는 일"이라 하여 경제적 생산의 중요성을 강조했다.

다산(茶山) **정약용**(1762~1836)은 성호학파의 계승자이며 박지원, 박제가 등 이용후 생학파의 선진적인 생산기술혁신론을 함께 취한 실증학의 대표적 인물이다. 다산 정 약용은 기업윤리 정신을 통한 경제진흥을 「경세유표(經世遺表)」 등에서 논했고 기술 진흥을 강조했다. 그는 「경세유표(經世遺表)」에서 "밥이 비록 귀하다고 하더라도 세상 의 모든 백성들이 모두 땅에 돌아가거나, 장인이 쇠, 나무, 흙 등을 다스려 옹기를 만 들지 않거나 상인이 재화를 있는 데서 없는 데로 옮기고 궁핍함을 구제하지 않으며 목재를 만들어 내지 않고 부녀자들이 옷감을 다스려서 의복을 만들지 않으면 죽음 이 있을 뿐"이라고 하여 모든 사람이 자기의 직분을 다할 때 먹고 살 수 있음을 강조 했다.

다산(茶山) 사상의 특성은 합리성이다. 그는 합리정신에 입각해서 기술의 발전을 주장하고 이로써 국력을 배양할 것을 강조했다. 「기예론(技藝論)」[8]에서 "농사하는 기 술이 정교하면 차지한 땅은 적어도 곡식소출이 많으며, 그 힘들인 것은 가벼워도 곡

---

6) 이순룡, *제품 서비스 생산관리론*, 1998, p.34, 표 2−1 참조.
7) 위당 정인보는 유형원, 이익, 정약용 세 분을 실학의 三祖로 꼽은 바 있다.
8) 정약용 저, 이익성 역, *다산논총: 기예론*, 을유문화사, 1972, pp. 47~48.

식은 좋고 실할 것이다", "베 짜는 기술이 정교하면 드는 물자는 적어도 실은 많이 나고, 빨리 짜더라도 포백(布帛)은 올이 배고 결이 고울 것이다"라고 했다. 즉 제품의 품질개선, 물자절약 내지는 생산능률의 향상을 위해서는 인습적, 전통적, 보수적 저해 요인을 제거하고 진보적이며 창조적인 혁신을 주장하면서 이에 따른 제도를 국가가 강구할 것을 요구했다. 뿐만 아니라 그는 도량형의 통일을 강력히 역설함으로써 생산 표준화의 기반을 굳건히 다지려 했다. 그는 "농사가 약해지는 것은 말(斗)과 섬(石)이 고르지 못하기 때문"이라 하고 "음률과 도량형을 통일하는 것은 왕정의 큰 몫"이라 하였다. 이에 대한 대책으로 법령집인 「대전통편(大典通編)」에 관련 법이 있으면서 시행치 않음을 지적하면서 이법을 거듭 밝혀 말과 섬의 제도를 바로 잡고 그 방식을 전국 팔도에 반포하라고 요구했다.[9]

「목민심서(牧民心書)」의 공전육조(工典六條)에서 그는 기중소가(起重小架), 유형거(遊衡車), 기중가(起重架), 수차(水車) 등의 사용과 새로운 농기구와 방직기구 등을 제작하여 널리 보급시킬 것과 심지어는 목민관(牧民官) 각자가 수공업자와 함께 새로운 기술을 개발하는 데 앞장설 것을 권유하였으며 수공업자가 새로운 기술을 개발한 경우에는 이들을 표창할 것도 아울러 권유했다.[10]

이 밖에도 노동의 분업화와 전문화를 강조했다. 영국의 아담 스미스(A. Smith)보다는 40여 년이 늦기는 했지만[11] 광산업에 적용시킬 화도법(火淘法)을 소개하면서 분업으로 채광(採鑛)을 하는 한편, 이를 제련공정으로 연결시키되 제련장을 분업화할 것을 권유하였다. 그는 광산업 이외에도 조선장(造船場), 건축 기타 수공업 등에도 비슷한 유형의 노동 분업 내지 전문화를 권유했다.

사회, 경제 모두가 정체해 있던 당시에 오늘날 합리주의 사상과 맥을 같이 하는 다산의 사상을 그의 「기예론」, 「경세유표」, 「목민심서」 등에서 살필 수 있음은 무척 다행스러운 일이다.

2.1.2 영국의 산업혁명과 생산관리

18세기 후반, 영국에서는 이른바 산업혁명으로 공장제(工場制, factory system) 공업이 성립되었다.

영국의 공장제 공업은 1976년 하그리브스(J. Hargreaves)의 방적기와 와트(J. Watt)의

---

9) 상게서, pp. 282~283, pp.320~321; 정약용, 목민심서, 공전육조(제6조).
10) 정약용, 목민심서, 공전육조(제2조, 제6조).
11) 아담 스미스가 그의 국부론에서 분업이론을 제창한 것은 1776년으로서 이로부터 42년 후인 1818년에 목민심서가 완성되었다.

증기기관 등의 발명으로 이룩되었다. 이들 산업기계의 등장으로 미숙련공들도 값싸고 좋은 물건을 신속하게 생산하게 됨으로써 이른바 '숙련이 기계로 이전(transfer of skill to machine)'되는 현상이 시작되었다.

이즈음 아담 스미스는 그의 「국부론(國富論)」에서 분업(分業)을 통하여 생산성을 높일 수 있다[12]고 했다. 그의 주장은 오늘날 생산작업의 분업화를 촉진시켰을 뿐만 아니라 많은 학자들에 의해 그 합리성이 인정되었기 때문에 생산경제학의 발전에 하나의 이정표가 되었다.

아담 스미스의 분업사상은 찰스 바베지(C. Babbage)에 의해서 더욱 발전되었다. 바베지는 공장에서 분업을 실시하면 아담 스미스가 주장한 대로 노동생산성이 자동적으로 향상될 것인가에 대해 의아심을 가졌다. 이에 바베지는 핀의 제조공정을 7개의 공정으로 나누어서 제조시간과 제조원가(주로 임금)를 비교 측정하는 조사관찰[13]을 실시했고 그 결과 분업효과를 더욱 높일 수 있었다는 '숙련제한의 원칙(the principles of limiting skills)'을 제시했다.

2.2 과학적 관리법

2.2.1 테일러시스템

테일러(F. W. Taylor, 1856~1915)는 1878년부터 12년간 미드베일제강소에서 작업자 및 현장 관리에서 얻은 경험과 베들레헴제강회사에서의 관리개선연구 등을 토대로 하여 여러 논문을 발표했다. 이들 연구를 중심으로 테일러가 창안한 생산관리 및 경영관리의 방법을 통틀어 **테일러시스템**(Taylor System)이라 한다. 테일러시스템의 주요 내용은 시간 연구에 기초를 둔 과업관리를 중심으로 직능식 직장제도, 차별적 성과급제, 그리고 과학적 관리법의 원리 등이다.

2.2.2 과업관리(課業管理)

1) 과업의 과학적 결정

테일러가 미드베일제강소에 들어갔을 당시(1878년) 미국의 노동자들은 임률 인하에 대항해서 조직적인 태업을 하고 있었다. 그는 공장의 비능률이 직접적으로는 노동

---

12) 아담 스미스는 분업 즉 작업 전문화의 생산증대 요인으로 다음 3가지를 꼽았다. ① 한 작업을 반복함으로써 작업자의 스킬이 향상되고, ② 다른 작업으로 전환하는 시간이 절감되며, ③ 한 가지 작업으로 전문성이 증대되어 전문 공구나 기계를 이용할 수 있다.
13) R. Villers, *Dynamic Management in Industry*, Prentice-Hall, 1960, p.22.

자들의 조직적 태업에 있지만 이는 임금제도(성과급제)에 대한 불만, 즉 고용주의 임률 인하에 기인하고 있다는 것을 인식했다. 따라서 그는 1일의 공정한 작업량을 과학적으로 결정함으로써 임률 결정을 합리화시키고 임률 인하 및 조직적 태업의 근본 문제를 해결함과 아울러 작업의 능률 증진을 도모했다.

2) 작업 및 제조건의 표준화

작업의 표준화. 테일러는 작업자의 시간당 또는 일당 생산량과 적정 과업량을 결정하기 위해서 1881년 스톱 워치로 작업시간을 측정하여 작업표준을 설정했다. 개개 노동자의 작업을 주요 기본동작(elementary operations)으로 나누어 각 기본동작에 대한 단위시간을 스톱 워치로써 측정하여 집계하고, 불필요한 동작을 제거해서 최선의 작업방법을 마련하는 동시에 작업시간을 확정했다.

작업조건의 표준화. 시간연구(time study)로 설정된 작업시간이 일정하게 이루어질 수 있도록 모든 작업조건에 대해서 표준을 설정한 것은 물론 작업도구와 자재의 표준 등을 설정했다. 베들레헴제강회사에서 실시된 선철운반작업 실험에서는 임률인하를 하지 않는 성과급제와 작업 및 작업조건의 표준화를 통해서 4배에 가까운 생산성을 올렸다.[14] 쇼벨작업 실험에서는 원자재, 광석, 석탄 등을 싣고 내리는 작업과 관련하여 삽의 형상과 크기, 작업자의 작업량, 작업방법 등에 대한 표준을 설정함으로써 능률이 4배 가량 향상되었다. 결과적으로 노동자의 임금소득은 60% 가량 증대되었으며 톤당 노무비는 절반 이상이 절감되었고, 그가 주장했던 '고입금·저노무비의 원칙'이 실증되었다.

2.2.3 차별적 성과급제

테일러는 과학적으로 결정된 과업을 달성하기 위한 보조적 수단으로서 임률의 차별적 설정을 기반으로 하는 성과급제도를 고안했다.

차별적 성과급제도(differential piece rate system)는 성과급제도의 일종이지만, 동일 작업에 대해서 고저(高低) 두 종류의 차별적 임률을 설정하고 작업자가 소정의 과업을 달성한 경우에는 고율의 임금을 지불하고, 달성하지 못한 때는 저율의 임금을 지불하는 것이 단순 성과급제도와 다른 점이다. 이 제도에서 과업을 달성한 경우의 임률은 달성하지 못한 경우의 임률에 비해서 3할 내지 4할이 높았다([그림 2-6] 참조).

테일러시스템에서는 과업설정이 중심이 되므로 차별적 성과급제도는 과업달성을

---

14) Reprinted in F. W. Taylor, *Scientific Management, Shop Management*, Harper & Row Inc., 1964, pp.49~50.

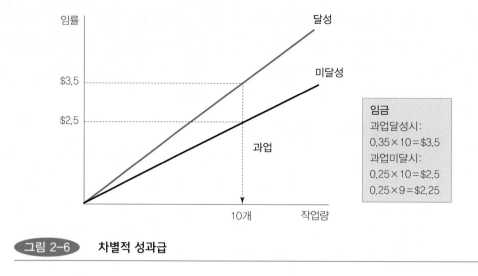

그림 2-6 차별적 성과급

위한 보조적 수단으로서의 의미를 갖는다.

2.2.4 과학적 관리법의 원리

테일러가 1903년에 발표한 「공장관리론(Shop Management)」은 고임금·저노무비의 이념을 바탕으로 했으며 이것을 달성하기 위해서는 다음과 같은 **과업관리 원칙**을 적용할 것을 제안했다.[15]

① 공정한 일일 과업량의 결정(a large daily task)
② 작업 및 작업조건의 표준화(standard condition)
③ 성공에 대한 우려(high pay for success)
④ 실패한 때는 노동자의 손실(loss in case of failure)

이로부터 8년 후에 그가 전 생애를 통하여 연구하고 경험한 것들을 총괄해서 「과학적 관리법의 원리(Principles of Scientific Management)」를 발표했다. 이 논문에서 비능률의 제거를 위해서 특수인을 채용하는 것보다는 조직적인 관리를 중요시하며 최선의 관리는 명백히 규정된 기본적인 법칙과 기준 및 원리에 입각한 참된 과학에 있음을 증명했다.

그는 「과학적 관리법의 원리」를 경영자들의 책무(責務)로 제시했다.

---

15) F. W. Taylor, *Shop Management, op. cit.*, p.64.

2.2.5 과학적 관리법의 본질

1912년 테일러시스템 및 기타의 관리제도를 조사하는 하원 특별위원회에서 행한 증언(Taylor's Testimony before the Special House Committee)에서 테일러는 **과학적 관리의 본질**에 대해서 다음과 같이 말했다.

"과학적 관리는 단순한 능률증진방법이 아니며 시간연구, 성과급제, 직능적 직장제도도 아니다. 이들 제도들은 과학적 관리의 유용한 부속물에 불과하다. 과학적 관리의 본질을 보면, 첫째는 노동자 및 경영자 쌍방의 완전한 정신적 혁명(mental revolution)으로 쌍방의 협력을 토대로 하며, 둘째는 노동자와 경영자 쌍방이 과학적 지식과 조사를 토대로 해서 사실을 판단하고 행하는 것"이라 했다.

오늘날 테일러는 과학적 관리법의 제창으로 미국의 경영사상 및 실무에 대한 최대 공헌자로 꼽히고 있다. 테일러시스템에서 특기할 점은 경영에 대한 그의 기여가 어떤 기술의 발전이나 몇 가지의 실험을 하는 데 그치지 않았다는 점이다. 그의 목적과 방법은 시종일관했으며 통일된 관리시스템을 발전시켰던 것이다.

그러나 "인간은 금전적 유인에 의해서 행동한다"는 가설 아래 과업관리가 추진되었기 때문에 끝내는 인간관계론을 낳게 했으며 그가 주장한 '전문화의 원리'는 '검사원 품질관리'에 치중하는 산업문화를 낳기도 했다.

2.3 포드시스템

2.3.1 동시관리와 포디즘의 실현

테일러시스템과 더불어 생산관리 발전 변혁의 계기를 만든 것이 포드시스템(Ford system)이다. 이것은 포드(H. Ford, 1863~1947)가 그의 회사(Ford Motor Co.)에서 자동차의 대량 생산을 위해서 확립한 이동조립법을 말한다.

이동조립법(moving assembly method)은 컨베이어와 생산의 표준화를 주축으로 하는데 조립라인을 구성하는 컨베이어 속도와 근로자의 작업 속도를 기계적으로 동기화시켰고 관리와 연계시킴으로써 **동시관리**(同時管理, management by synchronization)를 이루었다.

포드시스템은 포드의 경영이념인 "사회에 봉사한다"라는 포디즘(Fordism)에 바탕을 둔 것으로서, 그가 말하는 사회란 고객과 종업원을 지칭하며 대량생산방식을 통해서 최저 생산비를 실현하여 고객들에게는 튼튼하고 좋은 자동차를 싼 가격에 제공하고 종업원들에게는 보다 높은 임금을 지불한다는 것이다.

그는 T형 자동차의 이동조립방식과 생산의 표준화를 통해서 원가를 절감하여 자동차의 판매가격을 계속 인하시켰고 1914년 종업원의 근무시간을 8시간으로 단축시키고 주당 5달러로 올리겠다는 선언[16] 이후 임금을 배로 인상해서 지급했다.

2.3.2 생산의 표준화

포드에 의해서 실시된 생산표준화는 오늘날 '대량생산의 일반원칙'으로 승화되었으며 줄여서 3S[17]라 부른다.

(1) 제품의 단순화(simplificaton)

대량생산의 근본은 제품의 단순화에서 오기 때문에 포드는 단일 제품의 원리(principles of single product)에 입각하여 1908년 T형 승용차를 생산한 이래 1927년까지 이 제품만을 생산했다.

(2) 부분품의 규격화(standardization)

제품의 단순화는 제품을 구성하는 부분품의 규격화 내지 표준화로써 가능해 진다. 포드는 부분품을 규격화시켜 호환이 가능한 부분품(interchangeable parts)을 제조했는데 이들 호환성 부분품을 사용함으로써 고장이나 파손된 부분품만을 새것과 교환할 수 있게 되어 소비자에게 편의를 제공했다. 부분품의 규격화는 대량생산을 실현 가능하게 하였고 결국 고임금과 저생산비를 달성하게 했다.

(3) 기계 및 공구의 전문화(specialization)

제품의 단위당 생산원가를 낮추고 부분품의 절대적 호환성을 유지하기 위해서는 생산효율이 높고 정밀도가 높은 단일 목적의 기계·공구가 필요하다. 포드는 제품의 종류를 T형 하나로 단순화하고 5,000여 종의 규격화된 부분품을 생산할 수 있도록 기계 및 공구의 전문화, 즉 단일 목적의 기계·공구에 의한 생산을 시도했다.

(4) 작업의 단순화

유동작업에서 작업자는 단순 기능공이 되어 동일 작업의 연속 실시가 가능하여지므로 생산 능률이 향상된다고 보고 포드는 작업을 단순화시켰다. 당시 포드공장에서 높은 숙련을 필요로 하는 작업은 15%미만에 불과했다.

---

16) 당시 1일 9시간 노동에 주당 최저 2달러 40센트이던 임금을 5달러 선언 이후 하루 8시간 근무에 주당 5달러로 인상 지급했다. 이순룡, "표준화의 활용과 그 한계에 관한 소고", 경영연구(2권 1호), 1964.3.

17) Simplification(단순화), Standardization(표준화), Specialization(전문화)

2.3.3 컨베이어 시스템(이동조립법)

포드가 최초로 컨베이어 시스템을 조립 작업에 채용한 것은 1913년에 실시한 자기발전기의 조립작업이었다. 당시 발전기의 조립작업자가 작업 중 재료나 공구를 준비하기 위해서 막대한 시간을 낭비하는 것을 발견한 포드는 작업준칙(two general principles in all operations)을 제시하였다.

포드는 이들 원칙을 전체 공장에 실현시키기 위하여 작업자와 공구를 작업순서에 따라 배열시키고 작업 장소에 재료와 공정품을 운반하는 운반설비를 도입하였는데 이것이 유동식 작업을 가능케 한 컨베이어 시스템(conveyor system)이다.

포드는 생산의 표준화와 이동조립법을 작업관리에 적용했고 자동차의 조립작업원칙을 기초로 하여 유동작업원칙[18]을 제시했다.

포드는 이 원칙들을 공장 전체 작업 조직에 활용함으로써 전 공장의 생산활동이 하나의 움직임을 갖도록 만들었으며 작업자의 작업능률을 컨베이어 벨트의 진행 속도에 일치시킴으로써 작업자의 작업속도가 간접적으로 통제되도록 했다.

요컨대 포드시스템은 생산의 표준화로써 대량생산을 가능케 하였고 컨베이어를 주축으로 하는 이동조립법에 의해서 생산의 규칙성을 실현하고 작업자와 기계의 속도를 종합적으로 동시화하여 종합적인 생산관리를 실현시켰다는데 그 의의를 찾을 수 있다.

2.3.4 포드시스템의 결점

포드시스템이 생산표준화를 중심으로 대량생산의 동적 논리를 실증하였음은 생산관리 합리화의 견지에서 볼 때 높이 평가받을 만하다. 하지만 포드시스템 역시 문제점을 갖고 있는데 그 결점을 요약하면 다음과 같다.

(1) 작업조직을 유동화하여 작업 속도를 강제한다

유동작업조직에 의해 작업자에 대한 작업을 강제 진행시킴으로써 인간 노동력을 기계로 보았다는 것이다. 이는 작업자의 인간성이 무시하고 작업자를 하나의 기계로 취급했다는 비난을 받는다.

(2) 한 공정의 정지가 전체 공정에 미치는 영향이 크다

한 공정에서 사고나 고장과 같은 사건이 발생하면 컨베이어는 멈추게 되며 그 정지에 따라 작업은 중단되고 연쇄적으로 다음 공정에 영향을 미친다. 이는 오늘날 라

---

18) 포드가 제시한 유동작업원칙은 다음을 참조 바람. 이순룡, *생산관리론*, 법문사, 1998, p.46.

인 배치를 하고 있는 대량생산체제의 공장에서 흔히 볼 수 있는 현상이다.

(3) 설비투자로 인한 고정비가 크므로 조업도가 저하될 때 제조원가에 미치는 영향이 크다

컨베이어나 단일 목적의 특수 기계설비는 그 투자액이 큰 고정비를 발생시킨다. 따라서 불경기, 자재부족, 자금부족, 노사분규 등 기타의 이유로 일정 조업도를 유지하지 못하게 되면 제조원가는 상승한다. 이 역시 오늘날 양산체제의 공장에서 볼 수 있는 현상이기도 하다.

(4) 제품 단순화는 단위당 생산원가가 낮아진다는 대량생산의 이점이 있는 반면 시장구조의 변화 내지는 다양한 수요에 대한 적응이 곤란하다.

자동차 생산에 대량생산시스템을 도입하고 저가격주의에 의해서 제품의 수요를 확대시켜 나간 포드의 기업전략은 일단 성공했다. 시장점유율은 1921년 최고 55.7%까지 올라갔다. 당시 2위이던 제너럴 모터스(General Motors)는 12.7%에 불과했다. 그러나 포드는 T형만을 고집하여 시장점유율이 점차 떨어졌다. 반대로 제품 차별화 내지 시장세분화(market segmentation) 전략으로 시장수요의 구조적 변화에 적응한 제너럴 모터스는 점차 성장을 거듭했다.

(5) 제품 및 생산설비의 변경·개량이 곤란하다

표준화의 특성(고정성)으로 표준화된 제품이나 생산설비는 변경이 곤란하다. 유동작업 조직은 연속적인 대량생산에서 고도의 생산능률을 올릴 수 있지만 신제품이나 부분품 개량으로 인해 생산방법이나 시설을 변경시키는 것은 어렵다. 1927년 5월 T형 생산을 중단하고 A형 생산을 위해서 전 공장의 생산시스템을 바꾸는데 약 반년이 걸렸으며 신형인 A형 자동차가 시장에 나오기까지는 1년 이상이 소요되었다. 결과적으로 1929년의 시장점유율은 31%로 떨어졌다.

2.3.5 생산관리 발전의 약사

생산관리의 발전 역사는 공장제공업의 성립에서부터 다루는 것이 일반적이다. 생산경제학적인 면에서 분업을 통하여 생산성을 높일 수 있음을 주장한 아담 스미스를 생산관리 발전의 첫 번째로 공헌자로 볼 수 있다. 본격적인 생산관리 발전의 시작은 테일러이며 동작연구를 중심으로 작업연구의 기초를 길브레스 부부(Frank & Lilian Gillbreth)가 다졌다. 포드에 의해서 유동작업조직을 중심으로 하는 대량생산방식이 확립되었는데 생산의 표준화를 통해서 가능했다.

1930년대 기업의 규모가 커지고 생산문제가 복잡해지면서 확률이론을 중심으로 하는 통계적 기법과 수학적 기법 등을 적용한 계량분석 방법이 생산문제 해결을 위해 도입되었다. 2차 대전 중에 작전용으로 개발된 OR(Operations research)이 전후 경영과학에 적용됨으로써 계량적 분석방법을 중심으로 발전하게 되었다. 특히 컴퓨터의 등장으로 계량 분석기법의 활용은 더욱 활발해졌고, 1952년 수치제어 공작기계와 함께 상업용 컴퓨터의 출현은 자동화를 낳았다.

미국산업은 1960년대 전성기를 누렸으나 1970년대 들어와 일본과 동남아세아 및 유럽국가들을 비롯한 여러 나라의 도전을 받게 되었다. 특히 하버드대학의 스키너(W. Skinner) 교수는 운영전략에 입각한 생산활동의 종합전개를 주장하면서 당시 대다수 경영자들이 갖고 있었던 생산기능을 과소평가하던 생각을 비판했다. 특히 그의 주장은 1980년대 도요타자동차의 성공으로 인해 실증되었다. 일본의 도요타자동차와 같은 선진 기업들은 JIT와 TQC를 함께 전개하여 높은 품질과 수요변화에 대한 유연성을 확보하여 세계시장을 넓혀 나감에 따라 세계의 산업을 "총체적 품질(total quality)"의 열풍 속에 빠지게 만들었다.

1990년대에는 환경경영이 화두가 되면서 기업의 지속가능성에 대한 관심이 높아졌고 2000년대에 들어 글로벌 기업들이 증가하면서 시간과 공간의 제약을 효과적으

표 2-5 생산관리 약사

연도	공헌한 사람 및 집단	생산관리 발전에 기여한 내용
1776	Adam Smith	분업의 경제적 이익 제창
1832	Charles Babbage	분업사상을 관리적 측면에서 보완, 시간연구
1911	Frederic W. Taylor	과업관리, 과학적 관리법 제창
1913	Henry Ford	이동조립법에 의한 대량생산방식 확립
1914	Herry L. Gantt	간트 차트 창안
1931	W. A. Shewhart	통계적 품질관리
1946	Pennsylvania 대학	최초의 컴퓨터 ENIAC 개발
1947	G. B. Danzig	심플렉스해법에 의한 선형계획(LP) 개발
1952	MIT 대학	수치제어(NC) 공작기계 개발
1950년대	산업계	안정적인 대량생산
1960년대	산업계	자동화 시작
1970년대	W. Skinner	전반적인 전략과 정책에 따른 생산활동의 종합 전개
1970년대	산업계	유연생산 가속화
1980년대	도요타 자동차	린생산과 품질관리를 전략적 전사차원(TQM)에서 전개
1990년대	ISO 14000	환경친화 생산경영
2000년대	산업계	공급사슬 최적화, 공급관계 및 고객관계에 초점

로 극복하는 공급사슬의 중요성이 부각되었다.

이상에서 기술한 생산관리 발전의 약사를 요약한 것이 〈표 2-5〉이다.

2.4 생산 · 운영의 미래

모든 것은 변한다라는 사실만이 진실이다. 21세기 생산 · 운영 부문도 역시 조금씩 변화해 가고 있는데 큰 틀에서 보면 생산시스템의 유연성 강화와 소프트웨어 융합을 통한 맞춤화(Customization) 실현, 사물인터넷과 스마트 공장을 통한 부가가치 창출이라는 세 가지 방향으로 발전하게 될 것이다.

1) 생산시스템의 유연성 강화

글로벌 경쟁의 확대와 정보통신 및 생산기술 발전의 가속화가 생산관리 분야에 커다란 영향을 미치고 있는데 생산부문에서 발생할 변화를 예상해 보면 다음과 같다.

① 세계 시장을 상대로 하는 공급망 및 글로벌 생산체제
② 제약 자원(시간, 공간, 인력, 물자 등)의 효과적 활용을 위한 경영혁신
③ 생산성 향상을 위한 기술혁신과 경영혁신
④ 환경친화적 생산시스템의 운영

이러한 변화를 다루려면 전략적이면서 종합적인 생산경영의 기본 틀 속에서 환경변화에 신속히 대응할 수 있는 유연성이 높은 소단위의 생산경영체제가 필요할 것이다.

2) 소프트웨어 융합을 통한 맞춤화 실현

토플러(A. Toffler)는 고객의 수요가 개별화 · 다양화되는 현대에서 마이크로 마케팅(micro marketing)을 추구해야 한다고 하였다. 이는 과거 공급자 입장에서 대량생산을 뒷받침하기 위해 매스 마케팅(mass marketing)이 필요했던 것과는 반대로 마이크로 마케팅을 통해 다품종소량생산체제로의 전환이 필요함을 암시하는 것임에 틀림 없다.[19]

전통적으로 생산은 대량생산을 통한 원가절감을 기저로 하여 능률을 강조해 왔다. 그러나 소비자 니즈는 시간이 흐르면서 점점 더 다양해지고 있고 이를 강조하는 마케팅 개념([그림 2-7] 참조)도 나왔지만 생산관점에서 보았을 때 제조원가 상승을 가

---

19) 이순룡, "마이크로 마케팅을 위한 다품종소량생산체제", *경영과 마아케팅*, 1987년 2월호.

산업화 사회	현대	미래
수요의 동질성 Mass Marketing (비차별적 마케팅)	**수요의 이질성** Target Marketing (차별적 마케팅)	**수요의 개별성** 1:1 Marketing (데이터베이스 마케팅)
소품종 다량생산	다품종 소량생산	적품종 적량생산
대량 생산	모듈러 생산	셀형 생산시스템(CMS)
3S	3S	유연 생산시스템(FMS)
전문화	공용화	유연화 · 다양화

수요의 성격과 마케팅 · 생산 형태 · 생산 방식 · 생산 수단 · 생산추이

그림 2-7 생산과 마케팅의 변화 추이

져오는 소량생산은 현실적으로 제조기업이 추구하기는 너무나 먼 이상형일 뿐이었다. 그러나 IT 발전으로 인해서 대량 맞춤화(mass customization)가 현실로 성큼 다가왔고 최근 3D 프린터로 인해 개별 생산이 가능해짐으로써 '1:1 marketing'을 현실화시킬 수 있게 되었다.

대량 맞춤화와 관련하여 생산의 미래를 예상해 본다면 두 가지 방향이 공존할 것이다.

(1) IT 기술과 3D 프린터를 이용한 개별생산

남들과 다른 독특한 제품을 갖기를 원하는 사람들이 점점 더 증가할 것이며 그들 중에는 DIY 방식을 통해서 직접 자신만의 제품을 갖기를 원하는 소비자가 대상이다. 하지만 3D 프린터 기술이 상용화되기에는 몇 가지 문제가 존재한다.

(2) 소프트웨어 융합을 통한 맞춤화

최근의 기술혁신과 더불어 보다 진화된 형태의 개인별 맞춤화 방안이 등장하고 있다. 전자산업 · 기기 분야에서 보건대, 생산설비라는 물리적 투자가 존재하는 하드웨어의 특성상 완벽하게 비용효율적인 개인화 · 맞춤화를 실현하는 데 한계가 있다. 따라서 차별화와 맞춤화의 포인트를 H/W 기능이나 디자인 등이 아닌 한계비용이 제로에 가까운 S/W적 요소인 콘텐츠와 애플리케이션으로 가져가는 것이 보다 진화된 형태의 맞춤화 방안이 될 수 있다.[20] 애플의 앱스토어 모델을 예로 보면 애플은 개방과

---

20) 조준일, "상반된 트랜드의 공존시대, 전자사업을 통해 본 해법 찾기", *LG Business Insight* (#1140), 2011.4.11.

인센티브 부여(profit sharing)를 통해 앱스토어에 방대한 콘텐츠와 애플리케이션 공급 풀을 구축하여 소비자들이 자신이 원하는 상품(콘텐츠 혹은 애플리케이션)을 자유롭게 선택하여 이용할 수 있게 하였다. 결과적으로 소비자들은 동일한 기기를 사용하지만 이용할 수 있는 콘텐츠와 애플리케이션은 고객 별로 각기 달라지기 때문에 고객들은 자신만의 맞춤화된 아이폰 사용 경험을 누릴 수 있게 된다.

자동차 산업도 마찬가지이다. 자동차 구매자들은 자동차를 고를 때 부품보다 그 부품이 어떤 기능을 구현할 수 있는지를 따지는 시대가 되었다. 자동차 외관은 변함이 없지만 그 속에 담긴 기능은 차선이탈 경고, 정속 주행, 자동 제동 등 셀 수 없을 만큼 다양해졌고, 구글이 개발한 자율주행 자동차 등도 모두 소프트웨어 기반의 서비스이다. 심지어 디터 제체(D. Zetsche) 메르세데스−벤츠 회장은 "이제 자동차는 가솔린이 아니라 소프트웨어로 달린다"라고 말했다.[21]

기능의 확대라는 측면 외에 또 하나 중요한 관점이 원가관점이다. 하드웨어 상품은 물량이 늘어날수록 제조원가는 증가하고 기술은 평준화한다. 반면에 소프트웨어 상품은 물량에 관계없이 원가가 비교적 일정하다. 결과적으로 우수한 소프트웨어와 기술을 확보하여 이를 업그레이드한다면 독점적인 시장지배력을 행사할 수 있기 때문에 제조업 부문의 소프트웨어 융합은 점점 더 가속화될 것이다.

3) 사물인터넷과 스마트 팩토리를 통한 부가가치 창출

1913년 포드자동차에 처음으로 적용된 컨베이어 라인 시스템으로부터 시작된 자동화는 기술의 발달과 함께 단위 기계 수준의 자동화 도구의 도입으로 확장되었고 생산라인의 자동화로 점진적으로 확장되어 산업용 로봇, DNC 기계군, 자동품질검사, 무인 운송차, 공장자동화(FA/CIM)로 도입 영역이 확장되어 왔다.

현대의 정보통신기술(ICT) 발전은 스마트 팩토리에서 자동화장비와 센서, 사물인터넷(IoT) 등을 이용하여 공정마다 나오는 빅데이터를 분석하여 새로운 부가가치를 창출하고 있다.

과거 위험한 일들을 대신하기 위해 투입되었던 로봇들이 이제는 인공지능(AI)을 갖고 스스로 학습하고 진화하는 로봇으로 대체되면서 생산성이 혁신적으로 높아지게 될 것인데, 2016년 다보스 포럼에서 AI를 보유한 로봇기술이 4차 산업혁명을 이끌어낼 것이라 예상하였다.

스마트폰과 사물인터넷을 비롯한 최근의 정보통신기술 발전은 자동화 로봇이나 스마트 팩토리 등으로 새로운 부가가치 창출이 기대되고 결국, 제조업과 서비스업의 가

---

21) "소프트웨어(SW) 강자, 글로벌 시장서 살아남는다", 중앙선데이, 2015.4.26.

치사슬 전반에 걸쳐 많은 변화를 가져올 것으로 예상된다.

③ 생산시스템의 유형

3.1 생산시스템의 분류: 생산형태

생산시스템을 이루는 구성요소의 유기적인 결합방식으로 파악되는 생산시스템 내지 생산형태는 구성요소의 특성과 결합조건에 따라서 다양하게 구분된다.

생산형태는 관점을 달리함에 따라 다음과 같이 분류될 수 있다.

3.1.1 수요정보 면에서 본 생산형태

주문에 의해서 아니면 수요예측에 의해서 생산하는가에 따라, 주문생산(job order production)과 예측생산(production to stock)으로 구분한다. 양자의 특징을 비교한 것이 〈표 2-6〉이다.

예측생산은 주문에 관계없이 수요를 예측하여 계획생산을 하므로 제품재고가 존재하는데 반해서 주문생산은 완성품을 납품하면 재고가 없는 것이 보통이다. 이 때 주문생산에 의해 제조된 제품을 **주문품**(order made), 예측생산에 의한 그것을 **기성품**(ready made)이라 한다.

표 2-6 주문생산과 예측생산의 특징

특징	주문생산	예측생산
제품 특성	고객이 제품시방을 결정 제품의 종류가 다양 고가	생산자가 제품시방 결정 품종의 한정 저가
생산 설비	범용설비 사용	전용설비 사용
수행목표의 중요도 (주요평가기준)	납기 품질 원가 생산능력의 이용도	원가 품질 생산능력의 이용도 고객 서비스
운영상의 주요 문제	생산활동의 관리 납기관리	예측 및 계획 생산 재고관리
예	OEM 생산, 선박, 고급주택 건축, 도서	가전제품, 생활용품(비누, 치약 등) 화장품, 식료품제품(탄산음료, 주스, 유제품, 라면, 장류 등)

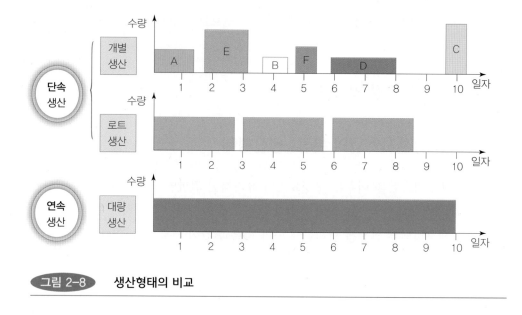

그림 2-8 생산형태의 비교

3.1.2 생산의 반복성에서 본 생산 형태

주문 내지 생산의 반복성에서 볼 때 개별생산(주문 별로 생산하는 방식), 뱃치생산 또는 로트생산(일정량씩 반복 생산하는 방식), 연속생산(동일 제품을 대량 생산하는 방식)으로 구분할 수 있다([그림 2-8] 참조). 일정량(batch or lot)[22]을 반복 생산하는 경우를 장치산업에서는 뱃치생산, 조립 가공산업에서는 로트생산으로 구분한다.

3.1.3 생산흐름의 연속 여부에서 본 생산형태

생산흐름의 연속여부에 따라 단속생산(斷續生産)과 연속생산(連續生産)으로 구분한다.[23]

단속생산(intermittent production)은 생산의 흐름이 단속적이라는 데서 나온 말이다. 이 경우에 설비와 기계는 범용(汎用)의 것이 사용되는데 맞춤 구두와 의류, 주문 가구 제조업, 조선업, 산업용 기계제조업, 자동차 수리, 건축설계, 건설, 진료 등에서 볼 수 있는 생산형태이다.

연속생산(continuous production)은 생산의 흐름, 즉 물품이나 일의 흐름이 연속되어 있다는 데서 비롯된 말로서 석유정제업, 화학공업, 반도체 제조업 등에서 볼 수 있는

---

22) 로트와 뱃치 모두 동일한 조건 아래 한 번에 생산되는 양을 의미한다. 뱃치는 제품의 특성이 액체 또는 가루와 같이 개별 단위를 측정하기 어렵거나 지나치게 미세할 때 사용하며, 로트는 자동차, 전기 · 전자 제품의 조립 가공 산업에서 사용한다.

23) 로트생산의 경우 단속생산과 연속생산의 구분이 쉽지 않을 때가 있는데, 이 경우 小 · 中로트는 단속생산으로 大로트는 연속생산으로 구분할 수 있다.

생산형태이다.

생산시스템이 단속생산시스템인가 또는 연속생산시스템인가에 따라 생산량, 생산속도, 생산원가, 투하자본, 마케팅 활동이 달라진다.

3.2 생산시스템의 유형별 특징

생산형태는 관점을 달리함에 따라 여러 유형으로 나눌 수 있지만, 생산활동을 관리하는데 적합한 생산시스템(방식)은 개별생산방식, 로트(뱃치)생산방식, 연속생산방식의 세 가지 유형이다.

3.2.1 개별생산시스템

중소규모의 제조업에서 많이 볼 수 있는 생산형태는 개별생산 내지 소(小)로트 단속생산으로서 이들은 대부분 고객의 주문에 따라 진행된다. **다품종 소량생산**으로 불리는 이 생산시스템은 대량생산체제의 본거지로 알려진 선진국에서도 상당한 비중을 차지하고 있다.

개별이란 주문 단위별이란 뜻이다. 소(小)로트라 할 때는 생산로트의 크기가 몇 개에서 10여 개 정도를 가리키는데, 여기에서는 개별생산에 프로젝트생산과 소(小) 로트 단속생산을 포함시켜서 다품종 소량생산시스템의 개념으로 다룬다. 개별생산 및 소(小)로트생산은 공작기계 및 특수 산업기계 제조업, 맞춤 의류제조업, 기계수리업, 맞춤 서비스업 등에서 볼 수 있다.

이들 시스템의 기본적인 특징은 수요변화에 대한 탄력성이 크다는 것으로 구체적인 **특징**은 다음과 같다.

① 생산할 제품의 시방(specification)을 고객(주문자)이 정한다.
② 생산시방이 주문에 따라 상이하므로 생산설비는 여러 가지 다양한 제품을 생산할 수 있는 범용설비가 유리하다.
③ 생산에 종사하는 작업자와 감독자들은 생산에 대한 풍부한 경험과 지식이 있어야 한다.
④ 운반되는 물품의 크기, 중량 등이 다를 뿐만 아니라 운반경로나 운반방법이 상이하여 주로 자유경로형의 운반설비가 이용된다.
⑤ 주문이 있기 전까지 정확한 생산예측이 어려워서 원자재에 대한 계획구매가 힘들다.

⑥ 주문별로 가공시간이 다르기 때문에 정확한 일정계획보다는 납기에 맞출 수 있도록 생산착수 및 진도관리에 중점을 두는 경우가 많다.

⑦ 다양한 주문으로 제품 생산을 달리할 때마다 필요한 자재의 준비, 생산에 필요한 치공구의 설계, 작업할당, 때로는 기계설비의 구입, 생산계획의 수립 및 이의 추진절차가 바뀐다.

3.2.2 로트 · 뱃치 생산시스템

로트 · 뱃치(lot or batch) 생산방식을 택하고 있는 공장은 많다. 로트생산을 수행하고 있는 업종으로는 전기 전자제품, 공작기계 제조업, 단조 · 주조업, 의류, 제화, 가구, 도자기 제조업 등이 있다.[24]

로트생산에서는 생산로트가 10개 이상 수백 개, 경우에 따라서는 수천 개 내지 수만 개에 이른다. 가령 100,000개의 생산능력이 있는 공장에서 20개 품목의 제품을 생산한다고 하면 제품별 평균 생산로트는 5,000개가 된다.

생산로트의 크기는 생산시스템이나 생산시스템의 컨트롤에 큰 영향을 준다. 개별생산이나 소로트생산에서 볼 수 있는 생산의 유연성은 생산로트가 커감에 따라서 낮아진다. 바꾸어 말해서 생산로트가 대형화됨에 따라서 생산(설비)시스템은 범용 시스템에서 전용 시스템으로 옮겨지므로 생산의 컨트롤시스템은 더욱 충실해 진다. 그러나 생산로트가 크다고 해도 동일 품종의 반복성이 없는 말하자면 단1회의 주문으로 끝나는 사례가 많은 경우에는 생산시스템의 전용화에 큰 제약요인이 된다. 뿐만 아니라 이에 종사하는 작업자나 감독자의 경험 및 기술수준 또한 높아야 한다.

한편 동일품종의 주문이 반복해서 있을 때는 결과적으로 예측생산이 가능하다. 이것은 사실상 연속생산에 가까운 것으로 이러한 단계에서는 생산시스템의 전용화(專用化), 즉 기계설비와 치공구류의 전용화가 가능하다. 예측생산을 할 때에 가장 큰 문제는 재고문제이다. 우선 각 공정간의 부하가 연속생산시스템의 경우처럼 안정되어 있지 않음으로써 그 다음 단계의 가공을 기다리는 재공품 재고가 불가피하게 생긴다. 경우에 따라서는 기계가 원자재를 기다리느라 쉬는 경우도 생긴다. 따라서 평균 생산로트와 제품재고와의 관계에서 적정 재고량을 결정하여 일정량이 유지되도록 해야 한다.

---

24) 뱃치생산방식: 화학공장 · 장치산업에서 품종을 달리하는 제품(예: 페인트, 아이스크림)을 동일한 장치에서 생산하는 방식.

3.2.3 연속생산시스템

연속생산은 ① 기계공업적 연속생산(대량생산)과 ② 장치산업적 연속생산(흐름생산)으로 나눌 수 있다. 적은 종류의 제품을 대량생산한다는 공통점으로 **소품종다량생산**(少品種多量生産)이라고도 한다. 전용설비를 이용하여 일정 품목에 한정하여 대량생산함으로써 규모의 경제를 실현할 수 있어 개별생산이나 로트생산에 비하여 생산원가가 낮다는 이점이 있지만, 다양한 수요에 대응해 유연성이 적다는 **단점**이 있으며, 생산의 흐름이 연속되므로 생산공정의 신뢰성이 높아야 한다.

(1) 기계공업적 연속생산(대량생산)

기계나 전기·전자 제조업에서 대량으로 생산(예: 볼트, 넛트)하는 기계공업적 연속생산은 전용설비가 제품중심으로 배치되어 운반코스트가 개별생산에 비해 낮다는 특징이 있다. 생산량을 일정량 한정해서 생산하는 로트생산과 구분되어야 한다. 즉, 로트의 크기가 엄청 클 경우 대량생산이며, 이에 못 미치면 로트생산으로 구분한다.

(2) 장치산업적 연속생산(흐름생산)

석유정제, PVC, 시멘트, 비료 등 장치산업에서 찾아볼 수 있다. 통상 거액의 설비투자액이 소요되며 거기에다 공장이 건설되면 변경이 어려우므로 이들 생산시스템의 결정에 신중을 기해야 한다.

다른 생산시스템과 달리 투입된 원료는 이동하면서 가공되기 때문에 물자의 공간이동률이 매우 높다. 그 대신 생산공정 어느 한 곳에서 일어난 고장으로 큰 손해를 보는 경우가 많다. 가령 고장으로 인해서 생산공정이 정지되었을 때 공정내의 원료전부가 못쓰게 된다든가, 경우에 따라서는 장치 전체를 보수해야 되는 때도 있다. 따라서 장치나 시설 전체의 신뢰성이 높아야 된다.

3.3 생산시스템의 기본 유형

서술한 세 가지 생산시스템에 프로젝트 생산을 부가하여 생산방식(시스템)의 **기본유형**을 다음 네 가지로 나눌 수 있다(〈표 2-7〉 참조).

① 프로젝트생산(project production)
② 개별생산(job shop production)
③ 로트(뱃치)생산(lot or batch production)
④ 연속(대량·흐름)생산(mass or flow production)

표 2-7 생산활동별 생산방식

생산형태	생산활동별		생산방식
	제조활동	서비스활동	
단속생산	프로젝트 생산: 비행기, 선박	프로젝트 사업: 미사일 개발, 교량 등 대규모 공사	프로젝트 생산
	개별생산: 맞춤 구두, 의류, 특수 공작기계	맞춤서비스: 진료, 기업진단, 전세 버스 등	개별생산
	로트생산: 금속, 기계가공업, 가구, 도자기	표준화된 서비스	로트생산
연속생산	기계공업적 생산: TV, 자동차, 전구 장치산업적 생산: 비료, 맥주, 석유	즉석식품 판매, 냉면 전문 식당, 은행 창구, 정기노선 버스, 민원	연속생산

현실적으로 한 사업장에 단일의 생산방식만을 적용할 수 있는 경우는 드물다. 가령 자동차 공장은 라인생산방식을 적용하고 있다고 말하지만 실제로 조립공정은 라인생산방식을 취하고 있고 차체나 자동차 문을 제작하는 프레스공정은 대개 로트생산방식을 취하고 있으며, 금형공장이나 수리공장은 개별생산방식을 취하고 있다. 따라서 생산공장에는 복수의 생산방식이 공존한다.

3.4 생산형태의 추이와 대응

생산시스템의 추이를 보건대, 다품종소량생산에서는 경제적 생산을 위해 품종은 줄이고 생산량을 늘리려 하고, 소품종다량생산에서는 다양화를 통하여 판로를 넓히려고 한다. [그림 2-9]에서 품종을 늘리면 다양한 수요에 응할 수 있어 판매가 용이한 대신, 경제적 생산이 어렵고 생산가공이 더딘 불리점이 있다. 한편 생산을 전문화하면 양산에 의한 경제적 생산과 품질향상은 용이하나 다양한 수요에 대응하기 어렵고 수요변동에 대한 탄력성이 적은 불리점이 있다. 그래서 두 시스템은 서로의 불리점을 보완하기 위해서 상대방의 이점을 추구하는 경향을 볼 수 있다([그림 2-10] 참조).

소비자의 니즈가 다양해 지면서 제조기업이 직면하는 가장 큰 애로사항은 어떻게 소비자들의 니즈를 맞출 수 있는가이다. 이를 가능하게 하기 위해서 제조기업은 다양한 품종을 소량씩 생산해야만 하지만 이렇게 될 경우 규모의 경제를 달성할 수 없게 된다. 그래서 현재 대부분의 제조기업이 직면하는 가장 큰 문제는 어떻게 맞춤화(customization) 할 것인가이다.

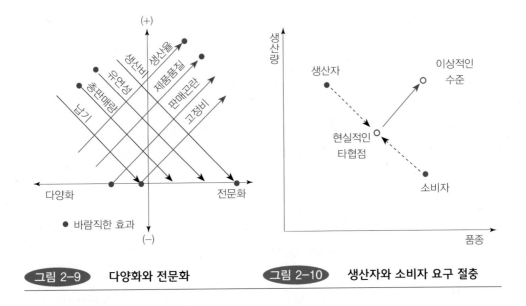

| 그림 2-9 | 다양화와 전문화 | 그림 2-10 | 생산자와 소비자 요구 절충 |

3.4.1 대량 맞춤화를 위한 생산체제

대량 맞춤화를 가능하게 하는 다품종소량생산에서는 경제적 생산을 위해 품종은 줄이고 생산량을 늘리려 한다.

소품종다량생산에서 다양한 수요에 유연하게 대응하기 위해서 보다 적은 수의 부분품으로 보다 많은 종류의 제품을 생산하는 **모듈러 생산**(modular production)이 등장하였다. 즉, 표준화한 자재 · 부문품 · 모듈로 여러 가지 제품을 만들어 다양한 수요를 흡수하고 아울러 경제적 생산을 달성하려는 것이다.

다품종소량생산으로 양산을 하기 힘들므로 어떻게 경제적 생산을 실현하는가가 관건이다. 다품종소량생산의 최적화방안은 요소표준을 활용한 표준화에서 구할 수 있다. 종류를 달리하는 제품이라도 구성 표준 부분품을 공용화하여 이들의 조립과정에서 다품종화를 추구함으로써 다양한 수요를 충족시키면서 경제적 생산을 모색하는 것이다.

생산가공의 경우, 그룹테크놀로지(group technology: GT)로서 가공의 유사성에 따라 부분품을 그룹화하고 가공 로트를 크게 하여 생산능률을 높일 수 있다. 로트당 가공준비시간을 단축시킴으로써 단위당 가공시간을 줄이고 생산능률을 높일 수도 있다. 효율적인 다품종 소량생산을 위한 운영전략상의 방안들로서 가령 모듈화, 아웃소싱, 그룹테크놀로지, JIT(린)생산, FMS, CIM 등이 광범위하게 적용되고 있다.

3.4.2 다품종소량생산의 현실적 접근

다품종소량생산을 위한 대책은 논자나 기업에 따라 다양하게 제시되거나 적용될 수 있지만, ① 관리개념적인 접근방식과 ② 관리과정적인 접근방식으로 나눌 수 있다. 관리과정적 접근방식을 계획·실시·통제의 과정으로 나누어 다품종소량생산의 관리기법을 제시하면 다음과 같다.

고객의 수요가 다양화·개별화되는 현대에서는 마이크로 마케팅(micro marketing)을 추구해야 한다. 공급자 입장에서 대량생산을 뒷받침하기 위해 매스 마케팅(mass marketing)이 필요했던 것과는 반대로 마이크로 마케팅을 통해 다품종소량생산체제로의 전환이 필요하다. 최근 3D 프린터에 의한 개인 생산자의 등장은 'one to one marketing'이 다가오고 있음을 예고하고 있다([그림 2-7] 참조).

수요의 다양화 내지 다품종소량생산의 현실적 접근방식으로 아웃소싱이 각광을 받고 있다. 유행에 따라 패션의류를 소량으로 생산·판매하는 동대문시장의 의류도매상과 다양한 의류와 신발을 판매하는 이랜드나 베이직하우스, 나이키 등은 상품기획을 비롯한 디자인 기능만 본사가 보유하고 생산은 아웃소싱에 맡기고 있다.

```
① 관리개념형 접근방식 ─┬─ IE(산업공학)
                      ├─ GT(그룹테크놀로지)
                      └─ 부품중심생산

② 계획형 접근방식    ─┬─ MRP(자재소요계획)
                      ├─ 로트 스케줄링
                      └─ 모듈러 생산

③ 실시형 접근방식    ─┬─ 유연배치와 다기능공화
                      ├─ FMS(유연생산시스템)
                      ├─ 유연구조(flexible) 생산
                      └─ R&D 및 생산의 아웃소싱

④ 통제형 접근방식    ─┬─ JIT 생산, 동시생산
                      └─ 온라인 생산관리
```

사례 ● 아웃소싱에 생산을 맡기는 플랫폼 컴퍼니

애플, 나이키, 월마트, 델 컴퓨터, 간결하면서 세련된 가구의 이케아(IKEA), 스웨덴의 패션 브랜드 H&M(Hennes & Mauritz), 홍콩의 의류기업 리엔펑(Li&Fung)의 공통점은 생산공장 없이 글로벌 시장을 지배하고 있는 플랫폼 컴퍼니(Platform Company)라는 점이다. 플랫폼

컴퍼니는 생산은 직접하지 않지만 판매는 전 세계 곳곳에서 한다는 개념에서 출발한다. 고객이 어디에 있으며, 원하는 상품은 어떤 것인지, 그리고 그 제품을 생산할 업체가 어디에 있는지를 알고 고객과 공급업체 간 조정자 역할을 수행하는 비즈니스 모델이다.

가령 플랫폼 컴퍼니의 원조인 나이키의 경우, 자체 공장 없이 해외 아웃소싱업체에 생산을 맡겨서 만들어진 제품은 각 국가별로 유통을 담당하는 파트너업체에 넘겨진다. 대신에 나이키는 디자인과 마케팅에만 집중하는 혁신적인 비즈니스 모델로 세계 시장에서 높은 성과를 거두고 있다.[25]

---

25) 김국태, "플랫폼 컴퍼니에 주목하라", *LG주간경제*(893호), 2006.7.14.

이 장은 생산경영의 기본 개념들을 기술한 것으로, 1절에서 생산의 본질과 생산관리의 접근방법 및 문제들을 다루고, 2절에서 생산관리의 발전과 생산운영의 추이를 전망하고, 3절에서는 생산시스템의 유형들을 기술하였다.

이 장에서 기술된 주요내용을 요약하면 다음과 같다.

- 생산(production)이란 생산요소(투입물)를 유형·무형의 경제재(산출물)로 변환시킴으로써 효용을 산출하는 과정이다. 생산을 통해 가치를 증식시키고 효용을 창출하는 것이 생산의 기본기능이다.
- 생산의 목적은 고객의 만족과 경제적 생산에 있다. 따라서 생산시스템은 최소한의 투입비용으로 산출가치의 최대화를 이루도록 생산활동을 전개하여야 한다.
- 생산활동은 제품을 생산하는 제조활동과 서비스를 산출하는 서비스활동으로 대별되는데, 서비스만이 갖는 특성(무형성·이질성·소멸성/시한성·생산과 소비의 동시성)으로 인하여 양자간에는 차이점이 있다.
- 생산시스템은 투입된 생산자원을 경제적으로 결합하여 제품이나 서비스를 산출하는 체계이다. 따라서 모든 생산시스템은 투입·변환과정·산출의 세 부분으로 나눌 수 있다.
- 생산관리는 적질의 제품(서비스)을 적기에 적량을 적가로 생산(제공)할 수 있도록 관련된 생산과정이나 생산활동 전체를 관리·조정하는 일련의 활동이다.
- 생산관리의 문제는 대별해서 ① 생산시스템의 설계와 ② 생산시스템의 운영 및 관리의 문제로 나눌 수 있다. 전자는 장기적 의사결정 문제로서 전략적 문제가 주류를 이루며 후자는 전술적 결정의 단기적 의사결정 문제들이다.
- 생산관리 발전의 토대를 확립한 테일러(1856~1915)는 과업관리 내지 과학적 관리법을 추진하였으며, 포드(1863~1947)에 의해 유동작업조직을 중심으로 한 대량생산 방식이 도입되었다. 테일러 시스템의 특질이 과업관리에 있다면 포드 시스템의 그것은 동시관리에 있다.
- 대량생산은 생산의 표준화(3S)를 바탕으로 실현되는데, 구체적 내용은 제품의 단순화(simplification), 부분품의 규격화(standardization), 기계설비의 전문화(specialization)이다.
- 앞으로 마이크로 마케팅을 통한 다품종소량생산체제로의 전환이 예견됨에 따라, 생산·운영 부문은 생산시스템의 유연성 강화와 소프트웨어 융합을 통한 맞춤화 실현 방향으로 진전하게 될 것이다.
- 생산시스템의 유형은 수주와 생산시간의 관계(주문생산, 예측생산), 생산의 반복성(개별생산, 로트생산, 연속생산), 품종과 생산량(다품종소량생산, 소품종다량생산), 생산물의 흐름(단속생산, 연속생산), 생산량과 기간 등에 따라서 다양하게 분류될 수 있다.
- 근래 다품종소량생산에서는 경제적인 생산을 위해 품종을 줄이려 하고, 소품종다량생산에서는 다양화(예: 모듈러 생산)를 통하여 판로를 넓히려 함으로써 양자가 접근하는 경향을 보이고 있다.

제 3 장
생산·운영전략

경쟁의 축은 시간의 흐름과 함께 변화한다. 이 말은 어제의 승자가 오늘의 패자가 될 수 있으며 영원한 승자는 존재할 수 없음을 뜻한다. 그래서 기업들은 시장 내에 서 자신들의 경쟁력을 확보하고 살아남기 위해서 시장의 트렌드와 기술동향에 맞추 어 자신들의 강점을 강화시킬 수 있도록 전략방향을 설정한다. 결국 생산·운영전략 의 목적은 기업의 경영전략을 효과적으로 구축하도록 자원들을 끌어 모으고 연계시 킬 수 있도록 운영조직을 이끄는 것이다. 이 장에서는 기업의 경영전략과 연계하여 생산·운영전략이 어떻게 구성되며 운영부문을 경쟁무기로 활용할 수 있게 하는 방 법을 알아 본다.

❶ 경쟁력 강화를 위한 운영전략

1.1 경쟁전략의 패러다임 변화

1970년대까지만 해도 제조기업들은 제품을 생산하면 시장에서 날개가 돋친 듯이 팔려 나갔기 때문에 경쟁자보다 얼마나 더 많이 생산할 수 있고 생산성이 더 높은 가 가 중요한 성과지표였다.

1970년대 말 저렴하면서 품질이 좋은 일본 제품이 미국 시장을 잠식해 나가기 시 작했을 때, 미국 제조기업은 일본의 역주가 잠시뿐일 것이라고 생각했지만 그 기세는 수그러들지 않았다. 일본 기업의 경쟁력 핵심은 운영 유효성(operational effectiveness) 의 탁월함이었다. 즉 제품이나 서비스를 경쟁자보다 얼마나 잘 창조하고 기존 제품이

나 서비스를 효율적으로 생산하고 배송하는가가 경쟁의 핵심이었다.[1]

마이클 포터는 경쟁우위를 확보하기 위해서 경쟁전략을 수립하고 전략적 경영을 해야 하며, 경쟁전략의 핵심은 차별화(differentiation)라고 강조했다. 차별화가 의미하는 것은 기업이 경쟁자들과 비교하여 시장 내에서 독특한 위치를 선점(포지셔닝)한 후 고객에게 가치를 제공하기 위해서 선택된 다양한 활동을 통해서 경쟁을 하는 것이다. 그러나 전략적 선택을 할 때 고민해야 하는 것이 두 가지가 있는데, 첫째 선택된 활동들 간에는 다양한 상충관계(trade off)가 발생할 수 있기 때문에 무엇을 하지 않을 것인가를 선택하는 것이 중요하다는 것이다. 둘째, 전략 수립 시 활동들 간에 적합성(fit)이 이루어져야만 한다는 것이다.

하지만 포지셔닝 지향의 경쟁우위이론은 사우스웨스트항공과 일본 기업의 성공을 충분히 설명하지 못했다. 1990년대, 이러한 패러독스를 다루기 위해서 제안된 개념 중 하나가 프라할라드(C. K. Prahalad)와 하멜(G. Hamel)의 핵심 역량(core competence)과 바니(J. Barney)의 자원기반관점(Resource-based view)이다.

프라할라드와 하멜에 따르면, 성공한 기업들은 특정한 시장 내 포지셔닝이나 재무 목표를 획득하기보다는 자신의 기본적인 내부운영역량 구축에 집중하는 경향이 있다고 했다. 특히 경쟁전략 차원의 저원가와 차별화 또는 집중화가 경쟁우위를 제공한다는 생각은 단기적인 관점에서 보았기 때문에 경쟁우위로 간주된 것뿐이지 실질적인 경쟁우위는 경쟁자와 비교하여 저원가를 획득하고 더 빨리 시장에 제품을 출시할 수 있으며 더 높은 품질을 창출할 수 있는 운영능력에 있다고 했다. 즉 빠르게 변화하는 기회를 조직이 신속하게 받아들일 수 있도록 내부의 모든 기술과 스킬을 취합하는 능력을 경쟁우위의 원천으로 보았고 이것을 **핵심역량**(core competence)이라 했다.[2] 예를 들어, 캐논의 정밀기계기술과 광학기술, 혼다의 엔진관련 기술, 코카콜라의 자사 브랜드 이미지 통합을 통한 지속적인 마케팅 능력의 확대가 그들 기업의 핵심역량인 것이다.

핵심역량 기반의 경쟁전략 관점에서 보았을 때 오랜 기간 성공을 유지한 기업의 공통점은 경쟁자보다 어떤 일을 더 잘 수행했기 때문이다. 생산기지를 저임금 영역으로 이전하는 결정은 일시적 우위만을 제공할 수 있다. 왜냐하면 경쟁자 역시 같은 결정을 할 수 있기 때문에 장기적으로 보았을 때에는 경쟁력이 없다는 것이다. 역량 관점에서 볼 때 경쟁 우위는 이전된 시설을 훌륭하게 관리할 수 있을 때에 획득이 가능

---

1) M. Porter, "What is Strategy?", *HBR*, Nov.-Dec. 1996.
2) G. Hamel and C. K. Prahalad, "The Core Competence of the Corporation", *HBR*, May-Jun. 1990.

하다. 이와 마찬가지로, 기업은 특정 기술을 구매할 수 있지만 그 기술로 만드는 제품을 생산하는 능력과 그것을 효과적으로 판매하고 그 기술을 개선하는 능력은 구매할 수 없다. 그러한 스킬은 경험과 오랜 시간을 통해서 개발되기 때문이다. 결국 1장에서 언급했던 '운영 탁월함'이 핵심역량인 것이다.

글로벌 선도 기업이 되기 위해서는 시장에서 차별적 위치를 선점(정적인 관점)하고 이와 함께 핵심 역량으로서의 운영 탁월함(동적인 관점)을 함께 보유해야만 가능하다.

1.2 전략적 경영의 단계

기업의 성과를 지배하는 경영전략은 단기간에 형성되지 않고 복잡한 과정을 거쳐서 완성된다. **전략경영 과정**(strategic management process)이란 [그림 3-1]처럼 기업이 뛰어난 전략을 선택하기 위한 즉 경쟁우위를 창출할 수 있게 하는 전략을 선택하고 실행하는 과정을 말한다. 전략적 경영은 ① 전략 수립, ② 전략 실행, ③ 평가 및 통제의 3단계로 구분된다.

외부·내부 환경 분석이 끝나면 전략적 선택(strategic choice)을 내릴 준비가 된 것이다. 즉 목표를 결정하고 어떻게 하면 목표를 달성하고 경쟁우위를 창출할 수 있는가에 대한 대안을 선택하고 실행할 준비가 된 것이다. 그러나 선택된 전략이 실행되지 않는다면 아무런 의미가 없다.

전략 실행(strategy implementation)을 위해서는 선택된 전략 방향과 일치하도록 조직구조, 각종 제도, 프로세스, 규칙, 구성원 행동 등이 바뀌어야 하는데 이들에 대한

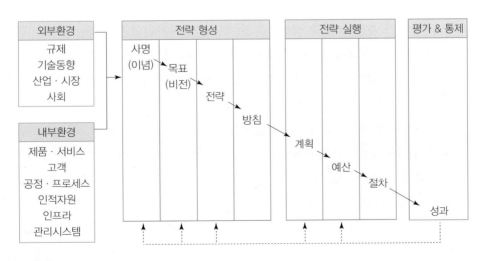

그림 3-1　전략적 경영 과정

기본 원칙이 방침으로 만들어지게 된다. 이렇게 방침까지 완성되고 나면 경영전략의 연도별 목표를 달성하기 위해서 매년 경영계획과 예산을 수립하여 실행하고 성과평가를 통해서 목표 대비 실적을 분석한다. 그리고 전략이 추구하는 궁극적인 목표를 달성할 수 있도록 혁신계획이 수립되며, 혁신과제를 수행하고 각 년도의 목표를 수정 보완하는 작업을 수행하게 된다.

경영전략 수립을 위해서는 통상 태스크 포스(task force)팀이 만들어지고 3개월에서 길게는 1년까지 상당한 시간이 걸려서 경영전략이 수립되며 그 결과가 경영전략 보고서로 작성된다.

1.3 생산시스템의 경쟁우위 요소

경쟁우위를 제공하는 핵심 역량(core competence) 중에 하나가 경쟁자와 제조능력(서비스 능력)을 차별화하는 기술 즉 생산기능의 차별적 경쟁능력이다. 이들 능력은 우수한 노동력, 기술력, 경영력, 유리한 시설입지, 유연한 생산능력 등 변화에 대한 적응력이 높은 시스템과 기술 등에서 비롯된다.

생산기업이 일을 바르고(right) 빠르게(fast) 제때에(on time)[3] 변화하는 상황에 맞추어(flexible) 저렴하게(cheaply) 수행하는 데 힘쓰면 품질우위, 신속성 우위, 확실성 우위, 유연성 우위, 원가 우위에 이르러 결국 경쟁우위(competitive advantage)에 이를 수 있다.

고객을 만족시키는 경쟁우위 요소는 생산기능과 밀접한 관계가 있다. 이유는 고객이 요구하는 제품이나 서비스를 제때에 적절하게 제공하는데 생산기능이 중요한 역할을 하기 때문이다. 즉 생산 · 운영 기능은 생산자원의 합리적인 결합을 통해 경제적 생산활동을 전개함으로써 고객이 보다 저렴한 가격으로 그들이 원하는 시기에 원하는 만큼 양질의 급부를 제공할 수 있기 때문이다. 따라서 생산기능의 강점과 약점은 기업의 경쟁력이나 성패와 관련이 매우 깊다.

그래서 생산시스템에서는 **경쟁우위 요소**들을 생산활동 수행 목표로 추구하는데 가령 원가 · 품질 · 납기(확실성과 신속성) · 유연성이 그것이다([그림 3-2] 참조). 전통적으로 이들 경쟁우위 요소들은 독자적으로 전개되어 왔지만 서로 트레이드 오프(trade off) 관계를 갖기 때문에 현대에서는 지속적 개선 기법이나 시스템 통합, 기능간 통합 등을 통하여 상호보완적으로 추진하는 것이 효과적이다.

그러나 자원이 제약되거나 직접적인 트레이드 오프 관계에 있는 경쟁우위 요소들

---

3) 일을 빠르게 제때에 행하면 납기우위(delivery advantage)에 이를 수 있다.

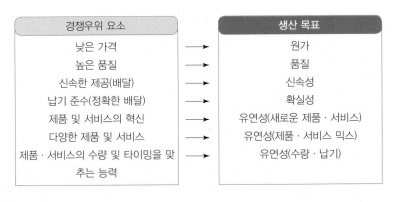

경쟁우위 요소	생산 목표
낮은 가격	원가
높은 품질	품질
신속한 제공(배달)	신속성
납기 준수(정확한 배달)	확실성
제품 및 서비스의 혁신	유연성(새로운 제품·서비스)
다양한 제품 및 서비스	유연성(제품·서비스 믹스)
제품·서비스의 수량 및 타이밍을 맞추는 능력	유연성(수량·납기)

그림 3-2 경쟁우위 요소와 생산목표의 연계

출처 : N. Slack et al., *Operations Management,* Pitman Publishing, 1995.

은 우선순위에 따라 전개하는 것이 바람직하다. 경쟁우위 요소 내지 생산목표의 비중은 경쟁환경과 경쟁자의 상황에 따라서 차이가 있을 뿐만 아니라 생산활동 주체의 능력에 따라 다르다.

[그림 3-2]의 경쟁우위 요소별로 생산·운영에서 다음 사항을 고려해야 한다.

(1) 가격 및 원가

일용품과 같은 시장영역에는 많은 기업들이 경쟁하고 있어서 경쟁이 매우 치열하다. 품질이 같을 때는 가격이 경쟁의 관건이 되는데, 판매가격의 결정은 낮은 원가의 생산자에게 유리하다. 포터(M. Porter)가 제시한 '원가상의 우위확보 전략'은 가격 및 원가를 제일의 경쟁우선순위로 하는 전략이다.

사례 ● 초코파이의 장수비결은 가격

4반세기 동안 장수상품으로 군림해 온 오리온의 "초코파이"는 1974년 탄생하여 2012년까지 165억 개가 팔렸는데, 지구를 25바퀴를 돌 정도의 길이이다. 초코파이 성장비결은 '값싸고 맛있게 만드는 생산'과 '저가격 마케팅'이라고 할 수 있다.

이 제품은 1996년 1월에 가격이 150원으로 오르기 전까지 20년간 100원 짜리였다. 낚시나 등산, 여행시 비상식량이나 극빈자와 어린이의 간식용으로 애용되는 초코파이는 단맛과 초콜릿으로 열량이 하나당 4백 칼로리로 공기밥(300cal)보다 높다. 그래서 이 제품은 르완다 난민 어린이들에게 사랑의 선물로 전달된 일도 있으며 중국에서는 신랑 신부가 먼 길을 마다하지 않고 자신들의 결혼식에 와준 사람들에게 답례품으로 초코파이를 선물할 정도이며, 베트남에서는 오리온 초코파이가 제사상에 오를 정도로 높은 인기를 끌고 있다.

지난 1994년 수출을 시작한지 20년 만에 '1천만불 수출탑'을 수상했고 현재 60여 개국에 수출되고 있다. 특히 러시아인들이 맥도날드 햄버거나 코카콜라 못지 않게 즐기는 이유는 '값싸고 맛있기 때문'이라고 한다.[4]

(2) 품 질

현대시장에서 강력한 경쟁우위 요소는 품질이다. 세계 시장에서 일본 상품이 선호되는 것은 원가의 증가 없이 제품 품질을 지속적으로 개선해 왔기 때문이다. 최근 조사에 의하면 미국의 경영자들도 지속적인 품질개선에 최우선 순위를 부여하고 있다. 빈약한 품질로는 치열한 경쟁에서 살아 남기 힘들다. 고품질을 자랑하는 캐딜락 자동차, 삼성의 메모리 반도체, 균일한 품질을 특징으로 하는 맥도날드 햄버거와 코카콜라 등을 예로 들 수 있다

(3) 신속성

시간은 최근 중요한 경쟁우위요소로 인식되고 있다. 경쟁기업이 양질의 제품과 서비스를 비슷한 가격으로 제공해서 큰 차이점이 없을 때, 시간은 매우 중요한 경쟁능력이 될 수 있다. 패더럴 익스프레스나 도미노 피자 등은 신속한 배달로 경쟁우위를 확보했다. 특히 하이테크 시장에서 시간은 결정적인 경쟁우위변수가 될 수 있다. 고객은 최신 제품을 원하며 그것이 신속히 배달되기를 원한다. 그래서 애플이나 삼성전자와 같은 선도 기업들은 스마트폰 분야에서 빠른 인도시간이 아닌 개발속도에 초점을 맞춘 시간경쟁을 통해서 전략적인 경쟁우위를 창조하였다.

(4) 확실성

제품 및 서비스가 복잡 정밀해짐에 따라 높은 신뢰성이 요구되고 있다. 특히 의사나 변호사 등에 의해서 제공되는 전문 서비스에서 확실성(dependability)은 매우 중요하다. 여기서 확실성은 고객에게 약속한 기능을 올바로 제공할 뿐만 아니라 제공(약속)시간을 준수하는 것을 뜻한다.

(5) 유연성[5]

환경변화의 불확실성에 빠르게 대응하기 위해서는 다음의 3개 범주를 포괄하는 종

---

4) "파리서 파리바게뜨 빵 사먹고, 베트남선 초코파이가 제사상에…", 파이낸셜뉴스, 2015.1.13.
"히트장수 초코파이의 신화", 주간매경, 1995.5.31.
5) 여기서 유연성이란 새로운 상황에 대응하는 능력을 뜻한다.

합적 유연성을 갖추어야 한다.

- 제품 유연성. 신제품을 빠르게 개발하고, 시장요구에 따라 변경·수정할 수 있는 능력
- 공정 유연성. 한 제품에서 다른 제품으로 빠르고 쉽게 공정을 변경하여 다양한 종류의 제품을 생산할 수 있는 능력
- 하부구조 유연성. 조직구조와 조직운영을 환경변화에 따라 변화시키는 능력

(6) 서비스

서비스는 전체 제품의 핵심부분으로서 그 기업의 시장점유율과 밀접한 관계가 있다.

따라서 이들을 동시에 동일한 수준으로 달성하기보다는 우선순위를 부여하여 차별적으로 추구하는 것이 바람직하다. 때문에 경쟁우위 요소들을 경쟁 우선순위 (competitive priority)로 표현하기도 한다.

이상 기술한 6개 경쟁우위 요소 중 기업능력(생산능력)을 한두 요소에만 집중해서는 안 된다. 특히 선두 기업은 각 경쟁요소간의 트레이트 오프(trade off)를 생각하기보다는 그들 사이의 시너지효과(synergy effects)를 찾아야 한다. 반대로 경쟁요소 모두를 동시에 고려하는 것은 힘의 낭비를 초래하므로 경쟁사와 차별화되는 요소들을 수행목표로 추구해야 경쟁우위를 획득할 수 있다. 즉 수행목표의 우선순위를 정할 필요가 있는데, 다음 세 가지 사항들을 고려하여 결정해야 한다.

① 고객들의 요구. 고객들이 원하는 것은 무엇인가? 가격인가, 품질인가, 납기인가?
② 경쟁업체의 경쟁력. 경쟁자는 무엇으로 경쟁하며 특히 그가 월등하게 뛰어난 것은 무엇인가?
③ 제품·서비스의 라이프 사이클 단계. 수명주기의 어느 단계에 있는가? 도입단계인가, 성장단계인가, 아니면 성숙단계에 있는가?

② 생산·운영전략의 기본 틀

2.1 기업전략과 생산·운영전략의 관계

선도기업들은 운영전략을 명확히 제시하며 기업전략과 일관성을 유지하고 있다. 환경변화에 효과적으로 적응하기 위해서 경영전략은 조직의 수준에 따라 기업(전사)

전략, 사업전략, 기능별 전략으로 구분된다([그림 3-4] 참조).

기업전략(Corporate strategy)은 복수의 사업을 동시에 운영하면서 어떻게 경쟁우위를 확보하고, 기업의 목적과 목표들을 어떻게 달성할 것인가를 제시한다. 기업 전체의 입장에서 전개되는 기업의 이념·비전·목적(양적, 질적)을 비롯하여 이에 따른 전사적 차원에서 전개되는 자원의 결합과 배분에 관한 전략적 결정이 포함된다.

기업전략은 다음 2개의 질문을 다루는데 "회사가 새롭게 진입해야 하는 사업은 무엇이며, 본사 조직이 사업조직들을 어떻게 관리할 것인가'이다. 또한 기업전략은 각 사업단위의 합보다 더 큰 총합, 즉 시너지를 만들 수 있어야 한다고 포터 교수는 말했다.[6] 특히 기업전략을 달성하는 보편적인 방법으로 수직적 통합, 전략적 제휴, 사업 다각화, 인수합병 전략, 사업 구조조정 등이 제시된다.[7]

사업전략(business strategy)은 사업별 내지 전략사업단위(SBU: strategic business unit)별로 전개되는 기업전략의 하위전략이다. [그림 3-2]의 생활잡화사업본부의 전략이 해당되는데, AA기업은 4개 사업본부가 존재하기 때문에 4개의 사업전략을 갖는다. 단일 사업을 수행하는 기업에서는 사업별 분류는 의미가 없다. 사업전략은 경쟁전략이 핵심이 되는데 해당 사업단위가 특정 시장 내 혹은 특정 산업 내에서 경쟁자와 차별화시킬 위치 선점과 관련된 전략적 포지셔닝 결정과 어떠한 경쟁우위를 갖고 경쟁자에게 대응할 것인가에 대한 의사결정이 포함된다.[8]

기능별 전략(functional strategy)은 각 사업전략의 하위전략으로 상위전략(기업전략 내지 사업전략)을 효과적으로 실행하기 위해 각 기능부문 수준에서 수립되는 전략으로 운영전략, 구매전략, 마케팅 전략, 판매 전략, 재무전략 등이 있다. 즉 생산·판매·재무 등 각 기능부문이 요구된 경쟁우위를 어떻게 지원하며 다른 기능전략과 보완할 것인지를 구체화한 것이다.

이들 3단계의 전략은 서로 연계되어 전개되는데, 기업전략은 사업전략의 방향을 제시하고 사업전략은 기능별 전략의 방향을 그리고 기능별 전략은 일상적인 경영활동에 대한 방향을 제시한다.

본 절에서는 경영전략을 쉽게 이해할 수 있도록 AA사의 사례를 들어 경영전략과 생산·운영전략이 어떻게 만들어지는지를 설명하겠다.

AA사는 제조기업으로 생활잡화사업본부(가정용 청소도구 & 정원용 도구)와 가정용

---

6) M. Porter, "From Competitive advantage to corporate strategy", *Harvard Business Review*, May-June 1987.

7) J. Barney & W. Hesterly, *Strategic management and competitive advantage: concepts and cases*, Pearson, 2012.

8) M. Porter, "What is Strategy?", *Harvard Business Review*, Nov.-Dec. 1996.

공구사업본부를 갖고 있으며 현재 전사 매출액은 약 3조원 정도의 튼튼한 중견기업으로 생활잡화사업을 기반으로 15년 전에 창업을 했다. 안정적인 성장을 위해 다각화를 결정한 후, 가정용 공구회사의 인수를 통해서 국내 공구시장에서 인지도를 강화시켰고 몇 년 전부터 수출을 시작하여 가정용 공구사업본부의 수출 비중이 상당히 증가하고 있는데 향후 본격적으로 글로벌화에 매진할 계획이다.

AA사는 지속적인 성장과 사세 확장을 위해 기존 사업의 글로벌화뿐만 아니라 기존 사업과 시너지를 창출할 수 있는 신규 사업을 추진해야 할 필요성을 느껴 신규사업계획을 포함한 새로운 경영전략을 수립하기로 결정하였다. 경영전략 수립 TF팀(태스크포스팀)이 만들어진 후 약 6개월에 걸쳐 새로운 경영전략을 수립하였다.

[그림 3-3]은 AA기업의 새로 수립된 경영전략 중 생활사업본부의 전략이다.

새롭게 수립된 AA사의 경영전략에서 비전(글로벌 카테고리 킹), 조직구조(생활잡화사업본부, 가정용 공구사업본부, 물류사업본부, 신규사업본부)와 재무적 목표(20년 후에 50조 규모로 성장), 그리고 향후의 성장방향(3단계로 성장할 계획)을 결정했다. 기존의 2개 사업본부 구조를 4개 사업본부로 확장하기로 했으며 산업용 공구류 사업본부가 새롭게 진출한 신규 사업이며 기존의 물류지원부를 물류사업본부로 확대시키기로 결정

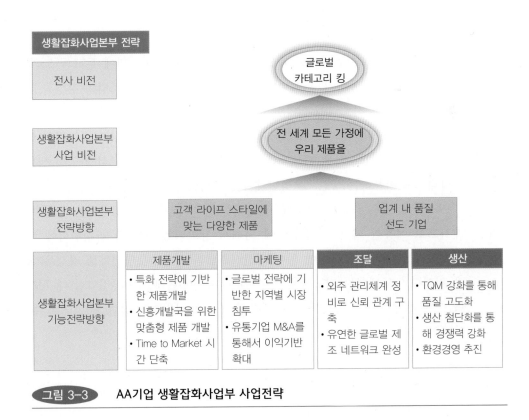

그림 3-3 AA기업 생활잡화사업부 사업전략

했다.

[그림 3-3]에 의하면, 생활잡화사업본부의 사업전략은 사업본부 비전과 전략방향 그리고 기능전략 방향으로 구성되어 있다. 생활잡화사업본부는 청소용 도구를 생산해서 판매하고 있으며 산하에 마케팅부, 제품개발부, 구매부, 생산부가 존재하고 각 사업본부별 기능조직들의 총괄부서는 본사조직에 존재하여 본사 기능조직에서 전사 조정작업을 수행한다.

"전 세계 모든 가정에 우리 제품을"이라는 사업본부 비전을 달성하기 위해서 어떻게 경쟁할 것인가에 대한 전략방향은 현재 2개(고객 라이프 스타일에 맞는 다양한 제품, 업계 내 품질 선도 기업)가 결정되었으며 이것을 달성하기 위해서 사업본부 내에 속한 기능 조직이 수립한 전략적 방향성이 기능전략 방향이다. 예를 들어 사업본부 전략 방향성을 달성하기 위한 생산·운영 전략 방향에는 3개(TQM 강화를 통해 품질고도화, 생산첨단화를 통해 경쟁력 확보, 환경경영 추진)가 정해졌다. 결국 운영전략이라는 것은 생산부문의 전략방향과 이것을 달성하기 위한 혁신계획을 포함한 세부 활동계획들로 구성된다.

2.2 생산·운영전략의 개념

전통적으로 제조기업에서는 생산목표를 생산비용의 최소화에 두고 규모의 경제에 치중해 왔다. 1960년대 말 스키너(W. Skinner) 교수는 미국 제조업이 경영환경 변화에 대한 생산기능의 적응력이 취약한 점을 인식하고 당시 마케팅과 재무전략의 제약점을 보완하는 운영전략의 필요성을 제창하였다. 그 후 하버드 경영대학원의 연구자들 (W. Abernathy, R. Hayes, S. Wheelwright 등)에 의해서 경쟁무기로서 기업의 생산기능을 전략적으로 이용하는 생산·운영전략이 강조되었다.

1980년대 이후 자동차, 반도체, 전자제품 등 일본 상품의 경쟁력은 생산기능을 체계적으로 이용한 생산·운영전략에 의해서 강화되었는데, 즉 환경변화에 부응하여 전략적 비교우위를 추구함에 있어 생산시스템과 생산·운영전략을 경쟁무기로 삼아온 것이다.[9] 50년대는 저노임에 의한 원가우위, 60년대는 자본집약형 대규모 운영전략, 70년대는 집중화 공장에 의한 생산성 제고와 저원가의 실현, 80년대는 수요의 다양화와 격심한 경쟁에 대응한 유연성 공장의 운영을 시도하였다.[10]

---

9) 김기영·반준영·오세진, "유연성: 경쟁무기", 경영과학(7권 2호), 1990.12.
10) G. Stalk Jr., "Time: the Next Source of Competitive Advantage", *Harvard Business Review*, July-August 1988.

생산 · 운영전략(operations strategy)은 기업전략이나 사업전략의 하위전략으로 기업 내지 사업의 경쟁우위를 도모하기 위해 생산기능의 전반적인 방향을 설정하는 생산 의사결정이라 정의할 수 있다. 운영전략은 조직의 사명을 최상으로 만족시킬 수 있도록 하기 위해서 운영부문에 투자되는 모든 자원들의 방향을 제시하고 개발시키는 방법을 설명하는 목표, 정책 그리고 스스로 부과한 제약조건 들의 집합이다. 그래서 특정 기업의 생산 · 운영전략은 경쟁차별화를 위하여 선택된 방식을 지원하는 방법규명을 출발점으로 삼는다. 즉 운영부문에 투여되는 대량의 자원을 일관되고 목적 적합적이 되도록 배치시킴으로써 운영이 경쟁우위의 강력한 근원이 될 수 있게 한다.

1971년 텍사스에서 보잉 737기 3대로 댈러스, 휴스턴, 샌안토니오 3개 도시를 1일 18회 왕복하는 항공 회사로 운항을 시작하여 항공산업 4위(2014)에 오른 사우스웨스트항공사(South-west Airline)의 경우를 보자. 이 회사는 단거리 수송, 낮은 가격, 복잡한 허브공항이 아닌 중소도시나 대도시의 중소규모 공항 간의 운송을 제공하는 저원가 · 단순화 전략을 추구한다. 즉 사우스웨스트항공 전략의 핵심은 경쟁자보다 적은 수의 비행기를 보유하지만 빈번하게 이착륙하고 더 오랜 시간을 비행하는 운영역량에 있다.[11]

특히 생산 · 운영전략 수립 시 고민해야 하는 것은 사업부문의 경쟁전략이 운영조직의 우선순위에 반영되도록 하는 것이다. 즉 사업부문에서 추구하는 경쟁차별화의 유형이 구체화되면 경영자는 운영조직이 차별화를 제공할 수 있는 형태로 조직되고 관리되도록 해야 하며 자원과 인력에 대한 선택을 해야만 한다.

2.3 생산 · 운영전략의 수립과정

생산 · 운영전략은 수시로 작성되는 것이 아니라 대게 경영전략 수립 과정에서 함께 작성된다. 기업에서 통상적으로 경영전략을 수립하는 과정을 보면, [그림 3-4]에서 볼 수 있는 것처럼 기업이 처한 외부환경 분석과 기업이 지니고 있는 내부 역량 평가를 수행한다. 그 다음 전략적 비전(strategic vision)을 수립하기 위해서 전사 임원이 참여하는 비저닝 워크샵(visioning workshop)이 수행된다. 이 워크샵에서 환경분석과 내부 역량 분석 결과가 발표되고 난 후 새로운 목표와 사명, 경쟁전략 방향에 대한 토론이 이루어지고 잠정 안이 결정된다.

목표와 경쟁전략 방향성에 대한 합의가 이루어지고 나면 생산부문 구성원들이 생산 · 운영전략 방향별로 구체적으로 어떤 활동을 언제 어떻게 수행할 것인지에 대한

11) M. Porter, "What is Strategy?", *Harvard Business Review*, Nov.-Dec. 1996.

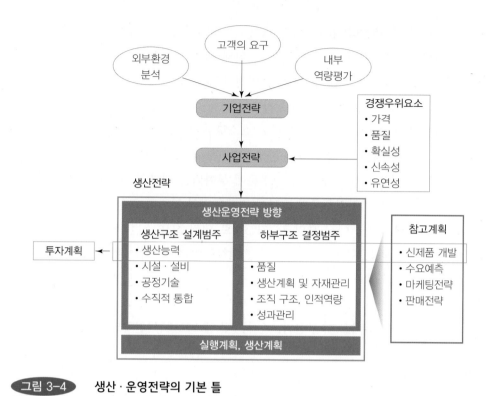

그림 3-4   **생산 · 운영전략의 기본 틀**

실행계획을 수립하게 되는데, 생산 · 운영 부문에 주어진 목표를 달성하기 위한 혁신 개혁을 포함한 중장기계획 및 성과평가지표 등을 결정하게 된다. 이때 세부 생산계획 은 경영계획의 생산계획 수립과 비슷한 방식으로 수립된다. 즉 상품군 기준의 생산수 량을 예측하고 이에 따라 생산능력의 증설, 판매동향을 반영한 생산라인의 통 · 폐합 여부, 공급자의 선정기준 및 확보, 해외 생산거점에서의 수입량 확보, 공장 창고의 확 보와 관련된 의사결정을 하게 된다. 그리고 공장별 원가계산을 하며 어떻게 원가절감 을 할 것인지에 대한 대책도 함께 실행계획 안에 포함시킨다. 그리고 생산라인의 유지 보수와 개선과 관련된 비용도 계획하며 또한 자원의 재활용과 폐기물 처리에 대한 비 용뿐만 아니라 자동화에 대한 투자도 고려하며, 매입 · 외주에 대한 계획도 수립한다.

2.4 생산 · 운영전략 의사결정 시 고려사항

2.4.1 생산 · 운영전략 의사결정 범주

생산 · 운영전략은 생산부문의 장기적인 전략방향을 결정하고 이를 위해 생산자원 을 배분하는 장기계획이다. 즉 생산목표를 달성하기 위한 생산구조에 대한 의사결정

표 3-1 생산 · 운영전략 의사결정의 범주

의사결정 유형	범주	결정 예
생산구조 결정	공급사슬 네트워크 생산능력 시설 공정기술 수직적 통합 · 공급자	글로벌화에 따른 공급사슬 네트워크 결정 설비의 생산량, 투자시기, 유연성의 정도 입지, 시설규모, 시설의 기능 · 설계 설비의 유형, 자동화 수준, 공정배치 다른 사업과의 연결, 통합 방향, 균형
생산하부구조 결정	인적 자원 품질관리 생산계획 · 자재관리 신제품 개발 작업스케줄링 · 관리 시스템 조직	작업자의 기능 수준, 선발, 안전 성과측정, 급여, 보너스, 승진정책 예방 및 평가활동의 비중, 품질관리 메커니즘 자체제작과 소싱, 재고계획 및 관리, 공급자 및 하청방침 순차적 대 병행적 개발, 팀의 활용 구매, 총괄생산계획, 스케줄링, 재고관리, 대기 주문관리 위임 의사결정 종류, 스태프 그룹의 역할 등

출처: R. H. Hayes & S. C. Wheelwright, *Restoring Out competitive Edge,* John Wiley, 1983에 R. H. Hayes, G. Pisano, D. Upton, & S. Wheelwright, *Pursuing the Competitive Edge,* Wiley, 2004의 항목을 추가함.

패턴이라 할 수 있다. 통상적으로 생산구조와 관련해서 고민해야 하는 요인이 많지만 기업에서 수립되는 생산 · 운영전략 방향은 사업전략의 방향과 일치해야 하며 자원은 한정되어 있기 때문에 모든 의사결정 요인을 운영전략 방향에 포함시킬 수가 없다. 결과적으로 〈표 3-1〉에 나열된 운영전략 의사결정 범주에 포함되는 항목들 중에서 각 기업의 전략방향을 달성하기 위해서 가장 필요한 범주가 운영전략 방향으로 선택되게 된다.

다시 말해서 사업전략을 달성하기 위해서 생산기능에서 강조되어야 할 경쟁우위 변수(경쟁 우선순위)가 결정된 다음에 이들을 의사결정 패턴으로 바꾸어 표현하게 되며, 전략적 생산의사결정의 범주는 대별해서 생산구조의 결정과 생산하부구조의 결정으로 나누어 진다. **생산구조**는 생산능력, 시설 · 설비, 기술, 수직적 통합 등을 의미하고 **생산하부구조**는 인적자원, 품질, 생산계획, 자재관리, 조직 등과 같이 생산구조를 지원하기 위한 통제, 절차 및 시스템을 의미한다(〈표 3-1〉 참조).

2.4.2 생산 의사결정시 고려사항

1) 전략적 적합성(fit)

사업전략에 준하는 생산 · 운영전략을 수립하는 것은 생산구조와 생산인프라 사이에서 일관성을 갖도록 하는 것으로서 신제품을 설계하는 것보다 훨씬 어렵고 복잡하지만, 생산·운영전략 수립 시 중요한 사항이다. 그래서 생산·운영전략이 사업부 전략 방향과 상충관계를 갖지 않도록 수립되어야 한다. 즉 사업부 전략 방향이 원가우위 확보로 결정되었으면 생산·운영 전략방향은 대규모 투자가 필요한 공장 첨단화를 통한 경쟁력 확보 보다는 경쟁력있는 협력업체와의 공급관계 강화를 통한 원가절감이 훨씬 적절한 전략방향이 될 수 있다.

생산·운영전략에 근거하여 이루어지는 의사결정은 기업의 운영비용, 품질, 신뢰성, 유연성, 신속성, 대응성, 신제품 개발능력 등에 다양한 영향을 미친다. 그래서 생산 의사결정을 내릴 때에는 가급적 우선순위가 낮은 항목에 자원이 낭비되지 않도록 해야 하며 성공을 위해서 필요한 핵심 사항들이 실현되도록 결정해야 한다.

사업전략과 생산·운영전략 사이에 전략적 적합성이 존재하는지를 충분히 고민하지 못하고 생산구조나 생산인프라와 관련된 의사결정을 내리게 되면 사업전략과의 상충관계가 발생할 수 있다. 이를 사전에 방지하기 위해서는 생산·운영전략은 조직의 타 부문과 충분히 분명하게 의사소통해야 하며 운영부문의 구조적 의사결정으로 의도하지 않았던 변화가 발생하는지, 전략과 일관성(fit 또는 alignment)이 있는지를 수시로 모니터링해야 한다.

2) 집중(focus)

집중(Focus)이라는 용어는 필연적으로 전략적 적합성(Fit)과 함께 한다. 집중화의 장점은 아주 단순한 방법들을 통해서 획득될 수 있다. 예를 들어서 고객이 드물게 찾는 제품 또는 옵션 제거, 운영 세분화, 특정 시설을 분리된 여러 개의 작업영역(종종 공장 내 공장으로 불림)으로 나눔으로써 단순화시킬 수 있다. 제품이나 서비스 그룹에 대해 책임을 갖고 있는 소규모 인원으로 구성된 생산 셀은 이러한 접근방법의 예이다.

'전략 적합성(Fit)'과 마찬가지로 '집중(Focus)'의 원칙과 개념을 설명하는 것은 쉽지만 구현은 사실상 어렵다. 어떤 기업이 집중에 대한 필요를 느끼고 집중화하기로 결정하면 "어떻게"라는 질문이 남는다. 제품계열에 따라서, 공정이나 기술에 따라서, 지역에 따라서, 시장이나 고객 그룹에 따라서 집중시킬 수는 있지만 동시에 몇 개의 차원에 걸쳐서 집중할 수는 없다. 어떤 하나의 차원(예: 제품계열)에 따라서 집중하기로 결정한다는 것은 다른 요인에 대한 집중을 포기함을 의미한다.

집중대상에 대한 의사결정이 이루어지고 나면, 이번에는 어느 정도로 집중시키는 것이 적절할지를 결정해야 한다. 극단적인 경우에는 각 제품과 파트 또는 부품서비스에 각각 독립된 조직이 배정될 수도 있다. 반면에 모든 운영이 같은 곳에서 수행될 수도 있다. 결국 이것은 전략 적합성을 갖는가라는 질문으로 회귀되며, 그래서 전략

적합성과 집중은 동전의 양면과 같은 특징을 갖는다.

다음 3절에서는 운영 탁월함을 이용하여 어떻게 경쟁자에게 공격을 가하고 경쟁자의 공격을 방어할 수 있는가를 알아본다.

③ 생산·운영에 의한 경쟁우위 창출

운영을 전략적으로 활용할 수 있는 경쟁무기로 개발하지 못한 기업들은 경쟁기업에 밀리고 그들 자신이 당면한 문제 때문에 성장하지 못하게 된다. 기업규모, 고객수, 보유기술에서 뒤쳐지는 중소기업이라도 대기업을 압도하는 경우가 종종 있으며 선도기업이 어느 날 혜성처럼 나타난 경쟁자의 공격에 쉽게 무너지기도 한다. 선도기업임에도 불구하고 경쟁자의 공격에 빠르게 그리고 강력하게 대응하지 못하는 이유는 무엇 때문일까? 반면에 경쟁자의 방어를 성공적으로 막아낼 수 있었던 선도기업들은 무엇이 달랐을까?

기업의 구성원과 생산 프로세스에 내재되어 있는 뛰어난 운영 역량, 즉 운영 탁월함(operational excellence)은 기업의 현재 경쟁위치의 버팀목일 뿐만 아니라 경쟁자들이 동일한 경쟁전략을 채택했을 경우에도 지속적인 경쟁우위를 유지할 수 있는 초석을 제공한다. 게다가 이러한 운영 탁월함으로 경쟁우위에 있는 기업은, 시장 내에서 차별화된 경쟁위치에 포지셔닝하고 있는 경쟁자보다 눈에 잘 드러나지 않기 때문에 경쟁자들이 자신의 존재를 명확하게 인지하지 못한다는 장점이 있다. 게다가 경쟁우위를 지속하기 위해서는 운영 스킬을 지속적으로 개선해야 하기 때문에 모방하기도 어려울 뿐만 아니라 경쟁자가 이러한 경쟁우위를 인식했을 때는 이미 따라갈 수 있는 여지가 없다는 것이 큰 장점이다.

다음에는 생산·운영을 경쟁무기로 활용하는 방법들을 설명한다.

3.1 운영을 이용한 공격

운영을 통해 성공한 공격자들은 다음 두 가지 특성을 갖고 있다.

첫째, 그들은 특정 고객들에게 가치를 부여하지만 경쟁자가 중요하게 여기지 않는 차원에서 경쟁우위를 가질 수 있는 운영전략을 채택하는데, 이는 고객들의 관점에서는 차별화로 보이게 된다.

둘째, 다른 조직이 쉽게 모방할 수 없는 가치·시설·기술·능력, 공급자·고객 관계, HR, 동기부여 방식이 긴밀하게 통합된 시스템을 개발하고 이것을 신규사업 진출에 이용했을 뿐만 아니라 재빠르게 개량해서 적용한다.

운영을 통해서 공격할 수 있는 방법에는 다음 두 가지가 있다.

① 경쟁자가 중시하지 않는 시장에 신제품 출시
② 신규 사업을 위한 핵심 역량 개량

사례 ● 미국 심장부를 파고든 마힌드라&마힌드라

1945년 인도에서 제강업으로 창업한 마힌드라&마힌드라(Mahindra & Mahindra)는 트랙터로 인도시장에서 큰 인기를 끌고 있었다. 1990년대 중반, 마힌드라는 인도 최고의 트랙터 제조기업 중의 하나였다.

마힌드라가 미국에 최초로 진출할 당시(1994년) 디어&컴퍼니(Dear & Company)가 트랙터 시장을 지배하고 있었는데, 대규모 농장 사업에 적합한 600마력에 이르는 대형 기계를 주로 생산하고 있었다. 마힌드라는 디어&컴퍼니와 정면으로 대결하는 대신에 마힌드라의 강점을 최대한 활용할 수 있고 성장할 수 있는 소규모 틈새시장을 공략하기로 결정하고 취미로 농사를 짓는 사람, 조경사, 건설업자들을 대상으로 빨간색 소형 트랙터를 제공하기로 결정했다. 마힌드라의 트랙터는 견고했고 신뢰성이 있었으며 가격 경쟁력이 있었다. 몸집이 큰 미국인들이 편안하게 사용할 수 있도록 좌석과 브레이크 페달 크기를 키워 미국 시장에 맞도록 설계를 변경했다.

당시 디어&컴퍼니는 미국 경쟁자들에게 더 많이 신경을 쓰고 있었기 때문에 경쟁업체들의 감시망에서 벗어난 마힌드라는 개인 맞춤형 서비스를 통해 소비자들을 공략했다.

마힌드라는 소규모, 특히 가족이 운영하는 판매점과 긴밀한 관계를 형성했다. 마힌드라는 주문을 받은 시점으로부터 24시간 내지 48시간 내에 트랙터를 배송하는 적시 납품 방식을 채택했다. 트럭터 구매자와 긴밀한 관계를 구축하기 위해 마힌드라 USA 사장은 트랙터 구매자 중에서 대략 10~15%의 고객들에게 직접 전화를 걸어 구매 과정과 새로 구매한 트랙터가 마음에 드는지를 물어 보았다.

1999년부터 2006년까지 미국에서 마힌드라 제품 판매는 매년 평균 40%씩 성장했고, 그 결과 판매 수량을 기준으로 세계 1위 트랙터 제조기업이 되었다. 우리나라의 쌍용자동차를 인수한 기업이기도 하다.[12]

---

12) 비제이 고빈다라잔 & 크리스 트림블, 리버스 이노베이션, 도서출판 정혜, 2013.

3.1.1 경쟁자가 중시하지 않는 시장공략

공격자는 시장 선도자가 외면하고 있는 고객 그룹의 충족되지 못한 니즈(잠재 니즈)를 만족시키는데 초점을 맞추어 의사결정을 내리는 특성이 있다. 이러한 기회는 고객의 니즈가 시간이 지나면서 변화할 때, 또는 시장 선도자가 신규 고객 그룹의 니즈를 만족시키기 위해서 기존 핵심 역량을 약화시키는 운영 의사결정을 내릴 때 존재한다.

마힌드라는 디어&컴퍼니와 대형 기종으로 직접 경쟁을 하는 대신 취미로 농사를 짓는 사람, 조경사, 건설업자들을 대상으로 인도에서 성능과 신뢰도가 검증된 제품을 미국 고객의 니즈에 맞게 설계를 변경하여 제공했다.

그러나 디어&컴퍼니와 미국 경쟁자들은 마힌드라의 존재를 알아차리지 못했을 뿐만 아니라 몇몇은 마힌드라의 빨간색 소형 트랙터를 싸구려라고 오랜 기간 무시했으며 마힌드라가 대형 트랙터를 출시하기 전까지 자신들의 경쟁자로 인정하지도 않았다. 마힌드라의 예는 신규 진입자로부터 공격을 받은 경쟁자들이 왜 그렇게 천천히 비효과적으로 대응하는지에 대한 이유를 보여준다. 마힌드라와 경쟁자들은 각기 다른 형태의 운영시스템과 시장대응전략을 갖고 있었으며, 마힌드라의 경쟁우위를 정확하게 판단하지 않고 단순히 가격이 싸다는 것으로 폄하함으로써 빠르게 반격할 수 없었던 것이다.

3.1.2 신규 사업을 위한 핵심 역량 개량

성장하기 위해서 기업들이 취하는 가장 보편적인 방법이 사업 다각화이다. 다각화를 이루는 많은 방식 중에서 핵심 역량에 기반한 다각화도 하나의 방법이다.

미국에서 2015년에 열린 '디트로이트 모터쇼'에 일본 혼다(本田)는 자동차와 비행기를 나란히 전시했다. 5인승 소형 비행기 '혼다 제트(Honda Jet)' 모형을 전시장 한복판에 올렸다. 혼다가 독자 개발한 GE Honda HF120 엔진을, 날개 밑에 장착하는 일반 비행기와 달리 특허기술 'Over-The-Wing Engine Mount(OTWEM)'를 적용해 상부에 얹었다. 이로써 넓은 실내 공간을 확보하는 동시에 소음을 줄이고 연비효율을 높였다. 혼다가 1986년 비행기 생산을 목표로 밑그림을 그리고 연구에 착수한 지 29년만이다. 혼다의 핵심 역량은 엔진관련 기술로 모토사이클, 자동차, 비행기로 사업을 확장시켜 나가고 있다.

코웨이는 정수기를 렌탈하고 코디(CODY: coway lady)가 회원을 방문하여 사후관리 서비스를 제공하는 독특한 서비스 전략을 통해서 성공하였다. 회사 내부에서는 코디가 성장의 핵심이라는 것을 강조하고 코디가 일을 편리하게 할 수 있도록 모든 제도와 시스템이 개발되었다. 코웨이가 2010년 9월에 리엔케이(Re:NK) 화장품을 출시했는데, 가장 큰 특징은 소비자의 피부를 진단해주고 상담도 해주는 뷰티 플래너를 통한 방문 판매이다. 코웨이의 핵심 역량이었던 코디 서비스 전략을 전수한 것이다.

핵심 역량을 기반으로 신사업을 다각화한다는 것이 쉬운 것처럼 보이지만 말처럼 쉽지 않다. 사업이 달라지면 고객과 업계 내에서 이루어지는 관행(영업, 유통경로, 물류, 대금지불방식, 정보기술, 공급자 관계 등)이 달라지기 때문에 다른 사업에서 적용했던 운영방식을 그대로 도입할 수 없다. 빠르고 유연하게 기존의 운영 역량을 새로운 사업에 맞게 개량할 수 있는 적응능력 역시 운영 역량인데, 이것은 구성원들의 지식전수와 역량개발과 직접적으로 연계되어 있으며 표면적으로 드러나지 않는 암묵적 역량이다.

3.2 운영을 이용한 방어

기업은 다음의 접근방법을 통해서 "경쟁자의 운영에 기반한 공격"으로부터 자신을 방어할 수 있다.

3.2.1 맞불 작전

자신의 장점을 고객에게 알리기 위해 공격적으로 마케팅하고 경쟁 차원을 빠르게 개선하여 경쟁자 보다 높은 수준으로 향상시킨다. 이 말은 운영에 근거한 방어라기보다는 마케팅에 근거한 방어로 보일지도 모르지만, 마케팅이 성공하기 위해서는 실질적이고 뛰어남을 제공할 수 있는 운영토대가 만들어져 있을 때 가능하다. 하지만 이 접근방법의 위험은 마케팅과 협업이 되지 못했을 때, 고객의 진짜 니즈를 외면할 수 있다는 것이다. 또한 경쟁자의 도발을 스스로를 업그레이드시켜야 한다는 신호로 받아들여야만 하며, 새로운 운영 차원에서 탁월함을 유지할 수 있도록 개선시켜 나가야만 한다.

3.2.2 대응하지 않고 자신의 길을 가기

사우스웨스트 항공사는 창업초기에 부가서비스(식사, 예약좌석, 수화물 전송)의 무제공, 중고 비행기 사용, 단일 기종의 항공기(보잉 737) 사용 등의 저원가 전략에 근거해서 시장점유율을 늘려나갔다. 풀서비스를 제공하고 있었던 유나이티드 에어라인(United Airline)과 유에스에어(USAir)가 사우스웨스트 항공사와 유사한 전략과 운영구조를 적용하기로 결정하고 운영을 시작했다. 하지만 사우스웨스트는 이에 맞서서 풀

서비스를 제공하지 않았다. 대신에 높은 원가우위를 창출할 수 있도록 조직 역량을 개선해 나갔다. 결과적으로 유나이티드 에어라인과 유에스에어 등은 사우스웨스트 항공사의 짧은 정비소요시간, 항공기 가동률, 편리한 개인서비스 등을 모방하기에는 조직 역량이 부족했다.

이러한 역량은 기본적으로 지속적인 개선이나 학습이 조직문화로 정착되어 있는 기업들 사이에서 자연스럽게 이루어진다. 한 조직 내에서 운영 역량의 향상은 나선형 궤도(spiral)를 따라 상승해 가며 산업 내에서 경쟁자들은 모방을 통해서 운영 역량 수준을 지속적으로 상승해 간다. 그러나 역량은 그 조직에 속한 구성원들이 갖고 있는 것이기 때문에 단계를 밟아 차곡차곡 올라가게 되며, 도약적으로 발전하려면 상당한 시간이 필요하기 때문에 많은 기업들은 중간에 포기하게 되고 결국 지속적으로 학습을 통해 역량을 향상시킨 기업에게는 경쟁우위가 되는 것이다.

3.2.3 경쟁자를 학습하여 교훈 적용하기

공격자의 전략을 이기기 위해서 공격자가 학습곡선상에서 너무 앞서가기 전에 그들의 전략을 배운다. 마이크로소프트(Micro Soft)는 소프트웨어 개발에서 넷스케이프(Netscape)의 접근방법에 기습을 당하곤 했다. 마이크로소프트는 출시 전 복잡하고 엄격한 테스트를 요구하는 프로젝트에 익숙해 있었고 인터넷과 같이 변덕스러운 세계에서 운영될 수 있도록 조직되어 있지 않았다.

아이디어 도출에서부터 브라우저를 개발하는 데까지 지나치게 오랜 시간이 걸린다는 것을 인식한 마이크로소프트는 중소기업인 스파이글래스(Spyglass Inc.)사가 개발한 소프트웨어를 새로운 브라우저의 기본으로 삼았고 윈도우 95에 이것을 빠르고 정교하게 조화시켰다. 넷스케이프의 초기 브라우저와의 경쟁과정에서 취했던 행동들은 마이크로소프트의 신제품 개발 방식을 완전히 변경시켰다. 이 변화는 디버그된 소프트웨어에 익숙한 기존 고객들과 신제품에 대해서 까다로운 요구사항을 쏟아내는 인터넷을 잘 이해하고 있는 사용자그룹 사이를 마이크로소프트가 순조롭게 운항할 수 있게 했다.[13]

3.3 운영 탁월함의 유지

성공한 공격 기업들은 체계적인 개선활동에 근거하여 고유한 운영역량을 개발하였

---

13) R. H. Hayes, G. Pisano, D. Upton, & S. Wheelwright, *Pursuing the Competitive Edge*, Wiley, 2004.

고 발전시킬 기회를 지속적으로 찾았으며 차별화된 경쟁위치를 선점한다. 또한 그들은 공격을 당하는 많은 기업들이 공격자가 갖고 있는 운영 우수성의 힘을 과소평가하는 경향이 있다는 사실을 이용한다. 하지만 변화가 수시로 이루어지는 경영환경에서는 새로운 운영역량으로 인해 획득한 우위가 일시적인 기간만 유지될 수 있을 것이라고 보는 사람들이 많다.

이러한 환경에서도 운영에 근거한 우위는 두 가지 이유 때문에 필요하다.

첫째, 운영에서의 혁신은 모방하기가 원천적으로 힘들며 확산이 느리기 때문에 상대적으로 오랜 기간 동안 우위를 유지할 수 있다. 도요타는 경쟁적인 가격을 유지하면서 우수한 제품 품질과 신뢰성을 제공하는데, 이것은 그들만의 생산시스템(Toyota Production System) 개발로 가능했다. 간단한 원칙임에도 불구하고 다른 자동차 제조기업이 이것을 모방하는 데 10년 이상이 걸렸으며, 작업자 훈련과 경영실무와 관련하여 혁신적으로 변화해야만 했다.

둘째, 운영역량의 구축은 동적 활동이다. 효과적인 운영조직이 되기 위한 핵심 요인은 끊임없는 혁신·개선이며 그들은 경쟁자가 자신을 따라잡을 때까지 가만히 서서 기다리지 않는다. 일관되게 가치를 전달하는 보다 새롭고 효과적인 방법을 창조할 수 있는 기업만이 시장에서 선두를 지킬 수 있다. 사우스웨스트, 마이크로소프트 사례처럼 성공적인 운영혁신은 중요하지만 혹독하다. 그래서 그들이 획득한 우위는 강력하며 지속적이었다. 실제로 새롭고 가치 있는 역량을 개발할 수 있는 능력은 모든 것 중에서 가장 어렵다. 미국 자동차 제조기업들이 그들의 결함률을 도요타 수준으로 낮췄을 때 도요타는 결함을 훨씬 더 줄였기 때문에 경쟁자들과의 격차는 줄어들지 않았다.

즉 오랜 기간 동안 성공을 유지한 기업은 철통 같은 경쟁체제를 구축했거나, 또는 방어를 철저히 했거나, 최신의 기술이나 설비로 무장한 것이 아니라 자신들의 경쟁자보다 일을 더 잘 수행한다는 것이다.

3.4 솔루션 제공을 통한 가치 확대

과거 대부분의 제조업체는 하드웨어만을 생산하고 이를 고객에게 판매하는 단순한 사업방식에 머물러 있었다. 가격과 품질, 납기만으로는 더 이상 성장하는 개도국 업체와 경쟁이 어렵다. 서비스와 소프트웨어까지 포함하는 토털 솔루션(Total Solution) 관점에서의 경쟁우위를 확보하고, '고객에게 토털서비스를 제공'하여 혁신적인 제품과 서비스의 융합을 통해 생산의 목적인 고객 만족을 추구해야 한다.

고속열차 테제베(TGV)로 잘 알려진 프랑스 알스톰(Alstom)의 철도 관련 핵심 제품은 기관차와 객차였으며, 철도 노선과 관련된 인프라 사업도 중요한 비즈니스 중 하나였다. 그러나 90년 후반기를 지나면서 알스톰의 고속철 사업은 큰 변화를 겪게 된다.

1998년 이탈리아의 사시브 레일웨이(Sasib Railways)사를 인수하여 그 산하에 있던 레일웨이 시그널(Railway Signal)사를 확보함으로써 철도사업에 중요한 신호체계 관련 기술과 역량을 강화하였다. 1999년에는 캐나다의 승객정보 및 안전 관련 솔루션 업체도 인수한 바 있다. 이러한 일련의 M&A와 내부 R&D를 통해 최근에는 서비스와 소프트웨어, 운영·관리가 주 수익원이 될 만큼 하드웨어 중심에서 철도 관련 토털 솔루션(Total Solution) 기업으로 변모했다.[14]

[그림 3-5]에서 보듯이 매출은 철도차량 등 하드웨어 비중이 높으나 이익기여도는 운영·관리 및 신호체계와 같은 서비스, 소프트웨어의 비중이 더 높다.

과거 철도사업은 새로운 철도 노선을 건설하고 그 길을 안전하게 달릴 수 있는 기관차와 객차를 공급하는 것이 핵심 비즈니스였다. 그러나 철도노선이 점점 더 복잡해지고 고속철과 지하철 등 철로 위를 달리는 교통수단들이 다양해지면서 소프트웨어 기반의 신호체계와 운영역량을 확보하는 것이 매우 중요하게 되었다. 알스톰은 이러한 변화를 조기에 감지하고 경쟁기업보다 앞서 소프트웨어와 운영·관리 역량을 확충하는데 집중하면서 경쟁우위를 확보할 수 있었다.

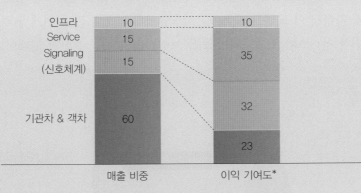

* Barclays가 추정한 마진율을 반영하여 산출

그림 3-5   **알스톰의 사업별 매출비중과 이익기여도(%)**

---

14) 도은진, "비즈니스 모델 혁신으로 제조업의 위기를 극복한 기업들", *LG Business Insight*, 2014.12.10.

전통적인 제조업은 '원자재를 제품으로 변환'하는 단순한 개념이었으나 이제는 '제품개발부터 생산, 물류, 서비스를 포함하는 제품의 전체 사이클'로 변화하고 있다. 대부분의 제조기업들은 B2B기업들이기 때문에 고객에게 제품과 더불어 그들이 원하는 것을 솔루션(가치)으로서 전달할 수 있을 때 경쟁력을 확보할 수 있다.

게다가 시장의 변화로 혁신적인 신제품을 프리미엄 가격으로 출시하여 이윤을 확보하려는 프리미엄 고객 중시 접근방식이 한계에 도달했다. 과거에는 주로 자국 위주의 시장에서만 경쟁이 이루어졌기 때문에 저가 시장을 잃어도 별 상관이 없었다. 글로벌화가 이루어지면서 과거에 비해 지역이나 국가의 구분이 의미가 없어지고 하나의 시장으로 확대되어 가고 있기 때문에 오히려 저가시장의 규모를 보았을 때 충분히 규모의 경제를 확보할 수 있게 된 것이다. 즉 신흥개발국들의 경쟁적인 참여로 증가하는 폭발적인 수요를 고려할 때, 저가 제품을 선호하는 대다수의 보통 고객을 만족시킬 수 있는 접근방법도 함께 찾아야 한다. 그래서 [그림 3-6]처럼 프리미엄 고객과 저가 고객 양쪽 모두를 공략해야 하며, 각 고객들이 중시하는 가치에 맞는 솔루션을 제공할 수 있어야만 한다.

고가와 저가시장 모두에서 경쟁력을 확보할 수 있는 방법 중에 하나를 소프트웨어 융합에서 찾을 수 있다. 기존 역량의 연장선상에서 어떻게 서비스와 소프트웨어를 추가할 것인가를 고민하는 공급자적 방식이 아니라, 고객의 니즈로부터 출발하여 고객이 필요로 하는 가치를 전달할 수 있는 방식을 고민하는 수요자적 관점이 필요하다.

새로운 비즈니스 모델의 도입은 회사의 비전과 중장기 전략하에 진행되어야 하므로 고객과의 관계뿐만 아니라 회사의 내부 시스템과 핵심역량 전반의 변화를 필요로 한다. 따라서 이 모델은 제품, 즉 하드웨어의 경쟁력 기반 위에 고객의 니즈를 충족하기 위한 서비스와 소프트웨어 등을 보완하여 양자를 결합한 형태이다.

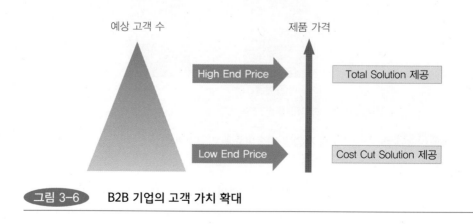

그림 3-6   B2B 기업의 고객 가치 확대

이 장의 요약

이 장에서는 생산운영부문의 선택과 집중을 결정하게 이끄는 생산운영전략에 대해서 설명한다. 1절에서는 전략적 경영이 무엇이며 기존의 경영전략에서 생산운영전략의 위치와 역할에 대해서 설명한다. 2절에서는 생산운영전략의 개념 및 생산운영전략의 수립과정을 설명하고 3절에서는 경쟁자와의 대결구도에서 생산운영부문이 공격하거나 경쟁자의 공격에 대한 방어방법들에 대해서 설명한다.

이 장에서 기술된 주요내용을 요약하면 다음과 같다.

- 전략적 경영과정은 내부/외부 환경분석을 통해서 시사점을 도출한 후 목표를 선정하고 이를 달성하기 위한 대안을 정하는 전략적 선택과정을 거쳐서 이를 실행하는 전략 실행과정을 거치고 성과평가를 통해서 피드백을 반영하는 과정을 거쳐 수행된다.
- 경쟁우위 요소를 생산시스템 목표와 연계시킴으로써 품질우위, 신속성 우위, 확실성 우위, 유연성 우위, 원가 우위가 있는데 경쟁요소 모두를 동시에 고려하는 것은 힘의 낭비를 초래하므로 경쟁사와 차별화되는 요소들을 수행목표로 추구해야 경쟁우위를 획득할 수 있다.
- 경영전략은 조직의 수준에 따라 기업(전사)전략, 사업전략, 기능별 전략으로 구분되며 생산운영전략은 기능별 전략에 해당한다. 생산운영전략(operations strategy)은 기업 내지 사업의 경쟁우위를 도모하기 위해 생산기능의 전반적인 방향을 설정하는 생산의사결정이다.
- 생산운영전략 수립 시 사업부문의 경쟁전략이 운영조직의 우선순위에 반영되도록 하는 것이 가장 중요하다.
- 생산 · 운영전략 의사결정은 생산구조 결정과 생산운영 결정의 두 가지 범주로 나뉜다.
- 생산 의사결정시에는 전략적 적합성(fit)과 집중(focus) 수준을 고려해야 한다.
- 경쟁자와의 대결구도에서 생산 · 운영에 의한 경쟁우위를 창출하는 방법에는 경쟁자에 대한 직접적인 공격(경쟁자가 중시하지 않는 시장에 신제품 출시, 새로운 사업을 위한 핵심 역량 개량)과 경쟁자의 공격에 대한 방어(맞불 작전, 대응하지 않고 자신의 길을 가기, 경쟁자를 학습하여 교훈 적용하기) 전략이 있다.
- 새로운 비즈니스 모델의 도입을 통해서 고객만족을 확보함으로써 경쟁우위를 유지할 수 있다.

제 4 장
총체적 품질경영

사례 ● 총체적 품질경영 사건

최근 국내외에서 발생한 대형 품질사고로 2014년 세월호 참사, 2015년의 메르스 사태와 폭스바겐의 '디지털 게이트'를 꼽을 수 있다.

300여명이 희생된 **세월호 참사**는 선박의 무리한 증축과 과적, 운항미숙이 세월호 침몰의 직접원인으로 밝혀졌다. 즉 무리한 증축으로 좌우 불균형 상태, 평형수 감축, 화물고정 부실 등 여러 요인이 복합적으로 발생하였으며, 침몰 과정에서 퇴선 방송을 하지 않아 사망자가 늘어났다.

2015년 중동서 귀국한 남성이 메르스 환자로 확진된 뒤 여름 내내 전국이 **메르스 공포**에 떨었다. 확진 환자 186명, 사망자 38명에 환자와 접촉해 격리된 인원이 1만6천여명에 달했다. 메르스가 확산되면서 식당·마트에 발길이 끊어지고 학교가 휴교했으며 외국인 관광객이 줄어드는 타격을 입었다. 하루 7만 명이 입국하는 인천공항 검역소는 3년 전 중동지역에서 천명이 넘는 메르스 환자가 발생했는데도 중동에서 들어오는 입국자에 대한 방역을 소홀히 하였고, 방역당국과 병원의 초기단계 전염병관리가 부실하였다.

폭스바겐은 배출가스 조작 사태로 브랜드 이미지와 신뢰성에 치명적인 타격을 입었다. 미국 환경기준을 맞추기 위해 디젤 차량의 배기가스 배출 소프트웨어를 조작한 것이 발단이 됐다. 폭스바겐이 부담해야 할 비용은 벌금 180억 달러를 포함, 340억 달러(38조4,000억원)에 이를 것으로 추산된다.[1]

---

1) [세월호 수사 결과] "173일 수사… 사고 원인·救助 실책 사실상 밝혀진 셈", 조선일보, 2014. 10.7.
   [메르스 확실히 끝내자][下] "병원 감염관리 혁신을", 조선일보, 2015.7.29.
   "'글로벌 자동차 1등의 저주' 리콜… 세계화·IT화 따라 더 늘어난다", 조선일보, 2015.11.1.

1 품질관리 · 품질경영 · TQM

1.1 제품과 서비스의 품질

시방(示方)이나 표준에 맞추어 합격·불합격이나 양·불량으로 가늠하는 생산자 관점의 품질은 시방과의 일치성(conformance with specification)이나 요구사항에 대한 일치성(conformance to requirements)으로 정의된다.

시방과의 일치만으로는 고객의 요구나 기대에 제대로 부응하기는 어렵다. 쥬란(J. M. Juran)은 소비자 관점에서 '품질은 용도에 대한 적합성'(fitness for use)이라 정의하였다([그림 4-1] 참조). 제품의 사용자가 다양할수록 용도의 적합성은 복잡해지며, 이 경우 많은 복합요소들이 존재한다. 이들 요소의 각각은 품질이 구성되는 품질특성으로 이들은 품질, 즉 용도에 대한 적합성의 파라미터로 분류될 수 있다.

앞의 품질의미는 대부분 제품품질을 전제로 정의된 것들이다. 서비스를 비롯한 급부(Leistung) 품질의 사회적 영향력이 커지면서 국제표준화기구(ISO)에서는 **품질**이란 "제품을 비롯한 서비스·시스템·프로세스가 지니고 있는 일련의 고유특성들이 고객 및 이해관계자들의 요구사항을 충족시키는 정도"[2]라고 정의하고 있다.

일반적으로 품질이라 할 때에는 공산품의 품질을 말하지만, 건설업에서는 건축물의 품질이 해당되며 정보산업에는 소프트웨어(SW) 품질이 지목되고 은행이나 호텔 등 서비스업에서는 무형의 서비스 질이 해당된다. 생산공장에서는 시방과의 적합여부에 초점을 맞추는 적합(제조)품질이 중요시되며 영업이나 기업입장에서는 고객만족 품질이 중요하다. 품질정의는 재화와 서비스의 성격에 따라 그리고 이들을 이용하

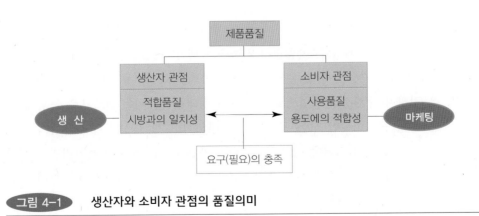

그림 4-1 생산자와 소비자 관점의 품질의미

---

2) International Standard, *ISO 9000: Quality Management Systems-Fundamentals and Vocabulary*, ISO, 2015.

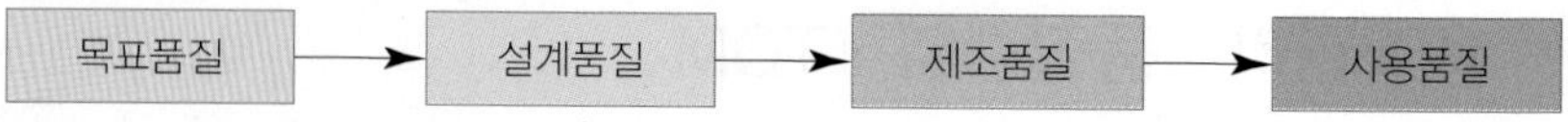

| 목표품질 | → | 설계품질 | → | 제조품질 | → | 사용품질 |

그림 4-2 품질의 사이클

는 생산자나 소비자 등 이해관계자의 입장에서 적절하게 적용하는 것이 바람직하다.

품질은 제품(서비스)이 개발·설계·생산되어 소비자의 손에 넘어가기까지의 라이프사이클의 관점에서 [그림 4-2]와 같이 설계품질·제조품질·사용품질로 나누어 볼 수 있다.

경영방침이나 품질방침에 의해서 품질목표가 결정되는 개념적 단계를 목표품질이라 할 수 있다. 목표품질이나 사용품질에 대한 시장조사 등을 통하여 설계품질이 이루어지면 이를 토대로 적합(제조)품질이 이루어지고 결국 사용품질에 이르게 된다.

현대경영에서 소비자가 요구하는 품질을 경제적으로 실현하기 위해서 품질경영을 전개한다고 볼 때, 사용품질에서 소비자의 요구가 충족될 수 있도록 제품이나 서비스의 설계품질이 정해지고 제조품질이 만들어져야 한다.

1.2 품질의 관리시스템

생산기업의 품질관리 활동을 생산 진행순서대로 보면, 경영자가 제시하는 경영(품질)방침과 시장요구에 따라 품질의 설계가 이루어지고, 생산에 투입되는 원자재와 공정품의 검사를 비롯한 공정의 관리를 거친 다음, 결함이 없는 제품만을 고객에게 제공하는 품질의 보증이 행해진다. 보다 나은 품질로 개선하기 위해서 이미 제공된 품질에 대한 조사결과는 다음 설계에 신속히 반영되어야 한다.

이들 각 부문의 품질관리 활동은 ① 품질의 설계, ② 공정의 관리, ③ 품질의 보증, ④ 품질의 개선과 같은 **품질관리 기능**을 수행한다.

품질관리 기능은 상호 유기적인 관련 하에 지속적으로 전개되어야 한다. 품질경영은 검사나 통계적 기법만으로는 소기의 성과를 이룰 수 없으므로 품질에 영향을 주는 경영자를 비롯한 모든 구성원의 품질의식([그림 4-3]의 바닥)과 결집된 노력으로 전사적으로 추진되어야 한다. 보다 좋은 품질로 고객을 만족시키려면 지속적인 품질개선이 필요하다. 즉 지속적 품질개선은 [그림 4-3]에 제시된 품질관리 기능의 사이클(PDCA cycle)이 끊임없이 돌아가야 이루어질 수 있다.

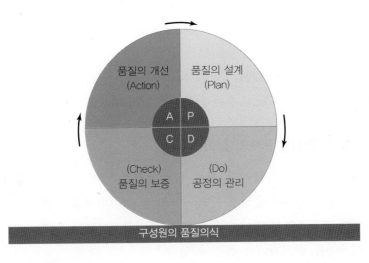

그림 4-3　품질관리의 기능

1.3 품질경영의 발전과 품질선구자

1.3.1 품질경영의 발전

1924년 슈하트(W. A. Shewhart)가 관리도(control chart)를 공정관리에 적용시켜 제품품질의 경제적 관리를 도모한 것이 통계적 품질관리의 효시이다. 그 후 통계적 방법에 의한 품질관리의 한계점이 노출되면서 파이겐바움(A. V. Feigenbaum)은 종합적 품질관리(Total Quality Control: TQC)를 1956년에 제창하였다. 그의 주장은 통계적 기법만으로는 품질관리의 성과를 충분히 얻을 수 없으므로 품질에 영향을 주는 회사 내모든 부문의 노력을 모아서 종합적으로 품질관리를 추진해야 한다는 것이었다.

1960년대 미사일 시스템의 발전과 급속한 기술발전으로 신뢰성(reliability) 문제가제기되었고, 완전무결을 표방하는 'ZD운동'(Zero Defects program)을 효시로 품질개선활동에 전 종사원의 참여가 강조되었다.

일본산업이 품질관리와 TQC를 도입하면서 1970년대 일본상품의 경쟁력이 강화되여 세계시장을 제패함에 따라 세계 각국의 관심은 일본식 TQC에 집중되었다. 이에 1987년 구미제국이 중심이 되어 품질보증체제를 다지기 위해 'ISO 9000 시리즈'를 제정하였던바, 여기서 그들은 일본의 전사적 품질관리를 품질경영(QM)으로 받아들이기에 이르렀다. 이즈음 제품의 신뢰성, 품질보증, 제품책임 문제 등은 생산현장이나 기술부서 또는 품질관리 부서만의 문제가 아닐 뿐만 아니라 종래의 품질관리로는 해결하기 어렵게 되었다. 이들 문제는 최고경영자와 전 종사원의 전사적이며종합적인 경영활동 없이는 해결이 어려운 것으로, 1980년대 이후 전사·종합적 품질경영(Company-Wide/Total Quality Management) 내지 총체적 품질경영(Total Quality Management: TQM)의 출현을 보게 된 것이다.

품질관리의 발전단계를 ① 검사지향적 품질관리, ② 통계적 품질관리(SQC), ③ 종합적 품질관리(TQC), ④ 총체적 품질경영(TQM)으로 구분할 수 있다.

1.3.2 품질선구자의 철학과 사상

검사중심의 품질관리가 통계적 품질관리를 거쳐 고객지향의 총체적 품질경영(TQM)에 이른 것은 품질선구자들(quality gurus)의 사상과 철학이 있었기 때문이다.

현대 품질경영에 지대한 공헌을 한 품질선구자로는 슈하트, 데밍, 쥬란, 크로스비, 파이겐바움, 이시가와를 꼽을 수 있다.[3]

1) 슈하트(W.A. Shewhart: 1891~1967)

예방의 원칙에 입각해서 공정관리에 관리도를 비롯한 통계적 방법을 처음으로 적용하였다. 슈하트는 품질관리의 1차 목표를 공정관리와 품질변동 감소에 두었다. 품질변동 원인을 우연원인(chance cause)과 이상원인(assignable cause)으로 구분하여 현장에서는 후자에 치중하도록 하였다. 뿐만 아니라 오늘날 '데밍 사이클'이라고도 부르는 PDCA사이클, 즉 슈하트 사이클(Shewhart Cycle)을 창안하였다. 슈하트의 품질사상을 이어받은 품질선구자로는 데밍과 쥬란을 꼽을 수 있는데, 특히 이들은 슈하트의 공정품질의 통계적 관리에 동조하였다.

2) 데밍(W. Edwards Deming: 1900~1993)

슈하트의 통계철학에 영향을 받아 품질관리에서 통계적 관점을 강조하였다. 그는 품질변동의 원인을 공통원인(common cause: 우연원인)과 특수원인(special cause: 이상원인)으로 구분하고 전자는 경영자가 후자는 현장에서 추구하도록 권고하였다. 아울러 품질문제의 해결을 위해 경영자의 적극적인 참여하에 시스템과 프로세스 개선을 지속적으로 추진할 것을 주장하였다. 1950년 일본과학기술연맹(JUSE)의 초청으로 실무자들에게는 통계적 품질관리를 지도하고 경영자들에는 리더십, 공급자 파트너십과 프로세스의 지속적 개선의 중요성을 역설하는 등 일본산업의 품질관리 도입에 결정적인 역할을 하였다. 이에 JUSE는 그의 업적을 기려 1951년에 「데밍賞」을 제정하였다. 그의 품질경영 철학은 통계적 품질관리를 기초로 하는 통계적 사고를 바탕으로 한 일본적 경영의 이론과 관행의 중심이 되었다.

---

3) 이순룡, 현대품질경영, 수정판, 법문사, 2012.

3) 쥬란(Joseph M. Juran: 1904~2008)

쥬란은 1951년에 간행된 「품질관리 핸드북(Quality Control Handbook)」에서 종래의 통계적 품질관리(SQC)에서 다루지 않던 설계품질, 구매자와 공급자 · 판매자 관계 등을 포함하여 폭넓게 품질관리기능을 기술하였다. 품질책임의 80% 이상이 경영자에게 있으므로 경영자의 의식변화가 무엇보다 중요하다고 하였다. 품질을 개선하고 유지하기 위해서 만성적인 품질문제를 해결하기 위한 지침을 제안했다. 아울러 품질문제에 대한 주의를 환기시키는 데 품질코스트의 적용을 권고하였다. 데밍의 주장과 마찬가지로 품질의 단편적인 개선보다는 지속적인 개선을 주장하면서 품질혁신은 현장보다는 경영자들의 적극적인 참여에 의해서만 가능하다고 하였다. 쥬란의 품질철학은 "용도의 적합성" 내지 "고객만족"으로 품질을 정의한 소비자지향 품질경영과 경영자 주도의 단계적 품질경영(품질계획 · 품질관리 · 품질개선)을 제시한 '**품질트릴러지**'(Juran Trilogy)에서 찾을 수 있다.

4) 크로스비(Philip B. Crosby: 1926~2001)

그의 품질사상은 품질활동에서의 무결함(zero defects) 추구와 품질코스트에 의한 품질성과 측정에서 찾을 수 있다. 마틴 마리에타社(Martin Marietta Corp.)의 미사일 프로젝트 품질책임자 시절에 ZD 프로그램(Zero Defects program)을 추진하여 각광을 받았는데, 경영자들의 소극적인 참여로 인해 기대만큼 성과는 올리지 못하였다. 그는 품질경영을 하면 무결함 성취가 가능할 뿐만 아니라 바람직한 목표라고 주장했다. 그의 무결함 사상은 ZD운동의 침체와 더불어 한계를 드러내는 듯 보였지만, TQM태동 및 6시그마 운동으로 그의 철학은 지속적 개선의 정신과 ppm(parts per million)단위로 상징되는 품질 완벽주의자로 인정받게 되었다. 품질사상에서 보건대, 전술한 슈하트, 데밍, 쥬란과 달리 품질문제를 통계적 수법보다는 인간문제에 초점을 맞추어 문제를 풀어나가려 한 점은 평가받을 만하다.

1.4 품질관리와 품질경영

한국과 일본의 산업규격에 따르면 품질관리(quality control)란 소비자가 요구하는 품질의 제품이나 서비스를 경제적으로 산출하기 위한 모든 수단과 활동의 시스템이다.[4]

---

4) 한국과 일본(구 KS A 3001, JIS Z 8101)에서는 품질관리(Quality Control)를 "수요자의 요구에 맞는 품질과 물품이나 서비스를 경제적으로 산출하기 위한 모든 수단의 체계"라 규정하고

ISO(국제표준화기구)에서는 품질경영(QM)을 품질방침, 목표 및 책임을 결정하고 품질시스템내에서 품질계획, 품질관리, 품질보증, 품질개선과 같은 수단에 의해 이들을 수행하는 전반적인 경영기능에 관한 모든 활동으로 규정한다.

품질경영(quality management: QM)은 최고경영자의 품질방침하에 고객을 만족시키는 모든 부문의 전사적 활동으로서 품질방침 및 품질계획(QP), 협의의 품질관리(QC), 품질보증(QA), 품질개선(QI)을 포함하는 '광의의 품질관리'로 이해할 수 있다.

$$QM = QP + QC + QA + QI$$

품질경영은 현장의 작업자들은 물론 최고경영층에 이르기까지 전체 구성원의 적극적인 참여가 필요한 것으로 특히 최고경영층의 이해와 적극적인 참여 없이는 소기의 성과를 거두기 힘들다.

현대 품질경영(광의의 품질관리)의 **요건**(要件)을 다음과 같이 정리할 수 있다.

① 품질은 소비자, 즉 고객의 요구에 합치되는 것이라야 한다.
② 그러한 품질의 제품(서비스)을 경제적으로 산출하여야 한다.
③ 품질을 경제적으로 관리하려면 통계적 기법이 필요하다.
④ 통계적 기법뿐만 아니라 온갖 수단의 시스템이 필요하다.
⑤ 사내 각 부문의 협력체제를 이룩하여 종합적으로 관리하지 않으면 안된다.

결국 현대의 품질관리는 기업경영의 유효성 관점에서 전사·종합적으로 전개되는 총체적 품질경영(total quality management: TQM)이 바람직하다.

1.5 TQM의 사상과 원칙

TQM(total quality management)이란 품질을 중심으로 하는 모든 구성원의 참여와 고객만족을 통한 장기적 성공지향을 기본으로 하며 아울러 조직의 모든 구성원과 사회에 이익을 제공하는 조직의 경영적 접근이다(ISO 8402-1994).

TQM은 QM(품질경영)과 TQC(종합적 품질관리)[5]를 바탕으로 기업문화의 혁신을 통한 구성원의 의식과 태도 등에 중점을 둔 것이다. TQC는 당초 미국에서 개발되었지

있다.

5) 파이겐바움(A. V. Feigenvaum)은 "종합적 품질관리(TQC)란 소비자가 만족할 수 있는 품질의 제품을 가장 경제적으로 생산 내지 서비스할 수 있도록 사내 각 부문의 품질개발, 품질유지, 품질개선 노력을 종합하기 위한 효과적인 시스템"이라 정의하였다.

만 일본산업에서 전사적 품질관리(CWQC)로 꽃을 피웠다.

한마디로 TQM은 전사·종합적 품질경영으로서, 품질의 총체적인 시스템 접근을 전개하는 경영전략이다. TQM은 품질의 전략과 방침이 최고경영자에 의해 제시되고 추진되어야 함은 물론 전 구성원이 품질의식을 갖고 품질개선활동에 적극적으로 참여하여야 한다. TQM에서는 고객의 기대에 부응하여 그들이 만족할 수 있는 세세한 목표가 제시되고, 구성원들에게는 충분한 권한이 부여된다.

TQM의 궁극적 목표는 '고객만족'이며 이를 위해 조직의 모든 구성원과 자원들을 결집한 품질시스템으로 '지속적인 품질개선' 활동이 전개된다. 즉 최고 경영자의 리더십과 조직의 결집된 노력을 바탕으로 품질 및 서비스를 혁신하여 고객만족도를 극대화함으로써 기업의 경쟁적 우위를 확보한다. 고객만족을 위해서는 다음 TQM 요소에 초점을 맞추어야 한다([그림 4-4] 참조).

① 내·외부의 고객
② 경영자
③ 종업원
④ 프로세스
⑤ 공급자

이들 TQM의 요소들을 중심으로 [그림 4-4]와 같은 TQM 모델을 제시할 수 있다. 이 모델에서 보건대, TQM은 고객만족을 위해 시스템의 구성요소인 고객요구의 충족, 공급자와의 협력, 경영자의 지원, 전구성원의 참여, 체계적인 분석기법 등의 실천원칙에 따라 지속적인 품질개선 활동을 전개하는 사상(思想)이다.

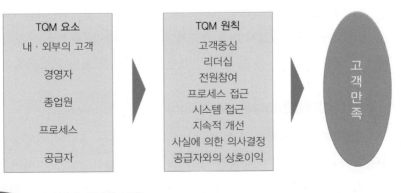

그림 4-4   TQM의 개념적 모델

이와 같은 사상을 구현하는 **TQM의 실천원칙**은 다음과 같다.

① 고객에게 중점을 둔다.
② 조직이 높은 품질가치를 창출할 수 있도록 리더십을 발휘한다.
③ 당초에 올바르게 행한다.
④ 결과뿐만 아니라 과정도 중요시한다.
⑤ 구성원의 참여를 토대로 그들의 창의력과 전문기술을 동원한다.
⑥ 사실에 입각한 의사결정을 행한다.
⑦ 지속적으로 개선을 추진한다.
⑧ 조직 구성원들과 이익을 공유한다.

TQM의 틀, 즉 구조에 대한 통일된 견해는 없다. 세계적으로 명성이 높은 미국의 「말콤볼드리지상」(Malcolm Baldrige National Quality Award: MBNQA) 모델([그림 4-12] 참조)에서 'TQM의 기본 틀'을 이해할 수 있다.

2 품질의 설계와 개선

2.1 품질수준의 결정(품질의 설계)

제품(서비스)의 품질이 소비자의 요구를 만족시키려면 다음 두 가지 조건이 충족되어야 한다.

하나는 제품 설계자가 소비자의 요구와 공장의 제조능력을 경제적으로 최적화 시킬 수 있는 품질시방(quality specification)을 정하는 것이며, 다른 하나는 제조현장에서 설계자가 정한 품질시방에 가급적 충실한 제품을 제조하는 것이다. 이때 전자의 품질을 설계품질이라 하고, 후자의 그것을 제조품질 또는 적합품질이라 한다.

2.1.1 설계품질(quality of design)

특정 제품을 생산하기에 앞서 소비자가 요구하는 품질인 시장품질을 비롯해서 생산능력과 경쟁회사의 제품품질 및 가격 등을 종합적으로 고려하여 설계품질을 결정한다. 품질을 높일 때 원가는 지수적으로 상승하지만 시장가격은 원가에 비례하여 상승하지 않는다.

설계품질을 결정함에 있어서, 이익의 최대를 목표로 할 때는 [그림 4-5]에서 품질

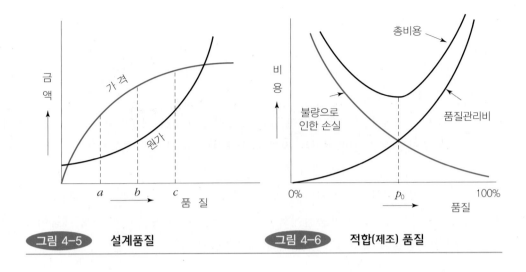

| 그림 4-5 | 설계품질 | 그림 4-6 | 적합(제조) 품질 |

은 b의 수준이 되며, 가격을 싸게 하여 많이 파는 방침이라면 a의 수준이 되며, 고급품을 파는 방침이라면 c의 수준으로 설계할 수 있다. 즉 설계품질은 어떤 수준의 고객을 대상으로 하며 어느 정도의 이익을 목표로 하는가에 따라 결정되는데, 시장조사 결과를 토대로 한 경영(품질)방침에 의해서 정해진다.

2.1.2 적합품질(quality of conformance)

설계품질을 목표로하여 제품을 생산할 때 제조공정의 여러 조건인 원자재·기계설비·작업방법·생산기술 등을 균일하게 고정시키기가 어렵기 때문에 설계품질대로 제조하기는 힘들다. 이 때 제조현장에서 생산된 제품의 품질이 어느 정도 설계시방에 적합하게 제조되었는지가 문제가 되기 때문에 이를 가리켜 적합품질 또는 제조품질이라 한다.

[그림 4-6]은 제조품질을 나타낸 것으로 품질을 좋게 하면 불량으로 인한 손실은 적지만 품질관리 비용이 많이 소요된다. 품질관리를 소홀히 하면 불량으로 인한 손실은 커진다. 총비용의 최저점이 가장 경제적인 품질수준인 최적제조품질이 되며 이 정도의 불량률이 나오는 것은 각오해야 한다. 따라서 제조품질의 수준을 결정하기에 앞서 소비자가 만족할 수 있는가를 검토할 필요가 있다.

2.1.3 사용품질(quality of use)

사용품질은 품질설계의 최종적인 평가요소이므로 품질수준 결정에서 중요한 부분이다. 소비자의 손에 넘어간 제품이 당초의 목적대로 충분히 기능을 발휘하는가에 따라 소비자의 만족여부가 좌우되기 때문이다. 사용품질은 설계품질과 제조품질에 의해서 대부분 좌우되지만, 이미 생산·출하된 제품의 사용품질을 높이려면 보다 충실한 서비스가 필요하다. 즉 소비자가 만족할 수 있도록 제품의 사용품질을 높이려면 생산자측에서 많은 서비스비용을 부담해야 된다. 반대로 사용품질이 낮으면 소비자의 부담이 증대된다.

소비자측에서 사용중 불만이 컸던 제품이나 상품을 재구매(再購買)하지 않을 때, 생산자측의 기회손실이 커지는 결과를 초래한다. 따라서 사용품질은 기업의 장기적 이윤을 고려하여 적정수준에서 결정되어야 한다.

현대경영에서 소비자가 요구하는 품질을 경제적으로 실현하기 위해서 품질경영을 전개한다고 볼 때, 사용품질에서 소비자의 요구가 충족될 수 있도록 제품이나 서비스의 설계품질이 정해지고 이에 따라 제조품질이 만들어져야 한다.

2.2 다구찌의 품질공학

전통적으로 생산공장에서는 기술자가 정한 규격(시방)을 기준으로 품질이 규격한 계내에 있으면 '양품', 벗어나면 '불량품'으로 처리하는 [그림 4-7]과 같은 미식축구의 「골대방식」으로 품질을 관리하여 왔다. 그러나 다구찌겐이찌(田口玄一)는 품질이 목표치로부터 벗어날수록 품질은 떨어지고 손실은 커진다고 주장한다([그림 4-8] 참조).

다구찌는 품질을 제품이 출하된 뒤에 사회에 끼친 손실이라 정의하였다. 그는 "품질특성의 변동이 손실을 발생시키는 주요 요인이며, 목표치를 벗어나는 품질변동이 클수록 손실은 더욱 커진다"는 손실의 개념을 손실함수([그림 4-8] 참조)에 도입하여 품질개선 내지 관리방법을 정량화하였다.

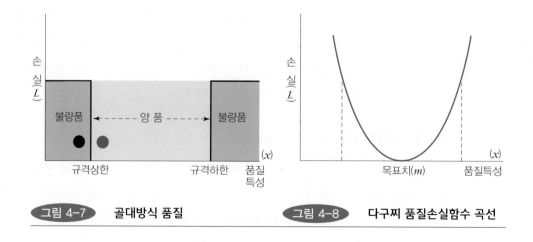

| 그림 4-7 | 골대방식 품질 | 그림 4-8 | 다구찌 품질손실함수 곡선 |

품질손실함수(quality loss function: QLF)는 품질이 목표치를 벗어나는 손실뿐만 아니라 개선으로 얻어지는 이득을 금액으로 나타낼 수 있다. 품질손실함수 $L(x)$를 산식으로 표현하면 다음과 같다.

손실함수＝손실계수×(품질특성치목표치)^2

$$L(x) = k(x-m)^2 \quad \cdots\cdots\cdots\cdots\cdots\cdots\cdots\cdots\cdots\cdots\cdots\cdots\cdots\cdots\cdots\cdots\cdots\cdots \quad ①$$

단, 손실계수 $k = \dfrac{L(x)}{(x-m)^2}$

다구찌 방법을 이해하는 데 품질손실함수는 매우 중요한 개념이다. 즉 다구찌는 손실함수를 이용하여 기술개발, 제품설계, 공정설계 외에 제조공정의 관리에 관한 탁월한 관리방법을 제시하고 있다. 미국에서 다구찌메소드(Taguchi method)라고 불리는 **품질공학**(quality engineering)은 다구찌에 의해 개발 추진된 기술개발, 제품설계, 공정설계에서의 최적화 개념과 방법론이다. 품질공학적인 최적화기법의 특징은 다구찌의 독특한 실험계획적인 사고에 기초하고 있다는 점이다.

품질공학은 라인외[6] 품질관리(off-line quality control)와 라인내 품질관리(on-line quality control) 활동을 통하여 제품품질이 사회에 끼치는 손실을 최소화하기 위하여 수행되는 모든 활동의 체계라 할 수 있다.

다구찌 접근방식의 **특징**을 요약하면 다음과 같다.[7]

① 품질변동 영향요인의 제어가 가능한 기술·제품·공정의 설계단계를 중시한다.
② 영향요인의 제어가 어려운 잡음을 외부잡음(환경), 내부잡음(열화), 제품간 잡음의 세 가지로 규명하고 이들 잡음제거 대책을 설계단계에서 모색한다.
③ 손실함수에 근거한 SN比를 이용하여 ①② 영향인자들의 최적조건을 모색한다.

품질공학에서 품질의 평가는 손실함수를 근간으로 하여 전개되며, 품질의 개선은 이른바 잡음의 제거 내지 SN比($\frac{신호(signal)}{잡음(noise)}$)를 최대로 하는 파라미터 설계와 허용차 설계 등을 통해서 전개된다. 품질공학의 바탕이 되는 다구찌 접근방식은 품질변동의 영향요인을 제어(control)가 가능한 설계변수와 제어가 어려운 잡음(noise)으로 보고 이들을 이른바 SN比 특성치로 모델화하여 이들의 최적조건을 품질손실함수 개념에서 추구한다.

---

6) 개발·설계 단계를 라인외(off-line) 기술이라 하고 제조단계 이후를 라인내(on-line) 기술이라 한다.
7) 이순룡, 품질경영론, 제2판, 법문사, 2004.

2.3 품질향상에 대한 동기부여

가내수공업 시대의 작업자는 그 자신이 고안하여 만들고 검사하고 끝마무리를 하면서 장인(匠人)으로서의 긍지와 보람을 느꼈다. 그러나 대량생산체제 속에서 분업을 행하는 오늘날의 작업자들은 단조로운 반복작업으로 일의 보람은 고사하고 흥미를 느끼지 못한다.

우리 주위에서 전개되고 있는 QC서클활동이나 ZD운동 등은 구성원의 품질향상의욕을 고취시키는 일종의 품질모티베이션 프로그램(quality motivation program)이다.

사례 ● 일하는 사람의 마음가짐과 품질

이탈리아 로마의 시스티나 성당 천정에 그려진 「천지창조」의 웅대하고 정교함은 온갖 정성을 다하여 하나님에게 걸작품을 만들어 바치려는 미켈란젤로(Michelangelo)의 고매한 신앙심과 헌신적인 노력의 산물이다. 고려시대에 제작된 「팔만대장경」 또한 불심(佛心)에서 우러나온 장인들의 헌신적인 봉사와 노력이 없이는 이루어질 수 없었다.

시스티나 성당의 천정화와 고려시대의 팔만대장경을 비롯한 이들 세계적인 걸작품들은 모두 두터운 믿음에서 나온 것이라는데 공통점이 있다. 일하는 사람의 혼신을 다한 정성과 각고의 노력이 없이 세계적인 걸작품이 나올 수 없는 것과 마찬가지로, 일하는 사람의 마음가짐에 따라서 좋은 품질과 나쁜 품질로 구분될 수 있다.

2.3.1 ZD프로그램

'ZD운동', '무결점 운동' 또는 '완전무결운동'이라 불리우는 **ZD프로그램**(zero defects program)은 1962년 미국의 마틴사(Martin Co., Orlando division)에서 미사일의 신뢰도 향상과 원가절감을 목적으로 전개된 품질향상에 대한 종업원의 동기부여프로그램 (quality motivational program)[8]이다. ZD운동은 "작업자의 오류가 주류를 이루고 있으며, 작업자 오류는 적절한 동기부여로써 제거될 수 있다"는 가정(假定)에서 비롯된 것이다.

ZD프로그램은 인간은 완전을 바라는 기본적인 욕구가 있다는 것을 전제로 종업원으로 하여금 완전성을 향하여 노력하게 하는 것이다. 또한 결점(defects)은 인간의 오류로부터 생기는 것이므로 이들 오류의 원인을 조직적이고 자주적으로 제거하도록

---

8) J. F. Halpin, *Zero Defects: A New Dimension in Quality Assurance*, McGraw-Hill, 1966.

하는 ECR제안(error cause removal proposal)이 ZD프로그램의 요체이다.

ZD프로그램을 효과적으로 추진하기 위한 **요건**은 다음과 같다.

① 구성원(작업자)으로 하여금 작업 및 작업성과의 중요성을 인식시킨다.
② 같은 작업을 수행하는 작업자들로 ZD그룹을 편성하여 결점을 제거하기 위한 목표를 자주적으로 설정케 하고 그들로 하여금 목표달성에 노력케 한다.
③ 오류의 원인을 종업원 스스로 찾아내어 이를 제거할 수 있는 방안을 상사에게 제안한다. 이를 ECR제안이라 하는데, ZD의 성과를 크게 좌우한다.
④ 목표를 달성한 그룹에 대해서는 그들의 공적을 인정하고 격려하는 뜻에서 표창한다.

2.3.2 QC서클활동

QC서클은 일본 품질관리의 동기부여적인 차원에서 핵심을 이루고 있다. 일본에서 QC서클이 처음 등장한 것은 1962년이다.

QC서클이란 같은 부서 안에서 품질관리 활동을 자주적으로 행하는 소집단(small group)을 가리키는 말이다. 이들 QC서클 구성원은 전사적 품질관리 활동의 일환으로 구성원의 자기계발(自己啓發)과 상호계발을 도모하고 QC기법을 활용해서 직장의 관리·개선에 구성원 모두가 자주적으로 참여하는 QC서클활동을 전개한다.

QC서클활동의 **기본이념**은 다음과 같다.[9]

① 기업의 체질 개선·발전에 기여한다.
② 인간성을 존중하고 보람있는 명랑한 직장을 만든다.
③ 인간의 능력을 발휘하여 무한한 가능성을 창출한다.

QC서클활동이나 전술한 ZD프로그램은 구성원에 의한 품질모티베이션(quality motivation)이 주축을 이루는데, 타율적이고 강압적인 제도운영으로는 소기의 성과를 달성할 수 없다.

---

9) QCサ-クル本部編, *QCサ-クル活動運營の基本*, 日本科學技術聯盟, 1976.

2.4 품질코스트

2.4.1 품질코스트의 구성

품질코스트(quality cost or cost of quality)란 물품이나 서비스의 품질과 관련해서 발생되는 코스트로, 이미 산출되었거나 산출될 급부에 대한 개념이다. 품질코스트에는 품질을 이룩하고 이를 관리하는 데 소요되는 비용과 품질불량, 즉 품질이 일정(시방·요구·고객만족 등)수준에 미달되어 발생하는 모든 손실이 포함된다. 현실적으로 품질코스트는 매출액의 10~30%에 이르고 있음에도 불구하고 과소평가되고 있는 것이 현실이다.

품질코스트는 예방코스트, 평가코스트, 실패코스트로 나눌 수 있다.

(1) 예방코스트(prevention cost). 불량을 사전에 예방하는 불량예방활동에 소요되는 비용이다. 가령 품질설계, 품질관리, 품질교육, 외주업체 지도 등에 소요되는 비용은 이에 속한다.

(2) 평가코스트(appraisal cost). 품질에 관한 시험을 비롯하여 수입검사, 공정검사, 완성검사, 품질감사 등 품질에 대한 평가활동에 소요된 비용이다.

(3) 실패코스트(failure cost). 일정한 품질수준에 미달됨으로써 야기되는 손실이다. 실패코스트는 내부실패코스트와 외부실패코스트로 구분된다.

  ① 내부실패코스트(internal failure cost). 생산시스템내에서 발생되는 불량손실로서 가령 재작업이나 스크랩, 수율손실, 불량대책 등으로 발생한 비용이다.

  ② 외부실패코스트(external failure cost). 제품이나 서비스가 소비자에게 넘겨진 후에 발생한 불량손실이다. 불량으로 인한 반품 및 클레임, 애프터서비스, 판매기회손실을 예로 들 수 있다.

사례 ● 폭스바겐 디지털게이트의 실패코스트

　본장 서두의 '총체적 품질경영 사건'에서 폭스바겐이 디젤차의 배기가스 배출 SW를 조작하여 발생한 비용이 벌금 180억 달러를 포함하여 모두 340억 달러(38조4,000억원)에 달할 것으로 추산된다고 하였는데, 이는 품질코스트 중에서 실패코스트에 해당된다.

　이 SW조작 사실은 미국 웨스트버지니아 대학의 대니얼 카더 연구팀에 의해 밝혀진 것인데, 고작 5만 달러(평가코스트)의 연구비로 수행한 결과이다.[10]

---

10) '美실험실' 환경에 맞춰 조작… 주행땐 가스 40배, 조선일보, 2015.9.24.

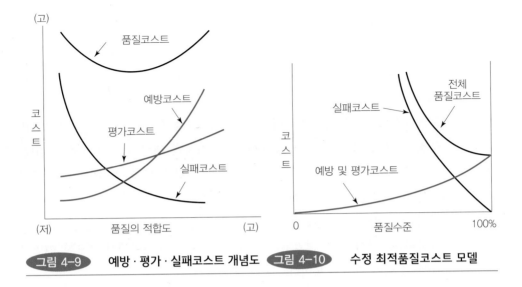

| 그림 4-9 | 예방 · 평가 · 실패코스트 개념도 | 그림 4-10 | 수정 최적품질코스트 모델 |

2.4.2 품질코스트 상호간의 관계

예방코스트와 평가코스트는 실패코스트에 영향을 줌에 있어서 함수관계가 다르다. [그림 4-9]에서 실패코스트는 예방코스트 및 평가코스트와 반비례관계에 있지만, 실패코스트에 대한 평가코스트의 영향은 예방코스트에 훨씬 못미친다. 즉 불량예방활동을 강화하면 불량이 줄고 품질평가활동의 필요성도 감소된다.

본장 서두 [사례]에서 제시된 '2015년 메르스 사태'는 중동 입국자에 대한 방역을 제대로 하고, 방역당국과 병원서 초기단계 전염병관리가 이루어졌다면 우리가 입은 손실(실패코스트)보다 아주 작은 예산(예방코스트)으로도 충분히 예방할 수 있었다.

경제적인 품질개선활동은 예방과 평가활동을 적절히 병행해야 되는 것으로 여기에 품질코스트의 최적배분(optimum apportionment)의 필요성이 대두된다.

전통적인 「최적품질코스트 모델」에서는 100% 양품이나 완전무결에 가까운 품질수준은 경제적으로 기대하기 어렵다는 문제에 봉착하게 된다. 즉 총비용이 최저가 되는 [그림 4-6]의 최적 품질수준에서는 불량이 완전히 제거되지 못한다. 이에 슈나이더만(A. M. Schneiderman)은 '최적 품질코스트와 완전무결은 양립할 수 없는가?'라는 가정하에 [그림 4-10]의 「수정 최적품질수준모델」을 제시하였다.[11] 지속적인 개선을 통해서 완전무결에 가까운 품질을 총비용이 최소에 이르는 수준에서 이룩할 수 있다는 것이다. 현실적으로 일부 TQM 실시기업에서는 불량수준이 10ppm 미만에 이르고 있어 수정모델의 적용이 가능하다.

---

11) A. M. Schneiderman, "Optimum Quality Cost and Zero Defects: Are They Contradictory Concepts?", *Quality Progress*, 1986; 이순룡, 현대품질경영, 법문사, 2012.

2.4.3 품질코스트의 분석

품질코스트는 매출액 · 제조원가 · 부가가치 · 작업자수 등과 대비하여 사업장별이나 제품별로 여러 시점에서 비교하여([그림 4-11] 참조) 품질코스트의 동태를 관찰할 수 있다.

품질코스트의 측정기준으로 대표적인 것은 **매출액 기준**($\frac{품질코스트}{매출액} \times 100$)이다.

품질코스트는 업종에 따라 차이가 많다. 매출액 대비 최소 0.5%에서 최대 30%에 이르는데, 생산이 단순한 업종은 품질코스트가 낮은 대신, 제품이 복잡하고 높은 신뢰성을 요하는 정밀제품의 품질코스트는 상당히 높다.

전체 품질코스트 가운데 50~80%정도가 품질불량으로 인한 손실(실패코스트)이며, 품질검사 및 시험 등의 평가코스트가 15~40%, 품질관리에서 중요한 예방코스트는 5~10% 정도인 것이 보통이다.

실패코스트를 줄이려면 부가가치가 창출되는 예방활동을 강화해야 한다. 예방활동의 효과는 품질관리시스템의 수준에 따라 차이가 나는데, 검사조차 제대로 못하는 기업에서는 우선 평가활동을 강화한 뒤에 예방활동을 실시해야 한다.

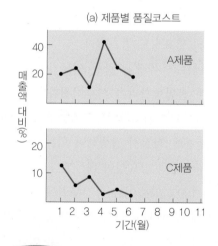

(a) 제품별 품질코스트

(b) 연도별 품질코스트

$2010 \ \frac{품질코스트}{매출액} = 17\%$ $2015 \ \frac{품질코스트}{매출액} = 7.9\%$

그림 4-11 **도표에 의한 품질코스트 분석**

③ 품질보증(QA)

3.1 품질보증의 의의와 기능

품질보증은 간단히 말해서 소비자의 요구에 맞는 품질을 보증하는 것으로 품질경영의 요체가 된다. 여기서 '소비자'라 함은 사외에서 볼 때는 제품의 사용자 내지 구매자를 말하며, 사내에서는 다음 공정을 가리키는데, 품질보증에 관한 정의를 제시하면 다음과 같다.

품질보증(quality assurance: QA)은 제품이나 서비스가 제시된 품질요구사항을 만족시키고 있다는 신뢰감을 주기 위하여 필요한 모든 계획적이고 체계적인 활동이다(KS A 3001-4: 2006).

요컨대 품질보증이란 소비자가 안심하고 구입하여 사용한 결과 안도감과 만족감을 가지며, 오래 사용할 수 있는 품질을 보증하는 것이다. 사용결과에 대해 소비자가 만족감을 갖게 하려면 그가 기대한 성능을 발휘해야 하는데, 품질의 우수함은 말할 것도 없고 판매나 광고의 과대선전이 없어야 하며, 판매사원의 언행이나 사용설명서의 충실함 등이 요구된다. 그리고 보증기간 동안 고장 없이 사용되어야 하지만 고장이 발생했을 때 수리가 용이하도록 설계하고, 신속한 애프터 서비스는 물론 판매 후 일정기간 수리부품을 확보해 둘 필요가 있다.

품질보증활동은 제품의 기획에서부터 사용·애프터 서비스에 이르는 라이프사이클의 모든 단계에 걸쳐서 행해진다. 따라서 품질보증활동은 이들 모든 단계에서 품질확보를 위한 활동, 즉 품질기능을 명확히 하고 이를 올바로 실시하여 그 결과의 검토에서 활동의 수정에 이르는 품질관리기능 모두에 관계된다. 또한 품질보증활동은 각 부문의 업무수행과 그의 관리(부문별 관리)는 물론 부문간 활동과 그의 관리(기능별 관리)와도 관계된다.

품질보증의 중요한 **기능**들을 꼽으면 다음과 같다.

① 품질보증 방침과 보증기준의 설정
② 품질보증시스템의 구축과 운영
③ 품질보증을 위한 설계품질의 확보
④ 주요 품질문제의 등록과 해석
⑤ 생산단계에서의 품질보증
⑥ 신뢰성 관리

⑦ 애프터 서비스

⑧ 품질조사와 클레임 처리

⑨ 품질표시 및 사용설명서의 관리

⑩ 제품품질감사와 품질보증시스템감사

3.2 신뢰성관리

오늘날 품질문제는 개별 부분품이나 제품의 좋고 나쁜 것에 그치지 않고 집단으로서의 제품이 본래 기대하였던 기능에 대하여 어느 정도 신뢰할 수 있는가 하는 문제로 확대되었다. 따라서 품질보증 활동에서 신뢰성관리는 중요하다. 품질보증적 동기에서 신뢰성을 정량적·수량적으로 측정할 수 있는 척도를 설정해서 이들 수치들을 토대로 신뢰성을 확보·향상시키려고 체계화한 것이 이른바 신뢰성관리이다.

신뢰성(reliability)이란 부분품, 장치, 기기 또는 시스템이 주어진 어떤 조건 아래서 일정 기간 중에 의도했던 기능을 수행하는 확률이다.[12]

신뢰성의 양적 표시인 신뢰도는 임무기간 중 일어나는 단위시간당 고장횟수로 나타내는 것이 일반적이다. 고장률의 단위로는 시간의 경우 1,000시간당 몇 %, 즉 '%/10^3시간' 또는 '10^{-5}/시간'이 흔히 사용되는데, 가령 TV의 고장률이 $3.4(10^{-5}$/시간)라면 텔레비전을 1,000시간 작동시켰을 때 3.4%가 고장이라는 것이다.

신뢰도를 시간의 함수로 볼 때는 $R(t)$로 나타낸다. 이것은 제품이 t 시간 동안 고장이 나지 않는 확률이다. 즉, 제품을 사용하기 시작해서 어느 시각까지 전체의 몇 %가 고장나지 않고 남아 있는가 하는 잔존율(殘存率)에 해당한다.

t 시간까지 고장을 일으키는 고장확률을 $F(t) = \dfrac{n(t)}{N}$로 나타내면, 잔존확률인

신뢰도 $R(t) = 1 - F(t)$

로 구할 수 있다. 신뢰성의 평가척도로는 신뢰도 $R(t)$, 고장률 $F(t)$ 외에도 평균고장간격(mean time between failure: MTBF), 고장평균시간(mean time to failure: MTTF) 등이 있다.

특정 제품이나 기기가 사용될 때의 동작신뢰성(operational reliability)은 고유신뢰성(固有信賴性)과 사용신뢰성(使用信賴性)의 상호작용에 의해서 발휘된다. 따라서 시스템의 신뢰성을 높이려면 생산자측에서는 시스템의 설계·제조단계에서 고유신뢰성 향

---

12) AGREE Report, *Reliability of Military Electronic Equipment*, June 1957.
    B. L. Hansen, *Quality Control: Theory & Applications*, Prentice-Hall, 1963.

상에 노력하고, 사용자측에서는 시스템 운영에 관한 교육훈련과 운용정비 등을 통하여 사용신뢰성을 높이는 노력이 있어야 한다.

품질경영적 관점에서 볼 때 신뢰성은 하나의 품질특성이고 품질보증의 기능이다. 따라서 신뢰성관리는 품질경영과 함께 상호 유기적인 관계에서 전개되어야 한다.

3.3 제품책임의 문제와 대책

제품의 안전문제는 주로 제품의 소비자나 사용자의 관심문제였지만, 1972년 「소비자제품 안전법」(consumer product safety act)이 미국에서 제정된 이후 제품의 생산자와 판매자에게도 중요한 문제가 되었다. 종전에는 주로 제조상의 결함, 가령 규격미달이라든가 제품의 기능을 제대로 발휘하지 못했을 경우에만 책임을 지우던 것을 제품사용중 발생하는 안전사고까지 그 책임이 확대됨에 따라서 제품책임비용이 원가에서 차지하는 비중이 크게 불어나고 있다.

본장 서두에서 제시된 총체적 품질경영 사건의 '세월호 침몰'과 '폭스바겐의 배출가스 조작'은 특히 우리가 주목해야 할 제품책임 문제들이다.

제품책임(product liability: PL)이란 상품의 결함으로 야기된 손해에 대해서 생산자 내지 판매자가 소비자나 사용자에게 배상할 의무를 부담하는 것을 말한다. 제조자책임 또는 제조물책임이라고도 하는데, 여기서 말하는 책임이란 단순한 도의적 책임보다는 '배상책임'의 뜻이 강하다.

우리나라에서 제조물책임법은 2002년 7월부터 시행되고 있는데, 제품책임은 ① 과실책임(negligence), ② 보증(담보)책임(warranties), ③ 불법행위상의 엄격책임(strict liability in tort)으로 나눌 수 있다.

제품책임 **대책**은 소송에 지지 않기 위한 방어(product liability defence: PLD)와 결함제품을 만들지 않기 위한 예방(product liability prevention: PLP)대책으로 구분된다. 결함제품(상품)을 생산·판매한 경우, 그에 대한 손해배상액도 엄청나겠지만 이보다 큰 손실은 이른바 상업상의 손실(commercial loss)로서 배상금액의 10배 이상이 된다. 상업상의 손실에는 판매기회의 상실로 인한 매출액의 저하와 이익의 감소를 비롯하여 가격인하로 인한 손실, 보험료의 증대, 품질코스트의 증대, 판매지역 확대의 곤란 등이 포함된다.

제품의 설계에서 판매에 이르기까지 전사적인 품질보증활동이 필요하므로 기업 전체적인 입장에서 제품책임예방(PLP)활동을 전개할 필요가 있다.

4 글로벌 품질경영

4.1 국제 품질경영시스템 규격: ISO 9000

ISO 9000에서 규정하는 품질경영시스템 인증제도(quality management system certification scheme)는 공급자의 품질시스템을 ISO 9001 규격과의 적합성을 제3자가 평가하여 품질경영시스템 능력을 인증하는 제도이다. 이 과정에서 심사의 객관성과 전문성이 수반되어 공급자의 품질경영 능력이 향상되는 계기를 마련해 준다.

인증실적이 증가하면서 나타난 문제점들을 시정하기 위해 2000년에 「ISO 9000: 2000모델」이 제정되었다.[13]

「ISO 9000: 2000 모델」의 핵심규격은 다음과 같이 4가지이다.

① ISO 9000(기본사항 및 용어)
② ISO 9001(품질경영시스템 – 요구사항)
③ ISO 9004(품질경영시스템 – 성과개선지침)
④ ISO 19011(품질경영 및 환경경영 심사)[14]

ISO 9001은 제품 서비스품질을 위한 품질경영시스템에 대한 요구사항이고, ISO 9004는 경영성과 개선을 위한 품질경영시스템 지침이다. ISO 9001에서 규정하고 있는 품질경영시스템의 요구사항은 품질보증에 부가해서 고객만족의 향상도 지향하고 있다.

ISO 9004는 초우량경영을 추구하는 품질경영시스템 지침으로, 경영자에 의한 적극적인 활용이 권장되는 규격이다. 여기서 강조된 점들은 고객과 이해관계자의 중시, 프로세스 어프로치, 개선과 혁신의 추구, 기업 스스로 평가(self-assessment)할 수 있도록 평가지침을 부속서로 갖추고 있는 점이다.

이 시스템(ISO 9000)의 **제약점**은, 최소한의 품질경영시스템 요건만을 규정하고 있어 다양한 분야의 공급자가 자주적으로 전개하는 품질보증수준에 이르는 데 한계가 있을 수 있으며, 시스템이 보수적인 규격에의 적힙에 치우칠 경우에는 품질 혁신과 같은 중요한 업무를 제대로 다루지 못할 수 있다는 점이다.

---

13) 2000년 모델은 2008년과 2015년에 부분 개정되었다.
14) ISO 19011은 품질경영시스템의 내부심사 및 외부심사를 운영 실시하는 지침으로서 품질과 환경의 감사지침을 통합한 것이다.

4.2 국제 환경경영시스템 규격: ISO 14000

ISO 14000은 상이한 환경 관리기법과 관리체계의 표준화를 도모하고 지구환경 보전에 기여하기 위해 ISO에서 1996년에 최초로 제정된 후 2004년과 2015년에 개정된 규격이다. 이 규격은 제품의 설계·개발, 원자재 조달, 생산, 판매, 폐기에 이르기까지 조직활동 전과정에 걸쳐, 제품이나 서비스가 미치는 영향(자원소모, 대기·수질·토양 오염, 폐기물 발생 등)을 사전에 평가하여 경영조직, 관리체계, 환경경영을 규격화한 것이다. ISO 9000과 마찬가지로 기업이 환경경영체제를 구축하여 실행하고 있음을 제3자(인증기관)로부터 인증받는 환경경영시스템(EMS: Environmental Management System) 인증제도이다.

ISO 14000 시리즈는 준수 규격인 ISO 14001과 몇 개의 가이드(지침) 규격으로 구성되어 있다.

4.3 기업의 사회적 책임 규격: ISO 26000

기업의 사회적 책임(CSR: Corporate Social Responsibility)의 세계적인 표준이다. ISO(국제표준화기구)는 사회적 책임경영의 국제표준으로 ISO 26000을 2010년에 제정·발표했다. 현재(2013년) 전 세계에서 1만여 단체가 ISO 26000 지침을 사용하고 있다.

ISO 26000의 **기본 원칙**은 ① 책임성, ② 투명성, ③ 윤리적 행동, ④ 이해 관계자의 이익 존중, ⑤ 법규 준수, ⑥ 국제 행동 규범 존중, ⑦ 인권 존중의 7가지이다.

ISO 26000의 **핵심 주제**, 즉 사회적 위험과 영향을 파악하고 이를 관리하기 위해 가이드라인에 포함된 핵심 분야는 ① 조직 거버넌스, ② 인권, ③ 노동 관행, ④ 환경, ⑤ 공정 운영 관행, ⑥ 소비자 이슈, ⑦ 지역사회 참여와 발전의 7개 분야이다.

ISO 26000 가이드라인에는 위의 핵심 분야가 기업이나 조직의 지속 가능성에 영향을 미치며 위험성이 있는 분야라고 명시되어 있다. 가령 인적 자원이나 인권 문제에 관심을 기울이지 않을 경우 불필요한 사회적 비난을 초래할 수 있다. 그리고 공정거래 관행을 따르지 않을 경우 기업은 금전적 손해와 이미지 훼손을 입게 된다.

4.4 말콤볼드리지 국가품질상

미국의 NBC TV가 "일본이 할 수 있다면, 우리는 왜 못하는가?"(If Japan Can, Why

Can't We?)라는 프로를 방영한 것은 1980년으로, 당시 미국에서는 일본기업의 눈부신 발전과 미국시장 침투에 관심이 고조되었을 때이었다. 이 프로그램은 미국산업의 변혁을 촉구하였는데, 위기탈출의 대응책으로 1987년에 제정된 말콤볼드리지 국가품질상(Malcolm Baldrige National Quality Award: MBNQA)을 꼽을 수 있다. 이 제도는 미국산업의 품질향상운동 확산에 많은 공헌을 하였다.

MB상은 미국산업 구성원들의 품질의식을 높이고, 성공적인 품질전략 및 성과에 대한 정보를 공유하고 이를 실천하도록 이끌기 위해 만들어졌다.

MB상의 **평가기준**은 ① 리더십, ② 전략계획, ③ 고객 및 시장중시, ④ 정보와 분석, ⑤ 인적자원 관리, ⑥ 프로세스관리, ⑦ 사업성과의 7개 범주([그림 4-12] 참조)로 되어 있다. 이들 중 ①②③은 리더십의 추진요소(driver triad)이고, ⑤⑥⑦의 성과요소를 지원하는 ④ 정보와 분석으로 대별된다.

MB상은 품질경영 원칙이라 할 수 있는 핵심가치에 입각하여 평가기준을 제시하고 있어, 이들 평가기준을 충족시키는 수상업체의 성과는 뛰어난 것으로 알려졌다.[15]

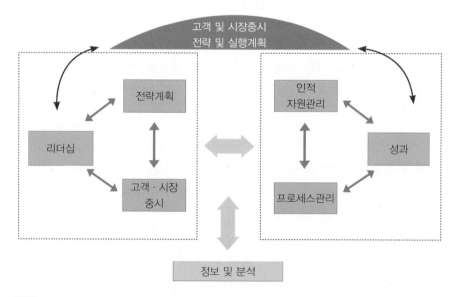

그림 4-12 **말콤볼드리지상의 기본구조 틀**

15) 이순룡, 현대품질경영(수정판), 법문사, 2012.

서비스 품질경영

5.1 서비스품질

우리 주위에서 발생되는 품질문제는 제품이나 시설의 불량문제뿐만 아니라 이들을
다루고 운영하는 서비스 품질문제로 확대되고 있다. 서비스품질문제는 교량·건물의
붕괴, 선박 침몰, 열차 탈선, 항공기 추락, 엘리베이터 사고, 예금횡령, 호텔에서의 도
난 및 화재사고, 병원에서의 오진 등 헤아릴 수 없이 많다.

서비스품질은 서비스고유의 특성들(무형성, 불가분성, 이질성, 소멸성)로 인하여 이
해하기는 고사하고 그의 측정 및 관리가 쉽지 않다. 파라슈라만 등(Parasuraman,
Zeithaml & Berry)은 서비스의 유형이 다양함에도 불구하고 고객들이 서비스를 인식
할 때 사용하는 공통된 평가기준이 있음을 밝혔다.[16]

즉 품질특성으로 불리우는 [그림 4-13]의 '서비스품질의 결정요소'이다(이들 요소들
은 서비스의 유형이나 내용에 따라 그의 중요도가 다르다).

서비스품질은 소비자나 고객이 갖고 있는 정보, 경험, 기업이미지, 개인적 욕구 등
에 근거하여 서비스제공자가 제공할 것이라고 '기대한 서비스'와 제공된 서비스의 과
정 및 성과에 대해 소비자가 '인식(지각)한 서비스'(perceived service)를 자신의 평가기
준(품질특성)에 비추어서 비교한 것이다([그림 4-13] 참조). 따라서 서비스 품질경영에
서는 소비자(고객)들의 서비스에 대한 요구(기대)를 올바로 파악하여 고객이 만족할
수 있는 서비스를 제공하는 것이 가장 중요하다.

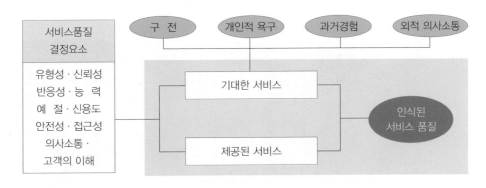

그림 4-13 고객이 인식한 서비스 품질

---

16) A. Parasuraman, V. A. Zeithaml, & L. L. Berry, "SERVQUAL: A Multiple Item Scale for
Measuring Consumer Perceptions of Service Quality", *Journal of Marketing*, Vol. 64, No. 1,
1988.

5.2 서비스품질의 관리과정

서비스품질의 관리는 [그림 4-14]와 같이 서비스 설계 및 준비(plan) → 서비스 제공(do) → 서비스 평가(check) → 서비스 개선(action)의 관리과정(PDCA cycle)으로 추진된다.

1) 서비스의 설계 · 준비

고객의 서비스 요구를 파악하여 서비스 시방(service specification)을 정하고 서비스 활동을 계획하여 이에 따라 준비하는 단계이다.

제품과 달리 서비스는 제공과정에서 대부분의 고객만족도가 좌우되므로 서비스를 철저하게 준비하지 않고서는 고객만족을 기대하기 힘들다. 따라서 사전에 고객만족 서비스를 설계하는 것이 서비스품질관리의 출발점이 된다.

2) 서비스의 제공

고객에게 서비스가 제공되는 단계이다. 서비스의 제공과정과 제공자가 주요 인자가 된다. **서비스 제공과정**은 서비스의 설계, 시방, 제공방법, 시설 및 환경, 그리고 종사자의 마음가짐과 행동에 의해서 상당히 좌우되지만, 환경이나 분위기에 의해서도 많은 영향을 받는다. 서비스제공과정에서 서비스품질을 크게 좌우하는 요소는 제공자이므로 이들의 선발과 교육훈련에 힘써야 한다.

미국에서 조사된 자료에 따르면,[17] 고객들이 서비스품질평가 대상으로 꼽은 것 가운데 제공과정에 관한 것이 52.5%에 이르렀는데, 이 중 종사원에 관한 사항이 30.2%이었다.

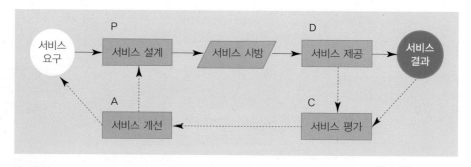

그림 4-14 **서비스품질의 관리단계**

---

17) J. Ryan, "ASQC/Gallup Servey Result Revealed", *Quality Progress*, Nov. 1985.

사례 ● 서비스 품질지표(SQI)에 의한 품질개선

페더럴 익스프레스(Federal Express)에서는 배달지연, 화물분실, 화물파손, 인수착오, 청구서 오류 등에 대한 서비스품질지표(SQI: Service Quality Index)를 개발해서 서비스품질의 문제를 추적 · 평가하여 매일매일 SQI점수를 산정하여 개선함으로써 고객만족도를 높일 수 있었다.

3) 서비스의 평가

서비스의 평가는 대별해서 고객에 의한 평가와 공급자측의 평가로 나눌 수 있다. 고객이 평가하는 것은 그가 제공받은 서비스와 서비스제공과정에 대한 것인데, 이들 평가정보는 입수하기가 쉽지 않다.

서비스품질의 관리 · 개선을 위해서 서비스품질지표(service quality index: SQI)와 같은 품질평가정보가 신속 · 정확하게 피드백되어야 한다. 서비스활동 및 서비스 결과의 측정 · 평가는 고객불만 요인을 제거하는 데 활용된다.

4) 서비스의 개선 · 조치

관리개선의 성패는 서비스 평가정보의 신속한 피드백에 달려있다. 서비스품질의 향상은 제공된 서비스결과에 대한 올바른 평가와 분석 그리고 지속적인 개선 · 조치에서만 이루어질 수 있다. 이에는 고객의 서비스품질 평가와 공급자 측의 평가 그리고 경쟁자의 품질정보가 중요하다.

서비스품질의 관리과정에 따라 **서비스품질관리의 요령**을 간단히 열거하면 다음과 같다.[18]

① 서비스품질의 명확화, 즉 그의 속성(attributes)을 뚜렷이 한다.
② 이들 품질속성에 적절한 측정방법을 정한다.
③ 품질표준을 정한다.
④ 검사계획 및 검사방법을 정한다.
⑤ 서비스 종사원에 대한 동기부여를 행하고 정해진 계획이나 표준대로 서비스가 수행되도록 독려한다.
⑥ 서비스 수행내용이 표준과 일치되는지를 감시하고 평가한다.
⑦ 표준과의 불일치, 즉 서비스불량이 있을 때 그 원인을 규명하고 바로잡는다. 필요하면 품질수준을 수정한다.

---

18) 이순룡, "서비스산업의 품질관리 현황과 그 대책", 품질경영, 1986년 9월호.

5.3 서비스품질의 개선

서비스품질관리에서 흔히 제시되는 관리목표 내지 **개선목표**로는 ① 오류율(error rate), ② 시간, ③ 코스트, ④ 고객의 만족 등이 꼽힌다.[19] 이들은 곧 고객이 바라는 품질요구사항과 관련이 깊다.

서비스 불량은 대부분 인간오류(human error)에 의해서 비롯되는 것으로, 이들 오류는 종업원, 관리자, 고객 등에 의해서 발생된다.

서비스품질은 서비스에 소요되는 시간요소와 관련이 깊다(예: 고객의 대기시간, 치료시간, 처리시간, 배달시간 등). 서비스 시간은 주로 처리(제공)시간과 대기시간으로 구성되는데, 이들 시간의 단축은 서비스 품질개선과 함수관계에 있다.

고객은 적은 비용으로 바람직한 서비스를 받기를 원하며 서비스 제공자(생산자)는 적절한 보수(이익)를 원한다. 즉 고객의 만족과 기업이익이라는 양자의 목표가 충족되는 수준에서 서비스는 제공되고 받아들여져야 하므로 서비스품질은 코스트와 깊은 관련이 있다.

서비스는 궁극적으로 고객만족이 추구되어야 하는 것으로, 기대한 서비스품질과 인식된 서비스품질과의 간격을 좁히거나 일치시킴이 관건이라 하겠다.

서비스품질의 **개선요령**들을 기술하면 다음과 같다.

(1) 서비스품질의 특징들을 파악한다

업종별로 제공되는 서비스를 조사한 자료에 따르면, 음식점은 음식물의 제공이 우선이고 정신적 · 심리적 만족감의 제공은 그 다음이다. 여관은 장소, 안전, 오락, 정신적 만족감의 제공이 우선이고 노동력 · 편익의 제공이 그 다음이다. 따라서 서비스품질의 관리와 개선은 업종의 상황에 맞추어 전개되어야 한다.

(2) 고객의 요구품질(품질특성)을 파악한다

서비스에 대한 고객의 요구나 기대를 파악함에 있어서 설문조사나 면접방법이 이용되는데, 이 경우 표본고객의 선정, 설문내용, 설문방법, 집계, 분석 등에 세심한 주의를 기울여야 한다.

(3) 요구품질의 평가기준을 정한다

품질의 평가기준이 없이 서비스를 제공할 경우, 서비스의 내용이나 수준이 구성원에 따라 차이가 있으면 서비스의 개선은 물론 관리조차 할 수 없다.

---

19) 은행의 주요 품질척도로 정확성(accuracy), 시간(time), 예의(courtesy)를 꼽는데, 이는 ① 오류율, ② 시간, ③ 고객의 만족과 같은 범주로 볼 수 있다.

(4) 고객의 만족도를 평가하여 관리하고 개선한다

고객의 요구품질을 파악하여 이를 실현하려고 노력했으면 그 결과 고객이 만족하고 있는지를 파악하는 것도 중요하다. 고객만족도의 평가결과를 피드백하여 서비스설계의 자료로 활용하거나 서비스관리에 신속히 반영한다.

(5) 「서비스 매뉴얼」을 만들어 서비스를 표준화한다

'무엇을 서비스하는가', '어떻게 하는가', '어느 정도로 하는가'를 명시한 「서비스 매뉴얼」을 작성한다. 그 결과 '언제', '누구'라도 고객이 만족하는 서비스를 제공할 수 있어야 한다.

(6) 구성원의 교육·훈련으로 고객만족을 추구한다

서비스품질의 개선은 서비스수행자인 구성원의 혼신의 노력과 실천이 없이는 실효를 거두기 힘들다. 구성원들이 정성과 열의를 다하여 서비스할 수 있도록 먼저 그들의 마음을 움직이고 그 다음에는 그들이 합리적이고 능률적으로 서비스 할 수 있도록 교육·훈련하여 고객만족을 추구해야 한다.

사례 ● 친절과 미소로 최상의 서비스를 펼치는 「싱가포르 걸」

싱가포르 항공(Singapore Airline)은 영국의 스카이트랙스(Skytrax)가 매년 발표하는 '항공사 품질평가'에서 최고 등급인 '별 5개'를 받고 있다. 매년 천여 명의 승무원을 새로 뽑는데, 남녀 승무원은 모두 5년 임기의 계약직으로 회사가 요구하는 서비스 수준을 맞추지 못하면 재계약에서 탈락한다. 승무원들은 고객들이 원하는 것을 선택할 수 있도록 수요자 중심의 서비스를 한다.[20]

'싱가포르 걸'로 불리는 여승무원들의 친절한 서비스와 미소는 전세계 여행객들에게 소문이 자자하다. 승객들은 음료수를 주문할 때 고개를 들거나 목소리를 높일 필요가 없다. '싱가포르 걸'이 승객에 바싹 다가와 무릎을 굽힌 채 주문을 받기 때문이다. 혹시 술에 취한 승객이 계속 위스키를 주문할 경우라도 미소를 잃지 않고 위스키 제공속도를 점차 늦추며 말을 붙여 술에서 깨도록 유도한다.

매년 항공·여행 전문잡지가 선정하는 올해 최고의 항공사 상위순위에 반드시 드는 싱가포르 항공사의 비결은 끊임없는 교육·훈련투자에서 비롯된 것이다.

---

20) [심층분석] "싱가포르항공 경쟁력의 비밀은 젊고 세련된 서비스, 최신기종 빠른 도입", 조선일보, 2008.4.6.

이 장의 요약

현대경영에서 품질이 경쟁우위를 지니려면 고객이 요구하는 품질을 경제적으로 이루도록 품질관리와 지속적인 품질개선활동을 전사적으로 전개하는 총체적 품질경영(TQM)이 필요하다(1절). 제품/서비스 품질이 고객을 만족시키려면 고객지향적 품질설계와 품질향상에 대한 동기부여(2절)와 체계적인 품질보증활동(3절)이 필요하다. 4절에서는 ISO 9000, 14000, 26000 등의 글로벌 품질경영을 다루고, 5절에서는 서비스품질경영을 기술하였다.

이 장에서 기술된 주요내용을 요약하면 다음과 같다.

- 고객이 요구하는 품질을 경제적으로 실현하기 위해서는 사용품질에서 고객요구가 충족될 수 있도록 설계품질이 정해지고 제조품질이 만들어져야 한다.
- 품질관리기능은 품질의 설계·공정의 관리·품질의 보증·품질의 조사 및 개선으로, 이 과정을 흔히 PDCA사이클이라 한다.
- 소비자가 요구하는 품질을 경제적으로 이루려면, 각 부문의 협력을 바탕으로 통계적 방법과 온갖 수단을 전사적으로 전개하는 총체적 품질경영(TQM)이 바람직하다.
- 품질코스트시스템에서 품질코스트를 예방코스트·평가코스트·실패코스트로 나누어 분석·관리한다. 예방 및 평가코스트는 실패코스트의 독립변수가 된다.
- QC서클활동이나 ZD프로그램 등은 품질모티베이션 프로그램으로 구성원에 의한 품질모티베이션이 주축을 이룬다.
- 소비자의 요구에 맞는 품질을 보증하는 QA(품질보증)활동은 제품의 기획에서부터 사용·애프터서비스에 이르기까지 모든 단계에 걸쳐서 행해진다. 따라서 전 구성원이 QA활동에 참여해야 한다.
- ISO 9000은 제품보증이 아닌 공급자가 갖추어야 될 품질경영시스템을 규정한 것이다. ISO 14000은 국제환경경영시스템으로 기업의 환경경영활동을 규정하고, ISO 26000은 사회적 책임경영의 국제표준이다.
- 서비스품질은 고객이 기대한 서비스와 인식한 서비스를 비교한 품질특성이다. 서비스품질의 관리는 서비스의 설계와 준비·제공·평가·개선의 관리과정으로 추진된다.
- 서비스의 주요 품질특성으로 오류율·시간·코스트·고객의 만족을 들 수 있다. 이들은 고객의 품질요건과 관련이 깊은 것으로 서비스품질관리의 주요목표가 된다.

II

생산시스템의
설계

제 5 장
신제품 개발의 새로운 접근

1 제품의 연구와 개발

1.1 제품개발의 중요성

연간 10억 달러의 손실로 파산 지경에 이르렀던 애플이 2004년에 출시한 '아이팟 (iPod)'의 히트로 숨을 돌리고, 이어서 2007년 '아이폰(iPhone)'의 개발로 글로벌 톱에 이를 수 있었는데 제품개발의 위력을 단적으로 보여주는 사례이다.

주위에서 볼 수 있는 신제품에는 전기자동차, 스마트폰, 노트북, 디지털 카메라, 케이블 TV, 게임기 등의 인기상품이 있는가 하면 아스피린, 활명수, 박카스, 새우깡, 모나미 153, 코카콜라 등 장수상품들도 있다. 이들 인기상품 내지 장수상품들의 공통점은 제품의 적절성[1]이다.

선도기업들을 보면, 매출의 1/3 또는 그 이상을 최근 5년 내에 개발된 제품들에 의존한다. 존슨앤존슨(Johnson & Johnson)의 경우 연간 매출의 30%를 최근 5년 동안 출시한 제품들로부터 벌어들이고 있으며, 3M의 경우에는 이들의 비중이 45%에 이른다.[2] 글로벌화와 기술혁신이 빠르게 진행되어 제품수명주기가 짧아지면서, 고객이 선호하는 제품을 출시할 수 있는 역량을 보유하는 기업만이 경쟁에서 살아남는다.

기업이 지속적으로 성장하고 발전하기 위해서는 고객이 만족감을 느낄 수 있는 제

---

1) 제품의 적절성(適切性)이란 제품의 품질, 기능, 가격이 소비자의 필요(needs)와 욕구(want)에 알맞으면서 생산자가 이를 생산하고 판매할 때 무리와 낭비가 없다는 것을 뜻한다.
2) M. A. Schilling, *Strategic Management of Technology Innovation*, 4th ed., McGraw-Hill Education, 2013.

품(서비스)을 제공해야 하며 특히 경쟁기업에 뒤쳐져서는 안되기 때문에 지속적인 제품개발이 필요하다. **제품개발**(product development)이란 기존 제품의 개량 및 신제품의 개발을 일컫는다. 제품개발은 경쟁우위를 확보하고 새로운 수요창출과 수요변화에 대한 대응 그리고 생산능력을 최대한 이용하기 위해 필요하다.

1.2 연구개발(R&D)

연구개발(Research and Development: R&D)은 기초연구, 응용연구, 개발연구로 대별된다.

상업적 의도 없이 과학지식의 진보를 목적으로 수행하는 **기초연구**(basic research)는 순수기초연구(pure research: 응용과 관계없이 과학적 동기에서 지식을 탐구)와 목적기초연구(fundamental research: 장래 응용될 것이란 기대 하에 수행)로 구분될 수 있다. 특정 요구나 목적을 위해 수행되는 **응용연구**(applied research)는 개발연구와 함께 산업연구의 근간을 이룬다. **개발**(development)은 재료, 장치, 제품, 공정 등을 새로 도입하거나 혁신 · 개선하는 연구이다.

연구개발(R&D)을 통해서 기업은 새로운 수요의 창출을 비롯하여 신제품 개발 및 제품개량, 생산공정의 혁신 · 개선, 생산자원의 효율적 활용, 공해 방지 등을 이룰 수 있다.

지난 2016년 우리나라의 GDP 대비 총 R&D 투자는 4.24%로 이스라엘(4.25%)에 이어 세계 2위 수준이다. 총 연구비 역시 794억 달러(OECD 구매력평가지수 환산 기준)로 세계 5위를 차지하지만 성과는 저조한 것으로 나타났다.[3]

연구는 기초연구(basic research)와 응용연구(applied research)로 구분되는데, 산업분

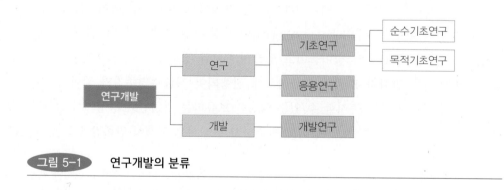

그림 5-1 **연구개발의 분류**

---

3) *2013년도 글로벌 R&D 투자동향 및 이슈분석*, 한국과학기술기획평가원, 2014. "응용기술 · 단기성과 · 톱다운 집착, 사상누각 과학기술 만든 '3적'", 이데일리, 2018.8.17.

야에서는 후자와 개발연구가 주류를 이룬다. 여기서 개발(development)은 산업에 유용한 기구, 물질, 원자재, 제품·공정의 혁신 및 개발연구를 말한다([그림 5-1] 참조).

1.2.1 시장 선도기업의 R&D

지속적으로 혁신제품을 내놓는 글로벌 혁신기업들은 탄탄한 핵심기술의 기반역량을 바탕으로, 시장선도에 필요한 독자적인 원천기술을 개발하거나, 뛰어난 외부역량을 탐색 협업하며 시장 변화를 선도하고 있다. 독자적 원천기술 개발을 보다 강조하는 기업이 캐논(Canon), 다이슨(Dyson), 픽사(Pixar) 등이라면, 외부역량의 활용 측면을 강조하는 기업은 애플(Apple), 구글(Google), 퀄컴(Qualcom) 등이다.

혁신적인 제품 디자인과 사용자 경험(애플), 선구적인 비즈니스 모델과 사용자 경험(아마존), 독창적인 문제의식과 디자인(다이슨), 뛰어난 예술성과 감동(픽사) 등 혁신의 포인트는 각기 다르지만 그 바탕에는 핵심기술과 관련해 기술 못지 않은 탄탄한 기반역량이 자리잡고 있다.

혁신기업들은 성장전략에 맞추어 핵심기술을 선정하고 기술역량을 키우기 위해 열심히 노력하는 공통점이 있다. 캐논(Canon)은 광학, 이미지 처리, 정밀기계 등의 핵심기술을 바탕으로 광학기기 분야에서 연속적으로 혁신 제품을 내놓으며 선도기업으로 올라섰다. 다이슨(Dyson)이 먼지봉투 없는 진공청소기와 날개 없는 선풍기와 같은 혁신적인 제품 컨셉을 구현할 수 있었던 데에는 유체 역학, 디지털 모터 등의 핵심기술력이 큰 역할을 하였다. 애플(Apple)은 고객에 대한 이해를 바탕으로 다양한 형태의 UX(사용자경험) 기술과 OS 및 SW 설계, 제품 HW 및 주요 부품 설계 등 엔지니어링 역량을 가지고 혁신제품을 선보여 왔다. 아마존(Amazon)도 전자상거래 기술, 물류 기술, 클라우드 소프트웨어 플랫폼 및 대규모 서버 운영, 빅데이터 기술 등에 힘입어 아마존 스토어, 클라우드, 킨들 등 시장을 선도하는 제품을 선보일 수 있었다.[4]

Fast-follower에서 시장 선도기업으로 도약하려면, R&D의 모습을 '제품혁신형 R&D'[5]로 조속히 전환시켜야 한다. 전술한 글로벌 혁신기업들의 사례처럼 핵심기술의 기반역량을 바탕으로 독자적 원천기술을 개발하는 동시에, 적극적으로 외부역량을 탐색·활용해야 한다.

핵심기술의 기반역량과 원천기술은 충분한 시간과 투자를 통해서만 축적된다는 점

---

4) 김영민·송지영, "시장을 선도하는 R&D: 변화 빠를수록 외부기술 활용역량의 파워 커진다", *LG Business Insight* #1230, 2013.1.2.

5) 우리나라 R&D는 1980년대 '배우는 R&D', 1990년대 '솔루션을 찾는 R&D'를 거쳐 2000년대 이후 '제품혁신형 R&D'로 진화해야 하는 단계에 있다

을 고려할 때, 가장 바람직한 제품혁신형 R&D의 모습은 독자적 역량과 원천기술을 바탕으로 탐색과 외부역량 활용을 강화하여 시장 변화에 효율적으로 대응하는 형태라 할 수 있다.

1.2.2 연구개발의 위험부담

산업기술의 혁신은 아이디어 창출로부터 시작해서 기초, 응용, 개발 연구를 거쳐 생산·판매단계에서 결실을 맺는다. 때문에 연구개발 내지 신제품 개발에는 많은 시간과 자금이 소요될 뿐만 아니라 리스크가 따른다.

기초연구와 응용연구 단계에서는 성공률이 매우 낮기 때문에 이에 수반되는 위험 부담도 매우 크다. 가령 듀퐁(DuPont)에서는 화학연구 프로젝트 중에서 2/3정도만 개발연구단계에 이르는데 그나마 대부분이 생산단계에서 포기된다.

신상품의 경우 3,000개의 아이디어 중에 300개 정도가 제안되고, 제안된 300개 아이디어 중 100개만이 프로젝트화 되며, 100개 혁신 프로젝트 중 1개 정도가 신상품을 만들어 낸다. 말하자면, 혁신적 아이디어가 성공적으로 실행되는 확률은 1/3,000이라는 것이다. 신약 개발이 생명인 제약업계의 경우는 더 심해서 10,000개의 아이디어가 있어야 1개 정도의 신약이 개발된다고 한다.[6]

미국산업의 신제품 실패율은 1963~1981년 사이에 33~35%이었다.[7] 신제품 개발 프로젝트 중에서 60%는 시장에 발을 내딛기도 전에 물거품이 되며 햇빛을 보는 40% 중에서도 수익을 올리지 못해 시장에서 사장되는 비율이 40%이다. 즉 제품개발에 투입된 자금의 3/4이 상업적인 성공을 거두지 못한다.[8]

연구개발에 따른 위험 부담이 크다고 그것을 멈출 수도 없다. 연구개발을 소홀히 하면 경쟁에서 뒤지게 되고 결국 기업의 종말을 고할 수도 있다.

1990년대에 디지털 카메라를 개발했지만 상품화를 미루고 필름산업에 주력한 이스트만 코닥(Eastman Kodak)은 2012년에 파산을 신청했다. 레인콤, 애플 등이 치열하게 경쟁하고 있던 MP3 플레이어 시장에서 엠피맨(mpman)이 원천 기술특허를 보유했음에도 파산하여 후발 업체에 인수되고 말았다.

---

6) 박은연, "혁신을 죽이는 말 한마디", *LG Business Insight* #971, 2008.1.16.
7) Booz, Allen & Hamilton, *New Products Management for the 1980's*, Booz, Allen & Hamilton Inc., 1982.
8) 클레이튼 크리스텐슨, 딜로이트코리아 역, *성장과 혁신*, 세종서적, 2003.

1.2.3 연구·기술 개발전략

고도의 과학기술을 자랑하는 미국이 일본과의 제품경쟁에서 고전하고, 소련은 기초과학분야가 세계적 수준임에도 불구하고 우리에게 일부 응용기술의 제공을 요구하는 것은 그들이 시장수요지향적인 기술개발에 소홀했기 때문이다.[9]

일본 산업은 1970년대까지는 미국이 개발한 기술들을 도입하여 상품화하는 시장수요 중심의 기술개발에 주력했다. 일본의 기술개발은 기술추구전략(follow up strategy)[10]에 의거 도입기술을 소화하고 흡수하여 자체 개발능력을 갖추며 응용기술을 발전시켜 왔다. 일본산업이 탄소섬유나 손목시계, 카메라, 팩시밀리, 반도체, 자동차 등에서 앞선 것은 이른바 '창조적 모방'에 의한 것이다. 구미에서는 순수·기초연구와 미래기술이나 첨단기술개발과 같은 목적연구에 주력해 온 반면, 일본에서는 응용기술, 개량기술, 생산기술 개발 등의 응용연구에 치중해 왔다.

구미에서 고도의 혁신지향 기술개발(top down 방식)에 주력할 즈음, 일본은 점진적인 개선지향 용도개발(bottom up 방식)에 치중하여 세계 시장을 석권할 수 있었다. 또한 구미에서는 우주항공 기술과 같이 주로 대형 첨단기술에 주력한 반면에 일본은 골프채, 손목시계, 카메라, 계산기 등과 같이 개발하기 쉬운 분야에서 출발하여 그 용도를 넓혀서 결국 첨단기술을 소화·개발하기에 이른 것이다.

여러 면에서 연구능력이 한정되어 있는 우리 산업의 기술전략으로 적합한 전략은 이미 일본도 채택하여 재미를 본 기술추구전략과 개선지향 용도개발전략이라고 본다. 즉 기술추구전략으로 필요한 기술을 다양하게 도입하여 단기간에 기술격차를 좁히면서 신제품 개발이나 신기술 개발에 이르는 것이다.

한국 산업이 뒤떨어진 기술수준과 취약부분을 빠르게 보강하기 위해서는 기업과 연구기관과의 긴밀한 협조아래 선진국에서 이미 시행착오를 거쳐 확인된 핵심기술만을 엄선해서 도입해야 한다. 가령 기술개발능력이 어느 정도 갖추어져 있는 상태라면 기술도입을 필요로 하는 부분에 한해서만 노하우 내지 특허 등을 도입하여 이들을 소화시킴으로써 제품이나 생산공정을 개발해 가는 것이다. 현대그룹 계열의 K기업은 자동차유리의 중핵기술을 도입한 다음 일반유리 생산에 참여했고, K화학은 선박도료의 핵심기술을 토대로 일반도료 생산으로 확산시킨 바 있다.

서구의 선두기업을 따라잡으려면 벤치마킹이 효과적이다. 하지만 벤치마킹만으로

---

9) 이순룡, *생산경영혁신에 의한 제조업 경쟁력 제고방안*, 대한상공회의소 한국경제연구센터, 1993.
10) 이는 대별해서 기술모방(imitation), 기술면허(licencing), 기술취득(acquisition)의 전략으로 구분된다. 이순룡, *생산관리론*(3판), 1989, p.199 참조.

는 진정한 1등 기업이 될 수 없다.

맨스필드, 스와르쯔, 와그너의 연구에 따르면,[11] 모방기업이 제품을 시장에 내놓는 데 걸리는 시간은 혁신기업의 70% 정도라 한다. 또한 화학, 처방 약품, 전자 및 기계 산업의 48개 제품 혁신에 대해 연구한 결과, 평균적으로 모방비용이 혁신비용의 65% 밖에 되지 않는다.

검증된 시장에 들어감으로써 불확실성을 줄일 수 있다는 '사과 맛 확인 이론(Used Apple Policy)'이라는 것이 있다. 혁신을 이룩한 기업이 시장이라는 사과를 처음 한 입 베어먹을 때, 경쟁기업이 옆에서 관찰하고 있다가 맛이 좋을 것이라는 확신이 서면 그 사과를 빼앗아 두 번째로 먹게 되는 경우를 말한다. 즉 한 입쯤 놓쳤다 해도 시행 착오 없이 맛있는 사과를 고르고, 남은 사과를 전부 먹을 수만 있다면 오히려 이득이 라는 것이다. 결국 '사과 맛 확인 이론'은 불확실한 시장에 대한 위험을 줄이고, 적합 한 타이밍에 시장에 진입해 단순한 모방으로 우위를 점하는 경쟁전략으로, 모방의 가 치를 말하고 있다.[12]

PC 시장에서의 IBM, 컴퓨터 운영 시스템에서의 마이크로 소프트, iPod에서의 애 플 등 우리가 최고라고 기억하고 있는 기업들도 사실은 영리하게 사과를 빼앗아 먹 은 후발주자들이다.

특허가 많고, 원천기술을 보유한 기업이라고 꼭 성공하는 것은 아니다. 기술개발에 는 막대한 비용이 소요되므로 다음의 **기술개발 함정**[13]에 빠지지 않도록 힘써야 된다.

(1) 기술위주 개발의 함정

많은 기업이 우수한 기술이 곧 기업의 성공을 담보한다고 믿는다. 투자 불확실성이 높고 투자규모가 큰 기술중심(Technology-driven) 개발방식은 실패의 충격을 확대시킬 수 있다. 듀퐁(DuPont)이 철보다 5배 이상의 강도를 유지하면서 무게는 5분의 1밖에 안 되는 케블라(Kevlar) 신소재를 5억 달러를 들여 개발해 기술적으로 성공하였지만, 시장의 호응이 미진하여 막대한 손실을 입었다.

(2) 존속성 혁신에 집착하는 함정

좋은 성과를 내고 있는 기업들은 자신의 핵심기술을 남이 따라 하지 못하도록 개 량하는 존속성 혁신에 집착한다. 자원 배분시 존속성 기술을 우선시 하여 와해성 혁

---

11) E. Mansfield, M. Schwartz, & S. Wagner, "Imitation Costs and Patents: An Empirical Study", *The Economic Journal*, Vol. 91, No. 364, Dec. 1981.
12) 정지혜, "창조적 모방에 의한 혁신", *LG주간경제*, 923호, 2007.2.14.
13) 윤호연, "기술개발의 4가지 함정", *LG주간경제*, 834호, 2005.5.27.

신에 의해 무너지는 경우가 종종 있다.[14] 소니(Sony)는 트리니트론이라는 컬러TV CRT를 개발하여 전세계 시장을 주도 했으나, 트리니트론에 집착한 나머지 LCD를 주력으로 하는 평판 디스플레이(FPD)의 등장에 제대로 대응하지 못했다. 결국 노트북과 컴퓨터 모니터를 비롯한 대형TV 시장은 한국 업체들과 샤프가 주도하는 PDP와 LCD가 시장표준이 되어 버렸다.

(3) 내가 전부 개발하는 함정

한 기업이 모든 기술을 보유하는 것은 사실상 불가능하다. 기술 패러다임의 변화를 무시하고 모든 기술을 내재화 하다가 몰락한 기업이 폴라로이드(Polaroid)이다. 디지털 카메라의 가능성을 인지했음에도 렌즈기술, 광학인지기술, 디지털 신호처리, 소프트웨어, 저장기술 등에 수억 달러를 투자하여 1993년 PDC-2000을 출시했다. 하지만 관련 기술을 적절히 아웃소싱한 기업들의 제품은 1,000달러 미만이었던 반면, 폴라로이드 제품의 가격은 3,000달러 이상이었다.

이들 함정은 모두 외부의 시장이 아닌 기업 자신만을 바라보기 때문에 발생한다. 콜린스(James C. Collins)[15]는 위대한 기업으로 선정된 기업의 경영자들 대부분이 기업의 성공요인으로 기술개발보다는 고객 및 시장의 니즈를 정확히 파악하고 이를 기술개발 활동지침으로 활용하는 시장중심 기술개발 자세를 원칙으로 한다고 하였다.

우리 산업의 기술개발전략에서 중요한 것은 목표 시장의 선택과 기술개발 방법에 대한 선택이다. 우리 능력에 맞는 목표시장과 적절한 기술개발 방법을 선택하여 제품개발과 시장개발을 집중적으로 꾸준히 전개할 필요가 있다.

1.3 제품의 개발과 수명주기(PLC)

1.3.1 제품수명주기 단계

신제품을 개발하기 위해서는 제품 종류에 따라 다르지만 통상 3~5년 정도의 시간이 소요되었지만 신제품 출시 빈도가 증가하면서 제품수명주기는 소프트웨어의 경우 2~12개월, 컴퓨터 하드웨어 등은 12~24개월, 가전전자제품은 18~36개월로 짧아졌고 소비자들은 신제품 출시로 인한 제품 진부화 현상을 당연한 것으로 받아들이고

---

14) C.M. Christensen et al., *Seeing What's Next: Using Theories of Innovation to Predict Industry Change*, Harvard Business Review Press, 2004.
15) 짐 콜린스, 좋은 기업을 넘어 위대한 기업으로, 김영사, 2002.

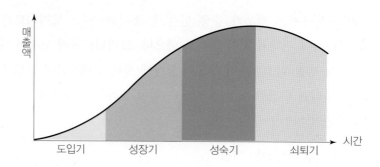

그림 5-2 제품 및 서비스 수명주기 단계

있다. 예를 들어 스마트폰의 한국인 평균 이용 기간은 1년 7개월이다.[16)]

소수의 장수 제품을 제외하곤 대부분의 제품은 시장에서 언젠가는 단종된다. 그래서 제품개발전략이나 운영전략을 수립할 때에는 **제품수명주기**(PLC: product life cycle)를 고려해야 하는데, PLC는 도입기 · 성장기 · 성숙기 · 쇠퇴기로 구분된다([그림 5-2] 참조).

제품개발이 완료되고 시장에서 판매되기 시작하는 **도입기**에는 경쟁자가 적기 때문에 시장점유율을 높일 수 있는 최적기이다. 신제품이 기존의 공정 기술과 능력을 이용할 수 없을 때는 공급사슬 프로세스의 혁신이 필요할 수도 있다. 특히 제품을 공급하기 위해 초기 수요를 적절하게 예측하는 일이 중요하다.[17)]

성장기에 들어서면 판매량이 급격히 증가되고 마케팅 기능의 역할이 증대된다. 생산부서에서는 증가하는 수요에 대처하기 위해 생산능력을 늘려야 하는데, 이 경우 신속 정확한 예측과 합리적인 능력결정이 필요하다. 이 단계에서는 경쟁자가 늘어남에 따라 시장지향적 생산과 제품다양화 그리고 경제적 생산을 위해 공정기술의 역할이 강조되는데, 수요와 생산이 안정화되기까지 프로세스 혁신에 대한 투자는 지연된다.

성숙기에 이르면 경쟁이 격화되어 원가가 중요한 경쟁요소가 되므로 생산기능에서는 높은 생산성 유지와 원가절감에 치중한다. 장수상품 「초코파이」를 생산하고 있는 오리온에서는 개당 이익이 1~2원에 불과하기 때문에 원가절감에 심혈을 기울이고 있다. 대량생산에 의한 규모의 경제를 추구하기 위해 필요에 따라 유연성의 강도를 낮춘다. 이 단계에서는 공급사슬 효율성을 높이기 위해 프로세스 혁신이 필요하다.

쇠퇴기에는 제품이 시장에서 매력을 잃게 되고 매출이 급격히 줄어드는 현상이 나타나며 능력요구도 감소되는데 이 경우 원가에 대한 철저한 관리개선이 지속되어야

---

16) "한국인 평균 휴대폰 이용 기간 '1년 7개월'…하루 평균 스마트폰 이용시간은?", 조선일보, 2015.5.7.

17) W. J. Stevenson, *Operations Management*, 11th ed., McGraw-Hill, 2011.

한다. 이 단계에서 공급사슬 전체에 걸쳐 있는 운영 프로세스 관리자는 비용절감과 능력축소에 대한 심한 압박을 받는다.

수명주기는 제품에 따라 차이가 크다. 레코드나 타자기의 경우 백여 년의 장수를 누렸지만, 마이크로칩과 같은 하이테크 산업에서는 수 개월 만에 제품이 도태되기도 하는데, 제품혁신으로 수명주기는 점점 더 짧아지고 있다.

1.3.2 제품수명주기의 관리

제품수명이 성숙기에 이르면 제품개량을 통한 수명연장이나 신제품의 개발이 요구되는데 이 경우 수명주기의 감사나 관리가 필요하다.

수명주기감사(life cycle audit)는 특정 제품이나 서비스의 매출액과 이익에 발생한 변화에 기초하여 수명주기의 단계를 평가하는 것이다. 예를 들어 매출액과 이익이 동시에 떨어지고 있다면 [그림 5-2]에 따라 이 제품이 성숙기의 말기나 쇠퇴기에 있음을 알 수 있다. 수명주기감사를 통하여 현 제품의 경쟁력 강화가 필요한지 아니면 신제품을 도입해야 하는지를 알 수 있다.

수명주기감사에서 어떤 제품이나 서비스가 성숙기에 이르렀거나 쇠퇴기로 접어들었음이 밝혀지면 경영진은 다음과 같은 몇 가지 대안을 모색할 수 있다.

① 제품을 개선하거나 비용을 낮추어 수명주기를 연장하는 방안
② 제품을 재설계하여 우위성을 유지하는 방안
③ 신제품을 개발하는 능동적인 방안

1.4 신제품의 개발과정

제품개발은 광의의 연구개발(R&D)에 포함되는 것으로 생산기업에서의 제품개발 업무는 연구개발 단계의 응용연구와 개발연구에 속한다.

신제품의 **개발과정**은 연구단계, 개발대상의 선정단계, 제품개발 및 설계단계의 3단계로 나눌 수 있지만 좀 더 세분하면 다음과 같다([그림 5-3] 참조).

① 신제품 아이디어 창출 및 컨셉 정의
② 신제품 아이디어 타당성 평가(스크리닝과 경제성 분석)
③ 예비 설계
④ 프로토타입(prototype)의 제작 및 시험

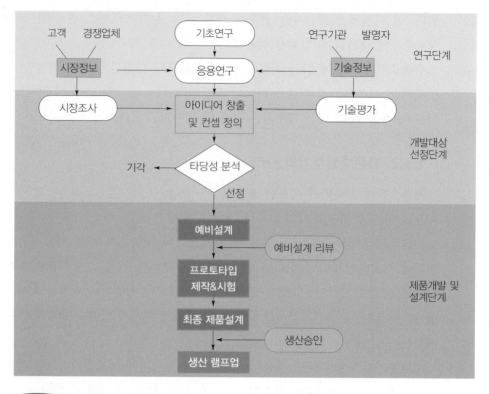

그림 5-3 전통적인 신제품 개발과정

⑤ 최종 제품설계

⑥ 생산 램프업

1.4.1 신제품 아이디어 창출

이 단계는 신제품 기획단계라고 불리기도 한다. 제품개발은 아이디어의 창출, 즉 착상(着想)에서 비롯되며 아이디어는 시장이나 연구개발 부서 또는 타사의 제품 등으로부터 얻는 것이 보통이다. 제품의 사용자인 고객과 접촉하는 영업사원들은 제품 아이디어의 중요한 제공자이다. 연구개발 부서 또한 훌륭한 아이디어 원천임에 틀림없지만 규모가 큰 연구소라 해서 모든 착상을 충분히 연구할 능력이 있는 것도 아니며 성공확률이 높지 않을 수도 있다. 연구 및 개발능력이 미약한 기업에서는 흔히 타사의 제품으로부터 아이디어를 얻는 경우가 많다.

그래서 최근의 신제품 개발 동향을 보면, 연구개발부서 중심에서 신제품 개발을 위해 연구개발은 물론 생산부서나 마케팅부서 그리고 때론 공급자로부터 차출된 사람들로 구성된 다기능팀(cross functional team)에 의한 설계가 증가하는 추세다.

특정 신제품 개발 프로젝트가 시작되기 이전에 개발 목표가 만들어져야 하는데, 고양이 장난감 전문회사인 프롤리캣(FroliCat)의 경우를 보면 "기존 유통 경로에서 판매하고 1년 안에 시장에 출시할 수 있는 실물 고양이 장난감을 만든다"를 목표로 정했다. 그리고 신제품에 대한 아이디어를 취합했는데 50개가 만들어졌고 이들을 검토하여 최종적으로 2개의 아이디어를 선정했다. 통상 신제품에 대한 아이디어는 제목, 아이디어에 대한 설명, 가능한 경우 제품에 대한 스케치 등을 포함하여 1페이지 정도로 짧게 작성한다.[18]

그리고 나서 아이디어를 소비자가 이해할 수 있는 용어로 구체화시킨 제품 컨셉을 도출해야 한다. 즉 소비자가 중요시하는 니즈와 제품 속성이 무엇인지를 파악한 후에 이것을 기반으로 작성되어야 하며 경쟁자와 비교하여 독특하게 구분될 수 있어야 한다. 이 컨셉은 지속적으로 소비자와 소통(예: 홍보, 광고, 이벤트, 판촉 등)에서 사용되게 된다.

최근 들어 환경의 중요성이 강조되면서 환경과 관련된 각종 정책 동향 및 관련 법규와 특허도 조사되어야 한다.

사례 ● **프로슈머가 참여한 제품기획**

일부 전자업체를 비롯한 화장품 업체에서는 소비자로 구성된 프로슈머(prosumer) 모임을 통해 제품기획 단계에서 고객의 의견을 구하고 있다.

LG전자의 히트상품인 '초콜릿폰'은 제품 설계 단계에서부터 소비자의 의견이 반영된 대표적인 제품이다. "심플한 디자인에 버튼 대신 터치센스 방식의 휴대전화를 만들어 달라"는 프로슈머 모임의 의견을 반영해 2005년 후반에 출시한 '초콜릿폰'은 선풍적인 인기를 끌었다.

LG생활건강의 한방 화장품 브랜드 '후(后)'는 '후 멤버스'라는 프로슈머 모임을 통해서 탄생했다. 각계의 여성들로 구성된 후 멤버스는 "왕실에서 전해져 내려오던 한약재를 활용한 궁중처방을 화장품에 도입하자"는 아이디어를 LG생활건강 연구진에 전달했다.

'후' 브랜드는 출시 첫해(2003년)에 150억원의 매출을 올린 이래 최근 놀라운 성장세를 이어오고 있다. 고급 브랜드의 반열에 오른 '후'는 시진핑 중국 국가주석의 부인인 펑리위안이 사용한다는 소문이 나면서 한국을 찾는 중국인 관광객의 면세점 필수 쇼핑 품목으로 자리 잡았다.[19]

---

18) K. Ulrich & S. Eppinger, *Product Design and Development*, 5th ed., McGraw Hill, 2012.
19) 프로슈머(prosumer): 생산자(producer)와 소비자(consumer)의 합성어로 제품 개발에 적극적

1.4.2 신제품 아이디어 타당성 평가

신제품 아이디어의 평가방법은 아이디어를 전반적으로 검토하는 스크리닝과 대안의 경제성 분석으로 행해진다. 스크리닝(screening)의 목적은 제품개발의 성공확률이 낮고 개발비용이 많이 소요되는 아이디어를 배제하는 데 있다. 스크리닝에 적용되는 기준으로 제품개발기준, 시장기준, 재무기준 등을 꼽을 수 있는데, 〈표 5-1〉은 이들 3가지 기준에 대한 질문사항들을 나열한 것이다.[20]

아이디어의 평가항목이 다양하고 평가기준 또한 일정하지 않아 이들에 대한 평가가 쉽지 않지만, 〈표 5-2〉와 같은 평가 체크리스트를 이용하여 간편하게 평가할 수 있다. 즉 일련의 평가항목 별로 상대적 중요도를 가중치로 주어 탐색 중인 아이디어나 프로젝트를 항목별로 "수, 우, 미, 양, 가"로 평점하여 얻은 총점(항목별(평점×가중치)의 합계)으로 평가하는 방법이다. 이 경우 평가는 다른 대안의 총점이나 미리 정해 놓은 하한선과 비교하여 행한다.

사업성 분석에 있어서 수익성은 주요 평가기준이 되는데, 이 경우 다음과 같은 금전적 평가모델이 적용될 수 있다.

표 5-1 신제품 아이디어 스크리닝을 위한 질문

기준	기본 질문
제품개발	신제품인가? 단순 모방인가? 기존 시설로 생산할 수 있는 제품인가? 기술적으로 타당한가? 특허나 법률적인 문제에 저촉되지 않는가?
시장기준	이 제품의 기존 시장은 어떤가? 이 제품의 성장이 기대되는가? 경쟁상황은 어떤가? 당사의 기존 생산품에 영향을 미칠 수 있는가?
재무기준	투자보수(투자이익률)은 얼마나 될 것인가? 전반적인 수익성에 얼마나 공헌할 것인가? 이 제품의 개발과 생산이 현금흐름에 얼마나 영향을 미칠 것인가?

인 참여와 의사를 표현하는 소비자를 의미.

"LG그룹‥제품은 고객이 만든다‥초콜릿폰 대박", 한국경제, 2006.11.19.

"LG생활건강 '后' 이름값 하네', 조선일보, 2015.4.22.

20) J. R. Evans, *Applied Production & Operations Management*, 4th ed., West Publishing Co., 1994.

표 5-2 아이디어 평가 체크리스트

평가항목(제품특성)	중요도(A) 가중치	평점(B)					평가(A X B)
		수(5)	우(4)	미(3)	양(2)	가(1)	
경영전략과의 일치성	0.20		√				0.80
판매가격	0.15		√				0.60
제품품질	0.20			√			0.60
판매량	0.15				√		0.30
생산시설 적합성	0.10	√					0.50
경쟁상의 이점	0.10					√	0.10
기술적 위험	0.10			√			0.30
합계	1.00						3.20

$$\text{연구투자효율}(I) = \frac{\text{프로젝트의 예상이익}}{\text{프로젝트의 관련비용}} = \frac{P_{r1} \times P_{r2} \times V \times P \times \sqrt{L}}{C}$$

I : 연구투자효율　　　　　P : 단위당 이익

P_{r1} : 기술적 성공확률　　　P_{r2} : 상업적 성공확률

L : 제품수명(연수)[21]　　　V : 연간 판매량

C : 프로젝트의 연구개발비용

　이 평가모델에서 연구투자효율(I)은 높을수록 바람직한 것으로 연구프로젝트를 평가 · 선정할 때는 높은 순으로 결정한다. 그러나 프로젝트의 성공률이나 이익, 판매량, 제품수명 등은 예측이 어려워서 부정확한 수치가 나오는 경우가 많다.

1.4.3 예비설계

　앞서의 평가과정을 거쳐서 선택된 아이디어 개념을 설계 형태로 구체화시키는 첫 번째 과정이 예비설계(preliminary design) 단계인데, 고객들이 일상생활에서 사용하는 언어로 제시한 니즈를 설계특성 및 제품 시방서(product specification)로 바꾼다. 이 때 사용할 수 있는 방법 중 하나가 QFD의 '품질집(house of quality)'으로, 고객요구사항과 설계특성을 맵핑시켜 본다([그림 5-6] 참조). 특히 경쟁제품이나 유사 제품이 존재할 경우 해당 제품의 설계특성(또는 계량단위, metric)과 값(value)을 참조하여 목표 시방을 작성하며 구조화된 부품, 모델들을 포함시킨다. 이 단계의 목표는 상세한 시방을 만드는 것이 아닌 소비자의 니즈를 기술 표현으로 변환시켜 각 변수 간에 일관성

---

21) 제품수명(L)을 $\sqrt{L}$로 함은 제품수명의 쇠퇴가 지수곡선을 이룰 것이라고 가정했기 때문이다.

을 갖고 있는지를 파악하는 것이다.

예비설계는 아이디어를 구체화시키기 위해 크기 · 형태 · 색상 · 성능 · 품질 · 수명 등과 같은 제품의 개략적인 윤곽을 설계하는 것으로 시험제작에 앞서 이루어지는 것이라 하여 시작설계(試作設計)라 하기도 한다. 이 단계에서 신뢰성, 안전성, 보전성, 내구성, 구조, 성능, 스타일 등과 같은 제품의 주요 속성들이 정해지면서 개념적인 아이디어가 점차 구체적인 제품의 속성을 갖추게 된다. 설계 결과물은 구조구성도로 취합되는데 여기에는 구조도, 회로도, 부품 전개표, 조립 공정도, 제품 신뢰성 분석표, 설계 예정 등이 포함되며, 이와 더불어 단계별 품질 체크리스트를 사전에 작성함으로써 각 단계별 품질 평가에 적용한다.

승용차 개발의 경우, 앞바퀴 굴림(front wheel drive)의 아이디어를 채택하게 되면, 엔진의 탑재위치가 바뀌며 뒷바퀴 굴림(rear wheel drive)일 때 뒷바퀴에 걸리던 프로펠러 샤프트가 없어지게 되어 뒷좌석이 넓어진다. 이에 따른 생산시설이나 라인이 생략되고 공정설계의 변경이 수반된다.

1.4.4 프로토타입의 시험

예비설계가 이루어지면 본격적인 생산에 앞서 실험모형, 즉 프로토타입(prototype)을 만들어 현실적인 사용조건에서 시험해야 하며 경우에 따라 E/S(engineering sample)을 먼저 제작하여 개선점을 보완한 후에 프로토타입을 제작하기도 한다. 개발품이 여러 가지 조건에서 적절히 기능을 발휘할 수 있는지를 확인하기 위해 실험모형을 철저하게 시험해야 한다. 근래 사회적인 물의를 일으키고 있는 결함상품 등은 제품의 개발단계에서 철저한 시험을 거치지 않고 출시를 했기 때문에 발생하는 사례가 많은데, 포드자동차의 '에드셀' 실패[22]가 그 한 예이다.

제품시험에는 실제 시험을 하기 위해서 소수의 선정된 소비자가 모델을 사용해 보도록 하는 경우(예: 화장품이나 의약품)도 있다. 자동차, 타이어, 선박의 경우에는 일정한 조건을 갖춘 도로나 수로에서 주행시험을 하기도 한다. 이 밖에 각 부분품이나 내용물의 성분, 함량, 강도 등을 시험하는 경우에는 특정 시험설비에 의한 시험이 행해진다.

1.4.5 최종 제품설계

예비설계에서 작성된 기술시방을 상세화하여 제품생산에 사용될 설계도와 시방서(specification)를 최종적으로 확정하는 단계이다. 따라서 앞의 프로토타입 테스트에서

---

22) 포드(Ford)자동차는 1950년대에 철저한 검증 없이 '에드셀(Edsel)'을 출시하여 1억 달러 이상의 손해를 보았다.

문제가 있으면 설계를 개선해야 한다.

생산하려는 제품이 적절성을 갖추기 위해서는 영업적, 기술적, 경제적 측면이 함께 고려되어야 한다. 즉 고객의 요구를 충족시킬 수 있도록 제품기능과 모양(color and style)을 고루 갖추되 경제적 생산이 가능하도록 고려하는 것으로, 이 경우 ①기능설계 → ②형태설계 → ③ 생산설계의 과정을 거쳐서 조립도 및 제작 설계도와 각종 시방서를 포함한 상세한 세부 명세서가 갖추어지게 된다.

1.4.6 생산 램프업(Ramp Up)

신제품 개발이 완료되고 리뷰 과정을 거쳐 생산승인이 나면 드디어 양산체제로 넘어간다. 이 생산초기 기간을 램프업 기간이라 부르며 이 기간의 핵심은 얼마나 빠른 시간 내에 수율을 목표치 수준으로 끌어올리는 가와 목표 품질수준을 달성할 수 있는 가이다. 학습조직처럼 움직일 때 램프업 속도는 더 빨라질 수 있으며, 이러한 역량은 하루 아침에 만들어 질 수 있는 것이 아니기 때문에 중요한 핵심역량이 된다.

② 제품의 설계

2.1 제품 설계의 과정

제품 설계 과정은 고객 내지 시장의 요구를 개략적인 기술시방으로 옮기는 예비설계(시작설계)와 기술시방(technical specification)을 구체화하는 최종설계로 나눌 수 있

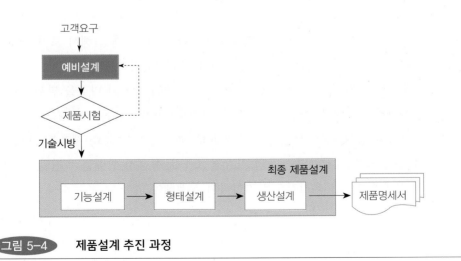

그림 5-4 제품설계 추진 과정

다([그림 5-4] 참조). 최종설계는 다시 기능설계, 형태설계, 생산설계로 세분된다.

2.1.1 기능설계(functional design)

고객의 요구 내지 연구결과를 개략적인 시방으로 옮긴 기술시방을 다시 제품시방(제품명세서)으로 바꾸는 첫 번째 과정이라 할 수 있는 기능설계는 제품의 기능 내지 성능을 구체화시켜 회로도(schematic)를 작성하여 기능연관성을 파악한다([그림 5-4] 참조).

제품기능과 관련된 기술시방을 결정할 때 생산경영자는 특히 시장품질 수준, 신뢰성, 원가 간의 관계를 반드시 고려해야 하며, 이 경우 시장조사, 신뢰성 공학, 품질관리, 가치공학 등을 적용하는 것이 바람직하다.

시장조사를 통해서 경쟁업체의 품질수준이나 고객이 원하는 품질수준을 가늠할 수 있으며, 신뢰성 및 품질수준의 향상 내지 경제적 관리는 품질관리와 신뢰성 공학의 응용으로 이루어질 수 있다. 제품의 적절한 기능(품질 및 신뢰성 포함)을 최저의 원가로 이루는 데는 가치공학의 적용이 필요하다.

2.1.2 형태설계(form design)

형태설계란 제품의 선, 모양 및 색채를 결합한 제품외관에 대한 설계로서 일명 스타일 설계라고도 불린다. 제품의 외관은 시각적 소구(appeal)를 통해서 판매를 촉진하는 효과를 갖기 때문에 제품의 형태를 기능과 유기적으로 결합하여 제품설계를 할 필요가 있다.

제품의 형태를 기능과 유기적으로 결합시키고 아울러 경제적으로 생산할 수 있는 기능과 미(美) 그리고 시장성을 고루 갖춘 제품을 설계하는 것을 가리켜 **산업 디자인**(industrial design) 또는 의장설계(意匠設計)라 한다. 쉽게 말해서 보기 좋고, 사용하기 쉬우며, 잘 팔리는 제품이 바로 산업디자이너들이 바라는 명작이다.

오늘날 디자인은 감각, 느낌, 이미지를 앞세워 감성의 마술을 발휘하여 제품을 차별화시키는 시대로 만들었다(본장 3.2 '고객에 어필하는 굿 디자인' 참조).

따라서 설계부문에서는 고객이 필요로 하는 기능을 갖춘 제품을 경제적으로 생산할 수 있도록 설계하되 제품의 시각적 소구를 통해서 판매를 촉진할 수 있도록 제품의 형태와 기능을 유기적으로 결합하여 설계해야 한다.

2.1.3 생산설계(production design)

제품개발에서 중요한 요소는 제조원가로, 최소의 생산비로 목적한 제품의 성능을 구현하는 것이다. 생산설계의 목적은 기능설계나 형태설계의 범위 내에서 경제성이 높은 생산방식, 즉 공정을 정하고 설계하는 것이다. 이를 위해 제품의 재료, 구조, 형상 등의 설계, 생산방법, 생산설비 등을 경제적인 면에서 결정한다. 자세한 내용은 '7장 1절 생산 프로세스의 설계'에서 다룬다.

제품설계의 최종 산출물은 제품시방서(product specification) 내지 명세서로 제시되는데, 이것은 제품의 구성, 기능, 형태, BOM(bill of materials) 등을 비롯하여 제조과정에 관한 기술적 시방으로 표현된다. 정밀한 계수적인 설명서에서부터 문장으로 된 지침에 이르기까지 다양한 형식으로 되어 있으며 보통은 청사진이나 제작설계도로 생각할 수 있다. 서비스시스템의 경우를 보면 약국은 의사의 처방, 식당은 메뉴별 조리법(recipe), 대학에서는 교육과정(curriculum)이 해당된다.

2.2 신제품 설계에 공급자 참여

신제품 개발 과정도 많이 변하고 있다. 종전에는 마케팅 · 영업에서 R&D로 그리고 생산부문으로 순차적으로 넘어가 신제품이 개발되었다. 그러나 최근의 추세를 보면 전사 다기능팀(Cross functional team)으로 구성된 신제품 개발팀이 꾸려지면서 순차적으로 이루어졌던 개발 활동들이 동시다발로 이루어진다. 이것은 제품수명 주기가 단축되면서 제품개발 기간을 단축하기 위해서 이루어지는 현상으로 일본과 미국 자동차업계에서는 부품 공급자들도 신제품 개발에 함께 참여하고 있다. 제품 설계에 중요한 역할을 할 수 있는 공급업체와 협력을 통해 10~20%의 원가, 시간, 품질, 제품 성능이 향상된다고 한다. 핵심적인 협력자로 공급업체를 선정할 때에는 기술적 전문성, 역량, 생산능력, 공급업체로부터 발생할 리스크 등을 고려해서 선정해야 한다. [23]

특히 주요 부품의 경우에는 예비설계 단계에서 구매부로부터 추천받은 공급업체나 전략적 파트너십 관계에 있는 공급자와 주요 부품의 스팩을 상호협의함으로써 전문기술을 설계도면에 반영하게 된다. 이 때 공급자와 협의하게 되는 내용을 보면 부품의 스팩, 적용될 환경 조건, 중점 품질관리 항목, 공급시기, 물량, 리드 타임, 예상 단가 등이 있다.

---

23) R. G. Schroeder, S. M. Goldstein, & M. J. Rungtusanatham, *Operations Management*, 5th ed., McGraw-Hill, 2013.

2.3 제품설계의 검토

설계시 의도했던 목표들이 제품설계에 제대로 반영되었는지를 검토하는 과정이 설계심사이다. 설계심사의 주요 요소들로는 고객요구와의 일치 여부, 제품의 형태 및 기능, 품질 및 신뢰성 요건, 환경조건 및 제품시험, 시방서의 완전성, 개발 및 설계의 일정, 제조원가, 마케팅 고려사항, 공정능력 등이 있다.

설계검토(design review)란 "아이템의 설계단계에서 성능, 기능, 신뢰성 등을 가격과 납기 등을 고려하여 설계를 검토하여 개선을 도모하는 것으로, 설계검토에는 설계, 제조, 검사, 운영 등 각 분야의 전문가가 참가한다"고 JIS Z 8115에서 규정하고[24] 있다.

설계시방서와 설계도면이 발행된 다음에 문제가 발생했을 때에는 이를 개정하는데 소요되는 비용은 시방서와 도면의 수정비용은 물론 이 시방서와 도면을 토대로 하여 작업을 행한 관련 부문에서 큰 손해를 입게 된다.

따라서 설계검토는 초기단계에서 실시하는 것이 가장 바람직하지만, 실제로는 제품계획서, 제품설계도 등에 대해서 기획구상 단계(예비설계)보다는 생산설계 단계(상세설계)에서 검토가 이루어지는 경우가 대부분이다.

2.4 제품설계의 성과 평가

연구개발 내지 제품개발의 성과를 바탕으로 만들어지는 제품(서비스) 설계는 생산의 원점이 된다. 제품의 설계단계에서 내린 의사결정은 그 제품을 생산할 생산시스템의 설계와 운영은 물론 그 제품의 라이프사이클 모든 단계에 영향을 주기 때문이다.

제품설계에 의해서 좌우되는 주요한 **생산의사결정 사항**들은 다음과 같다.

① 생산에 투입될 자재의 종류와 수량
② 생산설비 및 생산공정의 유형 및 배치
③ 작업자의 유형과 수, 작업시간, 작업방법
④ 제품의 품질수준
⑤ 제품의 단순화(표준화)와 다양화 정도
⑥ 제품의 생산원가와 가격

---

24) ISO 8402-1994에서는 "품질 요구사항을 만족시키며 문제점이 있으면 이를 규명하고 해결책을 제시하기 위하여 설계내용에 대하여 실시하는 문서에 의한 포괄적이고 체계화된 조사"라 규정하고 있다.

이 밖에 생산시설의 크기 및 배치 그리고 조업도 등의 결정에도 많은 영향을 준다. 제품설계가 잘못되었을 경우에는 생산공정, 자재, 작업자 등에 많은 비용이 소요되며, 반대로 설계가 잘 되어 있을 경우에는 이들 생산코스트가 적게 소요될 뿐만 아니라, 시장에서는 경쟁력이 강화되어 결국 많은 이익을 얻을 수 있다.

생산원가는 제품설계와 생산시스템에 의해서 상당히 좌우된다. 구미기업의 경우 제품원가의 70~80% 정도가 설계에 의해서 결정되는 것으로 나타났다. GE의 경우 제조비용의 75% 가량이 제품설계에 의해서 결정되며, 롤스로이스(Rolls Royce)는 제품생산원가의 80% 정도가 제품설계에 의한 것이며 GM의 트럭 트랜스미션 원가의 70%가 설계와 관련되었다.[25]

제품이나 서비스의 생산원가는 제품설계에 의해서 결정되므로 아무리 우수한 기술자나 생산경영자라 하더라도 그들은 설계 범위 내에서만 원가를 절감할 수 있다. 따라서 유효성이 높은 생산시스템의 설계는 제품설계 단계에서 시도되어야 한다. 제품설계의 양부(良否)는 품질, 가격, 제조용이성, 고객 만족 등을 크게 좌우하므로 제품(서비스)의 설계는 중요한 전략변수이다.

2.5 고객이 만족하는 제품설계

제품이나 서비스를 산출하는 제조기업은 고객의 니즈(needs)와 욕구(wants)를 충족시킬 수 있는 제품을 경제적으로 생산할 수 있어야 한다. 이를 위해 우선 고객이 요구하는 기능상의 요건(functional requirement)을 고루 갖추도록 제품을 설계(기능설계)하고 아울러 고객에게 어필할 수 있는 형태(형태설계 및 디자인)를 갖추어야 한다. 제품을 생산하는 기업측에서 볼 때 그 제품은 수익성이 높아야 하는데, 이를 위해서는 경제적이면서 효율적으로 생산할 수 있는 제품을 설계(생산설계)해야 한다. 결국 소비자와 생산자 모두가 만족할 수 있는 제품설계가 필요하다.

많은 신제품들이 연일 쏟아져 나오고 있지만, 이들 중 고객들을 매료시키는 것은 극소수에 불과하며 고객에게 새로운 가치를 제공하는 신제품은 기업의 운명을 바꿀 수 있다. 만년 2등 자리에 있던 조선맥주(현 하이트맥주)는 1990년대 중반 천연암반수로 만든 '하이트' 맥주로 10여 년 동안 맥주 시장점유율 1위를 이어갔다.

하지만 신제품이 모두 성공하는 것은 아니며 성공보다는 실패하는 경우가 대부분이다. 혁신적이라고 자부했던 **신제품**이 **실패**하는 **이유**는 다음과 같다.

25) J. R. Evans, *Applied production & operations Management*, 4th ed., West Publishing Co., 1994.

(1) 고객을 무시한 채 기술에 집착했기 때문이다.

구글글라스는 지난 2012년 미국 시사주간지 타임이 꼽은 그 해 최고의 발명품이었다. 하지만 최근 비즈니스 인사이더는 '올해의 실패작'으로 구글글라스를 선정했고, 구글은 2015년에 판매를 중단했다.

문제는 기술에 집착한 개발자 중심의 시각에서 추진되었기 때문이다. 즉 기기를 사용할 사람들을 고려하지 못했고 문화와 사회규범을 전혀 고려하지 않았기 때문에 이 안경을 착용한 사람이 다른 사람들에게 어떻게 보일지 고려를 하지 못했다. 또한 구글글라스가 꼭 필요한 이유를 찾아내지도 못했다. 게다가 저작권과 초상권 침해로 많은 단체에서 반대성명을 내놓기도 했다.[26] 애플의 매킨토시(Macintosh)가 상업적으로 크게 성공하지 못한 것도 기술 집착증에 빠져 소비자의 취향 등 시장요소를 무시했기 때문이다. 매킨토시가 혁신적인 컴퓨터임에도 애플의 PC시장점유율(2003)은 2%에도 미치지 못했다.

(2) 고객이 필요로 하는 혁신 수준을 과도하게 넘어서면 실패할 수 있다.

'이리듐'이 대표적인 예로, 66개 위성을 연결해 세계 어디서나 통하는 꿈의 통신을 구현하려 했지만, 단말기 가격이나 통신료 등에서 고객은 다가가기 어려웠다. 세계 최초의 뛰어난 기술이라 하더라도, 고객이 원하지 않는 필요 이상의 가치로 그 대가를 요구하는 신제품은 대다수 고객을 끌어들이는 데 실패한다.

고객들로부터 인정받고, 그들을 사로잡을 수 있는 **신제품으로 성공하는 비결**[27] 몇 가지를 보자.

① 고객과의 대면이 시작점. 고객을 사로잡는 신제품의 출발점은 고객과의 접점에서 찾는 것이 현명하다. 굿이어(Goodyear)의 매니저들은 드라이브 매니아들과 동승 체험을 통해 고객들이 진정 원하는 것이 무엇인지를 간파했다. 직선 도로에서는 부드럽고, 굽은 도로에서는 즉각 반응하는 타이어를 갈구하고 있었다. 이 단순한 탐색(insight)으로부터 100년의 역사상 가장 성공적인 타이어인 'Eagle LS EXE'가 탄생하게 되었다.

② 외부 협력자에 주목. 사내의 연구개발만으로 치열해지는 시장경쟁을 이겨낼 수 있는 연구개발 성과물을 지속적으로 확보하기 어렵다. 신제품 탐색을 현실화하는 데에는 외부 파트너의 도움도 필요하다. P&G의 히트 상품인 '프링글스 프린

---

26) "실패를 딛고 일어선 사례 및 기업들", *전자신문*, 2014.12.31.
　　"훌륭했던 기술이 실패하는 네 가지 이유", *월간APP*, 2015년 11월호.
27) 김국태, "고객을 사로잡는 신제품 만들기", *LG주간경제* 903호, 2006.9.22.

트(Pringles print)'도 외부의 도움을 통해서 가능해졌다. 감자 칩에 글자를 새긴 이 제품은 브레인스토밍 과정에서 아이디어를 얻었지만, 감자 칩에 글자를 새기는 작업이 기술적으로 힘들었다. 해결의 실마리는 이탈리아의 작은 빵집에서 찾아냈는데, 이 빵집을 운영하는 대학교수가 자신이 개발한 식용 잉크 분무기를 빵 만드는 데 활용했던 것이다. 이 기술을 제휴해 제품화에 성공한 이 신제품은 지난 몇 년간 북미 시장에서 두 자릿수 성장을 기록하는 폭발적인 반응을 얻었다.

③ 혁신의 배고픔을 유지. 진공청소기 '다이슨(Dyson)'은 영국의 한 중소업체가 만든 진공청소기로 100년 전통의 미국 '후버(Hoover)'를 압도하며 선두업체로 떠올랐다. 다이슨은 기존 청소기에 장착된 먼지봉투가 곰팡이, 박테리아, 진드기 등의 온상이 된다는 점에 착안하여 세계 최초로 먼지봉투가 없는 진공청소기를 개발했다. 여기에 파격적인 디자인과 색상 등으로 고객을 사로잡았는데, 이 히트제품은 시장에 나오기까지 5년간 무려 5,127번 버전업을 거듭해서 만들어졌다.

④ 네이밍으로 감성을 자극. 제품의 첫인상인 이름으로 고객의 감성을 자극하고 관심을 불러일으키는 것 또한 중요하다. 난공불락의 소주시장에 돌풍을 일으킨 두산주류BG의 '처음처럼'이 좋은 예다. 2005년 6.1%에 불과했던 서울, 수도권 시장점유율이 다음해 15.1%까지 치고 올라섰다. 알칼리 환원수 사용 외에도 네이밍 전략이 큰 몫을 했다. 이 제품명은 고 신영복 교수의 시 '처음처럼'에서 영감을 얻었다고 한다.

지속적인 경쟁우위 창출에 기여하는 신제품은 고객이 인정하고 끌릴 수 있어야 한다. 이를 위해서는 경쟁자나 기술 자체, 또는 자기 도취의 관점이 아닌, 고객의 관점에서 끊임없이 갈고 닦은 제품이어야 하며, 고객의 니즈에 부합되어 충분한 가치를 제공할 수 있어야 한다.

③ 혁신적 제품설계 기법

고객만족을 추구하는 제품(서비스)의 **설계목표**는 다음과 같다.[28]

① 신규(개량) 제품 · 서비스의 신속한 출시
② 고객에게 어필하는 제품 · 서비스의 설계

---

28) W. J. Stevenson, *Production/Operations Management*, 4th ed., Irwin, 1993.

③ 고객의 만족수준 향상

④ 품질의 향상

⑤ 원가 · 비용의 절감

이 절에서는 이들 설계목표들에 입각해서 개발기간 단축설계, 고객만족 제품 설계, 제품의 단순화 설계, 제조용이성 설계로 나누어 기술하고 분량이 많은 '가치개선 설계'는 4절에서 기술하기로 한다.

3.1 동시공학에 의한 개발기간 단축설계

신속한 제품개발 및 출시는 시장에서뿐만 아니라 혁신적 설계, 품질개선 및 원가절감에 누적적이며 긍정적인 효과를 가져온다. 신제품 개발기간이 짧은 기업은 현재의 제품 · 서비스에서 빨리 탈피할 수 있으며, 미래에 더욱 강하고 수익성 있는 기업이 될 수 있는 기회가 많다. CAD를 이용하여 경쟁자보다 2년 앞서 1989년 휴대용전화기인 마이크로 택(Micro Tac)을 개발한 모토로라(Motorola)는 2년간 10억 달러의 매출을 올릴 수 있었다.

오늘날 많은 기업에서는 개발 속도와 빠른 인도시간을 경쟁전략변수로 보고 시간적 경쟁(time based competition)이나 동시공학을 설계단계에서 적용하고 있다.

1) 순차설계와 동시설계

전통적으로 필요한 기능을 순차적으로 전개(serial engineering)하여 제품의 개발이

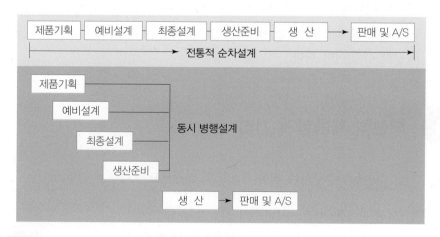

그림 5-5 전통적 방법과 동시공학(CE)의 제품개발 과정

나 설계를 행하여 왔으나 이 경우 의사소통에 많은 시간이 소요되고 시행착오도 많아서, 관련 기능을 한자리에 집중하여 전개하는 동시병행설계 방식이 효과적이다. 전통적인 제품개발은 [그림 5-5]의 상단과 같이 순차적으로 진행된다.

2) 동시공학의 개념과 성과

동시병행설계라고 일컫는 **동시공학**(Concurrent engineering: CE)은 설계 초기단계부터 제품의 고유 기능뿐만 아니라 제조·조립·검사·서비스 용이성 등 설계와 관련된 엔지니어링 지식을 병렬적으로 통합함으로써 개발기간을 단축하고 개발비용을 절감하며 품질과 생산성을 향상시키기 위한 활동이다. 동시공학은 기업 내 각 기능조직의 모든 지식, 자원, 경험 등을 개발의 초기단계부터 가급적 통합하여 고품질 저원가 그리고 고객의 기대를 만족시키는 신제품을 창조하는 기술이다.[29]

동시공학의 주요 요소는 팀 워크이다. 동시병행설계는 보편적으로 4~20명의 전문 요원들로 구성된 다기능 팀(cross functional team)에 의해서 수행된다. 포드자동차에서는 자동차의 설계단계에서 설계·기술·제조·판매·마케팅·서비스 조직으로부터 파견된 팀원으로 구성된 '토러스 팀'을 편성하였다. 그 결과 토러스(Tarus)가 1990년대 초 베스트셀러로 등장할 수 있었다.

미국의 국립표준기술연구소(NIST)는 동시공학을 적용한 제조업체들의 개발시간이 30~70% 정도로 줄어들고 시장출하에는 20~90% 시간이 단축되며 품질은 200~600% 정도가 향상되었을 것으로 추정했다.[30] 동시병행설계로 일본 자동차 업계가 구미의 경쟁자보다 신속한 시장 출하를 하는 것으로 증명되었다.[31]

동시공학을 효과적으로 지원하기 위해서는 크게 조직환경, 시스템환경, 접근방법, 주요 응용분야의 네 가지 측면이 조화를 이루어야 한다.[32]

3.2 고객에 어필하는 '굿 디자인'

최근 소비자들의 감성니즈가 증가하면서 기능이나 품질보다는 디자인과 브랜드가 제품선택의 주요 판단기준이 되고 있다. 글로벌 경쟁 격화로 기술력이나 품질의 차이

---

29) S. G. Shina, *Concurrent Engineering and Design for Manufacturer of Electronic Products*, Van Nostrand Reinhold, 1991.
30) Krajewsky & Ritzman, *Operations Management*, 4th ed., Addison Wesley, 1996.
31) Clark가 1980년대 후반에 구미와 일본의 자동차 개발기간을 비교한 자료에 의하면, 미국과 유럽의 평균 소요시간은 61~63개월인 데 비해 일본의 평균 소요기간은 43개월이었다.
32) 방인홍 외 2인, "동시공학적 접근법 및 응용사례", 산업공학, 7권 3호, 1994.11.

가 급격히 축소되면서 디자인이 기업의 차별적인 경쟁력 원천으로 떠오르기 때문이다.

애플은 "Think different"라는 디자인 철학으로 혁신적인 디자인의 제품을 개발해 경영위기에서 탈출하였다. 지난 세기말, 쇠락의 길을 걷던 애플을 부활시킨 제품은 속이 비치는 누드디자인으로 유명한 아이맥(iMac) 컴퓨터[33]와 미국 MP3시장을 장악한 아이팟(iPod)이다.[34] 딸기·블루베리·포도·귤·라임(녹색) 등 다섯 가지 색깔의 투명한 아이맥은 검정·회색·흰색 등 무채색 일색이던 컴퓨터의 색상에 대한 고정관념을 깨뜨리면서, 컬러마케팅을 유행시켰다.

속이 비치는 누드디자인을 도입한 애플의 아이맥(iMac)에 대해 일리노이대학 마이클 맥코이(Michael McCoy) 교수는 "아이맥 출시 이후, 개성 없는 상자에 불과했던 컴퓨터가 갑자기 조각이자 욕망의 대상이 되었다"고 평했다. 흑백(黑白)의 단순 명료한 디자인이 돋보이는 아이팟(iPod)은 제품 외관에 나사부품이나 이음매 등 군더더기를 없앤 극단적인 단순함을 추구하는 디자인의 결정체다.[35]

선진 기업들은 디자이너들을 경영혁신의 첨병으로 활용한다. 도요타의 자동차 디자이너들이 개발한 친환경모델 프리우스(PRIUS)가 대표적 사례다. 도요타는 프리우스를 앞세워 신흥시장의 환경 친화적 수요에 대응하고 있다. 일렉트로룩스(Electrolux), 유니레버(Unilever), 나이키(Nike) 등도 환경이슈에 대응해 지속가능한 성장을 유지하기 위해 디자이너들을 적극 활용하고 있다.[36]

사례 ● 굿 디자인으로 이룬 '텐밀리언 셀러 폰'

'이건희 폰'으로도 불린 SGH-T100(왼쪽 그림)은 2002년 4월 판매해 삼성전자 휴대폰사상 처음으로 연간 1천만대 판매를 이룬 최장수 모델이다. 사용편의성을 극대화한 인간공학적 설계 제품이다. 사용편의성을 고려하여 버튼을 배치하고, 주먹 속 조약돌의 느낌을 제공하는 등 감성적으로도 우수하여 이탈리아 잡지 '시즌스 베스트바이'(Season's Best Buy)에서 인체공학적이며 UFO를 연상시키는 환상적 디자인이라는 평가를 받았다.

삼성전자는 휴대폰 SGH-T100(이건희폰)이 2003년 9월 '천 만대 매출'을 시

---

33) "기업경영 1순위로 등장한 디자인", 매경이코노미, 제1527호, 2009.10.21.
34) 두 제품의 디자인은 영국 출신 디자이너인 조너선 아이브(J. Ive)의 손에서 탄생했다.
35) "UK 디자인 유쾌한 도전", 조선일보, 2007.10.5.
36) "디자이너 세상을 디자인하다", 상게신문.

작으로, 2004년 SGH-E700(벤츠폰), 2005년 SGH-D500(블루블랙폰) 등 3년 연속 '텐밀리언 셀러폰'을 배출했다. 특히 2005년도 3GSM 세계회의에서 "올해의 최고 제품상"을 수상한 블루블랙폰(SGH-D500 오른쪽 그림)은 같은 해 영국 소비자가 뽑은 최고 제품상을 수상했고, 독일에서 가장 고장률이 적은 제품, 스위스에서 최고 히트 제품으로 선정되었다.[37]

삼성은 이건희 회장의 1993년 '신경영 선언'에 이어 1996년 '디자인 혁명 선언'을 계기로, 파격적인 디자인을 내놓으면서 많은 사람이 선호하는 디자인을 선보이고 있다. 삼성전자 디자인이 한 단계 올라선 비결에 대해서 브루너(R. Brunner)는 "디자인 기업의 성공 신화는 바로 품질 바탕 위에 디자인 기능을 접목시켜 고객이 체험하고 싶어 하는 경험을 제공하는 데서 비롯됐다"고 진단했다.[38]

반대로 디자인이 아닌 기능과 프로세스 등에 주력했던 기업들은 퇴보의 길을 걷고 있다. 최초로 휴대폰을 개발한 모토로라(Motorola)는 디자인을 기업문화의 중심으로 자리 잡는데 실패함으로써 휴대폰시장에서 존재감 없는 기업이 되고 말았다. 델 컴퓨터(Dell Computer)는 주문을 받아 판매하는 유통 혁명을 통해 저가 컴퓨터로 성공한 기업이지만, 디자인의 특색이 없어 시장에서 밀리고 있다.

현대의 제조업체들은 굿 디자인(good design)을 통해 경쟁력을 높이는 것이 필수 과제이다. 굿 디자인이란 '고객에게 좋은 경험을 제공하는 디자인'이다. 제품을 구성하는 제반 디자인 요소가 총체적으로 작용하여 즐거움, 만족 등 좋은 경험을 제고해야 하는 것이다. 그러려면 독창성을 지니고 있어야 하며 감성적인 만족을 주어야 하며 사용하기 쉽고 안전해야 한다. 아울러 기업의 제품철학이 일관되게 반영되어 정체성(identity)을 지니는 것도 중요하다.[39]

미래디자인 경영에서는 지속가능디자인과 유니버설디자인도 주요 이슈로 꼽는다. 전자는 자원고갈과 환경오염을 고려한 디자인이며, 후자는 누구나 쉽고 편리하게 제품·서비스를 사용하도록 배려한 디자인이다. 연령, 장애여부, 인종, 교육수준 등 개인적 특성에 따른 불편함을 최소화하기 위한 장벽 없고(Barrier-free), 접근 가능한(Accessible), 보조·재활 기술(Assistive Tech) 등이 유니버설디자인의 주요 특징이다.

37) "삼성 블루블랙폰, 유럽서 최고 제품상 수상", 아이뉴스 24, 2005.6.7.
38) 로버트 브루너·스튜어트 에머리 지음, 최기철 옮김, 애플과 삼성은 어떻게 디자인 기업이 되었나, 미래의창, 2009.
39) "굿 디자인의 조건과 기업의 대응", CEO Information #514, 2005.8.17.

특히 고령화가 빠르게 진행되고 있는 일본에서는 유니버설디자인을 통해 히트제품을 만들거나, 기업의 중요한 전략으로 활용하는 경우도 증가하고 있다.[40]

3.3 고객이 원하는 제품의 설계: QFD

3.3.1 품질기능전개(QFD)

일본기업들은 고객요구를 이해하는 것이 중요하다는 것을 일찍이 인식하고 있었다.[41] 1972년 고객의 진정한 요구를 규명하기 위해 일본 미쯔비시중공업의 고베조선소에서 가치공학(VA & VE)의 기능분석기법을 원용한 품질기능전개(QFD) 기법이 제시되었다.

품질기능전개(Quality Function Deployment: QFD)란 고객의 요구와 기대를 규명하고 이들을 설계 및 생산 사이클을 통하여 목적과 수단의 계열에 따라 계통적으로 전개되는 포괄적인 계획화 과정이라고 정의할 수 있다. 품질기능전개(QFD)의 목적은 제품설계 → 부품계획 → 공정계획 → 생산계획에 이르기까지 각 단계에서 소비자의 요구가 제품이나 서비스에 충분히 반영되도록 하여 고객만족을 최대화하는 것이다.

QFD의 강점은 각기 독특한 개인적 지식과 경험을 갖고 있는 구성원들의 중지를 모아 최종 소비자의 요구와 우선도를 어떻게 표현할 것인가에 대해 구성원의 공감대를 형성할 수 있다는 점이다. 제품개발과 공정계획에 QFD를 적용하면 개념단계에서 생산착수단계까지의 시간을 상당히 절감할 수 있다.

QFD의 구조는 일련의 매트릭스에 기초를 두고 있다. 고객이 요구하는 '무엇(what)'과 고객의 요구를 충족시키기 위해서 제품과 서비스를 '어떻게(how)' 설계하고 생산할 것인지 즉, 목적과 수단을 서로 관련시켜 나타내 주는 매트릭스를 이용하는 것이 이 기법의 핵심이다.

QFD 작성 과정은 제품의 특성을 결정하기 위하여 고객의 요구사항을 설계시방으로 바꾸는 것으로부터 시작한다. 이 때 '목적−수단의 매트릭스'를 이용하여 목적인 소비자요구와 수단으로서의 기술적 요구조건 및 경쟁력 평가를 나타낸 흔히 품질 집(house of quality)으로 불리는 '품질표(品質表)'를 사용한다([그림 5−6] 참조).

---

40) 정재영, "글로벌 트렌드와 디자인 경영의 미래", *LG Business Insight*, #962, 2007.11.12.
41) "King customer", *Business Week*, 12 March, 1990.

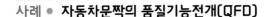 사례 ● **자동차문짝의 품질기능전개(QFD)**

1960년대 소형자동차를 미국에 출시한 도요타자동차의 문제는 문짝의 심각한 부식문제였는데, 문을 설계하고 제작하는 방법에 잘못이 있었기 때문이었다.

부식문제 해결에 품질기능전개를 시도해 보기로 하였다.

고객들에게 의견을 물었더니, 언덕에서 문을 여닫는 것이 큰 문제로 지적된 것이다. 내리막 길에서 차를 세우고 문을 여닫는 것이 특히 여자들에게 힘겨운 일로 지적되었다. 고객들의 자동차문에 대한 요구사항을 정리한 결과, 가장 많은 요구가 "경사진 곳에서 문이 열린 채로 있을 것"과 "외부에서 잠그기 용이할 것"이었다. 이 과정에서 도요타는 '고객들의 소리'를 들을 수 있었고, 고객들의 선호도를 기술과정과 제작과정에 반영할 수 있었다([그림 5-6] 참조).

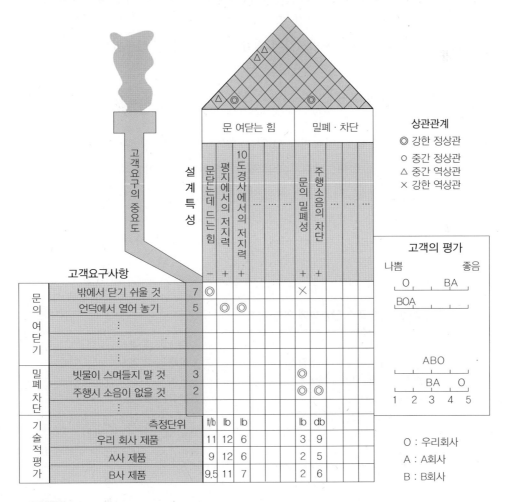

그림 5-6 **자동차 문에 대한 요구와 설계 특성**

3.4 제품의 단순화 설계

단순화는 복잡한 삶을 살아가는 사람들이 추구하는 현대의 트랜드로 자리 잡았고 이제 삶의 방식에서뿐만 아니라 제품에서도 단순화 추세는 점차 증가하고 있다. 제품의 단순화는 생산의 단순화와 사용의 단순화로 구분된다.

3.4.1 생산의 단순화

제품을 다양화하면 비용이 그만큼 많이 든다. 제품을 다양화하면 디자인도 다양화해야 하고 생산라인도 달라져야 하며 포장도 달라진다. 마케팅과 판매도 세분화해서 서로 다른 팀들을 운영해야 하고 광고도 달리해야 한다.

설계단계에서 제조원가를 줄이려면 가치공학적 측면의 기능설계를 통하여 부분품과 제품의 단순화를 추구할 필요가 있다. 스타일의 단순화는 조립의 단순화를 초래하고 조립 단순화는 조립시간의 절감과 소규모의 재고를 필요로 하므로 원가를 낮출 수 있다.

제품 단순화는 조립 리드타임을 감소시키고 생산성, 품질, 유연성, 고객반응을 향상시킨다.

제품의 단순화로 얻어지는 **이익**을 열거하면 단위당 생산원가의 절하, 투하자본의 감소, 노무비의 절하, 제조기술의 향상, 기계설비의 이용과 관리개선, 공급의 신속화, 제품품질의 향상, 재고자산 회전율의 향상, 상거래의 단순화와 공정화 등이다. 〈표 5-3〉은 부분품 단순화에 의해서 얻을 수 있는 이점들이다.

생산의 단순화는 고객이 아닌 생산자의 입장에서 이루어진다는 한계점을 지니고 있다.

표 5-3 부분품수 단순화에 의한 이점

설계시간의 단축	구매 업무량 감소
설계도 작성 및 유지비용 감소	부분품 재고 감소
원형 제작 및 시험의 용이	노무비 및 재료비 감소
사용공구의 감소	재고유지비 감소
가공조립 시간(공수)의 감소	자재 운반비 감소
생산공수의 감소	제품 품질 및 신뢰성 향상
가격인하에 따른 매출 증대	매출 증대와 비용감소에 의한 이익 증대

3.4.2 사용하기 쉽고 편하게

사람들이 기본적으로 추구하는 가치 중 하나는 바로 **쉬움**(easy)이다. 보다 빠르게, 쉽게, 편하게는 인류 발전을 이끌어 온 핵심 키워드이기도 하다. 많은 디자이너와 엔지니어는 사용자들에게 '쉬움'을 제공해야 하는 중요한 가치의 하나로 인식하고 있다. 최소한의 학습만으로 제품과 서비스를 사용할 수 있게 하는 것, 혹은 학습 없이 사용할 수 있는 제품과 서비스를 만드는 것이 **이지올로지**(Easyology)의 목표다.[42]

사용자가 최소한의 학습으로 제품이나 서비스를 사용하게 하려면 사용자가 익히고 학습해야 할 부분을 줄여야 한다. 즉, 일관된 사용방법과 최소한의 패턴으로 인터페이스를 구성해야 한다. 아무리 기능이 많고 품질이 좋은 제품이라도 기억해야 할 패턴이 많으면 사용자는 스트레스를 받게 된다.

단순함을 말할 때 빼 놓을 수 없는 사람이 잡스인데, '**심플**(simple)'이 애플의 종교란 말도 한다.[43] 사용 방식이 단순한 애플의 모바일 운영체제 iOS는 사전 학습 없이도 바로 사용할 수 있다. 실행하고 싶은 앱 아이콘을 클릭하고 화면을 좌우로 미는 것까지가 학습의 전부다. 인터페이스의 규범과 패턴이 단순한 'iOS'는 매우 빠른 속도로 아이폰(iPhone)과 아이패드(iPad)를 대중화시키는 원동력이 되었다.

단순함으로 승부한 또다른 기업으로 오디오 산업에는 보스(Boss)가 있다. MIT대학 교수였던 보스(A. G. Bose)는 소수의 애호가가 쓰던 복잡한 오디오 장치를 초보자들도 쉽게 쓸 수 있는 간단한 제품으로 만들어 냈다.

1964년에 창립하여 50년 만에 매출 25억 달러(2조 6천억원)를 올린 글로벌 기업으로 성장한 보스(Bose Corp.)의 목표는 매뉴얼이 필요 없을 만큼 간단하고 직관적인 제품을 만드는 것이다. 그래서 제품개발 엔지니어에게 "어머니들도 쓸 수 있게 만들라"고 당부한다. 오랜 연구를 통해서 고객들이 제품을 사용할 때 가장 중요하게 여기는 것은 '간단한 사용 방법'이라는 결론을 내리고 고객들에게 좋은 '음악적 경험'을 주는 데 치중한다.[44] 소비자는 파워 케이블을 꽂고 버튼을 누르는 것만으로 원하는 음악을 들을 수 있게 되었다.

사용 편리성은 기존 고객의 편의를 증진시킬 수 있는 장점 이외에도 잠재 고객을 확보할 수 있는 중요한 유인책이 될 수 있다. 게임산업의 2005년 히트 상품인 '카트라이더'가 2004년 8월 상용서비스를 개시하여 8개월 만에 가입자 1,000만 명을 돌파

---

42) 유인오 · 신동윤, "사용법 쉽고 선택고통 없는 '이지올로지' 세계적 추세", 동아비즈니스리뷰 119호, 2012.12.15.
43) 켄 시걸, 미친듯이 심플, 문학동네, 2014.
44) "복잡한 건 기업이 도맡아야, 버튼만 누르고 즐기게 하라", 조선일보, 2014.10.11.

하는 대기록을 수립하였는데, 이 게임의 최대 장점은 사용 편리성에 있다. 기존 레이싱 게임들이 자동차 경주와 최대한 비슷하게 재현하는 것이 통념이었기 때문에 게임 조작이 상당히 까다로웠던 반면, '카트라이더'는 이런 통념을 깨고 시프트(Shiht), 컨트롤(Ctrl), 화살표 키만으로 방향과 속도 조절이 가능하여 한 게임에 걸리는 시간이 5분에 불과하였다. '카트라이더'는 승부욕이라는 레이싱 게임의 본질은 살리되 나머지는 최대한 단순하게 구성함으로써 게임시장의 마이너 계층이라 할 수 있는 여성층을 끌어 모아 대중적인 지지를 받은 것이다.[45]

3.5 제조용이성 설계

제조용이성 설계(design for manufacturability: DFM)의 개념은 생산공정에 제품단순화, 동시공학, 가치공학 등의 개념을 적용하여 설계부서와 생산부서 간의 걸림돌을 제거하는 것이다. 즉 설계규칙들을 명확히 설정하여 설계의 초기단계에서 제조과정을 염두에 두고 설계한다. 설계된 제품이 쉽게 제조될 수 있도록 하는 것인데, 제품이 제조되기 쉬울수록 조립절차 단계가 줄어 노동 생산성을 향상시킴으로써 결과적으로 생산비용을 줄이게 되는 것이다.

가령 지그(jig) 작업을 생략하도록 설계하는 경우를 예로 들 수 있다. 이 경우 지그 작업을 끝낸 부품을 부착하도록 설계하거나 지그가 필요 없도록 설계를 하면 가공과 조립이 훨씬 용이해진다.

미국의 일부 기업(포드, GE, IBM, Xerox, TI 등)에서는 제조용이성 설계에 인공지능을 이용한 소프트웨어를 이용하여 설계시 부품수를 줄이고 경제적인 가공과 조립 방법을 모색하고 있다. 포드자동차에서는 DFMA(design for manufacturability and assembly)라고 불리는 소프트웨어를 사용하여 1년에 12억 달러의 원가를 절감한 바 있다.[46]

---

45) 형민우, "단순함에서 성공 열쇠를 찾아라", *LG주간경제*, 2005.12.21.
46) "Pssst!, Want a Secret for Making Superproducts?", *Business Week*, Oct. 2, 1989.

4 가치공학에 의한 가치개선 설계

4.1 가치분석/공학의 개념과 적용

제품설계는 제품의 기능적 요건들을 충족시킬 수 있는 범위 내에서 경제적으로 생산할 수 있도록 설계되어야 하는데, 제품의 사용기능과 코스트를 함께 고려한 설계가 이른바 '가치공학에 의한 가치개선 설계'이다. 가치분석 내지 가치공학 기법은 선진국을 비롯한 여러 나라에서 원가절감과 가치개선을 목적으로 도입되고 있는 기법으로서 불필요한 코스트를 식별하고 제거하기 위한 하나의 문제해결시스템[47]으로 소비자가 요구하는 다양한 기능들을 효과적으로 설계에 반영할 수 있다.

가치분석(Value analysis: VA)은 1947년에 미국 GE사의 구매과장 마일즈(L. D. Miles)에 의해서 비롯되었다.[48] 최저의 코스트로 필요한 기능을 달성하기 위해서 제품 내지 서비스의 기능분석에 기울이는 조직적인 노력이 바로 가치분석(VA) 내지 **가치공학**(Value engineering: VE)이다([그림 5-7] 참조).

VA/VE는 제품·자재·공정·작업·서비스 등 모든 분야에 적용될 수 있다. 공정 개선, 공법 변경, 자재 변경, 품질 및 서비스 개선, 원가절감 등에 적용된다.

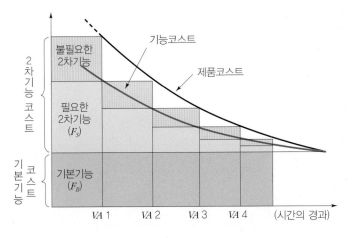

 불필요한 기능(원가)의 개선

---

47) L. D. Miles, *Techniques of Value Analysis and Engineering*, 2nd ed., McGraw Hill Inc., 1972.
48) 이순룡, *가치분석/공학: 이론과 실천사례*, 대한상의 산업합리화운동본부, 1976.

4.2 기능과 가치의 연구

4.2.1 VA/VE에서 사용되는 기능의 개념

기능(function)이란 제품이나 서비스가 작용을 하게 하고 고객으로 하여금 구매하도록 이끄는 특성을 말한다. 즉 기능이란 특정의 목적을 발휘하도록 하는 작용이다. 가령 물컵의 사용목적이 '물을 마시는 것'이라면 그의 작용인 기능은 '물을 담는 것'이다.

1) 기본기능과 보조기능

기본기능(basic function)은 제품의 개발 및 설계시의 목적으로 고객에게 절대 필요한 주기능이다. 보조기능은 기본 기능에 종속되는 2차적 기능이다.

카메라의 기본기능은 '영상을 담는 것'이며, 냉장고의 기본기능은 '식품을 보존하는 것'이다. 카메라의 보조기능으로는 자동셔터, 플래시, 망원렌즈 등이 있으며 냉장고의 경우에는 냉동실, 제빙장치 등이 있다. 이들 보조기능은 고객의 구매의욕을 자극시키는 것으로 많은 경우 기본기능보다 보조기능의 원가비율이 높다.

2) 사용기능과 미관기능

제품의 기능을 사용목적에 따라 구분하면 사용기능(use function)과 미관기능(aesthetic function)으로 나눌 수 있다. 이들 기능은 제품의 사용자나 구매자로 하여금 그 제품을 사도록 만드는 역할을 하며 가치분석(공학)에서 중요한 기능들이다.

이상 분류된 기능들을 정리하면 〈표 5-4〉의 기능 분류표와 같다.

표 5-4 기능분류표

사용기능	기본적 사용 기능	기본기능
	보조적 사용 기능	보조기능 2차적 기능
미관기능		

4.2.2 실용가치와 귀중가치

속담에 '싼 것이 비지떡'이라는 말이 있다. 이 말은 원가나 가격이 저렴한 것은 품질이나 가치가 시원치 않다는 말을 표현할 때 쓰인다. 그렇다면 원가나 가격이 비싼 것은 모두 가치가 높은 것일까? 사물의 가치를 원가나 가격만으로 나타내기는 힘들다.

제품의 종합적인 참된 가치라면 ① 희소가치, ② 교환가치, ③ 원가가치, ④ 사용가치의 네 가지 가치개념 모두를 포괄해야 되지만 가치분석에서는 원가가치와 사용가치가 중심이 되며, 주로 추구되는 가치개념은 사용가치이다.

마일즈(L. D. Miles)는 사용가치를 실용가치와 귀중가치로 구분했다. **실용가치**(use value)는 한마디로 기본기능의 가치를 말하는 것이다. 가령 라이터의 기능은 불을 제공하는데 있으며, 혁대의 기능은 바지가 흘러내리지 않도록 하는 것이고, 자동차의 기능은 운반 대상을 목적지까지 운반하는 것이다.

가치분석에서 가치를 표현할 때 물품이나 서비스의 기능(또는 물품)과 비용(또는 가격)과의 관계로서 다음과 같이 표시한다.

$$가치(value) = \frac{기능(function)}{비용(cost)} \qquad V = \frac{F}{C} = \frac{F_B + F_S}{C}$$

$$F_B : 기본기능 \qquad F_S : 이차적 기능$$

이에 따라 가치분석에서 일정한 기능을 지닌 제품을 최저의 비용으로 획득하는 것을 목적으로 한다고 할 때는 주로 기능가치의 개념을 추구하는 것이다. 그러나 최저비용으로 달성할 수 있는 기능만을 추구한다면 라이터 대신에 성냥을 그리고 혁대 대신에 허리끈을 생각할 수 있다. 라이터나 혁대를 사용하는 것은 고유의 기본기능 이상의 효용을 얻기 위한 것으로 이 경우 귀중(매력)가치를 고려할 수 있다.

귀중가치(esteem value)란 제품의 특성, 특징 및 매력에 따른 가치개념으로 가령 기본기능과는 관계없이 금으로 도금한다든가 혁대에 반짝이는 버클을 단다든가 하는 것이다. 대부분의 소비재는 귀중가치가 고려되는 것으로 설계자는 이 점을 과소평가해서는 안 된다.

4.3 기능분석(기능적 접근)

가치공학 내지 가치분석에서는 기능분석을 행하는 기능적 접근을 중심으로 전개된다. **기능분석**(functional approach)은 한마디로 기능중심의 문제해결 방법이다. 기능분석을 한다는 것은 기능을 중심으로 문제에 접근함으로써 불필요한 기능을 식별하고 제거하여 원가를 줄인다는 말이다.

넥타이 핀은 실용가치보다는 귀중가치의 비중이 큰 물품이지만 이해를 돕기 위해 기능분석 과정을 보기로 한다([그림 5-8] 참조).

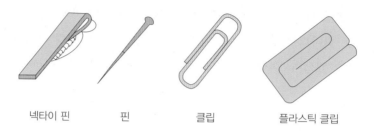

넥타이 핀　　　　핀　　　　클립　　　플라스틱 클립

그림 5-8　　**넥타이를 고정시키는 것들**

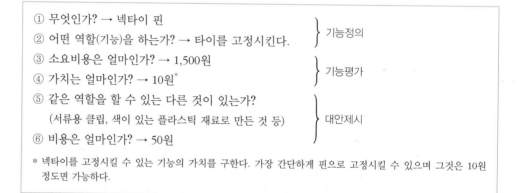

① 무엇인가? → 넥타이 핀
② 어떤 역할(기능)을 하는가? → 타이를 고정시킨다. 　　기능정의

③ 소요비용은 얼마인가? → 1,500원
④ 가치는 얼마인가? → 10원* 　　기능평가

⑤ 같은 역할을 할 수 있는 다른 것이 있는가?
　　(서류용 클립, 색이 있는 플라스틱 재료로 만든 것 등) 　　대안제시
⑥ 비용은 얼마인가? → 50원

* 넥타이를 고정시킬 수 있는 기능의 가치를 구한다. 가장 간단하게 핀으로 고정시킬 수 있으며 그것은 10원 정도면 가능하다.

이상은 'VA/VE 질문'에 의해 기능분석을 한 것으로 ①②는 넥타이 핀의 기능을 정의한 것이다. ③④는 기능을 평가한 것이고 ⑤⑥은 대안을 제시했다.

[설례]에서와 같이 일반적인 문제해결 절차를 따라서 기능분석은 ① 기능의 정의, ② 기능의 평가, ③ 대체안의 개발로 진행된다. 이상의 3단계를 기능분석의 기본단계라 하는데 이들을 세분하여 가치분석의 실시계획(VA/VE job plan)을 추진한다(〈표 5-5〉 참조).[49]

기본기능을 추구하는 단순한 방법만으로는 오늘날 고객이 요구하는 다양한 기능을 반영하기 어렵다. 따라서 VE의 근간이 되는 기능분석에서도 종래의 기본기능의 중시

49) 가치분석의 실시계획(job plan)에 대해서는 다음을 참조 바람.
　　A. E. Mudge, 이순룡 역, *가치관리를 위한 VA/VE*, 대한상의 산업합리화본부, 1978.

표 5-5 기능분석 단계

기능분석		가격분석 질문
기본단계	세부단계	
기능정의	정보 수집	① 분석대상은 무엇인가?
	기능 정의 기능 정리	② 어떤 역할(기능)을 수행하는가?
기능평가	기능별 비용분석	③ 소요비용은 얼마인가?
	기능 평가 대상분야 선정	④ 그 가치는 어떤가?
대체안 개발	창조 개량평가	⑤ 같은 역할을 하는 다른 것이 있는가?
	구체화 및 조사 상세평가 제안	⑥ 있다면 그 비용은 얼마이며, 필요한 기능을 확실히 발휘하는가?

에서 2차 기능도 함께 중요시하는 추세로 바뀌고 있다. 예컨대 '소리를 담는다'는 녹음기의 기본기능에서 '소리를 즐긴다'는 2차 기능에 초점을 맞춘 소니 워크맨의 히트를 꼽을 수 있다.

4.4 설계단계에서의 가치개선

VA/VE에 의한 가치개선 사례는 헤아릴 수 없이 많다. 가치개선의 효과가 높은 설계단계에서의 개선사례를 건설업 분야에서 제시하기로 한다.

사례 ● **서산 간척지의 유조선 물막이 공법**

1984년 3월 현대건설에서는 서산 간척지의 물막이 공사에 낡은 대형 유조선을 최종 물막이 구간에 접안시켜 거센 물결을 막아 공사를 마무리 지음으로써 공기를 3년이나 단축시키고 280억원의 비용을 절감했다.

간척지 물막이 공사에서 일반적으로 사용되는 공법은 점고식(漸高式)이나 점축식(漸縮式) 아니면 양자의 절충식이 있지만 이들 방법은 시간과 비용이 많이 소요되어 다른 방법을 모색하던 중 정주영 회장은 대형 유조선으로 물길을 막는 아이디어를 제시했다.

현대는 기술팀과 계열사의 전문가들을 동원하여 이 유조선 공법의 가능성을 면밀히 검토한 결과, 경제성과 안전성이 있다고 판단되어 추진을 결정했고 1984년 1월 22만6천톤급 대형 유조선 '크리너 워터 베이호'를 420만 달러에 구입했다. 이 유조선은 길이 320m, 너비 45m, 높이 27m로 최종 물막이 구간 280m에 충분한 크기였다.

울산을 출발한 이 유조선은 25일 상오 서산 앞바다에 도착, 준비를 마친 후 펌프를 풀가동하여 물을 퍼붓자 배는 가라앉았다. 이 순간 제방의 양쪽 끝에서 대기 중이던 각 70대의 덤프트럭이 일제히 흙과 돌을 쏟아붓기 시작한 지 1시간 후 밀물 때쯤에 물길을 완전히 막는 데 성공했다(우측 사진 참조).[50]

이 사례는 '물을 막는다'는 목적에 합치되는 수단을 정주영회장의 창의력을 활용하여 얻은 것으로, 이 사례에서 목적지향사고를 근간으로 하는 가치공학의 위력을 엿볼 수 있다.

가치분석/공학은 제품설계 단계에서 실시하는 것이 이상적이다. 그러나 가치분석의 실시가 너무 이르면 오히려 역효과가 생길 수도 있다. 가령 설계에 곧이어 수정이나 변경이 있게 되면 전체가 엉망이 될 위험이 있기 때문이다. 제품설계시 가치분석을 효율적으로 실시하기 위해서는 예비설계를 끝낸 후인 기능설계단계에서 행해야 한다. 아울러 설계자로 하여금 객관타당성 있는 가치판단기준에 입각한 가치분석을 실시할 수 있도록 하기 위해서는 정확하고 현실적인 코스트 테이블이 활용되어야 한다.

4.5 가치개선과 고객가치의 창조

VA/VE가 생산자가 불필요한 기능을 제거하여 생산원가를 절감하는 공급자입장의 원가절감 내지 가치개선 접근방식이라면, '고객가치 창조'는 고객의 니즈를 탐색하여 고객가치를 창출하는 고객지향 접근방식이라는 점에서 구분된다. 그리고 VA/VE는 생산부서가 중심이 되어 체계적 원가절감을 추구함으로써 품질 · 기능 향상이나 가격인하에 영향력을 발휘하지만, 후자는 고객과 접점을 이루는 영업부서가 중심이 되어 새로운 고객가치를 창출함으로써 고객만족에 직접적인 영향을 주게 된다.

성공한 글로벌 기업에서 '고객가치 창출'이 철저히 실천되는 모습을 볼 수 있다.

---

50) 일요화제, "기발한 새 공법 유조선 물막이", *한국경제신문*, 1984.2.26.

200년 역사의 듀퐁(DuPont)은 기업고객은 물론 소비자의 관점에서 가치를 창조하고 있다.

기업에서 고객가치 창조는 주로 혁신, 즉 가치혁신과 원가혁신을 통해 이루어진다. 최근의 히트상품들 가령, 구글 어스, 애플 아이팟, 도요타 렉서스, 다이슨의 날개 없는 선풍기, 스마트폰, LG트롬세탁기 등에서 보건대, 이들은 한결같이 새로운 고객가치 창출에 초점을 맞추어 성공하였다. 고객만족을 추구하려면 소비자나 고객의 요구(need)에서 출발해야 한다. 즉, 고객이 원하는 니즈가 무엇인지 먼저 파악하고, 이를 통해서 고객을 만족시킬 수 있는 새로운 가치를 창출하는 것이다. 시장에서 기업은 구매자인 고객의 니즈를 파악하고 이를 충족시킬 수 있는 가치를 창조해야만 고객의 선택을 받을 수 있고 경쟁에서 이길 수 있다.[51]

5 부분품 및 제품의 표준화

5.1 표준화의 효과와 한계

제품(서비스)이나 부분품, 원자재 등을 **표준화**함으로써 다음과 같은 **효과**를 기대할 수 있다.

① 품질 향상과 균일성 유지
② 작업자의 교육과 훈련 용이
③ 분업 및 업무표준화에 의한 작업능률 향상
④ 구매, 운반, 검사 업무절차의 간소화
⑤ 원자재 및 제품 재고의 감소
⑥ 표준품의 예측생산
⑦ 양산에 의한 생산성 증진과 원가 절감

표준화를 실시할 때는 표준화를 위해 투입될 비용과 표준화 실시로 얻어지는 효과(수익)와 손실이나 제약요인들을 서로 비교해서 그 효과가 큰 경우에 실시하는 것이 바람직하다.

표준화의 **단점**은 다양한 소비자의 요구를 충족시키기가 어렵다는 점과 발전하는

---

51) 이순용, "가치분석(VA/VE)에서 고객가치의 창조까지", 국제표준화저널, 제15호, 2008 가을, 한국품질재단.

기술을 고정시킨다는 점이다. 기술은 속성상 계속 진보하는데 기술을 표준화하면 그 대로 고정되어 후일 이를 개선하거나 변경하는 데 많은 손실이 수반된다. 따라서 표 준화의 실시시기를 기술 진보곡선[52]의 어느 시점으로 결정할 것인가 하는 문제는 표 준화 계획의 성패를 가름하는 분기점이 된다.

5.2 현대의 표준화 전략

5.2.1 다양화와 표준화를 조정하는 전략

소비자의 기호가 다양하고 기업 간의 경쟁이 치열할수록 제품다양화는 격화되고 그 결과 소비수요의 가변성과 다양화는 가속화된다. 더욱이 불황이나 경기변동 등은 심한 수요변동을 수반하여 표준화된 단일 상품의 수요가 매우 불확실하고 그만큼 위 험도 크다. 또한 신제품에 의한 수요변화 등으로 특정 제품의 수요가 구조적으로 감 퇴될 위험도 있다. 따라서 단일 제품에 대한 수요변동의 위험을 덜기 위하여 기업은 다품종 정책을 취하게 되고 싫든 좋든 간에 다품종소량생산을 하게 된다.

경제성을 무시한 다품종정책은 결코 진실한 기업전략은 아니라고 본다. 그러나 양 산체제를 최대한으로 이용하기 위해서 소비수요의 다양성을 전혀 무시한 표준화전략 은 생산시스템과 마케팅시스템 간의 균형을 유지할 수 없기 때문에 합리적일 수 없 다. 시장세분화를 행하여 제품을 전문화하고 표준화하는 원리는 오늘날에도 수요의 다양성과 생산의 전문화를 조정하는 기본원리가 되고 있다. 소비자의 자유의사로 행 해지는 소비자의 선택행위는 언뜻 보아서 고도로 다양성을 띨 것 같지만 다수의 법

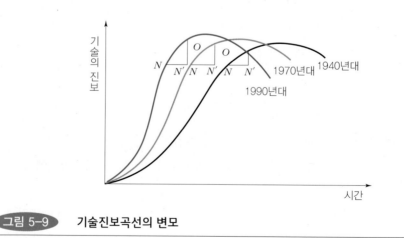

그림 5-9 기술진보곡선의 변모

---

52) 기술진보곡선은 [그림 5-9]와 다음을 참조. 이순룡, 『생산관리론』, 법문사, 1998, p.225.

칙이 작용함으로써 어느 정도의 획일성을 얻을 수 있다.[53]

삼국지 첫머리에 나오는 말로 "나누어진 것은 언젠가는 합해지고(分久必合) 합해진 것은 언젠가는 나누어진다(合久必分)"라는 말이 있다. 이 말은 중국 역사의 거대한 사이클을 설명해 주고 있는데, 여기에서 표준화의 철학을 배울 수 있다. 즉 다양화 속에서 표준화(단순화와 전문화를 포함)가 추구되면 그 후 표준화 속에서 다양화가 이루어지고 다양화는 다시 표준화로 이어지는 사이클을 반복하는 것이 현실이다.

이는 지나친 표준화나 다양화는 지양되어야 함을 의미하는 것으로 이와 같은 표준화의 철학을 항상 염두에 두고 표준화를 추진해야 한다.

5.2.2 기술혁신 시대의 표준화전략

현실적으로 기업에서 생산 판매되는 제품의 수명주기(product life cycle)는 기술혁신으로 점차 단축되고 있다. 20세기 중반까지 신발명의 사회적 영향 기간이 평균 30년이던 것이 급진적인 기술혁신으로 제품수명은 훨씬 단축되어 신발명의 사회적 영향기간이 10년 미만에 이르렀다.

신발명의 사회적 영향기간이 단축되어 감에 따라 표준화의 안정기도 단축되고 있다. 이와 같은 현상은 수요의 다양화 현상과 함께 제품표준화의 위협적인 존재로서 부각되고 있는데 [그림 5-9]에서 기술진보곡선의 변모를 볼 수 있다. 이것은 기술진보곡선의 기울기가 급할수록 표준화 안정기가 단축되는 현상을 나타낸 것으로 제품수명의 시간폭이 점점 좁아지는데 반해서 기술진보의 템포는 빨라지고 있어 표준의 안정기 결정이 점점 더 어려워지고 있다.

이와 같은 현실에서 표준화의 안정화기능(생산의 경제성 실현을 위한)과 조정기능(이해관계자, 즉 생산자와 소비자를 위한)을 동시에 수행하여 기업활동을 능률적으로 전개한다는 것은 쉬운 일이 아니다. 왜냐하면 이들 두 기능은 본질적으로 반대성질의 타협점을 구하기 때문이다. 더욱이 기술의 진보와 보조를 맞추기 위해서 표준이 자주 수정되어야 할 경우에는 가능한 한 변화에 대한 융통성이 있도록 기본적 요건 상에 최소수의 표준 설정이 필요하다.

현대와 같은 격변시대에는 복합표준인 제품표준화보다는 변화에 대한 적응력, 즉 유연성이 높은 요소표준 말하자면 부분품의 표준화에 역점을 두어야 한다.

---

53) 이순룡, "격변시대에 있어서의 표준화전략", 품질관리, 1972. 8, pp. 7~9.

5.3 부분품의 표준화와 모듈러 설계

기술혁신이 급속히 진행됨에 따라 제품표준화의 안정기는 단축되고 소비자들의 다양한 수요가 제품의 다양화를 수반하기 때문에 생산의 표준화는 어느 때보다 어렵다. 이와 같은 상황에서 소비자들의 다양한 수요를 충족시키면서 아울러 생산원가를 줄이기 위해서는 가급적 적은 종류의 부분품으로 많은 종류의 제품을 생산하는 것도 하나의 방법이다.

예컨대 매년 설계를 바꾸거나 신계열의 냉장고를 판매하고 있는 냉장고 제조업자들이 매년 바꾸는 모델들은 원가절감을 위해 가능한 표준적 특징 모두를 취하고 있는 것이 보통이다. 가령 동일한 압축기를 가급적 많은 모델에 이용하도록 한다든가, 내부의 부속장치를 표준화하기 위해서 냉장고 내부의 폭과 깊이, 치수 같은 것도 가급적 다수의 모델과 동일하게 설계하는 것 등이다.

근래에 이르러서 제품의 종류는 물론 제품당 소요부분품의 종류가 늘어남에 따라 제품종류의 증대와 부분품종류의 감소라는 목적을 동시에 만족시키는 방법으로 모듈러생산이 등장했다. 모듈(module)은 시스템의 하위시스템(sub system)으로 다수의 부품으로 구성된 중간조립품에 해당된다.

모듈러생산(modular production)이란 표준부품의 조합에 의해서 조립품의 다양화를 경제적으로 도모하는 생산방식이다. 즉 다양하게 결합할 수 있는 부분품을 설계하고 제조하여 최소 종류의 부분품으로 최다 종류의 제품을 생산하는 방식이다.

전통적인 대량생산에서는 부분품의 호환성을 주요 요건으로 하여 단일제품을 대량생산하였지만 모듈러생산에서는 부분품의 호환성을 다른 품종에까지 확장시킨다는 점에서 차이가 있다.

모듈러생산의 본질은 최대한으로 결합될 수 있는 부품들을 설계·개발·생산함에 있다. 가령 TV수상기 생산업체가 제품설계로써 외견상 제품의 다양화를 모색할 수 있는 변수는 다음과 같다고 보자([그림 5-10] 참조).

① 디스플레이 유형: HD, UHD, LED
② 화면크기: 40″, 48″, 50″, 55″, 60″
③ 화면형태: 평면, 곡면

이 경우 각 매개변수 n_i로서 결합할 수 있는 제품의 가짓수는

$$n_a \times n_b \times n_c = 3 \times 5 \times 2 = 30종이 된다.$$

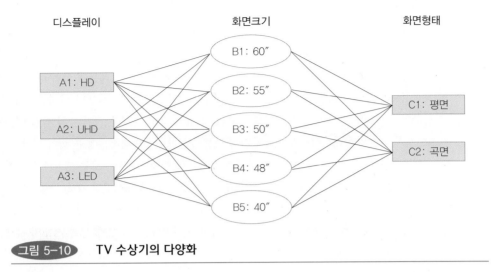

디스플레이   화면크기   화면형태

A1: HD   A2: UHD   A3: LED

B1: 60″   B2: 55″   B3: 50″   B4: 48″   B5: 40″

C1: 평면   C2: 곡면

그림 5-10   **TV 수상기의 다양화**

제품의 가지수는 수요의 다양성과 규모의 경제, 그리고 한계이익 등을 고려하여 적절한 제품구성(product mix)을 도모할 수 있는 범위 내에서 결정해야 한다.

모듈러생산은 모듈러설계에서 비롯된다. **모듈러설계**(mudular design)는 제조업체들이 다양한 고객 요구사항을 수용하며 아울러 대량생산의 원가우위를 유지할 수 있게 한다. 모듈러설계의 중요한 아이디어는 다양한 방법으로 결합할 수 있는 부품 및 서비스를 설계하고 만들어 내는 것이다. 모듈러 설계 제품은 적은 수의 조각들로 구성되어 있어 고장이 나면 쉽게 진단하고 문제 모듈을 정상적인 모듈로 교체할 수 있도록 설계되어 있다.

모듈러설계를 이용한 대표적인 제품은 이른바 시스템제품에서 많이 볼 수 있는데 가령 컴퓨터, 통신기기, TV, 자동차 등에서 볼 수 있다. 스마트폰이나 PC · TV에 사용되는 인쇄회로판(PCB)은 모듈들로 제조된 것이다. 모듈의 추세는 주택건축, 가구제조나 인테리어 설계의 영역까지 확대되고 있다.

모듈러설계 제품은 고장이 났을 때 고장난 부분의 모듈만을 갈아 끼울 수 있어 수리가 용이하며 제품개량이나 개발도 수월하다. 가령 모듈러설계를 채택하고 있는 PC의 보조기억장치에서 볼 때, 플로피 디스크 드라이브(FDD) → 하드 디스크 드라이브(HDD) → CD/DVD 드라이브 → 플래시 메모리 등으로 제품설계의 큰 변경 없이 발전을 거듭하고 있다. 뿐만 아니라 소비자의 요구에 따라 필요한 모듈을 보충하고 불필요한 모듈을 제거하기가 비교적 쉬운 것이 특징이다. 그렇지만 제품을 전체적으로 표준화하는 경우보다 비교적 많은 부분품을 필요로 하는 것이 **결점**이다.

한국의 자동차생산공장에서는 노조와 모든 것을 협의해야 하기 때문에 작업 강도나 방식을 효과적으로 바꾸기 힘들다. 그래서 1999년 자동차전문부품업체로 출범한 현대모비스는 생산 현장의 현실을 극복하기 위해 모듈화와 JIS(Just In Sequence: 부품 적기 순차 공급)에 집중했고, 결국 이것은 현대모비스가 현대차의 생산성과 품질을 뒷받침하는데 큰 힘이 되었다.

현대자동차 '트라제'에 섀시 모듈 공급을 시작으로 현대모비스는 모듈 생산에 돌입하여 모듈 범위를 단순 부품조립 단계에서 기능부품 통합단계로 확대시켰다. 기능부품 통합단계란 모듈을 더 이상 나눌 수 없을 때까지 세분화하고, 그것을 분석해 같은 기능을 수행하는 부품들을 통합하여 모듈을 구성하는 부품 수를 줄이는 것이다. 이를 통해 모듈 자체의 무게를 줄여 연비 향상과 물류비용 절감은 물론 품질관리가 쉬워지고 조립 생산성도 향상되는 효과를 거뒀다.

모듈 생산 14년 만인 2013년, 섀시(현가 · 조향 · 제동 장치 등 차의 뼈대를 이루고 차체와 파워트레인을 지지하는 부품), 운전석(계기판과 오디오, 에어컨, 환기장치, 에어백), 프런트 엔드(앞범퍼와 헤드램프, 라디에이터 그릴, 혼) 등 자동차 3대 핵심 모듈 1억 세트 생산을 돌파했다.

모듈화란 자동차에 들어가는 부품을 조립라인 바깥에서 미리 만든 뒤에 덩어리 형태로 완성차 라인에 투입해 조립효율을 크게 높이는 방식이다. 여기에 직서열 생산방식으로 풀이되는 JIS가 결합되면서 현대모비스 특유의 경쟁력을 만들어냈다

도요타 생산방식인 JIT(Just In Time: 부품 적기 공급)보다 JIS는 좀더 효율적이고 진화된 생산방식으로 세계 완성차업체들과 부품업체들이 모듈화를 통한 생산방식을 채택하면서 본격적으로 도입되었다. JIT가 완성차업체의 부품 공급 지시에 의해 부품업체가 일정한 시간 안에 완성차업체의 생산라인에 필요한 부품을 공급하는 시간의 개념이 강하다면, JIS는 부품업체와 완성차업체 간의 생산에 대한 실시간 정보 공유로 부품업체가 필요한 모듈 제품을 완성차 생산라인에 정확한 시간과 조립 순서에 맞춰 투입시키는 시간과 순서의 개념이 복합된 생산방식이다.[54]

---

54) "JIS 덕에 1000여개 모듈 척척", 서울경제, 2015.4.14.
"현대모비스의 첨단모듈화 경쟁력, 현대 · 기아차의 성장원동력이 되다", 이코노미조선, 2014.10.8.

이 장의 요약

이 장에서는 신제품 개발을 위한 다양한 접근방법을 설명한다. 1절에서는 연구개발의 의의와 제품수명주기에 대해서 설명한다. 2절에서는 신제품 개발과정에 대해서 설명한다. 3절에서는 동시공학, QFD, 제조용이성 설계, 단순화 설계와 같은 신제품 설계기법에 대해서 설명한다. 4절에서는 가치공학을 통한 가치개선 방안에 대해서 설명한다. 5절에서는 부분품 및 표준화에 대해서 설명한다.

이 장에서 기술된 주요내용을 요약하면 다음과 같다.

- 제품개발이란 기존 제품을 개량하거나 신제품을 개발하는 것으로서, 경쟁우위 확보, 신수요 창출 및 변화에 대한 대응, 생산(판매)능력의 이용이 가능하다.
- 우리 실정에 맞는 기술개발전략은 기술추구전략으로 필요기술을 다양하게 도입하여 단시간에 기술격차를 줄이면서 신제품개발이나 신기술개발을 하는 것이다. 기술개발에는 막대한 비용이 소요되므로 기술개발 함정에 빠지지 않도록 힘써야 된다.
- 신제품을 개발하기 위해서는 제품 종류에 따라 다르겠지만 통상 3~5년 정도의 시간이 소요되지만 신제품 출시 빈도가 증가하면서 제품수명주기는 점점 짧아지고 있으며 제품수명주기는 도입기, 성장기, 성숙기, 쇠퇴기로 구성된다. 성숙기에 이르면 수명연장이나 신제품개발이 요구되는데 이 경우 수명주기 감사나 관리가 필요하다.
- 신제품 개발과정은 ① 신제품 아이디어 창출 및 컨셉 정의, ② 신제품 아이디어 타당성 평가(스크리닝과 경제성 분석), ③ 예비 설계, ④ 프로토타입(prototype)의 제작 및 시험, ⑤ 최종 설계, ⑥ 생산 램프업 단계로 구성된다.
- 제품설계는 생산의 원점이 된다. 설계단계에서 내린 의사결정은 그 제품의 라이프사이클 모든 단계에 영향을 준다.
- 혁신적 제품설계법으로 동시공학, 품질기능전개(QFD), 감성을 자극하는 '굿디자인', 사용하기 쉽고 편한 사용자입장의 제품단순화 설계, 제조용이성 설계, 환경친화적 설계 등이 있다.
- 가치분석/공학(VA/VE)은 불필요한 코스트를 식별하고 제거하는 시스템으로, 제품·자재·공정·작업·운반·서비스 등 모든 분야에 적용된다. VA/VE는 기능분석(기능의 정의·기능의 평가·대체안의 개발)을 중심으로 전개된다.
- 표준화는 경제적 생산과 거래의 단순·공정화 등의 이점이 있어 생산·유통·소비 면에서 다같이 필요하다. 그러나 다양한 수요와 기술발전 등으로 변화에 유연한 표준화 전략이 필요하다. 즉 복합표준인 제품의 표준화보다는 변화에 유연성이 높은 요소표준(부분품의 표준화)에 역점을 두어야 한다.
- 다양한 수요와 기술발전 등으로 변화에 유연한 표준화 전략이 필요하다. 즉 복합표준인 제품의 표준화보다는 변화에 유연성이 높은 요소표준(부분품의 표준화)에 역점을 두어야 한다.
- 모듈러 생산은 표준화한 부분품의 다양한 조합에 의해서 조립품의 다양화를 경제적으로 도모하는 생산방식이다.

제 6 장
서비스 전략과 설계

1 서비스 전략

1.1 서비스과학에 의한 서비스혁신

OECD를 비롯한 선진국 대부분에서 서비스산업 비중이 GDP의 70~80%에 이르고 있지만, 한국은 60%수준에 머무르고 있다.[1] 미국을 비롯한 선진국에서는 최근 서비스혁신을 위해 서비스 과학의 추진을 서두르고 있다. 우리 서비스산업의 낮은 생산성과 서비스에 대한 과학적이고 체계적인 분석이 부족한 상황을 극복하기 위해 서비스과학의 연구 발전이 필요하다.[2]

지금까지는 서비스업을 위한 서비스 엔지니어링이 중심이었지만, 앞으로는 서비스업과 제조업을 위한 서비스 과학이 중심이 되어야 한다. 즉 **서비스 과학**(service science)은 디자인, 시스템 과학, 정보시스템, 컴퓨터 사이언스, 산업공학, 경영학, 마케팅, 심리학, 경제학 등을 융합하여 체계화한 학문이다. 이 경우 서비스시스템은 사회 · 기술 · 경영 · 경제 시스템이 망라된 것으로, 이들 각 부문의 시스템 혁신이 연계되어야만 서비스시스템이 성장 발전할 수 있다.

MP3플레이어는 1997년 한국 기업의 아이디어로 탄생했음에도, 돈을 번 것은 미국 애플의 '아이팟(iPot)'이었다. 단순히 제조와 판매에 그친 국내 기업과 달리 애플은 음악 콘텐츠를 제공하는 '아이튠즈(iTunes)' 등 서비스로 시야를 넓혀 고객 감성에 접근

---

[1] World Bank, *WDI*에 따르면 한국의 서비스산업 비중은 58.1%(2011년)임.
[2] 주영민, "서비스, 과학과 손잡다: 서비스 사이언스의 부상", *SERI* 경제 포커스(#408), 2013.1.29.

서비스 혁신

구분	신서비스 카테고리	내용	사례
급진적 혁신	주요 혁신	정의되지 않은 시장을 위한 신서비스	Wells Fargo의 인터넷 뱅킹, 아마존 닷컴, eBay 옥션
	신설사업	기존 시장에 새로운 서비스 출시(신기술 접목)	스마트 폰의 앱카드, GPS내비게이션, 핀테크의 스마트 페이
점진적 혁신	서비스라인 확장	메뉴, 경로 등을 추가	항공사의 목적지 추가 맥도날드의 국가별 메뉴추가
	서비스 개선	현재 제공되고 있는 서비스의 특징을 변경	항공사 키오스크, 편의점내 ATM, BOA의 초인종 효과

출처: J. Fitzsimmons, M. J. Fitzsimmons, & S. K. Bordoloi, *Service Management*, 8th ed., McGraw-Hill, 2013 을 편집 · 수정.

한 것이다. 미국의 뱅크오브아메리카(BOA)는 고객들이 기다리는 시간을 덜 지루하게 만드는 방법을 알아내기 위해 은행 대기실에 카메라를 설치하고 인지 과정을 과학적으로 분석하던 중, '초인종 효과'에 주목하여 고객만족도를 높인 결과 '올해의 미국은행'으로 2006년과 2007년 연속 선정되었다.[3]

특히 서비스 혁신에 대한 아이디어는 고객의 제안, 접점 구성원의 제안, 고객 데이터 베이스(DB), 신규 기술로부터 얻을 수 있다. 〈표 6-1〉은 **서비스 혁신**을 두 종류로 구분하고 있는데, **급진적 혁신**은 기존에 없던 새로운 서비스의 창출이거나 기존 서비스에 새로운 제공 시스템을 창출한 경우이고, **점진적 혁신**은 기존 서비스를 개선하여 새로운 형태로 고객에게 제공하는 경우이다.

즉 서비스 혁신으로 고객의 만족도와 기업 생산성을 끌어 올린 배경에는 '서비스 과학(Service Science)'의 역할이 컸다. 제품과 관련된 서비스를 제공하여 고객의 만족도를 높이고 아울러 조직의 수익을 늘리려는 것이 서비스 과학의 목표다.[4]

1.2 서비스의 전략변수

서비스 기업을 운영하기 위해서는 현재의 환경을 충분히 분석하여 경쟁자를 이길 수 있는 전략 수립 및 차별화된 경쟁우위 요인을 결정하는 것이 매우 중요하다.

---

3) '초인종 효과'(doorbell effect)는 본장 3.2를 참조.
4) "고객을 과학적으로 모십니다", 동아일보, 2008.9.4.

1.2.1 서비스 사업의 경쟁우위변수

사람마다 개성이 다르기 때문에 고객들이 요구하는 서비스는 상이한 것이 일반적이다. 눈에 보이지 않고 만질 수 없는 서비스의 특성(무형성)으로 인하여 제조활동의 관리방법이나 전략을 서비스 사업에서 그대로 적용할 수는 없다. 더욱이 대부분의 서비스는 무형과 유형의 속성이 혼합된 서비스 팩키지로 구성되어 있어서 서비스의 설계와 관리는 제품과 다른 접근방법이 필요하다.

재화와 서비스의 특성에서 볼 때, 재화는 소비되면서 소멸되지만 서비스(특히 고접촉서비스)는 경험을 통하여 오랫동안 고객의 기억으로 남는다. 특히 서비스의 경험이나 품질은 고객만족의 주요 영향요인이다. 서비스를 효과적으로 관리하려면 생산·운영뿐만 아니라 마케팅과 사람(고객과 서비스 요원)에 대해서 잘 알아야 한다.

서비스 전략은 서비스 기업이 경쟁할 요소, 즉 경쟁우선순위를 정하는 것으로부터 시작되는데, **경쟁우위변수**들은 다음과 같다.[5]

① 친절성. 친절한 고객접대
② 신속성과 편의성. 신속하고 편안한 서비스의 제공
③ 가격·원가. 저렴한 서비스의 가격
④ 다양성·유연성. 다양한 서비스와 서비스 제공의 유연성
⑤ 품질. 양질의 서비스와 서비스에 수반되는 유형재의 품질
⑥ 독특한 기량이나 장치. 경쟁자와 차별화되는 독특한 서비스를 제공하는 기량
   (예: 심장수술을 전문으로 하는 부천의 세종병원).
⑦ 정보. 진입장벽을 구축하거나 수익을 창출함(예: 다이렉트 손해보험, ATM)

〈표 6-2〉는 지명도가 높은 서비스 기업의 경쟁우위변수를 보여준다.

표 6-2 우량 서비스 기업의 경쟁우위변수

기업	친절성	신속·편의성	가격	다양성	독특한 기량
FedEx	●	●			
Wall Mart	●		●	●	
Disneyland	●				●
Domino's Pizza		●	●		
Singapore Air Line	●				
Amazon.com		●		●	

출처: Chase & Aquilano, *Production & Operations Management*, 7th ed., 1995에서 발췌·보완.

---

5) Chase & Aquilano, *Production & Operations Management*, 7th ed., 1995에서 보완.

1.2.2 서비스 시스템 믹스

서비스는 고객의 요구(기대)와 일치되며 그를 만족시킬 수 있어야 한다. 아울러 경쟁우위를 지니려면 '서비스전략'과 이를 수행할 '시스템'과 '서비스요원'이 고객만족을 위해 봉사해야 한다([그림 6-1] 참조).

서비스는 대개 소비시점에서 소비자에게 직접 제공되므로 서비스 참여자, 즉 고객과 서비스요원(제공자)의 행위는 서비스 시스템(사업)의 효율과 직결된다. 서비스 사업의 성과나 효율은 참여자 외에도 서비스의 제공과정과 서비스의 과업환경에 의해서 상당한 영향을 받는다. 그래서 종래의 마케팅 믹스 4P[6]에 부가해서 ① 참여자(participants), ② 서비스 제공과정(process of service assembly), ③ 서비스 과업환경(physical evidence)의 3P를 합쳐 서비스 마케팅 믹스(service marketing mix)로서 7P를 주장하는 견해[7]가 있다.

서비스의 개발이나 설계에서 고객들의 상이한 욕구를 충족시키기 위해서는 다양하고 유연한 서비스개발에 많은 관심을 기울여야 한다. '서비스참여자'를 비롯한 '서비스 제공과정' 그리고 '서비스 과업환경'의 **서비스 시스템 믹스**(3P)는 서비스 시스템(사업)의 설계나 전략개발에 있어 긴요한 전략요소(service system mix)가 된다.

이제마(李濟馬: 1838~1900)선생은 사상의학(四象醫學)에서 인간을 체질에 따라 태음인 · 소음인 · 태양인 · 소양인으로 나누어 체질유형별 치료법을 체계적으로 제시한

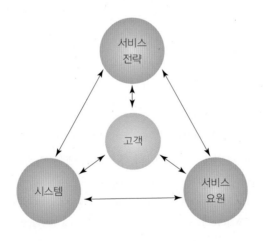

<u>그림 6-1</u>　　**서비스 삼각형**

---

6) 흔히 마케팅 믹스(marketing mix)로 제시되는 4P는 Product, Price, Place, Promotion을 뜻하는 것으로 이는 마케팅 전략의 주요 전략변수가 된다.

7) B. M. Booms & M. J. Bitner, "Marketing Strategies and Organizational Structure for Service Firms", *Marketing of Science*, 1981.

바 있다. 마찬가지로 체계적인 서비스분류는 서비스의 개발이나 전략전개에 있어 좋은 길잡이가 될 수 있다.

1) 고접촉서비스와 저접촉서비스의 믹스

서비스를 분류함에 있어서 체이스(R.B. Chase)는 서비스제공 중 고객과의 접촉도[8]에 따라 ① 고접촉(high contact) 서비스와 ② 저접촉(low contact) 서비스로 분류[9]한 바 있다.

고객접촉(customer contact)은 두 가지 방법으로 이루어진다. 하나는 서비스의 설계과정이나 고객화(맞춤)과정에 고객이 참여(개입)하는 경우[10]로 가령 양복을 맞춘다든가 주택건설을 건축회사에게 의뢰하는 경우이다. 다른 하나는 서비스의 제공과정에서 고객접촉이 발생하는 경우로서 미장원에서 고객이 새로운 머리스타일을 미용사와 의논하는데, 이 경우 고객과 미용사와는 고접촉(high contact)이 이루어진다. 일반적으로 고접촉 공정기술은 여러 고객의 다양한 요구를 유연하게 조정할 수 있다. 유연성이 높을 때 능률은 떨어지는데, 그 이유는 공정(process)이 표준화될 수 없기 때문이다.

한편 패스트푸드나 자판기처럼 고객과의 접촉이 낮은 저접촉(low contact) 서비스에서는 공정기술은 유연성이 떨어지는데, 이 시스템은 표준화와 능률을 지향하고 고객이 공정에 참여할 수 없기 때문이다.

서비스 개발에 있어서 ① 고접촉서비스에서는 고객의 요구를 세세히 파악하는 것과 서비스요원의 자질향상과 동기부여가 중요하지만, ② 저접촉서비스에서는 특히 서비스시설의 개발과 기술개선 등이 중요시된다. 그래서 고접촉서비스를 인간중심(people based)의 서비스로 보고 저접촉서비스는 장비중심(equipment based)의 서비스로 나누는 견해[11]도 있다.

이와 같은 단순한 분류체계로는 서비스별로 전략적인 통찰력을 명쾌히 제시할 수 없으므로 다양한 서비스의 개발이나 전략전개에는 미흡하다[12]는 지적이다.

---

8) 고객접촉도란 서비스를 산출하는 데 소요된 전체 시간 중 서비스생산자가 고객과 직접 접촉하는 시간의 비율을 의미한다. 고객접촉도=고객접촉시간/전체 서비스 산출시간×100

9) R. B. Chase, "Where Does the Customer Fit in a Service Operations", *Harvard Business Review*, Nov.-Dec. 1978.

10) 고객참여를 ① 설계에 참여, ② 서비스 제공에 참여, ③ 설계와 서비스 제공에 참여의 3가지로 분류하는 견해가 있다.

11) D. R. E. Thomas, "Strategy is Different in Service Business", *Harvard Business Review*, Jul.-Aug. 1978.

12) C. H. Lovelock, "Classfying Services to Gain Strategic Marketing Insights", *Journal of Marketing*, Vol. 47, Summer 1983.

2) 서비스 대상과 서비스 행위에 따른 서비스 유형별 믹스

Lovelock 교수는 서비스행위의 본질을 규명함에 있어서 서비스의 수혜대상을 사람(대인)과 사물(대물)로 구분하고 이들에 대한 서비스행위를 유형적인 것과 무형적인 것으로 나누어 다음 네 가지 유형으로 분류하였다.

① 유형적 대인서비스. 신체에 대한 유형적 서비스. 예: 물리치료, 미용, 수영장, 식당
② 무형적 대인서비스. 정신에 대한 무형적 서비스. 예: 교육, 방송, 연극, 정보서비스
③ 유형적 대물서비스. 사물에 대한 유형적 서비스. 예: 세탁, 화물운송, 빌딩·TV 수리
④ 무형적 대물서비스. 소유재산에 대한 무형 서비스. 예: 금융, 보험, 법률·회계 서비스

이와 같은 분류체계는 앞의 Chase의 서비스 분류개념을 보다 분화시킨 것으로 구체적인 서비스시스템 믹스(service system mix)의 제시가 가능하다. 가령 고객에게 물질적인 서비스를 제공하는 '유형적인 대인서비스'의 경우, 고객들은 서비스시스템(예: 식당·미용실·열차·병원·볼링장·호텔 등)에서 서비스를 제공받는 동안 그 곳에서 시간을 보낸다. 이 경우 서비스시스템의 성과나 고객의 만족은 주로 서비스요원, 서비스 시설 및 환경 그리고 서비스과정 등에 의해서 좌우된다.

신용카드, 보험 등 '무형적 대물서비스'에서 고객들은 서비스 제공과정이나 서비스 시설을 거의 의식하지 못하여 서비스 시설이나 서비스 제공과정은 별로 중요시되지 않는다.

3) 고객접촉도와 노동집약도에 따른 서비스 유형별 믹스

쉬멘너(R. W. Schmenner)는 고객접촉과 고객화의 정도를 묶어 가로축에 두고 노동집약도를 세로축으로 하는 매트릭스([그림 6-2] 참조)에서 4가지 서비스 유형을 제시하였다.[13] 그는 노동집약도와 고객접촉 및 고객화의 정도에 따라 서비스의 유형을 ① 대량 서비스(mass service), ② 서비스 공장(service factory), ③ 전문 서비스(professional service), ④ 서비스 전문점(service shop)으로 분류하고 이들에 적합한 경쟁우위변수를 제시하였다.

이에 따르면 고객접촉과 고객화의 정도가 높은 서비스(③전문 서비스와 ④서비스 전문점)에는 유연성을 꼽고, 이들의 정도가 낮은 서비스(①대량 서비스와 ②서비스 공장)에

---

13) R. W. Schmenner, "How Can Service Business Survive and Prosper?", *Sloan Management Review*, 27, Spring 1986.

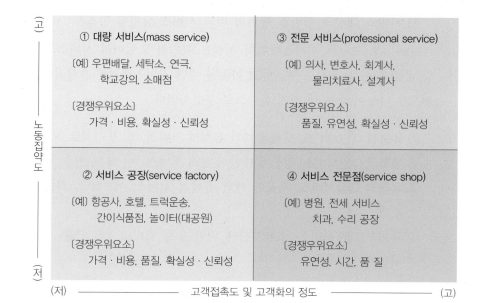

（고）

노동집약도

（저）

① 대량 서비스(mass service)	③ 전문 서비스(professional service)
〔예〕 우편배달, 세탁소, 연극, 학교강의, 소매점	〔예〕 의사, 변호사, 회계사, 물리치료사, 설계사
〔경쟁우위요소〕 가격 · 비용, 확실성 · 신뢰성	〔경쟁우위요소〕 품질, 유연성, 확실성 · 신뢰성
② 서비스 공장(service factory)	④ 서비스 전문점(service shop)
〔예〕 항공사, 호텔, 트럭운송, 간이식품점, 놀이터(대공원)	〔예〕 병원, 전세 서비스 치과, 수리 공장
〔경쟁우위요소〕 가격 · 비용, 품질, 확실성 · 신뢰성	〔경쟁우위요소〕 유연성, 시간, 품 질

（저）———— 고객접촉도 및 고객화의 정도 ————（고）

그림 6-2 　서비스 유형별 경쟁우위요소

는 가격 · 비용을 우선적으로 꼽았다. 노동집약적인 서비스(①③)에서는 종업원 교육과 작업관리에 중점이 주어지지만, 자본집약도가 높은 서비스(①②)에서는 보편적으로 표준화된 서비스가 제공되므로 원가절감과 기술개선에 관리중점이 주어진다.

고객접촉도가 높아짐에 따라서 노동강도의 영향을 고려해야 하는데, 이 경우 인적자원에 대한 투자와 관리가 필요하다. 노동력이 많이 소요되지 않는 서비스에 대해서는 고객의 주의를 끄는 물적시설이나 공정기술 개선에 치중하는 것이 유리하다.

고객화(맞춤)의 정도가 높을수록 서비스 내지 서비스 제공과정(공정)은 고객요구에 맞도록 설계되어야 한다. 따라서 제품 및 공정기술에 관한 문제는 노동강도 및 고객접촉의 정도에 상응하는 중요한 전략의 초점이 될 만하다.

1.3 서비스전략의 구현

1.3.1 서비스 비전의 구현

전략적 서비스 비전의 기본요소인 ① 목표시장, ② 서비스 컨셉, ③ 운영전략, ④ 서비스 제공시스템을 위주로 전략적 서비스비전을 구현한다.

(1) 목표시장(고객)의 선정

무형의 서비스는 모든 고객들에게 같은 의미로 받아들여지지 않는다. 또한 동시에 복수의 제품이 제공될 수 있는 제품과 달리 동시에 여러 유형의 서비스가 제공되기도 어렵다. 따라서 특정 고객집단의 니즈(needs)에 부합되고 경쟁적 우위를 확보할 수 있는 명확한 서비스 개념(service concept)에 따라 표적이 되는 고객을 선정하여야 한다.

(2) 목표고객의 니즈에 부합하는 서비스 개념

목표시장(고객)을 선정하여 이들의 니즈에 적합한 서비스 개념을 명확히 규정하고 이 개념(concept)을 잠재고객들에게 지속적으로 어필하면 무형의 서비스 이미지가 고객 마음에 자리잡게(positioning) 된다. 소비자들이 다수의 서비스 대안에 직면할 경우 기존에 형성된 서비스 개념에 대한 이미지는 평가 및 선택에 큰 영향을 미친다.

(3) 서비스 개념을 실행하는 효율적인 운영전략

서비스 개념이 고객들에게 성공적으로 인식되려면 마케팅이나 내부 인적자원관리를 비롯한 서비스 운영전략이 효과적으로 수립되어야 한다. 한정된 자원으로 모든 소비자가 만족하는 서비스를 제공할 수는 없다. 따라서 기업내부의 각 운영부문들 중 노력을 집중해야 하는 부문을 선정하여 집중적으로 관리하는 전략이 요구된다.

(4) 차별적인 서비스 제공시스템의 구축

고객들에게 서비스를 제공하는 시스템은 서비스요원과 고객들의 만남이 이루어지는 공간으로 고객만족에 지대한 영향을 미친다. 고객들에 의해 지각된 서비스가 경쟁자들과 차별화될 수 있는 결정적 수단으로도 이용가능하며, 이를 이용해 진입장벽의 설정이 용이하기 때문에 매우 의미있는 전략적 무기이다.

이상의 네 가지 기본요소들이 경쟁우위 확보를 위해 제대로 역할하기 위해서는 [그림 6-3]처럼 이들을 상호 보완하고 조정하는 통합과정이 필요하다.

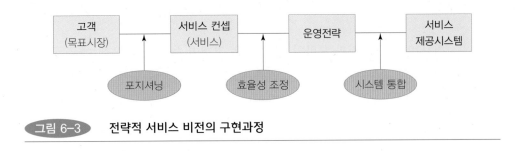

그림 6-3 **전략적 서비스 비전의 구현과정**

목표시장을 선정한 다음에는 잠재고객들의 니즈 파악을 통한 포지셔닝 과정이 수행되어야 한다. 이 포지셔닝 과정에서는 기업·고객·경쟁자라는 세 차원이 어떻게 맞물려 있는가를 인식하는 것이 매우 중요하다.

고객들의 눈에 비친 서비스의 지각된 가치가 실제 가치보다 크게 나타나게 함으로써 충분한 대가를 지불하도록 하는 것이 무엇보다 중요하다.

목표시장과 서비스 개념의 실현은 효율적인 운영전략과 서비스 제공시스템의 지원으로 이룩될 수 있다. 특히 운영전략과 서비스 제공시스템 간의 연결체계는 전략적 서비스 사업운영에서 그 역할이 중요하다.

사례 ● 고객니즈와 서비스 개념을 일치시킨 이동은행

뱅크카트가 하나은행의 노래소리를 울리며 시장입구에 도착하면, 순식간에 업무진행이 어려울 정도로 많은 사람들이 모여든다. 1991년에 출범한 하나은행의 X지점은 1992년 10월에 개점한 이후 인근 시장일대에서 대환영을 받고 있다. 그 이유는 이 은행이 추구하는 서비스 개념인 "고객이 있는 곳에는 어디든지 간다"는 것을 실천한 서비스 제공시스템으로 남녀직원 2명으로 구성된 「이동은행」을 운영하고 있기 때문이다.

이 지점은 은행의 서비스 컨셉을 실천하는 방법으로 생선장수, 야채장수 등 시장상인들이 가게를 비울 수가 없어 은행을 이용하기 힘들다는 점을 간파하고 이들을 목표고객으로 하여 「이동은행」시스템을 탄생시킨 것이다.

현금을 항상 몸에 지니고 다녀야 하는 위험과 불편을 동시에 해소한 시장 상인들은 하루 1, 2회씩 시장을 도는 은행직원에게 그 자리에서 통장과 전표를 맡기고 현금을 인출하거나, 예금을 할 수 있게 되었다. 은행직원이 다녀간 후에 돈이 필요한 경우에는 전화로 통장번호와 인출액을 주문하면 즉시 배달해 주기도 한다.

은행은 이와 같은 서비스 컨셉에 적합한 운영전략으로 내부인력을 이동은행에 투입하였으며, 관행상 파격적으로 여겨질 수 있는 현장에서의 입·출금 서비스 및 전화로 인출·배달하는 서비스 제공시스템을 구축하였다.[14]

최근 인터넷 뱅킹과 모바일 뱅킹 이용 고객이 늘어나고, 은행 예금 금리가 낮아지는 등 은행 창구로 고객들을 유인하는 요소들이 줄어들면서 시중 은행들이 직접 고객을 찾아가는 이동은행 서비스를 확대하는 추세이다.[15]

---

14) "서비스를 디자인한다", *LG주간경제*, 1993.3.
15) "고객 찾아가는 은행창구…, 이동은행 늘어난다", 조선일보, 2015.1.22.

은행의 '찾아가는 서비스'에는 '포터블 브랜치(portable branch)'가 큰 역할을 하고 있다. 무게 20kg인 이 가방 안에는 지문 인식기와 신분증 스캐너가 달린 노트북, 통장 프린터기, 카드 발급기가 들어 있어서 움직이는 은행 역할을 할 수 있는 특수 장비다. 통장 발급, 계좌 이체, 환전 등 은행업무를 현장에서 즉시 처리할 수 있다.

[사례]의 하나은행은 1992년 당시 직원 2명이 수작업으로 처리하였지만, '포터블 브랜치'의 등장으로 운영전략과 서비스 제공시스템의 변화를 엿볼 수 있다. 마찬가지로 핀테크의 '스마트페이'가 가져올 은행업무의 변화도 만만치 않을 것이다.

1.3.2 서비스 접점에서의 고객만족 추구

고접촉서비스의 경우 고객만족은 고객과 서비스 종사원의 만남, 즉 서비스 접점에서 추구하는 것이 이상적이다. 대부분의 서비스는 서비스 제공자와 고객이 서로 만남으로써 발생한다. 이러한 **만남**(encounter)은 서비스 청사진([그림 6-6] 참조)의 '가시선'(可視線) 안에서 일어난다. 고객의 마음속에서 서비스 질을 가늠하게 하는 이러한 상호작용을 노만(Richard Norman)은 **진실의 순간**(moment of truth)이라고 표현하였다.[16] 간단히 말해서 만남이란 고객이 서비스를 평가하고 서비스의 질에 대해 나름대로의 견해를 갖는 순간이다. 고객은 다양한 서비스 제공자들을 만나는 바로 그 '진실의 순간'에 서비스의 품질을 평가하게 된다. 가령 항공기 승객은 전화예약으로 표를 구입하는 것을 시작으로, 공항에서의 수하물 체크 인, 기내 서비스, 도착했을 때의 수하물 찾기, 항공기 상용고객에 대한 우대 등 연속적인 만남을 갖는다.

만남, 즉 **서비스 접점**(service encounter)은 서비스조직이 설정한 환경내에서 서비스

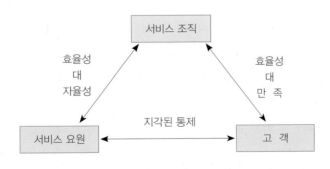

그림 6-4 서비스 접점의 3자 관계

출처: J. A. Czepid et al., *The Service Encounter*, Lexington Books.

---

16) R. Norman, *Service Management*, John Wiley & Sons, 1984.
   스칸디나비아항공(SAS)의 얀 칼슨 사장이 자신의 책 제목으로 사용하고 "고객과 만나는 15초 동안에 기업의 운명이 결정된다"고 강조하면서 알려짐.

과정을 통한 서비스 종사원(제공자)과 고객 사이를 통제하는 삼각관계([그림 6-4] 참조)로 볼 수 있다. 서비스조직, 서비스제공자, 고객 간에 갈등이 일어날 소지가 다분히 있는데, 그럴 때에는 고객만족 내지 서비스효율이 떨어진다.

이상적인 것은 3자간 이익이 균형되는 서비스 접점을 이루도록 서로 협력하는 것이다. 고객만족을 성취한 대다수의 서비스업체에서 볼 때, 고객의 요구나 기대를 충족할 수 있도록 서비스조직은 구성원(서비스요원)들에게 보다 많은 자율성을 갖도록 권한을 부여하고 있다.[17] 구성원들에게 더 많은 재량권을 부여하기 위해서는 대인관계에서 적합성을 발휘할 수 있는 잠재력을 지닌 지원자를 선발할 필요가 있다. 비현실적인 고객의 기대와 예기치 못한 상황이 발생할 때 현명하게 처리할 수 있는 교육훈련도 필요하다.

1.3.3 마케팅과 운영기능의 통합

은행·호텔·상점·미용, 자동차 수리 등 대부분의 서비스는 동일한 장소에서 동시에 같은 사람(제공자)에 의해서 산출되어 제공(판매)된다. 따라서 서비스전략에서는 생산기능과 마케팅기능의 통합이 필요하다. 서비스에서의 경쟁우위를 달성하기 위해서는 서비스 마케팅과 서비스 운영활동을 종합적으로 전개하여 고객의 기대를 충족시킬 필요가 있다.

[그림 6-5]는 서비스 성과(우위 또는 열위)에 이르는 과정을 보여주고 있다. 영업(마케팅)부서에서는 고객에 대한 서비스 약속을 제대로 이행하여, 서비스 결과에 대한 고객의 기대를 저버리지 않도록 하는 책임을 진다. 서비스 운영부서에서는 서비스 제공시 마케팅에서의 약속·계약을 이행할 수 있도록 고객의 기대에 어긋남이 없게 서비스 제공과정을 관리하는 조치들에 대한 책임을 진다. 이들이 행하는 서비스활동에 대한 감시(monitoring)와 관리(controlling)는 단기 수요변화에 대처하기 위한 작업자 재배치에서의 표준관리 조치를 포함하고 있다. 복구계획은 가령, 호텔 안내데스크가 초과예약을 받거나 짐을 잃어버리거나 혹은 열악한 음식을 제공하는 이상상황에 대응할 수 있도록 훈련시키는 것을 포함한다.

1.3.4 제조부문의 전략개념 적용

비제조업분야인 서비스 사업의 전략요인도 제조업의 그것과 유사하다. 제조부문과 관련해서 논의되는 다수의 전략개념들은 서비스부문에도 이용될 수 있다. 예컨대 서

---

17) J. Fitzsimmons & M. J. Fitzsimmons, *Service Management for Competitive Advantage*, McGraw-Hill, 1994.

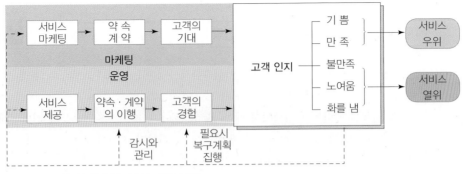

서비스의 측정 · 감시 · 복구 과정

그림 6-5 서비스성과 측정 모델

출처: R. B. Chase & N. J. Aquilano, *Production and Operations Management*, 7th ed., 1995.

비스 기업은 집중화(focus)를 위해 제조업의 PWP(plant-within-plant)전략을 사용할 수 있다. 병원에서도 PWP개념을 사용할 수 있는데 가령 심장병, 격리 치료, 회복실과 같은 특별한 환자서비스를 위해서 별도의 부서를 운영할 수 있다. 백화점에서는 특수 고객들을 위해서 별도의 제품이나 서비스부서를 운영하여 경쟁력을 강화할 수도 있다. 가령 주변의 주민들에게 김장용 김치꺼리를 특판하거나 문화행사나 교양강좌를 여는 것이다.

서비스분야에서 전사적인 서비스 경쟁을 하려면 차별적인 서비스 경쟁력이 있어야 한다. 서비스에서 입지는 제조업에서보다 중요하다.[18] 따라서 좋은 곳에 자리를 잡는 것은 서비스전략의 성패에 관건이 된다. 특히 사람중심의 서비스(people-based service)인 경우 고객의 요구에 따라 다양한 서비스가 제공되는 유연성은 경쟁전략의 열쇠가 된다.

모든 서비스는 고객만족을 위해 제공된다는 점에서 볼 때, 서비스 전략은 고객중심적(customer-focused)이어야 한다. 고객의 기대와 요구에 부응해서 서비스가 제공되어 고객들이 만족하고 계속 애용할 때 보다 높은 이익을 올릴 수 있다. 그래서 요즈음 추진되고 있는 리엔지니어링(reengineering)이나 PI(process innovation)와 같은 경영혁신 대책에서는 보다 고객 집중화된 서비스 시스템으로 전환하는 데 주력한다. 가령 내부절차는 고객요구를 중요시하도록 개정하고, 정보시스템은 자료접근이 용이하며 정보효율이 높게 개선한다. 그리고 경영자들은 고객위주로 서비스표준을 정하고 이들을 정기적으로 주도 면밀하게 검토한다.

---

18) 서비스시설 입지에 관한 설명은 9장 1.4를 참조.

월마트(Wal-mart)의 급성장 비결은 신속하게 움직이는 유통시스템으로 '틈새 시장'(niche market)을 공략한 서비스전략에 있다.

후발업체인 월마트가 경쟁에서 케이마트(K mart)나 시어스(Sears) 등의 선발업체를 이길 수 있는 차별적인 경쟁능력을 갖추게 한 일련의 전략적 결정이 월마트성공의 열쇠이다.[19] 즉 '고객요구의 충족'을 위해 차별적인 능력을 갖추려고 노력한 것인데, 가령 고객이 찾는 상품을 다양하게 갖춘 것도 하나의 비결이다. 월마트는 경쟁업자와 동일한 상품서비스 수준을 25%의 재고투자로써 유지할 수 있었다.

그리고 구매원가와 물류비용 등을 절감하여 경쟁자보다 저렴하게 상품을 판매한다는 점이다. 월마트는 Cross-docking이라는 물류시스템과 자체 창고시스템으로 85%가 넘는 상품을 운영함으로써 업계평균보다 매출원가를 2~3% 감소시켰다.

대량의 상품매출은 보다 저렴한 단가의 구매와 더불어 효율적인 왕복운반을 수반하는 cross docking으로 재고를 줄이고 아울러 물류비용을 절감하는 경제적 이점을 누릴 수 있었다.[20]

서비스분야에서 포지셔닝전략을 선택하는 데 있어서 경영자가 고려해야 할 요인에는 고객과의 접촉(customer contact)이 추가된다. 서비스 제공자와 고객과의 접촉이 잦은 고접촉(high contact)에서는 서비스가 고객의 필요나 요구에 맞추어져야 하므로 이 경우 서비스는 고객화되어 공정중심전략(process-focused strategy)이 적합하다. 중간전략이 적당한 경우는 고객과의 직접적인 접촉과 배후지원업무(back-room operations)가 반반인 경우이다. 가령 호텔 안내데스크에서는 고객과 종업원의 접촉이 빈번하지만 호텔내부의 사무실, 유틸리티부서 등과 같이 고객과의 접촉이 별로 없는 후선(back line)업무는 가급적 자동화와 일관작업에 의해 반복도를 높인다. 그 밖에 다른 서비스설비, 즉 자판기, 빨래방, 파워 플랜트와 같이 고객과의 직접적인 대면이 적은 저접촉(low-contact)부서에서는 표준화된 대량의 서비스 제공이 선호된다.

서비스전략을 구현하는 데 도움이 되는 **질문사항**을 제시하면 다음과 같다.

① 현행 서비스시스템은 어떤 유형인가? 고객과의 접촉에서 고접촉시스템인가 저접촉시스템인가를 인식한다.

---

19) G. Stalk Jr. et al., "Competing on Capabilities: The New Rules of Corporate Strategy", *Harvard Bsiness Review*, Mar.-Apr. 1992.
20) G. Stalk Jr. & T. M. Hout, *Competing Against Time*, The Free Press, 1991.

② 현행 구조와 운영절차는 서로 잘 부합되는가? 예컨대 구성원의 임금결정에 있어서 저접촉시스템에서는 생산량을 기준으로 하고 고접촉시스템에서는 시간을 기준으로 하는 것 등이다.

③ 불필요한 고객서비스를 줄이기 위해 서비스 운영방식을 재정비할 수 있는가? 고급 서비스요원이 저접촉서비스에 종사하는 경우 직무 전환시킨다.

④ 저접촉서비스운영은 효율성면에서 경쟁우위가 있는가? 제조업에서 사용되는 예측, 일정관리 수법을 원용할 수 있는지를 살핀다.

⑤ 고객과의 접촉을 높여 서비스를 향상시킬 수 있는가? 피크 타임에 종사원의 증원, 근무시간의 연장 등으로 고객접촉을 늘리고 서비스요원의 부가가치 활동에 치중한다.

⑥ 시설비용을 절감하기 위한 서비스 운영시스템의 재배치가 가능한가? 경비절감을 위해 인터넷 은행이나 이동은행을 운영하는 것을 고려할 수 있다.

2 서비스 시스템의 설계

2.1 서비스의 설계

2.1.1 서비스에 대한 고객의 기대

서비스 설계를 시작하기 전에 우선 고객이 기대하고 있는 것이 무엇인지를 정확히 이해하는 것이 핵심이다.

(1) 고객의 기대를 이해하는 것이 최고의 서비스 제공을 위한 필수조건이다

자동차보험, 손해보험, 사무기기의 수리업, 트럭과 트랙터의 대여 및 리스업, 자동차 수리업과 호텔업 등 6개 서비스 분야에서 16개 집단을 대상으로 한 인터뷰[21]에서 파라슈라만 등(Parasuraman et al.)은 고객의 기대를 올바로 이해하는 것이 최고의 서비스를 제공하는 필수조건임을 밝혔다.

(2) 고객들은 기본적인 서비스를 기대한다

고객의 기대에 중요한 영향을 미치는 것은 가격이다. 고객들은 그들이 지불한 금액과 비례하여 그에 상응하는 서비스를 기대한다. 인터뷰에서 많은 고객들은 가격이 비

---

21) A. Parasuraman, L. L. Berry, & V. A. Zeithaml, "Understanding Customer Expectations of Service," *Sloan Management Review*, Spring 1991.

싸면 서비스도 좋아야 한다고 생각하였다. 그러나 고객들은 자신들이 구입했다고 생각하는 기본적인 서비스에 대부분 관심을 기울이고 있으므로 이에 초점을 맞추어 서비스를 제공하는 것이 현명하다.

(3) 서비스 제공과정은 고객의 기대를 뛰어넘는 열쇠이다

품질특성 중에 신뢰성은 서비스의 결과와 관련이 있는 반면에 유형성·반응성·확신성·감정이입 등은 서비스의 제공과정과 관련이 깊다. 가령 호텔에서 예약고객을 위하여 방을 준비해 놓은 것만으로는 고객의 기대를 충족시킬 수 없으나 도착한 고객에게 서비스 제공과정에서 신속하며, 우아하고, 예의 바르고, 능력 있고, 약속을 지키고, 고객을 이해하는 등의 서비스로 고객을 감동시킬 수 있다.

2.1.2 서비스 설계에서 고려할 사항

제품과 특성이 다르기 때문에 서비스 설계에서는 다음 요소를 고려해야 한다[22]

① 서비스 설계에서는 무형적인 요소(예: 마음의 편안함, 분위기)에 초점을 맞추어야 한다.

② 서비스는 생산과 동시에 전달이 이루어지기 때문에 서비스 제공과정에서 실수가 발생했을 때 고객이 알아차리기 전에 발견하여 조치를 취하고 오류가 적게 발생할 수 있도록 서비스 제공과정을 설계해야 한다. 또한 서비스요원들을 교육·훈련시키며 고객관계에도 유념한다.

③ 서비스는 저장할 수 없으므로 수요에 대비한 서비스능력을 확보해야 한다.

④ 고객측에서 볼 때 서비스는 가시적인 것이다. 따라서 서비스 설계시 제품설계에는 나타나지 않는 서비스 제공과정 설계의 차원을 부가시켜야 한다.

⑤ 서비스 설계를 할 때, 경쟁자가 어떤 서비스를 제공하는가를 지속적으로 인지해서 설계에 반영하도록 한다.

⑥ 위치(입지)는 편의점에서와 마찬가지로 서비스 설계에서도 중요하다. 따라서 접근 편리성을 증가시킬 수 있는 위치선택은 서비스 설계와 밀접하게 연계되어야 한다.

⑦ 고객접촉의 정도를 고려해서 서비스를 설계해야 한다.

⑧ 수요변동으로 인해 발생하는 고객들의 대기행렬과 인력의 유휴상태는 번갈아 나타나기 때문에 이들을 효율적으로 관리할 수 있도록 설계를 고려해야 한다.

---

22) W. Stevenson, *Operations Management*, 11th ed., McGraw-Hill, 2011를 수정 보완함.

미국의 도박도시 라스베가스(Las Vegas)는 어린이 놀이동산, 전시회장, 운동 및 레저시설, 쇼핑센터 등을 갖추고 유명 연예인들의 공연이나 권투시합, 전시회, 컨벤션, 이벤트 행사 등을 열어 세계각국의 무한한 잠재고객들을 유인하고 있다.

이 도시는 불모지인 사막을 이용하기 위해 도박도시로 건설한 것이지만, 국제적인 관광·휴양도시로 발돋움하여 보다 많은 관광객을 유치하려 노력하고 있다. 시내중심지에서 좀 떨어진 트레져 아일랜드 호텔(Treasure Island Hotel)은 호텔입구에서 낮에는 '해적선 쇼'를 공연하고 밤에는 '화산폭발 쇼'를 통해 도박장 손님을 유인하고 있다.

2.1.3 서비스의 개발

1) 개발 및 설계과정

서비스의 유형에 따라 특수한 문제가 있기는 하지만, 서비스의 개발 및 설계과정은 제품의 그것과 비슷하다.

즉 ① 아이디어의 창출, ② 개발대상(서비스)의 선정, ③ 예비설계, ④ 서비스내용 및 과정의 수정, ⑤ 최종설계의 과정을 거치는데, 서비스는 그의 무형성으로 인하여 개발과정에서 평가나 판단이 어려우며, 제품설계와 공정설계가 확연히 구분되는 제품과 달리 대개는 서비스 설계와 과정의 설계가 함께 이루어지는 점이 다르다.

2) 개발단계에서의 고려사항

소비자들이 필요로 하는 적절한 서비스를 제공하면서 서비스 업체가 성장·발전하기 위해서는 다음의 사항들이 서비스의 개발단계에서 고려되어야 한다.

(1) 제공할 서비스의 내용과 범위의 결정

서비스 설계의 첫 단계는 제공할 서비스의 범위와 내용을 결정하는 것이다. 보험회사의 경우 생명보험에 한정할 것인지 교육보험도 함께 다룰 것인지, 또는 레스토랑에서 식단(menu)의 내용을 정하는 것 등이다.

(2) 시장상황의 조사와 분석을 통한 새로운 서비스의 개발기회 탐색

새로운 서비스의 개발이 없을 때 수년내에 새로운 서비스에 밀리게 되므로 이에 대한 대비책을 강구할 필요가 있다(예: 하나은행이 출범(1991), 이듬해 시장상인 대상의 수작업 이동은행 출범). 최근 은행 창구로 고객들을 유인하는 요소들이 줄어 들면서 시중 은행들이 '포터블 브랜치'를 들고 고객을 직접 찾아가는 이동은행 서비스를 확대하는 추세이다.

(3) 기존 상품(서비스)의 재설계 기회 포착

고객들의 변화하는 욕구분석과 현재 제공되고 있는 서비스의 강·약점을 분석하여 재설계의 필요여부를 판단하여 이에 대비한다.

(4) 부적절한 서비스의 폐기

재설계에 의해서도 소비자의 욕구충족이 어렵거나 경쟁상 불리할 때에는 기존 서비스의 폐기를 고려할 수도 있다.

3) 서비스의 개발방법

서비스 업체가 시장경쟁에서 살아남고 나아가서 발전하려면 서비스의 개발이 뒷받침되어야 한다.

새로운 서비스의 개발은 대개 시행착오를 수반하는데, 이는 주관적으로 표현된 고객의 요구를 서비스로 전환시키는 과정에서 서비스 개발 담당자가 항상 당면하는 문제이기도 하다. 그럼에도 서비스의 개발과정을 체계적으로 계량화하고 아울러 개발된 서비스가 고객의 요구를 충분히 만족시키는가를 확인하는 시험방법 등이 별로 개발되지 않고 있다.

서비스 경영자인 쇼스택(G. L. Shostack)은 서비스사업에서 서비스문제를 사전에 발견하고 새로운 시장기회를 포착할 수 있는 일종의 흐름도표인 서비스 청사진(service blueprint)을 통한 서비스 개발기법을 제시하였다(본장 2.3.2 참조).[23]

2.2 서비스 제공과정의 설계

2.2.1 서비스 제공과정 설계시 고려사항

서비스에 대한 고객만족은 서비스 결과보다는 서비스 제공과정과 관련이 깊다. 이는 고객만족에 영향을 미치는 다양한 종류의 서비스접점(service encounter)이 서비스 과정에 존재할 뿐만 아니라 고객들이 기대하지 않았던 암묵적 서비스를 서비스를 체험하는 과정 중에 인지할 수 있기 때문이다. 은행이나 항공사 카운터와 같은 고접촉 서비스의 경우 서비스 제공과정 설계에 고객이 많은 영향을 준다. 서비스 제공과정 설계에서 어려운 점은 고객들 마다 요구사항 또한 각각이며 통상 시간에 매우 민감하며 특정 시간대에 집중적으로 발생하는 수요에 재고로 대응할 수 없다는 것이다. 그래서 서비스 상품과 서비스 과정을 동시에 개발하고 설계하는 것이 효과적이다.

---

23) G. L. Shostack, "Designing Services that Deliver", *Harvard Business Review*, Jan.-Feb. 1984.

서비스 생산부서는 두 부류로 나눌 수 있는데, 하나는 고객과 직접 접촉하는 전방의 일선부서(front office)이고 다른 하나는 고객과 거의 접촉이 없는 배후의 지원부서(back office)이다. 특기할만한 사실은 후선 지원업무는 제조업의 작업방식과 유사한 형태로 운영된다는 점이다.

맥도날드를 예로 들면, 후선 지원업무인 주방은 산업공학과 작업연구를 토대로 설계하고 고객접대 창구인 일선업무(front office)는 대기행렬이론을 적용하여 설계하고 운영한다.

또한 일선 업무와 후선 지원업무에 따라 우선순위도 달라질 수 있는데, 예를 들어 일선 업무에서는 품질과 고객화 수준이 중요시 될 수 있으며, 후선 지원업무에서는 저원가, 정시납품, 일관된 품질이 중요할 수 있다.

서비스 제공과정에서 고객의 참여가 높은 고접촉서비스에서는 고객의 심리적 측면을 고려한 서비스 과정의 설계가 상당히 중요하다. 이 경우 시설배치에 대해서도 신경을 써야 한다. 서비스 제공자는 맡은 업무의 기술적 세부사항과 고객접대 방법에 대해서도 훈련을 받아야 한다.

고접촉서비스의 경우 다양한 고객의 요구를 수용해야 하나, 효율적인 서비스활동을 위해서는 서비스의 다양성을 줄이는 것도 중요하다.

그 밖에 보편적인 대책들을 제시하면 다음과 같다.[24]

① 수요조절을 위해 예약제도를 활용한다.
② 예약제도를 적용하기가 쉽지 않으면 서비스 인원을 보강하거나 서비스를 집중관리한다.
③ 정예요원들을 양성하여 고객수요에 대응하도록 한다.
④ 최대 부하에 맞춰 서비스과정을 설계하고, 수요가 적을 때는 2차 기능을 수행하도록 한다(은행의 출납요원들은 대기고객이 없을 때 장부기장 등을 한다).
⑤ 요구되는 서비스 유형별로 고객을 세분화한다(항공사의 경우에 행선지, 등급별로 나누어 체크 인을 하고, 매표창구와 체크 인 창구를 구분하며, 체크 인 창구도 짐이 없는 고객과 짐이 있는 고객으로 나누어 서비스한다).
⑥ 일상적인 업무는 고객 스스로 하도록 한다(은행의 현금자동인출기를 예로 들 수 있다).

---

24) H. Noori & R. Radford, *Production and Operations Management*, McGraw-Hill, 1995.

신시내티 아동 종합 병원(Cincinnati Children's Hospital and Medical Center)은 늘어나는 수술 횟수를 감당하기 위해 수술실이 추가로 필요했다. 수술실이 부족하여 환자들의 수술 대기 시간도 길었고 의료진은 심각할 정도로 과로하고 있었다. 하지만 새로운 수술실을 하나 더 마련하기 위해서는 250만 달러라는 거금이 필요했다. 이 문제를 의논하기 위해서 수 차례 외과의사들과 의논을 해 보았지만 모두들 보유 자원을 공유해야 한다는 것을 알고는 있었지만 어떻게 해야 문제를 해결할 수 있는지 아는 사람은 없었다.

결국 이 문제를 해결하기 위해서 다기능팀(CFT)를 구축하여 이 팀에 참여한 IT 전문가와 통계 전문가의 힘을 빌려 프로세스 내에 존재하는 제약을 관리함으로써 혁신적인 대안을 모색할 수 있었다. 통계 전문가는 환자와 의료진의 도착 시간, 수술 시간, 날짜 등 모든 사항을 수치화시켰고 IT 전문가는 그 데이터를 이용해 상황들을 분석했다. 아주 짧은 시간 안에 그들은 수술실 할당을 위해 현재 시스템을 재설계하는 방법을 찾아 냈다.

기존 수술실 예약은 선입선출 방식으로 이루어지고 있었지만, 분석결과 환자들의 치료 과정이 수술실 사용에 영향을 미친다는 것을 파악하여 예약 수술과 응급 수술을 분리함으로써 수술 빈도를 5퍼센트 늘릴 수 있었다. 현재 수술실이 20개 있다는 걸 감안하면 수술실 하나가 더 생긴 격이었고 250만 달러를 절약할 수 있었다.[25]

2.2.2 서비스 청사진에 의한 과정설계

생산 프로세스 설계와 같이 서비스 제공과정 설계의 기본적인 도구 역시 흐름도이다. 쇼스택(G. L. Shostack)은 흐름도표의 일종인 **서비스 청사진**(service blueprint)으로 서비스 과정을 설계하는 체계적인 접근방법을 제시하였다. 이 기법은 고객의 요구를 구체화시키고 서비스 제공과정을 가시화시킬 수 있기 때문에 서비스 과정 설계에서 중심이 된다. 서비스 과정을 도표화하려면 우선 서비스의 내용과 대상 그리고 제공방법 및 순서 등이 명확히 인식되어야 한다. 즉 무형의 추상적인 서비스 컨셉을 유형화하고 구체화시키는 것이다.

「레스토랑 서비스」의 서비스 청사진(blue print)을 **작성**하는 **단계**를 보자([그림 6-6] 참조).

① 서비스 과정을 구분한다. '상호작용선' 위쪽의 고객활동은 고객이 서비스를 구매하고 소비하는 모든 활동을 시간 흐름에 따라 도식화한 것이다. 상호작용선을

---

25) 에이미 에드먼드슨 저, 오지연&임제니퍼 옮김, 티밍, 도서출판 정혜, 2015.

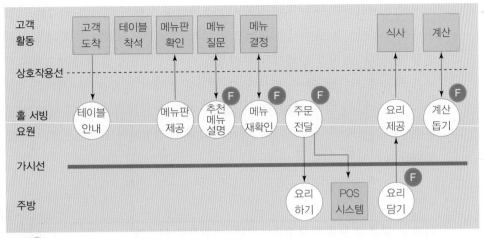

F 실수 발생가능

그림 6-6 레스토랑 서비스 청사진

기준으로 고객과 서비스 제공요원 간의 상호작용이 발생한다. 또한 가시선을 이용하여 고객에게 보이는 활동과 보이지 않는 활동을 구분하여 도표를 작성한다. [그림 6-6]에서 가시선 아래 쪽은 고객이 보지 못하는 활동이다. 내부 상호작용선은 지원 프로세스를 나타낸다.

② 실패점(fail point)을 구분하여 제시한다. 서비스에서 실패할 가능성이 높은 활동을 지목한다. 아울러 수정조치를 취하는 과정도 제시한다. [그림 6-6]에서는 5군데의 실패점이 존재하며, 실수예방(fool proof)을 위한 대비책을 준비하는데 작업자가 사용할 수 있는 점검표(checklist), 매뉴얼, 지침서를 사용한다. 가령 홀 서빙담당자는 고객의 주문을 전부 듣고 난 후, 고객의 주문을 반복할 때 체크리스트 방식을 적용함으로써 실수를 방지할 수도 있다.

③ 서비스과정에 소요되는 표준시간을 정한다. 정상적인 상태에서 수행되는 서비스활동 시간을 각 단계별로 견적하여 이를 표준시간으로 정한다.

④ 수익성을 분석한다. 각 고객에게 서빙하는 데 소요되는 시간과 효과성을 계속 관측한다. 실패나 지연이 있을 때는 이를 분석하여 인과관계를 규명한다.

서비스 청사진에서는 '가시선(可視線)'(line of visibility)을 이용하여 서비스 접점 (service encounter)에 가담하는 일선인원과 가담치 않는 후선인원을 구분하고 잠재적인 실패점(fail point)을 제시하여, 실패 예상지점을 사전에 식별할 수 있도록 하여 실패나 오류를 예방하고 대책을 강구하도록 한 점이 **특징**이다.

서비스 청사진은 구두상의 정의보다 정확하며 오해의 여지가 적다는 이점이 있다. 서비스의 청사진을 통해서 도면상으로 여러 가정들을 시험해 보고 결함을 사전에 해결할 수 있다. 서비스 관리자는 본격적인 서비스 제공에 앞서 잠재고객에 대해서 서비스 제공을 시험해 볼 수 있으며 그 결과를 통해서 청사진, 즉 서비스 설계를 수정할 수도 있다. 이 밖에 청사진은 창의성을 이용한 문제의 해결 및 예방, 효율적인 업무수행을 가능케 하며, 새로운 서비스에 대해서 경영자가 효과적으로 사고할 수 있는 능력을 증진시켜 준다.

사례 ● 글로벌 진출을 목표로 설계한 병원정보 시스템

분당서울대병원에는 환자의 각종 진료 정보가 모니터에 뜨고, 손가락 터치로 바로 작동된다. CT와 MRI 영상은 말할 것도 없다. 환자와 가족이 봐도 쉽게 이해하도록 디자인되었다. 선진국 의사들이 보고는 입을 다물지 못한다.

의료 수준이 높은 병원일수록 환자에 대한 처치가 적절했는지 수시로 평가한다. 가령, 심정지 환자에게 얼마나 이른 시간에 심폐소생술을 했는지, 폐렴 환자에게 합당한 항생제를 썼는지 등을 체크한다. 이와 같은 임상 지표가 585개 운영된다.

미국 최고의 병원 Mayo Clinic이 100개 정도인데, 임상 지표 결과 하나 보려면 여러 명의 의료진을 투입해도 2주 후에나 가능하다. 하지만 이 시스템에서는 몇 번의 마우스 클릭만으로 진행 과정을 실시간으로 본다. 의료진이 외국에 나가 있어도 환자에게 문제가 생기면 스마트폰으로 병원 IT 시스템에 접속해 검사 결과와 의료 영상을 보고 즉각적인 처치를 내린다.

사우디아라비아 6개 병원이 2014년 7월 병원 정보시스템을 수입하기로 함으로써 '한국 병원 시스템 수출 1호'가 됐다. 분당서울대병원은 글로벌 진출을 목표로, 병원 정보시스템의 개발 단계부터 국내외 병원간 정보의 호환성을 유지하도록 철저히 국제표준에 따랐다.[26]

의료정보 시스템은 의사와 간호사 20여 명으로 구성된 CF팀이 진료과별로 필요한 아이템을 뽑고, 개발해 돌려보고, 문제점을 개선하는 일을 반복했다. 외부 의료기관과의 병원 정보시스템 연계 프로그램도 개발했으며, 전자 차트 언어가 자동 전환되는 다국어(多國語) 통합 솔루션도 만들었다. 사우디아라비아 병원과의 의료 정보시스템 수출계약을 계기로 중동 지역과 중국 병원들로부터 문의가 이어지고 있다.[27]

---

26) 매년 로열티로 5,000만원을 지급하면서 미국계 국제표준 기술을 도입.
27) "분당서울대병원이 '의료 수출 1호' 된 비결", 전문기자(김철중)칼럼, 조선일보, 2014.10.28.

2.3 서비스 시스템의 설계

고객의 기대충족과 관련이 깊은 서비스 제공과정은 대부분 서비스시스템에서 비롯된다. 생산하는 제품의 종류와 수량에 따라 적합한 생산시스템이 있듯이 제공하는 서비스의 내용에 알맞는 서비스시스템이 존재한다. 그러나 서비스는 매우 다양하여 서비스시스템을 계획하고 설계하는 일이 단순하지 않다.

서비스는 행동을 통해서 혹은 제품과 묶음 형태로 서비스 제공 시스템(service delivery system)을 통해서 전달된다. 하지만 많은 사람들은 서비스를 무형이라고 생각하기 때문에 서비스를 제공하기 위해서 필요한 유형의 요소들로 구성된 서비스제공시스템을 간과하는데 통상 이러한 전달 시스템은 시설, 기술·기능, 프로세스로 구성된다. 즉 서비스란 결과와 제공시스템의 유형요소까지 모두를 포함한 서비스 팩키지라고 간주해야 한다. 결국 서비스를 설계한다는 것은 **서비스 팩키지**(service package)를 개발한다는 것과 같다.[28]

① 물리적 지원설비. 시설, 설비, 집기 등 서비스를 제공하기 이전에 반드시 갖추어야 하는 물리적인 자원들.
② 보조 자재. 고객이 서비스와 함께 구매하거나 소비하는 제품 또는 서비스와 함께 제공되는 제품이나 고객이 서비스를 받기 위해서 제공하는 물품.
③ 명시적 서비스. 고객에게 제공하기로 한 서비스의 본질적이고 핵심적 사항.
④ 묵시적 서비스. 부가적인 사항으로 고객이 느끼는 심리적인 혜택. 예: 종업원의 예의바름.
⑤ 정보. 효율적이며 고객화된 서비스 제공을 가능하게 하는 고객이 제공하는 운영데이터 또는 정보. 예: 고객의 정보카드, 고객의 성향에 따른 특별 주문.

이 5가지 요소 중에서 물리적 자원, 보조 자재, 명시적 서비스, 정보 등은 묵시적 서비스에 비해서 상대적으로 통제하기가 쉽고 모방이 가능하기 때문에 시간이 흐를수록 상향 평준화되어 가지만, 묵시적 서비스는 고객에 따라 지각하는 수준에 큰 차이가 존재한다. 게다가 쉽게 관리할 수 없기 때문에 결과적으로 고객만족을 결정하는 가장 큰 요인으로 작동하게 된다.

서비스시스템의 설계를 위한 접근방식으로 다음 네 가지 방식을 꼽을 수 있다.

---

28) W. Stevenson, *Operations Management*, 11th ed., McGraw-Hill, 2011을 보완함.

2.3.1 생산라인 접근방식(production line approach)

표준제품의 생산방식을 서비스과정에 도입한 방식으로, 주로 서비스 환경이나 서비스 제공과정을 통제하여 비교적 표준화한 서비스를 제공하도록 설계한 방식이다. 이 경우 서비스의 표준화와 분업으로 서비스품질은 균일해지고 생산능률이 향상되지만, 다양한 서비스를 자유자재로 제공할 수는 없다.

이 예는 맥도날드 햄버거 체인(McDonald's hamburger chain)에서 볼 수 있는데, 생산공정과 판매과정을 연결한 서비스 시스템을 설계하여 성공을 거둔 바 있다. 맥도날드가 서비스의 표준화를 통하여 이룩한 **차별적 특징**을 보면 다음과 같다.

① 프렌치 프라이(감자튀김)는 일정량을 튀긴다. 프렌치 프라이를 사이즈별로 담는 데 주둥이가 큰 삽을 이용한다.
② 규격화된 물품이 저장되도록 저장공간을 설계하여 재고관리가 쉽도록 한다.
③ 점포 안팎 출입구 근처에 큰 쓰레기통을 설치하여 청결을 유지한다.
④ 여러 가지 햄버거를 색으로 구분하여 종이에 포장한다.

사례 ● 패스트푸드 체인의 표준제품 전략

제품은 맞춤제품, 선택지향제품, 표준제품의 세 가지 유형으로 나눌 수 있다.

맞춤제품(custom products)은 고객요구(시방)에 맞추어 설계되며 보편적으로 하나 또는 소량으로 생산된다. 선택지향제품(option-oriented products)은 새 설계에 맞추어 생산된 조립부품을 특정 고객의 요구에 따라 독특하게 조립한 제품이다. 이때 고객은 조립단계에서 특정물품을 선택하는 입장에서 참여하는 것이 보통이다.

표준제품(standard products)은 대량으로 생산되므로 고객은 제품형태의 선택에는 참여하지 못한다. 표준제품은 제조의 능률성·품질·신뢰성 등에서 많은 이점이 있지만, 고객요구 변화에 대한 유연성은 거의 없다. 따라서 마케팅 담당자는 시장에서 정확한 수요정보를 입수하여 신속하게 대응하여야 한다. 이 경우 고객요구의 공통분모를 추구하는 것이 긴요하다.

패스트푸드 체인에서도 표준제품과 비슷한 전략적인 대안을 찾아 볼 수 있다. McDonald사를 예로 들면, 표준제품을 생산하여 서비스 제공측면에서 다소의 유연성을 발휘할 뿐이다. 한편 버거킹(Burger King)이나 웬디(Wendy)사는 선택지향제품을 생산하고 있다. 음식을 선택하는 입장에서는 전자에 비해 버거킹과 웬디사가 상당히 융통성이 있지만, 그 대신 서비스의 신속성은 다소 떨어진다.

2.3.2 고객참여 접근방식(customer participation or self-service approach)

이는 서비스과정에 고객의 참여를 유도하여 서비스의 능률을 향상시키는 방식으로 시스템 설계의 초점을 고객의 역할 증대에 두고 있다.

주유소의 셀프 급유기, 간이식당의 샐러드 바(salad bar), 뷔페식당, 자동판매기, 자동응답기, 현금인출기, 연극의 '마당놀이', 개발의 고객참여(예: Wikipedia) 등에서 그 예를 볼 수 있다.

사례 ● **샤오미의 고객참여**

창립 5년의 중국 신생기업 샤오미(小米)가 삼성전자를 위협하는 것은 고객을 경영에 참여시킨 경영모델에 기인한다. 샤오미는 고객과 친구처럼 지속적인 관계를 유지하면서, 고객들이 비즈니스 프로세스 전반을 도와주도록 한다는 경영모델의 키워드는 '참여'이다. 샤오미는 연구 · 개발과 서비스, 경영 판단에까지 고객을 참여시켰다.

가령, 샤오미 스마트폰의 OS(운영체제)는 일주일마다 새롭게 업데이트된다. 샤오미의 개발팀 직원은 100명뿐이지만, 10만명에 달하는 열성 고객이 업데이트 작업에 참여해 문제점을 발굴하고 개선점을 제시해준다. 샤오미는 제품 광고도 하지 않는다. 친구 같은 고객들이 인터넷과 SNS를 통해 소문을 내주기 때문이다.[29]

이 경우 서비스의 경제성 · 신속성 · 편의성 등의 효과가 예상된다. 그러나 소비자 스스로 서비스를 받을 수 있기 위한 소비자 교육과 바르고 쉽게 작동하는 시스템의 설계가 뒷받침되어야 한다.

이 방식에서는 고객들의 눈에 비친 서비스의 지각된 가치가 실제 가치보다 크게 나타나게 함으로써 충분한 대가를 지불하도록 하는 것이 무엇보다 중요하다. 한 예로 패스트푸드점에서는 고객들로 하여금 음식을 직접 운반하도록 하는가 하면 추가적인 양념은 취향에 따라 직접 첨가하도록 하는 셀프서비스를 요구하고 있다. 이 경우 고객들은 자신이 직접 서비스 질에 통제행위를 한다고 느끼게 되어 만족도에 영향을 준다. 단, 이러한 행위에 대해 소비자들이 타당성 있다고 판단해야 한다.

---

29) "중국에게 배우는 걸 부끄러워 말라", 조선일보, 박정훈 칼럼, 2015.10.2.

2.3.3 고객응대 접근방식(personal attitude approach)

서비스 만족도는 제공된 서비스가 고객의 기대를 충족시킨 정도에 따라 결정되는데, 고객의 기대는 고객에 따라 차이가 크다. 고객의 기대는 서비스업종별로 공통점이 있을 뿐만 아니라 서비스과정에서 고객의 마음을 움직일 수 있다.

고객응대 접근방식은 업종별로 차이가 있으며 경우에 따라서는 특정한 고객에 대한 서비스의 내용과 제공과정이 다를수 있다는 점에서 제시된 접근방식이다. 가령 백화점과 호텔의 예에서 보건대 노드스트롬(Nordstrom)백화점에서는 조금은 느슨하고 구조화되지 않은 서비스과정이 각 판매원과 고객 사이의 관계를 개발하는 데 중점을 두고 있는데 비해, 리츠칼튼(Ritz-Carlton)호텔에서는 서비스 제공과정이 매뉴얼로 작성되어 있으며 종업원보다는 정보시스템이 고객을 접대하고 있다.

2.3.4 서비스 내용 접근방식(고객접촉도 분리방식: customer contact approach)

고객과 서비스 제공자와의 접촉도에 따라 고접촉서비스와 저접촉서비스로 나누어 그에 적합한 서비스를 모색하는 방식이다. 쉽게 말해서 저접촉서비스에서는 생산라

표 6-3 서비스 시스템 설계시 고려사항

결정분야	고접촉서비스 시스템	저접촉서비스 시스템
수요예측	단기 시간 위주의 예측	장기 생산량 위주의 예측
제품설계	서비스 환경과 서비스 물품을 포함해서 다각적으로 정의	고객이 서비스 환경 내에 있지 않으므로 몇 가지 속성으로 정의
공정설계	서비스 과정이 고객에게 직접적인 영향을 줌	대부분 제공과정에 고객이 관여하지 않음
능력계획	기회손실을 줄일 수 있게 능력을 최대수요에 맞춤	저장이 가능하므로 능력을 평균수요에 맞춤
시설입지	고객 근처에 입지	원자재, 노동력, 교통 편리한 곳에 입지
시설배치	고객의 요구와 기대에 맞추어 배치	생산 중심의 배치
작업 숙련도	작업자가 서비스 제공에 직접 참여하고 고객과 잘 어울려야 함	특정 기능에 한해 숙련작업자가 필요함
표준시간	고객에 따라 서비스 시간이 다르므로 표준시간이 느슨함	서류양식, 매뉴얼 등으로 업무가 수행되므로 표준시간이 촉박함
생산계획	주문을 미룰 수 없으므로 평균 생산은 기회손실을 초래할 수 있음	주문을 미룰 수 있으며 평균생산이 가능함
일정계획	고객은 생산일정에 따라 서비스 받음	고객은 주로 완성일자와 관련 있음
품질관리	품질표준은 뚜렷하지 않으며 변함	품질표준은 측정가능하며 고정됨
임금지급	작업이 다양하여 작업시간 기준으로 임금산정	작업이 일정하여 작업량 기준으로 임금산정

인 접근방식을 도입하고 고접촉서비스에서는 고객참여나 고객응대 접근방식으로 설계하는 것이다.

서비스 시스템의 설계에서 고려할 전략요소에서 보건대, 고접촉(high-contact) 시스템에서는 서비스 참여자, 즉 고객과 서비스요원이 가장 중요한 전략요소가 된다. 인간중심의 시스템이 갖는 특성으로 인하여 서비스 환경이나 서비스과정도 중요한 고려요소가 된다.

한편 저접촉(low-contact) 시스템에서는 고객의 서비스과정 참여도가 낮은 대신 장비나 사물중심으로 서비스가 제공되므로 서비스의 기계화 내지 자동화가 가능하며 서비스 시설이나 장비 등의 서비스수단이 주요 전략요소가 된다.

서비스시스템의 **설계시** 주요 **고려사항**들을 고접촉시스템과 저접촉시스템으로 나누어 제시한 것이 〈표 6-3〉이다.

이상 서비스시스템의 설계방식들을 기술하였는데, 현실적으로는 이들의 절충방식이 적용되는 경우가 많다. 항공사의 경우 전화예약은 '고객참여 접근방식', 기내서비스는 안내양이 미소를 띠면서 봉사하는 '고객응대 접근방식', 수화물 서비스는 '생산라인 접근방식' 등 복합된 서비스 시스템이 운영되고 있다.

③ 고객과 구성원이 만족하는 서비스 시스템

3.1 서비스 회복과 보증

서비스 실패로부터 회복할 수 있는 가장 확실한 방법은 바로 문제가 발생한 곳에서 고객의 문제를 규명하고 해결하는 것이다.

서비스 회복은 고객에게 서비스를 전달하는 과정에서 실패가 발생했을 때 즉각적으로 이루어질 수 있도록 하는 활동을 말한다. 서비스 회복에는 서비스 실패에 대한 보상과 고객이 요구하는 서비스를 다시 제공하는 것으로 구성된다. 레스토랑에서 홀서빙 요원이 고객의 바지에 음료를 쏟았을 때의 서비스 회복에는 정성스럽게 사과하고 옷을 말릴 수 있도록 도와주며 드라이클리닝 비용을 제공하는 것들이 포함된다.

서비스회복이 신속하고 적절히 이루어질 때 고객은 서비스 실패와 회복과정을 받아들이고 전체 서비스 경험에 대해서 만족감을 느낄 수 있게 된다.

이 때 핵심은 신속하고 적절하게 서비스 회복이 이루어져야 한다는 것이다. 만일 고객에게 대한 사과를 늦게 하면 고객의 불만감은 증폭되기 때문이다. 따라서 서비스

기업은 서비스 회복 프로세스를 사전에 설계해 두어야만 한다.

서비스 제공에 대한 보증을 사전에 정의해 둠으로써 서비스 회복을 효과적으로 행할 수 있다. 즉 서비스 보증으로 고객에게 전달될 서비스가 무엇인지, 약속이 제대로 이행되지 못했을 때 고객에게 지불되는 것이 무엇인지를 정의하여 고객에게 사전에 알리는 것이다.

서비스 보증을 제공함으로써 고객은 서비스 실패가 발생했을 때 자신이 받을 수 있는 서비스 회복 범위가 어떤 것인지를 알 수 있으며 종사원들 역시 자신이 실수했을 때 어떤 행동을 해야 하는지를 정확하게 알 수 있다.

예를 들어 Federal Express는 미국 내 운송 서비스에 대해서 서비스 보증을 실시하고 있다. 소포가 약속한 시간에 배달되지 않으면(예: 다음날 아침 10시 30분까지) 환불받을 수 있다.[30]

3.2 고객의 기다림을 관리하는 방안

식당에서 식사를 하기 위해 줄을 서고 주유소에서 기름을 넣기 위해서 줄을 선다. 그러나 대기행렬이 길어지면 많은 사람들은 포기하고 행렬에서 벗어나게 되는데, 이것은 매출의 감소를 의미한다.

대기시간이 아무리 짧더라도 기다림은 고객들의 심리상황에 큰 영향을 미칠 수 있다. 연구에 의하면, 은행에서 줄 서서 기다리는 시간의 임계치가 3분이며, 그 시간이 지나면 고객은 실제 기다린 시간보다 더 오래 기다렸다고 생각하게 되고 기다림의 수고를 과대평가하게 된다고 한다. 이를 두고 '초인종 효과'(doorbell effect)라 일컫는데, 마치 초인종을 누르고 나서 문이 열릴 때까지 기다리는 시간과 비슷하기 때문이다.[31]

은행에서 고객들이 기다리는 동안 재미있는 TV프로나 비디오를 틀어주는 등의 노력으로 '초인종 효과'를 줄일 수 있는데, 기다리는 시간을 어떻게 관리하느냐가 고객 만족도에 영향을 미친다. 초인종 효과처럼 고객들이 겪는 작은 기다림의 시간을 관리하려는 조그마한 고객 보살핌으로부터 고객들은 서비스 제공 기업에 대한 충성심을 보여줄 것이다.

서비스 기업들의 경쟁이 치열해지면서 대기행렬을 효율적으로 관리할 필요가 있다는 것을 인지하게 되었고, 고객들이 대기행렬에서 벗어나지 않고 머물 수 있도록 만

---

30) R. G. Schroeder, S. M. Goldstein, and M. J. Rungtusanatham, *Operations Management*, 5th ed., McGraw Hill, 2013.
31) 이순룡, *현대품질경영*, 제6장, 법문사, 2010.

드는 것이 중요해졌다. 이를 위해서 고객들이 대기하는 것이 적어도 견딜 만하고 더 나아가 즐겁고 생산적이라고 인식하도록 만들어야 하는데 다음과 같은 방법들이 제시될 수 있다.

(1) 공허한 감정 누그러뜨리기

아무 것도 하지 않고 그냥 서 있는 시간은 끔찍하고 생산적인 활동을 하지 못한다는 생각을 갖게 만든다. 이 시간을 공허한 시간으로 만들지 않기 위해서 대기실을 만들고 간단한 음료를 제공하는 경우, 호텔에서 승강기를 기다리는 시간을 지루하지 않게 하도록 거울을 비치하는 경우, 식당 로비에서 주방을 볼 수 있도록 인테리어하거나 은행이나 병원의 대기실에 TV 등을 비치하는 경우이다.

(2) 서비스의 시작 알리기

고객이 실제로는 대기 중이지만 기다리고 있는 것이 아니라는 느낌을 주는 것이다. 대기 중인 고객에게 메뉴판을 제공하거나 환자에게 진찰 기록지를 작성하도록 하게 함으로써 서비스가 시작됐다는 생각을 갖게 만드는 것이다.

(3) 터널의 끝이 보임을 알리기

고객에게 얼마나 기다려야 할 지를 알려주는 것으로 콜센터에서 대기시간을 알려주거나 은행창구 디스플레이에서 대기자 수를 보여줌으로써 안도감을 줄 수 있다.

(4) 순서 알려주기

오는 순서대로 대기표를 뽑거나 나눠주고 전광판에 나타내는 방식은 순서에 따라 공정하게 서비스가 제공되고 있다는 확신을 심어주며 대기자가 얼마나 되는지를 알려 준다.

3.3 접점 구성원 만족과 고객 만족

10여 년간 소매 유통업체를 연구한 결과, 직원에게 투자하면 낮은 가격에 제품을 제공할 수 없다는 이전의 믿음은 근거가 없다는 사실이 드러났다. 퀵트립(QuikTrip) 편의점, 메르카도나(Mercadona), 트레이더 조스(Trader Joe's) 슈퍼마켓, 코스트코(Costco) 클럽처럼 승승장구하고 있는 대형 유통점을 살펴보면, 이들은 매장 직원에게 상당한 금액을 투자하면서도 업계 최저 가격을 제공한다.

인건비를 최소화시켜야 할 비용이 아니라 매출과 수익의 동력으로 받아들여야 선순환이 창출된다. 직원에게 투자하면 운영상 효율성이 크게 올라가고 매출 및 수익성 증

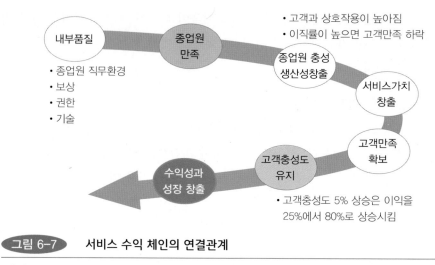

- 고객과 상호작용이 높아짐
- 이직률이 높으면 고객만족 하락

내부품질
- 종업원 직무환경
- 보상
- 권한
- 기술

종업원 만족

종업원 충성 생산성창출

서비스가치 창출

고객만족 확보

고객충성도 유지

수익성과 성장 창출

- 고객충성도 5% 상승은 이익을 25%에서 80%로 상승시킴

그림 6-7   **서비스 수익 체인의 연결관계**

출처: J. Heskett, T. Jones, G. Loveman, E. Sasser, and L. Schlesinger, "Putting the Service Profit Chain to Work", *HBR*, 1994를 보완함.

대로 이어지며 인건비 예산이 늘어나 매장 직원에 대한 더 많은 투자가 가능해진다.

코스트코 매장 직원은 최대 경쟁업체 월마트 샘스클럽(Sam's Club) 직원보다 급여가 40% 더 높다. 그리고 코스트코 매장 관리자 중 약 98%는 내부에서 승진하며 임원진 다수가 매장 직원에서 시작해 차근차근 승진한 사람들이다. 또한 코스트코는 미시간대학(University of Michigan)에서 작성한 미국 고객만족지수(American Customer Satisfaction Index)에서 탁월한 고객 서비스로 명성이 자자한 고급 백화점 노드스트롬(Nordstrom)과 동일한 순위를 차지했다.

종업원에 대한 투자는 회사별 차이뿐만 아니라 동일 기업 내 매장 간에도 성과 차이를 이끈다. 미국 전역에 체인점을 갖고 있는 서점인 보더스(Borders)의 매장별 운영성과를 분석한 결과 큰 차이가 있음이 나타났다. 매장들은 같은 IT 시스템을 갖추고 있었고 직원들에게 지급하는 인센티브도 동일했다. 그런데도 최고 매장은 최저 순위를 차지한 매장보다 실적이 무려 43배나 높았다. 직원에 대한 교육이 적고 근무량이 많으며 이직률이 높은 매장은 실적이 형편없었다.[32]

결국 매출을 증가시키기 위해서는 고객과 종업원 모두가 만족해야만 한다. 종업원의 충성도 향상으로 고객충성도 향상을 이끌어 결국 미국 항공사중 최고의 수익률을 올린 사우스웨스트항공의 사례에서 실증된[33] '서비스 수익 체인 모델'은 그 관계를 설명해 주고 있다([그림 6-7] 참조).

32) Z. Ton, "Why Good Jobs are Good for Retailers", *Harvard Business Review*, Jan.-Feb. 2012.
33) 이순룡, 현대품질경영, 법문사, 2002; J. L. Heskett et al., *The Service Profit Chain*, The Free Press, 1997.

이 장의 요약

서비스 경쟁에서 전략은 매우 중요하다. 고객만족 내지 서비스 성과는 서비스시스템에서 비롯된다. 1절에서는 서비스전략을 기술하고, 2절에서는 서비스시스템이 기술되었다. 3절에서는 고객과 구성원이 만족하는 서비스시스템이 기술되었다.

이 장에서 기술된 주요내용을 요약하면 다음과 같다.

- 서비스산업의 낮은 생산성과 서비스에 대한 과학적이고 체계적인 분석이 부족한 상황을 극복하기 위해 서비스 과학이 필요하다
- 서비스사업의 경쟁우위변수에는 친절성, 신속성 · 편의성, 가격 · 원가, 다양성 · 유연성, 품질, 독특한 기량 등이 있으며, 이들 경쟁우선순위의 결정으로부터 서비스전략은 시작된다.
- 서비스는 고객요구와 일치되며 고객을 만족시킬 수 있어야 한다. 경쟁우위를 지니려면 서비스 전략 · 시스템 · 서비스요원이 고객만족 지향적이어야 한다.
- 노동집약도와 고객접촉 및 고객화 정도에 따라 서비스 유형을 대량 서비스 · 서비스 공장 · 전문 서비스 · 서비스 전문점으로 분류한다.
- 서비스시스템 믹스인 서비스참여자 · 서비스제공과정 · 서비스과업환경을 서비스시스템 설계의 전략요소로 활용할 수 있다.
- 고접촉시스템에서는 서비스참여자(고객 · 종사원)가 중요한 전략요소이며, 저접촉시스템에서는 서비스시설이나 장비 등의 서비스수단이 중요한 전략요소가 된다.
- 차별적인 서비스의 개발은 전략적 서비스비전(목표시장 · 서비스컨셉 · 운영전략 · 서비스제공시스템)에 따라 단계적으로 이루어져야 한다.
- 서비스에서 경쟁우위를 달성하기 위해서는 서비스마케팅과 서비스운영활동을 종합적으로 전개하여 고객의 기대를 충족시키도록 해야 한다.
- 고객만족에 영향을 미치는 서비스접점은 대부분 서비스과정에서 이루어지므로 서비스 상품과 과정을 동시에 개발하는 것이 효과적이다.
- 서비스시스템의 설계 시에는 서비스시스템의 전략요소(3P)를 중심으로 생산라인 접근방식 · 고객참여 접근방식 · 고객응대 접근방식 · 서비스내용 접근방식 등과 같은 접근방식을 이용할 수 있다.
- 서비스 실패로부터 회복할 수 있는 확실한 방법은 문제가 발생한 곳에서 고객의 문제를 규명하고 해결하는 것이다. 서비스회복이 신속하고 적절히 이루어질 때 고객은 서비스 실패와 회복과정을 받아들이고 전체 서비스 경험에 대해서 만족감을 갖게 된다.
- 서비스매출을 증가시키려면 고객과 구성원 모두가 만족해야 한다. 종업원의 충성도 향상으로 고객충성도 향상을 이끌어 사우스웨스트항공은 높은 수익률을 올렸다

제 7 장
프로세스의 설계와 혁신

1 생산 프로세스의 설계

1.1 프로세스의 개념과 구성

자원을 소비하여 가치를 창출하는 하나의 변환과정인 프로세스(process)를 생산관리에서는 생산 프로세스 혹은 생산공정으로 표현하고 구매와 마케팅과 같은 사무 부문에서는 업무 프로세스라고 부른다.

모든 프로세스는 투입(Input)과 산출(Output)이 있으며 프로세스는 행동지향적 구조를 갖는다. 특히 업무 프로세스나 서비스 전달 프로세스와 같은 소프트웨어 프로세스는 시간과 장소 전반에 걸친 작업 행위의 순서이다. 그래서 프로세스의 개선이나 혁신의 일차적 목표로서 시간단축을 꼽지만, 중요한 것은 프로세스의 결과에 고객이 만족해야 한다는 점이다. 이는 곧 공정이나 프로세스에서 가치창출 내지 부가가치가 이루어져야 함을 의미한다.

프로세스의 **특징**을 보면 다음과 같다.

① 실행할 수 있는 단위로 정의된 업무활동
② 측정 가능한 명확한 시작점과 끝점을 보유
③ 프로세스는 2개 이상의 하위 프로세스 또는 기본 프로세스로 구성
④ 특정 프로세스는 다른 프로세스와 비교적 독립적임
⑤ 프로세스는 다양한 버전(version)을 가질 수 있고 계층 구조를 가짐

프로세스는 하나의 투입－산출 시스템을 이루는 변환과정들로 이들은 일련의 목적－수단의 고리(end-means chain)로 연결되어 전체 프로세스를 형성하게 된다. 이들 하위 프로세스들은 궁극적으로 시스템의 목적 달성을 위해 움직이므로 전체 입장에서 시스템적 접근(systems approach)을 해야 한다.[1]

1.2 생산 프로세스의 유형

자원을 소비하여 가치를 창출하는 변환과정인 '프로세스(process)'를 생산관리에서는 생산 프로세스 또는 생산 공정으로 표현한다. **생산 공정**이란 간단히 말해서 원자재에서 제품에 이르는 시간·공간과 더불어 변하는 과정, 즉 투입요소를 산출물로 바꾸는 과정이다.

생산공장이나 시스템을 하나의 변환과정이라는 입장에서 본다면, 제2장에서 기술한 생산시스템들도 생산공정으로 이해할 수 있다. 즉 생산시스템의 입장에서 생산공정을 보면, ① 프로젝트 공정, ② 개별공정(job-lot), ③ 로트·뱃치(lot or batch) 공정, ④ 라인·대량(line or mass) 공정, ⑤ 흐름·연속(flow or continuous) 공정으로 분류할 수 있다.

제품의 변환과정을 중심으로 볼 때, 제조공정을 ① 채취(추출, extraction), ② 화학적 변화(chemical change), ③ 조제(preparation), ④ 가공·성형(fabrication), ⑤ 조립(assembly) 공정으로 나눌 수 있다. 이들 중 ①, ②, ③ 공정은 화학공정으로 묶을 수 있으며, 여기에 운반공정을 추가하면 제품의 제조공정은 다음 네 가지 공정으로 나눌 수 있다.

(1) 화학공정(chemical process)

흔히 석유, 플라스틱, 제철, 알루미늄, 제지공업 등에서 볼 수 있는 생산공정으로 뱃치생산 내지는 연속생산 방식으로 제품을 생산한다. 플라스틱, 제철, 알루미늄산업 등에서는 보통 뱃치생산 방식을 취하며 석유산업에서는 연속생산방식을 취한다.

(2) 성형공정(process to change shape or form)

이 공정은 주물공장이나 유리제품, 목공, 플라스틱(압출, 성형), 기계공장 등에서 흔히 볼 수 있다. 기계공장에서 볼 수 있는 성형공정에는 선반, 밀링 머신, 평삭반, 형삭반, 연삭기, 드릴링 머신 등의 공작기계가 사용되고 있어 "기계공정"이라고 부른다.

---

1) M. L. Starr, *Operations Management: A Systems Approach*, Boyed & Fraser Publishing Co., 1996.

표 7-1 업종별 생산공정의 비교

	채취·추출공정	화학공정	조리공정	성형·가공공정	조립공정
수산업·광업·임업	●				
음 · 식 료 품			●		
섬 유 · 의 복		●		●	●
목 제 품 · 가 구				●	
석 유 정 제	●	●			
화 장 품 · 제 약	●	●	●		
도자기·유리제품	●	●		●	
자 동 차 · 기 계				●	●
전 기 · 전 자 제 품				●	●
조 선 · 건 설 업				●	●

(3) 조립·가공공정(assembly and fabricating process)

용접, 납땜, 접착, 나사조이기 등의 작업을 통하여 부분품이나 자재를 가공하고 조립하는 공정이다. 이들 공정은 자동차, 기계, 전기기기, 전자제품, 시계산업 등에서 볼 수 있다.

(4) 운반공정(transport process)

자재나 제품의 공간적인 이동이 행해지는 공정으로서 생산물의 흐름과 관련이 깊다. 파이프라인을 통하여 생산물을 흘려 보내는 장치산업에서는 대부분 운반공정이 전술한 화학, 성형, 조립공정들과 혼합되어 있다.

생산공정의 흐름은 생산제품의 특성에 따라 다르기 때문에 실제의 제조공정은 〈표 7-1〉과 같이 업종에 따라 상이하다.

1.3 생산 프로세스 설계시 고려사항

1.3.1 생산 프로세스 설계의 동인

프로세스(공정) 설계(process design)란 투입요소, 생산 및 서비스 활동, 물자와 정보의 흐름, 업무 내지 작업의 순서, 제품 및 서비스의 생산장비와 방법 등을 선택하는 장기적 의사결정이다. 투입요소의 선택에는 기업의 경영전략과 운영전략에 부합하고 구성원의 스킬 수준에 맞는 원자재·장비·정보 등을 배합하는 결정이 포함된다.[2]

---

2) L. J. Krajewski, L. P. Ritzman, and M. K. Malhotra, *Operations Management: Processes and Supply Chains*, 10th ed., Pearson, 2012.

생산 프로세스의 대상에는 지원부문의 업무, 서비스의 서비스 제공 프로세스(service delivery process)와 제품의 제조공정이 포함된다.

생산 프로세스 설계는 다음과 같은 경우에 행해진다.

① 신제품(서비스)의 개발이나 제품 및 서비스의 개량이 있을 때
② 경쟁을 위해 공정 및 기술의 혁신이나 개선이 요구될 때
③ 생산시스템을 새로 신설하거나 확장 또는 기존 시스템을 혁신하거나 개선할 때
④ 제품(서비스)의 수요변화로 생산품목과 생산량을 변화시켜야 할 때
⑤ 투입 요소들의 원가나 획득가능성이 변동할 때

1.3.2 생산 프로세스 선택의 결정 요인

시장상황[3])에 따라 크게 좌우되는 생산량의 크기는 생산 프로세스 결정에서 매우 중요한 결정기준이 된다. 즉 생산량이 많으면 자본집약도 정도가 높고, 반대로 생산량이 적으면 자본집약도 정도가 낮은 대신 자원의 유연성이나 고객참여도는 높다. 그래서 크라제우스키(Krajewsky)는 공정을 결정하거나 설계할 때에 **고려요인**으로 다음의 4가지[4])를 지목한다.

(1) 프로세스 구조(process structure)

프로세스 구조는 필요한 자원의 종류, 자원의 주요 특징에 따라 프로세스의 유형을 결정한다. 제조 기업에서 프로세스 선택시 주안점은 생산량과 고객화의 정도이다. 프로세스 구조의 선택은 고객참여, 자원유연성, 자본집약도 측면에 영향을 줄 수 있다.

(2) 자본집약도(capital intensity)

공정에 투입되는 장비와 근로자의 숙련기술 간의 구성비로 나타내며, 장비에 투입되는 비용이 클수록 자본집약도가 높다. 이 비율은 장치산업이나 중화학공업 등의 자본집약적 산업에서 높고, 의류나 인형공장처럼 노동집약적 산업에서 상대적으로 낮다. 그러나 IT 기술의 발달로 자동화 시설의 가격이 떨어지면서 노동력을 줄이기 위해 자동화 시설을 확장하기 때문에 노동집약적 산업의 자본집약도가 점차 높아지고 있는 추세이다.

---

3) 쉬로더(Schroeder)는 프로세스 선택시 고려요인으로 시장상황, 소요자본, 인력, 기술을 꼽는다. R. G. Schroeder et al., *Operations Management,* 5th ed., McGraw Hill, 2013.
4) Krajewski, Ritzman, and Malhotra, *op. cit.,* Pearson, 2012.

(3) 자원유연성(resource flexibility)

수명주기가 짧거나 높은 고객화가 요구되는 제품(서비스)의 생산설비는 범용이며 구성원들은 다양한 업무를 수행할 수 있어야 한다. 일반적으로 자원유연성이 높으면 자본집약도가 떨어지는 트레이드 오프의 관계를 보인다. 그러나 근래 로봇이나 유연 생산시스템의 발전으로 예외적인 사례가 발생하고 있다.

(4) 고객 참여도(customer involvement)

고객이 프로세스에 참여하는 방식과 정도를 의미하는 고객 참여도는 서비스 과정 설계 시 중요한 고려사항이 된다. 고객참여의 범위는 다양하다. 카페테리아 식당의 셀프 서비스에서부터 고객이 직접 제품을 선택해서 카트에 담아 계산대에 올려 놓는 대형 마트 그리고 고객이 제품의 색상·모양·성능 등의 시방을 지정하고 서비스의 내용·시간·장소 등을 고객이 정하는 맞춤(고객화)에 이르기까지 다양하다. 고객의 참여도가 높은 공정은 덜 자본집약적이고 자원유연성은 높은 경향이 있다.

위에서 열거한 공정결정 요인들은 생산량과 관련이 깊다. 대량생산이나 연속생산 공정처럼 생산량이 많으면 전용설비가 필요하여 자본집약도가 높은 대신 생산의 표준화와 과업의 전문화 등으로 자원유연성은 낮아진다.

프로젝트생산이나 개별생산공정과 같이 다양한 생산(서비스)이 요구되고 생산량이 적으면 설비는 범용이 필요하며 노동집약도나 자원유연성은 높아진다. 생산량이 적어서 수직적 통합의 기회가 낮은 대신 고객의 참여기회는 매우 높다.

공정설계를 포지셔닝 전략과 관련해서 볼 때, 생산량이 적으면 공정중심 선택이 가능하며 반대로 생산량이 많은 제품중심의 선택이 가능하다.

1.4 제품과 프로세스의 믹스

생산 프로세스(공정)의 효율은 제품기술 및 제품구조(품목과 수량 등)를 비롯하여 생산설비, 제조기술이나 공법의 선택과 깊은 관련이 있다. 따라서 생산경영자는 프로세스 결정에 있어 생산전략과 제품설계에 합당한 프로세스 유형을 선정하여야 한다.

프로세스(공정) 기술은 외부여건과 관계없이 발전하기도 하지만, 대부분 제품기술의 변화와 밀접한 관계를 갖고 변한다. 제품기술이 발전하여 제품에 대한 고객의 반응이 좋으면 수요(생산량)가 늘고 제품표준화도 강화되기 마련이다. 증대되는 고객수요에 대응하려면 제품구조에 맞추어 적절한 공정기술이 뒷받침되어야 한다.

제품과 공정이 수명주기단계별로 서로 밀접한 관계에서 발전하는 현상을 간파한

| 표 7-2 | 제품·공정 매트릭스 | | | | |

표 7-2 제품·공정 매트릭스

공정＼제품	독특한 제품	주문품 소량	다품종소량	소품종다량	대량생산
프로젝트	우주선·컨설팅				
개별생산		인쇄물·미장원			
뱃치/로트 생산			의류·중장비		
조립생산			셀/모듈 방식제조	TV 자동차	
연속/흐름 생산					설탕·가솔린

출처: R. H. Hayes & S. G. Wheelwright, "The Dynamics of Process-Product Life Cycles," *Harvard Business Review*, Mar.-Apr. 1979를 수정.

헤이즈(Hayes)와 휠라이트(Wheelwright)는 1979년 「제품·공정 수명주기 매트릭스」 (Product-Process Life Cycles Matrix)를 발표하였다.[5] 즉 공정구조의 결정은 제품구조의 사이클과 공정구조의 사이클을 함께 고려해서 전략적으로 결정해야 한다는 주장이다. 제품과 공정(프로세스)의 전략적 균형문제를 다룸에 있어서 〈표 7-2〉와 같은 제품-공정 매트릭스(product-process matrix)를 제품설계 내지 프로세스 (공정)설계의 영향력을 살피는 데 이용할 수 있다.

고객의 요구가 다양한 인쇄물의 경우 주문품이 주류를 이루지만, 석유나 설탕 등 고도로 표준화된 대량수요품은 연속생산이 필요한 것처럼, 제품에 따라 수요패턴이 다르기 때문에 그에 적합한 생산공정이 필요하다.

반대로 프로세스(공정)기술의 혁신에 따라 적절한 제품개발이나 수요적응 방식이 제시될 수 있다. 가령 셀이나 모듈, 레고블럭 방식 등 FMS의 다품종 소(중)량생산으로 다양한 고객수요에 적응할 수 있다(〈표 7-2〉 참조).

---

5) R. H. Hayes & S. G. Wheelwright, "The Dynamics of Process-Product Life Cycles," *Harvard Business Review*, Mar.-Apr. 1979.

1.5 프로세스의 선택과 경제성

1.5.1 규모의 경제와 범위의 경제

프로세스(공정)의 선택이나 결정은 대부분 규모의 경제와 범위의 경제 관점에 근거하고 있다. 규모의 경제는 대량생산으로 단위당 생산비가 내려갈 때 나타나고, 범위의 경제는 범용 설비로 다양한 제품을 생산하여 단위당 비용이 내려갈 때 이루어진다. 이 때 비용함수는 생산규모나 범위의 집중을 가늠하는 결정변수가 된다.

공급자가 시장을 지배하는 공급자위주의 시장이나 능력 확장을 위한 공정 설계시에는 **규모의 경제**(economies of scale)에 입각한 전략이 흔히 추구된다. 이 경우 기업들은 전용설비로 표준화된 제품의 대량생산방식을 통해서 원가를 낮추도록 공정혁신을 하게 된다.

범위의 경제(economies of scope)는 경쟁의 중점이 제품의 다양성과 혁신에 있을 때 적절하다. 범위의 경제는 한 시설(공정)에서 두 종류 이상의 제품을 생산하는 총비용이, 같은 분량의 단일 제품을 생산하는 시설에서 발생한 총비용보다 적거나 같을 때 성립된다. 이는 범용설비와 숙련된 작업자로서 다양한 제품을 생산하는 기업에서 흔히 추구된다. 즉 다양한 제품으로 구색을 맞추어 매출증대를 도모하는 것이 이 전략의 특징이다.

기업의 상황에 따라서 규모의 경제가 유리할 수도 있고 범위의 경제가 유리할 수도 있으며 양자 모두 적절치 못할 수도 있다. 따라서 생산공정을 결정할 때에는 규모 및 범위의 경제적 이익을 비교하거나 ① 품질과 유연성, ② 원가와 확실성 간의 전략적 트레이드 오프를 고려해야 한다.

1.5.2 통합의 경제와 대량고객화

오늘날 정보기술(컴퓨터, 소프트웨어, 통신망 등)을 비롯한 진보된 기술의 등장으로, 범위의 경제와 규모의 경제 양극점인 다양화와 전문화를 효과적으로 극복할 수 있게 되었다. 소프트웨어가 장착된 범용 설비의 출현이 유연기술의 한 예이다. 이들 소프트웨어로 추진되는 유연기술(flexible technology)은 범위의 경제 특성인 다양한 맞춤(고객화) 제품과 규모의 경제 특성인 대량의 저가형 제품을 생산할 수 있게 한다. 즉 유연 생산공정(FMS)을 통해 규모의 경제와 범위의 경제를 결합한 '통합의 경제'를 모색할 수 있다(〈표 7-3〉 참조).

통합의 경제(economies of integration)란 규모의 경제와 범위의 경제가 동시에 존재하는 것을 가리키는데, 이는 기업이 유연성·적시성·효율성으로 대량고객화 전략을

표 7-3　변형 제품·공정 매트릭스

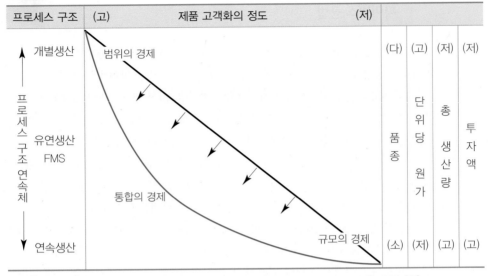

프로세스 구조	(고)	제품 고객화의 정도	(저)				

출처: H. Noori & R. Radford, *Production and Operations Management*, McGraw-Hill, 1995 수정.

추구할 수 있도록 한다. 대량고객화(mass customization)가 추구하는 전략적 목표는 차별화된 제품을 저렴하게 제공하는 것으로, 유연한 생산공정에서 생산되는 세탁기, 냉장고와 자동차의 혼류생산(混流生産)이나 주문형 반도체, 주문배달 피자 등에서 예를 찾을 수 있다. 본장 3절 '생산 프로세스의 유연화'에서 제시된 셀 생산방식, 모듈·블록 생산방식 등은 최근 주목할 만한 유연한 생산공정의 변화 모습들이다.

「제품·공정 매트릭스」의 '제품수명주기 단계' 대신에 '제품고객화의 정도'를 삽입한 「변형 제품·공정 매트릭스」(〈표 7-3〉 참조)를 보면, 범위의 경제는 매트릭스 좌측 상단에서, 규모의 경제는 우측 하단에서 찾을 수 있다. 대각선은 전통적 '제품·공정 매트릭스'의 제품과 공정의 믹스경로를 표시한 것인데, 범위의 경제를 추구하는 개별 생산공정에서 발전을 거듭하여 규모의 경제를 추구하는 연속생산공정에 이른다.

그러나 통합경제의 출현은 이러한 발전경로를 와해시킨다. 가격경쟁에서 기업들은 표준품을 대량으로 생산하여 원가를 낮추는 규모의 경제를 추구해 왔지만, 제품차별화 경쟁이 벌어지는 현대시장에서는 규모의 경제와 범위의 경제를 통합한 '통합의 경제'가 유리하게 전개될 수 있다. 즉 유연한 생산시스템(FMS)의 셀 생산이나 모듈 생산, 레고 블록 방식으로 생산되어 글로벌시장에서 겨루는 TV를 비롯한 전자제품, 자동차 등은 모두 통합경제의 산물이라 할 수 있다(〈표 7-3〉 참조).

사례 ● 프로세스 혁신으로 경제성과 환경의 두 마리 토끼 잡은 파이넥스 공법

포스코는 2007년에 준공한 1공장(연산 150만톤)에 이어 연산 200만톤 규모의 파이넥스 (FINEX) 공장을 가동 중이다. 2003년 상용화 단계로 개발한 파이넥스 공법은 용광로의 원료를 예비 처리하는 코킹공장과 소결공장을 생략하고, 값싼 가루형태의 철광석과 유연탄을 사용하기 때문에 생산원가를 20% 줄일 수 있다. 용광로에 비해 유해물질인 황산화물은 3%, 질산화물 1%, 비산먼지는 28%만 배출하는 친환경 녹색기술로도 주목 받고 있다.

철광석과 유연탄을 한꺼번에 넣고 쇳물을 뽑아내는 기존 용광로는 쇳물을 대량으로 생산할 수 있지만 환경오염과 경제성이 낮다는 약점이 있었다. 하지만 파이넥스 공법은 기존 용광로의 6단계 공정을 4단계로 단축함으로써 이 같은 단점을 일거에 해소했다.

이에 따라 파이넥스 설비의 투자비와 철강 제조원가는 같은 규모의 용광로 설비에 비해 각각 20%와 15%씩 줄었다. 5%의 가격 차를 놓고 세계 철강업계가 치열한 경쟁을 벌이고 있음을 감안하면 파이넥스 공법이 기존 용광로에 비해 35%의 가격경쟁력을 갖게 되는 셈이다. 또 공정이 줄어들면서 환경오염 물질도 획기적으로 줄었다.

포스코가 단독 개발한 파이넥스 신공법으로 중국 내륙 충칭시에 일관제철소를 합작 건설하기로 했다.[6]

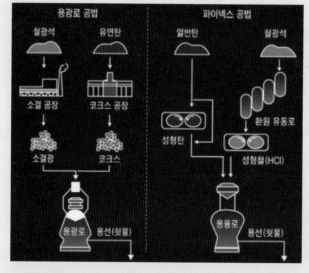

구분	용광로 (연산 300만 톤)	파이넥스 (연산 150만 톤)
투자비	100	80
제조 원가	100	85
환경오염물질 배출량		
황산화물	100	3
질소 산화물	100	1
비산먼지	100	28

용광로 공법을 100으로 기준하여 파이넥스를 비교한 것.

자료: 포스코.

그림 7-1　파이넥스공법과 용광로 비교

---

6) "용광로 없는 꿈의 제철소… 세계 철강 역사 새로 썼다", 동아일보, 2007.5.31.
　"포스코, 파이넥스공법 적용한 中충칭 일관제철소 합작", 매일경제, 2015.6.11.
　"중국도 탐내는 '파이넥스 工法'… 질소산화물 99%까지 감소", 조선일보, 2015.1.20.

196 제I편 생산시스템의 가치창출

2 프로세스의 혁신과 개선

2.1 프로세스 이노베이션(PI)

생산 프로세스나 사무부문의 지원 업무 프로세스, 관리제도, 조직구조 등은 컴퓨터가 출현되기 이전부터 존재해 왔던 관리개념들이다. 이들은 주로 능률과 관리 목적을 위해 만들어졌지만 이제는 혁신, 신속성, 품질 등이 더 중요한 규범으로 간주되고 있다. 게다가 혁신이 강조되면서 다양한 혁신 기법들이 기업에서 사용되고 있는데, 대표적인 경영혁신 기법이 프로세스 이노베이션(process innovation: PI)이다.

2.1.1 프로세스 이노베이션 개념

BPR(Business Process Reengineering)의 창시자인 해머(M. Hammer)와 챔피(J. Champy)는 프로세스를 "고객에게 가치를 산출해 주는 집합적인 활동들의 전체"라고 정의했다. 해머와 챔피가 1990년대 초반 미국 기업의 경쟁력 강화 방안을 찾는 과정에서 미국 제품의 경쟁력이 일본에 뒤지는 것이 아니라 소비자가 원하는 가치를 담은 제품을 생산해서 소비자에게 전달하기까지의 프로세스에 문제가 있음을 발견하여 제시한 개념이 BPR이다.[7]

"프로세스를 혁신적으로 재설계한다"는 기본 개념을 바탕으로 한 경영혁신 기법에는 해머의 BPR(business process reengineering)과 데이븐포트(T. Davenport)의 PI(process innovation)가 있다. 해머의 BPR이 프로세스 이노베이션보다는 조금 앞서서 제시되었는데, 생산 프로세스나 업무 프로세스를 근본적으로 새로운 개념으로 재설계하여 비용·품질·서비스·신속성 등에서 혁신적인 개선을 추구한다는 것이다. BPR 보다 다소 늦었지만 전사적 추진을 강조한 데이븐포트의 PI는 최근 들어 구분없이 통용 사용되고 있다.

프로세스 이노베이션이란 기업의 경영전략을 달성하고 경영성과를 극적으로 혁신하기 위해서 OTD(order to delivery) 업무, 사무부문의 지원 업무, 제조 공정, 서비스 제공과정(service delivery process) 등 전사차원에서 모든 프로세스와 관련된 제도 등을 근본적(fundamental)으로 다시 생각하고 급진적(radical)으로 재설계하는 것을 말한다.

특정 기업이 자사의 비즈니스 프로세스를 파악함으로써 얻을 수 있는 **기대효과**를 보면 다음과 같다.

---

7) 토마스 데이븐포트, 프로세스 이노베이션, 21세기 북스, 1993.

① 현재 도출된 비즈니스 프로세스 체계를 바탕으로 문제점을 도출하고 과제화시킴으로써 지속적 개선(Continuous Improvement)을 위한 기반을 구축할 수 있다.

② 비즈니스 프로세스에 포함되는 내용에는 각 활동을 담당하는 조직·개인의 역할과 책임(role & responsibility)에 대해서 명확히 정의함으로써 안정적인 업무가 수행되어 결함으로 인한 산포를 감소시킬 수 있다.

③ 프로세스 평가를 통해서 낭비요인을 줄이고 고객만족을 증대시킬 수 있다.

2.1.2 프로세스 이노베이션 추진 방법

전사 프로세스를 혁신하는 것은 매우 방대한 작업이며 장기간에 걸쳐서 이루어지는 프로젝트이기 때문에 대부분의 기업에서 프로세스 이노베이션을 혁신의 도구로 활용한다. 그래서 프로세스 이노베이션 프로젝트를 추진하기 위해서는 전사 태스크 포스팀이 만들어져 치밀한 계획을 수립한 후 프로젝트를 추진하게 된다. 이때 상세계획은 회사의 상황에 따라 달라지며 사용하는 용어 역시 약간씩 차이가 존재한다.

프로세스 이노베이션은 다음 5가지 과정으로 추진된다.

① As-Is 현황 분석
② To-Be 설계
③ 솔루션 구축
④ 솔루션 테스트 및 가동 준비
⑤ 안정화

2.1.3 프로세스 이노베이션과 정보기술

정보기술(Information Technology)은 급격한 환경변화 속에서도 기업의 경쟁력과 수익성을 극대화시킬 수 있는 무한한 기회를 제공하는데, 이러한 정보기술은 기존의 낡은 규칙을 깨고 새로운 방법을 창조하는 변수로서 프로세스 이노베이션에서 필수적인 역할을 담당한다(〈표 7-4〉 참조).

표 7-4 정보기술에 의한 기존 관념 타파

기존 규칙(old rule) →	기존 규칙을 깨는 정보기술 →	새로운 규칙(new rule)
정보는 특정 한 장소에만 존재	Data Base	정보는 필요할 때 언제든지 어느 곳에서나 검색 및 조회 가능
집중화와 분산화 중에서 하나를 선택해야 함	통신망	집중화와 분산화의 이익을 동시에 추구 가능
관리자가 모든 의사결정을 수행함	의사결정 지원 도구 (모델링 SW, DB 검색, AI)	의사결정은 모든 구성원의 업무 일부
현장 사원들은 정보를 주고 받는 장소(사무실)가 필요	무선 데이터 통신과 노트북 PC 및 스마트 폰	장소에 구애를 받지 않고 정보를 주고 받을 수 있음
잠재적 구매자와의 가장 높은 접촉 방법은 개인적 접촉	인터넷	잠재적 구매자와의 '효과적인 접촉'
사물이 어디에 있는지 찾아야 함	자동식별 · 추적기술	사물이 어디에 위치하는지를 알려줌
계획은 주기적으로 수정됨	고성능 컴퓨팅	계획은 즉시 수정됨

사례 ● 포드자동차의 물품대금 지불 프로세스의 혁신

자동차 산업이 불황이던 1980년대 초, 포드사는 경리부 외상매입계정부서에 종사하는 500여 명의 인원 중에서 20%를 삭감하는 인원삭감계획을 수립했다.

당시의 외상매입계정 처리과정은 다음과 같다([그림 7-2]의 a 참조).

① 구매부서에서 발주서를 공급업체에 송부하고 발주서 사본을 경리부에 보낸다.
② 공급업체는 발주서에 따라 창고에 물품을 납품하고 송장(invoice)을 경리부에 보낸다.
③ 창고의 입고 담당자는 입고검사를 수행하고 이상이 없으면 물품수령서를 경리부에 보낸다.
④ 경리부에서는 발주서 · 송장 · 물품수령서를 대조하여 오류가 없으면 매입대금을 공급업자에게 지불한다.

500명 이상의 직원이 발주서 · 물품수령서 · 송장을 대조하고 대금을 지불하는 외상매입대금 지급 업무를 수행하고 있었다. 이들이 대조하는 항목은 14개 였고 대조결과 불일치 건수가 다반사였다.

당초의 계획은 송장처리를 전산화해서 인원을 20% 삭감하려던 것이었는데, 일본 마쯔다 자동차의 외상매입계정 부서에는 5인이 일하고 있다는 사실에 자극을 받은 개선팀은 데이터베이스와 전문가시스템을 이용하여 무송장처리(invoiceless processing)를 제도화[8]했다(개선

---

8) M. Hammer, "Reengineering work: Don't Automate, Obliterate", *Harvard Business Review*, July-August 1990.

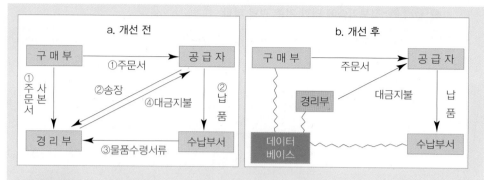

a. 개선 전

구매부 ──①주문서──▶ 공급자
① 주문서 사본
②송장
④대금지불
② 납품
경리부 ◀──③물품수령서류── 수납부서

b. 개선 후

구매부 ──주문서──▶ 공급자
경리부 ──대금지불──
납품
데이터 베이스 ～～～～ 수납부서

그림 7-2   **물품대금 정산업무 프로세스의 리엔지니어링**

후 처리과정 [그림 7-2]의 b 참조).

① 구매부에서 발주와 동시에 관련 정보를 온라인으로 입력하고 발주서 사본을 경리부로 송부하는 것을 생략한다.
② 공급업체로부터 주문품이 창고에 입고되어 검수가 완료되면 그 결과를 컴퓨터에 입력한다.
③ 인수된 물품에 대한 대금은 자동으로 지급되는데, 발주서와 수령증 간에 부품번호, 수량단위, 공급자 코드 3가지 항목만 대조한다.

혁신 추진 결과 새로운 프로세스에 의해서 외상매입계정부서 인원의 75%가 삭감되었고 송장이 폐지되었으며 정확성이 향상되었다.

2.2 프로세스 혁신(PI)을 통한 시간단축경영

일본 기업들은 양질의 제품을 빠르게 경제적으로 생산하는 공정의 개발과 개선에 일찍 눈을 떴다. 그들은 수십 년간 제품개발 · 제조 · 공정 · 배송 · 마케팅과 같은 영역에서 신속하고 효과적인 프로세스를 개발하여[9] 프로세스 혁신에 앞장섰다.

공정 내지 프로세스 혁신(process innovation)의 일차적인 목적은 프로세스에 소요되는 시간과 비용을 줄이는 것이다. 이를테면 제조기간, 납품기간, 주택의 저당설정이나 대부의 승인에 소요되는 시간을 줄인다. 미국의 자동차 제조업계는 1980년대에 외국기업과 격심하게 경쟁한 결과 하청업자들로 하여금 제조공정, 배송과정 등을 개선하여 신속성과 적시성을 확보했다. 유통업계에서는 월마트가 CRP(Continuous

---

9) T. H. Davenport, *Process Innovation: Reengineering work through Information Technology*, Ernst & Young, 1993.

Replenishment Program)을 도입하여 공급업체가 창고를 관리하고 상품을 보충하는 유통혁신을 이룩했다.

시간[10]은 자금·생산성·품질·혁신에 버금가는 중요한 전략수단이다. 현대경영에서 제품이나 서비스를 시장에 전달하는 시간(time to market)이 지배적인 경쟁요인으로 지목되고 있으며, 일본기업의 경우 경쟁우위를 지키기 위해서 시간요소를 이른바 린 생산방식(lean production system) 내지 JIT 시스템에서 효과적으로 사용하고 있다.

시간단축경영(time based management)을 할 경우에는 생산성이 향상되고 원가가 내려가 저렴한 가격으로 시장점유율을 증대시킬 수 있다. 리버만(M. Lieberman)은 일본 자동차 공장에 관한 비교 연구[11]에서 생산기간(throughput time)이 짧을수록 노동생산성이 높고 시간단축과 원가절감 간에는 상관관계가 있음을 밝혔다([그림 7-3] 참조).

시간단축경영으로 조달시간이 짧아지는 만큼 위험도 줄어든다. 즉 예측오류의 위험이 작아지는 만큼 완충재고를 보유할 필요성이 적어지며 시간단축으로 생산능력이 증대되는 효과가 있어 과잉 능력을 줄일 수 있다([그림 7-4] 참조).

시간단축을 하려면 개발·구매·생산·판매·서비스로 연결되는 공급사슬(supply chain)의 가치전달시스템을 유연하고 빠르게 운영해야 한다. 즉 공급사슬관리(supply chain management: SCM)를 통해 전체 가치전달시스템의 시간과 자원의 낭비를 효과적으로 공략함으로써 기업의 수익성이 증대된다.

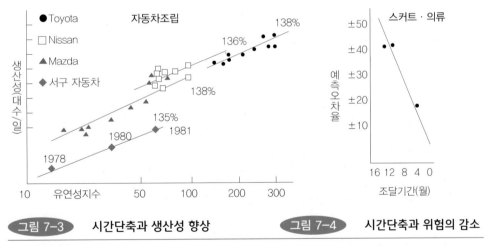

| 그림 7-3 | 시간단축과 생산성 향상 | 그림 7-4 | 시간단축과 위험의 감소 |

출처: G. Stalk, Jr. et al., *Kaisha: the Japanese Corporation*, 1985.   출처: Boston Consulting Group.

10) 시간이란 고객요구에 대한 반응시간(response time), 조달시간(lead time), 가동시간, 정시(on time)를 비롯한 가치전달시간(value delivery time)을 뜻한다.

11) M. Lieberman, "Industry deduction and productivity growth", *Manufacturing Strategy*, 1989.

(1) 제품 개발 기간의 단축

신제품의 시장진출이 늦어진다는 것은 이익을 잃는 것과 같다. 「세계 자동차산업에 관한 연구」[12]에서 판매가격 1만 달러짜리 신모델 승용차의 시장 진출이 하루 늦어지면 최소한 100만 달러의 이익을 잃는 것으로 분석되었다. 일본의 자동차 회사들이 1980년대에 미국이나 유럽의 경쟁자에 비해서 평균 18개월 빠르게 신형모델을 개발했을 때 이로 인하여 미국기업들은 5억 달러의 손해를 본 셈이다. 그러나 1990년대에 이르러 미국의 포드나 크라이슬러는 동시공학(concurrent engineering)으로 개발과정에서 혁신을 도모하여 개발기간을 단축시킬 수 있었다.

(2) 자재 조달기간의 단축

시간단축경영으로 도요타자동차의 한 공급업체는 원자재 도착에서 완제품 선적까지 15일 걸리던 것을 로트 사이즈를 줄이고 재고와 재공품을 줄여 주문 요청 하루 만에 납품할 수 있도록 조달기간을 단축했다. 조달기간의 단축은 JIT의 소로트시스템과 관련이 깊은 것으로 이 또한 조달과정의 혁신으로 이루어진 것이다.

(3) 생산 조달기간의 단축

전통적 생산시스템에서는 공정위주로 일정관리가 진행되고 제품이 흘러가므로 제품에 가치가 전달되는 시간은 0.05~5% 정도뿐이고 나머지 시간은 운반이나 대기시간에 낭비되므로 고객수요에 신속하게 반응할 수 없다. 프로세스 혁신으로 준비시간과 운반·대기·생산시간을 줄이면 여러 가지 제품을 다양하게 생산하여 고객 수요에 신속하게 반응할 수 있다.

(4) 판매 및 유통기간의 단축

가치사슬(value chain)에서 볼 때, 불필요한 지연시간은 생산공장보다 관리나 판매 부분에서 더 많이 발생하는 것이 상례이다. 1980년대 중반에 미국에서 의류를 수입하는데 주문 후 소매점 도착에 이르는 조달기간은 수출업자를 통했을 때 3개월이 소요되었다. 이탈리아의 베네통은 정보기술과 소로트 프로세스로 개선하여 이태리로부터 3주 내에 공급할 수 있도록 기간을 단축시켰다.

조달기간이 길어질수록 판매예측의 정확도가 떨어지고 판매예측의 오차가 클수록 안전재고의 필요성은 증대되기 때문이다([그림 7-4] 참조).

그런데 시스템 전체의 조달시간 문제는 독립적으로 해결되지 않는다는 것이 문제

---

12) K. B. Clark & B. Chew, "Production development in the world auto industry", *Brookings paper on economic activity*, 1987.

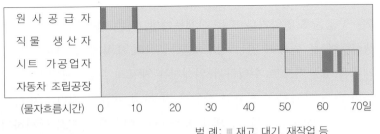

그림 7-5 **자동차 시트 커버의 조달기간**

출처: Boston Consulting Group.

이다. 자동차 시트 커버의 가치전달사슬을 보면([그림 7-5] 참조), 이 과정에는 원사공급자 → 직물생산자 → 시트가공업자 → 자동차 조립업체가 관련되는데, 전체 조달기간은 71일이었다. 분석결과 이들의 순가치 전달시간은 19일에 불과하며 52일은 재고, 대기, 재작업 등에 소요되는 시간이었다.

관리자들은 납기·조달기간·가동시간·작업시간 등 매일 시간을 다루고 있으나 시간을 경쟁수단의 요소로 고려하지는 않는다. 시간을 근거로 한 경쟁자가 되려면 시스템과 프로세스를 혁신하여 가치전달시스템 내의 지연시간을 줄여야 한다. 즉 시스템이나 프로세스 시간의 낭비를 줄이고 조직의 반응성을 증대시킨다면 경쟁자의 추격을 따돌릴 수 있다.

2.3 프로세스의 개선과 분석

프로세스 설계에 대한 사후 접근방식으로 전술한 프로세스의 혁신(innovation)과 개선(improvement)의 두 가지를 꼽을 수 있는데, 전자는 앞에서 설명하였으므로 후자인 개선에 초점을 맞추어 기술하기로 한다.

프로세스(공정) 개선을 필요로 하는 **증상**들은 다음과 같다.

① 고객요구에 대한 반응속도가 느리다
② 공정에서 품질 문제 내지 오류가 발생한다
③ 공정(프로세스)비용이 많이 발생한다
④ 많은 고객이 대기하거나 물자의 흐름이 정체되는 애로공정이 존재한다
⑤ 불필요한 작업이나 공해문제가 발생하거나 부가가치가 떨어진다
⑥ 프로세스의 효율과 생산성이 떨어진다.

새로운 공정을 도입하거나 또는 신제품개발, 기존 제품의 구조 개선 등으로 생산품목과 생산량에 큰 변동이 있는 경우, 생산공정의 재설계 및 재배치가 필요하다. 전략적인 계획을 효율적으로 수행하기 위해서는 제품의 구조, 작업과정, 각 작업의 소요시간 등의 기초 자료를 수집하고 작업장 간 자재 흐름의 패턴을 명확히 파악해야 한다. 프로세스 분석이나 공정흐름의 분석은 바로 이러한 목적을 달성하기 위해서 수행되는 활동이다.

생산공장이나 운영 현장에서 원자재(데이터)나 공정품(정보) 등의 생산가공물이 생산 공정(프로세스)이나 업무과정을 통과하면서 공간적·시간적으로 변화하여 가는 측면을 검토하는 활동이 공정(프로세스) 분석이다.

특히 생산공장에서 **공정분석**(process analysis)이란 생산대상물의 흐름, 즉 재료나 부분품이 가공·운반되고 검사받으며 때로는 정체하면서 차츰 제품으로 형성되는 과정을 공정이라는 분석단위로 분석·검토하여, 각 공정에 존재하는 무리·낭비·불합리를 제거하기 위하여 사용되는 기법이다.

2.4 프로세스 분석 도표(process map)

공정을 설계하거나 분석할 때, 제품의 생산·가공공정이 복잡할 경우에는 다음의 공정분석 도표를 이용하면 효과적이고 논리적으로 공정의 순서를 개선·검토할 수 있다. 따라서 이들 도표는 공정설계뿐만 아니라 공정의 개선 시에도 사용된다.

공정분석 도표들은 프로세스 맵의 일종이다. **프로세스 맵**(process map)은 하나의 프로세스가 어떻게 수행되는가를 보여주는 그림(map)으로, 프로세스 개선에서 핵심적인 프로세스 분석 수단이다. 프로세스 맵은 대별해서 ① 상관관계도(Relationship maps), ② 상호기능도(Cross-functional maps), ③ 공정(프로세스) 분석·흐름도(Process Flow Chart or Process Flow Diagram)로 구분된다.

공정설계나 공정개선에 이용되는 공정분석 도표들로서 조립도표, 공정분석표, 선후공정도 그리고 경로도 등이 있다.

2.4.1 조립도표(assembly or Gozinto chart)

수백 수천의 부분품으로 구성되는 제품의 생산공정은 매우 복잡하다. 이 경우 공정 전체를 한눈에 볼 수 있도록 조립도표를 이용할 수 있다. 조립도표는 부분품의 상관관계는 물론 이들의 가공·조립·검사의 순서를 밝혀주는 도표로서 작업 ○와 검사

제정자 \ 구분	작업	운반	검사		대기		복합	
			수량	품질	지체	저장	작업·검사	수량·품질검사
① ASME기호 ② 한국공업규격 (KS A 3002)	○	⇨	□		D	▽	⊙(□)	
① M.E. Mundel ② 일반기호	○	○→	□	◇	▽	▽	⊙	◈

그림 7-6 공정분석에 사용되는 기호

□의 기호로 작성할 수 있다([그림 7-6]의 공정분석기호 참조).

특히 주문생산 시스템에서와 같이 생산조립시간이 비교적 긴 제품에 있어서는 이 도표의 가로축에 조립일정을 나타내는 눈금을 설정하여 공정관리에 이용하기도 한다.

2.4.2 작업공정도표(operation process chart)

공정도표라고도 불리는 이 도표는 부분품이나 자재가 제조공정에 투입되는 지점을 비롯하여 이들의 작업 및 검사의 순서를 나타낸 도표이다([그림 7-7] 참조).

이 도표에는 각 작업별로 소요시간과 위치 등 공정분석에 이용되는 정보를 표시하기도 한다. 흔히 단위작업 내지 작업공정 간의 관계를 분석하는 데 사용되며 설비배치를 행하는 경우 기본 정보를 제공할 수 있다.

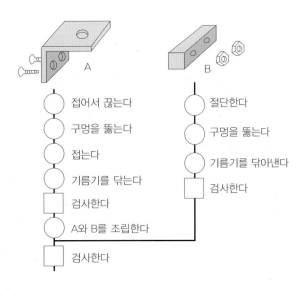

그림 7-7 작업공정도표

표 7-5 공정분석표의 예

Process Flow Chart(공정분석표)		활동	종 합						
			현 재		개 선		결 과		
작업명: 가류후 타이어 확장 (가류된 타이어가 검사전까지)			회수	시 간	회수	시간	회수	시간	
		○ 가공	19	19분 34초					
작업시점: 가류된 타이어	작업종점: 인출기 거쳐 검사전	⇨ 운반	7	14분 12초					
		□ 검사	1	2분					
작성자: 유 청 작	작성일자: 2008. 5. 27	D 정체	8	8시간 40초					
		▽ 저장							
부서명: 가류	작업자수: 24명	계	35	8시간 36분 26초					

순위	요 소 작 업	가공 운반 검사 정체 저장	거리(m)	인원	여유시간	시간	분석	조 처 제거	결합	재배열	대치	간소화
1	C.B삽입된 타이어가 인출기 부근에서 대기	○⇨□D▽				5'50"						
2	C.B삽입 타이어를 인출기 옆으로 가져온다	○⇨□D▽	3.5	2		1"15"						
3	타이어를 인출기 옆 실린더 판에 올린다	○⇨□D▽	1.2	2		35"						
4	타이어가 엎어진 채 실린더판이 올라간다	○⇨□D▽		1		14"						
5	올라온 타이어를 인출기 위에 세운다	○⇨□D▽		1		10"						
6	C.B를 걸기위해 인출기 쇠고리를 오게한다	○⇨□D▽		1		17"						
7	이때 C.B가 삽입된 타이어는 대기한다	○⇨□D▽				23"30"						
8	가까이온 쇠고리를 타이어의 C.B부분에 건다	○⇨□D▽		1		13"						
9	쇠 지렛대로 완전히 눌러서 건다	○⇨□D▽		1		10"						
10	인출기 쇠고리가 C.B만 걸어 당겨진다	○⇨□D▽		1		20"						
11	타이어를 인출기 받침대에 눕힌다	○⇨□D▽		1		10"						
12	C.B가 완전히 빠지고 타이어만 남는다	○⇨□D▽				20"						
13	타이어를 인출기에서 내린다	○⇨□D▽	1.2	2		22"						
14	타이어를 거꾸로 든다(물을 빼려고)	○⇨□D▽		2		15"						

2.4.3 공정분석표(flow process chart)

공정분석표는 흐름공정도표라고도 불리는데 제조공정이나 사무작업 등에서 일어나는 작업·운반·검사·정체·저장 등을 도표로 나타낸 것이다. 이 표에는 소요시간 및 거리 등과 같은 분석상 고려되는 정보도 기입된다(〈표 7-5〉 참조).

전술한 공정도표에 비하여 비교적 자세하게 나타낼 수 있기 때문에 부분품의 조립시간분석 등과 같이 특정 공정의 분석에 효과적이다. 따라서 제조공정의 정체시간·저장비용·운반비 등과 같은 숨겨진 비용(hidden cost) 내지는 간접비를 분석할 때 이용되며 이 밖에 사무개선이나 설비배치 등에 이용된다.

2.4.4 경로도(flow diagram)

공정도표나 공정분석표와 함께 흔히 이용되는 것으로 공정분석의 대상이 되는 부분품·재료·제품의 이동경로를 작업장의 배치도상에 기입한 도표이다([그림 7-8] 참조).

이동거리와 교차 및 중복의 상태를 판단할 수 있어 레이아웃 내지 운반방식의 적부판정에 이용된다. 이 밖에 공정의 설계와 작업자 배치계획에도 사용된다.

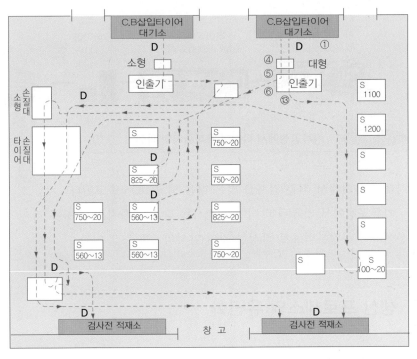

보기: C.B=Cure Bag, S=확장기, D=Delay, O=작업, O내의 숫자는 〈표 7-5〉 공정분석표의 순위임.

그림 7-8 **가류후 타이어 확장까지의 경로도**

2.4.5 선후공정도(precedence diagram)

이상 설명한 도표들 외에도 공정설계나 공정계획에 이용되는 도표로서 선후공정도가 있다. [그림 7-9]는 자동차 타이어의 제조공정을 그린 선후 공정도로서 이 가운데 '가류공정'의 경로도를 따로 그린 것이 [그림 7-10]이다.

가류공정(加硫工程)에서 검사·출하까지의 과정을 [그림 7-10]으로 나타낸 바와 같이 가류공정에서 타이어 가류(tire curing)를 끝내면 타이어 확장(tire expanding) 후 검

원사 ─ 연사공정 ─ 호인공정 ─ 압연공정
원료고무 배합 ─ 배합공정 ─ 정련공정 ─ 압출공정 ─ 성형공정 ─ 가류공정 ─ 검사공정 ─ 입고출하
튜브 공정

그림 7-9 타이어 제조공정의 선후 공정도

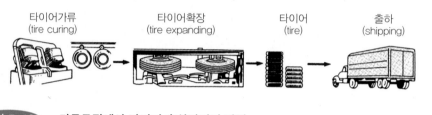

타이어가류 (tire curing) ─ 타이어확장 (tire expanding) ─ 타이어 (tire) ─ 출하 (shipping)

그림 7-10 가류공정에서 타이어 출하까지의 과정

사대로 옮겨져서 최종 검사를 받은 다음 입고 또는 출고된다.

가류공정에서 가류된 타이어가 검사를 받기 전까지의 '가류후 타이어 확장 작업'을 분석하여 공정분석표로 작성한 것이 앞서의 〈표 7-5〉이다.

3 생산 프로세스의 유연화

3.1 유연한 생산시스템의 구축

기업간 격심한 경쟁과 함께 상품·제품의 수요패턴이 개성화 내지 다양화되고 기술혁신으로 제품의 라이프사이클이 짧아지는 추세에 대응하려면, 생산 프로세스의 유연화 즉 '유연한 생산시스템(flexible production system)' 구축이 필요하다.

유연성은 〈표 7-6〉처럼 공정(프로세스)의 유연성과 제품의 유연성으로 대별할 수 있는데, 유연(柔軟)의 의미는 다품종화에 대한 대응과 생산량의 변동 대응의 뜻이 강하다. **공정의 유연성**은 SW적 접근과 HW적 접근으로 나누어 볼 수 있는데, 전자는 공정의 운영방식, 즉 생산방식이 주축을 이루며 후자는 다품종화에 대한 생산능력과 생산설비의 대응능력이 중심을 이룬다.

생산공정의 유연화와 관련이 깊은 소프트웨어적 접근 방식, 즉 **유연한 생산방식으**

표 7-6	공정과 제품의 유연성	
공정유연성	혼합(mix)	동시에 2개 이상의 부품을 생산하는 능력
	제품범위	다양한 제품을 생산하는 능력
	기계 · 설비	일련의 부품을 다른 것으로 쉽게 바꾸는 능력
	수정 · 변경	제품의 설계변경 능력
	순서계획	기계 · 공정의 가공순서를 변경하는 능력
제품유연성	확대 · 축소 · 개량	시스템을 쉽게 확대하거나 재설계하는 능력
	수 량	다양한 제품을 다양하게 생산하는 능력
	자 재	원자재를 변경하는 능력
	혁 신	신제품의 개발능력

로 셀 생산방식, 모듈 생산방식, 블록 생산방식, 레고블록형 생산방식을 꼽을 수 있다. 최근 제조분야의 변화 중에서 공정의 모듈화를 흔히 볼 수 있다. LG전자와 삼성전자는 세탁기를, 폭스바겐은 자동차를 모듈이나 블록 생산방식으로 만드는 프로젝트를 진행하고 있다.

한편, 유연한 생산시스템에 이르는 HW적 접근방식들을 유연성이 높은 것부터 열거하면 다음과 같다([그림 7-11] 참조).

① 수치제어(NC)가공(numerically controlled machining)
② 산업용 로봇(industrial robot)
③ 셀형 제조방식(cellular manufacturing system)

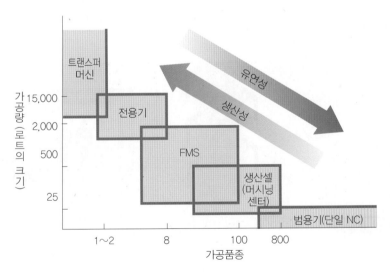

그림 7-11 기계(시스템)별 가공의 유연성과 생산성

④ FMS(flexible manufacturing system)

이들 접근방식은 본장 4.3절 공장자동화의 구성요소에서 설명하기로 한다.

3.2 유연한 프로세스의 운영방식(생산방식)

생산공정의 유연화와 관련이 깊은 프로세스의 운영방식, 즉 생산방식으로 셀 생산방식, 모듈 생산방식, 블록 생산방식, 레고블록형 생산방식을 꼽을 수 있다.

3.2.1 셀 생산방식

전형적인 소품종다량 생산공장에서는 수십 명의 작업자가 천천히 움직이는 벨트 컨베이어를 따라 길게 늘어선 채 자신이 맡은 단순 작업만 반복한다. 부품 준비하는 사람, 나사 죄는 사람, 제품 성능을 검사하는 사람이 모두 따로 있어야 한다. 하지만 셀 방식을 도입한 공장에선 소수의 숙련공이 전체 공정을 처음부터 끝까지 다 수행한다.

통상 셀(cell) 생산방식을 자기완결형 생산방식이라고 하는데, 다양한 제품을 각기 다른 셀에서 생산할 수 있어 다품종 소량 생산에 적합하고, 외부 환경에 대응해 생산시스템을 탄력적으로 변경할 수 있다는 **장점**이 있다.

셀 방식은 1990년대 중반 일본 캐논, 소니 등에서 처음 도입되고 전자업계 전반으로 확산되어 삼성전자, LG전자, 동부대우전자 등도 일부 공장에서 셀 방식으로 운영하고 있다(HW관점의 셀형제조방식(CMS)은 본장 4.4.3 참조).[13]

그림 7-12   **컨베이어와 셀방식의 TV생산**

---

13) "컨베이어 벨트는 가라… 이젠 '원맨 생산'", 조선일보, 2006.9.5.

디지털 카메라 분야의 글로벌 톱 '캐논(Canon)'을 세계적 혁신기업으로 알린 결정적 계기 중 하나가 바로 '셀(cell) 생산 방식'의 도입이다.

캐논은 1998년 일본 나가하마 공장을 셀 방식으로 전환한 것을 시작으로, 2003년 전세계 모든 공장에 셀 방식을 도입해 총 20㎞의 벨트 컨베이어를 철거했다. 그 결과 2000년 65일이던 평균 재고 일수가 2005년 47일로 감소했고, 작업자의 숙련도가 향상되면서 1만개의 부품으로 구성된 복사기를 혼자서 조립하는 '명장(名匠)'이 탄생했다.[14]

3.2.2 모듈 생산방식

컨베이어 생산방식은 공정을 수십 개로 나누어 작업자를 배치하여 제품을 만드는 방식이다. 이 방식은 가장 느린 공정에 생산 속도를 맞추는 구조이므로, 시간이 가장 많이 걸리는 애로공정의 속도가 전체 생산속도를 좌우한다. 그래서 작업 시간이 오래 걸리는 공정에 생산력을 늘리든가 공정을 분할하여 문제를 해결하였다.

공정의 유연성을 높이려면, 작업을 표준화 · 단순화 · 공용화하여, 3~4개 모듈[15]이나 블록으로 연결하여 제품을 만드는 모듈생산을 추진할 수 있다. 모듈화는 생각보다 어렵고 복잡한 작업이다. 실제 생산에 모듈개념을 적용하려면, 지금 잘 돌아가는 제품의 설계부터 생산라인 · 애프터서비스를 위한 부품 재고까지 모든 것을 포기하고 다시 만들어야 한다. 당장의 손해를 감수해야 가능한 일이어서 책임자의 확실한 의지가 없으면 불가능하다.

LG전자는 2012년 1,439만대를 팔아 세계 세탁기 시장점유율 10%(매출액 기준)를 기록했다. 영업 이익률은 8%가 넘는데, 경쟁 업체인 미국의 월풀이나 GE보다 4~5% 높은 편이다. 세탁기 사업부의 고수익 비결은 장난감 레고 블록에서 나왔다.[16]

창원소재 세탁기공장의 제조공정을 2005년에 모듈화하여 세탁기 공정을 3~4개 모듈로 바꿨다. 가령 휴대폰을 액정 모듈, 카메라 모듈과 같이 휴대폰의 특정 기능을 구현하는 부품의

---

14) "캐논이 도입한 셀 생산 방식은?", 조선일보, 2008.9.6.
15) 모듈(module)은 다양한 부품을 미리 조립해 특정 기능을 수행하도록 만들어 놓은 것.
16) "9초면 세탁기가… LG, 세계 1등 비결은 '레고블록' 제조공정," 조선일보, 2013.8.6.

집합으로 볼 수 있다. 레고로 치면 블록인데, 모듈 3개를 연결하면 세탁기가 하나 나온다.

생산공정의 모듈화로 생산성이 비약적으로 높아져, 2005년 제2공장의 연간 생산량은 100만대였으나 모듈화 후 540만대로 늘어났다. 반면 생산라인 길이는 3분의 2로 줄었다. 공정이 단순해졌기 때문이다. 이 공장의 생산라인을 '9초 라인'이라 부르는 데, 각 라인에서 9초당 세탁기 한 대가 나온다는 의미다. 경쟁 업체보다 속도가 거의 2배 빠르다.

3.2.3 조선소의 블록 생산방식

조선업에서 주요 생산공정은 도크(dock)[17]이다. 한국 조선업이 세계 최강의 경쟁력을 유지하는 비밀은 배를 건조하는 도크에 있다. 즉 도크를 얼마나 잘 활용하느냐에 따라 생산성과 매출은 천차만별이다. 산업연구원(KIET)의 홍성인은 "한국 조선업이 세계 최고 수준을 유지하는 데에는 설계 능력, 건조 경험, 최신 공법 등 여러 요소가 있지만, 도크를 효율적으로 운영하는 노하우가 핵심 경쟁력"이라고 한다.[18]

한국 전쟁 때, 미군으로부터 선체를 여러 블록으로 나누어 만든 뒤에 이를 용접으로 조립하는 '용접·블록공법'을 배운 일본은 이 공법을 상선 제작에 적용해 생산성과 품질을 획기적으로 끌어올리는 데 성공하였다. 조선업계가 장기 불황에 빠졌던 시기(1975~90), 한국에서는 대규모 도크가 잇따라 지어졌다. '대형선박은 도크에서 만들어야 한다'는 게 조선업계의 기본 상식이었지만 엄청난 자금과 수개월의 건설기간이 필요한 도크는 일감이 없으면 조선소의 목줄을 조일 수도 있어 당시 일본 조선업계는 망설이던 참이었다.[19]

이(2000년) 즈음 선박 주문이 몰려들면서 배를 건조할 도크가 부족했지만, 도크의 신설은 유럽과 일본의 반대(세계선박협회의 규제)로 불가능한 상황이었다. 그래서 한국 조선업계는 도크 운영에 대한 역발상 즉 육상건조, 플로팅 도크, 텐덤침수, 메가블록 공법 등으로 세계 1위 조선강국의 바탕을 다질 수 있었다.[20]

현대중공업을 비롯해 삼성중공업과 대우조선해양은 육상에서 최대한 크게 블록(선박을 이루는 부분품 조립체)을 만드는 방법을 채택했다. 기존 방식대로라면 초대형 선박은 수십 개의 블록으로 이루어지는데, 삼성중공업과 대우조선해양은 블록(block)을

---

17) 도크(dock): 배를 만드는 작업장. 배를 만들 때에는 물을 뺐다가 완성하면 물을 채워서 바다로 이동시키는 구조물.
18) "독안에 넣은 1등 조선의 비밀", 조선일보, 2009.2.18.
19) [한·중·일 新경제대전] '리벳'의 英 → '용접'의 日 → '도크'의 韓, 조선일보, 2010.10.11.
20) 삼성경제연구소는 "도크에 대한 역발상이 오늘날 세계 1위의 조선강국이 되는 바탕이 되었다"고 했다. "세계 1위 한국 조선산업의 비결은 '역발상'", 조선일보, 2009.5.18.

삼성중공업 거제조선소에 떠 있는 길이 270m의 플로팅 도크(floating dock). 육지에서 만든 선체 블록들을 옮겨 건조한 뒤 도크를 가라앉혀 배를 바다에 띄운다.

그림 7-13   삼성중공업 플로팅 도크

10개 내외로 대형화하는 새 공법을 개발했다. 두 회사는 '플로팅 도크(floating dock)' 공법도 도입했다. 바다에 떠 있는 해상 도크에서 선박을 건조한 다음, 도크를 물속으로 가라앉혀 배가 뜨게 해 바다로 빼내는 방법은 육상에 도크를 만드는 것보다 비용이 덜 들고, 진수 작업이 쉬운 게 장점이다([그림 7-13] 참조).

사례 ● **현대중공업의 텐덤침수공법**

　현대중공업은 2008년 도크에서 여러 척의 배를 동시에 건조하는 텐덤침수공법을 선보였다. 대형 조선소의 보편적 건조방식인 텐덤(Tandem) 공법을 역으로 적용한 방식이다. 텐덤침수공법은 한 도크에서 여러 척의 선박을 동시에 건조한 후 진수할 때, 건조가 완료된 선박만 물에 띄우고, 부분 건조된 선박들은 바닥에 놓여진 상태에서 1/3정도만 침수시킨 채 작업을 계속 진행하는 공법이다. '도크 하나에 배 한 척'이라는 고정관념을 깨트린 것이다.

　2009년 초, 도크 확장공사를 마친 현대중공업은 부지가 협소한 관계로 기존 공간의 25%를 더 늘렸을 뿐인데 생산능력은 2배로 늘었다. 일반 도크는 위에서 보면 'I'자형이지만 현대중공업의 #1 도크는 측면 가운데 부분만을 옆으로 확장해 'ㅏ'자처럼 생겼다([그림 7-14] 참조). 생산 능력이 늘어난 것은 도크에서 배를 완성하는 동안 새로 확장한 공간에서 선박의 부분(절반 정도)을 만들기 때문이다. 기존 도크에서 처음부터 끝까지 배를 만드는 것과 비교하면, 이미 반을 만들었기 때문에 진수 기간이 절반으로 준다. 따라서 연간 4번 진수하던 생산능력이 8번으로 배가 늘어난다.[21]

21) "독안에 넣은 1등 조선의 비밀", 조선일보, 2009.2.18.

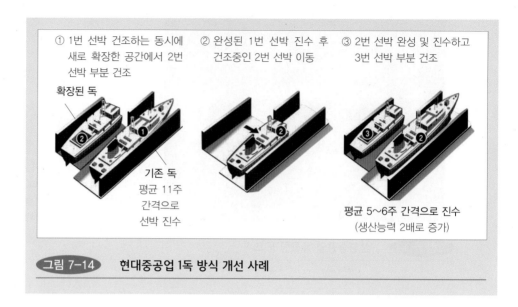

① 1번 선박 건조하는 동시에 새로 확장한 공간에서 2번 선박 부분 건조

확장된 독

기존 독
평균 11주 간격으로 선박 진수

② 완성된 1번 선박 진수 후 건조중인 2번 선박 이동

③ 2번 선박 완성 및 진수하고 3번 선박 부분 건조

평균 5~6주 간격으로 진수
(생산능력 2배로 증가)

그림 7-14 현대중공업 1독 방식 개선 사례

3.2.4 자동차의 레고블록 생산방식

글로벌 자동차 업체들은 공통적으로 '플랫폼 공유' 생산전략을 강화하고 있다. 이 전략의 근간은 하나의 플랫폼으로 각기 다른 차종을 생산해 비용을 줄이는 방식이다. 플랫폼(platform)은 차체 밑바닥인 플로어 패널에 조향·구동·제동 장치·서스펜션 등 각종 기본 장비들이 장착된 것으로, 차의 '뼈대'에 해당한다.

자동차산업에서는 제조 원가의 80%를 차지하는 부품·재료비를 낮추는 것이 경쟁의 핵심이다. 모듈처럼 부품의 공용화와 표준화를 통해 같은 제품을 대량으로 사용하는 환경을 만드는 과정에서 나온 것이 플랫폼 전략이다. **플랫폼 전략**은 모델의 겉모습이 다르더라도 차량 하체에 해당하는 부분, 즉 차의 기본뼈대·엔진·변속기·서스펜션 등을 공용화해 규모의 경제를 실현한다는 개념이다. 최근에는 플랫폼을 만들려는 차 크기에 맞게 변형하고, 여기에 주요 부품들을 블록으로 조립하는 기술이 발달하면서 수백만 대에 적용되는 '메가 플랫폼'(mega platform)이 부상하였다.

최근 글로벌 자동차의 원가경쟁이 새로운 차원으로 진입하면서 기존의 부품 공용화, 플랫폼 체제는 물론, 이제는 '레고블록형(型) 설계'로 경쟁의 기본 틀이 바뀌고 있다. 컨설팅 업체 AT커니는 하나의 플랫폼으로 100만대를 만들 경우, 40만대를 만드는 것에 비해 한 대당 700달러를 아낄 수 있다고 분석했다. 생산대수를 200만대로 늘리면, 비용절감 폭은 대당 1,000달러로 커진다.[22]

폭스바겐은 플랫폼 공유로 차 제작비용의 20%를 줄이고, 조립 시간을 30% 단축

22) "폭스바겐, 플랫폼 하나로 20가지 차종 300만대 생산", 조선일보, 2011.12.16.

할 수 있을 것으로 기대하고 있다. 폭스바겐(VW)은 '모듈러 툴킷 전략'(modular toolkit strategy)을 통해 자동차를 레고블럭식으로 만들려는 시도를 하고 있다.

폭스바겐 그룹은 2013년 현재 폭스바겐, 아우디, 스코다, 벤틀리, 포르쉐 등 12개의 자동차 브랜드와 280여 개의 차종을 보유하고 있는데, 브랜드간 차별성을 그대로 유지하면서 기술 솔루션을 다양화하기란 쉬운 일이 아니다. 폭스바겐은 이러한 복잡성을 해결하고 동시에 다양성을 확보하기 위한 대안을 '자동차의 레고화'에서 찾고 있으며 엔진위치·인터페이스 표준화, 다양한 엔진을 감안한 차체 설계를 추진하고 있다. 이를 통해 자신들이 개발하고 있는 TSI 가솔린, TDI 디젤, 하이브리드, BEV, CNG, 에탄올, LPG엔진들이 '모듈형 횡적 플랫폼(MQB)'에서 비교적 자유롭게 호환된다는 점을 메가 플랫폼 전략의 핵심적인 장점으로 제시하고 있다.[23]

사례 ● **폭스바겐의 레고블록형 설계**

폭스바겐은 차체, 파워트레인(엔진·변속기 등), 내·외장, 전장(전자장치)의 4가지 관리영역을 만들고 이 부분들의 하위 개념으로 30개 부품군(tool kit)을 만들었다. 즉 '모듈형 횡적 플랫폼'(MQB)에서 30개 부품군을 레고블록 쌓듯 조립하여 차 한 대를 만들 수 있게 한 것이

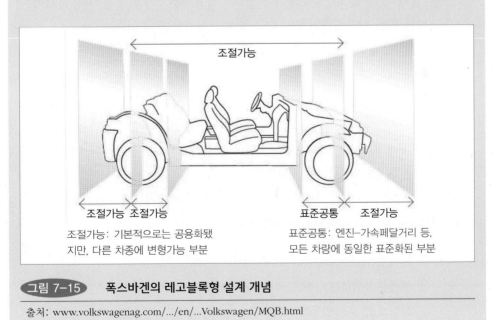

그림 7-15 **폭스바겐의 레고블록형 설계 개념**

출처: www.volkswagenag.com/.../en/...Volkswagen/MQB.html

---

23) 감덕식, "'자동차를 레고 블럭식으로', 폭스바겐 제조의 새 지평 열까?", *LG Business Insight*, 2013.12.25 발췌·수정.

다. 그런데 자동차는 엔진이 가로로 배치되느냐 세로로 배치되느냐, 전륜 구동이냐 후륜 구동이냐에 따라 레고블록을 쌓는 기반이 달라져야 한다. 따라서 폭스바겐은 이런 레고블록을 쌓는 판을 [그림 7-15]처럼 표준공통으로 지정된 영역을 제외한 나머지 부분에서는 자유롭게 바꿀 수 있도록 했다. 4가지 형태의 판에 30개 블록을 조합해 폭스바겐의 모든 차를 만들 수 있다는 얘기이다.[24)]

폭스바겐의 '모듈러 툴킷 전략'에 자극을 받은 일본 자동차 메이커들도 메가플랫폼 전략을 추진하고 있다. 도요타는 2011년 '뉴 글로벌 아키텍처(NGA)' 전략을 발표하고, 폭스바겐과 비슷한 방식으로 엔진 · 차체 부분 등을 일체화해 개발하고 이 부분들을 조합하여 차량을 만들겠다고 밝혔다.

3.3 그룹테크놀로지

소련의 미트로파노브(S. P. Mitropanov)와 서독의 오핏츠(H. Opitz)에 의해서 각각 발전된 **그룹테크놀로지**(GT: group technology)는 다품종 소량생산에서 유사한 가공물들을 집약 · 가공할 수 있도록 부품설계 · 작업표준 · 가공 등을 계통화시켜 생산효율을 높이는 기법으로 집단가공법 또는 유사부품가공법(part family production method)이라 한다.

GT에서는 유사한 공작물(형상 · 치수 · 가공법이 유사한 것)들을 그룹으로 나누어 그룹별로 적절한 공작기계와 공구를 이용하여 가공함으로써 준비 및 다듬질 · 공정간 운반 · 가공 대기 등을 줄일 수 있다. GT는 무질서하게 가공하는 경우보다 가공로트가 커지게 되어 생산성을 향상시키고 평균 생산비를 절감하는 대량생산의 유리점에 접근할 수 있다([그림 7-16] 참조).

GT의 본질은 모든 가공물(주로 부품)을 형태 · 크기 · 가공기술 등의 유사성에 따라 분류하는데, 이의 **접근방식**으로는

① 목측법(目測法, tacit judgement or eyeballing)
② 부품분류법(部品分類法, classification and coding: C&C)
③ 생산흐름 분석법(production flow analysis: PFA)이 있다.

---

24) 감덕식, 상게서.
  "폭스바겐, 플랫폼 하나로 20가지 차종 300만대 생산", 조선일보, 2011.12.16.

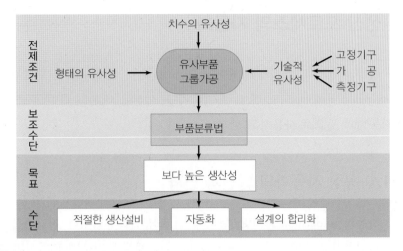

그림 7-16   그룹 테크놀로지의 내용

전통적 GT에서는 ②의 방법이 주로 사용되어 왔다([그림 7-16] 참조).

부품분류법(C&C)은 가공물의 형상·크기·가공기술(준비·기계가공·조립·공정순서·측정방법)등의 유사성을 기준으로 부품을 그룹으로 나눈 후 각 그룹에 대해서 고유의 숫자나 문자로 된 코드를 부여하는 방식이다. 설계검색(design retrieval)의 합리화와 체계적인 부품그룹의 형성을 목적으로 한다. 그러나 이 접근방식은 분류과정이 복잡하여 많은 시간과 비용이 소요되는 것이 결점이다.

생산흐름 분석법(PFA)은 복잡한 부품분류과정을 거치지 않고 부품의 절차표(route sheet)상에 기재된 작업순서와 공정흐름에 관한 정보를 이용하여 가공내용이나 공정흐름이 유사한 부품그룹을 논리적으로 편성하는 방법이다(9장 2.3.3 셀형 배치의 분석과 배열 참조).

특히 가공물이 설계특성면에서 형상·크기 등의 직접적인 유사성이 별로 없을 때는 C&C를 사용하는 것보다 PFA법을 적용하여 셀시스템(cell system)을 설계하는 것이 효과적이다.[25]

---

25) C.C. Gallagher et al., "Group Technology in the Plastic Molding Industry", *Production Engineer*, Vol. 52, No. 4, Apr. 1973.

4 생산 프로세스의 자동화

공장 자동화를 흔히 FA(Factory automation)로 표기한다. 미국에서는 CIM(computer integrated manufacturing)으로 표기하지만, 일본을 비롯한 다수의 국가에서 FA를 공장 자동화의 뜻으로 사용하고 있다.

4.1 공장 자동화의 발전과 진화

자동화(automation)는 1960년대에 이르러 화학공업이나 철강업을 중심으로 한 장치산업에서 오토메이션(process automation) 체계를 갖추게 되었지만, 기계공업에서는 수치제어장치를 부착한 NC(numerical control) 공작기계로서 가공 및 준비시간을 단축하는 정도였다.

1970년대에 들어와서 이른바 메카트로닉스(mechatronics) 기술에 힘입어 컴퓨터로 제어되는 CNC(computer numerical control) 장비가 등장했으며, 이에 부가해서 산업용 로봇, 자동운반시스템(AGVs) · 자동창고(ASRS) 등을 한데 묶은 유연생산시스템(FMS) 개념이 1970년대 후반에 등장했다. 즉 NC 공작기계, 머시닝 센터, 산업용 로봇 등 단위기계 위주에서 이들의 조합인 FMC(flexible manufacturing cell)로서 특정 생산라인을 자동화하고, 이들 FMC의 조합으로 공정 전체를 자동화한 FMS로 발전했다([그림 7-17] 참조).

여기에 날로 발전하는 컴퓨터와 통신 등의 정보통신기술(IT)과 시스템 경영(SM) 및 종합 생산관리기술의 발전에 힘입어 전체 공장을 자동화하는 공장 자동화(FA 또는 CIM)가 추진되었다.

자동화의 유형은 흔히 오토메이션(automation)[26]이라 부르던 고정자동화와 근래 다

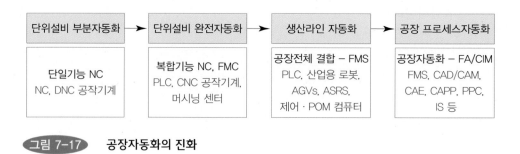

그림 7-17 공장자동화의 진화

---

26) 오토메이션의 설명은 이순룡, *생산관리론*(3판), 법문사, 1989, pp. 268~269 참조.

품종 소량생산 공장에서 사용하는 유연자동화로 나눌 수 있다.

고정자동화(fixed automation)는 한정된 제품이나 부품을 대상으로 고정된 순서로 작업을 행하는 전형적인 오토메이션이다.

유연자동화(flexible or programmable automation)는 다양한 제품을 생산하는 공장에서 제품 종류가 바뀔 때마다 명령 프로그램을 변경하여 자동으로 생산하는 시스템이다. 이는 프로그램 변경이 가능한 로직 콘트롤러(programmable logic controller: PLC)를 장착한 머시닝 센터나 NC 공작기계에서 발전된 자동화의 유형으로 다품종 소량생산 기업이나 중소기업에서 선호된다.

> 📖 **참고** **PLC(programmable logic controller)**
>
> 기존 릴레이 제어 기능을 마이크로프로세서를 이용해 통합시킨 논리 제어장치이다. PLC는 프로그램을 작성하여 시퀀스 제어(sequence control)는 물론 산술 연산, 논리 연산, 함수 연산, 조절 연산 및 데이터 처리를 실행한다.

4.2 자동화의 피드백 메커니즘

자동화 내지 오토메이션의 공통된 기본 원리는 시스템의 유기적 결합을 위해서 필요한 시퀀스 제어(sequence control)와 피드백 컨트롤(feedback control)이다. 설비들이 자동으로 작동되기 위해서는 명확한 운전순서에 따라 작업이 이루어져야 하는데 이것을 정의하는 것이 시퀀스 제어이며, 실제 설비들이 정해진 작업 순서에 따라 동작하고 있는지를 파악하는 피드백 컨트롤이 융합되어 운영되는 머신 시스템(machine system)이 바로 공장 자동화이다. 이 자동 시스템은 피드백 컨트롤에 의해서 자기규제(self-regulation) 내지 자기 제어(self-control)를 자동으로 행하므로 자동화나 오토메이션의 **핵심기능**은 피드백 컨트롤이다. 피드백 컨트롤에 의한 고도의 자동제어는 클로즈드 루프 시스템(closed loop system)에 가능한데([그림 7-18] 참조), 오토메이션은 이들 클로즈드 루프 시스템으로 운영된다.

피드백(feedback)이란 '시스템의 활동에서 결과(effect)가 원인(cause) 쪽으로 되돌아가는 것"으로 자동화에서 가장 중요한 개념이다. 자동화 시스템에서 피드백 컨트롤을 행하는 **피드백 메커니즘**(feedback mechanism)은 다음 4요소로 구성된다.

① 측정(검출)장치(sensing unit or sensor)
② 비교장치(comparer)

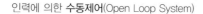

인력에 의한 **수동제어**(Open Loop System)   **자동제어**(Closed Loop System)

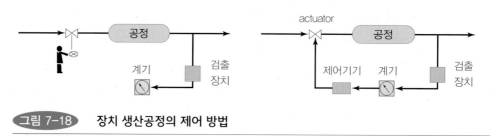

그림 7-18   **장치 생산공정의 제어 방법**

③ 결정장치 또는 의사결정자(decision maker)

④ 수정장치(effector)

이들 메커니즘은 시스템(생산공정)에서 나오는 제품의 특성치를 측정장치에서 측정하여 이를 목표치와 비교해서(비교장치) 이에 따라 수정장치를 작동시키는 시스템의 활동으로 피드백 된다. 이들의 기능을 장치산업에서 수동으로 제어하는 경우와 자동으로 제어하는 경우로 나누어 도시한 것이 [그림 7-18]이다.

4.3 공장 자동화의 구성요소

공장자동화를 구성하는 요소는 대별해서 하드웨어와 소프트웨어로 나눌 수 있다. 하드웨어(Hardware: H/W)로는 NC 공작기계, 산업용 로봇, 자동 운반차, 자동차고 등의 자동화 설비와 CAD/CAM이나 정보의 처리와 관리를 위한 컴퓨터 장치 그리고 시스템 간의 정보전달을 위한 통신기기 등이 있다. 소프트웨어(software: S/W)로는 PLC(programmable logic controller)와 FMS 등의 제어시스템(control system)과 정보관리를 위한 소프트웨어 그리고 전체 시스템의 통합을 위한 시스템 통합(SI) 소프트웨어 등을 꼽을 수 있다.

4.4 공장 자동화의 구성 장비(HW)

4.4.1 NC 공작기계

수치제어(Numeric control: NC)[27] 기술을 공작기계에 적용해서 기계가공을 자동으로 행하는 것으로 수치제어가공은 NC 공작기계가 중심이 된다.

NC 공작기계는 다양한 가공작업을 수행할 수 있도록 개발되었기 때문에 다품종 중·소량생산시스템에서 많이 적용되고 있다.

NC공작기계는 정보처리의 정도에 따라 다음과 같이 분류할 수 있다.[28]

① 일반 NC 공작기계(conventional NC Machine)
② 컴퓨터 수치제어 기계(computer numerical control: CNC)
③ 직접 수치제어 기계(direct numerical control: DNC)
④ 머시닝 센터(machining center)

DNC 기계군([그림 7-19] 참조)은 여러 대의 NC기계를 컴퓨터에 연결하여 외부 기억장치에 저장된 NC용 가공지령정보를 필요에 따라 컴퓨터를 통해서 전달받아 공작기계를 움직여서 작업을 수행한다.

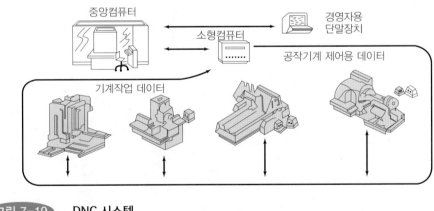

그림 7-19 DNC 시스템

---

27) 수치제어란 digital 정보에 의해서 기계를 제어하는 방식으로서 컴퓨터에 기억된 프로그램에 의해서 수행된다.
28) K. Hitomi, *Manufacturing System Engineering*, Taylor & Francis Ltd., 1979.
조규갑 역, *생산시스템공학*, 탑출판사, 1980, pp. 271~279.

4.4.2 산업용 로봇(industrial robot)

산업용 로봇은 1954년에 데볼(G. Devol)이 단순한 동작(pick and place)을 행하는 로봇 설계를 미국 연방정부 특허청에 신청함으로써 처음으로 소개되었다.[29] 데볼과 엥겔버거(J. Engelberger)가 고안한 고정식 산업용 로봇인 유니메이트는 1960년대 초반 제너럴 모터(GM)의 생산 라인에서 다이캐스팅된 제품을 옮기고 차량의 몸체를 용접하는 역할을 담당하였다. 무게가 대략 2톤 정도인 유니메이트 팔은 자기 드럼에 저장된 명령어 순서대로 작동하였으며, 다양한 작업을 수행할 수 있었다.[30]

산업용 로봇은 여러 가지 작업을 수행할 수 있도록 다양하게 프로그램된 동작을 통하여 자재, 공구 또는 특정장치를 옮길 수 있도록 설계되었으며 동작 프로그램을 변경할 수도 있는 다기능 매니퓰레이터이다.

산업용 로봇의 핵심 요소는 작업을 수행하는 매니퓰레이터(manipulator)와 이의 작업동작을 내장된 동작 프로그램으로 지시하고 통제하는 제어 시스템(control system)이다. 매니퓰레이터란 인간의 손이나 팔의 기능(대상물을 공간적으로 옮기는 기능)을 갖춘 기구로서 어깨회전, 팔꿈치 펴기, 팔회전, 손목의 아래위 젖히기(pitch), 좌우이동(yaw), 회전(roll)의 기본 동작을 수행한다([그림 7-20] 참조).

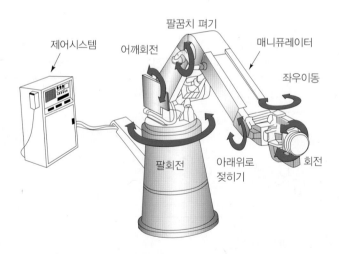

제어시스템 어깨회전 팔꿈치 펴기 매니퓰레이터 좌우이동 팔회전 아래위로 젖히기 회전

그림 7-20 산업용 로봇과 기본동작

29) J. R. Evans, *Applied Production and Operations Management*, 4th ed., 1994, p.274.
30) 한국산업기술진흥원, *죽기 전에 꼭 알아야 할 세상을 바꾼 발명품 1001*, 마로니에북스, 2010.

다음 사례에서 볼 수 있는 것처럼 근래 전자기술의 발전과 더불어 시각은 물론 지각과 판단능력을 갖춘 로봇이 개발되고 있어 로봇의 적용분야는 앞으로 더욱 확대될 것이 예상된다. 우리나라 생산공장에 도입되고 있는 로봇은 주로 도장용·용접용·가공제작용·운반용으로 사용되고 있다.

사례 ● 삼성중공업의 자동 용접용 스파이더 로봇

삼성중공업의 용접 자동화율은 68%이다. 대표적인 자동화 장비는 용접과 절단, 가공 등 작업량이 많고 정확성이 요구되는 분야에 투입되는 로봇 시스템들이다.

대조립 용접 로봇 시스템은 '론지'라고 불리는 높이 60cm 내외의 블록 내부 보강재를 넘어 다닐 수 있는 이동로봇으로, 폭 1m 정도의 협소한 공간에서 용접작업을 수행할 수 있는 6축 다관절 로봇 팔, 용접선 실시간 추적, 간격 측정 등을 수행하는 레이저 비전 시스템 등으로 구성돼 있다.

스파이더 로봇은 생산 자동화의 대표적인 사례로 LNG 화물창에 사용하는 스테인리스 패널 1만여 장을 자동으로 용접하는 역할을 한다. 네 다리를 사용해 자동으로 이동하는 스파이더 로봇의 오차 범위는 화물창 내부 용접 길이 총 연장 55km 중 10㎜ 이내다. 스파이더 로봇이 개발되기 전에는 반자동 용접시스템을 사용했는데, 3m를 용접할 때 마다 두 명의 작업자가 이동과 부착을 반복해야 했다.

기존 반자동 용접시스템은 작업자 두 명의 하루 작업량이 40m에 불과했으나, 스파이터 로봇은 한 대로 하루 80m를 용접함으로써 생산성이 4배 이상 증가했다. 또한 세계 최초로 곡가공 분야에 로봇 시스템을 도입했다. 선박의 곡면 부위는 철판을 프레스 벤딩 후 열을 가해 곡면을 만들고, 그 조각을 붙여 만든다. 이 때 원하는 곡면을 만들기 위해 어디에 얼마만큼의 열을 가해야 하는지는 기술자의 경험에 의존했다. **곡가공 로봇**은 3차원 비접촉식 센서를 이용, 현재 철판의 형상을 계측하고, 자동으로 가열선을 생성, 가열하는 과정을 반복함으로써 원하는 곡면 형상을 만들 수 있도록 해주는 시스템이다.[31]

4.4.3 셀형 제조방식(CMS)

GT의 개념을 NC공작기계와 산업용 로봇을 사용하는 생산공정에 연결시켜([그림 7-21] 참조) 생산의 유연성을 높이고 생산성을 향상시키는 기법으로 셀형 제조방식이 있다. 이는 NC공작기계와 FMS의 중간형태의 것이다.

---

31) "삼성중공업, 기술력으로 부가가치 높인다", 헤럴드경제, 2011.12.5.
   "세계최고, 한국 조선경쟁력의 비밀은?", 머니투데이, 2013.6.6.

셀형 제조방식(cellular manufacturing system: CMS)은 단일의 조직개체인 셀(cell)에서 원자재를 구성품이나 제품으로 바꾸는 시스템이다. 이 경우 기능별·개별 생산공정의 물리적 구분을 '생산셀'이라 하는데, 각 셀은 사용설비나 공구 또는 가공내용이 유사한 부품군별로 생산하도록 설계된다.

전통적 생산시스템과 비교한 셀형 제조방식의 **장점**으로는

① 운반코스트의 감소, ② 공구사용의 감소, ③ 인간관계의 개선, ④ 전문기술의 향상을 들 수 있다.[32]

이 방식의 단점은 투자액이 증대된다는 점과 기계이용률이 떨어진다는 점 등이다.

> 📖 **>> 참고** **생산 셀(manufacturing cell)**
>
> 생산 셀은 가공셀과 조립셀로 나누어 볼 수 있다. 가령 NC공작기계만으로는 연속 자동운전을 할 수 없지만 여기에 작업자 역할을 하는 로봇과 팔릿 교환장치(pallet changer)를 연결하면 가능해진다. 즉, NC공작기계에 로봇을 붙인 시스템은 연속자동가공이 가능한 최소단위의 생산셀로서 이를 '가공셀'이라 한다.
>
> 가공셀의 개념도를 보면 [그림 7−21]과 같다. 가공셀과 연결되어 조립셀이 사용되는데 조립셀은 조립용 로봇트와 조립용 주변기기로 구성된다.

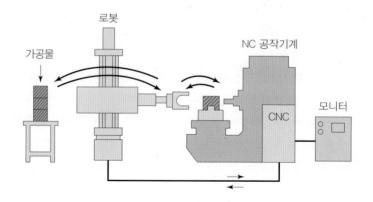

그림 7−21 **가공셀의 개념도**

---

32) J. L. Burbidge, "A Manual Methods of Production Flow Method," *Production Engineer*, Oct. 1977.

4.4.4 FMS(유연생산시스템)

유연생산시스템(FMS)은 다양한 제품생산(가공)을 자동으로 행하는 유연 자동화 (flexible automation)의 개념에 의해서 여러 가지의 자동 생산기술과 생산관리 기술을 종합한 유연성이 높은 생산시스템의 일종으로 '유연생산시스템'으로도 불리운다.

FMS(flexible manufacturing system)는 CNC에 의해서 자동으로 작동되는 공작기계와 산업용 로봇의 작업기계(Work machine), 가공물의 자동착탈 장치, 자동 팰릿교환장치, 자동 공구교환장치, 무인 운반차(automatic guided vehicles: AGVs), 자동창고시스템 (automated storage & retrieval system: AS/AR) 등의 운반기계(Material handling machine) 와 이들을 종합적으로 관리하고 제어하는 컴퓨터와 소프트웨어 등의 중앙제어 컴퓨터(central control computer)로 구성된 자동생산 시스템이다.

전통적인 생산방식과 비교해서 FMS는 노동력 절감이 월등하며 상대적으로 작업속도가 빠르고 품질수준 또한 높다. 다품종 소량생산공장에서 FMS의 도입으로 기대되는 효과는 다음과 같다.

① 다양한 부품(제품)의 생산 · 가공
② 가공준비 및 대기시간의 최소화로 제조 소요시간의 단축
③ 설비 이용률의 향상
④ 생산 인건비의 감소
⑤ 제품품질의 향상
⑥ 필요시 필요량 가공으로 공정품 재고의 감소
⑦ 종합생산시스템의 확립으로 생산관리 능력의 향상

FMS는 다수의 상이한 부품을 이용하여 소량(중량)을 경제적으로 제조하는 능력이 있으며, 기계이용률은 전형적인 NC 기계의 50%와 비교해서 85%나 높다. 준비시간이 짧고, 부품운반이 보다 능률적이며, 여러 부품이 동시에 가공되기 때문이다. 따라서 전형적인 생산공장에 비해서 운반비용과 생산비가 저렴하다.

4.5 공장 자동화의 시스템 관리 SW

4.5.1 CAD/CAM

CAD(Computer aided design)란 컴퓨터를 이용해서 설계를 자동으로 행하는 시스템으로 제품특성에 관한 수치(시방)를 컴퓨터에 입력하면 이에 따라 적절한 정보 내지

설계가 제시되는 시스템이다. 전형적인 CAD 시스템은 디지털 컴퓨터에 연결된 1대 이상의 단말기로 구성된다.

CAD에서 많이 이용되는 분야는 패턴설계로서 키보드나 라이트 펜을 사용해서 CRT(cathode ray tube)상에 설계모색을 하는 컴퓨터 그래픽이 중심이 된다.

단순한 설계자동화 수단이 아닌 완전한 CAD시스템을 이루려면 적어도 ① 설계계산 ② 부품분류 ③ 제조공정과의 연계기능 등이 뒷받침되어야 한다.[33]

(1) 설계계산(design calculation)

설계자료가 컴퓨터에 입력되면 응력분석·재료강도 및 온도의 계산을 비롯한 공학적인 설계계산을 할 수 있다. 그 결과 설계검토가 감소되고 고가의 프로토타입을 만들지 않고서도 설계상의 문제를 해결할 수 있다. 반도체·자동차·선박·항공기와 같이 복잡한 제품의 설계는 컴퓨터를 이용한 자동설계의 의존도가 점차 높아지고 있다.

(2) 부품분류(parts classification)

부품의 모양과 기능별로 구분할 수 있도록 부품코드를 부여하여 부품들을 분류해 데이터 베이스를 구축하면 부품설계 시 기존자료를 효과적으로 이용할 수 있다. 신제품 설계라 하더라도 대부분(60~80%)의 설계자료는 기존 제품의 데이터 베이스를 이용하는 것이 통례이다.

(3) 제조와의 연계(link to manufacturing)

제품설계는 공정설계로 이어지는 것이 순서이다. 제품설계단계에서 구축된 데이터 베이스를 연결하여 제조 공정을 설계하면 설계가 간소화됨은 물론 보다 바람직한 공정이 이룩될 수 있다.

CAD의 **장점**은 설계시간이 단축되고 설계의 생산성이 향상된다는 점으로 설계자의 생산성을 3~10배 정도 상승시킨다고 한다.

CAD로부터 산출된 데이터를 가공정보로 바꾸어 NC 공장기계나 머시닝센터 등에 지시하는 것이 CAM(computer aided manufacturing)의 역할이다. 즉 CAD가 갖고 있는 설계정보나 CAP(computer aided planning)이 갖고 있는 생산계획정보를 토대로 공정설계·일정계획·치공구설계·공정의 순서결정·치공구의 선정 등 생산과 관련된 사항을 다루는 시스템이 CAM이다.

CAM은 제품제조나 가공에 관련되는 컴퓨터 지원기술로서 생산준비단계에서는 공정설계·공구설계·가공정보를 작성하고 생산단계에서는 가공·조립·검사 등의 작

---

33) R. G. Schroeder, *Operations Management,* 3rd ed., McGraw-Hill, 1989, pp.168~169.

업과정에서 컴퓨터를 이용하여 작업을 수행하도록 지원하는 시스템이다.

4.5.2 컴퓨터 통합 생산(CIM)

CIM(computer integrated manufacturing)은 컴퓨터를 비롯한 정보시스템 및 시스템경영의 지원을 받아 제품설계, 공정설계 및 관리, 제조, 종합관리 기술 등의 생산시스템을 전체적으로 통합한다는 개념이다([그림 7-22] 참조). 이 개념은 1980년대 미국의 기계장비 제조업체와 전산자동시스템연합(Computer and Automated Systems Association)을 주축으로 한 SME(society of manufacturing engineers)에 의해서 제시되었다.

고객의 주문에서부터 제조 및 출고에 이르기까지 생산의 모든 단계를 자동으로 통합하는 것이 CIM의 궁극적인 목표이다. 컴퓨터 통합생산(CIM)으로 설계 및 제조활동의 생산성과 품질이 향상되고, 재고비용이 감소하며, 공간이나 자재 등에서 발생되는 비용이 절감되는 효과가 있다. 1980년대에 메카트로닉스와 공장 자동화(FA)의 개념적인 단계를 거친 일본의 선도 기업들은 CIM이 중요하다는 메시지를 보여준다.[34]

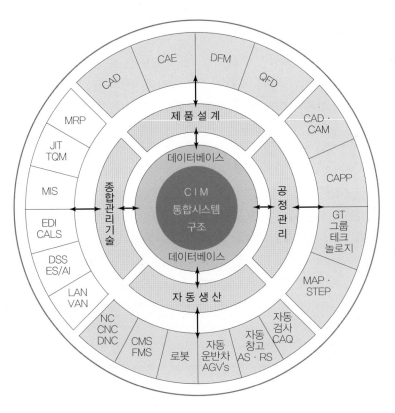

 그림 7-22   컴퓨터 통합생산(CIM)의 구성요소

34) T. G. Gunn, *21st Century Manufacturing*, Harper Collins Publishing, 1992.

CIM은 대별해서 제품설계, 공정계획·자동생산, 종합관리 기술로 구성되어 있는데, CIM의 실제 이득은 개개 기술의 효과보다는 이들 구성기술의 통합으로 발생되는 시너지효과이다. 이는 개별기술의 효과와 데이터 통합의 효과와의 상승효과가 있기 때문이다.

공장자동화의 기본이 되는 메카트로닉스 기술인 기계기술과 전자기술, 그리고 정보기술(IT)의 발전과 더불어 공장 자동화(FA)는 유연생산시스템(FMS)과 경영정보시스템(MIS) 등을 유기적으로 결합한 컴퓨터 통합 생산시스템(CIM)에서 다시 '스마트 공장'으로 옮겨가는 추세이다.

사례 ● BMW '딩골핑 스마트 공장'의 로봇 작업

이곳에서 근무하는 직원 수는 딩골핑 인구와 맞먹는 1만7,500여명에 달한다. BMW는 2014년 3시리즈부터 7시리즈까지 총 36만9,000대의 차량을 만들어냈다. 딩골핑 공장에서는 하나의 조립 라인에서 최대 4개 모델까지 생산할 수 있다. BMW는 이 곳을 '진정한 스마트 공장'이라 자부한다.

공장 전체에서 조립 라인을 제외한 프레스, 차체(보디), 도장 라인은 자동화가 이루어져 로봇들이 많은 작업을 담당한다. 4,500여 곳을 용접해 자동차 틀을 만들고 3차원(D) 박음질로 일정한 품질의 가죽 시트를 만드는 것도 로봇의 역할이다. 잘못된 부분이 없는지 검사하는 측정 로봇의 경우 정확도가 100분의 1밀리미터에 달한다.

CFRP 공정에서 로봇이 탄소섬유강화플라스틱을 고온의 오븐에 넣어 가열한 다음, 강철과 접착하는 작업을 수행한다. CFRP 차체 제작 공정은 자동화율이 95%에 달한다. 조립 공장에서 차체를 조립하는 작업자들은 작업도중에 '모니터'를 쳐다보면서 작업을 한다. 부품이 제대로 공급됐는지, 나사를 제대로 조였는지, 조립 위치는 정확한지 등을 컴퓨터가 각종 센서로 감지해 모니터에 정보를 표시한다. 작업자가 화면에 나타난 대로 작업을 수행한 뒤 손가락으로 '확인' 버튼을 누르면 그 다음에 조립할 부품의 모양과 순서가 나타난다.

460대 로봇이 2,500여개 공정에서 100분의 1mm 수준의 오차까지 잡아낸다. 부품 재고와 주문량을 파악해 작업 속도까지 조절하는 수준이며 기존 공장보다 스마트 공장의 생산성이 2배 가량 높다. MRI(자기공명영상)를 찍는 것처럼 도어 구석구석을 살피는 로봇은 정밀 카메라로 1,000곳 이상을 점검한다. 정상 부위는 초록색으로 표시되지만 문제가 있는 곳은 빨간색으로 나타나, 엔지니어가 즉각 문제가 생긴 부분을 발견할 수 있다.[35]

---

35) "세계 유일의 7시리즈 생산기지… 숙련된 '匠人들'이 직접 조립", 조선비즈, 2015.6.24.
　　"실험실 같은 공장 … 460대 로봇이 0.01mm 오차도 잡아내", 중앙일보, 2015.6.15.

이 장의 요약

'프로세스의 설계와 혁신'을 다루고 있는 본 장에서, 1절은 생산공정의 유형 및 설계 시 고려사항, 2절에서는 프로세스 혁신과 개선을 3절에서는 생산 프로세스의 유연화 방식인 셀생산, 모듈생산, 블록생산, 그룹 테크놀로지 등을 다루며, 4절에서는 공장자동화에 대해서 설명하였다.

이 장에서 기술된 주요내용을 요약하면 다음과 같다.

- 프로세스는 자원을 이용하여 가치를 창출하는 하나의 변환과정으로서 활동, 작업과 같은 하위프로세스로 구성된다. 제조공정, 서비스과정, 업무 과정은 모두 프로세스이다.
- 프로세스 설계의 결정요인은 제품의 다양성, 생산량, 품질, 표준화 등으로 지목되고 있으나, Krajewsky는 프로세스구조, 자본집약도, 자원유연성, 고객참여도의 4가지를 제시하였다.
- 공정설계를 입안함에 있어 제품기술과 공정기술의 상호작용을 고려해야 되는데, 공정·제품 매트릭스는 공정과 제품전략간의 상관관계를 이해하는데 도움이 된다.
- 종래는 '규모의 경제'만으로 생산공정을 결정했지만 FMS와 같은 새로운 공정기술의 등장으로 '범위의 경제'를 아울러 고려하게 되었다. 통합의 경제란 규모의 경제와 범위의 경제가 공존함을 뜻한다.
- 프로세스의 혁신을 통해서 가치전달시간을 단축시킬 수 있고 이로써 경쟁력을 강화시킬 수 있다. 일본의 JIT시스템 등에서 시간요소를 전략적으로 활용하고 있다.
- 공정설계와 공정분석에 이용되는 도표로는 조립도표·작업공정도표·공정분석표·경로도·선후공정도 등이 있다.
- 다양한 수요에 대응하려면 유연한 생산공정의 구축이 요구된다. 이의 접근방법으로는 그룹 테크놀로지·셀생산·모듈생산·블록생산·레고블록생산·FMS 등이 있다.
- 「유연 생산시스템」으로 불리는 FMS는 여러 가지 자동생산기술과 생산관리기술을 하나의 생산시스템으로 종합한 자동생산 시스템이다.
- 오토메이션의 기본원리는 시스템의 유기적 결합의 원리와 피드백 컨트롤에 있다.
- FA 또는 CIM으로 표기되는 공장자동화는 시스템구성 H/W, 시스템제어 및 정보관리 S/W, 시스템통합의 구성요소를 가지고 있다.
- CAD는 컴퓨터를 이용하여 설계를 자동으로 행하는 시스템이고, CAM은 제품제조나 가공에 관련되는 컴퓨터 지원기술을 의미한다.
- 컴퓨터통합생산(CIM)은 컴퓨터, 정보시스템, 시스템 경영의 지원을 받아 제품설계, 공정설계 및 관리, 제조, 종합관리기술에 의해 생산을 완전히 통합하는 개념이다.
- 피드백 콘트롤의 주요 메카니즘은 측정장치·비교장치·결정장치·수정장치이다.
- 공장자동화(FA)의 메카트로닉스 기술은 정보기술(IT)의 발전과 더불어 유연생산시스템(FMS)과 경영정보시스템(MIS) 등을 유기적으로 결합한 컴퓨터 통합 생산시스템(CIM)에서 다시 '스마트 공장'으로 옮겨가는 추세이다.

제 8 장
전략적 능력계획과 설비 선정

① 생산능력의 개념과 측정

1.1 생산규모와 생산능력

생산시스템을 설계할 때에 생산규모나 능력의 크기를 신중히 결정해야 한다. 생산설비의 규모가 너무 작으면 생산원가 내지 경쟁 면에서 불리할 것이고, 반대로 너무 크면 체화현상(滯貨現像)이 일어나고 이로 말미암아 재고 유지비용이 늘게 되며, 불황시에는 고정비의 압박으로 이익감소의 위험이 따른다. 따라서 생산시스템을 설계할 때에는 생산규모나 능력을 적정수준에서 모색할 필요가 있다.

1.1.1 규모의 경제와 비경제

공급자가 시장을 지배하던 시절에 제조기업은 전통적으로 규모의 경제를 추구해 왔다. 규모의 경제(economies of scale)는 전체 생산비용이 생산량의 증가율보다 완만하게 증가할 때 나타나는데, 대량으로 생산하면 고정비가 분산되어 단위당 평균비용이 감소하기 때문이다. 이상적인 규모의 경제는 단위당 평균 생산비가 최저에 이르는 최적 운영 규모(optimum operating size)나 최적 조업도, 즉 최적 운영 수준(optimum operating level)에서 이루어진다([그림 8-1] 참조).

한편 생산량을 지나치게 늘려서 생산능력을 초과하게 되면 오히려 생산설비의 효율은 떨어지고 복잡성이 증대되며 생산비용이 늘어나서 규모의 비경제에 이른다. 규모의 비경제(diseconomies of scale)는 전체 생산비용이 생산량의 증가보다 빠르게 증

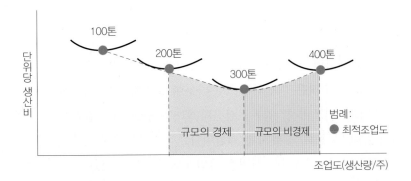

그림 8-1　규모의 경제와 비경제

가할 때 발생한다.

규모의 경제와 비경제 개념은 주어진 시설규모에 따른 최적 운영수준과 특정 생산 설비의 최적 규모를 연관시켜서 이해해야 한다. [그림 8-1]은 소규모, 중규모, 대규 모에서의 각 최적 운영 수준들과 이들 모두에서의 최적 규모를 나타내고 있고 규모 의 경제에서 규모의 비경제로 전환되는 과정을 보여주고 있다.

현실적으로 경쟁이 치열하고 수요가 다양화된 고객지향 시장(customer oriented market)에서는 생산량이 상대적으로 적어서 최적 규모에 이르기 힘든데, 생산량이 적 어지면 고정비 부담이 늘어나 생산비용이 증대되기 쉽다. 생산자의 입장에서는 최적 규모가 바람직하지만, 시장이나 수요의 제약을 받게 되므로 생산규모를 정함에 있어 예상되는 시장수요(판매량)와 판매가격 등을 고려하여 단위당 이익이 최대가 되는 최 유리 규모(most profitable size)를 추구할 필요가 있다.

1.1.2 집중화 생산(focused production)

스키너(W. Skinner) 교수가 제시한 집중화 공장(focused factory)[1]개념에 따르면, 모 든 제품을 한 장소에서 대규모로 생산하는 공장보다는 제품별 또는 공정별로 전문화 된 공장이나 시장에 따라 분산되어 생산하는 작은 공장이 관리자와 작업자들을 소수 의 과업에 집중시키고 생산능력을 발휘시키기가 용이하기 때문에 좀 더 좋은 성과를 얻게 된다고 했다. 이 경우 집중화된 각 공장은 각자 특유의 경쟁우선순위나 공정기 술 등에 집중하며 대규모 설비 내에서도 공장 내 공장(plants within plant: PWP)을 가 짐으로써 집중화 생산을 이룰 수 있다.

결국 집중화 생산이란 각 공장에 특정한 미션을 부여하여 생산 능력을 집중하는

---

1) W. Skinner, "The Focused Factory", *Harvard Business Review*, May-June 1974.

것을 말한다. 유리한 점으로는 생산자원의 집중적인 사용에 의한 생산원가의 절감, 팀 중심의 문제해결능력 증대, 경영계층의 축소와 부서간 의사소통 원활 등을 꼽을 수 있다. 제너럴 일렉트릭(GE)의 항공기엔진 그룹은 2개의 거대한 단지에서 생산하던 것을 8개의 작은 위성공장으로 나누어 운영하였다. 미국의 휴렛 패커드, AT&T, 일본의 리코, 미쯔비시, 일본전신전화(NT&T) 등에서도 집중화 생산을 도입하였는데[2] 소사장제(小社長制)도 유사한 개념이다.

집중화 생산의 개념은 서비스 산업에도 적용될 수 있다. 우리나라의 이랜드는 직업이나 연령층별로 시장을 차별화한 제품별로 사업부를 나누어 운영하며, 공장 없이 영업과 제품개발에 치중하는 독특한 집중화 조직을 운영하고 있다.

1.1.3 생산능력의 개념

생산규모는 주로 생산설비에 의해서 결정되는데 설비의 능력적 관점에서 볼 때, 설비의 생산능력으로 좁혀서 표현할 수도 있다. 생산능력이란 본래 생산요소인 인적 및 물적 요소의 능력을 말하는 것으로 작업 능력과 설비능력으로 구분되지만 설비나 시설의 능력으로 나타내는 것이 보통이다.

슬랙(N. Slack)은 **생산능력**(capacity)을 생산시스템(공정)이 정상적인 상태에서 일정기간에 달성할 수 있는 부가가치 활동의 최대수준[3]으로 정의한다. 간단히 말해서 능력이란 특정 생산시스템이 일정기간 동안에 달성 가능한 최대 생산율(생산량)이다. 그러나 능력개념을 지나치게 단순화하면 정확한 능력 측정이나 평가에 어려움이 생긴다. 이는 능력이라는 단어를 여러 가지로 해석하거나 특정 상황에 대한 판단문제 때문에 발생한다.

1.2 생산능력의 측정척도

생산능력은 생산시스템의 투입단위나 산출단위로 측정될 수 있다. 〈표 8-1〉에서처럼 제조공장의 생산능력을 표시할 때, '일정기간 중 특정 생산시스템에서 생산하는 최대 생산량'으로 나타내고 서비스 시스템에서는 '생산에 투입되는 주요 자원(시설이나 사람)의 크기' 즉 투입량이나 시간으로 표시한다.

생산량과 같은 산출 척도(output measures)는 산출물의 특성이 일정한 제품의 생산공장이나 제품중심기업의 능력척도로 흔히 적용되며, 작업자나 기계시간과 같은 투

2) Krajewsky & Ritzman, *Operations Management*, 4th ed., Addison Wesley, 1996.
3) N. Slack et al., *Operations Management*, Pitman Publishing, 1995.

생산시스템	능력의 투입 척도(input measures)	능력의 산출 척도(output measures)
자동차 공장	기계시간, 작업시간	자동차 대수/주
정유 공장	정유처리 시간, 용량	석유 갤론/주
양 조 장	숙성 탱크 용량	리터/주
전 력 회 사	발전기 용량	발전량(KWH)/시간
농 장	농지 면적	수확량(톤)/년
수 리 공 장	기계 작업시간, 작업자수	수리대수, 수리액
항 공 사	항공기 좌석수	탑승 승객수, 운항거리/주
병 원	침상수, 의사수, 간호원수	진료 · 치료 환자수/주
극 장	상영관수, 좌석수	관람객수/주
대 학 교	입학생수, 교수수	졸업생수/년
소매점 매장	면적, 점원수	매출액/일

표 8-1 생산시스템의 능력척도

* 음영부분이 일반적으로 사용되는 능력 척도

입 척도(input measures)는 산출 특성이 일정하지 않은 서비스업이나 공정중심공장의 능력척도로 사용된다. 서비스업이라도 산출물의 특성이 일정한 전력공급업체의 생산 능력은 시간당 발전량(KWH: kilo watt hour)으로 표시한다(〈표 8-1〉 참조).

생산능력을 측정하거나 판단할 때 사용되는 **능력 척도**는 다음 세 가지이다.

① 설계능력(design capacity). 설계상에 표시된 성능 내지 용량으로서 생산시스템의 내 · 외 여건에 관계없이 생산설비나 시설에서 일정기간 중 생산가능한 최대 산출(생산)량이다.

② 유효능력(effective capacity). 주어진 여건([그림 8-2]의 내 · 외 요인) 내에서 일정 기간 중에 생산가능한 산출량(산출률)으로 시스템 능력(system capacity)이라고도 부른다.

③ 실제능력(actual capacity) 또는 실제 생산량. 현재의 생산자원(설비나 시스템)으로 실제로 달성한 산출률이나 산출량이다. 일상에서 발생하는 돌발적인 기계고장 이나 불량발생 또는 재료부족 등으로 유효능력에 미치지 못하는 것이 보통이다.

이들 세 가지 능력 척도들은 시스템의 유효성(system effectiveness) 측정에 있어 중 요한 척도가 되는데 특히 시스템 능력의 이용률과 효율 측정에 긴요하다.

효율(efficiency)[4]은 유효능력에 대한 실제 산출량의 비율이며, **이용률**(capacity utilization)은 설계 능력에 대한 실제 산출량의 비율이다.

---

4) efficiency는 일반적으로 능률이라 표현하지만 기계 등에 대해서는 효율이라 한다.

$$이용률(\text{utilization}) = \frac{실제\ 생산량}{설계\ 능력}$$

$$효율(\text{efficiency}) = \frac{실제\ 생산량}{유효\ 능력}$$

1.3 생산능력의 측정과 평가

생산시스템을 설계할 때는 유효능력을 합리적으로 산정한 다음, 이를 토대로 해서 장래 생산능력의 크기를 감안하여 시스템의 설계 능력을 결정한다. 또한 생산시스템을 운영할 때에는 시스템의 유효능력을 가급적 설계 능력에 근접되게, 즉 능력의 이용률이 높도록 시스템을 관리해야 한다. 생산능력의 이용률은 높을수록 좋은데 미국 산업의 경우 80%를 상회한다.

일반적으로 관리자들은 효율에 비중을 두는데, 특히 유효능력이 설계 능력에 비해 상당히 낮을 때 잘못된 능력 평가를 초래할 수 있다. 물론 효율의 증대는 생산량의 증가와 조업시간 및 비용절감을 수반한다. 그렇지만 기계설비의 효율은 유효능력을 초과하여 증대시킬 수 없기 때문에 소극적인 방법이 되기 쉽다.

아울러 생산능력의 측정이나 평가에서 피크능력과 지속능력은 구별되어야 한다. **피크능력**(peak capacity)은 잔업이나 임시 추가고용과 같은 일시적인 방편을 사용하여 짧은 기간 유지되는 능력이다. **지속 능력**(sustained capacity)은 정상적인 방법으로 오랫동안 계속 지속될 수 있는 일종의 평균 능력이다.

시스템을 설계할 때나 이를 관리하고 운영할 때에는 생산능력을 효율 중심으로 추구하기 보다는 시스템의 이용률을 향상시키는데 주력해야 한다. 시스템의 이용률을 개선하는 지름길은 시스템의 유효능력을 증대시키는데 있는데, 유효능력의 개선은 생산시스템의 능력발휘를 저해하는 요인들의 제거가 선행되어야 한다.

1.4 생산능력의 영향요인과 제약요인

생산시스템의 효율이나 이용률을 높이려면 직접 영향을 주는 요인들이 무엇인지를 이해해야만 한다. 가령 시장이나 자금·노동력·원자재 등의 제약을 받지 않고 공장 내의 시설이나 설비들이 당초 설계한 대로 돌아간다면 생산설비는 설계능력을 최대로 발휘할 수 있다. 그러나 그러한 경우는 현실에서 존재하기 어려우며 특히 시간은 주요 제약요인이 된다. 생산능력은 일정시간을 기준으로 정의하며 시간의 범주를

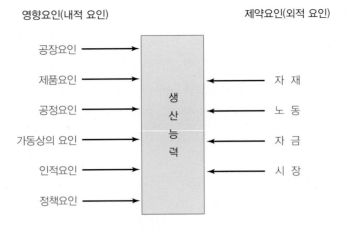

영향요인(내적 요인)   제약요인(외적 요인)

공장요인 ⟶   생   ⟵ 자 재
제품요인 ⟶   산   ⟵ 노 동
공정요인 ⟶   능   ⟵ 자 금
가동상의 요인 ⟶   력   ⟵ 시 장
인적요인 ⟶
정책요인 ⟶

그림 8-2 **생산능력의 영향요인과 제약요인**

떠나서는 막연한 개념이 되기 쉽다. 특히 유효능력은 특정한 생산여건과 시간에 대한 전제하에서만 정의를 내릴 수 있다.

생산능력은 시스템의 외적 요인과 내적 요인, 그리고 시간 등에 의해서 제약 내지는 영향을 받는다. 생산능력에 영향을 주거나 제약이 되는 요인들을 내적 요인(영향요인)과 외적 요인(제약요인)으로 구분한 것이 [그림 8-2]이다.

생산능력에 영향을 미치는 내적 요인, 즉 **영향요인**들은 다음과 같다.

① 시설요인(physical factors). 공장 및 시설입지, 공장설계 및 건물, 시설 및 설비배치, 공장환경, 운반시설
② 제품 및 서비스요인(product · service factors). 제품 및 서비스의 설계, 단순화 · 표준화, 품목의 최적 구성, 품질요인, 원자재 구성 및 소요량
③ 공정 요인(process factors). 공정 및 설비의 생산량, 공정 및 설비의 성능
④ 인적 요인(human factors). 직무설계, 직무내용, 작업방법, 작업강도, 작업환경, 교육 및 경험, 동기부여, 보상
⑤ 시스템 가동상의 요인. 설비보전, 일정관리 · 품질관리 등 생산시스템의 관리수준
⑥ 정책 요인. 노사합의 사항, 주당 작업시간, 재고로 보유할 제품의 수, 재공품 또는 중간제품의 양 등

이러한 내적 제약요인과 더불어 생산능력 발휘에 제약을 주는 요인들로는 시장, 원자재, 노동력, 자금 등의 외적 **제약요인**들이 있다. 특히 시장경쟁 및 산업의 추세는 능력결정에 결정적인 영향을 미칠 수 있다.

제품개발기간, 품질, 유연성 등의 전략변수들은 모두 능력결정에 영향을 미치는 요소들이다. 불충분한 생산능력은 제품품질을 떨어뜨릴 수 있다. 반대로 산출된 제품이나 서비스의 품질이 나쁘다면 이 경우의 생산능력은 유휴능력인 셈이다. 신속한 제품개발 및 고도의 생산 유연성으로 능력을 높일 수도 있다. 이 밖에 능력 결정에서 고려해야 할 사항들로는 금리, 기술향상, 건설비용, 경쟁력, 정부규제 등을 꼽을 수 있다.

② 생산능력 결정

한 기업의 운영능력을 파악하는 것은 매우 어렵다. 심지어 1개 시설의 능력을 능력계획 수립목적으로 측정할 때 조차 정확하게 측정하지 못할 수도 있다. 게다가 이를 좀 더 복잡하게 만드는 요인은 능력계획에 대해서 논할 때 운영관리 계층상 각각의 수준에 따라 서로 다른 의미를 갖는다는 점이다.[5] 운영 부사장(COO)은 모든 공장의 총체적 능력에 대해 관심을 갖고 있으며 이들 공장을 지원하는 데 필요한 재무적 지원에 초점을 둔다. 공장관리자는 개별 공장의 능력에 대해 관심을 가지며 제품의 예측된 수요를 만족시키기 위해서 소속된 공장의 생산능력을 어떻게 활용할 것인지를 결정해야 하며, 수요가 절정에 도달하는 시기에는 단기 능력을 훨씬 초과하기 때문에 이런 경우를 대비하여 재고를 언제 얼마나 유지해야 하는지를 결정해야 한다. 최하위 계층 관리자 들은 해당 공정의 설비용량에 관심을 갖는다.

생산시스템을 신설하거나 확장할 때, 생산능력 결정은 매우 중요하다. 능력의 결정문제는 장기적 수요변화에 대한 설계능력의 결정과 경기변동 및 시장 수요변동 등에 따른 유효능력의 결정이 중심을 이루는데 이들은 모두 전략적 의사결정 사항이다.

사례 ● 하얀국물 라면은 다 어디 갔나?

2011년에 출시된 '꼬꼬면'은 엄청난 돌풍을 일으켰고 경쟁사들이 앞다퉈 하얀 국물의 유사 제품을 쏟아 냈다. 닭고기 육수와 청양고추로 맛을 낸 하얀 국물의 꼬꼬면은 출시 한 달 만에 매출 60억원을 기록했고 하루 주문량만 50만개에 달할 만큼 엄청난 돌풍을 일으켰다.

한국야쿠르트는 '꼬꼬면'이 선풍적인 인기를 끌자 라면과 음료 브랜드에 주력하기 위해 '팔

---

5) Jacobs, Chase, & Aquilano, *Operations & Supply Chain Management,* 13rd ed., McGraw Hill, 2011.

도'를 별도 법인으로 분리 독립하였다. 2011년 팔도는 밀려드는 꼬꼬면의 수요를 충당하기 위해 2012년 1월과 3월 이천공장에 봉지면 2개 라인을 증설하고, 5월 전라남도 나주에 봉지면 1개, 용기면 3개짜리 공장을 신설했다. 정확한 액수는 알려지지 않았지만 팔도가 사업확장을 위해 사용한 비용은 2,000억원이 넘은 것으로 관측된다. 라면시장 4위 업체인 팔도는 기존 공장만으로도 생산이 가능했지만 꼬꼬면의 넘쳐나는 수요를 위해 이 같은 결정을 내린 것이다.

그러나 팔도의 예측은 크게 빗나갔다. 팔도는 소비자의 입맛이 쉽게 바뀔 것이라고 지나치게 장미빛 예측을 했고, 엎친 데 덮친 격으로 항상 2위 자리에 머무르던 삼양식품이 하얀 라면인 '나가사끼 짬뽕' 라면을 시장에 출시하며 시장점유율을 높임에 따라 생산 설비 부족으로 품절 사태를 만들고 있는 팔도를 따라 잡아 더 큰 시장점유율을 확보하게 되었다.

하지만 불과 1년 남짓 만에 하얀 국물 라면 시장의 거품이 빠지면서 팔도의 투자는 실패한 투자로 판명되고 말았다. 팔도는 법인분리 이후 2012년 매출 3,361억원, 영업손실 252억원, 순이익 567억원을 기록했다.[6]

2.1 능력 결정의 중요성

생산능력의 결정은 경영자가 수행해야 하는 생산의사결정 중에서 근간이 되는 중요한 결정사항이다. 능력결정이 **중요한 이유**를 열거하면 다음과 같다.

① 생산능력은 제품 및 서비스에 대한 미래 수요에 대처하는 조직의 잠재적인 영향력과 직접적인 관련이 있다.
② 능력과 수요 요건이 서로 부합되면 생산비를 최소화할 수 있다.
③ 능력은 생산원가의 중요한 결정인자이다. 보편적으로 생산규모가 커지면 비용도 증가되지만 대규모는 소규모에 비해 비율면으로 볼 때 비용이 적게 든다.
④ 능력결정 결과는 생산과업 수행이나 생산성과에 장기간 영향을 미친다.

생산능력의 결정은 장기이익을 최대화시키는 방향으로 기업의 자원을 사용하도록 이루어져야 하며, 생산능력 부족으로 야기된 기회손실과 초과능력으로 발생하는 비용간의 이해 득실을 따져보아 능력을 결정해야 한다.

---

6) "없어서 못팔던 '꼬꼬면' 어떻게 이런 일이", 아시아경제, 2012.7.31.
   "매출액 구성·발전 가능성 잘 살펴야", 한경비즈니스, 2012.1.31.
   "허니버터 춘추전국시대'…하얀국물 라면은 다 어디갔나?", 뉴스웨이, 2015.3.3.

2.2 능력 전략

능력전략에는 기업의 전략방향성과 운영환경 다양성을 반영하여 어떤 능력이 얼마동안이나 제공될지가 다루어져야 한다. 또한 기업의 신제품개발계획과 글로벌 전략이 반영된 수요의 장기관점에 따라 생산능력의 변경시점과 변화량을 제시해야 한다.

생산시스템을 신설하거나 확장할 때 생산능력의 결정은 매우 중요하다. 능력이 수요보다 부족하면 품절이 발생해서 물건을 구입하지 못한 소비자들이 불만을 갖게 되어 소비자들이 경쟁제품을 구매하게 만들 수도 있다. 반면에 공급능력이 수요보다 지나치게 클 경우에는 공장의 가동률이 낮아지게 되거나, 심각할 때는 사례의 꼬꼬면과 같은 사태를 만들 수도 있다.

생산능력의 전략적 결정에 통상적으로 **영향**을 미치는 **요인**들은 다음과 같다.

① 수요의 성장과 변화성
② 예상되는 기술변화의 속도와 방향
③ 기존 설비의 최적 운영 수준 및 신규 설비의 최적 규모
④ 국내외 경쟁업체의 예상되는 반응 내지 행동
⑤ 능력증설에 필요한 시간

생산능력의 결정은 운영전략에서 매우 중요한 부분으로 생산시스템의 신설 내지 확장문제는 경쟁전략에서 특히 중요하다. 생산경영자는 생산능력을 결정하기에 앞서 생산능력 전략의 차원인 여유능력의 크기와 확장의 시기 및 규모 등에 대해 검토해야 한다. 왜냐하면 생산능력의 증설 규모와 시기의 결정은 서로 밀접히 연관되어 있기 때문이다.

① 여유능력을 얼마로 정하는 것이 적당한가?
② 능력의 증설규모를 얼마로 할 것인가?
③ 증설시기는 언제로 할 것인가?

이에 대한 해답은 다음의 능력전략으로 제시될 수 있다. 능력전략의 **주요 관점**은 기존 능력에 대한 평가, 장래 능력소요량에 대한 예측, 대안의 선택 및 투자안의 재무적 평가 등에 모아진다.

2.2.1 여유능력의 크기 결정

기대한 수요보다 기업이 보유한 능력이 크면 여유능력을 보유하는 셈이 된다.

여유능력(capacity cushion)이란 기대를 초과하는 잉여능력이다. 능력의 평균이용률이 100%에 근접하면 머지 않은 장래에 생산능력이 모자라서 판매기회를 상실하거나 생산효율이 떨어진다는 신호이다.

최적의 여유능력은 산업별로 차이가 있다. 제지업에서는 10%미만이 선호되지만 자본집약적인 전력 공급업체는 전압저하와 정전사태를 막기 위해 15~20%의 여유가 고려된다.[7] 평균 여유능력이 10% 미만인 한국전력에서는 냉방기를 많이 이용하는 더운 여름이면 매년 피크능력이 최대 능력에 근접하여 아슬아슬하게 고비를 넘기곤 한다.

충분한 여유능력은 수요가 증가추세에 있거나 불확실한 경우 또는 안정적인 공급을 요하는 경우에 필요하다. 그러나 지나친 여유능력은 과대한 유지비용으로 수익률을 저하시킨다.

2.2.2 확장의 시기와 규모

능력확장(증설)의 시기와 규모는 서로 밀접한 관련이 있는데 생산능력의 증설 간격이 길수록 증설규모는 커지게 된다. [그림 8-3]은 능력확장에 대한 사전과 사후전략을 보여주고 있다. 통상 능력 확장의 방식은 아래와 같이 3가지가 있는데, 사전확장 전략은 일시에 대규모로 투자하여 상당기간 능력을 유지하는 전략인데 비해 사후증설 전략은 소규모로 생산능력을 자주 증설하는 전략이다.

- 수요증대에 앞서 능력을 확장할 것인가(확장주의)?
- 수요가 현재 능력을 초과할 때 그 때가서 증설할 것인가(관망주의)?
- 가급적 기대수요에 근접되게 능력을 맞추어 갈 것인가?

(1) 사전확장 전략(proactive capacity strategy)

여유 내지 초과능력을 유지하는 비용보다 재고부족(품절) 손실이 상당히 높을 때, 고성장 산업에서 보통 채택되는 전략이 바로 확장주의(expansionism strategy) 전략이다.

고성장 산업에서 여유능력을 갖고 있는 기업은 능력이 한정된 경쟁업체들로부터 시장점유율을 잠재적으로 확보할 수 있으며 기존 고객으로부터의 대량 주문이나 신규 고객의 긴급 주문도 소화할 수 있다. 고성장 산업과 전력처럼 수요가 지속적으로 증가하는 자원일 경우에는 해당 기업(예, 전력 공급회사)들은 사전 확장전략을 선호한다.

---

7) Krajewsky & Ritzman, *op. cit.*, pp.284~288.

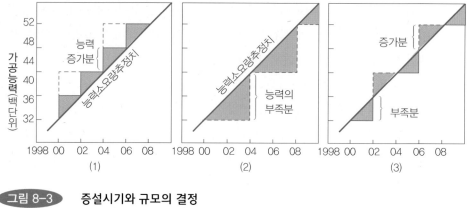

그림 8-3   증설시기와 규모의 결정

---

(2) 사후증설 전략(reactive capacity strategy)

여유능력의 유지비용이 품절비용을 초과할 때 채택되는 전략이다. 수요를 관망하다가 증설하는 보수적인 증설전략이기 때문에 관망기간 중에는 어느 정도의 부족 능력은 감수해야 한다.

이 전략은 능력 이용률은 높지만 시장입지가 불안한 기업에서 흔히 채택한다. 하지만 경쟁업체가 같은 전략을 구사할 경우에는 이들 기업은 동시에 생산능력을 증대시키게 되어 결과적으로 산업 내에 잉여능력이 유발되어 경쟁은 치열해진다.

(3) 기대가치 유지 전략(expected value capacity strategy)

앞의 (1), (2)의 전략을 절충한 접근방식으로 가급적 기대수요에 근접한 능력을 유지하려는 전략이다.

수요에 앞서가는 사전확장 전략은 생산능력의 여유가 상대적으로 크므로 능력부족으로 인한 판매기회의 상실을 줄일 수 있다. 반면에 사후증설 전략은 투자위험을 줄일 수 있으나 수요에 뒤쳐지며 생산능력 부족을 메우기 위해 잔업 · 임시고용 · 하청 등의 단기적인 대안에 의존하는 경우가 많다. 이 경우 충분한 능력을 갖지 못한 가능성만큼 초과(잉여)능력을 가질 가능성을 만들어서 손실을 상쇄하려는 것이다.

2.2.3 전략대안의 평가(능력비율의 산정과 적용)

위의 세 가지 전략 중에서 어떤 전략을 채택할 것인가?

간편한 전략평가 방법으로 단위당 품절손실과 잉여능력 비용을 추정하고 **능력비율**(capacity ratio: CR)을 산정하여 판정하는 방법이 있다.

$$능력비율(CR) = \frac{Cs - Ce}{Cs}$$

Cs : 단위당 품절손실 Ce : 단위당 잉여능력비용

> **참고 능력비율의 결정 룰**
>
> ① CR(능력비율) ≥ 0.5이면 사전확장 전략 선택
> ② CR(능력비율) ≤ −0.5이면 사후증설 전략 선택
> ③ −0.5 < CR(능력비율) < 0.5. 기대가치 유지 전략 채택

현실적으로 잉여능력비용이나 품절손실을 산정하기가 쉽지 않다는 문제점은 있지만 능력비율에 의한 판정방식은 매우 간편하다는 이점이 있다.

설례 ▶ 능력비율에 의한 능력전략 결정

동원정공에서는 다음 해에 필요한 생산능력 증설계획을 수립하기 위해 관련자료들을 검토한 결과 이 기간 중 연간 잉여능력비용(Ce)은 단위당 4만원으로 추정되었다.

상황 1. 연간 품절손실이 단위당 10만원인 경우

$CR = \dfrac{Cs - Ce}{Cs} = \dfrac{10 - 4}{10} = 0.6$ 사전확장 전략 채택($CR \geq 0.5$)

상황 2. 연간 품절손실이 단위당 2만원인 경우

$CR = \dfrac{Cs - Ce}{Cs} = \dfrac{2 - 4}{2} = -1$ 사후증설 전략 채택($CR \leq -0.5$)

상황 3. 연간 품절손실이 단위당 5만원인 경우

$CR = \dfrac{Cs - Ce}{Cs} = \dfrac{5 - 4}{5} = 0.2$ 기대가치유지 전략 채택($-0.5 < CR < 0.5$)

2.3 전략적 능력계획 수립

장기적 내지 **전략적 능력계획**(long range or strategic capacity planning)은 조직의 전략계획을 실행하는 데 필요한 자원의 유형 및 크기를 결정하는 과정이다. 장기 능력계획은 성격상 생산·마케팅·재무 부문과 공동으로 작업하게 되며 이때 **고려할 사항**은 다음과 같다.

① 기존 시설에서 신제품의 수용 가능성과 제품 수요변화에 대한 적응력
② 신규 시설 신축과 기존 시설의 개조 · 증설 · 폐쇄 여부와 수반되는 자금문제
③ 신규 시설의 규모와 설치 장소, 대규모 시설을 생산자원 근처에 설치할 것인가?
   아니면 소규모의 시설을 고객 근처에 설치할 것인가?
④ 시설의 변경시기
⑤ 생산에 필요한 설비 및 노동력의 규모

2.3.1 전략적 능력계획의 수립단계 개요

기업이 처한 상황에는 차이가 있지만 다음 3단계 절차를 거쳐 능력계획을 수립한다.

● 단계 1 : 미래의 필요 생산능력을 산정한다.
● 단계 2 : 필요 생산능력과 현재의 생산능력을 비교하여 차이를 줄이는 최적 능력계획안을 작성한다.
● 단계 3 : 각 계획안의 경제성을 평가하여 최종 능력계획을 선택한다.

2.3.2 전략적 능력계획의 수립 과정

1) 필요 생산능력의 산정

장기적인 수요예측으로 미래의 수요가 추정되면 이를 토대로 하여 생산능력 소요량을 산정할 수 있다. 즉 미래 수요량을 토대로 하여 전체 생산능력을 구한 다음 여기에서 현재의 생산능력을 감하여 앞으로 필요한 능력 소요량을 산정한다.

다음 [설례]와 같이 실제 소요능력을 산정할 때에는 비상시의 예비능력과 함께 재고 · 잔업 · 교대작업 · 하청 등을 감안할 필요가 있다.

📊 설례 1 ▶ **수산물 가공시설의 능력계획**[8]

한국수산은 냉동식품 가공업체로서 2000년에 설립되었고, 당시 냉동참치의 수요량은 연간 1,600톤으로 매년 200톤의 수요증가를 보였다. 연도별 수요 예측치($\hat{y}_t$)는 다음과 같다.

$\hat{y}_t = 1,600 + 200T$ (2000년의 $T=0$, 단 $\hat{y}_t$의 t는 당해 연도임)

향후 10년간 냉동참치의 수요증가는 [그림 8-4]와 같이 상향추세를 나타낼 것으로 예상하고 가공능력계획을 작성하려 한다(2008년 현재 최대 가공능력은 3,400단위이다). 계획기간 최

---

8) 이 설례는 다음을 토대로 하여 우리 실정에 맞도록 수정한 것임.
   K. N. Dervitsiotis, *Operations Management*, McGraw-Hill, 1981, Chap. 5.

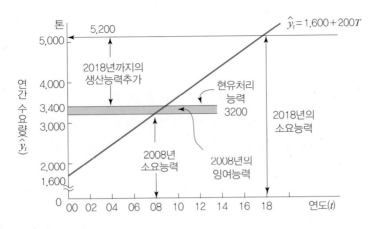

그림 8-4   **연도별 필요능력의 추정**

종 연도인 2018년의 $T=18$이므로 예상수요량은 $\hat{y}'_{18} = 1,600 + (200)(18) = 5,200$톤이 된다. 다시 말해서 2018년까지 추가로 소요될(필요한) 가공능력은

$5,200 - 3,400 = 1,800$톤이다.

수요예측 결과 추정된 능력 소요량의 실제 값은 미래에 있을 고장이나 운휴나 계절변동에 대비하여 생산능력의 순소요량을 산정할 필요가 있다.

설례 2 ▶ 능력소요량의 수정

앞서의 한국수산이 2,000톤 규모의 냉동시설을 갖춘 공장을 건설하기로 결정했다. 공장장은 예방정비 시 운휴에 대비해서 20%, 장래의 성장을 감안해서 10%를 더 늘려서 시설하길 원한다. 이 경우 공장의 정상능력과 수정능력은 다음과 같다.

정상능력 : 2,000톤 × 1.20 = 2,400톤
수정능력 : 2,400톤 × 1.10 = 2,640톤

계절변동이 없다고 가정하면 월별 생산량은 2,640/12 = 220톤이 되지만 실제로 계절별 어획량은 오르내림이 있어 피크일 때(9월의 250톤)와 가장 저조한 때(3월의 190톤)의 월별 생산량 차이는 60톤에 이른다.

따라서 피크시의 처리량(월 250톤)에 맞추면 연년 3,000톤(250×12)규모의 시설이 필요하지만, 재고와 하청 등으로 피크 시의 수요를 어느 정도(월 20톤 정도) 흡수하기로 하고 월 230톤으로 하면 연간 순소요 능력은 230톤×12 = 2,760톤이 된다. 따라서 수정능력 2,640톤을 2,760톤으로 재수정한다.

2) 능력계획안의 작성

능력계획에서 중요한 것은 신설(증설) 능력의 규모와 시기를 결정하는 일이다. 2.2.2절에서 언급된 능력확장 전략 방향에 근거하여 대규모 설비로 투자할 것인가, 소규모로 여러 설비에 투자할 것인가를 결정한다.

수요증가에 대한 추가 (공급)능력을 매년 점차적으로 소량씩 증설할 것인지 아니면 간격을 띄어서 대규모로 할 것인지는 공정에 좌우되는데 제당공장이나 철강공정과 같은 장치산업은 일반적으로 대규모의 증설이 유리하다.

앞서의 [설례 1]에서 2년에 400톤씩 증설할 경우 점진적으로 수요가 증가되지만, 자금이나 공정기술의 제약으로 4년 간격으로 증설하면 잉여 내지 여유능력이 생긴다 ([그림 8–3]의 (1) 참조). 수요증가분에 대해서 잔업이나 하청으로 소요능력을 보충하면서 관망하다가 확장이 유리한 때에 증설하면([그림 8–3]의 (2) 참조) 잉여능력을 줄일 수 있지만 공격적인 시장확보는 힘들다. 이 경우 기대가치 유지전략에 근거하여 ([그림 8–3]의 (3) 참조) 확장할 수도 있다.

📋 설례 3 ▶ 증설시기의 탐색

한국수산에서는 증설 시기와 규모를 합리적으로 결정하기 위해 능력비율(CR)을 산정해 보기로 했다. 관련 자료를 수집하여 분석한 결과, 연간 여유능력비용(Ce)이 톤당 $10이고 품절손실이 연간 톤당 $50이다.

$$능력비율(CR) = \frac{Cs - Ce}{Cs} = \frac{50 - 10}{50} = 0.8$$

$CR > 0.5$이므로 사전확장전략을 따르는 것이 바람직하다.

3) 계획안의 경제성 평가

계획기간 중 소요될 생산능력은 단일의 공장이나 다수의 공장으로 나누어 정할 수 있다. 이 경우 최적 규모의 문제를 비롯하여 공정에 적용할 기술(예: 공법), 공장의 집중 또는 분산, 시장 및 경쟁관계 등을 고려하여 결정해야 한다.

앞서의 [설례 2]에서 제시된 해외공장의 소요능력(2,760톤)에 대한 경제성을 평가하기 위해서 생산능력을 대·중·소 규모별로 비용분석을 하면 〈표 8-2〉와 같다.

표 8-2 계획안의 규모별 비용 비교

연간 생산능력	투자액	고정비/연	톤당 변동비	톤당 평균비용
2,500톤	$800,000	$30,000	$50	$62.00
5,000톤	$1,500,000	$35,000	$47	$54.00
10,000톤	$2,000,000	$40,000	$45	$49.00

이 경우 규모의 경제성에 따라 대규모(연산 10,000톤) 공장을 세우면 단위당 평균생산비가 $49.00으로 최저로서 최적 규모임을 알 수 있다. 그러나 최적 규모는 시장여건을 고려하지 않은 것이어서 현실성을 감안하여 생산규모를 결정할 필요가 있다. 가령 단위당 이익이 최대가 되는 최유리 규모가 보다 현실적인 목표가 될 수 있다.

2.4 생산능력의 결정기법

생산능력의 결정기법으로 사용되는 일반적인 방법이 선형계획법과 확률적 기법이다. 선형계획법은 미래의 제품수요와 경쟁기업의 공급능력을 비교적 바르게 예측할 수 있는 확실한 상황에서의 생산능력 결정기법이다. 이 기법은 복합제품 생산공정에서 최적 제품구성 내지 제품별 생산능력을 결정하는 데 유용한 방법이다.

흔히 제품수요의 장기적 추세를 추정할 수 있다고 하지만 장기간에 걸친 미래의 제품수요와 경쟁기업의 공급능력을 완전하게 예측하기는 어렵다. 이 경우 위험 또는 불확실한 상황에서의 생산능력 결정기법으로서 확률적 기법이 적용될 수 있다.

대표적인 확률적 기법으로는 대기행렬 및 시뮬레이션 모델과 디시전 트리 어프로치를 들 수 있는데 전자는 주로 단기적 능력문제, 가령 생산능력의 평가 및 조정에 활용되며, 후자는 위험과 불확실성이 높은 장기적인 능력결정에 이용된다.

2.4.1 시뮬레이션에 의한 능력평가

서비스 시스템의 수요는 불확실하며 시한성이 있기 때문에 이의 능력결정은 매우 어렵다. 제조업과 달리 재고에 의한 수요 적응 기능이 없기 때문에 서비스 시설이나 서비스 요원의 능력을 최대한으로 활용해야 한다.

그러기 위해서는 서비스 시스템의 능력을 평가하고 합리적으로 조정할 필요가 있는데 이에 관한 [사례] 환자진료 능력의 평가와 조정을 검토해 보기로 한다.

사례 ● 환자진료 능력의 평가와 조정

매사추세츠 대학(university of Massachusetts) 병원의 외래병동에 12명의 의사가 하루 8시간씩 진료를 담당하고 있는데, 의사 1인당 평균 180명의 환자가 찾아 온다. 환자들로 대기실은 초만원을 이루고 의사들은 지쳐 있다. 환자가 없을 때도 있으며 예약된 시간에 나타나지 않는 환자들이 있어 의료진이 한가롭게 지낼 때도 있으나 저녁 늦게까지 시달리는 것이 보통이다.

병원은 의료인원과 시설을 효과적으로 활용하기 위해 시스템 분석을 의뢰했다. 먼저 시스템의 수요를 추정하기 위해 진료일지에서 외래환자수(예약환자는 따로 구분)를 조사했는데 요일 별 평균 환자수는 다음과 같다.

월 : 219명, 화 : 190명, 수 : 170명, 목 : 162명, 금 : 169명

수요형태는 안정되어 있고 예측가능한 것처럼 보였으나 병원을 찾는 환자수가 요일 별로 일정치 않은 것으로 나타났다. 여러 진료일정 계획안들을 시뮬레이션 모델로 실험한 결과, 환자가 적게 오는 요일과 시간에 예약환자를 받도록 일정계획을 짜는 것이 유리한 것으로 밝혀졌다.

시뮬레이션 결과로 나온 개선안들을 적용한 결과, ① 환자에 대한 서비스가 개선되었고 ② 진료율은 13% 증대되었고 ③ 진료시간은 환자당 평균 5%가 줄었으며 ④ 의사의 초과근무가 줄어 사기가 앙양되었다.[9]

2.4.2 디시전 트리 어프로치

이 기법은 1964년에 매기(J. F. Magee)에 의해서 제시된[10] 생산규모나 확장시기의 결정에 이용되는 확률적 기법이다. 디시전 트리(decision tree)란 의사결정에서 고려되는 대체안을 여러 갈래의 가지와 마디를 갖고 있는 나무꼴 형태로 나타낸 것이다. 의사결정자는 나무뿌리에서 가장 가까운 마디(제1 결정점)에서 여러 갈래로 뻗친 가지

9) E. J. Rising et al., "A System Analysis of a University Health Service Out Patient Clinic", *Operations Research*, 21, No. 5, Sep. 1973.

10) J. F. Magee, "Decision Trees for Decision Making", *Harvard Business Review*, Jul.-Aug. 1964.

중 하나를 선택하면서 그 가지에 달린 그 다음의 마디(제2 결정점)로 거슬러 올라간다.

위험과 불확실한 상황하에서 여러 가지의 사상이 일어날 확률을 이용하여 갈림길, 즉 각 결정점(decision point)에서 대체안을 분석하고 각각 뻗은 가지의 기대가치를 평가하여 가치가 큰 가지(대체안)를 결정하는 방법이 **디시전 트리 어프로치**(decision tree approach)이다.

이 방법의 **장점**은 ① 결정문제를 객관적으로 구조화하고, ② 대안의 식별이 용이하고, ③ 관리 가능 변수(결정점)와 불능 변수(외부 여건)를 구분하며, ④ 불확실성을 체계적이며 객관적으로 파악할 수 있다는 점이다.[11]

그러나 이 방법에서는 발생확률과 화폐가치가 주어져야 하며 기대가치만으로 결정을 내리는 결점이 있다.

설례 ▶ 디시전 트리에 의한 설비규모의 결정

대동화학 주식회사에서는 신제품을 생산할 공장을 신설하려고 한다. 신제품은 앞으로 10년간 계속 팔릴 것으로 기대되는데, 처음 2년간은 높은 수요가 예상되지만 이 동안 경쟁품이 등장하거나 신제품을 사용한 고객의 반응이 나쁠 때는 수요가 떨어질 수도 있다.

이와 같은 상황에서 높은 수요를 예상하여 생산규모를 대규모로 할 것인지, 낮은 수요에 대처해서 우선은 소규모로 하고 수요변화에 따라 2년 후 확장여부를 결정할 것인지를 디시전 트리 어프로치로써 정하려 한다.

(1) 설비투자액은 대규모의 경우 3억원, 소규모의 경우 1억3천만원이 필요하며, 2년 후 확장시에는 추가로 2억2천만원이 더 필요하다.
(2) 제품 수요에 대한 대안별 확률은 [그림 8-5]를 참조하면 된다.
(3) 연간 투자이익은 대규모 신설 시 수요가 높으면 1억원, 수요가 낮으면 1천만원이다. 한편 설비신설이 소규모일 경우 수요가 낮으면 4천만원, 수요가 높을 때는 처음 2년은 4천5백만원 그 후 8년 간은 3천만원의 이익이 예상된다. 2년 후 설비확장을 할 경우 높은 수요에서는 7천만원, 낮은 수요에서는 5백만원이 예상된다.

주어진 자료에 의하여 디시전 트리를 작성한 것인 [그림 8-5]이다.

먼저 결정점 2 에서 2년 후 확장하는 경우와 확장하지 않고 그대로 조업하는 경우의 기대이익부터 계산하면,

확장시의 기대이익은

---

11) J. G. Monks, *Operational Management: Theory and Problem*, 2nd ed., McGraw Hill, 1982.

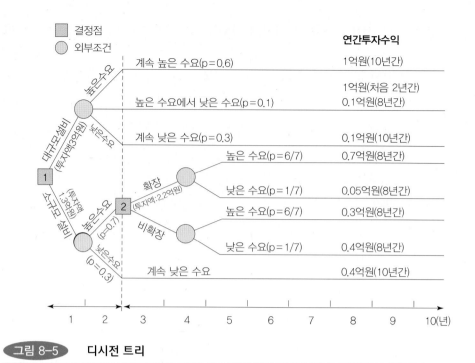

그림 8-5 **디시전 트리**

표 8-3 **투자안의 기대이익**

(단위: 천원)

선택	외부 여건	확률	수익	기대 수익
대규모 설비	계속 높은 수요	0.6	연 100,000(10년간)	600,000
	높은 수요에서 낮은 수요로	0.1	연 100,000(2년간) 연 10,000(8년간)	20,000 8,000
	계속 낮은 수요	0.3	연 10,000(10년간)	30,000
			합계 투자액 기대이익	658,000 (−)300,000 358,000
소규모 설비	처음 2년간 높은 수요 (결정점 2 의 기회이익)	0.7 (0.7)	연 45,000(2년간) ※265,714	63,000 186,000
	계속 낮은 수요	0.3	연 40,000(10년간)	120,000
			합계 투자액 기대이익	369,000 (−)130,000 239,000

※는 확장 시의 기대이익 수치임.

높은 수요시의 기대이익＋낮은 수요시의 기대이익－확장투자액

$$(70,000 \times 8 \times \frac{6}{7}) + (5,000 \times 8 \times \frac{1}{7}) - 220,000 = 265,714 \text{천원이고,}$$

비확장시의 기대이익은

$$(30,000 \times 8 \times \frac{6}{7}) + (40,000 \times 8 \times \frac{1}{7}) - 0 = 251,429천원이므로,$$

이 경우 확장방침을 선택하는 것이 적절하다.

그 다음은 결정점 ①에서 공장을 대규모로 할 것인지 아니면 소규모로 할 것인지를 앞서와 같은 요령으로 투자안의 기대이익을 구하면 〈표 8-3〉과 같다. 대규모 설비의 기대이익이 소규모 설비의 기대이익보다 크므로 대규모 투지를 선택한다.

 ## 설비의 선정과 투자

전체 생산능력이 결정되면 제품을 생산하는 데 필요한 개별 설비의 능력과 소요량을 산정하여, 필요한 설비를 선정하고 투자안을 평가한다.

3.1 설비 소요량의 산정

3.1.1 실제 설비능력의 산정

연간 생산능력을 말할 때, 자동차 공장에서는 자동차 생산대수, 시멘트 공장에서는 시멘트 생산톤수, 직물공장에서는 직물의 길이(야드)로 표시한다. 특정 제품을 생산하는데 여러 가지의 기계 설비가 가동되는 경우, 이들 각 기계의 입장에서 볼 때는 최종 제품의 생산량으로 표시하는 설비능력은 무의미하다.

이 경우 설비능력은 일정 시간에 대한 각 설비의 가용시간(available hours)으로 나타내는 것이 효과적이다. 그러나 설비의 가용시간 속에는 불량품 생산시간이나 기계 준비시간 및 고장시간 등이 포함되므로 이들을 고려하여 설비의 실제능력(actual capacity)을 결정해야 한다.

생산능력의 이용률($\frac{실제 생산량}{설계능력}$)은 설비효율이나 불량률 및 스크랩률(scrap factor) 등과 관계가 깊다. 즉 설비의 효율이 높고 불량률이 낮으면 기계의 이용률이 높지만 불량률이 높거나 설비효율이 낮으면 이용률은 낮게 마련이다. 따라서 기계의 실제 능력이나 소요량을 산정할 때는 이들을 함께 고려해야 한다.

[설비효율 E의 산정]

설비효율을 통해서 기계의 가용시간 중 지연이나 기계고장 또는 수리·보전 등으로 인하여 기계가 유휴되는 시간을 파악할 수 있다. 생산기술이 고도로 발달하였더라도 유휴시간은 발생하기 마련인데 이는 흔히 고장수리, 정전, 원자재의 품절 등으로 발생한다.

설비의 효율은 사용설비의 유형, 설비의 가동상태(예: 속도), 설비보전 방침 등에 따라 좌우된다. 설비효율은 기계설비의 유형이나 기업에 따라 차이가 큰데 보편적으로 0.5에서 0.95에 이른다.

작업장에 대한 설비효율(plant efficiency: E)는 다음 산식으로 구할 수 있다.

$$설비효율\ E = 1.0 - \frac{DT(고장시간) + ST(가공·준비시간)}{D(조업시간)} \quad \cdots\cdots\cdots\cdots\cdots\cdots ①$$

📊 설례 1 ▶ 설비효율(E)의 산정

자동차 부품을 생산하는 평화공업에서는 삼천리 자동차 회사와 1일 500단위의 M부품을 공급하기로 계약을 맺었다.

M부품을 생산하려면 제1(milling) 공정, 제2(grinding) 공정, 제3(drilling) 공정을 순차로 거쳐야 하는데, 관련자료는 〈표 8-4〉와 같다.

표 8-4 M부품 생산가공 관련 자료

생산공정	D 조업시간(일)	T 가공시간(단위)	DT 평균 고장시간(일)	ST 평균 준비시간(일)	p 불량률
#1	8 시간	15분	70분	26분	6%
#2	8 시간	10분	80분	40분	4%
#3	8 시간	20분	43분	5분	9%

이 경우 #1, #2, #3 공정의 설비효율은 ①식으로 구할 수 있다.

#1 공정효율: $E_1 = 1.0 - \dfrac{70+26}{(60)(8)} = 1.0 - 0.20 = 0.80$

#2 공정효율: $E_2 = 1.0 - \dfrac{80+40}{(60)(8)} = 1.0 - 0.25 = 0.75$

#3 공정효율: $E_3 = 1.0 - \dfrac{43+5}{(60)(8)} = 1.0 - 0.10 = 0.90$

따라서 1, 2, 3 공정의 설비효율 E_1, E_2, E_3은 각각 0.8, 0.75, 0.9 이다.

3.1.2 단일 공정의 설비소요량 산정

전체 생산능력을 각 설비의 소요량으로 환산하려면, 능력계획 기간 중의 예상 수요량 내지 공급 예정량과 생산에 사용될 설비의 가공시간에 관한 자료들이 필요하다. 이 경우 설비 소요량(N)을 산정하는 모델은 다음 ②식과 같다.

$$N = \frac{T}{60} \times \frac{P}{D \times E} \quad\text{·······································} \quad ②$$

N: 작업장에서 필요한 설비소요량(기계 대수)

T: 제품 단위당 가공시간(분)

E: 설비효율

P: 작업장의 생산율(일정 기간의 생산량)

D: 조업시간(1교대 8시간, 3교대는 24시간)

📊 **설례 2 ▶ 밀링 머신 소요량의 산정**

앞서의 [설례 1]과 관련하여 제1공정에서 밀링가공을 행할 밀링머신의 소요량을 ②식으로 구하면 다음과 같다.

$$N = \frac{T}{60} \times \frac{P}{D \times E} = \frac{15}{60} \times \frac{500}{8 \times 0.80} = \frac{7,500}{384} = 19.5대 ≒ 20대$$

설비소요량을 구하는 ②식의 생산율 P에는 불량품이 끼어 있기 때문에 불량품 생산율을 감안할 필요가 있다.

일정 기간의 생산량 P에 양품(P_g)과 불량품(P_d)이 혼합되어 있다면 작업장의 생산율 P는 다음 ③식으로 나타낼 수 있다.

$$P = P_g + P_d \quad\text{···} \quad ③$$

식에서 양품 P_g를 구하면

$$P_g = P - P_d = P - \frac{P_d}{p}P = P - pP = P(1-p)\text{이 된다.}$$

$$(\frac{P_d}{p} = p \text{: 불량률})$$

따라서 일정의 불량률을 전제로 생산할 때의 작업장의 생산율 P를 구하는 모델은 다음 ④식으로 나타낼 수 있다.

$$P = \frac{P_g}{1-p} \quad\text{··} \quad ④$$

설례 3 ▶ 불량률을 감안한 설비 소요량의 산정

앞서의 [설례 2]로 돌아 가서 하루에 양품 500개를 밀링 가공하는데 불량률은 5%이므로 이를 포함한 전체 가공부품수 P는

$$P=\frac{P_g}{1-p}=\frac{500}{1-0.05}=\frac{500}{0.95}≒526개가\ 된다.$$

따라서 가공 불량률을 고려한 실제의 밀링 머신 소요량 N는 21대이다.

$$N=\frac{T}{60}\times\frac{P}{D\cdot E}=\frac{15}{60}\times\frac{526}{(8)\cdot(0.80)}=\frac{7,890}{384}≒21대$$

3.1.3 연속공정의 설비소요량 산정

일련의 가공공정을 거쳐서 생산활동이 전개되는 경우는 흔하다. 여러 단계(공정)를 거쳐서 생산을 행하는 경우에 선행공정($i-1$ 공정)에서 후속공정(i 공정)에 넘겨줄 가공물 수는 후속공정에서 필요로 하는 양품수와 당해 공정에서 발생할 불량품 수를 고려하여 결정해야 한다. 즉 i공정은 선행공정인 $i-1$ 공정으로부터 넘겨받은 양품($P_{g,\,i-1}$)을 가공하여 이로부터 불량품($P_{d,\,i}$)을 빼고 양품($P_{g,\,i}$)만을 후속공정인 $i+1$ 공정에 인도한다([그림 8-6] 참조).

따라서 $i-1$공정과 i공정과의 관계를 고려한 i공정의 생산율 P_i는 ⑤식과 같다.

$$P_i=P_{g,\,i-1}=P_{g,\,i}+P_{d,\,i} \cdots\cdots ⑤$$

그러므로 연속공정을 이루는 설비의 소요량을 산정할 때에는 최종 공정의 설비 소요량에서부터 거슬러서 최초의 공정으로 올라오면서 산정하게 된다.

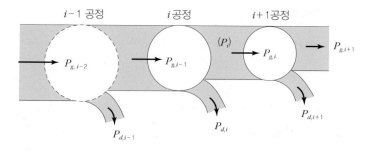

그림 8-6 i 공정을 중심으로 한 가공물의 흐름

앞서의 [설례 1] 자료(〈표 8-4〉 참조)로써 M부품을 1일 500단위씩 생산·공급하는 #1, #2, #3 공정에 설치할 밀링 머신, 그라인더, 드릴링 머신의 소요량을 구해 보자.

(a) 공정별 생산율의 산정

각 공정의 가공량을 ④식으로 최종 공정인 제3공정의 생산율(P_3)부터 구한다.

$$\text{#1공정의 1일 가공량: } P_1 = \frac{P_{g,1}}{1-p_1} = \frac{500}{1-0.06} = 609.6 ≒ 610개$$

$$\text{#2공정의 1일 가공량: } P_2 = \frac{P_{g,2}}{1-p_2} = \frac{500}{1-0.04} = 572.9 ≒ 573개$$

$$\text{#3공정의 1일 가공량: } P_3 = \frac{P_{g,3}}{1-p_3} = \frac{500}{1-0.09} = 549.5 ≒ 550개$$

(b) 공정별(기계별) 설비소요량의 산정

공정별 설비소요량은 앞서의 ②식을 적용하여 산정한다.

$$\text{#1공정: } N_1 = \frac{T_1}{60} \times \frac{P_1}{D \cdot E_1} = \frac{15}{60} \times \frac{610}{(8) \cdot (0.90)} = \frac{9,150}{384} ≒ 24대$$

$$\text{#2공정: } N_2 = \frac{T_2}{60} \times \frac{P_2}{D \cdot E_2} = \frac{10}{60} \times \frac{573}{(8) \cdot (0.75)} = \frac{5,730}{360} ≒ 16대$$

$$\text{#3공정: } N_3 = \frac{T_3}{60} \times \frac{P_3}{D \cdot E_3} = \frac{20}{60} \times \frac{550}{(8) \cdot (0.80)} = \frac{11,000}{432} ≒ 26대$$

3.2 설비의 선정과 투자안의 평가

3.2.1 일반설비와 특수설비의 선정

기계설비는 사용 목적에 따라 일반설비와 특수설비로 구분할 수 있다. 흔히 **범용설비**로 일컬어지는 일반기계설비(general purpose machine)는 목표로 하는 기능의 전반적 가공을 할 수 있도록 설계되었으므로 붙여진 것이다. 범용기계로는 선반(lathe), 천공기(drill press), 연삭기(gringer), 평삭반(planer), 형삭반(shaper), 밀링반(milling machine) 등이 있다.

특수기계설비는 단일 목적의 특수가공만을 할 수 있도록 설계되어 특정 작업에서는 높은 능률로 작업을 수행할 수 있는 **전용설비**이다.

이들 범용설비와 전용설비를 선정하는데 고려해야 할 사항은 설비의 융통성 내지 적응성의 정도이다. 주문생산과 같이 제품별 생산량이 적고 제품설계의 변동이 심할 때는 융통성이 풍부한 범용기계가 유리하며, 표준품을 대량으로 연속 생산할 경우에는 전용의 특수기계설비를 사용하는 것이 유리하다.

일반용 기계는 표준형 설비이므로 구입이 용이하고 구입가격이 저렴할 뿐만 아니라 수리부품의 가격이 저렴하고 정비기술의 획득이 용이하다. 또한 작업의 융통성이 풍부(만능작업)하므로 적은 수의 기계로 다양한 생산작업이 가능하다는 **이점**이 있다. 따라서 이들 범용기계설비는 생산제품의 변동이 심한 다품종 소량 생산시스템에 적합하다. 균일한 품질의 제품생산이 어려우며 전용기계에 비하여 가공 및 검사비용이 많이 소요될 뿐만 아니라 기계 작업자는 숙련을 요하며 단위시간당 생산능률이 낮다는 **결점**이 있다.

한편 이들 일반용 기계의 결점을 이점으로 갖고 있는 **특수용 기계**를 선정할 경우에는 다음 몇 가지 **조건**들을 고려해야 한다.

① 제품의 시장이 크고 특수기계에 의한 생산량을 충분히 흡수할 수 있어야 한다.
② 특수 기계를 사용할 수 있도록 제품이 표준화되어야 한다.
③ 제품의 디자인이나 스타일 그리고 기술상의 변경이 자주 없어야 한다.
④ 계절 및 경기변동에 따른 생산량의 변동이 적어야 한다.

3.2.2 설비의 선정기준

1) 경제적 요소

설비의 선정기준으로 가장 기초적이고 보편적인 기준은 경제적인 요소이다.

즉 최저의 코스트로 가공 · 생산할 수 있는 설비를 선정하는 것으로 이 경우 선정하려는 각 설비의 차액원가를 비교하여 최소의 것으로 결정하는 차액원가분석 (differential cost analysis)이 적용된다.

📊 설례 ▶ **차액원가분석에 의한 설비 설정**

부분품을 회전절삭하여 가공하는 이 공장에서는 경제적인 선반을 결정하려 한다. 비교 · 선정하려는 선반에는 엔진선반, 터릿선반, 자동선반의 3종류가 있다.

차액 원가분석을 위해 고정비와 변동비로 분해한 각 선반별 추정 원가자료는 〈표 8-5〉와 같다. 기계준비 및 공구비용은 고정비이며, 가공재료비와 기계작업자의 인건비 그리고 기계의 동력비는 변동비이다.

비용자료로써 생산량에 따라 각 선반별로 비용선(고정비＋변동비)을 그린 [그림 8-7]에서 3개의 분기점을 볼 수 있는데, 이로부터 이들 선반의 결정 룰(decision rule)을 이끌어 낼 수

표 8-5	선반별 고정비와 변동비	
	고정비	단위당 변동비
엔진선반	$ 5	$ 0.18
터릿선반	$ 30	$ 0.08
자동선반	$ 70	$ 0.03

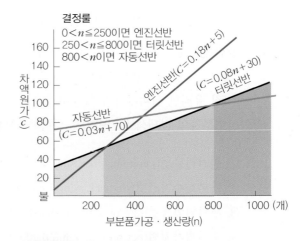

그림 8-7 차액원가분석에 의한 결정률

있다.

즉 부분품의 생산량이 250개 이하일 때에는 엔진선반이 경제적이며 251개에서 800개 이내일 때에는 터릿선반이 경제적이고, 800개를 초과할 때에는 자동선반이 경제적이다.

이 [설례]에서는 자본비용(capital cost)이 고려되지 않았다는 것을 유의해야 한다.

2) 비경제적 요소

기계 설비의 선정에 있어 경제적 요소를 우선 고려해야 되겠지만 아울러 설비의 편의성 · 적응성 · 가공 품질 · 기능면에서의 선정 요소, 즉 비경제적 요소에 대해서도 고려할 필요가 있다.

설비와 품질과의 관계를 보면, 가공정밀도가 높은 고가격의 설비를 사용하면 가공 · 생산되는 부분품은 정밀도가 높아서 제품의 조립 비용이 적게 소요되지만 높은 자본코스트로 인하여 부분품의 생산코스트는 높아진다.

반대로 정밀도가 낮은 비교적 저렴한 설비를 이용하면 부분품의 생산코스트는 내려가지만 그 대신 제품의 조립비용이 상대적으로 높아진다. 이 경우 부분품 원가와 조립비를 종합한 코스트가 가장 낮은 수준의 생산설비를 선정하는 것이 바람직하다. 즉 부분품원가와 조립비가 상관관계에 있는 경우에는 이들 요소들을 감안해서 생산하려는 제품이나 부분품에 적합한 설비를 선정하는 것이 합리적이다.

3.2.3 설비투자안에 대한 경제성 평가

생산설비의 투자에는 합리적인 투자결정이 필요하며 이를 위해서 투자가치의 경제성 평가가 기본이 된다. 설비투자결정에서 정확하고 합리적인 경제성 계산을 함으로써 가장 유리한 설비투자가 가능해진다.

설비투자의 **경제성 평가방법**은 다음과 같다.

① 원가비교법(minimum cost rule)
② 자본회수기간법(payback period method)
③ 투자이익률법(rate of return method)
④ 순현재가치법(net present value method)
⑤ MAPI 방식(MAPI formula)

이 가운데 투자안의 경제성 측정방법으로 흔히 열거되는 것은 ①~④의 방법들이다. ①, ②, ③의 방법을 전통적 방법이라 하여 현금순환할인법(discounted cash flow method)인 ④의 현재가치법과 구분하기도 한다. 한편 ⑤의 MAPI 방식은 설비갱신의 경우에 이용되는 방법이다.

1) 원가비교법

각 투자안의 투자액과 비용의 합계를 비교하여 그 중에서 가장 적은 값을 갖는 투자안으로 결정하는 방법으로 최소 비용법이라고도 한다. 이 방법은 간편하기 때문에 많이 이용되지만 생산비용과 투자액이 구분되지 않는 **결점**이 있다.

가령 A안이 B안보다 생산비용이 훨씬 높더라도 A안의 투자액이 B안 보다 작으면 유리한 것으로 판정할 수 있다. 뿐만 아니라 설비투자에 의한 수입이 고려되지 않는 점 또한 결점이다.

2) 자본회수기간법

자본회수기간(payoff or payback period)이 작은 것을 기준으로 투자안을 결정하는 방법이다. 계산방법이 단순하여 흔히 이용되는 경제성 계산방법이다. 자본회수기간이란 투자액을 연간이익과 감가상각비로 나눈 연수로서, 이를 산식으로 나타내면 다음과 같다.

$$\text{자본회수기간(연)} = \frac{\text{순투자액}}{\text{연간이익} + \text{감가상각비}}$$

이 방법은 계산이 간편하며 자본회수를 통한 재무유동성을 강조하고 있다는 **장점**이 있다. 반면에 투자에 기본이 되는 화폐의 시간적 개념을 도외시하고 회수기간 내의 자본이익만을 고려한 나머지 회수기간 이후의 수입을 무시하고 있다는 **단점**이 있다.

3) 투자이익률법

설비투자에 투입된 투자액과 그 투자에서 기대되는 이익을 상호비교하여 투자안을 채택하는 방법이다. 투자에서 기대되는 이익은 매년 같지 않으므로 보통은 연간 평균이익을 최초의 순투자액으로 나누어 계산한다.

$$투자이익률 = \frac{평균이익액}{순투자액} \times 100$$

이 방법은 계산이 간편하고 투자이익률이 큰 것을 기준으로 투자결정을 하므로 투자안을 신속하게 선별할 수 있다는 **장점**이 있다. 그러나 현금의 흐름이 아닌 장부상의 평균이익만으로는 투자의 수익성 측정을 정확히 할 수 없으며 화폐의 시간적 가치가 무시되는 **단점**이 있다.

이상의 경제성 평가방법들은 투자비용이나 수입의 시간적 가치를 무시하고 있다.

4) 순현재가치법

순현재가치(net present value: NPV)란 어떤 투자안에서 기대되는 현금 유입을 그 기업의 최소 한도의 보수율, 즉 자본코스트로 할인하여 현재가치화하고 현금유출도 보수율(k)로 할인하여 현재가치화하여 현금유입액의 현재가치에서 현금유출액의 현재가치를 차감한 순액을 뜻한다.

따라서 t기간 중의 현금유입액(cash inflows)을 I_t, 현금유출액(cash outflows)을 O_t, 자본 코스트를 k(할인율)라 할 때, 경제적 내용년수(economic life)가 매년 n년에 이르는 투자안의 순현재가치(NPV)를 구하는 산식을 다음과 같이 나타낼 수 있다.

$$순현재가치 = 현금유입액의 현재가치 - 현금유출액의 현재가치$$

$$NPV = \sum_{i=1}^{n} \frac{I_t}{(I+k)^t} - \sum_{i=0}^{n} \frac{O_t}{(I+k)^t}$$

투자자산의 가치는 투자안의 순현재가치가 0보다 클 경우에만 증대될 수 있으므로 투자안을 결정할 경우 그의 순현재가치는 0보다 크거나 최소한 같은 값(NPV ≥ 0)이어야 한다. 한편 복수의 투자안 중에서 투자 우선순위를 결정할 경우에는 NPV의 크기 순으로 정한다.

신관 공장에서는 신제품 생산에 필요한 포장기계를 구입할 예정인데, A기계와 B기계 중에서 경제적인 것을 선정하고자 한다.

두 기계의 가격은 똑같이 2,200만원이며 이들의 경제적 내용년수를 A기계는 5년, B기계는 4년, 잔존가액은 각각 200만원으로 예상하고 있다. 연간수입액은 A기계는 950만원, B기계는 1,050만원으로 예상한다(〈표 8-6〉 참조).

표 8-6 투자안 자료

	투자액	내용년수	연간수입	연간감가상각비	순이익
A기계	2,200만원	5년	950만원	400만원	550만원
B기계	2,200만원	4년	1,050만원	500만원	550만원

1) **자본회수기간법**: 자본회수기간으로 비교하면 A기계는 2.3년인데 비해서 B기계는 2.1년으로 B기계가 0.2년(2.4 개월)이 빠르다.

$$\text{A기계: } \frac{2,200만원}{950만원} = 2.3년 \qquad \text{B기계: } \frac{2,200만원}{1,050만원} = 2.1년$$

2) **투자이익률법**: 연간이익을 투자액으로 나누어 두 기계의 경제성을 비교할 때, 투자이익률은 똑같이 25%이다.

$$\text{A기계: } \frac{550만원}{2,200만원} = 25\% \qquad \text{B기계: } \frac{550만원}{2,200만원} = 25\%$$

3) **순현재가치법**: 자본코스트를 20%로 하여 두 기계의 순현재가치(NPV)를 비교하면, B기계는 6,146,220원인데 A기계는 7,214,570원으로 B기계보다 1,068,350원이 더 많다.

$$\text{A기계: } \frac{950}{(1+0.2)^1} + \frac{950}{(1+0.2)^2} + \frac{950}{(1+0.2)^3} + \frac{(950+200)}{(1+0.2)^4} - \frac{2,200}{(1+0.2)^0} = 7,214,570원$$

$$\text{B기계: } \frac{1,050}{(1+0.2)^1} + \frac{1,050}{(1+0.2)^2} + \frac{1,050}{(1+0.2)^3} + \frac{(1,050+200)}{(1+0.2)^4} + \frac{2,200}{(1+0.2)^0} = 6,146,220원$$

A기계와 B기계의 경제적 내용년수가 현실적으로 추정되었다고 보면, A기계를 매입하는 것이 경제적이라는 결론을 내릴 수 있다.

5) MAPI 방식

MAPI란 미국의 기계 및 기계관련제품협회(Machinery and Allied Products Institute)의 약칭으로서 동협회에서 개발한 신·구 설비투자의 비교 분석방법으로, 다음 연구들을 바탕으로 하고 있다.

① 동적 설비방침(Dynamic Equipment Policy, 1949)
② 설비갱신요강(MAPI Replacement Manual, 1956) ── 구 MAPI

③ 기업설비투자방침(Business Investment Policy, 1958)
④ 기업설비투자관리(Business Investment Management, 1967) ── 신 MAPI

신 MAPI 방식(③, ④)에서는 상대적 투자이익률(relative rate of return)에 의해서 그 것이 높은 순으로 투자안의 긴급성 내지 우선순위를 정한다. 이 방식은 주사이익률법 의 일종으로서 현재가치법을 가미한 투자분석방식이다.

다음 연도에 대한 상대적 긴급률(relative urgency rating), 즉 상대적 투자이익률의 산식은 다음과 같다.[12]

$$\text{상대적 투자이익률} = \frac{\text{조업이익} - \text{소득세증가액} - \text{자본소비액}}{\text{평균투자액}} \times 100$$

---

12) MAPI 방식의 자세한 설명은 이순룡, *생산관리론(전정판)*, 법문사, 1982, pp. 266~270을 참조.

 **이 장의 요약**

1절에서는 생산능력의 개념과 측정 척도와 평가방법을, 2절에서는 생산능력을 결정과 관련된 능력전략과 생산능력 결정기법을, 3절에서는 설비의 선정을 위한 설비 소요량 산정 및 선정과 투자 방법에 대해서 설명한다.

이 장에서 기술된 주요내용을 요약하면 다음과 같다.

- 이상적인 생산규모는 단위당 평균생산비가 최적인 최적운영규모가 바람직하나 수요의 제약으로 인해 단위당 이익이 최대가 되는 최유리규모를 추구할 필요가 있다.
- 모든 제품을 대규모로 생산하는 공장보다는 제품별 · 공정별 · 시장별로 분산 생산하는 집중화생산이 좋은 성과를 얻을 수 있다.
- 집중화 생산(focused factory)이란 각 공장에 특정한 미션을 부여하여 생산 능력을 집중함으로써 생산자원의 집중적인 사용에 의한 생산원가의 절감, 팀 중심의 문제해결능력 증대, 경영계층의 축소와 부서간 의사소통을 원활하게 할 수 있다.
- 생산능력의 측정척도로는 설계능력, 유효능력, 실제능력 등이 있으며 평가척도로는 피크능력과 지속능력이 있다.
- '일정기간 중 산출되는 생산량'으로 표시되는 생산능력은 외적요인(자금 · 시장 · 생산 · 자원 등)과 내적요인(공장 · 제품 · 공정 · 인적요인 등)에 의해서 영향을 받는다. 그래서 생산능력은 이들 요인을 고려치 않는 설계능력과 이들을 고려하는 유효능력으로 구분하여 측정 · 관리할 필요가 있다.
- 능력전략에는 여유능력의 크기와 확장의 시기 및 규모 등에 대해 검토해야 한다.
- 생산능력의 결정시 사전확장능력, 사후증설능력, 기대가치 유지전략 등을 적용한다.
- 수요변화에 대응해서 생산능력을 효과적으로 이용하려면 능력계획이 전개되어야 한다. 생산능력의 결정기법으로는 선형계획법을 비롯해서 시뮬레이션과 디시즌츄리 어프로치 등이 이동된다.
- 전략적 능력계획수립은 일반적으로 필요생산능력 산정 → 능력계획안 탐색 → 계획안의 경제성 평가 → 최종선택의 과정을 거친다.
- 생산능력의 이용률은 설비효율 및 불량률과 관계가 깊다. 따라서 기계의 소요량을 산정할 때 이들을 고려해야 한다.
- 설비의 선정기준으로는 비용과 수익률의 경제적 요소와 품질 · 납기 · 기능 등의 비경제적 요소가 있다.
- 설비투자에는 합리적인 투자결정이 필요한데 이에는 투자가치의 경제성 평가가 기본이 된다.

260　제Ⅰ편 생산시스템의 가치창출

제 9 장
시설 및 공장 입지와 설비 배치

① 입지설계

1.1 시설입지의 단계적 접근

1.1.1 기업경쟁과 입지결정

제품이나 서비스를 고객이 원하는 장소와 시간에 맞추어 경제적으로 제공하려면, 밖으로는 공장·창고·판매망을 연결하는 유통체계와 안으로는 공정설계·시설입지·시설배치 등의 시설결정(facility decision)이 시스템적 차원에서 이루어져야 한다. 특히 시설입지는 생산 내지 사업의 성과에 미치는 영향이 장기간 지속되므로, 시장·노동력·원자재·수송 등 입지관련 요인과의 관계를 중심으로 전략적인 관점에서 신중하게 결정하여야 한다.

입지결정은 중요한 전략적 경영의사결정으로 기업경쟁에 직접적인 영향을 미친다. 입지결정의 영향력[1]을 경쟁우위 요소별로 살펴보자.

① 가격·원가. 입지는 비용이나 원가에 직접적인 영향을 미치며, 가격에도 많은 영향을 미친다. 생산원가의 경우 재료비·노무비·수송비와 같은 변동비와 세금·시설 및 토지의 구입가격과 같은 고정비에 영향을 미친다. 소비지에 근접한 입지는 신속한 배달이 가능해짐에 따라 불필요한 재고를 줄일수 있어 원가절감이나 가격인하에 도움을 준다.

---

1) B. J. Finch & R. L. Juebbe, *Operations Management*, The Dryden Press, 1995.

② 품질. 시간경과에 따라서 변질이 되는 상품들, 가령 빵이나 식품류 등은 소비지 근처에 입지하는 것이 품질유지에 유리하다. 노동집약적 산업에서 작업자의 기능은 제품품질에 지대한 영향을 미친다. 따라서 우수한 노동력을 확보할 수 있는 곳의 입지는 결국 품질향상에 도움을 준다.

③ 확실성. 서비스시설이 고객과 근접해 있을 경우 신뢰성과 편리성을 높일 수 있다. 공급자나 고객과 멀리 떨어진 생산자의 입지는 납기를 지키기 어려울 때가 많다.

④ 유연성. 원자재를 비롯한 투입요소의 접근성, 가령 수준 높은 기능을 갖춘 기능공과 적절한 수송능력은 고객요구에 신속히 대응할 수 있게 한다. 고객이나 시장근처에 유통시설이나 공장을 세울 경우 고객요구에 대한 유연성이 증대되어 유리한 점이 많다.

⑤ 시간. 고객 가까이 입지하지 않고는 신속한 대응은 어려울 때가 많다. 원자재의 산지나 공급자로부터의 원자재 조달, 제품의 운송 및 고객에 배달하는 시간은 공급자나 고객 가까이 입지하여 운송거리를 좁히면 단축이 가능하다.

1.1.2 입지결정의 유형

시설입지(plant or facility location)란 생산이나 서비스활동을 위한 지리적 장소를 결정하는 과정이다. 시설의 물리적 구조를 시간 및 공간과 결부해 볼 때, 입지결정의 유형은 다음과 같이 나눌 수 있다.

(1) 시스템(시설이나 공장)의 신설 · 확장 · 이전의 여부에 따라
　　　① 신설입지 ② 확장입지 ③ 이전입지
(2) 시설입지가 지향하는 생산시스템의 구성요소(투입 · 공정 · 산출)에 따라
　　　① 투입자원지향 입지. 원자재지향 입지와 노동력지향 입지
　　　② 공정(장치)지향 입지. 특정 공정이나 유틸리티 등에 따라 행하는 입지
　　　③ 시장(고객)지향 입지. 소비시장의 접근이나 서비스시설에서의 고객접근을 위한 입지
(3) 제조공장의 입지인가 서비스시스템의 입지인가에 따라
　　　① 공장입지 ② 서비스시설입지
(4) 입지결정대상(시설)의 수에 따라
　　　① 단일시설의 입지 ② 복수시설의 입지
(5) 입지하려는 지역이 국내인가, 국외인가에 따라

① 국내입지 ② 해외(국외)입지[2]

1.1.3 시설입지의 결정과정

시설입지의 결정과정은 입지유형에 따라 다소 다를 수 있지만, 신설입지나 이전입지의 경우 보편적으로 [그림 9-1]의 3단계를 거쳐서 결정된다.

1) 입지요인에 의한 대상지역의 검토

기업의 활동범위나 산출하려는 제품·서비스의 특성, 즉 소요자원·생산방법·수요량·시장(고객)·가격 등과 관련해서 입지하려는 지역이나 특정국가가 지니고 있는 주요 입지요인들을 검토한다(입지요인은 본장 1.2의 내용 참조).

2) 특정지역의 선정(최적입지의 결정)

입지요인을 중심으로 한 입지대상지역의 평가 및 검토가 끝나면, 경제적인 입지대상지역을 결정한다. 이 경우 평가기준이나 평가모델에 의해 최적입지가 결정되는 것으로, 입지의 **결정과정**은 다음과 같다.

① 대상이 되는 지역을 평가하기 위한 평가기준(예: 비용, 수익 등)을 선정한다.
② 관련된 주요 입지요인(예: 시장, 원자재, 노동력 등)을 확인한다.
③ 입지요인과 제약조건을 만족시키는 지역을 선정한다(입지대안의 개발).
④ 입지대안을 평가기준 및 모델에 의해 평가하고 결정한다.
⑤ 입지대안의 평가에는 1.3에서 후술하는 계량적 입지결정 모델이 이용된다.

3) 부지(敷地)의 평가

시설이나 공장을 세울 지역이 선정되면 구체적인 장소, 즉 부지(site)를 결정한다. 부지 평가시 검토되어야 할 평가요소로는 토지가격·부지의 특성(지형·크기 등)·유틸리티의 가용성·폐기물 처리의 용이성(배기 및 배수 등)·도로·건설비용·관계법규의 저촉 여부 등이 있다.

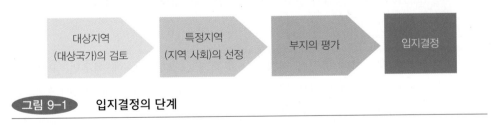

그림 9-1   입지결정의 단계

---

2) '해외입지'에 대해서는 18장에서 설명.

1.2 시설 및 공장의 입지요인

입지요인(location factor)이란 특정한 시스템이 유리하게 경영활동을 전개할 수 있는 장소적 적합성이다. 따라서 시설 및 공장입지를 정할 때는 반드시 이들 입지요인의 검토 및 분석 · 평가가 선행되어야 한다.

1.2.1 제조공장의 입지요인

우리 실정에 맞추어 주요 입지요인을 기술하면 다음과 같다.

1) 노동력과 노동환경

노무비가 차지하는 비율이 높은 노동집약적 산업에서는 노동력이 입지결정에 있어 중요한 요인이 된다. 노동력에 관한 문제는 대별해서 노동력의 획득 가능량, 노동력의 질, 그리고 임금수준의 문제로 나눌 수 있다.

신발공장, 의류공장, 자동차 공장, 전기 및 전자제품 조립공장, 조선소 등과 같이 많은 노동력을 필요로 하는 공장을 세울 때에는 그 지역의 잠재 노동력을 우선 고려해야 한다. 이 경우 필요한 노동력의 3배 내지 4배의 구직자가 존재하는 지역에 입지하는 것이 이상적이다.

특정한 기술이나 기능 등을 가진 노동력을 필요로 하는 공장(예: 정밀공업, 첨단산업 등)에서는 필요한 노동력을 용이하게 획득할 수 있는 지역을 선정한다.

노동력의 공급문제 외에 임금수준에 대해서도 고려할 필요가 있다. 노무비가 제조원가 중에 큰 비중을 점하는 산업에서는 임금수준이 낮은 지방에 입지하는 것이 유리하다. 이 경우 노동생산성 면에서는 불리한 경우가 있으므로 임금수준과 노동생산성을 함께 고려해야 한다. 이 밖에 고려해야 될 노동환경 함수로는 작업에 임하는 작업자들의 자세 및 교육훈련 정도와 노동조합의 강도 등이다.

근래 산업사회의 수준이 높아짐에 따라 조직구성원(경영자, 종업원 등)의 가치관 및 생활환경(자녀의 교육, 주택, 생활비, 의료시설, 오락 · 레저시설, 문화행사 등)과 같은 삶의 질(quality of life) 문제가 중요한 입지요인으로 대두되고 있다.

2) 고객(시장)과의 근접성

서비스 시설이나 공장을 시장이나 고객과 근접한 장소에 세우면, 고객과의 접촉이 용이하며 수요변화에 대응하기 쉽고 운송비가 적게 소요되는 이점이 있다. 특히 서비스 산업에서 고객 접근은 주요 입지요인이 된다.

시장 가까이 입지를 정하는 것이 유리한 제품은 다음과 같다.

① 원자재의 수송비보다 제품 수송비가 큰 제품(예: 음료수, 주류(酒類), 시멘트 블록 등)
② 제조과정에서 부피나 중량이 원자재보다 커지는 제품(예: 가구류, 음료수)
③ 변질되기 쉬운 제품(예: 식빵, 생과자, 식료품 등)
④ 파손되기 쉬운 제품(예: 케이크, 병에 든 음료수, 유리제품, 가구류 등)
⑤ 스타일이나 유행이 자주 바뀌는 제품(예: 패션의류, 의복, 장신구 등)

3) 원자재의 근접성

원자재(원재료, 반제품, 부분품 등)의 근접성은 원자재의 비중이 높은 공장에서 주요 입지요인이 된다.

과일, 야채, 생선, 해산물 등의 농·수산물 가공업(통조림, 건식품, 쥬스, 냉동식품 공장 등)은 이들 자원이 변질되기 쉽고 수분이 차지하는 비중이 높기 때문에, 이들 원자재의 산지 근처에 위치하는 것이 유리하다. 시멘트나 카바이트 공장, 광물의 제련소, 목재의 제재소, 펄프공장은 사용원자재의 용적이 크거나 중량물질이므로 원료산지 가까이 입지하는 것이 유리하다.

4) 수송의 효율성

원자재를 산지나 공급지로부터 공장까지 옮기거나 제품을 시장으로 운송하는 수송 문제는 공장입지선정의 중요한 요인이 된다. 수송문제에서 물자 수송에 필요한 수송 시간과 수송비는 주요 결정변수가 된다.

수송비를 최소로 하기 위해서는 수송량과 수송거리를 줄이던가, 수송요금(운임)이 저렴한 경제적인 운송수단을 이용할 필요가 있다. 가령 중량감손이 큰 원자재(예: 석회석, 중석)를 사용하는 공장은 원자재 산지 가까이에 입지하든가, 2개 지역 이상의 원료산지와 시장에서는 물자의 총수송거리가 짧은 지점에 공장을 세움으로써 수송량 내지는 수송거리를 줄일 수 있다.

수송수단의 특성에서 볼 때, 항공운송은 신속성에서 가장 유리하지만 경제성면에서 불리하다. 반면 신속성에서 열세인 해운과 철도운송은 부피가 크고 무거운 물자를 장거리 수송하는 데 유리하다. 최근 도로망의 확대와 고속도로의 건설 등으로 도로수송, 즉 트럭의 이용이 증대되고 있는데 장거리의 경우(200km 이상)에는 철도나 해운운송이 유리하다.

5) 공업용수의 양과 질

공장에서는 냉각용수 · 기관용수 · 세척용수 · 가공용수 등의 공업용수를 필요로 한다. 특히 원자력발전 · 제지 · 제당 · 제강 · 피혁 · 비스코스 인견사 · 유안 · 염색 · 알루미늄 등의 장치산업공장에서는 많은 공업용수를 사용한다.

맥주나 청주 등의 주류(酒類)생산공장에서는 수질(水質)이 주요 입지요인이 된다.

이들 공장의 입지를 결정할 때에는 반드시 용수(用水)문제를 고려해야 한다. 공업용수의 수자원으로는 지하수 · 하천수 · 상수도 · 해수(海水) 등이 있는데, 공장에서 필요로 하는 수량과 수질에 비추어서 그곳에서의 수자원 이용가능량, 수질 그리고 경제성 등이 만족할 만한 수준에서 결정되어야 한다.

6) 기후조건의 적합성

원자재 및 제품의 품질 · 작업능률 · 생산공정 등은 기후조건, 즉 온도 · 습도 · 기류(氣流) · 일광 · 강우량 · 강설량 · 풍향 등에 따라서 상당한 영향을 받을 수 있다. 인견(人絹) 스프사와 같은 화학섬유공장은 기온이 결정적인 영향을 미치며, 연초공장은 습도가 큰 영향을 미친다. 스키장은 강설량이 주 입지요인이 된다.

7) 토지가격

땅값이나 공장 용지비는 중요한 입지요인이다. 본래 용지비(用地費)는 입지결정에서 크게 고려되는 것은 아니지만, 우리나라에서는 토지가격이 큰 비중을 차지한다.

일반적으로 땅값은 전체 공장건설비용의 10% 이하가 이상적이다. 한편, 땅값이 저렴한 지방의 경우는 토지조성비를 비롯하여 도로, 동력선, 상 · 하수도 등에 많은 개발조성비용이 소요되는 것이 보통이다.

8) 환경에 미치는 영향

지속 가능성에 대한 관심이 증가함에 따라 입지선정이 환경에 미치는 영향을 인식한다. SK하이닉스가 새주인이 되면서 추진했던 '이천공장 증설(M14공장)계획'을 수도권 공장총량제와 상수원구역에 구리공정의 공장을 지을 수 없다는 환경부 규제가 가로 막았다. 지역주민들의 민원 등으로 2010년 환경정책기본법이 개정되면서 기존 공장에서 구리를 사용할 수 있도록 규제가 풀려, 5조원의 생산유발효과와 수만명의 고용창출 효과를 기대할 수 있다[3]고 한다.

---

3) "규제 개혁이 대한민국 살린다… SK반도체공장 생산유발 효과 5조", 브릿지 경제, 2015.9.14.
　"15조 반도체 투자, 6만명 고용효과… 도약 날개단 이천 경제", 동아일보, 2015.9.14.

1.2.2 서비스시설의 입지요인

서비스활동에서 입지는 판매와 소비자만족에 직접적인 영향을 미친다. 서비스시설과 관련된 입지요인들을 기술하면 다음과 같다.

1) 고객과의 근접성

서비스시설의 고객근접성은 고객과의 접촉기회를 높일 수 있는 주요 요인이다.

음식이나 음료수 · 소매점 · 세탁소 · 자동차서비스와 같은 서비스사업의 성과는 입지와 교통 등과 관련된 고객의 편리성에 크게 좌우된다. 유통업계에서는 접객효과를 높이기 위해 백화점과 할인점, 전문점 등을 배치한 복합쇼핑몰이나 교외의 아울렛이 확산되고 있다.

2) 시장의 근접성과 운송비

창고나 배달업무에는 운송비와 시장의 근접이 중요한 요인이 된다. 교통의 편의성 내지 수송의 효율성도 고객으로 하여금 서비스 시설에의 접근을 용이하게 하므로 고객과의 접촉이 빈번한 서비스 시스템의 주요 입지요인이 된다. 대개는 고객이 서비스 시설을 이용하기 위해 시설(병원 · 극장 · 식당 · 호텔 · 수리센터 등)로 가는데, 서비스 시설이 고객에 접근(택배 · 콜택시 · 소방차량 · 응급차량 · 이동도서관)을 하기도 한다.

3) 경쟁업자의 위치

경쟁자가 이미 자리를 잡은 지역은 피하는 것이 좋다. 그러나 자동차 전시매장, 음식점이나 신발 · 의류상점과 같은 사업은 경쟁자 근처에 위치하는 것이 이로울 수도 있다. 즉, 임계량(critical mass)을 창출하는 경우로서, 서로 분산되어 있을 때 모을 수 있는 총 고객의 수보다 더 많은 고객을 유인할 수 있기 때문이다.

4) 부지의 위치

소매점의 경우 주변지역의 주거밀도, 교통량, 눈에 잘 띄는 부지의 위치가 주요 요인이 된다. 서비스 시설의 부지를 선정할 때 고려되는 사항들을 열거하면 다음과 같다.

① **교통 편리성**. 도로 인접, 대중교통(열차 · 전철 · 버스 등) 이용이 용이한 지역
② **주차시설**. 주차가 용이한 장소나 주차시설이 있는 지역
③ **쇼핑센터나 복합상가 인접지역**
④ **확장 용이 지역**

⑤ **가시지역**. 눈에 잘 띄고 찾기 쉬운 지역

⑥ **경쟁업자의 위치**. 경쟁업자가 없거나 많은 지역(선택적)

⑦ **관계법규 및 제도와의 저촉 여부**

이상에서 제시된 시설 및 공장입지 요인들을 그의 성질에 따라 경제적 · 자연적 · 사회적 입지요인으로 정리하면 다음과 같다.

(1) 경제적 입지요인

교통편리 및 운송비용, 노동력의 양과 질, 임금수준, 시장(고객)의 수요와 근접성, 외주업체의 이용 가능성, 기술의 획득, 유틸리티시설의 이용, 토지가격 등.

(2) 자연적 입지요인

기후의 적합성, 공업용수의 이용 가능성, 원자재의 근접성, 배수의 용이성 등.

(3) 사회적 입지요인

지역사회의 풍토와 관습, 그 지역의 삶의 질, 법규와 제도 · 세제 · 지원제도, 국토계획 등.

이들 입지요인의 중요도는 시설입지의 유형별로 차이가 있는데, 〈표 9-1〉은 입지요인 중요도를 업종별로 나타낸 것이다.

표 9-1 **업종별 입지요인 중요도**

입지요인	광업, 중공업	경공업	R&D, 기술산업	창고업	소매업	고객 서비스	의료 서비스	공공 서비스
시장 · 고객 근접	△	●	●	●	◎	◎	◎	◎
노동력, 노무비	●	◎	●	●	●	◎	●	●
노동조합의 강도	◎	◎	△	●	●	●	●	△
원자재 근접도	◎	◎	△	△	△	△	△	△
운송, 배송비용	◎	●	△	◎	●	△	△	△
도로, 수송시설	◎	●	△	◎	●	△	△	△
전력, 용수비용	◎	●	△	△	△	△	△	△
건설, 토지비용	●	◎	●	●	●	●	●	●
지역사회 매력도	△	●	◎	△	△	△	△	△
환경, 제한구역	◎	●	△	△	△	●	△	△

범례: ◎ – 매우 중요, ● – 중요, △ – 약간 중요

1.2.3 국내산업의 입지환경

1) 입지관련 비용 실태

국내에서 공장을 운영하는 데 드는 금리·임금·땅값 등 요소비용이 해외공장에 비해 적게는 1.5배에서 많게는 평균 5.5배나 높다. 전국경제인연합회가 해외에 1천만 달러 이상 투자하여 제조공장을 운영하는 25개 국내기업을 조사한 「요소비용실태 국제비교(1996)」에 따르면,[4] 국내기업의 요소비용은 해외 현지공장에 비해 금리 1.5배, 임금 2.2배, 공단분양가 5.5배, 물류비 2배, 공장인허가 서류 3.4배에 이른다.

2) 물류비 실태

우리나라 기업의 물류비(국제물류비 포함)는 2001년 매출액 대비 11.1%에서 2016년 6.56%로 하락한 것으로 나타났다(〈표 9-2〉 참조). 제조업의 경우 대기업보다 중소기업의 물류비 비중이 더 높은 것으로 나타났다. 이는 대기업이 물류비 절감을 위해 수행한 아웃소싱 등의 노력이 반영된 결과로 볼 수 있다. 특히 운송비가 높은 것은 늘어나는 화물을 처리할 도로·항만·철도·공항 등의 사회간접자본의 투자 소홀로 처리능력이 수요에 비해 크게 부족하고 시설운영이 비효율적이기 때문이다. 국가별 국가물류비를 비교해 보면 2012년 기준 우리나라(11.03%)가 일본(9.2%)보다 높지만 중국(18.1%)보다는 낮은 것으로 나타났다.[5]

3) 공업단지와 산업클러스터

공업단지(industrial estate)란 울산공업단지나 마산 수출자유지역과 같이 산업자원의 최적화를 기하기 위해 유리한 입지를 고려하여 이 지역에 관련 산업을 집중시키는 것을 뜻한다. 이는 부족한 토지자원을 국가적 입장에서 효과적으로 이용하는 방법으로서, 여러 공장을 단지 내에 입주케 함으로써 기업측에서는 교통·동력·산업시설 등의 공동 시설비용을 절감할 수 있으며, 산업공해가 불필요하게 확산되는 것을 피할

표 9-2　한국기업의 물류비 구성　　　　　　　　　　　　　　　　　　　　　(단위: %)

구분	매출액 대비	운송비	보관비	포장비	하역비	물류정보/ 관리비
전체 업종(2016)	6.56%	59.6	22.8	7.0	3.1	7.5
전체 업종(2001)	11.10%	46.5	41.3	5.9	3.6	1.6

출처: 대한상공회의소 유통물류진흥원 물류진흥팀, 국내외 물류산업통계, vol. 14& 18, 2015. 2018

---

4) 전국경제인연합회, 요소비용실태 국제비교, 1996.11.
5) 대한상공회의소 2018 유통물류통계집, 2018.11.17

표 9-3 산업클러스터의 유형과 사례

유형	주요 역할	사례
① 대학·연구소 주도형	비전 제시	미국 샌디에고의 바이오 클러스터, 대덕 연구단지
② 대기업 주도형	시스템 통합	도요타시 자동차 클러스터, 파주 LCD 클러스터
③ 지역 특화형	전문 공급	이태리 브랜타의 신발 클러스터, 이천 도자기 클러스터
④ 실리콘 밸리형	①②③ 통합	실리콘 밸리의 컴퓨터, IT, 바이오 클러스터

수 있다. 현실적으로 공단의 입주율은 높지 않은 편이며, 산업클러스터로 패러다임이 전환되는 추세이다.

산업클러스터(industrial cluster)란 실리콘 밸리나 대덕 연구단지처럼 일정지역에 상호 연관관계가 있는 기업과 기관들이 네트워크를 이루어 모여 있는 것을 의미한다. 즉, 경쟁기업과 부품 소재 기업 및 대학 연구소, 회계, 법률 등 각종 지원 서비스 기관들이 모여 네트워크를 통한 시너지 창출이 핵심이다.[6] 산업클러스터는 대학·연구소 주도형, 대기업 주도형, 지역 특화형, 실리콘 밸리형의 4가지 유형이 있다(〈표 9-3〉 참조).

4) 아파트형 공장

아파트형 공장은 중소규모의 공장이 밀집되어 있는 건축물로, 그 형태가 아파트와 비슷하다는 데서 유래했다. 싱가포르, 홍콩, 대만 등에서 발달하였는데, 아파트형 공장의 장·단점은 〈표 9-4〉와 같다. 우리나라의 아파트형 공장은 정부가 도시서민의 소득증대 기반을 마련하기 위해 1989년부터 영구 임대주택단지안에 설립을 추진한[7] 것으로 「공업 배치 및 공장설립에 관한 법률」이 모법(母法)이다.

표 9-4 아파트형 공장의 장점과 단점

대상	장점	단점
입주사	기업활동의 연계성과 협동 공장부지 투자비용 절약 세제 및 금융 혜택 동업, 이업종과 정보 교류	독자시설 이용 불가능 소음, 진동으로 환경 소란 노사분규시 공동 몸살 인력 스카우트 행태 난무
시행자	토지개발 극대화 개발의 새로운 대안	영세기업의 부도 위험성(중도금 회수) 민감한 하자보수 처리

---

6) 삼성경제연구소, 산업클러스터의 국내외 사례와 발전전략, *CEO Information #373*, 2002.11.6.
7) "아파트형 공장", *주간 매경*, 1995.10.4.

1.3 최적입지 결정을 위한 분석

1.3.1 입지결정의 평가기준

입지결정은 예상투자수익률($\frac{예상수익}{투자비용} \times 100$)이 가장 큰 지역에 정하는 것이 이상적이다. 입지의 관점에서 비용을 최소로 하는 것이 곧 이윤을 최대로 하는 것이므로 입지분석의 초점은 전체비용을 최소로 하는 데 맞추게 된다.

공장입지 결정의 **평가기준**(criterion)은 '비용 최소화기준'이 일반적이다. 서비스업체(은행, 백화점, 식당 등)의 경우 '수익 최대화기준'이 선호되며, 앰뷸런스나 소방서 등의 응급 서비스 시설입지에는 '반응시간 최소화기준'이 적용된다.

기업이 최대이윤을 올릴 수 있는 장소적 적합성이라 할 수 있는 입지요인에는 비용(또는 수익)으로 계측할 수 있는 양적 요인(quantitative factor)과 거의 계측할 수 없는 질적 요인(qualitative factor)이 있다. 비용을 중심으로 전개되는 입지결정의 분석에서는 양적 요인의 분석이 주류를 이루고 있지만 질적 요인을 간과해서는 안된다.

입지요인의 분석기법에는 총비용비교법, 손익분기도법, 선형계획법, 중심법(重心法)과 디시즌 츄리 어프로치와 질적 요인도 함께 고려되는 Brown-Gibson 모델 그리고 질적 요인만을 분석하는 요인평정법 등이 있다.

1.3.2 양적 요인의 분석

1) 총비용비교법(總費用比較法)

여기서 총비용이라 함은 입지결정과 관련되는 구체적 비용은 물론 추상적 비용과 기회비용을 모두 포함한다. 그렇지만 추상적 비용이나 기회비용은 현실적으로 파악

표 9-5 연간 생산량 100만 단위일 때의 비용비교   (단위: 백만원)

비용	A지역	B지역	C지역	D지역
공장건설비	4,600	3,900	4,000	4,200
노무비	430	600	400	550
원료비	750	1,100	800	1,000
연료, 동력비	30	26	30	28
용수비	7	6	7	7
수송비	20	100	100	50
세 금	33	28	63	35
계	5,870	5,760	5,400	5,870

하기 어려우므로 대개는 재료비·수송비·노무비 등의 구체적 비용만으로 입지결정을 행한다.

예컨대 〈표 9-5〉와 같이 여러 곳의 공장 후보지가 있을 때, 총비용이 가장 낮은 곳(C지역)으로 결정한다. 그러나 합리적인 입지결정은 이들 구체적인 비용(양적 요인)만으로 가늠하기 힘들다. 가령 비용이 최소가 되는 지역이라 하더라도 그 지역이 노동력의 공급량이 부족하거나, 원재료의 수송이 불편하고 지역 주민의 반발이 심하다면 입지결정을 다시 고려할 필요가 있다.

2) 손익분기도법(損益分岐圖法)

총비용비교법은 일정한 생산량을 전제로 예상비용을 비교하는 방법이므로 조업수준의 변화에 따라 수반되는 변동비의 변화를 반영하기 힘들다.

표 9-6 지역별 고정비와 변동비

비용		A지역	B지역	C지역	D지역
고정비	자본비용(연간)*	460	400	420	390
	연료, 동력비(연간)	30	30	28	26
	용수비(연간)	7	7	7	6
	세금(연간)	33	63	35	28
	계	530	500	490	450
변동비	노무비(단위당)	430	400	550	600
	원료비(단위당)	750	800	1,000	1,100
	수송비(단위당)	20	100	50	100

고정비 단위: 백만원, 변동비 단위: 원, * 자본비용은 공장건설비의 10%로 산정함.

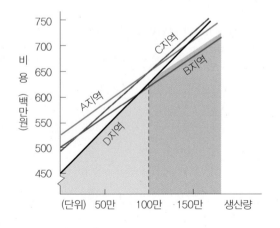

그림 9-2 입지결정을 위한 손익분기도

따라서 입지비용을 고정비와 변동비로 구분하여 생산량의 변동에 따라 이들 비용의 변화를 나타내는 손익분기도를 이용하여 입지결정을 한다. 생산량의 변동과 관계없이 발생하는 고정비로는 토지·건물 및 공장이전비용 등의 자본적 지출(capital expenditure)로 야기되는 자본비용과 세금·보험료·용수비 등을 들 수 있다. 생산량의 변화에 민감한 변동비로는 원료비·수송비·노무비 등이 있다.

앞에서 제시된 예(〈표 9-5〉참조)를 고정비와 변동비로 분해한 것이 〈표 9-6〉인데, 이로써 작성된 손익분기도가 [그림 9-2]이다. 총생산량 100만 단위까지는 D지역이 유리하지만, 100만 단위를 초과할 경우는 B지역이 유리하다.

설례 ▶ 수송해법에 의한 입지분석

안양과 대구의 두 공장에서 생산되고 있는 甲제품을 서울·중부·영동·영남·호남지역의 5개 시장에 판매하고 있는 남양물산에서는 수요증가에 대처해서 공장을 신설하려고 한다.

신설공장 후보지로서 광주·강릉의 2개 지역이 물망에 올랐는데, 생산비와 수송비의 합계가 최소가 되는 지역에 입지를 정하려 한다.

각 시장의 수요량, 공장의 생산능력 및 생산단가, 그리고 공장으로부터 시장까지의 수송비는 〈표 9-7〉과 같다.

강릉과 광주에 공장을 세울 경우의 「생산비 배분 매트릭스」(distribution matrix)를 각각 작성한다(〈표 9-8〉, 〈표 9-9〉참조).

매트릭스별로 주어진 제약조건을 만족시키는 범위내에서 목적함수인 전체생산비와 수송비의 합계액이 최소가 되도록 수송해법에 의해서 제품 수송량을 배분한다.

광주에 공장을 세울 경우(〈표 9-9〉), 생산비와 수송비의 총액은 21,840백만원으로 최소가 된다.

따라서 이 [설례]에서는 광주에 공장을 신설하는 결정을 내릴 수 있다.

표 9-7 제품단위당 수송비(운임, 창고료)

공장 시장	기존 공장		신설 후보 공장		예상수요량 (연간)
	대구	안양	강릉	광주	
서울	42원	32원	44원	48원	10,000천개
영남	36	44	30	45	15,000
영동	41	42	37	43	16,000
중부	38	48	38	46	19,000
호남	50	49	45	27	12,000
연간 생산능력	27,000천개	20,000천개	25,000천개	25,000천개	
단위당 생산비	270원	268원	269원	262원	

표 9-8	강릉에 공장을 세울 경우							(단위: 백만개)
시장 \ 공장	대 구		안 양		강 릉		수요량
M_1		312	10	300		313	10
M_2		306		312	15	299	15
M_3	8	311		310	8	306	16
M_4	19	308		316		307	19
M_5		320	10	317	2	314	12
생산능력	27		20		25		72

생산비＝19,375백만원　수송비＝2,696백만원　합계＝22,071백만원

표 9-9	광주에 공장을 세울 경우							(단위: 백만개)
시장 \ 공장	대 구		안 양		광 주		수요량
M_1		312	10	300		310	10
M_2	15	306		312		307	15
M_3		311	10	310	6	305	16
M_4	12	308		316	7	308	19
M_5		320		317	12	289	12
생산능력	27		20		25		72

생산비＝19,200백만원　수송비＝2,640백만원　합계＝21,840백만원

1.3.3 질적 요인의 분석

1) 요인평정법(要因評定法)

이 방법(factor rating method)은 고려되는 입지요인별로 가중치가 부여된 요인평정표(〈표 9-10〉 참조)에 요인별로 평점(100점 만점)하여 산정한 요인별 점수(가중치×평점)의 합계가 가장 큰 대안(후보지역)을 선정하는 방식이다.

입지요인을 평가자의 주관으로 평점할 수 있어 질적 요인분석법(qualitative factor analysis)이라고도 부른다. 요인평정법은 질적 분석이 곤란한 손익분기도법이나 선형계획법과 병용하기도 한다.

이 방법에서 각 대안(입지후보지역)을 평정하는 산식은 다음과 같다.

$$S_j = \sum_{i=1}^{m} w_i F_{ij} \quad (j = 1, 2, \dots n)$$

S_j : 지역 j의 총점 W_i : 입지요인 i의 가중치

F_{ij} : 지역 j의 요인 i에 대한 평점 n : 지역의 수

m : 입지요인의 수

 설례 ▶ 요인평정법에 의한 입지결정

한강유리(주)에서 신규공장을 세울 입지를 결정함에 있어 후보지역별로 요인평정표(〈표 9-10〉 참조)에 평가하였다. 이에 따르면 장항지역에 입지하는 것이 유리하다.

표 9-10 요인평점표

입지요인	가중치	장항지역		송도지역		창원지역	
		평점	점수	평점	점수	평점	점수
원자재 근접	.30	85	22.5	70	21.0	75	22.5
동력 및 에너지	.24	88	21.1	85	20.4	80	19.2
노동력	.20	83	16.6	70	14.0	75	15.0
시장 근접	.15	75	11.3	90	13.5	80	12.0
지역사회	.05	90	4.5	60	3.0	85	4.3
주거환경	.06	75	4.5	80	4.8	85	5.1
합 계	1.00		80.5		76.7		78.1

2) 브라운-깁슨 모델(Brown-Gibson model)

입지결정에서 양적요인과 질적요인을 함께 고려할 수 있는 복수공장의 입지분석 모델이 브라운(P. A. Brown)과 깁슨(D. F. Gibson)에 의하여 제시되었다.[8]

입지에 영향을 주는 인자들을 중심으로 세 가지 평가기준이 있다.

① 필수적 기준(critical criteria). 그 시스템의 입지요소로서 필수불가결한 것, 가령 맥주공장에서 수질과 수량문제를 빼고서 입지문제를 생각할 수 없는 것처럼 필수적인 장소적 적합성을 판정하는 기준이다.

② 객관적 기준(objective criteria). 노무비 · 원재료비 · 용수비 · 세금 등과 같이 화폐가치로 평가될 수 있는 경제적 기준이다.

③ 주관적 기준(subjective criteria). 객관적으로 평가하기 힘든 질적 입지요인으로 근

---

8) P. A. Brown & D. F. Gibson, "A Quantified Model for Facility, Site Selection Application to a Multiplant Location Problem", *AIIE Transactions*, March 1972.

로자의 성실성, 지역사회의 민심과 같이 주로 평가자의 주관에 의해서 가름되는 기준이다.

이상 세 가지 평가기준을 토대로 하는 각 후보지 i에 대한 입지선정척도(location preference measure: LM_i)를 구하는 모델은 다음과 같다.

$$LM_i = CFM_i[K \times OFM_i + (1-K)SFM_i]$$ ……………………………………… ①

CFM_i: 후보지 i의 필수적 평가치(단, $CFM_i = 0$ 또는 1)
OFM_i: 후보지 i의 객관적 평가치(단, $0 \leq OFM_i \leq 1$, $\sum OFM_i = 1$)
SFM_i: 후보지 i의 주관적 평가치(단, $0 \leq SFM_i \leq 1$, $\sum SFM_i = 1$)
K: 객관적 요인의 결정계수(단, $0 \leq K \leq 1$)

필수적 평가치(critical factor measure: CFM_i)는 0이나 1로 표시되는데, 가령 시설이나 공장입지로서 고려할 가치가 없을 때 $CFM_i = 0$이 된다. 이 때 입지선정척도(LM_i)는 영(零)이 되므로 이 경우 입지결정 분석에서 제외된다.

객관적 평가치(objective factor measure: OFM_i)는 객관적으로 표시되는 비용(objective factor costs: C_i)을 이용하여 ②식으로 산정한다.

$$OFM_i = [C_i \sum (1/C_i)]^{-1} = \frac{1}{C_i \sum (1/C_i)}$$ ……………………………………… ②

이 경우 요소비용(C_i)이 최소인 후보지의 OFM_i가 최대가 되며 각 후보지의 OFM_i의 합은 1이 된다.

주관적 평가치(subjective factor measure: SFM_i)는 각(주관적) 입지요인의 상대 중요도지수 W_j와 각 후보지의 평가지수 R_{ij}를 서로 곱한 값으로 ③식과 같다.

$$SFM_i = R_{i1}W_1 + R_{i2}W_2 + \cdots + R_{in}W_n = \sum_{j=1}^{n} R_{ij}W_j$$ ……………………………………… ③

W_j와 R_{ij}는 각 요인 간 또는 각 후보지 간의 쌍대비교를 하여 우세한 쪽에는 1, 열세인 쪽에는 0의 수치를 부여하되 양편 모두 우세하면 각각 1을 부여한다. 객관적 평가치(OFM_i)에서와 같이 전체 합이 1이 되도록 구성비를 구한다.

이상의 자료들이 구해지면 이들을 전술한 입지선정 모델인 ①식에 대입하여 최대치를 갖는 후보지를 선정한다. 이는 객관적 결정계수인 K의 값(0~1.0)에 따라서 달리 나타날 수 있다.

※ 객관적 요인의 결정계수(objective factor decision weight: K)는 고려되는 입지문제의 객관적 요인과 주관적 요인의 상대적 중요성을 나타낸다. 예컨대 객관적 요인을 주관적 요인의 4배로 볼 때 $K=0.8$이 된다.

브라운-깁슨 모델은 입지선정 외에도 제품설계, 공정의 선정, 설계배치 등에도 이용할 수 있다. 이 모델은 쌍대비교(pairwise comparison)에 의한 단순한 선택방법을 취하고 있는 것이 결점으로 지적되고 있다.

설례 ▶ Brown-Gibson 모델에 의한 입지선정

서울 근교에 자리잡고 있는 삼익제지에서는 백상지의 수요가 늘어남에 따라 공장을 신설하고자 입지조사를 하였다. 후보지로 제시된 지방은 A지역(북한강 상류), B지역(낙동강 상류), C지역(금강 하류)으로 지역별 예상비용은 〈표 9–11〉과 같다. 단, 객관적 요인은 주관적 요인의 4배가 되는 것으로 본다.

표 9–11 지역별 예상비용

구분	연간비용(단위: 억원)				비용합계 (C_{ij})	비용의 역수
	노무비	수송비	세금	기타		
A지역	3.62	2.08	0.25	4.0	9.95억원	.100503
B지역	3.40	2.75	0.30	4.0	10.45억원	.095694
C지역	3.75	2.90	0.40	4.0	11.05억원	.090498
						.286695

(1) 〈표 9–11〉의 자료로서 지역별 객관적 평가치(OFM_i)를 구한다.

A지역: $OFM_A=[(9.95)(.2867)]^{-1}=(2.8526)^{-1}=.35056$

B지역: $OFM_B=[(9.95)(.2867)]^{-1}=(2.8526)^{-1}=.35056$

C지역: $OFM_C=[(9.95)(.2867)]^{-1}=(2.8526)^{-1}=.35056$

$$1.00000$$

(2) 주관적 평가치를 산정하기에 앞서 입지요인의 상대중요도 지수 W_j를 구한다.

주관적 입지요인 중에서 종업원의 자녀교육·주택문제·지역사회의 문제들을 비교하여 본 결과 다음과 같이 판정되었다(〈표 9–12〉 참조).

① 자녀의 교육문제와 주택문제는 모두 중요하다.
② 자녀의 교육문제와 지역사회 문제는 후자가 더 중요하다.
③ 주택문제와 지역사회 문제도 후자가 보다 중요하다.

요인별로 쌍대비교를 하여 상대중요도 지수(W_j)를 산정한 것이 〈표 9-12〉이다.

표 9-12 입지요인별 쌍대비교

입지요인	쌍대비교			계	상대중요도 W_j
	노무비	수송비	기타		
자녀교육	1	0		1	1/4=25
주택	1		0	1	1/4=25
지역사회		1	1	2	2/4=50
계				4	1.0

(3) (주관적)입지요인별로 A · B · C 지역을 쌍대비교한 결과 각 지역의 평가지수 Rij는 〈표 9-13〉과 같다.

표 9-13 지역별 주관적 평가치

입지요인 (j) 지역별 (i)	자녀교육				주 택				지역사회			
	쌍대비교			지역평가지수(R_{i1})	쌍대비교			지역평가지수(R_{i2})	쌍대비교			지역평가지수(R_{i3})
	(1)	(2)	(3)		(1)	(2)	(3)		(1)	(2)	(3)	
A	1	1		2/4=.50	0	1		1/4=.25	0	0		0/3=0
B	0		1	1/4=.25	1		1	2/4=.50	1		0	1/3=.33
C		0	1	1/4=.25		1	0	1/4=.25		1	1	2/3=.67

(4) 앞서 (2)(3)에서 구한 자료들로부터 지역별 주관적 평가치(SFM_i)를 산정한다.

A 지역: $SFM_A = (.50)(.25) + (.25)(.25) + (0)(.50) = .1875$

B 지역: $SFM_B = (.25)(.25) + (.50)(.25) + (.33)(.50) = .3525$

C 지역: $SFM_C = (.25)(.25) + (.25)(.25) + (.67)(.50) = \underline{.4600}$

$$1.0000$$

(5) 각 지역의 입지선정 척도 LM_i를 산정한다.

객관적 요인은 주관적 요인의 4배, 즉 전자가 0.8, 후자가 0.2이므로 이 경우 결정계수 K = 0.8이 된다. (1)과 (4)에서 구해진 자료들을 ①식에 대입하면 각 지역의 LM_i는 다음과 같다.

A 지역: $LM_A = (.8)(.35056) + (.2)(.1875) = .3179$

B 지역: $LM_B = (.8)(.33378) + (.2)(.3525) = .3375$

C 지역: $LM_C = (.8)(.32566) + (.2)(.4600) = .3446$

C 지역의 입지선정척도인 LM_C값이 가장 크므로 이를 선정한다.

1.4 서비스 시설의 입지

1.4.1 서비스 유형별 입지 결정

서비스시설은 수요가 발생되는 장소이므로, 서비스시설 입지는 서비스운영관리에서 중요하다. 제조업에 비해 서비스의 공간적인 이동이 어렵고 재고없이 수요변화에 대응해야 하는 서비스시설의 입지는 상대적으로 중요하다.

입지 결정기준의 상대적 중요성은 서비스의 고객작용 내지 고객화의 정도와 노동강도의 관점에서 서비스유형별로 검토될 수 있다.[9]

서비스공장(service factory)에는 항공사·트럭운송·호텔·리조트·레크리에이션 센터 등이 포함된다. 다수의 고객을 상대로 하는 이들 사업체는 고객수요가 많은 곳에 입지해야 한다. 즉 사람이 많이 사는 지역이나 많은 사람이 왕래하는 도시의 중심가나 쇼핑센터 및 관광센터 등에 입지한다.

서비스전문점(service shop)은 고객작용 및 고객화의 정도가 높다. 제공서비스가 대체로 전문화되어 있으므로 고객이 접근하기 쉬운 즉 교통이 편리한 곳에 입지해야 한다.

소매점과 같은 대량서비스(mass service)는 고객작용이나 고객화의 정도가 낮아서 경쟁업자와 차별화하기가 어렵다. 이 때문에 교통의 편리성과 접근용이성이 매우 중요하다.

의사, 변호사와 같은 전문서비스(professional service)는 노동강도가 높고 고객작용 및 고객화의 정도도 높으므로 고객접근이 용이한 곳에 입지해야 한다.

서비스에서 고객접촉은 중요한 영향요인이다. 그런 점에서 서비스시스템이 고객 가까이 접근하는 것은 긴요하다. 특히 고객작용 및 고객화의 정도가 높은 고접촉 서비스에서는 더욱 중요하다.

1.4.2 서비스 시설의 입지 요인

이 부분은 본장 1절 1.2.2에 기술하였음.

---

9) B. J. Finch & R. L. Luebbe, *Operations Management*, The Dryden Press, 1995.

1.4.3 서비스 시설입지의 분석기법

1) 무게중심법(重心法, the center of gravity method)

이 방법은 서비스시설의 입지결정에 많이 사용되는 분석기법으로 여러 지방에 흩어져 있는 창고나 유통센터 간의 배송비용을 최소화하기 위한 입지결정 기법이다. 배송비용(distribution cost)은 운송거리와 운송량의 선형관계에서 다룬다. **무게중심**(重心, the center of gravity)은 공급량과 소비량에 의해 가중된 운송거리와 더불어 창고와 공급 및 배송지점과의 거리를 최소화하는 입지이다.

이 기법에서는 유통센터와 입지후보지의 위치 x와 y의 좌표로 기입된 지도를 사용한다([그림 9-3] 참조). 각 입지후보지로부터의 운송량이 같으면, 무게중심의 좌표(예: 유통센터의 입지)는 x좌표의 평균과 y좌표의 평균 값으로 구할 수 있다.

이들 평균치는 다음 산술평균 산식(①)으로 구한다.

$$\bar{x} = \frac{\sum x_i}{n} \qquad \bar{y} = \frac{\sum y_i}{n} \quad\text{.................................} \quad ①$$

단, x_i: 후보지 i의 x좌표
y_i: 후보지 i의 y좌표
n: 후보지의 수

각 입지 후보지의 운송량이 같지 않을 때는 ②의 가중평균 산식으로 무게중심을 구한다.

$$\bar{x} = \frac{\sum x_i Q_i}{\sum Q_i} \qquad \bar{y} = \frac{\sum y_i Q_i}{\sum Q_i} \quad\text{.................................} \quad ②$$

단, Q_i: 후보지 i로의 운송량
x_i: 후보지 i의 x좌표
y_i: 후보지 i의 y좌표

 설례 ▶ 무게중심법에 의한 유통센터 입지결정

화장품을 생산하는 태양산업에서는 서울·원주·광주·부산에 유통기지를 운영하고 있는데, 중심지에 유통센터를 설립하려고 한다. 유통기지별 좌표는 〈표 9-14〉와 같다.

표 9-14	유통기지별 좌표와 운송량		
유통기지	x	y	운송량(Q)
서울기지	7	8	500
원주기지	8	7	100
광주기지	6.5	5	200
부산기지	9	4	300
합계	30.5	24	1,100

※ x좌표는 120°, y좌표는 30°에 이르나 계산 편의상 끝자리만 표시했음.

$$\bar{x} = \frac{\sum x_i}{n} = \frac{30.5}{4} = 7.6 \qquad \bar{y} = \frac{\sum y_i}{n} = \frac{24}{4} = 6$$

산식 ①로 산술평균한 중심의 좌표는 $x=7.6$, $y=6$ 이다.

산식 ②로 기하평균한 중심의 좌표는 $x=7.55$, $y=6.3$ 이다.

$$\bar{x} = \frac{\sum x_i Q_i}{\sum Q_i} = \frac{(7)(500) + (8)(100) + (6.5)(200) + (9)(300)}{1,100} = 7.55$$

$$\bar{y} = \frac{\sum y_i Q_i}{\sum Q_i} = \frac{(8)(500) + (7)(100) + (5)(200) + (9)(300)}{1,100} = 6.3$$

이에 따르면, 대전지역이 유망한 유통센터 후보지가 된다.

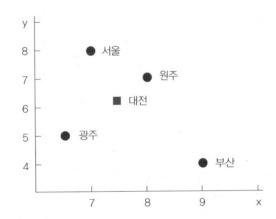

그림 9-3   유통기지 분포도

무게중심법(重心法)은 창고나 유통센터와 같은 서비스시설, 아울렛(retail outlets), 발전소, 하수처리장, 쓰레기처리시설 등의 입지결정에도 적용된다.[10] 〈표 9-15〉는 적

---

10) J. R. Evans, *Applied Production & Operations Management*, 4th ed., West Publishing Co., 1994.

표 9-15	서비스 시설 입지에 무게중심법 적용 예
서비스 시설	**가중치**
발 전 소	각 고객입지에서의 전력 수요량
하 수 처 리 장	각 지역의 도시나 농촌에서 발생하는 하수량
쓰 레 기 처 리 장	거주지 및 산업체 시설에서 운송되는 평균 쓰레기량

용사례별 가중치의 내용을 나타내고 있다.

2) 지리정보시스템(Geographic Information System: GIS)

미국의 Domino's Pizza와 같은 전국적인 패스트푸드 체인에서 GIS를 이용하여 새로운 프랜차이즈의 부지 대안 선별이나 이전 · 리모델링 등을 결정하고 있다.[11]

GIS는 입지의사결정에 관한 정보를 조작, 분석, 표현할 수 있도록 해주는 컴퓨터 HW와 SW 및 데이터로 구성된 정보시스템이다. GIS는 입지결정에 관한 ① 데이터베이스를 저장하고, ② 지도를 보여주며, ③ 데이터로부터 추출한 정보로 수리적 모델이나 분석을 통하여 새로운 데이터나 정보를 산출하는 기능을 수행한다.

GIS는 고객 · 시장과 경쟁자와 관련된 판매와 입지, 인구조사통계 또는 연간소득별 거주자 비율 등 지리적 위치와 연관 정보를 다양한 데이터베이스로 저장한다. 이들을 분석하여 산출된 데이터나 정보는 소매, 부동산, 정부, 운송, 물류 등 여러 사업분야에서 입지의사결정에 이용된다.

② 시설 및 설비의 배치

2.1 시설배치의 문제와 목표

시설배치(facility or plant layout)란 생산공정의 공간적 배열, 즉 서비스 내지 생산의 흐름에 맞춰 건물 · 시설 · 기계설비 · 통로 · 창고 · 작업장 · 사무실 · 점포 등의 위치를 공간적으로 적절히 배열하는 것을 말한다. 공장배치(plant layout)의 경우, 공장내의 건물배치 · 통로배치 · 기계배치 · 시설배치 등이 망라되는데, 보통은 기계설비의 배치가 중심이 되므로 흔히 설비배치라 부른다.

---

11) L. J. Krajewsky et al., *Operations Management*, 9th ed., Prentice Hall, 2010.

2.1.1 시설배치의 문제

시설(설비)의 배치문제는 입지결정 뒤에 생긴다. 공장입지를 정한 다음이나 공장을 이전하거나 확장하는 경우에 반드시 부수되는 문제이다. 특히 우리나라의 공장이나 시설들은 대부분 기존시설을 확장하여 이용하거나 비좁은 시설에서 작업하고 있어 시설 및 설비의 배치가 크게 문제되고 있는 실정이다.

시설배치가 제대로 되어 있는지의 여부를 가리기는 매우 힘들지만, 대체로 다음과 같은 증상이 있을 때 배치에 문제가 있다고 볼 수 있다(( )안의 것은 서비스시설과 관련된 사항임).

① 불필요한 운반이나 이동(고객 및 요원의 헛걸음)이 존재한다.
② 창고(대기실)와 작업현장(사무 및 서비스환경)이 복잡하다.
③ 운반(이동)거리가 멀다.
④ 운반코스트가 높다.
⑤ 작업(서비스제공)장소와 통로가 혼잡하다.
⑥ 생산지연(고객대기)시간이 길다.
⑦ 작업능률(고객의 만족도)이 저조하다.
⑧ 생산(서비스)공정의 균형이 이루어지지 못한다.

이상의 문제는 기존 시스템에서 흔히 볼 수 있는 현상이지만, 공장이나 시설을 건설할 경우에도 문제가 유발되지 않도록 시스템을 설계할 때 유의할 필요가 있다. 특히 서비스시설의 설계와 배치는 고객의 서비스 지각도(perception)에 많은 영향을 줄 뿐 아니라 서비스 성과의 영향요인이 된다. 주로 서비스가 제공되는 장소·고객의 대기장소·휴게실·통로·기타 서비스시설의 공간적 배열과 깊은 관련이 있다.

2.1.2 시설배치의 목표

시설 및 설비의 배치가 잘 되면 고객이나 작업자의 만족도가 높아짐은 물론 물자를 비롯한 작업(업무)의 흐름이 원활해지며 재고가 줄고 애로공정이 적어지는데다 일정계획도 개선된다. 결국 운반코스트의 절감과 효과적인 공간활용이 가능해진다.

시설 및 설비배치 본래의 목적은 최소의 투자로 생산시스템의 유효성이 크도록 기계·원자재·작업자 등의 생산요소와 생산(서비스)시설의 배열을 최적화하는 것이다.

시설 및 설비배치를 행할 때에는 다음 **목표**가 추구되어야 한다.[12]

---

12) F. M. Meyers, *Plant Layout and Material Handling*, Regents/Prentice Hall, 1993.

① 운반의 최적화. 원자재 내지 공정품의 운반량과 운반거리를 최소로 함은 물론, 효과적인 운반수단을 이용하여 운반비용과 시간을 최소화한다.

② 생산공정의 균형유지. 생산공정 간의 밸런스를 유지하고 생산흐름이 원활하도록 배치한다.

③ 시설공간의 효과적인 활용. 이용가능한 시설공간을 최대한 활용한다.

④ 배치변경에 대한 유연성. 생산(품목·수량·방법)의 변화와 장래의 확장 등에 대처해서 유연성이 높도록 설비나 시설을 배치한다.

⑤ 인력 및 설비의 이용률 증대. 인력 및 기계설비를 효과적으로 이용할 수 있도록 배치한다.

⑥ 안전한 환경의 유지. 종업원과 고객의 건강과 안전에 대한 위험을 최저로 줄일 수 있도록 배치한다.

⑦ 생산의 경제성 추구. 목적하는 급부를 경제적(생산성 향상과 원가절감)으로 생산할 수 있도록 배치한다.

이상의 목표들을 동시에 전부 만족시키기는 어렵지만 ①, ②, ③, ④의 목표는 반드시 추구되어야 한다.

2.2 설비배치의 유형

2.2.1 설비배치의 기본형

공장 설비배치의 기본유형은

① 제품(라인)별 배치(product or line layout)
② 공정(기능)별 배치(process or functional layout)
③ 위치고정형(프로젝트) 배치(fixed-position or project layout)로 나눌 수 있다.

1) 제품별 배치

대량생산 내지는 연속생산시스템에서 흔히 볼 수 있는 배치형태로서, 라인배치(line layout)라고도 한다. 이는 특정의 제품(서비스)을 생산하는 데 필요한 설비와 작업자를 제품(서비스)의 생산과정순으로 배치하는 방식이다([그림 9-4] 참조). 따라서 공정의 유연성이 떨어지지만, 운반효율이 높고 단위당 운반코스트가 저렴하다.

라인배치는 TV나 자동차 조립공장·음료수 및 식품가공(예: 라면 공장)공장과 같이 물품의 흐름이 일정하게 연속되는 소품종다량생산공장과 카페테리아(cafeteria) 식당

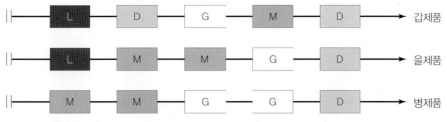

[범 례] L: 선반, M: 밀링, D: 드릴, G: 그라인더

그림 9-4 제품별 배치

이나 항공기 탑승수속 등에서 볼 수 있는 배치유형이다.

이 배치방식에서는 특정 제품(서비스)생산에 적합한 전용설비(專用設備)를 사용하기 때문에 다양한 제품을 생산하는 주문생산에는 부적합하다.

소기의 성과를 얻기 위해서는 ① 설비를 경제적으로 이용할 수 있는 생산량, ② 제품(서비스)수요의 안정, ③ 제품(서비스)의 표준화, ④ 부분품의 호환성 등의 조건이 충족되어야 한다.

2) 공정별 배치

이 방식은 기계공장에서 흔히 볼 수 있는 배치형태로서 기능별 배치(functional layout)라고도 한다. 즉, 기계설비를 기능별로 배치하는 형태로서 가령 연삭(硏削)작업은 그라인딩 부서에서 행하고, 용접은 용접부서에서 행하도록 배치하는 것을 말한다([그림 9-5]와 [그림 9-7]의 (a) 참조). 이 배치는 제품(서비스)의 종류는 많고 생산량이 적은 다품종소량생산(多品種少量生産)에 알맞도록 범용설비(汎用設備)를 기능별, 즉 기계종류별로 배치하는 것이 **특징**이다. 제품별배치에 비해 공정의 유연성이 높다.

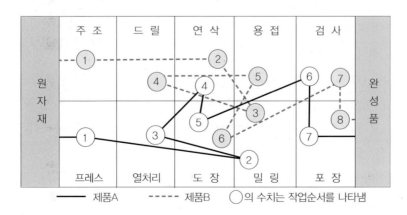

그림 9-5 공정별 배치

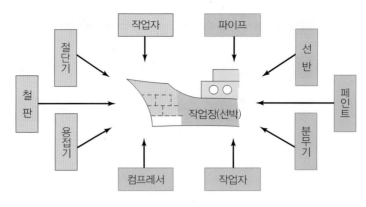

그림 9-6
조선소의 위치고정형 배치

서비스업에서는 특정기능이 수행되는 작업장소별(예: 병원의 검사실·수술실·X레이촬영실 등)로 시설배치를 하는 경우를 예로 들 수 있다. 서비스의 경우 작업별 배치(job shop layout)라고도 한다.

3) 위치고정형 배치

대형 항공기와 같이 제품이 매우 크고 복잡한 경우에는, 제품을 움직이는 대신 제품생산에 필요한 원자재·기계 설비·작업자 등을 제품의 생산(가공)장소에 근접시키는 것이 유리하다. 대형 선박이나 토목건축 공사장에서 볼 수 있는 배치유형으로 제품이나 공사구조물은 한 장소에 고정되고, 그 대신 자재와 기계설비를 현장에 옮겨서 생산(가공)하는 것이 **특징**이다([그림 9-6] 참조).

2.2.2 혼합형 배치

시설 내지 설비배치에서 일부는 공정별로 배치하고 일부는 제품별로 배치하는 절충식 배치를 **혼합형 배치**(hybrid layout)라고 한다. 혼합형 배치는 공정별 배치와 제품별 배치의 혼합이 주류를 이룬다. 이 배치유형은 유연생산시스템에서 흔히 볼 수 있는데, GT의 그룹별 배치 내지 셀형 배치나 JIT의 U형 배치는 혼합형 배치이다.

서비스시설에서는 소매점의 배치가 혼합형 배치에 속한다. 상품들을 한 곳에 모아서 고객이 물건을 고르기 쉽게 진열하는 것은 공정별 배치이고, 물건을 고른다음 대금을 계산대에 가서 지불하거나 고객이 정해진 통로를 이용하도록 한 것은 제품별 배치방식이다.

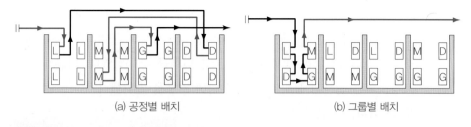

(a) 공정별 배치   (b) 그룹별 배치

그림 9-7 공정별 배치와 그룹별 배치의 비교

1) 셀형(그룹별) 배치(cellular layouts)

이는 공정별배치의 장점인 유연성은 유지하면서 아울러 효율을 증대시키려고 제품별 배치를 혼합한 배치방식으로 **GT 배치** 또는 **그룹별 배치**(group technology or group layout)로 불리기도 한다([그림 9-7]의 (b) 참조).

이 배치의 아이디어는 작업장과 기계를 유사한 생산(가공) 흐름을 갖는 제품(서비스)들로 그룹화하여 셀단위로 배열하는 것이다. 즉 그룹테크놀로지(GT)의 개념에 입각해서 여러 기계들을 셀(cell)이라 부르는 작업센터로 그룹화하여 부품부류(part family)별로 가공하는 것이다. 이 경우 '제조(가공) 셀'은 공정별 배치의 기능부문으로 볼 수 있다.

셀형 내지 그룹별 배치는 금속가공·조립, 컴퓨터 칩 제조 및 조립작업에서 적용되며 다품종소량생산에서 제품별 배치의 장점을 적용할 수 있게 한다.

2) U형 배치(U-shaped layout)

기본적인 생산물의 흐름패턴에는 직선형, L자형, 평행형, O자형, S자형, U자형 등이 있다.[13] 다양한 수요변화에 이른바 풀 시스템(pull system)을 전개하는 일본산업에서는 직선형 라인보다는 U자형 조립라인을 흔히 사용하는데, 이는 U형 라인내의 작업자가 융통성 있게 작업을 할 수 있기 때문이다([그림 9-8] 참조).

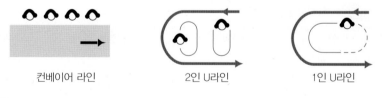

컨베이어 라인   2인 U라인   1인 U라인

그림 9-8 직선형 라인과 U라인의 비교

---

13) R. L. Francis et al., *Facility Layout and Location: Analytical Approach*, 2nd ed., Prentice-Hall, 1992.

제9장 시설 및 공장 입지와 설비 배치   **287**

일본에서 작업단순화와 지속적 개선 사상을 토대로 공정별 배치를 개선한 것이 바로 셀형 배치 내지는 U자형 배치이다. 그들은 시설의 물리적 배치와 종업원 참여를 자극하는 관리시스템을 병용하여 일본식 변화를 추구하였다. 일본식 시설배치는 팀웍을 장려하는 일본의 문화적 요인에 의해 기능을 발휘했다.

U자형 배치는 많은 이점이 있다.

① U형 라인은 작업장이 밀집되어 있어 공간이 적게 소요된다.
② 작업자의 이동이나 운반거리가 짧아 운반을 최소화한다.
③ 모여서 작업하므로 작업자들의 의사소통을 증가시킨다.
④ 작업자는 이웃부서뿐만 아니라 반대편 라인에 있는 부서와도 연관을 가지므로 작업의 유연성을 증가시킨다.

2.2.3 배치유형의 비교와 적용

생산물의 흐름은 제품의 생산량이나 다양성과 밀접한 관계가 있다. 수량이 적고 품종이 다양할 때에는 생산물의 흐름은 큰 문제가 되지 않는다. 그렇지만 수량이 많고 다양성이 적으면 배치에서 강조되는 문제는 생산물의 흐름이다. 생산량이 그런대로 많은 편이지만 고객(제품)의 요구가 다양할 때에는 전적으로 흐름지배적인 배열은 곤란하다.

제품(서비스)의 다양성이 일정수준, 가령 부류별 구분이 어느정도 가능한 수준에 이를 때에는 셀형 배치가 적절하다. 제품의 다양성이 비교적 적고 수량이 많을 때에는 정보 내지 고객을 정형화할 수 있어 제품별배치가 적절하다.

〈표 9-16〉은 시설배치의 유형별 특징들이다. 공정별 배치는 변화에 대한 유연성이 크므로 다품종소량생산에 유리하며, 제품별 배치는 변화에 대한 유연성은 떨어지지만 표준품을 양산할 경우 생산코스트 면에서 매우 유리하다. 이 밖에 대형선박과 같

표 9-16 배치유형별 특성

특성	제품별 배치	공정별 배치	위치고정형 배치
생 산 형 태	연속 · 대량 생산	개별 · 뱃치 생산	프로세스 생산
생 산 물 의 흐 름	제품별 연속 흐름	주문별 다양한 흐름	생산물 고정, 설비이동
운 반 비 용	낮다	매우 높다	높다
시 설 이 용 률	높다	낮다	낮다
생 산 설 비	전용 설비	범용 설비	범용 설비
배 치 · 변 경 비 용	매우 높다	비교적 낮다	낮다
배 치 의 중 점	라인 밸런싱	작업장(기계)	배열작업 및 일정관리

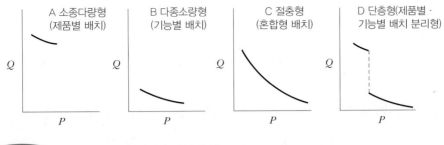

| A 소종다량형 | B 다종소량형 | C 절충형 | D 단층형(제품별·
(제품별 배치) | (기능별 배치) | (혼합형 배치) | 기능별 배치 분리형) |

그림 9-9   P-Q 곡선의 형태와 배치 유형

이 제품이 매우 크고 복잡하여 생산품의 이동이 곤란한 경우에는 위치고정형 배치를 고려할 수 있다.

실제로 공장의 시설배치는 이들 배치유형들이 복합된 혼합형 배치방식이 많은데, 제품의 생산량과 수행할 작업이나 공정특성에 적합한 설비배치가 필요하기 때문이다. 같은 공장이라도 부분품의 가공공정에서는 공정별 배치나 셀형 배치를 하고, 제품의 조립공정은 제품별 배치를 하는 경우를 예로 들 수 있다.

시설배치에 있어서 생산품목과 생산량은 주요 결정변수이므로 시설의 배치유형을 결정하는데 **P−Q분석**(product-quantity analysis)을 이용한다. P-Q분석은 가로축에 생산품목(product: P)을, 세로축에는 생산량(quantity: Q)을 취하여 생산량이 많은 것부터 순차로 선을 그어서 연결한 P-Q곡선을 작성하여 배치유형을 판단할 때 유용하다.

[그림 9−9]에서 A는 소품종다량생산의 제품별 배치, B는 다품종소량이므로 공정별 배치, C는 제품별과 공정별의 혼합형 배치, D는 2개의 그룹으로 나누어 제품별과 공정별 배치를 취하는 것이 유리한 경우이다.

2.3 배치의 분석과 배열

2.3.1 공정별 배치의 분석

다양한 제품을 생산하는 다품종소량생산에서는 제품의 종류마다 생산방식과 흐름이 다르기 때문에 기계설비 내지 공정들을 적합한 장소에 배열하기가 매우 힘들다. 공정별 배치에서 **핵심문제**는 각 공정(작업장)들을 가장 경제적인 장소에 배열하는 것인데, 공정의 수가 많을수록 어렵다는 점이다. 가령 4개의 공정을 배열하는 방안은 4!, 즉 24가지가 되지만, 공정의 수가 6개로 늘어나면 720가지로 급격히 늘어나므로 공정배치는 더욱 어려워진다.

공정별 배치에서 공정이나 작업장의 최적배열을 가능하는 결정변수는 운반코스트로서, 전체 운반코스트가 최소가 되는 지점에 각 공정을 배열하는 것이 최적배열의 한 방법이다. 전체 운반코스트는 각 물품(원자재, 공정품, 제품 등)의 운반거리, 일정기간의 운반량 또는 운반횟수, 단위당 운반코스트를 서로 곱(乘)한 것을 모두 합한 것이다.

최적배열(최소의 운반코스트)을 결정하는 **산식**을 다음과 같이 나타낼 수 있다.

$$TC = \sum_i \sum_j C_{ij} N_{ij} D_{ij} = \text{최소}$$

TC: 전체 운반코스트
C_{ij}: i에서 j까지의 단위당 운반코스트
N_{ij}: 일정 기간 중 i에서 j까지의 운반량 또는 운반 횟수
D_{ij}: i에서 j까지의 단위당 운반거리

여기에서 N_{ij}는 일정기간 중 공정 i에서 공정 j까지의 운반량(횟수)이므로 각 배열안의 값은 같다고 보아 운반코스트 C_{ij}와 함께 상수로 본다. 운반거리 D_{ij}는 각 배치안마다 달리 나타날 수 있는 변수이다. 따라서 전체 운반코스트 TC를 최소로 하기 위해서는 전체 운반거리(D_{ij})를 최소로 하는 배열을 모색해야 한다.

1) 도시해법(圖示解法)에 의한 분석

공정간 운반거리를 최소로 하는 공정배열을 모색하는 방법 중에서 가장 손쉬운 방법이 도시해법(graphical approach)이다. 도시해법 가운데 대표적인 것은 마일차트 (mileage chart or from to chart)를 이용하는 분석기법으로서, 이는 작업순서에 따라 운반량과 운반거리를 마일 차트에 나타내어 공정간의 배열을 분석 검토하는 방법이다.

도시해법에 의한 공정별 배치의 **배열요령**을 [설례]로 설명한다.

> **설례 ▶ 도시해법에 의한 배열**

청계 공작소에서는 11개 부문간의 운반코스트를 최소로 하는 공장배치를 도시해법으로 검토하였다. 그 절차는 다음과 같다.

(1) 운반횟수 총괄표의 작성

공장배치에서 우선 필요한 데이터는, 부문간 작업순서 · 운반경로 · 운반량(운반횟수)이다. 따라서 부문간 운반횟수를 나타낸 운반횟수 총괄표(〈표 9-17〉)를 작성하였다. 이 표에 기입된 수치는 각 부문간의 (1개월간) 운반횟수를 나타낸다.

* 이 때 서로 인접한 부분간의 운반거리는 1이고 하나 건너뛰면 2라고 하자.

부문별 (부터) (까지)	수입검사 ①	창고 ②	절단 ③	엔진 선반 ④	터릿 선반 ⑤	드릴 ⑥	밀링 ⑦	그라 인더 ⑧	조립 ⑨	완성품 저장 ⑩	출하 ⑪
수입검사 ①		600									
창 고 ②			400	100			100				
절 단 ③				350	50						
엔진선반 ④						200	450				
터릿선반 ⑤							50				
드 릴 ⑥				100					150	100	
밀 링 ⑦						50		450	100		
그라인더 ⑧						200			250		
조 립 ⑨										500	
완성품저장 ⑩											600

표 9-17 운반회수 총괄표

(2) 마일 차트에 의한 배열

〈표 9-17〉의 자료로써 [그림 9-10]과 같은 1차 배열을 하였다.

(3) 운반효율의 분석 검토

운반효율을 '운반거리×운반횟수'로 보고, 운반거리가 1 이상 되는 부문, 즉 물자를 주고 받는 부문끼리 서로 인접되어 있지 않은 부문을 찾아낸다([그림 9-10] 참조).

서로 인접되어 있지 않은 부문은 ②와 ④, ④와 ⑥, ⑥과 ⑧이다. 이들 부문간 운반횟수는

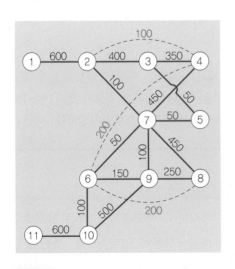

그림 9-10 운반횟수에 따른 1차배열

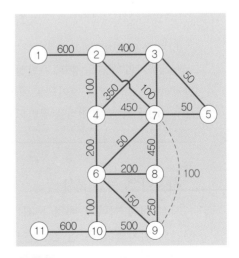

그림 9-11 이상적인 배열안

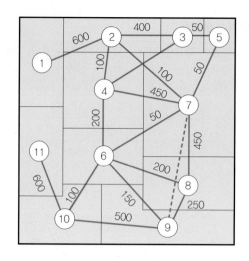

그림 9-12 평면도 배열

각각 100회, 200회, 200회로서 운반거리는 각각 2가 된다([그림 9-10] 참조)

(4) 재배열

이들 인접되어 있지 않은 부문간의 운반거리를 좁히는 방안으로서, 우선 ②와 ⑥ 사이에 ④를 옮겨보니 다른 부문에는 영향을 주지 않고 이들 부문간의 운반거리가 각각 1로 된다. 이번에는 ⑧을 ⑦과 ⑨사이로 옮겨본 결과, ⑥과 ⑧간의 운반거리가 1로 단축되었다. 그 대신 ⑦과 ⑨간의 운반거리가 2로 늘지만, 이들 부문간의 운반횟수는 100이므로 앞서의 200회보다 100회가 적어진다([그림 9-11] 참조).

(5) 이상적인 배열안의 제시

[그림 9-11]의 배열안을 제시할 수 있는데, 이것이 [설례]의 이상적인 배열안이다.

(6) 블록 다이어그램에 의한 공간편성

이제까지의 배열은 통로, 운반설비, 기계가 차지하는 면적, 작업장소 등을 고려치 않고 운반거리만으로 배열한 것이므로 이들 면적을 아울러 고려할 필요가 있다. 앞서의 배열안([그림 9-11])에 각 부문 면적을 평면도에 다시 배열한 것이 [그림 9-12]이다.

2) SLP에 의한 분석

시설 내지 설비의 배치 문제는 운반거리나 운반코스트와 같은 양적요인보다는 부문간의 위치와 같은 질적요인이 중요시되는 경우가 있다. 가령, 부문(공정)간 의사소통이나 접근의 용이성을 강조하여 시설을 배치할 필요가 있을 때 양적요인보다는 질

표 9-18 **활동관련표에 표시되는 근접도와 강도**

기호	근접의 필요정도	도시방법	기호	근접이유※
A	절대 필요	▬▬▬ 적색	1	작업의 유형
E	특히 중요	▬▬ 황색	2	감독의 용이
I	중 요	▬ 녹색	3	공통기술의 사용
O	보 통	─── 청색	4	공통설비의 사용
U	중요하지 않음	무색	5	접촉의 용이
X	바람직하지 않음	∿∿∿∿ 갈색	6	의사소통 용이

※ 근접 이유는 주어진 상황에 따라 달리 표시됨.

적요인 중심의 배치가 효과적이다. 이러한 상황에서는 각 부문활동의 상관관계를 고려하여 체계적으로 배치하는 SLP방식이 보통 적용된다.

SLP(systematic layout planning)방식은 머더(Richard Muther)에 의해 제시된 탐색적 접근방식으로 전개되는 체계적 배치계획이다. **전개절차**는 다음과 같다.

① 물자의 흐름과 생산활동의 상호관계를 검토하여 부문간 활동관련도를 작성한다. 먼저 부문간 상대적 근접도와 강도를 나타낸 각 부문(공정)의 활동관련표(activity relationship chart)를 작성한다(〈표 9-19〉 참조). 이 표에는 두 부문이 근접해야 될 필요성, 즉 상대적 근접도와 근접이유, 즉 강도가 기호(justification code)로 표시된다(여기에 표시되는 내용은 〈표 9-18〉 참조). 활동관련표가 작성되면 부문간 상대적 근접도와 강도를 검토하여 부문간 활동관련도를 작성한다([그림 9-13] 참조).

② 필요면적과 이용가능면적을 검토하여 면적관련도(space relationship diagram)를 작성한다([그림 9-14] 참조).

③ 제약조건과 시설 및 설비의 공간(면적)을 고려한 최종 배치안이 제시된다.

설례 ▶ 병원시설의 배치

새로 병원을 신축한 강동병원은 각 부서의 업무와 부서간의 관련을 고려하여 시설을 배치하려 한다. 병원 건물은 2층건물로서 2층은 입원실로 쓸 예정인데 각 층의 면적은 20m×40m이다. 부서별 업무활동의 상호관련성을 고려하여 부서별 활동관련표를 작성한 것이 〈표 9-19〉이다.

부서별로 상대적 근접도와 근접이유를 검토하여 작성한 활동관련도가 [그림 9-13]이며, 이에 따라 건물의 면적과 부서별 소요면적을 고려한 배치안이 [그림 9-14]이다.

표 9-19 부서별 활동관련표

부문별 (부터) \ (까지)	②진찰실	③ X-Ray 검사실	④수술실	⑤ 간호원실	소요면적
접수실①	1, 5 / E	6 / U	X	5, 6 / A	100㎡
진찰실②		3, 5, 6 / I	3, 5 / O	2, 5, 6 / A	300
X-Ray검사실 ③			6 / O	5, 6 / O	100
수술실④				3, 5 / E	200
간호원실⑤					100

〈참고〉

1,5 — 근접이유
E
근접의 필요정도

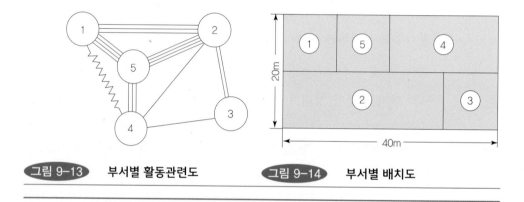

그림 9-13 부서별 활동관련도   그림 9-14 부서별 배치도

3) 컴퓨터에 의한 분석

앞서 설명한 도시해법이나 활동관련도표는 배열하려는 작업장이나 공정이 적을 때에 이용할 수 있는 것으로 그 수가 많을 때는 바람직한 배열안을 얻기가 힘들다(가령 8개부문의 배열안은 8!, 즉 40,320가지나 된다).

이 경우 컴퓨터를 이용하는데, **배치방법**은

① 개선 방식(improvement type)과 ② 구성 방식(construction type)이다.[14]

공정별 배치용으로 개발된 프로그램 가운데

(1) **개선방식**(최초 또는 기존 배치안을 토대로 하여 개선안을 추구하는 방식)의 것으로는

    CRAFT(Computerized Relative Allocation of Facility Technique)

---

14) K. Hitomi, *Manufacturing Systems Engineering*, Taylor & Francis Ltd., 1979.
    '컴퓨터에 의한 배치방법'에 관한 설명은 이순룡, *생산관리론*, 법문사, 1998, 13장, 3.1.3 참조.

(2) **구성방식**에 속하는 것으로는 다음의 것이 있다.

    ① CORELAP(COmputerized RElationship LAyout Planning)

    ② ALDEP(Automated Layout DEsign Program)

    ③ RMA Comp I(Richard Muther and Associates Computer I)

컴퓨터에 의한 배치는 전술한 도시해법이나 SLP에 비하여 신속하고 편리하게 많은 부문을 배치할 수 있는 이점이 있지만, 이들 컴퓨터 기법은 여러 가정에서 전개되는 것이므로 특정 상황에 이용할 때에는 이들 가정에 대해서 신중히 검토할 필요가 있다. 가령 CRAFT는 단위거리당 운반코스트를 사용하고 있는데 운반코스트가 거리와 비례하지 않을 경우에는 문제가 된다.

2.3.2 제품별 배치의 분석

제품별 배치가 생산(가공)물의 흐름이 가변적(可變的)인 공정별 배치와 크게 구분되는 점은 그 흐름이 일정하다는 것이다. 즉 제품별 배치에서는 특정제품의 생산과정순으로 생산설비 등이 배열되며 생산물은 이들 생산라인을 따라 흐른다. 연속생산 및 조립작업에서 각 공정간의 생산능력과 공정의 흐름이 균형을 이루지 못할 때에는 공정품의 정체 내지 공정의 유휴현상이 발생한다.

따라서 제품별 배치의 **핵심문제**는 각 공정이 갖고 있는 능력을 충분히 발휘하면서 전체 공정이 원활히 진행되도록 전체 생산라인의 능력을 균형있게 배열하는 라인 밸런싱의 문제이다.

1) 라인 밸런싱(생산 · 조립라인의 균형화)

여러 공정을 하나의 생산라인으로 연결했을 경우 공정간에 균형을 이루지 못하면, 그 라인의 생산속도는 전체 공정중에서 가장 능력이 뒤지는 공정의 생산속도와 같아진다. 이 경우 상대적으로 작업시간이 많이 소요되는 공정(작업장)을 가리켜 **애로공정**(bottle-neck operation)이라 하는데, 이로 인해 공정의 유휴율은 높아지고 능률은 떨어진다.

이 경우 각 공정(또는 작업)의 능력을 전체적으로 균형되게 하는 라인 밸런싱이 필요하다. **라인 밸런싱**(line balancing)이란 각 공정의 소요시간이 균형되도록 작업장이나 작업순서를 배열하는 것이다. 공정간의 균형이 이루어지면 투입된 노동력이나 설비의 능률을 올릴 수 있다.

능률은 투입에 대한 산출로 흔히 나타내는데, 이로써 생산라인의 밸런스 능률

(efficiency: E)을 측정하는 산식을 제시하면 다음과 같다.

$$\text{라인능률}(E) = \frac{\text{라인의 (순)과업시간 합계}}{\text{작업장 수} \times \text{사이클 타임}} = \frac{\sum\limits_{i=1}^{k} t_i}{n \times c} \quad \text{①}$$

n: 공정(작업장) 수
c: 라인의 사이클 타임
t_i: 라인(작업)의 순 과업시간
k: 라인을 구성하는 공정(작업)의 수

생산라인(작업)의 비능률을 나타내는 불균형률(balance delay: d)은 라인능률(E)의 역수(②식)나 생산라인의 유휴율(③식)로 구할 수 있다.

$$\text{불균형률}(d) = 1 - E = \frac{nc - \sum t_i}{nc} \quad \text{②}$$

$$d = \frac{\text{라인의 유휴시간}}{\text{라인투입}} = \frac{\text{총 유휴시간}}{\text{작업장 수} \times \text{사이클 타임}} = \frac{IT}{n \cdot c} \quad \text{③}$$

한편 생산라인의 유휴시간(idle time: IT)은 다음의 산식으로 산정한다.

$$IT = \text{라인투입시간} - \text{라인(작업)의 순 과업시간 합계} = nc - \sum\limits_{i=1}^{k} t_i \quad \text{④}$$

설례 ▶ 라인 밸런스와 생산라인의 능률

10개의 공정(각 공정별로 1대씩 10대의 기계가 가동)을 거쳐 가공되는 제품의 공정별 소요시간(cycle time)은 [그림 9-15]와 같다.

이 경우 애로공정은 공정 소요시간 10분인 제4공정으로 전체 생산라인의 생산속도는 10분(10분마다 1단위의 제품생산)이 된다. 제4공정에 1대의 기계를 증설하면 이 공정의 사이클 타임은 5분으로 떨어지며, 애로공정은 9분이 소요되는 제1공정이 된다. 제1공정에 기계를 1대 증설하면 전공정의 기계대수는 2대가 늘어나서 모두 12대가 되지만, 라인의 사이클 타임은 5분으로 떨어지므로 생산속도는 2배로 빨라진다.

전 라인의 사이클 타임을 10분으로 하는 경우와, 2대의 기계를 증설하여 5분으로 낮출 경우의 라인의 생산능률(E)을 비교하기로 하자.

이 때 제품 1단위를 가공하는데, 라인전체(n=10)의 소요시간은 10대×10분=100분이지만, 이 라인에서 돌아가는 10대의 기계별 가공시간 합계는 41.7분이다([그림 9-15] 참조).

따라서 사이클 타임 c=10분일 때,

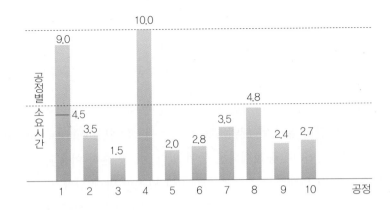

그림 9-15   제품의 공정별 소요시간

라인능률 $E = \dfrac{\sum\limits_{i=1}^{k} t_i}{n \times c} = \dfrac{41.7}{100} = 0.417$ 또는 41.7%이다.

라인의 유휴시간: $IT = nc - \sum\limits_{i=1}^{k} t_i = 100 - 41.7 = 58.3$분이므로

불균형률: $d = \dfrac{IT}{nc} \times 100 = \dfrac{58.3}{100} \times 100 = 58.3\%$이다.

사이클 타임이 5분인 경우의 시간당 생산량은 12단위가 된다. 사이클 타임 10분으로 할 때(시간당 생산량 6단위)에 비해서 생산속도는 배가 빠르다.

[설례]에서 볼 때, 사이클 타임을 단축시킴에 따라서 생산라인의 능률은 향상되지만 기계소요량은 적정 수준을 넘으면 급격히 증가한다. 또한 기계대수가 증가함에 따라서 설비배치의 문제가 더욱 복잡해질 뿐만 아니라 투자액도 커지므로 생산라인의 균형은 적정수준에서 결정할 필요가 있다.

라인 밸런싱의 기본 요령은 공정(작업)의 구성요소를 가급적 작게 세분하고[15] 이들 구성요소의 소요시간(cycle time)을 정확히 파악하는 데 있다.

2) 라인 밸런싱의 해법과 절차

효율적인 밸런스는 일정한 작업순서에 따라 가공 · 조립을 하고 각 작업장의 유휴시간을 최소로 하면서 밸런스 능률을 최대로 하는 것이다.

라인 밸런싱의 문제를 분석하기에 앞서 분석자가 취해야 될 **예비단계**로는

---

[15] 생산공정의 구성요소를 무한히 분할시킬 수만 있다면 라인 밸런싱의 문제는 거의 완전에 가깝게 해결할 수 있지만, 실제로 생산공정을 무한히 분할하여 가동시킨다는 것은 불가능하다.

① 생산에 수반되는 작업요소들(work elements)을 파악한다.

② 각 작업의 소요시간을 파악한다.

③ 각 작업의 선행요소를 파악하여 선후공정도(先後工程圖)를 작성한다.

이상의 3가지가 밝혀지면 라인 밸런싱 문제는 쉽게 실마리를 풀어갈 수 있다.

라인 밸런싱 문제의 해법(解法)으로는 ① 탐색법(heuristic method), ② 시뮬레이션, ③ 선형계획법, ④ 동적계획법 등이 있다. 이 중 흔히 이용되는 분석방법은 ①의 탐색법으로 이에 의해서 최적해는 아니지만 만족할 만한 실행가능해를 구할 수 있다.

탐색법에서 사용되고 있는 몇 가지의 **배정규칙**들을 예시하면 다음과 같다.

(규칙 1) 후속작업의 수가 많은 작업을 우선 배정한다.

(규칙 2) 작업시간이 큰 작업을 먼저 배정한다.

(규칙 3) 선행작업의 수가 적은 작업을 우선 배정한다.

(규칙 4) 후속작업시간의 합이 큰 작업을 우선 배정한다.

생산 가공 · 조립라인의 **밸런싱 과정**[16]은 다음과 같다.

① 선후공정도를 사용하여 작업간 순차적 관계를 밝힌다

② 목표로 하는(또는 필요한) 사이클 타임(c_t)을 결정한다

$$c_t = \frac{1일\ 가용생산시간(T)}{1일\ 목표생산량(Q_t)} \quad \text{⑤}$$

③ 목표 사이클타임을 충족시키는 최소의 작업장수(n_t)를 결정한다.

$$n_t = \frac{과업시간의\ 합계\ \sum\limits_{i=1}^{k} t_i}{목표\ 사이클\ 타임(c_t)} \quad \text{⑥}$$

④ 과업을 작업장에 할당할 배정규칙을 정한다

⑤ 과업을 작업장에 할당한다

⑥ 라인의 밸런싱 능률(E)을 평가한다.

배치안의 평가는 라인능률이나 유휴율로 하는데, 이 경우 앞서의 ①식과 ②식이 적용된다.

---

16) R. B. Chase & N. J. Aquilano, *Production and Operations Management*, 7th ed., Irwin, 1995.

라인 밸런싱의 문제는, 생산·가공공정(production or fabrication line)에서의 문제와 조립공정(assembly line)에서의 문제로 나누어 생각할 수 있는데, 여기에서는 후자를 설명하기로 한다.

3) 조립공정의 라인 밸런싱(assembly line balancing)

조립공정의 배치안(配置案)은 대부분 일정 생산량을 토대로 해서 작성된다. 그러나 일단 배치안대로 기계설비와 작업자가 배치되고 공정이 구축된 다음에는 조립공정의 라인 밸런싱문제는 일정계획상의 문제가 된다. 이와 같은 서로 상반된 전제점(前提點), 즉 일정 생산량을 토대로 해서 각 공정의 능력을 다룰 것인가, 아니면 일정 생산능력을 토대로 해서 생산량을 다룰 것인가에 대한 다음 두 가지 라인 밸런싱문제의 방법론을 제시할 수 있다.

① 일정의 사이클 타임에 대해서 작업장수를 최소로 강구하는 방법
② 일정수의 작업장[17]에 대해서 사이클 타임을 최소로 강구하는 방법

만일 ①의 입장에서 라인 밸런싱문제를 다룬다면 이는 배치문제가 된다(주어진 사이클 타임으로 작업을 수행하는 데 필요한 작업장의 수를 결정해야 되기 때문이다).

한편 ②의 입장에서 라인 밸런싱문제를 다룬다면 작업장의 수를 이미 알고 있으므로 이는 오히려 일정계획의 문제가 된다. 실제로 생산시스템을 설계할 때에는 대개 이들을 구분하지 않고 ①②의 방법을 함께 사용하지만 본장에서는 배치문제를 다루고 있으므로 ①의 방법으로 [설례]를 설명하기로 한다.

📋 설례 ▶ **탐색법에 의한 라인 밸런싱 분석**

A에서 F까지 6개의 작업장이 있는 전자제품 조립공정의 작업 순서와 작업별 소요시간은 [그림 9-16]의 선후공정도와 같다.

이 조립공정에서는 오전 오후 각각 20분간의 휴식시간을 취하면서 1일(8시간)에 367단위의 제품을 조립할 계획이다. 조립공정의 능률이 높도록 작업장을 배치하려 한다.

(1) 조립공정의 선후관계와 작업시간이 선후공정도 [그림 9-16]에 제시되었다. 제품단위당 목표 사이클 타임을 ⑤식으로 구한다.

1일 가용시간(T)=480-40=440분, 1일 목표생산량(Q_t)=367단위/일

[17) 작업장(work station)은 일정량의 작업을 수행하는 작업장소로서 경우에 따라서는 공정이나 기계가 될 수도 있으며 작업자 1인이 될 수도 있다.

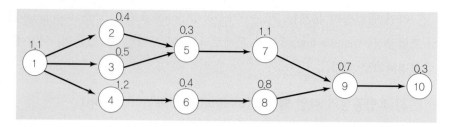

그림 9-16 선후공정도

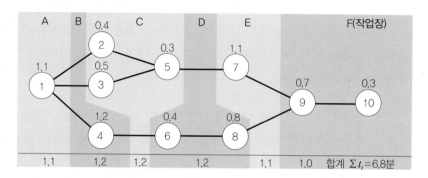

그림 9-17 작업별 작업장 배치안

$$\text{단위당 목표 사이클타임}(c_t) = \frac{\text{1일 가용생산시간}(T)}{\text{1일 목표생산량}(Q_t)} = \frac{440}{367} = 1.2분$$

(2) 목표 사이클타임 1.2분을 충족시키는 최소의 작업장 수를 ⑥식으로 구한다.

$$\text{작업장 수}(n_t) = \frac{\text{과업시간의 합계}(\sum_{i=1}^{k} t_i)}{\text{목표 사이클타임}(c_t)} = \frac{6.8}{1.2} = 5.7 ≒ 6$$

(3) 6개 작업장에 각각 사이클 타임 1.2분이 되도록 작업들을 배정한다([그림 9-17] 참조) (배정규칙은 '규칙 1'에 따르되 후속작업수가 같을 때에는 '규칙 2'에 따르기로 한다).

(4) 조립공정의 밸런싱 능률(E)을 ①식으로 산정하여 개선의 여지를 검토한다.

$$\text{능률}(E) = \frac{\sum_{i=1}^{k} t_i}{n \times c} = \frac{6.8}{6 \times 1.2} = 94.4\%\text{이다.}$$

2.3.3 셀형(그룹별) 배치의 분석과 배열

공정별 배치에서 셀형 배치로 전환하려면 다음의 단계를 거쳐야 한다.

(1) 부품을 유사한 부류(family)별로 그룹핑한다

가공 부품의 가지수가 많을 때는 부품들의 유형별 분류(grouping)가 필요하다.

(2) 가공흐름이 유사한 부품부류(part family)의 흐름유형을 파악한다

GT의 생산흐름분석(PFA)으로 부품별 가공공정의 흐름을 파악하기 위함이다.

(3) 기계와 공정들을 셀단위로 분류(그룹핑)한다

공정별로 배치된 기계들을 각각의 부품부류별 가공순서에 따라 편성된 제조 셀별로 재배치한다(분류하기 힘든 부품이나 기계들은 '나머지 셀'(remainder cell)에 배정한다. 분할이 곤란한 대형기계는 제조 셀들의 중간지점이나 부근에 배치한다).

(4) 물자의 이동이 최소가 되도록 제조(가공) 셀을 배열한다

셀형 배치는 공정별 배치와 제품별 배치를 절충한 것으로, 각 제조셀의 기계배치는 소규모의 조립라인과 흡사하다. 따라서 각 셀의 기계들은 라인밸런싱 절차를 이용하여 배치할 수 있다. 한편 제조셀간 배치는 공정별 배치이므로 이 셀들을 배치하는데 CRAFT가 적용될 수 있다. 그룹테크놀로지(GT)가 성공적으로 적용되면, 셀형 배치는 제품별 배치의 능률과 공정별 배치의 유연성을 발휘할 수 있다.

설례 ▶ 생산흐름분석(PFA)에 의한 그룹별(셀형) 배치

8대의 기계가 공정(기계종류)별로 배치된 공장에서 A, B, C, D, E, F, G, H의 부품을 가공하고 있다([그림 9-18] 참조). GT의 생산흐름분석(PFA)을 이용하여 그룹별 배치로 바꾸려 한다.

부품	기 계							
	1	2	3	4	5	6	7	8
A		x			x			
B			x					x
C				x		x		
D		x			x		x	
E			x					x
F	x			x				
G		x			x		x	
H	x		x	x		x		

(a) 가공 흐름별로 층별하기 전

부품	기 계							
	4	1	6	3	8	2	5	7
C	x		x					
F	x	x						
H	x	x	x	x				
E				x	x			
B				x	x			
D						x	x	x
A						x	x	x
G						x	x	x

(b) 가공 흐름이 같은 부품부류의 그룹핑

 부품-기계 매트릭스

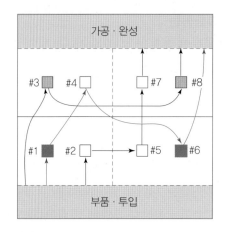

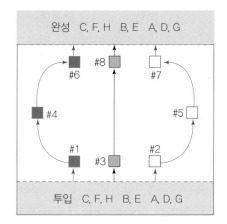

| 그림 9-19 | 기존의 공정별 배치 |

| 그림 9-20 | 셀형 배치 |

(1) 8가지 부품의 전체흐름을 파악하기 위해 '부품-기계 매트릭스'(part routing matrix)를 작성한다([그림 9-18]의 (a) 참조). 이로써 부품별 흐름과 가공흐름이 비슷한 부품부류(part family)가 있음을 가늠할 수 있다.

(2) 가공흐름이 같은 부품들을 셀로 묶어서 '부품-기계 매트릭스'를 재작성한 것이 [그림 9-18]의 (b)이다. 즉 부품 C, F, H를 가공하는 기계인 4, 1, 6을 묶는 셀 1을 편성하고, 부품 B, E를 가공하는 기계 3, 8로 셀 2를 구성하며, 부품 A, D, G를 가공하는 2, 5, 7의 기계로는 셀 3을 편성한다.

(3) 이상의 분석 결과를 토대로 3개의 가공 셀로 재편성된 셀형 배치가 [그림 9-20]이다.

2.4 시설 및 설비의 배치

2.4.1 시설배치의 과정

시설배치의 과정을 체계적으로 제시한 것은 머더(R. Muther)이다. 그는 「SLP」(체계적 배치계획)에서 **배치계획의 과정**을 4단계로 나누어 제시하였다.

(1) 입지계획. 시설이 배치될 지역의 위치를 정한다.
(2) 기본배치. 배치될 지역의 전반적인 배치를 한다.
(3) 상세배치. 설비가 배치될 지역에 설치할 시설 및 설비의 실제 위치를 정한다.
(4) 설치. 상세배치도에 따라서 실물을 설치한다.

여기서 중요한 단계는 시설배치안의 작성과정이 되는 (2)와 (3)의 단계로서 [그림

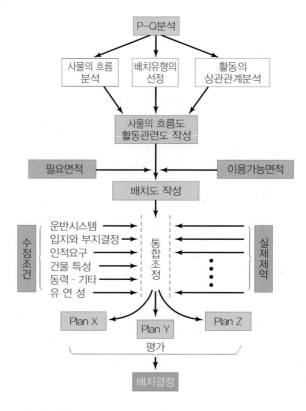

그림 9-21   **SLP의 배치과정**

9-21]을 중심으로 배치과정을 기술하면 다음과 같다.

① 생산품목과 생산량으로 P-Q분석을 행하여 배치유형을 정한다.
② 원자재나 가공물의 흐름을 분석한다(양적 분석).
③ 활동의 상관관계를 분석한다(질적 분석).
④ 물품의 흐름도(마일 차트나 선후공정도) 내지 활동관련도를 작성한다.
⑤ 필요면적과 이용가능면적을 고려하여 배치도(평면도)를 마련한다.
⑥ 수정조건과 실제상의 제약을 검토하여 상세배치도(안)를 작성한다.
⑦ 배치도를 작성한다.

2.4.2 유연성지향 배치

구미 산업에서 시설배치의 목표를 주로 작업자와 기계의 이용률 증대에 두어 왔으나, 일본의 영향을 받아 품질과 유연성을 강조한다. 신속한 제품변경이나 생산량의 변화에 대응한 유연성지향 배치를 꼽을 수 있다. 공정별 배치공장에서는 셀형 배치가 늘고 있으며, 복수의 기계관리와 작업장간 이동이 용이한 이른바 U형 배치가 확산되고 있다.

생산시스템이 푸시 시스템(push system)인가 풀 시스템(pull system)인가에 따라 생산설비의 유형이나 배치방식이 달라진다. 전통적인 생산방식은 계획대로 생산시스템을 밀고 나가는 시스템이다. 이 경우 생산라인이나 시설배치 등이 사전에 확정되므로 수요변화에 대한 생산의 유연성이 적다.

한편 수요자의 요구에 따라 다양하게 생산하는 풀 시스템에서는 생산라인의 유연성이 우선 강조되고 그 다음이 라인의 균형이다. 따라서 저렴하고 유연성이 높은 소형설비가 선호되고 모델변경이 용이하도록 공구나 부대설비의 개선과 작업자의 숙련도 향상에 주력한다. 대량의 로트생산보다는 소량씩 반복생산하여 재고를 줄이고 공정간의 이동이 용이하게 작업장(공정)을 배치한다.

혼합모델을 생산하는 경우 그룹테크놀로지(GT)를 이용하여 공정별 배치와 제품별 배치를 절충한 일종의 그룹별 배치(group layout)형태를 취하여 복합적인 공용생산라인(multiple dedicated lines or dedicated GT centers)을 구축한다. 즉, 생산의 유연성이 높은 공정별 배치를 GT로 분해하여 완전한 작업수행을 할 수 있는 cell로 재결합시켜 그룹배치를 도모한다. 라인의 패턴(型)은 U형, S형, 평행형 등의 배치모양을 갖는 것이 보통이다.

풀 시스템을 추구하는 일본 생산공장의 설비배치는 직선형이나 L형보다는 U형이나 평행형으로 배치한다. U형 배치([그림 9-8] 참조)는 한 작업자가 양쪽의 작업을 행할 수 있고 인접 작업이 용이하며, 생산량이 많을 때는 작업을 나누어 할 수 있는 등 생산의 유연성을 높이기 위한 것이다.

2.4.3 서비스시설의 배치유형

1) 서비스시설의 다양한 배치

고객들의 다양한 요구사항에 대해 다양한 서비스를 제공하는 능력을 필요로 하는 서비스시설(기관)에서는 보편적으로 공정별 배치를 적용한다. 가령 수많은 다양한 장서를 보관하고 이를 여러 이용자에게 열람 내지 대출하는 도서관이나, 특정 분야의 전문의(專門醫)가 여러 시설에서 다양한 기능을 수행하는 병원에서는 공정별 배치가 적용된다. 병원은 기본적으로 공정별 배치를 적용하고 있지만, 입원실 등에서는 위치고정형 배치가 적용되기도 한다. 가령 입원환자를 치료하기 위해 간호원과 의사가 특수장비를 환자에게 가져와 치료하는 경우이다.

표 9-20 배치유형의 혼합적용 예

서비스시스템	제품(라인별) 배치	기능(공정별) 배치	위치고정형 배치
대학	등록 및 수강신청	실험실 강의	졸업식, 기념행사
병원	세탁, 식사, 입퇴원 수속	검사실험실, X-Ray실	종합팀의 특수수술
자동차 공장	조립라인	가공공구의 제작	자동차 수리센터

고도로 표준화된 서비스를 제공하는 서비스기관은 제품별배치의 적용이 유리하다. 건강 검진센터, 공항의 세관 검열대와 출입국 신고대는 라인(제품별)배치가 적절하다.

그룹별 배치는 서비스기관에 적용하기가 쉽지 않다. 슈퍼마켓의 배치는 본래 공정별 배치의 특성이 있다. 배치유형의 혼합적용 예를 서비스 시스템(대학, 병원 등)에서 보인 것이 〈표 9-20〉이다.

2) 서비스시설배치의 분석기법

대부분의 서비스시설들에도 제조공장의 배치기법을 이용할 수 있다. 이들 기법은 패스트푸드의 조리실, 카페테리아, 은행의 후선업무, 항공기의 정비창, 유통업체의 창고 등에 특히 적절하다.

공정지향형 서비스업종에는 도시해법(圖示解法)이나 화물량-거리분석(load-distance analysis)이나 컴퓨터 배치모델(CRAFT)을 적용할 수 있다. 호텔이나 병원 등의 시설배치에는 질적 요인 분석기법인 SLP를 이용할 수 있다. 단체로 관람하는 박물관이나 전시장 그리고 단체 건강진단 같은 제품지향형 서비스활동에는 라인밸런싱 기법을 적용할 수 있다.

3) 소매점 배치

소매점(상점, 은행, 식당 등) 배치의 목표는 점포면적의 단위 면적당(예; 평방 미터당) 매출액 또는 순이익의 최대화이다.

백화점에서 쇼핑을 할 때는 오른쪽으로 도는 것이 원칙이다. 사람의 시선이 오른쪽으로 먼저 가는 심리를 이용해 유명 메이커의 브랜드나 잘 나가는 품목들을 동선(動線)의 오른쪽에 배치하기 때문이다. 고객들의 층간(層間) 이동시설은 에스컬레이터 우선배치 원칙에 따라 매장 중앙에 배치한다. 고객으로 하여금 층마다 매장을 들르게 하여 매출 기회를 늘려야 하기 때문이다.

특별 행사장이나 알뜰구매를 위한 특별 할인매장은 꼭대기 층에 위치시켜, 고객들이 에스컬레이터를 타고 이곳에 가는 동안 각 매장에서의 쇼핑을 유도한다. 한편 고층에 오르기 쉬운 엘리베이터는 매장의 가장자리에 배치한다. 고객이 넓은 매장의 사이드까지 가려면 많이 걸어야하기 때문에 매장 중앙에 있는 에스컬레이터를 가급적 이용하게 하기 위함이다.

4) 사무실 배치

사무실의 배치는 업무의 생산성과 품질에 영향을 미친다. 같은 일을 하는 작업자나 관리자들의 근접성(proximity)은 상호간의 의사소통을 원활하게 하고 공동관심사의 개발을 돕는다.

사무실 배치의 전형적인 방법은 왕래가 많은 작업자들의 근접도를 높이는 것이다. 이 경우의 배치목표는 업무흐름이나 의사소통 패턴에 따르도록 하는 것이다.

사무실 배치에서 또 고려해야 되는 것은 사생활 보호(privacy)이다. 혼잡한 환경에서의 집무는 사무능률이 떨어진다.

구성원들에게 근접도와 사생활보호를 동시에 제공하는 것은 기업경영자들에게 딜레마가 된다.[18] 근접도는 사무실을 개방하므로서 얻어지고, 사생활보호는 반대로 자유공간, 방음벽, 분할 등으로 얻어지기 때문이다. 후자의 경우 비용이 많이들고 배치의 유연성을 떨어뜨리기도 한다.

따라서 근접도와 사생활보호의 타협점을 찾기 위해 전통적 배치나 사무실 조망법(office landscaping), 원격근무(electronic cottage), 재택근무 등이 이용될 수 있다.

---

18) L. J. Krajewski & L. P. Ritzman, *Operations Management*, 4th ed., Addison Wesley Publishing Co., 1996.

이 장의 요약

생산시스템의 유효성은 입지와 시설배치에 의해서 상당히 좌우된다. 이 장의 1절에서는 시설 및 공장입지의 접근과정과 입지요인들을 설명한 다음, 최적입지의 결정을 위한 분석기법들, 서비스시설의 입지를 다루었다. 2절에서는 시설 및 설비배치의 문제와 대표적인 설비배치의 유형)을 제시하고, 시설 및 설비의 배치과정을 제시하고 있다.

이 장에서 기술된 주요내용을 요약하면 다음과 같다.

- 사업이나 생산활동의 지리적 장소를 결정하는 시설입지는 시설의 신설·확장·이전 시에 행해진다.
- 입지의 접근과정은 ①대상지역의 검토 → ②특정지역의 선정 → ③부지의 평가 → ④입지결정을 거친다.
- 입지는 공정설계·능력계획·시설배치·경쟁 등과 밀접한 관계가 있으므로 이들과의 관계를 중심으로 전략적인 관점에서 결정되어야 한다.
- 입지요인이란 시스템이 유리하게 경영활동을 전개할 수 있는 장소적 적합성이다. 이들은 대별해서 경제적 요인, 자연적 요인, 사회적 요인으로 구분되는데, 특히 경제적 요인(교통·노동력·재료비·시장·토지가격)은 계량적 접근의 주요변수가 된다.
- 입지분석기법에는 양적요인에 입각한 총비용비교법·손익분기도법·선형계획법, 중심법, 디시전 트리 어프로치 등이 있으며, 질적 요인도 고려하는 것으로는 요인평정법과 Brown-Gibson모델이 있다.
- 서비스 시설의 입지요인은 고객 및 시장근접성, 경쟁자의 위치, 교통편이성이 중요하다.
- 시설 및 설비배치의 목적은 생산시스템의 유효성이 크도록 생산요소와 생산(서비스)시설의 배열을 최적화하는 것이다.
- 설비배치의 기본유형은 공정(기능)별, 제품(라인)별, 위치공정형 배치로 나눈다.
- 공정별 배치와 제품별 배치를 절충한 혼합형 배치로 셀형 배치와 U자형 배치가 있다. 다품종소생산을 비롯한 유연생산시스템에 유리한 배치유형이다.
- 공정별 배치의 분석에서 공정(작업장)의 최적배열을 가늠하는 결정변수는 운반코스트이다.
- 제품별 배치에서는 전체 생산라인의 능력을 균형되게 배열하는 라인밸런싱이 중심이 된다. 이의 해법에는 탐색법, 시뮬레이션, 선형계획법, 동적 계획법 등이 있다.
- Push system의 경우 라인이나 시설배치가 사전에 확정되므로 수요변화에 대한 유연성이 떨어진다. Pull system에서는 생산라인의 유연성이 강조되고 아울러 라인의 균형을 추구한다. 이 경우 설비배치는 U형이나 평행형 배치를 한다.

III

생산시스템의 운영

제 10 장
수요예측

① 수요변화의 예측방법

1.1 수요의 변화와 예측

시장수요는 일차적으로 수요와 공급관계에서 비롯되지만 사회·정치·경제·기술·자연 환경의 변화와 관련이 깊다. 경제적 환경의 변화(국제경제환경, 산업구조, 국민소득, 경제성장 등), 사회적 환경의 변화(사회생활 및 사회구조 등), 정치적 환경의 변화(정부의 산업정책나 법적규제 등), 기술적 환경의 변화(기술의 진보와 혁신 등), 그리고 자연적 환경의 변화(일기와 기상변화 등)에 의해서 시장수요는 영향을 받는다.

사례 ● 기상예측과 수요예측

에어컨이나 빙과류, 맥주 등의 제조업체들은 날씨에 따라 울고 웃는다. 1994년 여름 무더위를 정확히 예측했던 (주)만도가 에어컨 판매 목표량의 50%를 초과 달성했던 얘기는 신화(神話)가 되었다. 자동차용 에어컨을 생산하던 이 회사는 가정용 에어컨시장에 뛰어들기 위해 일본기상청의 기상예보에 따라 에어컨의 주요 부품인 냉매 압축기를 많이 챙겨 두었다.

그 해 여름 서울의 기온이 38.4도까지 치솟는 등 기상청이 문을 연 이래 두 번째 무더위를 기록했다. 가정용 에어컨 수요는 폭발했고 시장진입 첫해에 「위니아」붐을 일으켰다.

SPC그룹은 2012년 식품 업계에선 최초로 '날씨판매지수'를 개발했다. SPC 날씨판매지수는 5년간 전국 169개 지점의 기상 관측 자료와 10억 건의 점포별 상품 판매량 등 빅데이터를 취합해 산출한다. 예를 들어 샌드위치지수는 7.36%, 패스트리지수는 −2.17% 등으로 표시된다.

매장 주변 날씨 예보를 고려했을 때 최근 2주 평균 판매량보다 매출이 늘거나 줄어들 전망이라는 뜻이다. 이 수치는 기상 상황에 따라 실시간으로 변하는데, 전국 3,200여 개 파리바게뜨 점포 단말기에 제공된다.

SPC그룹 관계자는 "과거에 감으로 맞췄던 제품 수요량을 이제는 구체적인 데이터를 기반으로 예측하기 때문에 물량 조절이 용이하고 재고 부담도 줄었다. 날씨판매지수 도입 이후 파리바게뜨의 조리빵 매출은 30%나 증가했다"고 밝혔다.[1]

수요예측(demand forecasting)은 재화나 서비스에 대한 미래의 시장수요(수량 · 시기 · 품질 · 장소 등)를 추정하는 과정이다.

1.2 수요예측의 중요성

수요예측을 통한 판매예측 및 계획수립은 모든 경영활동 계획의 근본이 된다. 생산계획을 비롯하여 재무계획 · 인원계획 · 시설계획 · 마케팅계획 · 구매계획 등은 수요예측에 입각한 판매예측 자료로부터 이끌어진다([그림 10-1] 참조).

정확한 수요예측(판매예측)으로 기대되는 생산상의 **효과**는 다음과 같다.

① 수요변화에 대응한 생산계획을 수립할 수 있다.
② 불필요한 설비투자를 피할 수 있으며 생산능력을 최대한 활용할 수 있다.
③ 생산에 필요한 생산자원들을 제때에 확보하고 고용을 안정시킬 수 있다.

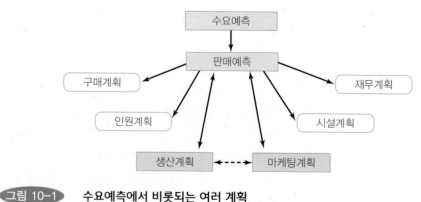

그림 10-1 **수요예측에서 비롯되는 여러 계획**

---

1) "기온 1℃가 매출 4%를 좌우한다", *주간매경*, 1997.6.18.
　 "트렌드 바꾸는 기후변화", *매경이코노미*, 제1725호, 2013.9.25.

312　제I편 생산시스템의 가치창출

④ 과다재고 및 재고부족으로 인한 손실을 줄일 수 있다.

⑤ 고객의 요구(품질 · 수량 · 가격 · 시간 · 장소)를 예측하여 적절히 대처함에 따라 고객서비스를 개선할 수 있다.

1.3 수요예측의 실행단계

보편적인 수요예측의 **실행단계**는 다음과 같다.

① 예측의 목적(용도)을 분명히 한다. 예측용도나 목적에 따라 요구되는 정확도가 다르다. 정확도와 예측비용은 정(正)의 상관관계이다.

② 예측대상과 항목을 선정한다.

③ 예측기간(time horizon)을 결정하며, 예측기간은 단기 · 중기 · 장기로 구분된다.

④ 적합한 예측방법 내지 모델을 선택한다.

⑤ 예측에 필요한 자료를 수집한다.

⑥ 예측을 실시한다.

⑦ 예측결과를 토대로 예측에 사용된 자료와 방법(모델)의 타당성을 검토한다. 검토결과 만족스러우면 예측결과를 실행한다.

1.4 수요예측의 방법

예측방법은 대별해서 주관적(정성적) 접근방법과 객관적 접근방법으로 나눌 수 있다. 객관적 접근방법은 계량적 예측방법으로 시계열 분석과 인과형 예측법이 대표적이다.

예측방법에는 ① 정성적 예측법, ② 시계열 분석법, ③ 인과형 예측법 등이 있다.

1.4.1 정성적 예측법(qualitative method)

②, ③의 양적(量的) 접근방법에 대칭되는 질적(質的) 접근방법으로서 시장(소비자) 조사법, 델파이법(delphi method), 위원회 합의법, 판매원 의견종합법, 라이프사이클 유추법, 자료유추법 등이 있다. 이 방법은 기술예측이나 신제품을 출시할 때와 같이 예측자료가 불충분할 때 흔히 사용된다.

1.4.2 시계열분석(time series analysis)

시계열[2]을 따라 과거의 자료로부터 그 추세나 경향을 분석하여 장래를 예측하는 것으로, 시계열 자료수집이 용이하고 변화하는 경향이 뚜렷하며 안정적일 때 흔히 사용된다. 대표적인 기법으로는 최소자승법, 이동평균법, 지수평활법, 박스-젠킨스(Box-Jenkins)모델 등이 있다.

1.4.3 인과형 예측법(causal relationship method)

수요는 환경요인 또는 어떤 다른 요인과 관계가 있다는 가정하에 수학적으로 인과관계(因果關係)를 나타내는 인과모델(causal model)을 만들어 수요를 예측하는 방법이다.

이에는 회귀모델(regression model), 계량경제모델(econometric model), 투입·산출모델, 선행지표법 등이 있다. 이들 인과관계 모델을 만들기 위해서는 오랜 기간 준비해야 되는데 미래의 전환기를 예측하는 데는 최선의 방법이다.

② 정성적(주관적) 예측방법

장래의 기술예측이나 신규로 개발된 신제품시장 및 수요 등의 예측은 관련 자료가 빈약한데다 대개 장기예측적인 성격을 띠고 있어 전문가의 주관적인 의견이나 추정을 토대로 하게 된다. 과거의 관련자료나 장래의 사태변화와 관련된 자료를 제대로 얻을 수 없을 때 흔히 다음 접근방법이 이용된다.

정성적(주관적) 수요예측 방법은 ① 직관력에 의한 예측, ② 의견조사에 의한 예측, ③ 유추에 의한 예측으로 대별된다.

2.1 직관력에 의한 예측

전문가 내지 구성원(경영자·종사원 등)의 주관적인 의견이나 판단에 의존하는 예측방법에는 델파이법, 위원회합의법(panel consensus), 판매원 의견종합법, 경영자 판단 등이 열거될 수 있다.

---

2) 시계열은 판매량이나 매출액과 같은 어떤 현상의 반복적인 관찰치를 발생순서대로 나열한 것이다.

2.1.1 델파이법(Delphi method)

이 기법은 인간의 직관력(直觀力)을 이용하여 장래를 예측하는 직관적 예측방법의 하나로 Rand사의 헬머(O. Helmer)에 의해서 개발되었다. 원래 기술예측용(技術豫測用)으로 개발되었지만 근래에는 관련자료가 불충분한 중·장기예측, 가령 신제품 개발, 신시장 개척, 신설비의 취득, 전략결정 등에 이용되고 있다.

이 기법의 **특징**은 브레인 스토밍(brain storming)이나 위원회 모임(panel discussion)과 같이 전문가를 한자리에 모으지 않고 일련의 미래사항에 대한 의견을 질문서(質問書)에 각자 밝히도록 하여 전체 의견을 평균치와 사분위(四分位)값으로 나타내는 데 있다. 전문가들을 한자리에 모으지 않는 이유는 다수의견이나 유력자의 발언 등에 의한 심리적 영향력을 배제하기 위함이다. 그 대신 전문가들의 의견을 종합하여 그에 대한 의견을 재차 묻는 것과 같은 피드백과정을 거듭하여 의견을 좁혀 나가게 된다.

이 기법의 **결점**은 반복해서 다수인의 의견을 모으고 이를 분석하는 데 상당한 시간(어떤 경우에는 1년)이 소요되며, 참가구성원의 인선에 따라서 결론이 크게 다를 수 있다는 점, 그리고 전문가들이 한자리에 모여서 직접 접촉할 때처럼 창의력을 자극시킬 수 없다는 점이다.

이와 같은 결점이 있음에도 중·장기계획에서 여타의 주관적 예측기법보다 정확도가 높은 것으로 평가된 바[3] 있다.

2.1.2 판매원 의견종합법(composite of sales force opinion)

특정 시장에 정통한 판매(영업)사원이나 거래처의 의견을 종합하여 수요를 예측하는 방법이다. 영업사원은 고객과의 접촉이 많아서 고객의 요구와 취향을 잘 알고 있으므로 좋은 시장정보원(市場情報源)이 될 수 있다.

비교적 단기간에 양질의 시장정보를 입수할 수 있다는 이점이 있지만 영업사원의 입장에서 소비자의 희망과 실제 구매의사를 구분하기는 쉽지 않으며 자신의 경험에 치우쳐서 예측하는 경향이 많다.

2.1.3 경영자 판단(executive opinions)

예측과 관련 있는 상위 경영자(예: 마케팅·생산·기술담당 경영자)의 의견을 모아 예측하는 방법으로 장기계획 및 제품개발에 이용되기도 한다.

---

3) J. C. Chamber et al., "How to Choose the Right Forecasting Technique", *Harvard Business Review*, July-Aug. 1971.

이 방법은 주로 경영자의 의견이나 판단에 의존하므로 그들의 능력에 따라 차이가 많으며 정확도가 높지 않다.

사례 ● **최고경영자의 판단력으로 대호황을 누린 반도체 사업**

소비재산업으로 사세(社勢)를 굳혀 온 삼성그룹은 1970년대 초반 전자산업에 참여했으며 1980년대 초 첨단기술인 반도체 사업에 진출한 것은 이 그룹 총수이던 이병철 회장의 장기적 안목과 소신에서 비롯된 것이다.[4]

선진국에서 메가 D램급 반도체 생산을 서두르고 있던, 1980년대 중반 무렵 256KD램의 공급차질을 예견한 이회장은 이의 대량생산체비를 서둘도록 지시하였다. 이로부터 2, 3년 후 그의 예견대로 256KD램은 크게 부족되었고, 그룹 내에서 한동안 '돈만 잡아 먹는다'며 천대를 받아오던 반도체사업은 1989년 상반기까지 개당 원가 1천원의 것을 5천원 안팎까지 올려 받아 수출하는 바람[5]에 삼성전자는 대호황을 누렸다.

2.2 의견조사에 의한 예측

다수의 의견을 수렴한다는 점에서 정성적 예측방법 중 가장 객관화한 예측방법인데 대표적인 방법은 시장조사법(consumer or market survey)이다.

이는 제품이나 서비스를 출시(판매)하기에 앞서 소비자의 의견조사 내지 시장조사를 행하여 수요예측을 하는 방법이다. 단기에서는 예측의 정확도가 높지만 장기예측의 경우는 매우 낮다. 조사방법으로는 전화나 면담에 의한 조사와 설문지조사, 소비자모임에서의 의견수렴, 시험판매(test marketing) 등의 방법이 있는데 보편적인 것은 면담조사와 설문지 조사방법이다.

1980년 초 LG전자에서 새로운 냉장고를 개발할 때, 천 여명의 소비자(모니터) 의견을 모아서 경쟁회사보다 냉장실을 크게 하고 「한국형 냉장고」라 이름 붙여 냉장고 시장점유율을 높인 사례가 있다.

제품이 소비재(消費財)인 경우 소비자가 불특정 다수여서 잠재수요자를 파악하기 매우 힘들다. 또한 대부분 한정된 표본을 대상으로 조사하기 때문에 치밀하고 과학적인 조사가 필요하며 조사기간이 길고 조사비용이 많이 소요된다는 **결점**이 있다. 산업

---

4) 이순룡, 생산경영혁신에 의한 제조업 경쟁력 제고방안, 대한상의 경제연구센터, 1993.
5) "흑자노다지 반도체를 잡아라", 조선일보, 1989.9.3.

용품과 같은 생산재(生産財)인 경우에는 소비자의 수가 한정되고 소재파악이 용이하므로 유용한 예측방법이 된다.

2.3 유추에 의한 예측

새로운 사업이나 제품을 개발할 경우 과거의 경험이나 자료가 없는 경우가 대부분이다. 새로운 것이라고 하지만 기능면에서 비슷한 기존제품에 관한 자료나 경험에 비추어 예측할 수 있다.

이러한 방법에는 라이프사이클 유추법과 자료유추법(資料類推法) 등이 있다.

2.3.1 라이프사이클 유추법(life cycle analogy)

전문가의 도움이나 경영자의 경험으로 제품의 라이프사이클을 판단하여 수요를 예측하는 방법이다. 여러 차례의 제품개발을 경험한 경영자들은 라이프사이클을 토대로 하여 미래의 수요를 판단하거나 예측한다. 이 경우 경험에 주로 의존하므로 그릇된 판단이 나올 수 있다.

2.3.2 자료유추법(historical analogy)

신제품을 개발할 때 그와 유사한 기존제품의 과거 자료를 기초로 하여 예측하는 방법으로, 가령 컬러 TV의 시장이나 수요를 예측함에 있어서 흑백 TV의 과거 수년간의 수요량, 수요자 동태, 라이프사이클 등에 관한 자료로부터 유추하는 것이다.

2.4 주관적 예측방법의 장점과 단점

주관적인 예측방법은 새로운 사업이나 신제품 개발과 같이 객관적인 자료의 제시가 어려운 경우에 유용한 예측방법이다. 이들은 소수의 전문가 내지 구성원들의 의견을 종합하여 간편하게 예측할 수 있으며, 계량적인 예측방법에 비해 고도의 기술을 요하지 않을 뿐만 아니라 비용이 저렴하여 중소기업에서도 적용할 수 있다는 **장점**이 있다.

그러나 이 방법은 전문가나 구성원의 주관에 의존하기 때문에 각 개인의 능력·통찰력·경험 등에 따라 상이한 예측결과가 제시될 수 있으며 객관적인 자료분석 미비 등으로 인하여 정확도가 낮다는 **단점**도 있다(〈표 10-1〉 참조).

표 10-1 주관적 예측기법의 비교

기 법	예측방법	용 도	정 확 도*		예측비용**
			장기예측	단기예측	
Delphi법	전문가의 직관 예측	기술예측 · 장기수요예측 생산시설 및 능력예측	양~우	양~우	중~고
위원회합의법	전문가집단의 직관예측	생산시설 및 능력예측	불량	불량~양	저~고
판매원의견법	판매원의 직관예측	시장 및 수요예측	불량	양	저
경영자 판단	경영자의 직관예측	시장 및 수요예측	불량	양	저
시장조사법	소비자 의견조사	시장 및 수요예측	수	양~미	고
라이프사이클 유추법	라이프사이클 유추	생산시설 및 능력의 장기예측 · 장기수요예측	양~미	불량	저~중
자료유추법	자료유추	〃 〃	양~미	불량	중

 * 정확도는 수 · 우 · 미 · 양 · 불량으로 나누어 상대비교한 것임.
** 예측비용은 고 · 중 · 저로 나누어 상대비교한 것임.

③ 시계열 분석에 의한 예측

3.1 시계열 변동의 분석

시계열분석(time series analysis)이란 시계열(연 · 월 · 주 · 일 등의 시간간격)을 따라 제시된 과거자료(수요량 · 매출액 등)로부터 그 추세나 경향을 파악하여 장래의 수요를 예측하는 것이다. 이 경우 과거의 자료를 미래예측의 길잡이로 이용하는데, 시간이 독립변수가 되며 수요량은 종속변수가 된다. 따라서 시계열 분석의 초점은 과거에 발생된 수요와 관련된 시계열성(時系列性)에 있다고 볼 수 있다.

과거의 수요자료를 시계열에 따라 그래프로 그리면 일정한 패턴, 즉 시계열적 변동이 나타난다. 이 변동은 추세변동 · 순환변동 · 계절변동 · 불규칙변동으로 구분되며([그림 10-2] 참조), 이들은 시계열 자료의 주요 구성요소를 이룬다.

① 추세변동(trend movement: T): 장기변동의 전반적인 추세를 나타냄
② 순환변동(cyclical fluctuation: C): 일정한 주기가 없이[6] 사이클현상으로 반복되는 변동
③ 계절변동(seasonal variation: S): 1년 주기로 계절에 따라 되풀이되는 변동

---

6) 순환변동은 주기적인 경우도 있고 아닌 경우도 있는데, 경제활동에서는 cycle 운동이 1년 이상의 간격을 두고 반복할 때에만 순환성을 인정한다.

④ 불규칙변동(irregular movement: I): 돌발적인 원인이나 불분명한 원인으로 일어
   나는 우연변동

시계열의 구체적인 변화형태는 각 요소변동의 단순작용에 의하여 일어나는 경우
도 있으나[7] 대개는 이들의 혼합에 의해서 일어난다. 시계열분석에서 일정기간 중
의 수요는 위에서 열거한 여러 변동요소의 혼합으로 볼 수 있다. 이들 요소들이 상
호작용한다고 가정할 경우의 예측모델로서 가법모델(additive model)과 승법모델
(multiplicative model)이 있다.

가법(加法)모델은 실제 수요를 시계열 변동요소의 합으로 보는 견해이다.

$$Y = T + C + S + I$$

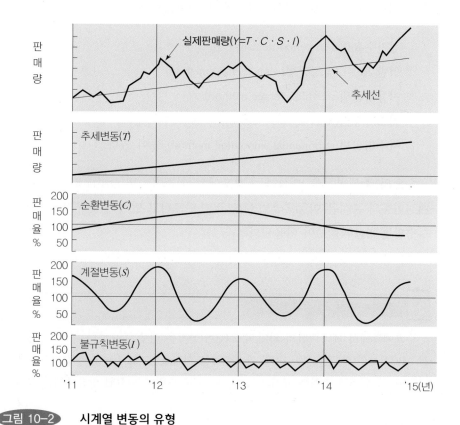

그림 10-2 **시계열 변동의 유형**

---

7) 요소변동의 작용을 규명하는 방법으로 시계열분해법이 있다. 즉 추세변동은 추세분석, 계
   절변동은 계절요소분석(seasonal component analysis), 순환변동은 순환요소분석(cyclical
   component analysis), 불규칙 변동은 우연요소분석(random component analysis)을 행하는
   변동요소에 초점을 맞춘다.

이 경우 모든 요소들을 동일한 단위로 나타내며 실제로 계산하기 어렵다는 **결점**이 있다.

승법(乘法)모델은 실제수요를 시계열 변동요소들의 상승적(相乘積)으로 보는 견해이다.

$$Y = T \times C \times S \times I$$

이 경우 추세변동은 물량이나 금액으로 표시되며 나머지의 순환변동·계절변동·불규칙변동은 조정률(%)로 표시된다([그림 10-2]의 y축 표기 참조).

수요의 추세변동은 장기간에 걸치는 시계열의 변동경향으로서, 이것은 시계열의 단기변동 중심을 지나가는 일종의 동적 평균선(動的平均線)으로 볼 수 있다. 동적 평균선, 즉 수요의 경향을 구하는 **시계열 분석방법**으로는,

① 전기수요법(last period demand)
② 절반 또는 2점평균법(semi average method)
③ 이동평균법(moving average method)
④ 최소자승법(least square method)
⑤ 지수평활법(exponential smoothing method) 등이 있다.

수요의 추세변동을 분석하는 경우에는 최소자승법(最小自乘法)이 흔히 이용되며, 계절변동의 분석은 이동평균법(移動平均法), 그리고 단기의 불규칙변동의 분석에는 지수평활법(指數平滑法)이 이용된다.

[설례]와 같이 수요가 직선적 경향을 나타낼 때는 최소자승법으로 예측할 수 있다.

설례 ▶ ABC회사의 판매실적

수요예측에서 예측대상의 과거 수요(판매)실적은 매우 중요하다. 수요예측을 위한 자료로서 ABC회사의 5년간(2011~2015) 판매실적을 제시하면 〈표 10-2〉와 같다.

판매실적의 5년 추이를 그래프([그림 10-3])로 보면 직선적인 상승추세를 그리고 있다.

표 10-2 ABC회사의 판매실적(2011~2015)　(단위: 천 파운드)

연도별	분기				합계
	1/4	2/4	3/4	4/4	
2011	972	925	772	829	3,498
2012	904	1,039	1,269	793	4,005
2013	1,081	1,747	1,747	1,155	5,730
2014	1,654	2,190	2,315	2,030	8,189
2015	2,086	2,629	2,400	2,500	9,615

3.2 최소자승법에 의한 예측

　　최소자승법(最小自乘法)은 관찰치와 추세치와의 편차자승의 총 합계가 최소가 되도록 동적 평균선을 그리는 방법이다. 최소자승법은 주기변동(C), 계절변동(S), 불규칙변동(I)을 고려함이 없이 장래의 수요변동을 추세변동(T)만으로 예측하는 방법이다. 즉, 실제수요량을 $y = T$로 보는 입장이다.

　　[설례]의 'ABC회사의 판매실적' 자료를 연도별로 보건대([그림 10-3] 참조), 일정한 추세로 올라가고 있으므로 이 경우 직선추세선이 합당하다는 것을 알 수 있다.

　　즉 연도를 x, 판매량을 y로 하면 x와 y의 관계를

$$\hat{y} = a + bx \quad\text{···} ①$$

라는 1차식으로 나타낼 수 있다. 이것을 그래프로 [그림 10-3]과 같은 회귀선(regression line)을 그릴 수 있다.

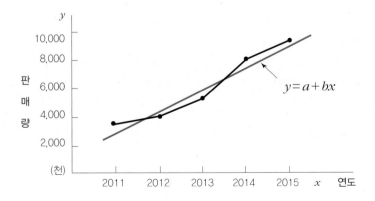

그림 10-3　연도별 판매추세

회귀선 $\hat{y}=a+bx$를 이루는 a와 b의 계수는 다음 ②식과 ③식으로 각각 구한다.

$$b=\frac{\sum\limits_{i=1}^{n}(x_i-\bar{x})(y_i-\bar{y})}{\sum\limits_{i=1}^{n}(x_i-\bar{x})^2}\ \cdots\cdots\cdots\cdots\cdots\cdots\cdots\cdots\cdots\cdots\ ②$$

$$a=\bar{y}-b\bar{x}\ \cdots\cdots\cdots\cdots\cdots\cdots\cdots\cdots\cdots\cdots\cdots\cdots\cdots\cdots\cdots\cdots\cdots\ ③$$

여기에서 $\bar{x}$와 $\bar{y}$는 전술한 x(연도)와 y(판매량)의 평균을 뜻하는 것으로, [설례]의 'ABC회사의 판매실적' 자료를 이용하면,

$$\bar{x}=\frac{\sum\limits_{i=1}^{n}x_i}{n}=\frac{(2011+2012+2013+2014+2015)}{5}=2013$$

$$\bar{y}=\frac{\sum\limits_{i=1}^{n}x_i}{n}=\frac{(3{,}498+4{,}005+5{,}730+8{,}189+9{,}615)}{5}=6{,}207.4$$

b를 ②식으로 구하면(〈표 10-3〉 참조),

$$b=\frac{\sum\limits_{i=1}^{n}(x_i-\bar{x})(y_i-\bar{y})}{\sum\limits_{i=1}^{n}(x_i-\bar{x})^2}=\frac{16{,}418}{10}=1{,}641.8$$

아울러 b의 계수를 ③식에 대입하여 a를 구하면,

$$a=\bar{y}-b\bar{x}=6{,}207.4-1{,}641.8\times2013=-3{,}298{,}736$$

이들 a와 b의 값을 가진 회귀직선은

표 10-3 판매량의 추세변동

연도(x)	판매량(y)	추세선 $(a+bx)$	$(x_i-\bar{x})$	$(y_i-\bar{y})$	$(x_i-\bar{x})\times$ $(y_i-\bar{y})$	$(x_i-\bar{x})^2$
2011	3,498	2,923.8	-2	$-2,709$	5,418	4
2012	4,005	4,565.2	-1	$-2,202$	2,202	1
2013	5,730	6,207.0	0	-477	0	0
2014	8,189	7,848.8	1	1,982	1,982	1
2015	9,615	9,490.6	2	3,408	6,816	4
합 계	31,037				16,418	10

$$\hat{y} = a + bx = -3,298,736 + 1,641.8x$$

가령 2016년의 판매량을 예측하고자 할 때는 x 대신에 2016을 대입하여 구한다. 즉 2016년에는 11,133천 파운드의 판매가 예상된다.

$$\hat{y} = -3,298,736 + 1,641.8 \times 2016 = 11,132.8$$

전술한 ①, ②, ③식의 모델을 사용한 팩키지 프로그램(package program)이 마련되어 있으면 신속하게 수요예측을 할 수 있다.

최소자승법에서는 수요의 추세변동을 나타낼 수 있지만, 계절변동과 같은 오르내림은 나타내기 곤란하다는 결점이 있다.

3.3 이동평균법(移動平均法)에 의한 예측

시계열분석에서 과거의 실적은 장래예측의 토대가 되는데, 가령 전기수요법(前期需要法)에서 전기의 실적치는 당기의 예측치가 된다([설례]에서 볼 때 2016년의 예측치는 2015년의 실적치인 9,615천 파운드가 된다).

이동평균법(moving average method)은 전기수요법을 좀더 발전시킨 것으로 과거 일정기간의 실적을 평균해서 예측하는 방법이다(여기서 평균값을 구하는 것은 불규칙적인 변동을 고르게 하기 위한 것이다).

이동평균법에는 과거 여러 기간의 실적치에 동일한 가중치를 부여하는 단순이동평균법(simple moving average method)과 최근의 실적치에는 가장 높은 실적치를 부여하는 가중이동평균법(weighted moving average method)이 있다.

단순이동평균법(單純移動平均法)으로 예측치를 구하는 산식은 ④식과 같다.

$$F_t = \frac{\sum_{t=1}^{n} A_{t-1}}{n} \quad \cdots\cdots\cdots\cdots\cdots\cdots\cdots\cdots\cdots\cdots\cdots\cdots\cdots\cdots\cdots\cdots\cdots\cdots\cdots\cdots\cdots\cdots \text{④}$$

F_t: t 기의 예측치 A_{t-1}: $t-1$ 기간의 실적치 n: 기간의 수

[설례]에서 2011년 분기별 수요량의 3개 분기 단순이동평균을 ④식으로 구하면,

$$F_{11} = \frac{972 + 925 + 772}{3} = 890$$

가 된다. 이 수치는 11년 4/4분기의 예측치가 된다.

표 10-4 이동평균　　(단위: 천 파운드)

연도별	분기별	판매량	3개분기 이동합계	3개분기 이동평균	5개분기 이동합계	5개분기 이동평균
2011	1/4	972				
	2/4	925	2,669 ÷3			
	3/4	772		890		
	4/4	829	2,526	842		
2012	1/4	904	2,505	835	4,402 ÷5=	880
	2/4	1,039	2,772	924	4,469	894
	3/4	1,269	3,212	1,071	4,813	963
	4/4	793	3,101	1,034	4,834	967
2013	1/4	1,081	3,143	1,048	5,086	1,017
	2/4	1,747	3,621	1,207	5,929	1,186
	3/4	1,747	4,575	1,525	6,637	1,327
	4/4	1,155	4,649	1,550	6,523	1,305
2014	1/4	1,654	4,556	1,519	7,384	1,477
	2/4	2,190	4,999	1,666	8,493	1,699
	3/4	2,315	6,159	2,053	9,061	1,812
	4/4	2,030	6,535	2,178	9,344	1,869
2015	1/4	2,086	6,431	2,144	10,275	2,055
	2/4	2,629	6,745	2,248	11,250	2,250
	3/4	2,400	7,115	2,372	11,460	2,292
	4/4	2,500	7,529	2,510	11,645	2,329
합 계		31,037				

〈표 10-4〉는 [설례]의 자료를 3개 분기 또는 5개 분기의 평균을 구한 것으로, 1개 분기를 1개 항으로 하여 순차로 이동하여 구한 결과이다.

이러한 과정을 거친 이동평균값을 연결한 추세선(趨勢線)으로 나타낸 것이 [그림 10-4]로서 앞서의 최소자승법([그림 10-3] 참조)에 비하여 추세선의 움직임이 충실함을 엿볼 수 있다. 이 방법은 추세변동(T)과 주기변동(C)을 고려한 실제수요를 $y=TC$로 보는 입장이지만, 이 역시 기본적으로는 추세변동을 나타내는 데 불과하다. 더욱이 3개 분기 이동평균을 구한 것이어서 계절변동을 나타내기 힘들다.

이 방법은 이동평균을 취함으로써 전체의 추세를 알 수 있다는 **장점**이 있지만, 경기변동이나 계절변동을 충분히 알 수 없다는 **단점**도 있다. 따라서 경기변동이나 계절변동에 아주 민감한 제품은 계절변동을 따로 구하여 이용한다.

이동평균법에서 계절변동(S)을 조정하는 방법으로 흔히 이용되는 것은 계절지수이

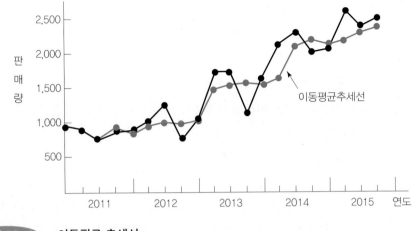

이동평균 추세선

다. 이 계절지수(seasonal index)는 연환비율법이나 반복이동평균법으로 구할 수 있는데 여기에서는 반복이동평균법(反復移動平均法)을 중심으로 설명하기로 한다.

계절지수의 값(SI)은 어떤 분기의 실제 수요량(TCSI)을 당해 분기의 이동평균중심치(TC)로 나눈 값이 된다. 즉, 이동평균중심치는 주로 추세변동(T)과 순환변동(C)의 영향을 받는 것으로 보고, 이들을 실제수요에서 제거하기 위한 것이다.

〈표 10-4〉에서 2011년 3/4분기 판매량 772천 파운드를 3개 분기 이동평균의 평균치인 890천 파운드로 나누면 2011년 3/4분기의 계절지수 0.87을 구할 수 있다.

수년 동안의 계절지수를 구할 수 있을 때에는 이들을 계절별, 즉 분기별로 합하여 평균치를 구하면 보다 합리적인 계절지수를 산정할 수 있다. 이 경우 평균 계

표 10-5 **분기별 계절지수**

연도별 \ 분기별	1/4	2/4	3/4	4/4
2011			0.87	0.98
2012	1.08	1.12	1.18	0.77
2013	1.03	1.45	1.15	0.75
2014	1.09	1.31	1.13	0.93
2015	0.97	1.17		
합 계	4.17	5.05	4.33	3.43
평균 계절지수	1.043	1.263	1.083	0.858
수정된 계절지수	0.981	1.201	1.021	0.796

절지수의 합은 1이 되어야 한다. 〈표 10-5〉에서 제시된 각 평균 계절지수의 합은 $\frac{1.043+1.263+1.083+0.858}{4}=\frac{4.247}{4}=1.062$이므로 각 분기별 평균계절지수에서 0.062를 차감하여 그 합계가 1이 되도록 조정하면 된다.

이상의 평균계절지수를 이용하여 2016년 1/4분기의 판매량을 예측한다면, 당해분기의 가장 최근 자료인 2015년 4/4분기 이동평균에 평균 계절지수를 곱하여 다음과 같이 구한다.

$$2016 \ Q_1 = 2,510 \times 0.981 = 2,462.3(천 \ 파운드)$$

그러나 이동평균치는 3개 분기의 평균치이므로 최근 분기의 수요를 제대로 반영할 수 없어 추세변화를 충실히 반영하지 못하는 **결점**이 있다. 따라서 앞서의 최소자승법으로 연간추세치를 구하여 이를 4로 나눈 분기별 평균수요를 구한 다음, 여기에 분기별 계절지수를 곱하여 계절변동을 고려할 수가 있다.

[설례]의 경우, 앞서 최소자승법으로 예측한 2016년 수요량(11,132천 파운드)으로 분기별 평균수요를 구하면,

$$\frac{F_{16}}{4} = \frac{11,132}{4} = 2,783(천 \ 파운드)이다.$$

여기에 1/4분기의 계절지수 0.981을 곱하여 1/4분기 수요량을 구한다.

$$2016 \ Q_1 = 2,783 \times 0.981 = 2,730.1(천 \ 파운드)$$

따라서 2016년 1/4분기의 예측판매량은 2,730.1천 파운드가 된다.
그리고 2/4분기의 예측판매량은

$$2016 \ Q_2 = 2,783 \times 1.201 = 3,342.4천 \ 파운드이다.$$

3.4 지수평활법에 의한 예측

최소자승법이나 이동평균법에서는 장기간의 과거실적을 필요로 하지만, 여기서 설명하려는 지수평활법(指數平滑法)은 최근의 데이터만으로 예측이 가능하다는 **장점**이 있다.

이동평균법에서는 최근의 데이터가 부가되면 먼 과거의 데이터는 밀려 나가게 되어 있다. 대부분의 예측기법에서 보면 최신의 데이터일수록 예측치에 큰 영향을 주

고 있다. 즉 '과거로 거슬러 올라갈수록 데이터의 중요성은 감소한다'는 가정이 타당하다고 보면 여기서 설명하려는 지수평활법이야말로 가장 논리적이고 사용하기 쉬운 방법이라 할 수 있다. 그래서 전체 예측기법중에서 단기예측법으로 가장 많이 사용되고 있는데, 도·소매상의 재고관리에도 널리 이용되고 있다. 은행사무와 같은 서비스 활동의 일정관리에도 효과적이다.[8]

3.4.1 단순지수평활법(單純指數平滑法)

지수평활법(exponential smoothing method)은 과거의 실적치에 의해서 예측을 행할 경우, 현시점에 가까운 실적치에 큰 비중을 주면서 과거로 거슬러 올라갈수록 그 비중을 지수적으로 적게 주는 지수가중이동평균법(指數加重移動平均法; exponentially weighted moving average method)이다.

지수평활법의 **예측모델**은 다음과 같다.

차기예측치＝당기예측치＋α (당기실적치－당기예측치)

$$F_t = F_{t-1} + \alpha(A_{t-1} - F_{t-1}) \quad\cdots\cdots\cdots\cdots\cdots\cdots\cdots\cdots\cdots\cdots\cdots\cdots ⑤$$

위의 ⑤식을 간편식으로 바꾸면 ⑥식이 된다.

$$F_t = \alpha \cdot A_{t-1} + (1-\alpha)F_{t-1} \quad\cdots\cdots\cdots\cdots\cdots\cdots\cdots\cdots\cdots\cdots ⑥$$

F_t : 차기의 판매예측치 F_{t-1} : 당기의 판매예측치
A_{t-1} : 당기의 판매실적치   α : 지수평활계수$(0 < a < 1)$

이동평균법에서는 가중치(加重値)가 일정하지만 지수평활법에서는 평활계수(α)의 가중치는 현시점에 가까울수록 크다([그림 10-5] 참조). 따라서 α의 크기가 클수록 최근의 실적치에 보다 큰 비중이 주어진다.

📊 **설례 ▶ 지수평활법에 의한 예측**

승용차를 생산·판매하고 있는 극동자동차에서 지수평활법으로 10월의 승용차 판매대수를 예측하려 한다.

9월의 판매예측치는 23,000대이고 판매실적치는 25,400대이었다. 수요변동은 보통수준이므로 지수평활계수 $a = 0.3$으로 한다.

---

8) W. I. Berry et al., "Forecasting Teller Window Demand with Exponential Smoothing," *Journal of Academy of Management*, Mar. 1979, pp.129~137.

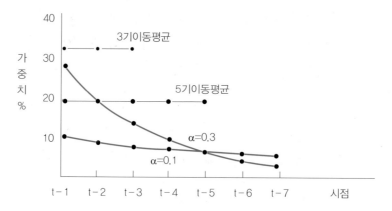

그림 10-5 가중치의 비교

다음 달인 10월의 판매예측치를 ⑤식이나 ⑥식으로 예측한다.

10월 판매예측치 = 9월 예측치 + α(9월 실적치 - 9월 예측치)

$$= 23,000 + 0.3(25,400 - 23,000) = 23,000 + 0.3(2,400) = 23,720$$

따라서 10월의 판매예측치는 23,720대가 된다.

평활계수(α)의 값은 기업상황이나 제품의 성질에 따라 적절히 정할 필요가 있다. 수요가 안정된 표준품은 실제수요와 예측치간의 차이가 별로 크지 않을 것이므로 α의 값이 작게 주어질 수 있지만, 수요변동이 심하거나 성장률이 높은 제품은 α의 값을 높게 준다.

일반적으로 α의 값은 0.01에서 0.3 사이의 값을 취하고 제품수요가 극히 불안정한 경우에는 0.5~0.9의 값을 주기도 한다([그림 10-6] 참조).

3.4.2 추세조정 지수평활법(이중지수평활법)

전술한 단순지수평활법도 이동평균법의 일종이므로 실제 수요변화에 민감하게 반응하지 못한다는 제약점을 갖고 있다.

[그림 10-6]은 어떤 제품의 수요곡선을 나타낸 것으로, 실제 수요가 증가하고 있음에도 예측치는 서서히 증가추세를 나타내며, 수요가 떨어지는 경우에도 이보다 훨씬 뒤에 실제보다 급격하게 떨어지는 것을 볼 수 있다.

이 경우 실제수요에 가깝게 예측하려면 예측기간 중의 추세변동에 대해서도 고려해야 한다. 즉 지수평활법으로 구한 예측치(F_t)에 추세조정치(trend correction: T_t)를 부

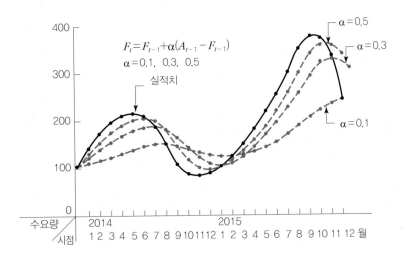

그림 10-6 α의 변화에 따른 예측치(F_t)의 추세

가시킴으로써 현실에 가까운 예측을 할 수 있다.

추세조정 예측치 = 예측치 + 추세조정치

$$FIT_t(\text{forecast including trend}) = F_t + T_t \quad\cdots\cdots\cdots\cdots\cdots\cdots\cdots\cdots\cdots ⑦$$

$$F_t = FIT_{t-1} + \alpha(A_{t-1} - FIT_{t-1}) \quad\cdots\cdots\cdots\cdots\cdots\cdots\cdots ⑧$$

$$T_t = T_{t-1} + \alpha \times \delta(A_{t-1} - FIT_{t-1}) \quad\cdots\cdots\cdots\cdots\cdots ⑨$$

추세조정 예측치(FIT_t)를 ⑦식으로 산정한다. 이 경우 차기예측치(F_t)에서는 당기의 예측치 대신에 당기의 추세조정예측치(FIT_{t-1})가 적용되며, 추세조정치(T_t)는 평활계수로 α와 δ(delta)를 함께 적용한다.

설례 ▶ 추세조정 지수평활법에 의한 예측

질병과 건강상태를 검진하는 건강클리닉이다. 매분기 25명의 증가추세를 보이고 있는 에이즈검진고객에 대한 단순지수평활법에 의한 1/4분기의 검진예측치는 300명이었으나 당기(1/4분기)의 검진실적치는 340명으로 나타났다.

차기(2/4분기)의 검진고객을 추세변동을 고려하여 예측하려 한다(단, α=0.2, δ=0.3으로 한다). 이 경우 2/4분기의 예측치(F_t)를 추세조정 지수평활법으로 구하려면, 먼저 1/4분기의 추세조정 예측치(FIT_{t-1})를 산정해야 한다.

$$FIT_{t-1} = F_{t-1} + T_{t-1} = 300 + 25 = 325$$

그 다음 이를 지수평활법 산식(⑧)에 대입하여 차기의 예측치(F_t)를 구하고, ⑨식으로 추세조정치(T_t)를 구한다.

$$F_t = FIT_{t-1} + \alpha(A_{t-1} - FIT_{t-1}) = 325 + 0.2(340 - 325) = 328$$
$$T_t = T_{t-1} + \alpha \times \delta(A_{t-1} - FIT_{t-1}) = 25 + (0.2)(0.3)(340 - 325) = 25.9$$

차기(2/4분기)의 추세조정예측치(FIT_t)를 ⑦식으로 산정한다.

$$FIT_t = F_t + T_t = 328 + 25.9 = 353.9$$

2/4분기의 에이즈검진 고객은 추세변동을 고려할 때 354명이 예상된다.

그런데 2/4분기의 검진고객이 280명이었다면, 3/4분기, 즉 t+1기의 추세변동조정치 (FIT_{t+1})를 앞서와 같은 요령으로 구한다.

$$T_{t+1} = FIT_t + \alpha(A_t - FIT_t) = 353.9 + 0.2(280 - 353.9) = 339.12$$
$$T_{t+1} = T_t + \alpha \times \delta(A_t - FIT_t) = 25.9 + (0.2)(0.3)(280 - 353.9) = 21.47$$
$$FIT_{t+1} = T_t + 1 + T_t + 1 = 339.12 + 21.47 = 360.59$$

---

④ 인과형 예측법

4.1 수요변화의 인과관계

세븐일레븐이 2013년 11월부터 2014년 10월까지 1년간 서울지역의 날씨와 점포매출의 상관관계를 분석한 결과, 기온이 1도 오르거나 내릴 경우에 점포 매출은 대략 1만1,000원 가량 변화하는 것으로 나타났다. 기온에 따라 판매되는 상품군에도 차이가 있었다. 연간 상품군별 매출을 판매 시기의 기온 구간별로 분류한 결과 술 종류라도 맥주는 평균기온이 20도가 넘는 시기에, 소주와 막걸리 등은 기온이 내려갈수록 잘 팔리는 것으로 나타나 대조를 이뤘다.[9]

수요의 발생과정은 인과관계, 즉 원인과 결과의 관계로 파악하는 것이 효과적이다. 즉 수요변화에 영향을 주는 기업내부 및 환경요인(변수)들을 수요와 관련시켜서 인과형 예측모델을 만들어 수요예측을 한다.

인과형 예측모델(causal forecasting model)이란 말하자면 제품(또는 서비스)의 수요와 이에 영향을 주는 요인과의 관계를 수리적으로 나타낸 모델이다.

인과형 예측모델은 **다음의 단계**를 거쳐서 구축된다.[10]

---

9) 편의점, 날씨 차가워지면 매출 떨어진다, 경제투데이, 2014.11.16.
10) K. N. Dervitsiotis, *Operations Management*, McGraw-Hill Book Co., 1981, pp.441~442.

(1) 수요변화에 영향을 주는 독립변수(요인)들을 규명한다.

가령, GNP, 가처분소득, 출생률, 신혼율, 건축허가건수, 기후변화, 재고, 생계비 지수, 경쟁업체의 상황, 판매촉진 등을 예로 들 수 있다.

(2) 수요(종속변수)와 이에 직접 영향을 미치는 요인(독립변수)간의 관계가 선형관계 인지 비선형관계인지를 밝혀 적절한 관계식을 구축한다.

(3) 예측모델의 타당성을 통계적 입장에서 검토한다.

4.2 회귀분석에 의한 예측

시계열 분석의 예측모델에서는 변수를 하나의 시간함수로 보고 시간이 지남에 따라 변수가 어떻게 변화하는가를 나타내었다. 이러한 시계열 예측방식도 유용하지만 때로는 예측하려는 변수와 인과관계가 있는 변수를 서로 연관시켜 예측하는 방식은 특히 중기예측(中期豫測)에서 긴요하다. 대표적인 예측방법으로 회귀분석 및 상관분석을 들 수 있다.[11]

경제적인 예측을 하려면 우선 간단한 일반적인 모델을 가지고 예측에 착수하는 것이 바람직하다. 이와 같은 방법은 자료수집 및 처리비용이 저렴할뿐더러 실시하기도 용이하다.[12]

4.2.1 단순회귀(單純回歸)모델

가장 간단한 회귀모델로 수요는 단 하나의 독립변수와 관계가 있다고 보는 단순회귀모델이다. 음료수나 맥주의 수요를 예측하는 가장 중요한 인자로서 날씨와 온도를 꼽을 수 있으며, 냉장고 생산업체에서는 고객의 가처분소득이나 신주택 입주가구수를 주요인자로 꼽을 수 있다.

2개의 변수, 즉 단일의 독립변수(x)와 종속변수(y)로 된 단순회귀모델에는 앞에서 설명한 최소자승법에서 다룬

① 선형(線型) 회귀모델: $y=a+bx$를 비롯하여

② 지수형(指數型) 회귀모델: $y=ab^x$

③ 포물선형 회귀모델: $y=a+bx+cx^2$ 등이 있다.

---

11) 회귀분석모델은 최근 그 적용이 급격히 증가되고 있는데, 앞으로 더욱 늘어날 것이 예상된다.

12) 관련 자료들은 정부나 관련 산업단체 및 금융기관의 간행물에서 구할 수 있다. 회귀분석용 소프트웨어는 일반적으로 사용하기가 용이하다.

4.2.2 중회귀(重回歸)모델

단순회귀모델은 모델이 단순하고 계산이 간편한 대신에 예측치의 신뢰도는 높지 못하다. 그래서 주어진 상황을 보다 충실히 나타낼 수 있도록 종속변수에 영향을 주는 여러 인자들, 즉 여러 개의 독립변수를 부가시킨 중회귀모델(multiple regression model)로서 예측할 필요가 있다.

가령 전술한 냉장고의 수요변화와 관계있는 주요 인자로는 신주택 입주 외에도 연간 가처분소득, 신혼율, 가격, 광고 등이 있는데, 이를 선형중회귀(線形重回歸)모델로 제시하면 다음과 같다.

$$y = a + b_1 x_1 + b_2 x_2 + \cdots + b_n x_n$$

회귀분석모델의 유용성은 추정치의 표준오차(standard error of estimate)[13] S_e와 결정계수 γ^2에 의해서 평가된다. 결정계수(γ^2)는 상관계수 γ를 자승한 것으로 독립변수에 의해서 설명되는 종속변수인 수요의 변화비율을 나타낸다.

한편 추정치의 표준오차 S_e는 예측상의 불확실성과 추정치의 변화폭(추정치와 실적치의 차이)을 나타내는 것으로 다음의 산식[14]으로 구한다.

$$S_e = \sqrt{\frac{\sum (y_i - \hat{y}_i)^2}{n-2}}$$
　단, $\hat{y}_i$: 예측치(추정치), y : 실적치

📊 실례 ▶ **회귀모델에 의한 매출액 예측**

갑을 광고회사에서 단순회귀모델을 사용하여 2016년도 매출액을 예측하려고 한다. 이회사의 광고매출액은 판매촉진비 지출액과 밀접한 관계가 있다. 즉, 판촉비 지출액이 높아지면 매출액이 늘고, 판촉비 지출액이 줄면 매출액은 떨어진다.

이 경우 판촉비 지출액과 매출액의 인과관계를 하나의 회귀모델로 나타낼 수 있다.

위의 〈표 10-6〉은 독립변수인 판매촉진비용 지출액에 관한 자료와 갑을 광고회사의 매출액을 나타낸 것이다. 이 경우 연도별 광고매출액은 종속변수(y_i)가 되고 판촉비 지출액은 매출액에 영향을 주는 독립변수(x_i)이다.

이에 대한 단순회귀모델을 제시하면 다음과 같다.

---

13) 표본으로부터 계산된 분산의 정도

14) $\hat{y} = a + bx$에서 $\hat{y}_i$는 두 상수 a와 b로부터 추정되는 것이므로 자유도는 2를 잃게 되어 불편추정량으로 나타낼 수 있지만 계산 편의상 $S_e = \sqrt{\dfrac{\sum (y_i - \hat{y}_i)^2}{n}}$의 산식을 이용한다.

표 10-6 **갑을 광고회사의 매출액 예측에 사용된 회귀분석자료**

연도별	2011년	2012년	2013년	2014년	2015년	합계
판촉비(천만원)	2	3	4	5	6	20천만원
매출액(억원)	4	4	6	6	10	30억원

$$y = a + bx = 0.4 + 1.4x$$

도합 5개년도($n=5$)의 자료를 분석한 이 모델의 계산과정은 다음과 같다.

$$\sum x_i = 20 \text{이므로} \quad \overline{x} = 4$$
$$\sum y_i = 30 \text{이므로} \quad \overline{y} = 6$$
$$\sum x_i^2 = 90 \quad \sum x_i y_i = 134$$

$$b = \frac{\sum_{i=1}^{n} x_i y_i - n\overline{x}\,\overline{y}}{\sum_{i=1}^{n} x_i^2 - n\overline{x}^2} = \frac{134 - 5 \times 4 \times 6}{90 - 5 \times 16} = \frac{14}{10} = 1.4$$

$$a = \overline{y} - b\overline{x} = 6 - 1.4 \times 4 = 0.4$$

이는 선형회귀식 $y = a + bx$에서 비롯된 것으로, 이로부터 y축의 절편이 0.4이고 직선의 기울기가 1.4인 회귀선을 그을 수 있다. 회귀계수 a와 b는 회귀식을 규정하는 매개변수들이다. 이상의 회귀선이나 회귀식으로 주어진 독립변수값(판촉비 지출액 x)에 대한 매출액 예측치 y를 구할 수 있는데, 가령 판촉비 지출액을 8천만원($x=8$)을 투입하면

매출액 예측치 $y = a + bx = 0.4 + 1.4(8) = 11.6$억원이 된다.

📖 **참고** **예측의 신뢰도**

우리들의 관심은 앞서의 예측치가 어느 정도의 신뢰성이 있는가 하는 것으로, 결정계수와 추정치의 표준오차를 산출해 보기로 한다.

결정계수는 상관계수 r을 자승한 것으로, 이 경우 광고비 지출액(x)의 상관계수 $r = 0.904$이므로 $r^2 = 0.904^2 = 0.817$이다. 이는 곧 산출액 변화율의 81.7%는 x의 변화율로서 알 수 있지만 18.3%는 알 수 없음을 뜻한다. 따라서 단순회귀모델인 $y = 0.4 + 1.4x$로 예측할 경우, 18.3%의 예측착오차를 각오해야 한다.

추정치의 표준오차 S_e로 예측하려는 회귀식과 주어진 자료에서의 기대되는 변화의 폭을 나타낸다. [설례]의 경우 $S_e = 0.94$로 파악되었다. $x=8$일 경우 $y=11.6$이므로 기대되는 변화의 범위는 11.6 ± 0.94가 되는 셈이다

5 예측기법의 평가와 적용

5.1 예측오차의 측정과 평가

수요는 여러 가지 요인이 상호작용하여 발생하기 때문에 하나의 예측모델로서 정확히 예측하기는 어렵다. 그러나 예측기법별로 예측오차(豫測誤差)를 측정할 수 있을 뿐만 아니라 이들을 서로 비교하여 특정상황에 적합한 기법을 찾을 수 있다.

예측오차(forecasting errors)는 일정기간의 실제수요와 예측치와의 차이이다.

$$예측오차 = 실적치 - 예측치 = A_t - F_t$$

예측오차를 이용하여 예측기법의 예측정확도(forecast accuracy)를 측정할 수 있다. 그러려면 예측오차의 두 가지 요소를 측정하여야 하는데, 하나는 오차의 치우침 내지 편의(bias)이고 다른 하나는 오차의 크기(magnitude)이다.

5.1.1 예측편의(forecast bias)

편의(bias)는 평균적으로 높거나 낮은 경향을 나타내는데, 예측편의가 낮을수록 즉 0에 가까울수록 예측이 정확함을 뜻한다. 예측편의를 측정하는데 사용되는 척도로는 누적예측오차(RSFE)와 평균예측오차(MFE) 등이 있다.

누적예측오차(running sum of forecast error: RSFE)는 전체 예측기간 동안 실제수요와 예측수요간의 차이 즉, 예측오차를 누적한 값인데, RSFE가 0에 가까울수록 예측 정확도가 높다.

$$RSFE = \sum_{i=1}^{n} (A_t - F_t)$$

평균예측오차(mean forecast error: MFE)는 예측편의의 보편적인 측정척도로서 일정 시간동안의 실제수요와 예측치와의 차이의 평균 즉, 평균오차이다. MFE가 0에 가까울수록 예측은 정확하다.

$$MFE = \frac{\sum_{i=1}^{n} (A_t - F_t)}{n}$$

5.1.2 오차의 크기(magnitude of error)

실제수요와 예측치의 차이인 오차 즉, $A_t - F_t$의 크기를 의미한다. 오차의 크기를 측정하는 척도로 절대평균편차(MAD)와 절대평균백분율오차(MAPE)가 있다.

절대평균편차(mean absolute deviation: MAD)는 여러 기간 동안의 실제수요와 예측치 차이의 절대값을 합한 것을 기간수(n)로 나누어 구한다. 오차의 크기가 작을수록 MAD의 크기가 작아진다.

$$MAD = \frac{\sum\limits_{i=1}^{n} |A_t - F_t|}{n}$$

절대평균백분율오차(mean absolute percent error: MAPE)는 오차의 편의나 평균 크기를 측정하지 않고 오차의 절대값 평균을 수요의 백분율로 구한다. 즉, 매기(每期)의 절대오차를 실제수요로 나눈 값들을 합하여 평균한 것을 백분율로 나타낸다.

$$MAPE = \frac{100}{n} \sum\limits_{i=1}^{n} \frac{|A_t - F_t|}{n}$$

오차의 크기를 실제수요량과 관련시킨 이 방법은 오차의 크기만으로 측정하는 종래의 방법과 다른 점이다.

📊 설례 ▶ **예측오차의 정확도 측정**

단순지수평활법(단, 평활계수 α=0.3)으로 예측한 예측치와 실적치를 〈표 10-7〉에 제시하였다. 예측오차의 측정척도들을 이용하여 예측오차를 산정해 보기로 한다.

표 10-7 예측오차의 측정

월별	실제수요 A_t	예측치 F_t	실제오차 $A_t - F_t$	누적예측오차 $\sum\limits_{i=1}^{n}(A_t - F_t)$	절대편차 $|A_t - F_t|$	절대오차율 $\dfrac{|A_t - F_t|}{n}$
7	94	100 (100)	−6	−6	6	6.4%
8	108	98 (105)	10	4	10	9.3
9	110	101 (108)	9	13	9	8.2
10	96	104 (101)	−8	5	8	8.3
11	115	98 (109)	17	22	17	14.8
12	119	103 (115)	16	38	16	13.4
합계	α= 0.3 인 경우		38	38	66	60.4
	(α= 0.6 인 경우)		4	4	26	24.8

7 · 8 · 9 · 10월 4개월간의 예측오차를 다룬다면,

$$RSFE = \sum_{i=1}^{n} (A_t - F_t) = 5$$

$$MFE = \frac{\sum_{i=1}^{n} (A_t - F_t)}{n} = \frac{5}{4} = 1.25$$

$$MAD = \frac{\sum_{i=1}^{n} |A_t - F_t|}{n} = \frac{33}{4} = 8.25$$

$$MAPE = \frac{1}{n} \sum_{i=1}^{n} \frac{|A_t - F_t|}{n} = \frac{1}{4} \times 32.2\% = 8.05\%$$

4개월간의 예측결과에서 볼 때는 예측편의와 오차의 크기가 작은 편이다. 이 자료만으로 예측기법을 평가하면 정확도도 괜찮은 편이다.

그렇지만 전체 6개월간 자료로 볼 때는 $RSFE = 38$, $MFE = 6.3$으로 예측편의가 크고, $MAD = 11$, $MAPE = 10.1\%$로 예측오차의 크기도 크다.

평활계수 $\alpha = 0.6$으로 예측한 자료로는 $RSFE = 4$, $MFE = 0.67$로서 예측편의가 작고, $MAD = 4.3$, $MAPE = 4.1\%$로 예측오차의 크기도 훨씬 작다.

5.1.3 예측과정의 관리

예측의 효과를 높이려면 예측과정을 관리해야 하는데, 이 경우 추적지표를 이용한다. **추적지표**(tracking signal: TS)는 예측치의 평균이 일정 진로를 유지하고 있는지를 나타내는 척도로서 누적예측오차(RSFE)를 절대평균편차(MAD)의 값으로 나누어 구한다.

$$추적지표(TS) = \frac{RSFE}{MAD} = \frac{\sum_{i=1}^{n} (A_t - F_t)}{MAD}$$

예측의 정확도가 높을수록 추적지표(TS)의 값은 0에 가까운 값을 나타내지만, 예측오차가 크면 추적지표의 절대값도 커진다. 따라서 추적지표는 예측의 정확도가 의심될 경우에 사용한다. 추적지표를 적절하게 활용하려면 [그림 10−7]의 관리도(管理圖)를 이용해야 한다.

관리도(control chart)에는 품질관리에서와 같이 시간에 따라 관리되는 변수의 값을 표시한다. 관리도에는 3개의 수평선이 있는데 중심선은 변수의 평균값으로 변수의 기대값이며, 나머지 2개의 상 · 하수평선은 관리한계선(管理限界線)으로 관리상한선(upper control limit: UCL)과 관리하한선(lower control limit: LCL)이다.

관리한계는 품질관리에서 사용되는 관리도의 관리한계선 작성요령에 따라 정할 수 있는데 3배의 표준편차($\pm 3\sigma$)는 $\pm 3.75 MAD_s$가 된다. 그러나 TS관리도에서는 계산의 편의상 4배의 절대평균편차($\pm 4MAD_s$)[15]를 관리한계로 할 때가 많지만 일정한 이론은 없다.

관리도에 추적지표를 타점하는데 한점이라도 관리한계선을 벗어나면 예측시스템 즉, 예측 방법이나 모델 또는 예측과정상에 문제가 있음을 나타낸다.

설례 ▶ 추적지표 관리도의 작성

앞서 제시한 [설례] '예측오차의 정확도 측정']의 자료를 이용하여 월별 추적지표를 산정하면 〈표 10-8〉과 같다.

12월의 절대평균편차는 $MAD = 66 \div 6 = 11$이며 예측오차의 누적값(RSFE)은 38이다. 따라서 12월의 추적지표 $TS = \dfrac{RSFE}{MAD} = \dfrac{38}{11} = 3.45 MADs$가 된다. 이는 3배의 표준편차 $\pm 3.75 MADs$에 근접하고 있어 예측시스템을 재검토할 필요가 있다.

[그림 10-7]은 월별 추적지표의 값(〈표 10-8〉 참조)을 TS관리도에 타점한 것으로 이들이 관리한계를 벗어나면 수요의 성격을 재평가하고 예측방법을 검토하여야 한다.

표 10-8　**월별 추적지표**

월별	$RSFE$	MAD	$TS = \dfrac{RSFE}{MAD}$
7	-6	6	-1
8	4	8	0.5
9	13	8.3	1.6
10	5	8.3	0.6
11	22	10	2.2
12	38	11	3.5

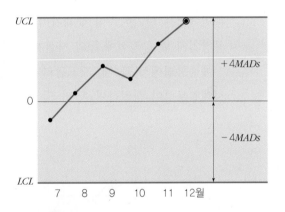

그림 10-7　**추적지표(TS) 관리도**

---

15) 예측에서 생긴 오차들이 정규분포를 그릴 경우, 표준편차(σ)에 대한 절대평균편차의 값은 $1\sigma = \sqrt{\dfrac{\pi}{2}} \times MAD = 1.25 MAD$이다. 따라서 $1MAD \fallingdotseq 0.8\sigma$가 되므로 $\pm 3.19\sigma$가 된다.

5.2 예측기법의 선정과 적용

예측기법을 선정할 때 주로 **고려되는** 요소들은 다음과 같다.

① 과거 실적자료의 유용성과 정확성
② 예측상 기대되는 정확도의 정도
③ 예측비용
④ 예측기간의 길이
⑤ 분석 및 예측 소요시간
⑥ 예측에 영향을 주는 변동요소의 복잡성

예측에서 기대되는 성과와 투입비용은 경영자에게 있어서 큰 관심사이다. 예측비용이 적게 소요되더라도 예측결과가 부정확하면 소용이 없다.

[그림 10-8]은 각 예측기법의 비용과 정확성을 나타낸 것으로 실용성과 비용면을 고려하여 적절한 예측기법을 선택해야 한다.

생산시스템의 설계 및 운영·관리는 여러 단계에서 이루어지기 때문에 한 가지 예측기법을 모든 단계에 적용시킬 수는 없다. 예측기간에서 볼 때, 일정계획이나 재고관리에서는 단기예측이 행해지며, 총괄생산계획에는 단기 및 중기예측이 적용되고, 공장입지 및 공정설계 등의 시설계획에는 장기예측이 필요하다.

예측방법에서 볼 때, 재고관리나 일정관리를 위한 단기적인 생산활동의 예측에는 시계열분석이 적절하며, 단기 및 중기예측을 필요로 하는 총괄생산계획에는 인과형

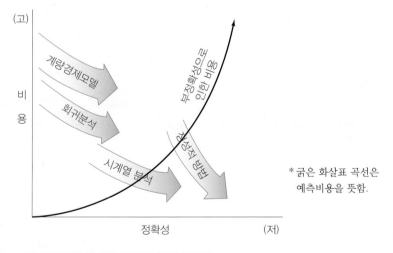

그림 10-8 각 예측기법의 예측비용과 정확성 비교

표 10-9 예측기법의 적용분야

예측기법		이용자료	예측기간	예측비용	적용분야
정성적 방법	델파이법	전문가의견	장기	중이상	기술예측 · 장기수요예측 · 신규사업계획 · 제품개발 · 시설계획
	시장조사법	소비자의견	중 · 장기	고	시장 및 수요예측 · 신규사업계획 · 제품개발 시장전략
	자료유추법	유사 상황자료	장기	중	장기수요예측 · 신규사업계획 · 제품개발
인과형 예측	회귀분석	모든 변수의 과거자료	중기	중	제품 및 서비스의 수요예측 · 판매전략 · 생산계획 · 시설계획
	계량경제모델	모든 변수의 과거자료	중 · 장기	중	경제상황예측 · 시장전략 · 생산 및 시설계획
시계열 분석	최소자승법	과거의 실적치	중 · 단기	저	수요예측 · 재고관리 · 일정계획
	이동평균법	〃	단기	저	재고관리 · 일정관리 · 가격결정
	지수평활법	최근 실적치와 예측치	단기	저	수요예측 · 생산계획 · 일정계획

예측법이나 시계열분석이 적합하다. 공장입지 · 공장계획 · 제품개발 등의 장기예측에는 정성적 방법이 사용된다(〈표 10-9〉 참조).

　제품의 유형(생산재와 소비재), 생산물의 가치(고가품과 저가품), 생산량(다량과 소량) 그리고 제품수명주기(product life cycle) 등에 따라서도 예측목적이나 예측방법은 다를 수 있다. 특히 예측은 미래의 경영활동 내지 생산활동의 수준을 가늠하기 위한 것이므로 수요량(매출액)에 입각한 제품 내지 서비스의 라이프사이클과 연관하여 적절한 예측기법을 적용해야 한다.

　라이프사이클의 단계마다 수요의 패턴이 다르고 의사결정의 내용이 다르기 때문에 단계별로 적절한 예측기법이 적용되어야 한다. 가령, 제품의 개발 및 도입기에는 델파이법이나 시장조사법과 같은 정성적 예측법이 이용되며, 성장기나 안정기에는 시계열분석 내지 회귀분석 등이 적용된다.

본 장은 1절 수요변화의 예측방법, 2절 정성적 예측방법, 3절 시계열 분석에 의한 예측, 4절 인과형 예측, 5절 예측기법의 평가와 적용을 기술하였다.

이 장에서 다루어진 주요내용은 다음과 같다.

- 재화나 서비스에 대한 미래의 시장수요를 추정하는 수요예측(판매예측)은 판매계획 · 생산계획 · 재무계획 · 조달계획 등의 근원이 된다.
- 수요예측의 방법은 정성적 예측법 · 시계열분석 예측법 · 인과형 예측법으로 대별된다.
- 정성적 예측방법은 장기예측이나 예측자료가 빈약할 때 적용되는데, 직관력 · 의견조사 · 유추 등을 토대로 예측한다. 주관적인 예측은 고도의 기술을 요하지 않으며 비용이 저렴한 이점이 있지만, 객관성의 결여로 정확도가 낮다는 결점이 있다.
- 시계열 분석은 시계열을 따라 제시된 과거 자료를 토대로 수요를 예측하는 방법으로 시간이 독립변수가 되고 수요량은 종속변수가 된다. 이에 속하는 대표적인 예측기법은 최소자승법 · 이동평균법 · 지수평활법이다.
- 수요의 추세변화를 분석할 경우에는 최소자승법, 계절변화의 분석에는 이동평균법, 단기의 불규칙변동의 분석에는 지수평활법이 보통 이용된다.
- 인과형 예측모델은 제품이나 서비스의 수요(종속변수)와 이에 영향을 주는 인자(독립변수)의 관계, 즉 인과관계를 중심으로 예측하는 방법으로 중기예측에 이용된다.
- 예측기법들은 예측기간의 길이 · 예측대상 · 적용분야에 따라 장단점이 있으므로 적절한 예측기법을 선정할 필요가 있다.
- 예측기법의 예측정확도를 측정하려면 예측 편의와 오차의 크기를 측정하여야 한다. 예측 편의의 측정척도로는 누적예측오차(RSFE)와 평균예측오차(MFE)가 있다. 오차크기의 측정 척도로는 절대평균편차(MAD)와 절대평균백분율오차(MAPE) 등이 있다.
- 재고관리나 일정관리에는 시계열분석, 총괄계획에는 인과형 예측법이나 시계열분석, 공장의 계획 및 입지 · 제품개발 등의 장기예측에는 정성적 방법이 사용된다.

제 11 장
생산 · 운영계획

① 총괄생산계획(總括生産計劃)

1.1 생산운영계획의 구조

1.1.1 생산계획의 흐름

광의의 생산운영계획은 계획기간에 따라 장기계획(1년 이상), 중기계획(1개월~1년), 단기계획(1개월 이내)으로 구분된다. **장기계획**은 의사결정의 효과가 장기간 지속되는 장기적 결정사항으로 '생산시스템의 설계'에서 기술한 생산운영전략, 제품설계, 프로세스(공정)설계 등이다. **중기계획**(中期計劃)인 총괄생산계획은 장기계획과 단기계획을 잇는 허리부분으로서 생산계획의 핵심이 된다([그림 11-1] 참조). **단기계획**은 의사결정의 효과가 단기간에 미치는 단기적 결정사항으로 일정계획, 자재소요계획, 능력소요계획 등이 그것이다.

상위의 생산운영전략이나 경영계획에 따른 생산운영계획을 도출하여 하위 단기계획으로 전개되는 과정을 [그림 11-1]에서 볼 수 있다. 특히 현대기업에서 수요와 공급의 균형을 유지하기 위해 수립되는 '판매 및 생산계획(S&OP)'의 과정은 판매·유통 물류·생산·재무·제품개발 등의 기능부서 간 통합 운영의 중요성을 강조하는 데 그 의미가 있다. 'S&OP(Sales & Operations Planning)' 과정은 S전자의 경우, 여러 차례의 회의를 거쳐 고위경영층의 의사결정으로 마무리된다. 최종 목표는 수요와 공급의 최적 균형을 유지하는 것으로, 관련 부서의 의견수렴을 통한 동의가 필요하다.

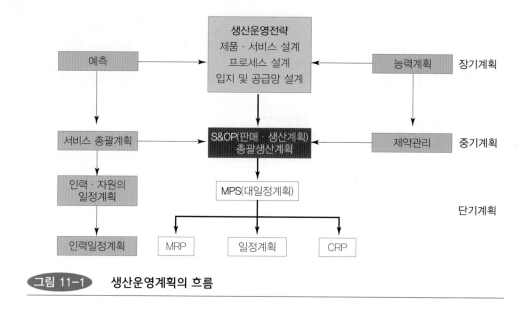

생산운영전략
제품 · 서비스 설계
프로세스 설계
입지 및 공급망 설계

예측

능력계획   장기계획

서비스 총괄계획   S&OP(판매 · 생산계획)
                        종괄생산계획   제약관리   중기계획

인력 · 자원의
일정계획   MPS(대일정계획)

                                                        단기계획

인력일정계획   MRP   일정계획   CRP

그림 11-1   생산운영계획의 흐름

1.1.2 품종계획과 수량계획

생산계획(production planning)은 생산을 개시하기에 앞서 주문이나 판매예측(계획)을 토대로 생산하려는 제품의 종류 · 수량 · 가격 등과 아울러 생산방법 · 장소 · 일정 등에 관하여 가장 경제적이고 합리적인 계획을 세우는 것이다. 구체적으로 무엇을, 언제, 얼마나 만들 것인가를 나타내는 품종계획(品種計劃), 일정계획(日程計劃), 수량계획(數量計劃)으로 구분된다. 생산계획의 핵심은 생산수량과 일정을 중심으로 편성되는 생산수량계획으로 흔히 총괄생산계획(aggregate production planning)이라 부른다.

미래의 일정기간(보통 1개월 내지 1년) 동안에 생산하여야 할 제품의 생산수량을 사전에 예상하는 **생산수량계획**(生産數量計劃)은 예측생산의 경우 특히 중요하다. 생산계획이나 판매계획을 수립함에 앞서, 미래의 수요량을 제대로 파악하려면 정확한 수요예측이 필요하다. 즉 주문 내지 수요예측과 시장이나 경제사정 등 기업환경에 관한 여러 여건들을 고려하여 판매계획을 수립한다. 생산공장에서는 이 판매계획에 합치되도록 원자재 및 제품의 재고사정과 현장의 생산능력 및 하청업체의 능력 등을 감안하여 생산계획을 세우는 것이 일반적이다.

1.1.3 생산계획의 투입정보

생산계획에 이용되는 정보는 다양하다. 기업 외부 정보로는 고객요구 또는 주문을 미리 받은 이른바 미납주문(back order)과 시장수요, 경쟁업체 동향, 경제상황 및 법규 · 제도, 공급자 및 원자재 사정, 노동시장 등을 꼽을수 있다. 기업 내부 정보로는 현유 설비능력, 작업능력, 기술능력, 고용수준, 재고수준 및 생산에 필요한 여러 활동에 관한 정보가 있다. 이들 많은 정보 가운데 시장수요에 관한 정보는 영업부서나 수요예측에 의해서 얻어질 수 있는 것으로 생산수량계획을 수립하는 데 기본정보가 된다.

1.2 총괄생산계획의 관리변수

생산수량계획의 본질적 역할은 생산자원의 시간적 배분이다. 이는 수요량과 생산수량의 시간적 변화에 관한 차이를 생산수량계획에 기술적으로 편성시켜 생산활동 내지 기업활동의 안정을 도모하려는 것이다.

생산수량계획은 생산자원의 효율적 배분과 비용의 최소화를 목적으로 미래 일정기간(1개월 내지 1년)의 생산율, 고용수준, 재고수준, 잔업, 하청 등을 중심으로 총괄적인 입장에서 수립되는 생산계획이다. 따라서 이와 같은 생산수량계획을 가리켜 **총괄생산계획**(aggregate production planning)이라 한다.

총괄계획에서 '총괄(aggregate)'의 개념은 단일의 총괄적인 척도와 관련이 있다. 총괄계획에서는 개별제품(서비스)의 수요를 제품그룹으로 묶은 총괄수요(aggregate demand)에 입각해서 계획이 수립되는데, 이 경우 모든 제품에 공통되는 척도(예: 음료수의 리터, 철강의 톤, 여객기의 주행마일 등)가 사용된다. 이 밖에 총괄개념은 생산율·재고수준·고용수준 등에도 적용된다.

총괄생산계획의 **역할**은 변동하는 수요에 대응하여 생산율·재고수준·고용수준·하청 등의 관리가능변수를 최적으로 결합(optimal combination)하는 것이다. 따라서 중기계획인 총괄계획은 능력계획과 같은 장기계획의 제약을 받으며 일정계획·자재소요계획 등의 단기계획에도 제약을 준다.

총괄생산계획은 자금계획(예산), 판매계획, 조달계획, 인력계획 등과 밀접한 관계가 있다. 특히 재고기능이 없는 서비스산업에서는 총괄계획이 실질적으로 예산 및 인력계획의 역할을 한다.

1.3 생산운영계획 전략

제품(서비스)의 수요가 변동없이 항상 일정하다면 예측이나 계획의 중요성은 반감된다. 현실적으로 기업간의 경쟁, 신제품의 개발, 라이프사이클의 단축, 계절적인 수요 등으로 수요는 변동하게 마련이다.

수요변동에 적절히 대처하도록 마련되는 생산계획은 통상 생산경영자에 의해서 관리되는데, 변화하는 수요를 충족시키기 위해서 다음과 같은 **방책**들을 중심으로 비용을 최소화하는 전략을 강구할 수 있다.

① 고용 및 해고
② 잔업 및 단축근무
③ 임시고용
④ 재고의 이용
⑤ 시설의 공동이용
⑥ 하청

생산경영자의 입장에서 최선의 관리가능변수(controllable factors)는 작업자수(고용수준), 생산율(조업도), 재고수준 등으로 이들이 중심이 되는 총괄생산계획의 **전략대안**들[1]은 다음과 같다.

(1) 수요변동에 따라 고용수준을 변동시키는 전략 ┐ **수요추구전략**
(2) 생산율을 조정하는 전략 ┘
(3) 재고수준을 변동시키는 전략 ── **생산 평준화전략**

이상의 세 가지 전략은 단일의 관리가능변수로 변동하는 수요에 적응하는 순수전략들로서, 각 전략별 방법과 비용 그리고 특징들은 〈표 11-1〉과 같다.

표 11-1 수요변화에 대응해서 사용되는 전략대안들

전략대안	방 법	비 용	고려사항
(1) 고용수준 변동	• 수요가 늘면 부족인원 고용 • 수요 줄면 잉여인원 해고	• 신규채용에 따른 광고·채용·훈련비 • 해고비용·퇴직수당	• 인원이 부족할 때 양질의 기능공 채용곤란 • 사기저하로 능률저하
(2) 생산율 조정	• 수요가 늘면 조업시간 증대 • 수요가 줄면 조업시간 감축 • 생산능력이 모자랄 때 하청을 줌 • 생산 및 하청능력이 모자랄 때는 설비확장	• 잔업수당 • 조업단축시의 유휴비용 • 하청비용 • 설비투자비용	• 잔업으로 보전시간 감소 • 보전시간의 증대 • 하청회사의 품질 및 일정을 관리하기 힘듬 • 수요가 떨어질 때 유휴설비 코스트 발생
(3) 재고수준 변동	• 수요증가에 대비한 재고유지 • 납기지연	• 재고유지비 • 납기지연 손실	• 재고기능이 없는 서비스업에서는 서비스 요원이나 시설을 늘림 • 기회손실이 큼

---

1) 제시된 세 가지 전략 외에 미납주문(back-order), 하청, 설비능력의 조정 등 6개의 전략을 제시할 수 있다.

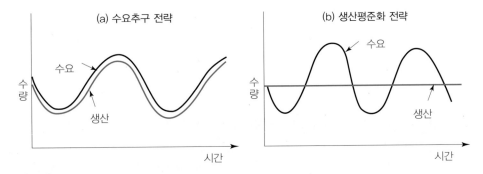

그림 11-2 수요추구 전략과 생산평준화 전략

수요량이 일정하면 생산계획은 비교적 간단히 결정될 수 있다. 그렇지만 수요변동이 심한 제품의 경우, (3)의 방식을 택할 때는 수요변동에 대비해서 많은 제품재고가 필요하므로 이에 따른 재고유지비용이 발생하며, 반대로 생산수준을 훨씬 초과해서 수요가 계속될 때는 품절의 위험도 있다.

한편 (1)과 (2)의 방식으로 판매예측량에 맞추어 생산계획을 수립하면 조업도는 극히 불안정하게 되며, 결국 생산비용이 높아진다는 문제가 있다.

전략 (1)과 (2)는 수요변동에 따라 생산수준이나 고용수준을 변동시키는 데 반해서, (3)은 이들을 그대로 유지하는 대신 재고수준만을 조정한다. 전략 (1)과 (2)는 고용수준이나 생산율이 수요에 따라가므로 이를 묶어 **수요추구전략**이라 하고, (3)은 수요변동을 재고로 흡수하면서 생산수준은 일정하게 유지하므로 **생산평준화전략**이라한다([그림 11-2] 참조).

수요변동에 대처함에 있어서 고용수준(생산율)이나 재고수준 하나만으로는 어려우므로 실제는 복수의 관리변수를 이용하는 혼합전략이 채택되는 경우가 많다.

이상 열거된 **총괄생산계획 전략**을 정리하면 다음과 같다.

(1) 순수전략(pure strategy)
   ① 수요추구전략(chase strategy)
   ② 생산평준화전략(level strategy)
(2) 혼합전략(mixed strategy)

서비스산업에서는 보편적으로 재고기능이 없으므로 수요변동에 대처하는 데 고용수준이 주요 관리변수가 된다. 서비스산업에 대한 관찰실험 결과,[2] 수요변동에 따라

---

2) W. E. Sasser, "Match Supply and Demand in Service Industries", *Harvard Business Reivew*, Nov-Dec. 1976.

고용수준을 변화시키는 전략(chase strategy)은 기술이 별로 필요치 않은 일반 업무에 유리하며, 고용수준 유지전략(level strategy)은 여러 기술이 소요되는 복잡한 업무에 유리하다.[3]

1.4 총괄생산계획의 수립단계

총괄생산계획의 **수립과정**은 다음 4단계로 요약할 수 있다.

`1단계` 총괄수요를 예측하고 주문 및 재고수준 등을 검토하여 소요량을 결정한다.
`2단계` 생산능력을 점검하고 능력의 최적 이용방안을 결정한다.
`3단계` 생산계획의 전략대안을 정하고 각 대안별 비용을 산정·비교한다.
`4단계` 적절한 생산계획기법으로 최적대안에 대한 총괄생산계획을 수립한다.

총괄생산계획은 4단계의 절차를 거쳐서 수립되는데, 2단계와 3단계는 계획을 수립할 때마다 거칠 필요가 없으므로 대개는 1단계에서 4단계로 직접 진행된다.

1) 총괄수요의 예측과 생산소요량의 산정

계획기간 중 생산하려는 제품(서비스)의 수요량을 총괄하여 예측한다. 청량음료업체의 경우 총괄수요는 병의 크기에 관계없이 갤론이나 리터로 예측한다. 법정이나 변호사 사무실 같은 곳에서는 일괄하여 처리건수로 파악한다.

총괄수요의 예측에는 시계열 분석방법(이동평균법, 최소자승법, 지수평활법 등)이 주로 이용된다. 각 생산기간(월)의 총괄수요가 예측되면 주문이나 재고수준 및 미납주문 등을 고려하여 생산소요량을 산정한다.

2) 생산능력의 최적 활용방안 강구

기대되는 수요를 최대한 소화하면서 생산능력을 충분히 이용할 수 있도록 이용가능한 생산능력을 점검하고 다음과 같은 전략을 강구한다.

① 비수기에 생산능력을 활용할 수 있는 보완 제품(서비스)을 개발한다.
    i. 빵공장에서 비수기인 여름에 빙과를 생산
    ii. 스키장 호텔을 비수기인 봄·여름·가을에 골프장이나 휴양소로 활용
② 신축성 있는 가격유인(price incentives) 정책으로 변동하는 수요에 적응한다.
    i. 심야전력요금 및 야간열차의 할인요금제 실시

---

3) 본장의 4절 '서비스의 총괄계획' 참고.

③ 광고 및 세일즈맨에 의한 판매촉진으로 비수기 수요를 창출한다.

④ 제품인도(서비스 제공) 시간을 조정한다.

    i. 변동시간제(flex-time system)로 집중수요를 분산시키거나 납기를 조정

    ii. 미납주문이나 예약제도의 활용

3) 총괄생산계획의 전략 대안 결정

변화하는 수요를 충족시킴에 있어서 생산경영자로서 관리가 가능한 변수(전략대안)들을 중심으로 비용을 최소화할 수 있는 전략을 결정한다.

여기에는 다음과 같은 전략대안을 확인하는 절차가 필요하다.

① 수요변동에 따라 생산량을 조정해야 하는가? (수요추구전략)

② 안정된 생산율을 유지해야 하는가? (생산평준화전략)

③ 아니면 두 가지 전략을 절충할 것인가? (혼합전략)

이 확인절차에는 전략대안별로 정규생산비, 잔업비용, 고용 및 해고비용, 재고유지비, 미납주문 및 재고부족비 등의 비용이 비교·검토되어야 한다.

4) 총괄생산계획의 작성

〈표 11-2〉에 제시된 「총괄생산계획 워크 시트」에 주어진 생산자원들을 합리적으

표 11-2 총괄생산계획 워크 시트

내 용 기 간	1	2	3	4	…………	n	계
예측량							
재고량* 미납주문							

소요량**
  생산량
  정규작업
  잔업
  하청
소요량 − 생산량							

생산비
  정규작업
  잔업
  하청
고용·해고비용
재고유지비
미납주문비							

비용 합계							

*재고량=기초재고   **소요량=예측량−재고량

로 배분하고 비용의 최소화를 이룰 수 있도록 생산소요량과 생산량을 생산일정에 맞추어 배정함으로써 총괄생산계획이 작성된다.

② 총괄생산계획의 기법

총괄생산계획 기법들을 유형별로 제시하면 다음과 같다.

(1) 도시법(graphic and charting method) 또는 시행착오법(trial & error method)
(2) 수리적 최적화기법(mathematical optimization method)
   ① 선형계획법(linear programming method)
   ② 리니어 디시즌 룰(linear decision rule)
(3) 휴리스틱 계획기법(heuristic programming method)
   ① 경영계수이론(management coefficient theory)
   ② 매개변수에 의한 생산계획(parametric production planning)
   ③ 서어치 디시즌 룰(search decision rule)

수요를 생산기간에 배분하기 위한 총괄생산계획의 방법은 전략대안과 관련 비용에 대한 가정내용에 따라 달리 적용된다. 즉, 주어진 가정(假定)이 최적해를 보증할 수 있는가에 따라 적절한 총괄계획기법이 적용되어야 한다.

2.1 도시법(圖示法)

생산할 제품품목의 가지수가 그리 많지 않은 중소기업에서는 계절적인 수요에 대처해서 수립하는 생산계획에 도시법 내지 시행착오의 방법을 적용할 수 있다.

도시법(graphic and charting method)은 두세 가지의 변수, 예컨대 생산량과 재고수준을 총비용이 최소가 되는 생산계획을 모색하는 방법으로 흔히 시행착오법(trial and error method)이라 한다. 도시법은 이해하기 쉽고 사용방법이 비교적 간편하다는 **장점**이 있다. 반면에 도표에서 나타내는 모델이 정태적이며 여러 가지 계획안 중에서 최적안을 제시할 수 없다는 **결점**도 있다.

도시법(圖示法)의 **전개순서**는 다음과 같다.

(1) 예측 수요량과 재고수준을 검토하여 생산소요량을 산정한다(〈표 11-3〉 참조).

(2) 생산소요량과 각 전략대안의 예정생산량을 비교한다.

예측수요량과 예정생산량을 히스토그램 [그림 11-3]과 누적그래프([그림 11-4] 참조)로 작성하여 비교한다. 히스토그램의 비교에서 생산능력의 과부족 여부를 생산기간별로 밝힐 수 있으며, 누적그래프의 비교에서는 생산능력과 재고의 과부족현상을 기간별로 파악할 수 있다.

(3) 계획안의 관련비용을 산정한다(〈표 11-4〉 참조).

(4) 계획안을 수정한다.

총괄계획의 목표에 준해서 만족할 만한 계획안이 제시될 때까지 (2)(3)(4) 단계를 반복한다.

설례 ▶ 도시법에 의한 생산계획안의 비교

월별 판매예측치와 월별 생산일수는 〈표 11-3〉과 같다. 제품수요는 계절적인 수요변동으로 3월에는 최저 3,000단위의 수요가 예상되는데 반해서, 9월에는 최고 13,000단위로 최대와 최저수요의 변동률(13,000/3,000=4.3)이 높은 편이다.

따라서 생산율의 기복이 심한데, 7월에는 2주간의 휴무로 12일밖에 조업을 하지 못하여 일당 생산소요량은 11,000/12=917단위인 반면에 3월의 일당 소요량은 143단위로서 최대와 최저 생산량의 변동률은 917/143=6.4에 이른다([그림 11-3] 참조).

표 11-3 판매예측치에 따른 생산소요량

월 별	판매예측량	누적판매예측량	안전재고량	생산일수	누적생산일수
1	6,000	6,000	3,000	22	22
2	4,000	10,000	2,500	19	41
3	3,000	13,000	2,100	21	62
4	4,000	17,000	2,500	21	83
5	6,000	23,000	3,000	22	105
6	9,000	32,000	3,500	20	125
7	11,000	43,000	4,000	12	137
8	12,000	55,000	4,200	22	159
9	13,000	68,000	4,400	20	179
10	12,000	80,000	4,200	23	202
11	11,000	91,000	4,000	19	221
12	9,000	100,000	3,500	21	242
계	100,000		40,900	242	

① 기초재고는 3,500단위임.
② 월평균안전재고는 40,900/12=3,408단위이나 계산의 편의상 3,400단위로 한다.

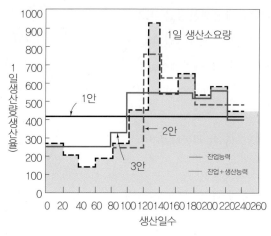

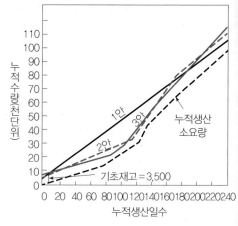

그림 11-3   수요예측에 따른 계획안
그림 11-4   생산소요량과 계획안의 누적도표

1) 생산계획안

다음 세 가지 전략 중에서 생산계획안을 결정하려 한다.

① 수요변동과 관계없이 일정량을 생산하는 방식: 생산평준화전략(level strategy)

② 수요변동에 따라 생산하는 방식: 수요추구전략(chase strategy)

③ ①안과 ②안을 절충한 방식: 혼합전략(mixed strategy)

세 가지 방식 가운데 어느 것을 택할 것인가는 전체적으로 비용의 최소화를 도모하면서 판매예측량을 만족시키는 수준에서 결정해야 한다.

2) 생산계획안의 비교분석

제시된 공장의 생산능력과 관련비용은 다음과 같다.

① 생산능력: 정상생산능력은 일산(日産) 500 단위로서 최대 600단위까지 생산할 수 있다. 단, 500단위를 초과해서 600단위까지 생산할 때에는 단위당 10달러의 잔업수당을 추가로 지불해야 된다. 600단위 이상은 하청(외주)을 준다.

② 재고유지비: 단위당 40달러

③ 노동력 전환비용: 생산율을 하루에 35단위 변경하려면 종업원 100명의 증감(고용 또는 해고)이 있어야 한다. 종업원 1인당 고용 및 훈련비용은 230달러이다.

④ 잔업수당: 단위당 10달러

⑤ 외주비용: 단위당 15달러

1안. 이는 생산량이 일정하고 고용수준이 안정되어 계획내용이 매우 단순하다. 1일 생산량 413단위는 정상생산능력인 500단위 미만이므로 잔업이나 외주는 필요없다. 그러나 단위당 재고유지비가 40달러씩 소요되는 계절재고가 평균 9,600단위이므로 계절재고비용은 384,000달러가 된다(〈표 11-4〉 참조).

표 11-4 생산계획안 비교표

비교 내용	제 1 안	제 2 안	제 3 안
평균 계절 재고량	9,600	1,150	2,275
평균 안전 재고량	3,400	3,400	3,400
평균 총 재고량	13,000	4,550	5,675
필요 최대능력 비율	(1 안기준) 100	181	133
증분비용(增分費用)			
계절재고 비용	$384,000	$46,000	$91,000
노동력 전환 비용	0	164,300	164,300
잔업수당	0	60,000	53,820
외주비용	0	60,000	0
비용합계	$ 384,000	$ 330,300	$ 309,120

2안. 판매예측치에 가깝게 생산하는 방식이다. 이 경우 평균 계절재고를 1,150단위로 줄일 수 있으므로 평균 계절재고비용은 $46,000에 불과하다. 그렇지만 1일 생산소요량이 최저 250단위로부터 최고 750단위로 오르내리고 있어 이로 인한 비용부담이 크다. 즉, 노동력전환비용(labor turnover cost) $164,300와 잔업수당으로 지불되는 $60,000 그리고 외주비용으로 $60,000가 소요됨으로써 증분비용(增分費用)은 모두 $330,300가 소요된다. 1안보다는 증분비용이 53,700달러가 적다.

3안. 외주를 지양하고 자체생산능력을 최대로 발휘하는 1안과 2안의 절충방식이다. 이 계획안은 2안에 비하여 재고비용은 45,000달러가 증가되지만, 외주비가 전액 절감되어 총증분비용은 309,120달러로서 세 가지 계획안 중에서 관련비용이 가장 낮다.

2.2 선형계획법 배분모델

모델의 구조가 간단하며 많이 알려진 것으로는 바우먼(E. H. Bowman)에 의해서 개발된 「선형계획법 배분모델」(distribution of linear programming)이 있다. 일정한 생산능력의 조건 아래에서 생산비와 재고비용의 합계가 최소가 되도록 각 생산설비에 생산량을 할당하는 방법이다.

〈표 11-5〉는 바우먼에 의해서 개발된 비용매트릭스(cost matrix)로서 총괄생산계획문제를 수송해법(輸送解法)의 형태로 나타낸 것이다.

단위기간 동안의 단위당 재고유지비를 나타내는 C_i는 당기에 생산되어 출고될 경우 재고비는 발생하지 않으므로 0이 되지만, 당기간은 재고로 남고 그 다음 기에 출

표 11-5 바우먼의 비용배분 매트릭스

생산기간	판 매 기 간				재고(n기말)	여유분 (미사용능력)	총생산 능력
	(1기)	(2기)	(3기)	(n기)			
재고(기초)	0	C_I	$2C_I$	$\cdots (n-1)C_I$	nC_I	0	I_0
정규(1기)	C_R	C_R+C_I	C_R+2C_I	$\cdots C_R+(n-1)C_I$	C_R+nC_I	0	R_1
잔업(1기)	C_O	C_O+C_I	C_O+2C_I	$\cdots C_O+(n-1)C_I$	C_O+nC_I	0	O_1
정규(2기)		C_R	C_R+C_I	$\cdots C_R+(n-2)C_I$	$C_R+(n-1)C_I$	0	R_2
잔업(2기)		C_O	C_O+C_I	$\cdots C_O+(n-2)C_I$	$C_O+(n-1)C_I$	0	O_2
정규(3기)				$\cdots C_R+(n-3)C_I$	$C_R+(n-2)C_I$	0	R_3
잔업(3기)				$\cdots C_O+(n-3)C_I$	$C_O+(n-2)C_I$	0	O_3
……	…	…	…	……	……	……	……
정규(n기)				C_R	C_R+C_I	0	R_n
잔업(n기)				C_O	C_O+C_I	0	O_n
총필요량	S_1	S_2	S_3	S_n	I_n	여유분합계	

※ '정규'는 정규작업시간, '잔업'은 잔업시간을 나타냄. 여유분 합계$=I_0+\Sigma R+\Sigma O-\Sigma S-I_n$

I_0 : 기초재고량 　　　　　　　　　I_n : 기말재고
R_i : i 기 동안의 정규작업 능력 　　O_i : i 기 동안의 잔업능력
C_R : 단위당 정규작업 생산비 　　　C_O : 단위당 잔업비용
C_I : 단위당 단위기간 재고유지비 　S_i : i 기간의 판매예측량(판매 필요량)
n : 생산계획기간

고되는 경우는 1기간의 재고비가 발생하므로 $1 \times C_I$ 즉 C_I가 된다. 만약 기초재고가 3기에 판매될 경우는, 이 때 발생하는 재고비는 1기와 2기에 걸쳐서 발생하므로 $2 \times C_I$가 된다. 따라서 n기에 출고되는 경우는 $(n-1) \times C_I$가 된다.

정규작업의 단위당 생산비 C_R도 당기에 생산·출고되면 생산비는 C_R이 되며, 그 다음기, 즉 2기에 출고되면 1기간의 재고비 C_I를 합쳐서 C_R+C_I가 된다. 또한 n기의 생산비는 $C_R+(n-1)C_I$가 된다. 잔업시간 중의 단위당 생산비도 역시 동일한 요령으로 산정한다(〈표 11-5〉 참조).

'바우먼의 매트릭스'는 생산을 정규작업시간 중에 행하고, 제품을 당기 중에 생산, 출고할 때에 생산비와 재고비용의 합이 최소가 된다는 가정에 입각한 것이다.

📊 설례 ▶ 수송계획법에 의한 총괄 생산계획

XYZ공업의 분기별 수요량과 공급능력은 〈표 11-6〉과 같다. 분기별로 수요량과 생산능력의 변동이 있어 총비용이 최소가 되는 수준에서 분기별 생산수량계획을 작성하려 한다.

총비용이란 생산비·재고비·외주비를 합한 비용으로 관련자료는 〈표 11-7〉과 같다.

주어진 자료(〈표 11-6〉, 〈표 11-7〉)로써 총괄생산계획 결정에 필요한 공급(생산)량을 수송

표 11-6 수요와 공급능력

분기별	수요량	공급능력		
		정규작업	잔업	하청
1	100	70	18	1,000
2	50	40	10	1,000
3	80	70	20	1,000
4	70	60	15	1,000

※ 재고상황: ① 기초재고 $I_0=10$ ② 기말재고 $I_n=15$

표 11-7 비용과 관련된 자료

생산비: ① 단위당 정규작업 생산비 $C_R=\$100$
② 단위당 잔업시간 생산비 $C_O=\$125$
③ 간접노무비; 정규생산비의 50%=\$50
재고비: 단위당 1분기간 재고유지비 $C_I=\$2$
외주비: 단위당 외주단가 $C_S=\$130$

※ 간접노무비는 정규작업능력의 미사용분이 있을 때 발생.

표 11-8 생산계획 매트릭스

생산기간		판매기간 1기	2기	3기	4기	미사용능력	총공급능력
기초재고		10〔0〕	〔2〕	〔4〕	〔6〕	〔8〕	10
1기	정규	70〔100〕	〔102〕	〔104〕	〔106〕	〔50〕	70
	잔업	18〔125〕	〔127〕	〔129〕	〔131〕	〔0〕	18
	하청	2〔130〕				998〔0〕	1,000
2기	정규		40〔100〕	〔102〕	〔104〕	〔50〕	40
	잔업		10〔125〕	〔127〕	〔129〕	〔0〕	10
	하청		〔130〕			1,000〔0〕	1,000
3기	정규			70〔100〕	〔102〕	〔50〕	70
	잔업			10〔125〕	〔127〕	10〔0〕	20
	하청			〔130〕		1,000〔0〕	1,000
4기	정규				60〔100〕	〔50〕	60
	잔업				10〔125〕	5〔0〕	15
	하청				〔130〕	1,000〔0〕	1,000
총필요량		100	50	80	70	4,013	4,313

계획법의 '북서코너법'(north-west corner method)에 의하여 분기별 필요량에 맞추어 총비용이 최소가 되도록 배분한 것이 위의 〈표 11-8〉이다.

즉 1기의 필요량 100단위는 비용부담이 적은 순으로 재고(10)와 정규작업(70), 잔업(18), 하청(2)으로 할당하고, 2기로 넘어간다.

「선형계획법 배분모델」은 모델이 이해하기 쉽고, 일정 제약조건하에서 최적치를 얻을 수 있다는 점이 **특징**이다. 이 기법은 선형계획의 수송문제를 이해하는 사람이면 쉽게 활용할 수 있다는 것이 **장점**이기도 하다.

이 기법이 갖고 있는 **결점**으로는, ① 생산량(조업도)의 변화에 따라 작업자를 고용 또는 해고할 때 발생하는 비용과 ② 재고부족 내지 납기지연 등으로 판매에 응하지 못할 때의 기회손실이나 벌과금 등을 고려하지 못하며, ③ 결과와 관계되는 비용의 함수관계가 선형이 된다고 가정하고 있다는 점이다.

이들 결점을 어느 정도 극복할 수 있는 생산계획기법으로는 다음에 설명하는 리니어 디시즌 룰(LDR)을 들 수 있다.

2.3 리니어 디시전 룰(LDR)

2차 비용함수에 의한 선형결정법(Linear Decision Rule based on quadratic cost relationship)이라고 불리우는 이 생산계획기법은 홀트(C. C. Holt), 모딜리아니(F. Modigliani), 무드(J. F. Muth) 및 사이몬(H. A. Simon)에 의해서 개발되었다.[4]

고용수준(작업자수) 및 조업도(생산율) 등의 결정문제를 계량화하여 이들의 최적결정 모델을 제시한 것으로, 판정함수로는 2차비용함수를 사용하고 결정식은 2차비용함수를 최소화하기 위해 미분을 하여 선형(線型)이 되도록 하였다. 총비용함수인 2차비용함수로부터 2개의 선형결정룰을 이끌어내기 때문에 이 방법을 linear decision rule이라 부른다.

이 기법의 **목적**은 선형의 '결정룰'을 유도하여 생산계획에서 다루어지는 적정 생산율과 작업자수 등을 결정하는데 이용하는 것이다. 따라서 이 기법에서는 총괄생산계획에서 다루어지는 생산율과 노동력의 크기(작업자수) 등을 판매예측치에 따라서 어떻게 결정할 것인가 하는 것이 중요한 문제이다.

이 기법에서는 총비용함수의 구성요소비용을 [그림 11-5]처럼 4가지의 가상적인 비용행태(hypothetical cost behavior)로 보고 이들 비용곡선에 대한 근사비용함수 모델들을 사용하여 최적 생산율 P_t와 작업자수 W_t의 결정룰(decision rule)을 제시하였다.[5]

리니어 디시전 룰(LDR)은 P_t와 W_t에 대한 2개의 결정룰이 일단 구해지면 그의 적용이 용이할 뿐만 아니라, 전체 생산계획기간의 예측이 가능할 경우 동태적인 총괄생산계획을 작성할 수 있다는 **장점**이 있다.

---

4) C. C. Hole, F. Modigliani, J. F. Muth, and H. A. Simmon, "A Linear Decision Rule for Production and Employment Scheduling", *Management Science*, Oct. 1955.
5) 결정룰의 유도과정은 이순룡, *생산관리론*(3판), 법문사, 1989를 참조.

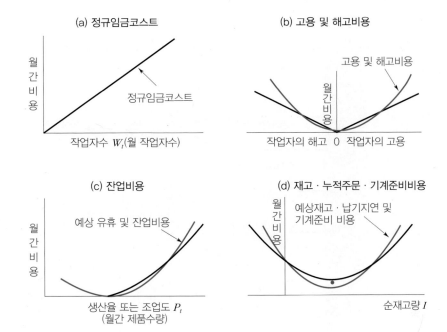

그림 11-5　LDR 모델에 사용되는 근사비용함수

이 모델이 갖고 있는 **결점**은, ① 비용함수의 대부분을 2차식으로 나타내므로 실제 적용상의 제약이 있으며, ② 기업운영면에서 관계비용에 관한 정보를 얻는 데 난점이 있으며, ③ 작업자수, 잔업, 재고 등의 크기에 어떤 제한이 주어져 있지 않기 때문에 생산율과 작업자수가 마이너스로 나타날 수도 있다는 점이다.

이들 결점을 부분적으로 극복할 수 있는 기법으로 휴리스틱 기법(heuristic approach)과 컴퓨터에 의한 탐색결정기법(computer search decision method)이 있다.

2.4 휴리스틱 계획기법

앞의 수리적 최적화기법과는 달리 생산수량계획의 문제를 경험적 내지 탐색적 방법(heuristic approach)으로 해결하려는 이른바 휴리스틱 계획기법에는 ① 경영계수모델, ② 매개변수에 의한 생산계획 모델, ③ 서어치 디시즌 룰 등이 있다.

2.4.1 경영계수 모델(management coefficient model)

바우먼(E. H. Bowman)에 의해서 제시된 것으로[6] 경영자들이 환경변화에 대해서 경

---

6) E. H. Bowman, "Consistency and Optimality in Managerial Decision Making", *Man-*

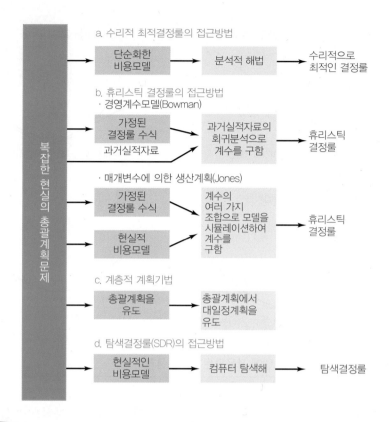

그림 11-6 총괄계획문제에 대한 결정룰 접근방식의 비교

출처: E. S. Buffa & J. G. Miller, *Production-Inventory Systems*, 3rd ed., Irwin, 1979, p. 257.

험에 입각한 나름대로의 결정기준을 갖고 있다는 가정에서 만들어진 생산계획 모델이다. 즉, 경영진들이 행한 과거의 의사결정 결과들을 회귀분석으로 생산율 및 작업자수를 결정하는 경영계수를 구하는 방법이다([그림 11-6] 참조).

전술한 리니어 디시즌 룰(LDR)과 다른 점은 결정룰의 형태나 계수가 수학적 분석에 의해서 결정된다는 점이다.

2.4.2 매개변수에 의한 생산계획 모델(parametic production planning)

이 모델은 존스(Curtis A. Jones)에 의해서 총괄생산계획 모델로 개발된[7] 것으로 LDR에서와 같이[8] 생산율과 작업자수에 대한 두 가지 결정룰(linear feedback decision

---

agement Science, Jan. 1963, pp. 310~321.

[7] C. A. Jones, "Parametric Production Planning", *Management Science*, July 1967, pp. 843~866.

[8] 그러나 이 생산계획모델(PPP)은 LDR과 달리 휴리스틱 탐색방법을 사용하여 계수를 구하며 모델의 매개변수를 중심화 경향과 분산으로 정의한다.

rule)을 사용한다.

이들 결정룰은 각각 두 개씩의 매개변수를 갖고 있는데, 존스의 PPP모델은 특정 기업의 독특한 비용구조를 가지고 일련의 매개변수 등을 조합하여 계획기간 중 최저 비용이 예상되는 매개변수의 조합을 선택하는 방법이다. 비용구조를 나타내는 수식 의 형태에 대해서는 아무런 제약도 없으며, 단순히 실제비용의 함수를 잘 나타내 주 는 형태이면 된다.

이상 설명한 두 계획기법을 총괄계획에 적용했을 때의 이점으로는 경영결정에 대한 비용구조와 관계있는 특정 기능상의 형태에 제한받지 않으며, 일단 결정룰이 구축 되면 그의 적용이 용이하다. 그리고 바우먼(Bowman)의 경영계수모델에서는 경영자들의 경험이나 지혜를 활용할 수 있다.

이들 기법의 큰 결점은 최적해를 이끌어낼 수 없다는 점이다.

2.4.3 서어치 디시전 룰(search decision rule)

수리적 최적화기법이 갖는 현실적인 제약을 극복하기 위해 개발된 총괄계획기법 으로 컴퓨터에 의한 탐색결정기법을 꼽을 수 있다. 대표적인 것으로는 터버트(W.H. Taubert)의 서어치 디시전 룰(SDR)이 있다.

수리적인 최적화기법은 극히 한정된 결정변수의 테두리 안에서 선형 내지 2차함수 를 가정하여 단순화한 모델로서 최적해를 구하게 되므로 실제 적용상에 문제가 있다. 그래서 분석적 기법 내지 수리적 최적화기법에 의한 생산계획 모델에서는 현실성을 높이고자 할 때 당면하게 되는 제약을 극복하려고 개발된 것의 하나가 컴퓨터에 의 한 탐색결정을 행하는 SDR모델이다.

SDR은 훅(R. Hooke)과 지브스(T. A. Jeeves)의 패턴탐색 프로그램을 적용하여 터버 트(W. H. Taubert)가 1967년에 개발한 것으로[9] 이는 미리 정해 둔 컴퓨터 탐색룰을 통해서 최소 비용의 생산계획안을 이끌어 내는 결정변수의 값을 찾아내는 기법이다.

서어치 디시전 룰의 주안점은 가능한 모든 계획의 최소비용점을 연결하는 하나의 북합곡선상에서 최소비용점을 찾아 내는 패턴탐색 알고리즘(pattern search algorithm) 을 적용하는 점이다. 패턴탐색은 최소의 결정변수 값을 찾아서 목적함수의 독립변수 인 P_t와 W_t를 체계적으로 탐색하는 절차이다. SDR모델이 갖고 있는 장점은 현실적인 모델 구축이 가능하며, 상황변화에 따라 모델변경 및 적응이 용이하다는 점이다.

단점은 최적해를 제시할 수 없고 변수가 컴퓨터 이용의 제약요인이 된다는 점이다.

---

9) W. H. Taubert, "A Search Decision Rule for the Aggregate Scheduling Problem", *Management Science*, Feb. 1968, pp. 323~359.

2.5 총괄생산계획 기법의 적용

총괄생산계획 기법들을 특징별로 보건대(〈표 11-9〉 참조), 도시법(圖示法)은 시행착오의 방법을 통해서 작성되기 때문에 정확성에서 문제가 있지만 복잡한 계획기법의 보조용으로 사용하면 효과적이다. 선형계획법(線型計劃法)은 비용 및 함수관계가 선형이거나 비교적 선형관계에 있을 때에 적절한 계획기법이며, 이들 관계가 2차적일 때에는 LDR모델이 적합하다.

위의 모델들을 적용할 수 없는 상황에서는 휴리스틱기법 내지 SDR모델이 고려될수 있다.

총괄생산계획 기법에 대한 비교연구[10]에 의하면 LDR, 경영계수 모델, PPP, SDR의 4기법 중에서 SDR이 가장 우수한 것으로 나타났다. 연간 매출액이 1,100만 달러 되는 한 자본재 생산공장을 대상으로 한 연구에서, SDR은 그 기업에서 당초 결정하여 얻은 이익액보다 14% 높은 이익개선이 있었는데 비해서, 바우먼의 '경영계수 모델'은 4%의 개선을 보임으로써 4개 기법 중 가장 낮은 성과를 보였다(〈표 11-10〉 참조).

표 11-9 총괄생산계획 기법의 비교

계획기법	비용행태가정	해법절차	유 리 점	제 약 점
도시법	없음	시행착오 방법	이해용이 및 사용간편	경영자의 판단 및 분석에 의존
선형계획	선형관계(비용, 수요, 생산능력 일정)	최적안 제시	컴퓨터로 대규모 문제에 적용, 수요·생산능력· 비용변화 감도분석	선형적인 비용관계를 고려하므로 대규모 생산에 규모의 경제를 고려하지 못함
리니어 디시전 룰 (LDR)	인건비 이외의 비용은 2차 비용 함수	최적안 제시	비용의 매개변수가 추정되고 결정룰 이용가능하면 사용하기 용이함	비용관계의 2차적 추정이 비현실적이므로 모델구축이 매우 어려움
휴리스틱 기법	과거의 데이터로 미래에 대한 결정룰을 이끌어 낼 수 있음	회귀분석이나 시뮬레이션에 의한 근사해(近似解)제시	수리적 기법보다 적용이 용이 경영자가 문제를 보다 현실적으로 다룰수 있는 방법 제시	의사결정에 사용되는 과거 데이터는 좋은 결과를 가져 오지 못할 수 있음. 의사결정자가 바뀔 수 있으며 통계분석은 업무성과를 잘못 제시할 수 있음
컴퓨터 탐색결정 기법(SDR)	융통적	근사해 제시 (대안평가에 컴퓨터 사용)	복잡한 비용관계에 사용, 감도분석할 수 있음. 신제품 신설비에 대한 계획조정 가능	조직의 비용구조를 나타내고 총비용곡선이 낮은 대안을 평가하는데 기술을 요함

10) W. B. Lee & B. M. Khumawala, "Simulation Testing of Aggregate Production Models in an Implementation Methodology", *Management Science*, Feb. 1974, pp. 903~911.

표 11-10 총괄계획기법에 의한 이익비교

계획기법	이 익	
	불 완 전 예 측 시	완 전 예 측 시
당해 기업에서 행한 결정	$ 4,420,000	
LDR 모델	4,821,000	$ 5,078,000
경영계수모델	4,607,000	5,000,000
PPP 모델	4,900,000	4,989,000
SDR 모델	5,021,000	5,140,000

이 비교연구는 효율적인 생산계획기법을 통해서 이익을 높일 수 있음을 보여준다. 현실적으로 총괄생산계획 기법의 적용이 **부진한 이유**는 다음과[11] 같다.

① 총괄생산계획의 책임은 생산관리자에게 주어지지만, 재고 및 고용수준의 변경 권한은 최고경영자가 행사할 때가 있다.
② 공급을 관리하는 생산부서와 수요의 영향변수(판매량, 가격, 판매촉진, 유통경로 등)를 관리하는 마케팅 부서 간에 긴밀한 공동계획체제가 이룩되지 못한다.
③ 정부나 노조 등의 압력으로 수요변동에 따라 고용수준이나 생산율을 조절하지 못할 때가 많다.

3 총괄생산계획의 분해

총괄생산계획이 실제 생산활동에 이용되려면 실행계획으로의 탈바꿈이 필요하다. 즉 총괄수요에 입각해서 중기계획으로 작성된 총괄생산계획을 품목별이나 단기의 생산일정으로 분해(disaggregate)하는 다음 작업이 필요하다.

① 총괄계획의 품목별(제품별 계획) 분해
② 중기계획의 단기계획(분기별 또는 월별계획)으로의 분해
③ 능력계획의 소요계획으로의 분해

이와 같은 입장에서 총괄생산계획을 1차 분해한 결과가 MPS인 대일정계획이다([그림 11-7] 참조).

---

11) E. Menipaz, "Overview of Production Planning", *Jounal of Information & Optimization Sciences*, Vol. 4, No. 1, Jan. 1983.

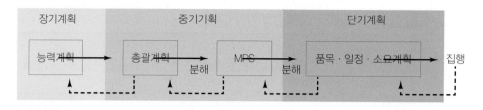

장기계획	중기기획		단기계획	
능력계획 →	총괄계획 →	MPS →	품목·일정·소요계획 →	집행
	분해	분해		

그림 11-7 **총괄생산계획의 분해**

3.1 대일정계획(大日程計劃)

총괄생산계획을 분해해서 실행계획으로 구체화하는 대일정계획 내지 기본생산계획(master schedule or master production schedule: MPS)은 품목별 생산량을 생산일정(월별 또는 주별)에 맞추어 예정하는 것으로([그림 11-8] 참조), 줄여서 MPS라 부른다.

MPS는 현재 보유하고 있는 재고, 납품예정일에 따른 인도수량을 감안하여 제품의 계획된 생산수량과 시기를 계획할 수 있게 한다.

MPS에서는 제품단위당 표준공수(표준시간)를 생산량이나 생산능력의 가용시간과 연결·환산하여 부하(생산량×단위당 표준공수)와 능력(가용시간×시간당 표준공수)을 비교·제시함으로써 부하와 능력의 균형을 도모할 수 있다. 즉 생산량과 우선순위 등을 수요 내지 생산일정에 맞추어 배정(조정)하여 시장수요와 생산능력을 균형화시키는 것으로 능력계획(capacity planning)과 우선순위계획(priority planning)은 대일정계획의 주요 고려사항이 된다. 아울러 MPS는 제품별 생산량과 생산일정은 물론 부하와 능력을 생산일정별로 제시하고 있어 일정계획, 공수계획을 비롯한 MRP(자재소요계획)나 CRP(능력소요계획)의 주요 투입요소가 된다.

MPS의 내용은 〈표 11-11〉에 예시한 바와 같이, 생산일정에 따라 품목별로 생산량을 나타내고 하단에는 부하와 생산능력을 공수(工數)로 제시한다.

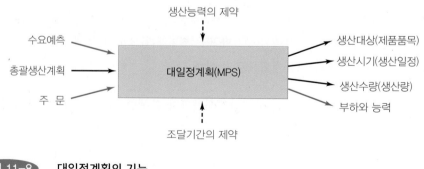

그림 11-8 **대일정계획의 기능**

표 11-11 총괄생산계획의 분해(대일정계획표)

총괄생산계획					(2015년)
월 별	1월	2월	3월	4월	5월	6월
생산량	650	720	750	890	780	790

대일정계획				(2015년 2/4분기)	
월 별 품 명　　　조업일수	4월 (25일)	5월 (24일)	6월 (24일)	2/4분기 (73일)	단위당 표준공수
삼단파일캐비닛	170	160	180	510개	3시간
캐비닛	300	250	240	790개	2시간
책 상(대)	180	150	170	500개	3시간
책 상(중)	240	220	200	660개	2시간
부 하*	2,130	1,870	1,930	5,930시간	
능 력**	2,000	1,920	1,920	5,840시간	

* 부하: Σ(제품별 생산량×단위당 표준공수)　　** 능력: 조업일수×@80시간

　MPS의 **작성시점**은 생산공정의 특성에 따라 차이가 있다. 수많은 부분품으로 조립되는 컴퓨터의 경우, 제품의 완성시점에서 완성량 기준으로 MPS가 작성된다. 그러나 투입된 원재료보다 훨씬 많은 종류의 제품들을 생산하는 화학공장에서는 원재료 투입시점에서 투입량 기준으로 작성하는 것이 효과적이다. 한편 동일한 중간 조립품(sub-assemblies)으로 여러 가지 모델의 제품을 생산하는 공장에서는 중간 조립단계에서 MPS를 작성할 수 있다([그림 11-9] 참조).

　실행계획으로서의 대일정계획은 수요변화에의 적응은 물론 효율적인 생산활동을 도모할 수 있어야 한다. 따라서 주문변경이나 수요변화가 있을 때, 그리고 생산자원이나 능력의 변동이 있을 때는 신속히 수정되어야 하며 아울러 생산자원이나 능력의 낭비나 무리가 없도록 대일정계획이 전개되어야 한다.

　선도기업에서 대일정계획을 효과적으로 수립하는데 적용되는 개념은 시간구획

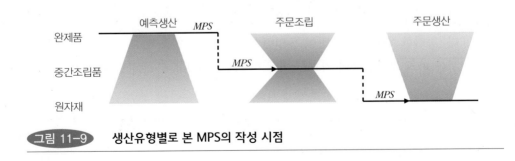

그림 11-9 생산유형별로 본 MPS의 작성 시점

구분 \ 기간	1	2	3	4	5	6	7	9	......
수요량									
재고									
생산량									

◄──── 동결(frozen) ────►◄─반동결(slushy)─►◄──── 유동(liquid) ────►

그림 11-10 대일정계획의 시간구획

(Time fence)이다. **시간구획**은 주문 입력이 가능한 시점을 결정하기 위해서 사용되는데, MPS의 구간을 동결(frozen), 반동결(slushy), 유동(liquid)의 3부문으로 나눈다([그림 11-10] 참조). 일정이 촉박한 '동결단계'는 새로운 주문을 추가할 경우 생산계획을 변경시켜야 하고 그로 인해 다른 주문의 지연을 가져오기 때문에 특별한 경우 외에는 주문을 추가할 수 없다. 만일 새로운 주문을 입력해야 할 경우에는 권한이 있는 제조부문 임원의 승인을 받았을 경우에만 가능하도록 룰을 정해 둔다. '반동결 단계'에서 입력 권한은 MPS 수립자에게 있고 시간여유가 있는 '유동단계'는 신규주문과 취소가 용이하게 입력될 수 있다.[12]

대일정계획이 성공적으로 추진되려면, 시간구획에 대한 방침과 룰이 엄격히 지켜지는 것이 중요하다. 삼성전자의 경우 경영혁신의 일환으로 추진된 글로벌 SCM의 성공을 위해 '계획대로 생산하기'의 원칙을 확립하고 3일 확정 생산 체제 등을 평가와 연계시켜 엄격하게 지켜나간다.[13]

3.2 품목별 생산계획(품종계획)

품종계획(品種計劃)이라고도 불리는 품목별 생산계획은 기업전체의 입장에서 최적의 제품구성(optimum product mix)이 이루어지도록 작성되어야 한다. 오늘날 대다수의 생산기업에서 다양한 품목(item) 내지 계열(line)의 복합제품을 생산하고 있지만 이들 각 제품의 시장가격은 그것을 만들기 위해 투입된 원가와 비례하지 않기 때문이다. 동일한 원료를 사용하여 동일한 기계로 만든 제품이라도 제품구성(product mix)여하에 따라 시장평가의 결과인 판매가격과 판매량은 차이가 나게 마련이다.

---

12) W. J. Stevenson, 강종열 외 역, *생산운영관리*, 10판, McGraw Hill Korea, 2009.
13) 김진백, "글로벌 전자기업의 SCM혁신을 통한 경쟁력 강화: 삼성전자 사례연구", *한국생산관리학회지*, 24권 3호, 2013년 9월호.

제품구성의 문제는 다양한 시장수요와 공장의 생산능력을 조정할 수 있도록 판매부서와 생산부서 공동으로 결정하여야 한다. 제품의 최적구성(optimum mix)은 그 제품의 수익성을 중심으로 결정하는 것이 보통이다. 제품구성을 결정하는 일반적인 방법으로는 ① 손익분기점 분석과 ② 선형계획법을 들 수 있다.

3.2.1 손익분기점 분석에 의한 제품구성

이 방법은 제품결합분석(product combination analysis)이라고도 불리워지는데, 제품의 최적 결합비율(제품별 생산 또는 판매비율)을 손익분기점 분석에 의해서 결정하는 방법이다. 가령 수익성을 목표로 제품구성을 할 때 제품결합비율은 수익성이 극대화되도록 결정되어야 하는데, 각 품목은 각기 비용구성과 이윤의 폭이 다르므로 품목별 판매(생산)비율이 달라지면 기업의 손익분기점도 달라지게 되고 이에 따라 기업의 이익도 다르다. 따라서 여러 가지 제품을 생산·판매하고 있는 기업에서 어떤 제품에 치중하여 생산할 것인지에 대한 결정을 내리고자 할 때에는 품종별로 단위당 한계이익률(限界利益率)을 비교하여 이익율이 높은 품목을 중심으로 결정하고 전체적인 손익분기점을 산출하여 기업전체가 유리한 방향으로 결정한다.

$$\text{손익분기점} = \frac{\text{고정비}}{\text{한계이익률}} = \frac{\text{고정비}}{1 - \text{변동비율}} = \frac{F}{1 - \dfrac{V}{S}}$$

F : 고정비, V : 변동비, S : 매출액

최대의 이익을 목적으로 할 때에는 한계이익률이 큰 제품이 많을수록 유리하다(제품구성별 손익분기점분석에서 볼 때, 한계이익률이 높으면 손익분기점은 내려간다). 그러나 문제는 시장수요로서 시장에서는 다양한 제품을 요구하는 경향이 많다. 따라서 제품구성에서 시장수요와 한계이익률을 고려해야 할 뿐만 아니라 품종별 판매량 및 생산능력 등 여러 가지의 변수를 감안해서 결정하게 된다.

제품별로 수요량, 생산공정, 생산능력이 다를 경우에는 손익분기점분석으로는 최적해를 얻기 어렵다. 이러한 경우에는 선형계획법에 의해서 제품의 최적구성을 도모하는 것이 합리적이다.

3.2.2 선형계획법(LP)에 의한 최적 제품구성

선형계획법(線型計劃法)은 생산계획에서 감안해야 될 생산공정 및 기계의 능력, 작업자 수, 원자재 사용량, 생산량, 판매량 등의 여러 변수들을 고려하여 수익의 최대화

내지는 비용의 최소화를 위해서 생산할 제품종류의 최적구성을 결정할 때에 흔히 이용된다([보론] 생산경영 계량모델 2절 선형계획모델 참조).

일반적으로 선형계획법이 적용되는 생산계획 문제들은 다음과 같다.

① 제품의 품종 및 수량의 결정
② 제조방법 및 판매방법의 결정
③ 원료의 혼합비율 또는 합성비율의 결정
④ 운반경로 및 운반량의 결정
⑤ 인원의 배치계획
⑥ 재고량의 결정
⑦ 일정계획의 결정
⑧ 기계배치의 결정
⑨ 경제적 생산량의 결정

이상 열거된 생산계획의 문제 가운데 최적구성과 관계되는 ① '제품의 품종 및 수량의 결정'에 대해서는 선형계획법의 심플렉스 해법(解法)을 이용할 수 있다.

3.3 소요계획(所要計劃)

총괄생산계획에서는 주로 제품의 생산수량에 초점을 두고 생산율, 재고수준, 노동력 등을 어떻게 배분하는가를 다루었다. 즉, 최종제품에 초점을 맞추어 기술했기 때문에 당초에 투입되는 원자재라든가, 부품과 공정품들은 무시되었다.

오늘날 다양한 수요변화와 기술개발 등으로 제품의 복잡성은 날로 더해 가고 있어 제품생산에 필요한 여러 투입요소(자재, 노동력, 생산능력 등)에 대한 사전계획 및 관리가 더욱 절실히 요구되고 있다. 제품생산활동에서의 이들 '투입요소에 대한 계획과 관리기법'을 가리켜 **소요계획**(requirement planning)이라 한다.

소요계획기법 가운데 대표적인 것은 다음의 세 가지이다.

① 자재소요계획(material requirements planning: MRP)
② 능력소요계획(capacity requirements planning: CRP)
③ 자원소요계획(resource requirements planning: RRP)

이들 소요계획은 관리대상 물품이 종속수요 관계에 있을 때 매우 적절하다. 독립수요품[14]인 완제품과 종속수요 관계에 있는 하위제품들을 생산하는 생산시스템에서 보건대, 원자재→반제품→완제품의 수직형(예: 제지)이 있는가 하면, 여러 구성부품들을 기업외부로부터 구입하여 횡적으로 결합시키는 수평형과 이들 양자의 절충형태인 복합형 등 다양하다.

복합형과 같이 제품의 구성이 복잡한 경우에는 이들 제품생산에 소요되는 여러 자원, 예컨대 자재, 노동력, 설비능력 등을 필요한 때 필요량만을 마련하도록 계획하기가 예전에는 매우 힘들었으나 컴퓨터의 등장 이후 이들 소요계획의 실마리를 쉽게 풀 수 있게 되었다.

그 중의 하나가 바로 MRP(자재소요계획)시스템인데, 이는 재고관리 외에 기계설비의 부하계획(負荷計劃)이라든가 생산을 위한 여러 가지 자원들을 계획하는 분야 등에 널리 적용되기에 이르렀다. 예컨대 능력소요계획(capacity requirement planning: CRP)과 자원소요계획(resource requierments planning: RRP) 등이 그것이다.

3.4 생산계획의 계층별 분해

앞에서 총괄생산계획 기법의 적용이 부진한 이유로서 조직 및 계획·통제시스템의 부적절성을 지적한[15] 바 있다. 이에 대한 대책으로 생산계획을 분해하는 방법들이 제시되었는데, 이 가운데 성공적인 것으로는 조직계층별로 계획단계를 구분하여 전개하는 '계층별 생산계획 모델'을 꼽을 수 있다.

밀(M. C. Meal)은 **계층적 생산계획**(hierarchical production planning: HPP)이라는 조직계층별 계획구조를 제시했다.[16] 계층적 생산계획의 **특징**은 계층별 의사결정과 지원장치의 단순성에서 찾을 수 있다. [그림 11-11]에서 최고경영자는 생산의사결정에 총괄적인 데이터를 이용하며, 현장의 책임자는 세부데이터를 이용한다(계층별 계획의 논리상 최고경영자는 작업장별 생산로트의 크기를 결정하는 데 관여하지 않으며, 현장의 작업조장은 신규제품계획에 참여하지 않는다). 이는 세부적인 현장 책임을 작업반장들과 생산관리요원들에게 위양하면서 동시에 세부적인 의사결정에는 기업정책과 공장목표에 합치될 수 있도록 보장해 주는 방안이다.

전통적으로 생산기업에서는 수요가 많은 대량수요품목 중심으로 생산하고 재고를

---

14) 종속수요에 대칭되는 독립수요는 어떤 물품의 수요가 기업외부의 힘에 의해서 발생했을 때의 수요로서 시장에서 판매되는 물품의 수요는 독립수요이다.

15) 본장 2절 2.5의 내용 참조.

16) H. C. Meal, "Putting Production Decision Where They Belong", *Harvard Business Review*, Mar-Apr. 1984. 윤석철 역, "생산계획의 원단위", 서강하바드비즈니스, 1984, 7~9월호.

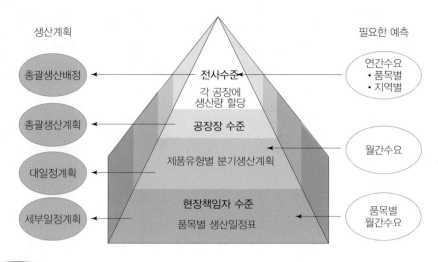

생산계획   필요한 예측

총괄생산배정 ← 전사수준 / 각 공장에 생산량 할당 ← 연간수요 · 품목별 · 지역별

총괄생산계획 ← 공장장 수준 / 제품유형별 분기생산계획 ← 월간수요

대일정계획 ←

세부일정계획 ← 현장책임자 수준 / 품목별 생산일정표 ← 품목별 월간수요

그림 11-11   계층적 계획과정

보유한다. 이 경우 소량수요품목은 성수기에 몰리기 때문에 생산에 어려움이 있으며, 공장 간에 계획조정이 곤란하여 많은 양을 재고로 유지해야 한다. 최고경영자들은 의사결정을 중앙집권화시킴으로써 어느 공장에서 어느 품목을 얼마만큼 생산할 것인가를 결정할 수 있기를 기대하지만 어려운 일이다. 이유인 즉, 여러 가지 세세한 수많은 변수에 대해 최고경영자가 일일이 검토하는 것이 복잡할뿐더러 이에 대한 권한은 사업부장이나 공장장 소관이기 때문이다.

계층별 생산계획(HPP)의 원칙은 조직의 계층을 따라서[17] 생산계획을 분해·전개하여 경영자들이 생산현장의 세부사항에 직접 관여하지 않아도 생산을 효과적으로 통제한다는 점이다([그림 11-11] 참조).

(1) 최고경영층은 총괄자료에 의거하여 1년 기준으로 각 사업부에 생산할 제품과 생산량을 할당한다(총괄생산 배정). 사업부·공장별로 생산할 제품을 지정하는 것으로, 이 경우 계획관련부서는 설비투자비, 생산비, 물류비 등 사업부별 관련 자료를 최고경영자에게 제공해야 한다.

(2) 각 사업부나 공장의 책임자는 시장수요, 경쟁관계, 재고수준, 원자재 공급, 하청 등을 고려하여 사업부별 총괄생산계획을 작성한다(총괄생산계획).

(3) 사업부 산하 각 부문의 책임자는 계절적 영향, 재고수준, 고용관계 등을 고려하여 총괄생산계획을 분해하여 대일정계획을 분기별 또는 월별로 작성한다.

17) 조직의 구조가 "그룹구조"일 때는 그룹–기업–사업부–공장–부문–현장으로 전개될 수도 있으며, '중소기업"일 때에는 기업–공장–부문–현장으로 전개될 수 있다.

(4) 현장의 감독자들은 각 제품별 생산시간과 생산장소(기계) 및 방법 등을 고려하여 일정계획을 작성한다(세부일정계획).

이 방법의 **장점**은 전통적 접근방법의 개념적 단순성을 유지하면서 조직구조에 부합되는 각 계층에서의 의사결정에 대한 재검토를 용이하게 해준다는 점이다.

미국의 오엔스-코닝 화이버그래스(Owens-Corning Fiberglas: OCF) 회사는 HPP를 적용하여 생산비를 5% 이상 절감하고 설비 이용률을 향상시킨 바 있다.[18]

4 서비스의 총괄계획

4.1 서비스 시스템의 능력계획

서비스는 수요의 발생이 불규칙적이며 특정시간에 몰리는데, 서비스의 무형성 때문에 수요변동을 재고로 조절할 수 없다. 서비스시스템에서 수요변동에 대한 중요한 전략변수는 서비스 수요의 변동을 흡수하는 서비스시스템(시설 및 요원)의 능력이다. 따라서 서비스 능력계획은 서비스시스템의 경쟁우위를 확보하는데 중요한 전략수단으로 이용할 수 있다.

4.1.1 서비스 능력계획의 특수성

대부분의 서비스 능력계획은 제조 능력계획과 문제도 비슷하고 동일한 방법으로 시설규모를 결정할 수 있지만 몇 가지 차이점이 있다. 서비스 능력은 시간과 장소 그리고 변덕스러운 수요변동에 많은 영향을 받는다.[19]

(1) 시간(time). 서비스는 미래에 대비해서 남겼다가 필요할 때 사용할 수 없다. 그 대신에 필요한 때에 서비스를 제공할 수 있는 능력이 있어야 한다. 연극공연의 경우, 1회 공연시 빈자리가 남았다고 그 좌석표를 2회 공연에 사용할 수 없다.

(2) 장소(location). 서비스 능력은 고객과 근접한 장소(위치)에서 수행되어야 한다. 고객이 이용하는 데 많은 시간이 소요되는 장소에 위치한 능력은 소용이 없거나 작게 마련이다. 가령 호텔객실이나 렌터카의 경우, 이용하려는 고객과 멀리

18) E. B. Burch et al., "Linking Level Requirements in Production Planning and Scheduling", *Production & Inventory Management*, 2nd Quarter 1987, pp.123~131.

19) Chase & Aquilano, *Production and Operations Management*, 7th Irwin, 1995.

떨어진 장소에 있는 서비스 능력으로는 고객들에게 편리를 제공하기 힘들다.

(3) 서비스 수요의 변동. 서비스는 다음과 같은 이유 때문에 제품보다 수요변동이 심하고 관리하기도 힘들다.

① 서비스활동에서는 수요변동에 대비하여 재고를 이용할 수 없다.

② 고객이 서비스제공활동에 직접 관여하며, 고객의 요구 또한 다양하다.

③ 다양한 고객의 요구와 행위는 수요변동에 많은 영향을 미친다.

④ 때문에 서비스의 능력계획은 빈번한 수정과 조정이 필요하다.

4.1.2 능력의 이용률과 서비스 품질

능력은 서비스 품질에 상당한 영향을 미친다. 따라서 서비스의 능력수준은 서비스 이용률과 품질과의 관계를 고려해서 결정해야 한다.

[그림 11-12]는 서비스 상태를 대기행렬의 서비스율(μ)과 도착률(λ)을 사용하여 서비스능력의 이용률(ρ)을 나타내고 있다. 헤이우드–파머(Haywood-Farmer)와 노렛 (Nolet)에 의하면[20] 서비스시스템의 최적 운영수준은 최대능력의 70% 수준이다([그림 11-12] 참조). 이 수준($\rho=0.7$)을 넘으면 서비스 품질은 떨어지기 쉽다.

서비스 능력의 최적 이용률은 주어진 여건에 따라 차이가 있다. 불확실성의 정도 나 신속성 요구의 비중이 매우 클 때에는 능력 이용률이 낮은데, 병원 응급실과 소방 서는 생사문제가 달려 있으므로 이용률이 낮을 수 있다. 한편 우편분류 작업과 같이 고객접촉이 없는 서비스 시설이나 통근버스와 같이 예측가능한 서비스는 이용률이 100%에 가깝게 운영되도록 계획을 수립할 수 있다.

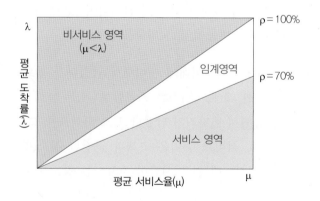

그림 11-12 서비스 이용률과 품질의 관계

20) J. Haywood-Farmer & J. Nolet, *Service Plus: Effective Services Management*, Morrin Publisher Ltd., 1991.

4.1.3 서비스 능력계획에서 고려할 사항

기업의 입장에서 고객의 서비스 수요를 경제적으로 충족시키려면 효율적인 서비스 능력계획이 마련되어야 한다.

서비스 시스템의 능력계획 수립에 고려할 기준[21]들은 다음과 같다.

① 고객의 지나친 기다림은 다른 서비스(예: 항공에서 KTX 열차로)로 선택을 전환시 킴으로써 판매기회손실을 유발한다.
② 고객들의 긴 대기행렬은 서비스 요원을 조급하게 만들어 서비스 제공을 조잡하 게 만들어 서비스 질을 떨어뜨려 고객이 불만을 갖게 된다.

이러한 문제들은 대기행렬모델을 이용한 합리적인 능력계획으로 어느 정도 해결될 수 있다.

4.2 서비스 총괄계획: 충원계획

서비스 총괄계획은 단기간의 주별(週別) 수요변동보다는 중기간(월별 또는 분기별)의 서비스 수요와 공급을 연결시키는 역할을 한다. 따라서 이 계획은 수요의 계절적 변 동과 관련이 있다.

서비스산업에서 능력계획(capacity plan) 또는 충원계획(staffing plan)이라고도 불리 는 총괄계획(aggregate planning)은 다음 요인들로 인해서 제조업과 다소 다르다.

① 대부분의 서비스는 소멸성으로 인해 재고로 저장할 수 없다.
② 서비스 수요는 단기간에 자주 변하므로 정확한 예측이 힘들다.
③ 요구되는 서비스의 개인화한 특성과 제공되는 서비스의 다양성으로 인해 수요 충족에 필요한 소요능력을 예측하기가 힘들다. 미장원의 경우 고객의 요구와 체 형에 따라 헤어스타일이 다양하고 고객마다 요구도 다르다.
④ 대부분의 서비스는 이전성이 없으므로 필요한 시간과 장소에서 서비스를 제공 할 수 있어야 한다.

이상의 차이점으로 서비스산업에서는 수요변동에 대응하는 전략변수로 재고보다 는 노동력이나 고용수준을 흔히 적용한다.[22] 가령 겨울철 스키장, 관광시즌의 관광업

---

21) J. A. Fitzsimmons & R. S. Sullivan, *Service Operations Management*, McGraw-Hill, 1992.
22) 그래서 서비스의 총괄계획을 충원계획이라고 한다.

소, 연말연시에 선물코너에서 일손이 모자랄 때 임시고용하거나 다른 부서의 인력을 전용하는 경우이다.

서비스총괄계획의 초점(focus)은 연간 총괄서비스 산출률과 고용수준을 결정하는 것이다. 이 밖에 총괄계획에서 고려될 수 있는 사항으로는 변화하는 서비스수요에 대응한 서비스요원의 작업일정 조정, 하청 및 임시직의 채용 등을 들 수 있다.

4.3 서비스 총괄계획의 전략대안

서비스기업이 수요변화에 효과적으로 대응하려면 관리가능변수 중에서 성과가 가장 큰 변수를 선택하는 전략이 필요하다.

서비스 총괄계획에서 제시될 수 있는 **전략대안**들은 다음과 같다.

① 서비스 산출률을 일정수준으로 유지하면서, 수요변동을 재고(패스트푸드나 식당의 음식물)로 흡수하는 방안
② 고용수준의 변동없이 작업시간을 조정(예: 잔업)하는 방안
③ 사후에 능력이 있을 때에 서비스를 제공(예: 미납주문)하는 방안
④ 부족한 능력은 다른 업체에 하청을 주는 방안
⑤ 피크타임이나 능력부족분을 임시고용으로 메꾸는 방안
⑥ 수요량에 따라 고용수준을 조절(고용 또는 해고)하는 방안

총괄계획 전략에서 보건대, 수요변동에 따라 고용수준을 변화시키는 ⑥의 수요추구전략(chase strategy)과 이의 수정전략인 ④⑤는 기술이 별로 필요치 않는 단순하고 일반적인 업무에 유리하다. 그러나 교육훈련기간이 길고 다양한 기능과 기술이 소요되는 복잡한 업무나 중요한 업무에는 일정한 고용수준을 유지하는 ①②③의 평준화

표 11-12 서비스 특성별 수요추구전략과 평준화전략의 적용

서비스 수요 특성	수요추구전략	평준화전략
수요변동 규모	대규모	소규모
수요변동 속도	빠르다	늦다
수요변동의 예측	예측 불가능	예측 가능
비용구조	매우 변동적	매우 고정적
불량서비스 비용	낮다	높다
판매기회손실 비용	높다	낮다

출처: J. J. Heskett, W. E. Sasser, & C. W. L Hart, *Service Breakthrogh*, The Free Press, 1990.

전략(level strategy)이 유리하다.

수요추구전략에서는 계획기간 중 서비스산출이 서비스수요와 일치되도록 고용수준을 조정한다. 이 전략은 수요변동이 심하며 변동을 예측하기 힘들고 단순노동을 필요로 하는 서비스에 적절하다. 계획기간 중 일정수준의 고용수준을 유지하는 평준화전략은 높은 수준의 기술과 기능을 필요로 하며, 이들의 훈련기간이 길고 서비스에 중요한 역할을 하는 경우에 필요하다(〈표 11-12〉 참조).

4.4 서비스 유형별 총괄계획

제공되는 서비스의 유형에 따라서 총괄계획의 접근방법은 차이가 있다. 여기서는 ① 대량산출 유형서비스, ② 대량산출 무형서비스, ③ 분산된 독립시설서비스, ④ 분산된 연결시설서비스로 나누어 총괄계획의 접근방법을 기술하기로 한다.[23]

4.4.1 대량산출 유형서비스(출판업 · 구내식당)

출판이나 대형 뷔페식 식당과 같은 대량으로 산출되는 유형서비스(high-volume tangible service)의 총괄계획에서는 조업도(산출률)의 평준화(smoothing), 인력 및 고용수준의 결정, 보유 시설 및 인력의 이용률을 높이기 위한 수요관리에 중점을 둔다. 이 경우 재고가 주요 관리가능변수가 되는데, 비수기에 재고를 비축하여 성수기에 사용한다.

이 서비스업체는 제조업과 유사하므로 전통적인 총괄계획기법을 적용할 수 있다. 제조업과의 큰 차이점은 서비스 수요가 극히 짧은 시간에 집중되고 재고의 시한(時限)이 아주 짧다는 점이다. 예컨대 조간신문의 수요시기는 이른 아침이며 이 시간이 지나면 신문의 가치는 사라진다.

4.4.2 대량산출 무형서비스(은행 · 병원 · 지하철 · 통신)

대량으로 산출되는 무형서비스(high-volume intangible service)는 은행 · 보험의 금융서비스, 종합병원 · 요양원의 의료서비스, 버스 · 지하철의 대중수송서비스, 전화 · 방송의 통신서비스, 수영장 · 스키장의 레크리에이션 서비스 등 다양하다.

이들 서비스의 총괄계획에서는 인적자원의 소요판단 및 충원계획과 수요의 관리가 중점적으로 다루어진다. 많은 인적자원과 대형 시설을 필요로 하는데 반해 서비스수

---

23) R. G. Murdick et al., *Service Operations Management*, Allyn & Bacon, 1990.

표 11-13	서비스 수요의 시간별 집중패턴
수요집중 시기	서비스 예
하루 중 특정 시각	식당, 대중교통, 택시운송, 병원, 사무실 밀집지역의 여가시설, 유흥장
주간의 특정 요일	영화관, 연극공연장, 골프장, 스포츠시설, 공원시설
월간의 특정 일	공공요금납부, 급여지급
연간의 특정 일	어린이날 놀이시설, 연말연시 선물센터, 크리스마스 카드점, 졸업시즌
연간의 특정 시즌	야외 수영장, 스키장, 종합소득세 정산

요가 특정한 시간에 집중되기 때문에 인적자원과 시설의 유휴현상이 불가피하게 발생하게 된다. 따라서 인적자원과 시설의 이용률을 높이는 것이 주요 목표가 된다.

이들 서비스 자원의 이용률을 높이는 지름길은 서비스수요의 비수기를 최대한 활용하는 비수기의 유휴능력 이용설계이다. 실효성이 높은 설계를 하려면 서비스수요의 시간별 패턴을 파악하여 이를 예측할 필요가 있다(〈표 11-13〉 참조).

4.4.3 분산된 독립시설 서비스(슈퍼마켓 체인 · 패스트푸드 체인)

분산된 독립시설(dispersed independent sites) 서비스란 전국적인 체인을 이루고 있는 슈퍼체인, 패스트푸드 등에 소속된 특정 점포에서 제공되는 서비스를 말한다.

전국적인 체인을 이루고 있는 기업에서는, 중앙에서 필요한 물자를 일괄해서 구매하거나 대량으로 생산하고 판매촉진 활동을 함께 전개하면 규모의 경제를 이룰 수 있다. 중앙집권적 관리는 자칫 조직의 유연성이 떨어지기 쉽다는 약점이 있다.

그래서 미국의 세이프웨이(Safeway)나 윈 딕시(Winn Dixie) 같은 슈퍼마켓에서는 일부 긴요한 사항을 제외하고는 현장중심으로 자주적인 영업활동을 전개하도록 독립적 운영을 허용하고 있다.

4.4.4 분산된 연결시설 서비스(항공사 · 증권회사)

서울에 본사를 두고 전국 각지에 영업지점을 갖고 있는 증권회사의 지점서비스를 예로 들 수 있다. 증권경기가 좋을 때는 전국 각지에 지점을 개설하고 직원수를 늘리지만 경기가 나쁠 때에는 수익률이 나쁜 지점을 폐쇄하거나 감원한다. 이 경우 총괄계획에서는 각 지점의 거래량이나 실적, 소요 구성원수가 중점적으로 다루어진다.

분산된 연결시설의 예로 서울에 본사를 두고 있는 대한항공에 소속된 전국 및 전세계에 연결된 지사와 공항사무실을 예로 들 수 있다. 총괄계획에서는 각 공항의 도착 및 출발 항공편수, 각 노선의 항공편수와 승객수, 승무원수와 지사 · 공항 · 사무실의 근무자수가 주로 다루어진다.

4.5 서비스 총괄계획의 적용

서비스자원을 효과적으로 이용하는 대책을 강구하려면 먼저 해당 서비스의 수요패턴을 파악할 필요가 있다. 〈표 11-14〉에 보인 바와 같이, 스키장의 매표나 경비요원의 수요는 계절적 수요로서 비숙련 인력을 필요로 하므로 임시직을 고용한다.

한편 자동차정비 서비스의 수요는 지속적 수요로서 전문인력을 필요로 하므로 이들의 능력을 효과적으로 이용하도록 대책을 세운다. 자동차의 간단한 해체나 부품운반 및 뒷마무리 작업은 견습공이 하고 기술을 요하는 정비업무는 정비기사가 분야별로 분담한다.

고객이 요구하는 다양한 서비스를 효과적으로 제공하려면 다기능(multifunctional)의 서비스 요원을 양성하여야 한다. 복잡하고 수준높은 서비스가 요구되는 업무는 전문 서비스요원이 필요하고 이들의 양성과 확보에 오랜 시간이 소요되므로 수요추구전략(chase strategy)은 부적절하다. 따라서 평준화전략(level strategy)이 필요한데, 이경우 이들의 능력을 최대한 이용하도록 대책을 수립해야 한다.

표 11-14 서비스총괄 계획의 관리변수

서비스 업소	수요 패턴	필요 인력	관리가능변수	대 책	전 략
청소 용역	일반수요	비숙련 인력	고용수준, 하청	고용·해고, 용역하청	수요추구
스키장	계절 수요	비숙련 인력	임시고용, 하청	고용·해고, 용역하청	수요추구
백화점, 상점	계절 수요	비숙련 인력	임시고용, 고용수준	고용·해고	수요추구
자동차 정비	지속적 수요	숙련인력	고용수준, 잔업	장기고용, 능력개발	평준화
회계법인	지속·계절수요	전문인력	고용수준, 잔업	장기고용·계약고용	평준화

설례 ▶ 컴퓨터 정비업체의 평준화 전략

각급 학교에 설치된 퍼스널 컴퓨터를 전문으로 수리하는 정비업체이다. 이 업체의 분기별 서비스(수리정비) 수요는 다음과 같다.

분기별	1/4 분기	2/4 분기	3/4 분기	4/4 분기
정비요구량(대)	1,550	1,280	1,350	1,490

컴퓨터를 수리·정비하는 데 소요되는 시간은 대당 평균 4시간으로 정비요원에게는 시간당 1만원의 수당을 지급하는 데 분기당 정상작업능력은 520시간이다.

① 정비작업에 필요한 적정 정비요원수와 그들에게 지급할 임금액을 산정하려 한다.
② 20%의 잔업을 할 경우(잔업수당: 1만5천원/시간)와 비교해서 어느 편이 유리한가?

표 11-15 필요정비요원수와 잔업시간

분기별	정비요구량	정비소요시간	10인의 정상능력	잔업시간	필요 정비요원
1/4	1,510대	6,040시간	5,200시간	840시간	12명
2/4	1,280	5,120	5,200	–	10
3/4	1,350	5,400	5,200	200	11
4/4	1,490	5,960	5,200	760	12

우선 분기별 서비스수요에 대당 4시간을 곱하여 총정비소요시간을 산정하면 〈표 11-15〉와 같다.

정비소요시간을 분기별 1인당 정상작업시간(520시간)으로 나누면, 분기별 필요인원은 최소 10명에서 최대 12명이 필요하다. 이들은 전문기술을 갖춘 정비요원들이므로 필요에 따라 수시로 고용하거나 해고할 수 없어 성수기의 필요 정비인원 12명을 확보한다면,

연간 인건비: 12인×1만원×520시간×4분기=24,960만원이 된다.

한편, 20%의 잔업을 허용할 경우에는 정비요원 1인당 정비능력은
분기당 624시간(520시간×1.20)으로, (이로써 분기별 정비소요시간을 나누면) 최대 10명의 정비요원이면 충분하다.

연간 인건비: 10명×1만원×520시간×4 분기=20,800만원이 된다.
잔업비용: 1800시간×1.5만원=2,700만원이다.

10명의 정비요원으로 잔업을 할 경우, 도합 23,500만원이 소요되므로 12명의 정비요원으로 정상작업으로 정비하는 경우보다 연간 1,460만원을 절감할 수 있다.

이 장의 요약

　1절에서 총괄생산계획의 개요를 설명하고, 2절에서 총괄생산계획기법들을 기술하였다. 3절에서 총괄생산계획을 분해하여 대일정계획과 품종계획, 소요계획을 다루었다. 4절에서 서비스 총괄계획을 다루고 있다.

　이 장의 주요내용들을 요약하면 다음과 같다.

- 총괄생산계획은 자원의 효율적 배분과 비용의 최소화를 목적으로 장래 일정기간(1개월~1년)에 대해서 총괄수요에 입각해서 수립되는 생산수량계획이다.
- 생산경영자에 있어 최선의 관리가능변수는 작업자수 · 생산율 · 재고수준 · 하청수준이다. 따라서 이들은 총괄생산계획의 주요 전략변수가 된다.
- 총괄생산계획의 전략대안은 수요변동에 따른 ① 고용수준 변동전략, ② 생산율 조정전략, ③ 재고수준 변동전략이 있다. ①②는 수요추구전략이며, ③은 생산평준화전략이다.
- 총괄생산계획기법에는 도시법 · 선형계획법 · LDR · PPP · 생산전환탐색법 · SDR 등이 있는데, 주어진 상황과 목적에 따라 적절한 기법이 적용되어야 한다.
- 대일정계획(MPS)은 총괄생산계획을 분해해서 실행계획으로 구체화시키는 단기계획으로 기본생산계획이라고도 하며, 일정계획 · 자재소요계획 · 능력소요계획이 포함된다.
- 총괄생산계획을 분해하여 실행계획으로 구체화시킨 대일정계획(MPS)은 품목별 생산량을 생산일정에 맞추어 예정한 것이다. MPS는 실행계획으로의 적응을 위해 주문변경이나 수요변화가 있을 때, 생산자원 내지 능력의 변동이 있을 때는 수정되어야 한다.
- 조직계층별로 생산계획단계를 구분 전개하는 계층적 생산계획의 특징은 계층별 결정과 지원장치의 단순성이다. 즉, 전사수준에서 총괄생산량이 배정되면, 사업부(공장)별로 총괄생산계획이 작성되고, 각 부문의 책임자는 대일정계획을 수립하고 현장에서 세부일정계획을 짠다.
- 서비스시스템의 능력계획을 수립할 때는 시간 · 장소 · 서비스 수요변동 등을 감안해서 수립해야 한다.
- 서비스 총괄계획의 초점은 연간 총괄서비스 산출률과 고용수준을 결정하는 것이다.
- 서비스산업에서 수요변동 대응 전략변수로서 노동력이나 고용수준이 적용된다. 단순하고 일반적인 업무는 수요변동에 고용수준을 변동시키는 수요추구전략이 적용되지만, 기술이 소요되는 복잡한 업무는 고용수준을 유지하는 평준화전략이 유리하다.
- 서비스 유형별 총괄계획은 ① 대량산출 유형서비스, ② 대량산출 무형서비스, ③ 분산된 독립시설서비스, ④ 분산된 연결시설서비스로 분류된다.

제 12 장
일정관리

① 일정(공정)관리 시스템의 개요

1.1 일정관리와 공정관리의 개념

생산 현장에서 중요한 관리활동 중 하나인 일정관리(日程管理)는 생산자원을 합리적으로 활용하여 일정한 품질과 수량의 제품(서비스)을 예정한 시간에 생산할 수 있도록 공장이나 현장의 생산활동을 계획하고 통제하는 것을 말한다.

생산활동의 자동화로 공정계획이나 절차계획의 비중이 작아지면서 구미에서는 일정관리(scheduling & control)로 범위를 좁혀서 다루는 추세이지만, 우리나라나 일본에서는 공정관리(工程管理)로 표현하기도 한다.

공정관리(production control)란 공장에서 원자재로부터 최종 제품에 이르기까지 원재료나 부분품의 가공 및 조립의 흐름을 순서 있고 능률적인 방법으로 계획하고, 순서를 결정하고(routing), 예정을 세워(scheduling), 작업을 할당하고(dispatching), 독촉하는(expediting) 절차이다.

공정관리와 일정관리의 개념상 차이점은 작업공정의 순서를 결정하는 절차계획(routing)의 포함여부이다. 즉 공정관리에서는 절차계획 기능이 포함되고 일정관리에서는 생략된다. 주문품을 다양하게 생산하는 개별생산공장(job shop)에서는 순서계획(sequencing)이나 절차계획(routing) 기능이 중요하다. 따라서 개별생산이나 주문생산 현장에서 공정관리가 중심이 된다. 한편 표준품을 전용설비로 생산하는 연속생산공정에서는 절차계획이 생략되고, 일정의 계획과 통제, 즉 일정관리가 중심이 된다.

1.2 공정관리의 단계

공정관리의 개념과 업무에 관한 이해를 돕기 위해, 주문생산공장의 공정관리의 단계를 차례로 설명한다([그림 12-1] 참조).

주문생산공장에서는 주문을 받을 때부터 공정관리의 업무가 시작된다. 생산부서에서는 주문이나 예측자료에 따라 수개월 동안의 월별 생산량과 납기를 제품별로 결정하는 대일정계획(大日程計劃)을 수립한다.

이 계획에 의거해서 생산현장에 「무엇을, 언제, 얼마만큼 만들라」는 내용의 제조명령서를 발행하면, 현장의 각 부문에서는 이에 따라 생산활동이 개시된다

그 다음은 합리적인 공정절차를 세우는 것인데, 먼저 각 작업에 이용할 기계와 가장 능률적인 '공정순서를 결정하는' 절차계획(routing)을 세워서 공수 및 일정계획의 기초로 제공한다(절차계획).

절차계획에 의하여 제품이나 부분품별로 작업량·작업방법·소요인원·기계 등의 기준이 결정되면, 일정기간(가령 1개월) 동안의 작업량을 집계해서 전 공정에 필요한 인원수와 기계대수를 산정한다. 그 다음 이것을 각 공정의 공정능력표나 여력표(餘力

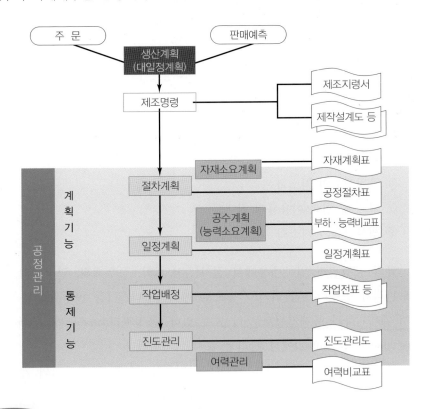

그림 12-1 **공정관리 단계와 관련 서류**

表)와 비교 · 검토해서 작업량의 과부족을 조절하고 공정별 · 기계별 · 작업자별로 작업을 할당한다(공수계획 또는 능력소요계획).

작업을 할당함에 있어서 작업실시 시간의 순서를 정하고 작업의 완급순서 및 현장의 작업능력과 공정품의 수량 등을 고려해서 「누가, 언제, 무엇을 할 것인가」를 일정표(schedules)에 예정한다(일정계획).

생산관리부서에서는 일정계획에 의하여 현장에서 필요한 자재들을 불출하도록 하고 아울러 작업전표로 작업지시를 하게 된다(작업배정).

작업을 진행함에 있어 주문변경이나, 특급공사 등으로 예정대로 작업을 할 수 없을 때, 지연된 작업을 촉진시키거나 계획을 조정한다(진도관리). 이 경우 작업전표를 활용하여 지시나 보고를 신속히 하고 작업진행 상황을 상세히 진도표에 기록 · 관리한다.

1.3 일정(공정)관리의 목표와 기능

일정관리는 생산 · 조달시간을 최소화하고 납기를 준수하여 생산비용을 최소화하기 위한 것으로 지향하는 주요 **목표**들은 다음과 같다.[1]

① 납기의 이행 및 단축
② 반응시간의 최소화
③ 생산 및 조달시간의 최소화
④ 준비시간의 최소화
⑤ 대기 및 유휴시간의 최소화
⑥ 공정재고의 최소화
⑦ 기계 및 인력 이용률의 최대화
⑧ 생산비용의 최소화

앞의 공정관리 업무내용에서 절차(순서)계획, 공수계획, 일정계획, 작업배정, 진도관리가 공정(일정)관리의 기능으로 제시되었다. 이들 공정관리의 기능은 대별해서 계획기능과 통제기능으로 나눌 수 있다. 공정관리(production control)나 일정관리(scheduling & control)에서 '관리'는 통제를 의미한다.

통제(control)는 계획에 대응되는 관리기능이므로 공정관리의 계획기능과 통제

---

1) Chase & Aquilano, *Production and Operations Management*, 7th ed., Irwin, 1995.

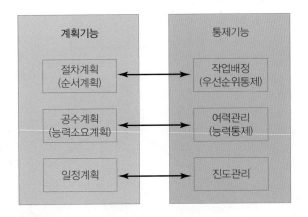

그림 12-2 **계획기능과 통제기능의 대응**

기능들은 대응관계를 이루는 것이 바람직하다. 공정관리의 **계획기능**으로 절차계획(routing)과 일정계획(scheduling)이 지목되며, 이에 대응되는 **통제기능**으로 작업배정(dispaching)과 진도관리(follow-up)가 제시된다. 계획기능으로 공수계획(능력소요계획)이 아울러 지목될 때에는 이에 대응되는 통제기능으로 여력관리(능력관리)가 제시되는 것이 합리적이다([그림 12-2] 참조).

2 일정(공정)관리의 계획기능

2.1 절차계획

절차(route)란 작업을 수행할 때의 순서와 방법을 뜻한다. 따라서 작업의 절차와 각 작업의 표준시간 및 각 작업이 이루어져야 할 장소를 결정하고 배정하는 것을 **절차계획**(routing)이라 한다.

작업개시에 앞서 능률적이며 경제적인 작업절차를 결정하기 위한 것으로 작업방법과 작업순서가 정해지며, 어떤 기계를 사용하여 작업할 것인가, 각 작업에는 몇 명의 작업자로 얼마만큼의 시간이 필요한가 등이 결정된다([그림 12-3] 참조). 절차계획은 공정관리의 기초가 되며, 이에 따라 일정계획이나 진도관리의 성과도 많이 좌우된다.

절차계획에서 다루어지는 주요한 결정사항들은 다음과 같은 것들로서 이들은 작업착수전에 미리 결정되어야 한다.

① 생산에 필요한 작업의 내용 및 방법

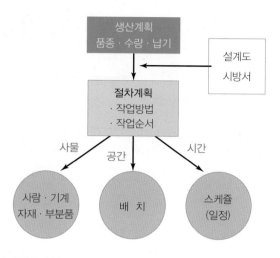

그림 12-3 절차계획의 내용

② 각 작업의 실시 순서

③ 각 작업의 실시 장소 및 경로

④ 제품생산에 필요한 자재의 종류와 수량

⑤ 각 작업에 사용할 기계와 공구

⑥ 각 작업의 소요시간 내지 표준시간

1) 공정절차표와 작업표

절차계획의 주요 내용은 작업공정표나 공정절차표상에 집약·기재된다. 이 공정절차표(route sheet)는 제품을 완성하는 데 필요한 최소한의 작업을 나타낸 표로서, 부분품가공의 경우에는 부분품별로 조립작업인 경우에는 조립공정별로 작성된다.

이보다 구체적인 것으로 작업순서표 또는 작업표(operation sheet)가 있는데, 이것은 대개 표준화한 작업방법을 작업자에게 지시하거나 작업자를 훈련시키기 위해서 사용되기 때문에 작업지도표라 불리기도 한다. 이들 공정절차표와 작업표는 제조활동에 있어서 제작설계도와 함께 기본이 되는 문서들로서 공수계획 및 일정계획용 자료로 이용된다.

2) 연속생산의 절차계획

표준품을 대량생산하는 연속생산시스템은 기계배치를 제품별로 배치하고 있어서 절차계획은 비교적 간단하다. 절차계획은 새로운 제품이 도입될 때 제품설계나 공정설계와 더불어 대부분 결정되기 때문이다.

2.2 능력소요계획(공수계획)

2.2.1 부하(작업량)와 능력의 조정

일정관리가 효율적으로 전개되려면 생산이 계획대로 수행될 수 있도록 필요한 자재와 능력이 사전에 마련되어야 한다. 이를 위해 마련되는 계획이 소요계획 (requirement planning)으로 자재소요계획과 능력소요계획이 그것이다. 주어진 부하(작업량; load)와 작업능력을 일치시키는 **공수계획**(loading)[2] 또는 **능력소요계획**(capacity requirement planning)은 생산계획량을 완성하는 데 필요한 인원이나 기계의 부하를 결정하여 이를 현재 인원 및 기계의 능력과 비교해서 조정하는 역할을 한다.

절차계획에서 공수의 기준을 정하는 데 비해서, 공수계획에서는 생산계획에 대한 정량적인 뒷받침으로 생산량을 작업량이나 공수로 환산하여 현 작업능력과 비교 · 검토하여 작업량(부하)과 능력이 균형되도록 조정한다.

부하와 능력을 비교하려면 공통기준이 필요한데, 가장 많이 사용되는 기준은 기계공수(machine hour)와 인공수(man hour)이다. 이들은 둘 다 공수로 표현되는데, 일반적으로 공수라 할 때는 인공수(man hour)를 가리킨다.

2.2.2 부하와 능력의 비교

1) 부하의 계산

공정절차표에 의거해서 부분품 가공에 필요한 기계작업시간을 부품단위당 소요공수로 제시한 것이 〈표 12-1〉의 부품별 부하표이다.

표 12-1 부품별 부하표 (부품 1개당 소요 작업시간)

부품＼기계	선반	밀링	보링	연마반	합계
갑	0.32	0.28	0.16	0.20	0.96
을	0.34	0.24	0.20		0.78
병	0.36	0.26		0.18	0.80

이 표에 기재된 부품별 기준공수에 1개월 생산량을 곱하여(기준공수×1개월 생산량) 월간 총공수를 산정할 수 있다. 이들을 공정별로 집계하여 〈표 12-2〉와 같은 공정별 (기종별) 부하집계표를 작성하는데, 이로부터 공정별 작업량을 파악할 수 있다.

---

2) 공수계획은 부하계획 또는 능력소요계획(capacity requirement planning)이라 부르기도 한다. 이는 단기의 능력계획으로 장기계획인 능력계획(8장 2절)과 밀접한 관계가 있다.

표 12-2 공정별(기종별) 부하집계표

부품	1개월 생산수량	선반		밀링		보링		연마반	
		기준공수	공수	기준공수	공수	기준공수	공수	기준공수	공수
갑	400	0.32	128	0.28	112	0.16	64	0.20	80
을	200	0.34	68	0.24	48	0.20	40		
병	300	0.36	108	0.26	78			0.18	54
합계			304		238		104		134

2) 능력의 계산

능력의 계산은 작업능력과 기계능력으로 대별되는데, 이들의 능력은 다음의 산식으로 산정할 수 있다.

① 작업능력＝작업자 수×능력환산계수[※]×월 실가동시간×가동률

> ※ 능력환산계수란 작업자수를 표준능력의 인수로 환산하기 위한 것으로, 가령 숙련 작업자의 능력을 1로 할 때 미숙련 작업자의 능력은 0.5로 한다.

② 기계능력＝월 가동일 수×1일 실가동시간×가동률×기계대수

기계는 인간처럼 융통성이 없으므로 기계종류별(기종별)로 능력을 계산하는데, 〈표 12-3〉은 기계능력 계산표이다.

표 12-3 월별 기계능력 계산표

기계별	대수	1개월 가동일수	1일 실가동시간	가동률	기계능력(시간)
선반	2	25	8	0.9	360
밀링	1	25	8	0.9	180
보링	1	25	8	0.9	180
연마반	1	25	8	0.9	180

3) 부하와 능력의 비교

앞의 공정별 부하집계표(〈표 12-2〉 참조)의 부하와 기계능력계산표(〈표 12-3〉 참조)의 기계능력을 공수산적법(工數山積法)[3]으로 비교한 것이 [그림 12-4]의 공수산적도이다.

선반의 월부하량은 甲부품 128공수, 乙부품 68공수, 丙부품 108공수로 모두 304공

---

3) 세로축을 시간으로 하여 공수를 누적시켜 나간다 하여 공수산적(工數山積)이라고 한다.

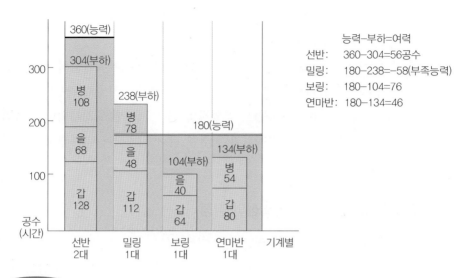

능력-부하=여력
선반: 360-304=56공수
밀링: 180-238=-58(부족능력)
보링: 180-104=76
연마반: 180-134=46

그림 12-4 공수산적도

수이다. 월 생산능력은 360공수이므로 56공수의 여유능력이 있는데, 이러한 여유공수를 여유능력 또는 여력(餘力)이라 한다.

2.3 일정계획(日程計劃)

작업순서와 방법이 결정되고(절차계획), 생산량이 소요공수로 환산되면(공수계획), 다음에는 이들의 작업시기, 즉 시작시간과 완료시간을 결정하는 과정인 일정계획이 마련되어야 한다.

2.3.1 일정계획의 구분

일정계획(scheduling)은 생산계획 내지는 제조명령을 시간적으로 구체화하는 과정이다. 부분품가공이나 제품조립에 필요한 자재가 적기에 조달되고 이들 생산이 지정된 시간까지 완성될 수 있도록, 기계 내지 작업을 시간적으로 배정하고, 작업의 개시와 완료일시를 결정하여 구체적인 생산일정을 계획한다.

일정계획을 수립함에 있어서 처음부터 세부적인 일정계획을 짠다는 것은 불가능하므로, 일반적으로 대일정계획부터 다루면서 이것이 구체화됨에 따라서 세부일정계획으로 내려가게 된다.

① 대일정계획(master scheduling). 주일정계획 또는 기본 일정계획이라고도 불리는

것으로 수주(受注)로부터 출하까지의 일정계획을 다루며, 제품별 생산시기, 즉 착수와 완성기일을 정한다.

② 중일정계획(operation scheduling). 작업공정별 일정계획으로서 전술한 대일정계획에 표시된 납기를 토대로 하여 각 작업공정의 개시일과 완성일을 예정한다.

③ 소일정계획(detail scheduling). 작업자별 또는 기계별 일정계획이라 불리우는 세부일정계획으로, 중일정계획의 일정에 따라 작업자나 기계별로 구체적인 작업일정을 예정한다.

2.3.2 기준일정과 생산일정의 결정

1) 기준일정의 결정

각 작업을 개시해서 완료할 때까지 소요되는 표준일정, 즉 각 작업의 생산기간에 대한 기준을 결정하는 것으로서 일정계획의 기초가 된다. 제품의 납기가 정해져 있다 하더라도 제품을 생산하는 데 소요되는 시간을 모르고 작업의 착수시기를 결정할 수가 없다. 그러나 기준일정을 알고 있으면, 납기로부터 역산(backward scheduling)해서 작업의 착수시기를 적절히 결정할 수가 있다.

기준일정에는 정체로 인한 정체시간이 여유시간속에 포함되는데([그림 12-5] 참조), 기준일정을 결정할 경우에는 생산시간 중에서 많은 비중을 차지하는 정체시간[4]을 가급적 단축시키도록 힘써야 된다.

2) 생산일정의 결정(일정표의 작성)

기준일정은 특정의 작업수행에 필요한 시간만을 나타내므로, 이들 기준일정과 생산능력을 고려해서 상세한 생산일정표가 작성되어야 한다. 다시 말해서 주어진 제품생산에 대하여 작업의 개시일자나 완성일자 등 현장 작업에 관련된 일정이 확실하게

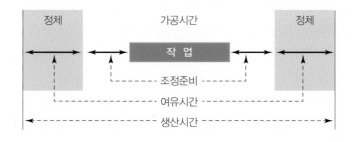

그림 12-5   생산시간의 구성

---

4) 일반 기계공업의 경우, 가공시간이 30~40% 정도인데 정체기간은 60~70%를 차지하고 있다.

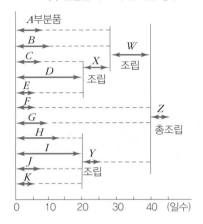
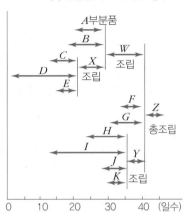

그림 12-6　조립작업의 일정계획

결정되어야 한다.

생산일정의 결정에 있어서 작업의 완급순서와 기계의 부하량 등을 감안해서 작업 개시 시기를 결정해야 한다. [그림 12-6]은 작업의 완급순서를 고려하지 않는 경우(그림 a)와 고려한 경우(그림 b)의 생산일정표이다.

[그림 a]의 경우, 작업의 완급순서를 감안하지 않고 모든 작업을 착수한 결과, 전체 소요일수면에서는 같다고 하더라도 작업소요 인원은 물론 부분품의 정체일수가 불필요하게 늘어남을 알 수 있다.

생산일정표의 작성은 작업의 완급순서와 기계의 능력 및 부하량 등을 감안해서 기준일정의 공정일수를 실제의 달력날짜로 환산해서 작성하는 것이 보편적이다.

2.3.3 일정계획의 평가기준

일정계획의 기본적 역할은 최적 스케줄을 작성하는 것이고, 이의 결정은 합리적 평가기준에 의해서 결정되어야 한다.

흔히 사용되는 **평가기준**은 다음과 같다.

(1) 고객의 서비스 개선을 위한 평가기준
　　① 평균 처리시간(average processing time: APT)
　　② 일감(주문)의 평균 대기시간(average waiting time of jobs: AWT)
　　③ 지연 작업(일감)의 비율(percentage of late jobs: % L)
(2) 자원활용 개선을 위한 평가기준

① 노동력 이용률(labor utilization: LU)

② 기계설비 이용률(machine utilization: MU)

③ 공정품의 재고유지비(inventory in process cost: IP)

2.3.4 로트생산의 일정계획

연속생산에서는 생산의 흐름이 일정하여 절차계획이나 일정계획이 비교적 용이하다. 한두 가지의 제품만을 생산할 경우 절차계획은 소용이 없고 그날그날의 생산량 제시로 일정계획도 단순한 편이다. 그러나 한 생산공정(라인)에서 여러 제품을 생산하는 복합생산라인(multi-product line)이나 로트생산시스템에서 다음과 같은 문제가 제기된다.

① 제품별 생산로트의 크기를 얼마로 할 것인가?

② 각 제품의 생산순서를 어떻게 정할 것인가?

이들은 일정계획의 문제로서 자동차 · 냉장고 · TV · 자전거 · 가구 등을 로트로 생산하는 공장에서 볼 수 있다.

1) 경제적 생산로트의 결정

로트생산에서 추구되는 경제적 생산로트의 크기(economic lot size: ELS)는 생산준비비용과 재고유지비간의 트레이드 오프 관계에서 결정되는데, ELS를 구하는 산식은 다음과 같다.[5]

$$ELS = \sqrt{\frac{2 \times D \times C_p}{C_H(1 - \dfrac{d}{p})}}$$

D : 연간수요량, C_H : 재고 유지비, C_p : 생산 준비비, p : 생산율, d : 수요율

보편적으로 생산준비비를 고정비로 보고 재고유지비의 절감에 치중하므로 ELS(economic lot size)가 비교적 큰 편이지만, 이른바 JIT(just in time)방식을 도입하고 있는 일본 생산공장에서는 생산준비작업의 개선과 기계 및 공구의 개량으로 생산준비시간을 단축시킴에 따라 ELS가 훨씬 작아지고 있다([그림 16-7]의 b 참조).

생산로트가 결정된 다음에는 제품의 생산시기, 즉 순서를 정할 필요가 있다.

---

5) ELS에 관한 자세한 설명은 14장 2절의 2.4 내용을 참조 바람.

2) 제품의 생산순서 결정

생산순서의 결정은 선형계획이나 지수법과 같은 수리적 모델을 이용할 수 있는데, 이는 예측수요가 불변한다는 가정이 전제되므로 수요의 불확실성에 대처하지 못하는 결점이 있다. 즉, 수요변화에 적응할 수 있는 방법이 필요한데, 이에는 로트생산 내지 뱃치생산의 일정계획에 이용되는 재고소진기간법[6]이 있다.

재고소진기간법은 현 재고를 단위기간(예: 주)의 수요량으로 나누어 구한 재고소진기간(runout time: RT)의 값이 가장 작은 제품에 생산우선순위를 부여하는 방법이다.

$$소진기간(RT) = \frac{현재고(I_i)}{단위기간\ 수요량(d_i)}$$

$$= \frac{기초재고 + 계획기간\ 생산량 - 계획기간\ 수요량}{단위기간\ 수요량}$$

유의할 점은, 첫번째 재고소진기간(RT) 산정으로 전체 일정계획을 잡는 것이 아니라, 시뮬레이션을 행할 때마다 생산 우선순위를 정해야 되며 수요변화에 따라 수요자료가 조정된다는 점이다. 아울러 시뮬레이션을 행함에 따라 재고수준이 많이 불어나는지 또는 지나치게 줄어드는지를 체크하여 생산능력의 변경여부를 결정해야 한다.

설례 ▶ 재고소진기간법에 의한 생산순서 결정

甲, 乙, 丙, 丁의 네 가지 제품을 로트생산하고 있는 배봉사에서는 〈표 12-4〉의 자료로써 재고소진기간(RT)을 산정하여 조립라인의 생산순서를 정하려 한다.

재고소진기간을 산정한 결과, 甲제품이 4.3주(430 / 100)로 가장 낮다. 그런데 갑제품의 경제적 생산로트는 500대로 생산기간은 1주일이 소요된다. 따라서 1주일 후의 甲제품 재고(기초재고+계획기간 생산량−계획기간 수요량)는 430+500−100=830대가 된다(〈표 12-5〉 참조). 1주일 후의 乙제품 재고(기초재고+계획기간 생산량−계획기간 수요량)는 1,020−200=820대가 된다.

이상의 요령으로 작성된 1주말 현재의 각 제품별 재고를 주당 수요량으로 나누어 소진기간(RT)을 산정한 결과, 丁제품이 3.8주로 가장 낮다. 丁제품의 생산로트는 1,200대로 1.5주의 생산기간이 소요되므로 1주+1.5주=2.5주말 현재의 재고량과 소진기간을 산정한다(〈표 12-5〉 참조).

甲, 乙, 丙, 丁의 제품을 한 차례씩 생산하는 데는 모두 1+2+0.5+1.5=5주가 소요된다. 그런데 재고수준이 점차 줄고 있어 생산능력의 조정이 필요한지를 검토할 필요가 있다.

---

6) R. G. Schroeder, *Operations Management*, 3rd ed., McGraw-Hill, 1989.

표 12-4 재고소진기간의 산정(1)

제품	수요자료			공급자료		
	재고량(대)	주당 수요량	소진기간	로트크기(대)	주당 생산량	생산기간
갑	430	100	4.3주	500	500	1.0주
을	1020	200	5.0	1000	500	2.0
병	780	150	5.2	750	1500	0.5
정	1450	300	4.8	1200	800	1.5
계	3680	750				

표 12-5 재고소진기간의 산정(2)

제품	1주말		2.5주말		4.5주말		5주말	
	재고량	소진기간	재고량	소진기간	재고량	소진기간	재고량	소진기간
갑	830	8.3주	680	6.8주	480	4.8주	430	4.3주
을	820	4.1	520	**2.6**	1120	5.6	1020	5.1
병	630	4.2	405	2.7	105	**0.7**	780	5.2
정	1150	**3.8**	1900	6.3	1300	4.3	1150	**3.8**
계	3430		3505		3005		3380	

③ 일정(공정)관리의 통제기능

통제는 계획에 대응되는 기능으로 이 절에서는 통제기능을 작업배정, 여력관리, 진도관리로 나누어 기술한다.

3.1 작업배정

절차계획의 절차표와 일정계획의 일정표에 따라서, 실제의 생산활동을 개시하도록 허가하는 것이 작업배정의 역할이다. **작업배정**(dispatching)이란 가급적 일정계획과 절차계획에 예정된 시간과 작업순서에 따르되 현장의 실정을 감안해서 가장 유리한 작업순서를 정하여 작업을 명령하거나 지시하는 것으로, 계획과 실제의 생산활동을 연결시키는 중요한 역할을 수행한다.

3.1.1 작업배정의 업무내용

작업배정의 기능을 업무순으로 열거하면 다음과 같다.

① 작업에 필요한 자재가 작업개시 전에 작업 현장에 조달되도록 한다(이 경우 소요 자재를 출고해 주도록 **자재청구(출고)전표**가 창고 앞으로 발행된다).

② 작업에 필요한 치공구가 작업개시 전까지 현장작업자에게 인도되도록 한다(현장에 치공구(治工具)가 불출되도록 **공구(청구)전표**가 공구실 앞으로 발행된다).

③ 작업대상물(공정품 또는 반제품)이 다음 공정으로 운반되도록 한다(작업대상물을 다음 공정으로 옮기도록 **이동(운반)전표**가 해당 현장에 발행된다).

④ 작업현장(각 작업자 및 기계)에 작업개시를 지시한다. 이는 작업배정 기능 가운데 가장 중요한 기능이기도 하다(**작업전표**(work ticket)가 각 작업현장의 팀장 앞으로 발행된다).

⑤ 각 작업중에 생기는 불량품과 불량원인을 밝히기 위해서 필요한 경우에는 검사를 지시한다(**검사전표**가 발행된다).

⑥ 작업의 개시와 종료시각을 기록하고 작업시간을 계산한다(작업전표에서 작업자별로 작업시간을 계산하여 이를 작업시간기록표에 기입해서 작업성과 판정이나 임금계산의 기초자료로 이용된다).

⑦ 기계 및 작업자의 유휴시간과 지연에 대해서 기록하고 보고한다.

이상의 작업배정 업무는 대별해서 작업준비와 작업할당 업무로 나눌 수 있다.

작업준비 업무로는 ①, ②, ③항을 들 수 있는데, 필요 이상의 정체방지와 가동률의 향상이 목표이다.

작업할당 업무로는 ④항이 대표적인데, 작업을 할당함에 있어서 작업의 우선순위나 배정규칙에 따르되 진도위주로 하여야 하며 작업자의 기능과 기계의 성능이 부합될 수 있도록 할당되어야 한다('작업배정규칙'은 본장 4.2.1을 참조 바람).

3.1.2 작업배정의 방법

작업을 작업자나 기계별로 배정하는 경우, 보통은 작업자별(기계별) 작업예정표나 작업배정판이 이용된다.

작업자별(기계별) 작업예정표는 작업자별이나 기계별로 작업예정을 막대선으로 간트차트상에 기입하는 방식으로 작업실적도 아울러 기입된다.

작업배정판(dispatching board)은 비교적 작은 규모의 공장에서 많이 이용되는 방식이다. 소규모공장의 집중관리를 위한 작업배정판에는 ① 3단식 작업배정판, ② 훅보드(hookboard), ③ 자석관리판(magnetic board) 등이 있다.

3단식 작업배정판은 작업자별(기계별)로 나누고 현재 작업중에 있는 전표를 상단에, 그 다음 예정된 작업전표는 중단에, 준비중의 작업전표는 하단 포켓에 분류투입하는 데서 비롯된 말이다.

3.2 여력(능력)관리

3.2.1 여력관리의 목표

일정관리의 계획단계에서 부하와 능력을 조정해서 공수계획을 세우지만 실제는 부하와 능력상에 변동이 생기게 마련이다. 따라서 통제단계에서 실제의 능력과 부하를 조사하여 양자가 균형을 이루도록 조정하는데, 이것을 여력관리 또는 능력관리(capacity control)라 한다.

여력관리의 목표는 다음과 같다.

① 수요변동이나 부하변동에 따른 일정관리
② 납품수량의 확보
③ 적정 조업도의 유지와 적정재고의 보유

여력관리는 진도관리와 밀접한 관계가 있는 것으로 양자를 병행적[7]으로 추진할 필요가 있다. 여력관리는 주문생산에서와 같이 상세한 계획수립이 어렵고 계획변경이 빈번한 경우에 필요한 일정(공정)관리의 통제기능이다.

3.2.2 여유능력의 조사와 조정

부하와 능력을 조정하려면 실제 부하량과 능력상태를 알고 있어야 한다. 공수계획에서 능력계획은 이미 결정되었으므로 여력관리에서는 부하량을 조사하여 능력에 여유가 있는지 아니면 부족한지를 검토하게 된다.

여유능력(부하)의 조사방법으로는

① 보유 작업량을 기준으로 한 여력조사와
② 작업의 진행도를 기준으로 한 여력조사의 두 가지 방법이 있다.

---

7) 진도관리는 계획과 진도의 차이를 조정하는 것인데 대해서, 여력관리는 능력과 부하의 차이를 조정한다.

①은 보유능력을 효과적으로 활용하기 위한 것으로, 앞으로 얼마의 작업을 해야 되는가를 조사하는 방법이다. 이 경우 개개의 작업자나 기계의 여력상황을 나타내는 여력표(또는 부하표)를 사용하여 여력이 있는지 파악할 수 있다.

②의 방법은 작업의 선행이나 지연의 정도를 조사해서 여력을 파악하여 전체적으로 진도의 균형을 취할 수 있게 한다. 즉, 앞서고 있거나 뒤지고 있는 작업량에 표준작업시간을 곱하여 구한 여력시간을 +(앞서고 있을 때)나 −(뒤지고 있을 때)로 표시하여 수의 크기에 따라 완급순위를 정하여 여력관리를 한다.

일상의 여력관리는 중일정계획에 대한 조정으로서, 여력의 조정은 소일정계획의 단계에서 행해진다. 즉, 진도조사나 여력조사의 결과에 의거해서 다음 날 또는 다음 주의 작업이 배정된다.

3.2.3 투입 · 산출관리

현장(작업장)의 능력을 관리하는 한 가지 방법은 예정투입량(planned inputs)과 실제투입량(actual inputs)을 비교해서 능력의 과부족을 판단하여 계획을 수정하는 이른바 **투입 · 산출관리**(input-output control)이다.

이는 주로 현장(work center)의 투입과 산출관계를 관리하기 위해서 적용되는 것으로, 이해를 돕고자 「물탱크의 투입 · 산출관계」를 보기로 한다.

물탱크의 수리적 비유([그림 12-7] 참조)를 작업장의 「투입 · 산출관리」에 적용해 볼 때, '투입'은 시간당 작업투입량이고 '산출'은 작업장에서 산출되는 생산량이며 물의 '수준'은 진행중의 작업량 내지 공정품(work in process: WIP)의 수량 그리고 출구의 '구경(口徑)'은 최대산출량으로 표시되는 능력(capacity)이 된다.

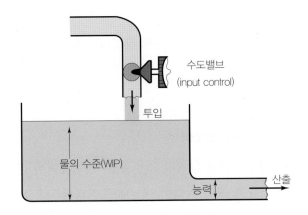

수도밸브
(input control)

투입

물의 수준(WIP)

산출

능력

그림 12-7 **물탱크의 투입·산출 모델**

작업장에서 볼 때, 투입작업량이 너무 적으면 능력의 이용률(utilization)이 떨어지고 여유(유휴)능력이 생기며 단위당 생산비는 올라간다. 반대로 투입작업량이 너무 크면 공정품(WIP)의 증대로 재고유지비와 평균 공정시간이 늘게 되어 작업시스템의 성과는 떨어진다.

재공작업 내지 재공품(공정품)이 커질수록 조달기간(lead time)이나 사이클타임(cycle time)은 길어진다. 하루 1천만원(월 25천만원) 정도의 주문량을 소화하는 의류공장에서 5천만원의 공정품을 갖고 있으면 조달기간은 5일이 되지만, 2억원의 재공품이 있을 때는 20일이 된다.

$$\text{조달기간} = \frac{\text{공정품 또는 재공작업}}{\text{산출률}} = \frac{2\text{억원}}{1\text{천만원/일}} = 20\text{일}$$

재공작업 내지 공정품(WIP)의 독립변수는 투입률로서, 생산능력의 변동이 없는 한 조달기간·능력 이용률·공정품을 통제하는 열쇠는 투입(input)이라는 점이다. 무리하게 작업량을 늘리거나 독촉하기보다는 투입(예: 주문)을 통제하는 것이 효과적인 방법이다. 무리한 부하나 독촉은 작업의 원활한 흐름을 방해하며 일정계획을 엉망으로 만들기 쉽다. 주문이 밀릴 때는 주문을 사양하거나 추후납품이나 하청을 주는 방법을 모색할 수 있다.

따라서 주문생산공장에서는 생산율이나 진행중의 작업(량)을 고려하여 수주를 하고 서비스 업체에서는 예약 스케줄을 통해서 통제하는 것이 능력(여력)관리 내지 일정관리의 한 방법이 된다.

3.3 진도관리

진도관리(follow-up or expediting)란 작업배정에 의해 진행중인 작업의 진도상황이나 과정을 수량적으로 관리하는 것이다. 진도관리의 **목적**은 납기의 확보와 공정품의 감소(생산속도의 향상)에 있다.

3.3.1 진도관리의 필요성

절차계획과 일정계획이 적절히 수립되고, 작업배정이 제대로 행하여지고 작업을 계획대로 실행했다면, 모든 작업이 예정대로 진행되므로 진도관리는 필요가 없다. 그렇지만 실제로는 계획대로 작업이 진행되는 경우가 많지 않다.

진도관리가 제대로 안되는 **이유**는 다음과 같다.

① 개별생산으로 다양한 작업이 여러 작업장에서 행해지므로 파악이 제대로 안됨

② 절차계획이나 일정계획의 불완전

③ 작업배정의 오류

④ 예외사항의 발생(예상외로 결근율이 높던가, 기계의 고장이나 불량률이 높은 경우)

⑤ 돌발작업이나 특급오더 등이 발생한 경우

이러한 여러 요인들은 원활한 생산진행을 방해한다. 납기의 확보와 생산자원의 효율적인 이용을 위해서 진도관리가 필요하다.

3.3.2 진도관리의 업무

진도관리를 하려면 우선 그 공장실정에 알맞도록 공정별 내지는 제품별로 진도[8]를 파악해야 한다. 그 다음은 이들을 계획과 비교해서 지연을 가급적 빨리 찾아내도록 한다. 지연되었다고 인정되는 작업에 대해서는 원인을 규명하고 그 지연에 대한 합리적인 대책을 강구해서 신속한 회복을 꾀해야 할 것이다. 진도관리 업무는 [그림 12-8]과 같다.

진도조사와 이에 의해서 마련되는 지연대책은 진도관리의 핵심 업무이다. 진도의 조사 및 통제방법으로서 흔히 간트 차트식의 진도표나 그래프식 진도표 또는 작업관리판 등이 사용된다. 이 밖에도 개별생산공장에 적합한 「컴 업 방식」(come-up system)이나 특수공사의 진도관리용으로 많이 쓰이는 PERT방식을 들 수 있다.

최근 바코드와 스캐너, 컴퓨터와 전자장비, RFID, IoT(사물·산업 인터넷) 등의 발전으로 작업의 진도상항 파악(monitoring)과 추적이 훨씬 용이해짐에 따라 진도관리 업무도 획기적인 발전을 보이고 있다(사례: 화물운송추적시스템 참조).

> 진도
> 조사 ▶ 진도
> 판정 ▶ 진도
> 수정 ▶ 지연
> 조사 ▶ 지연
> 대책 ▶ 회복
> 확인

그림 12-8 진도관리의 업무

---

8) 공정별 또는 과정별 진도는 단속생산시스템에서 제품 1개 또는 1로트에 관한 공정의 진행상태를 의미하며, 제품별 진도 또는 수량적 진도는 연속생산시스템에서 각 공정의 재공품에 관한 각 공정별 누적생산량을 뜻한다. 이 밖에도 양자를 혼합하여 사용할 때도 있다.

사례 ● 화물운송 추적시스템

운송업체나 택배업체에서 '화물추적시스템'은 일정관리나 진도관리에 매우 긴요하다.

현대로지스틱스는 화물 운송 정보를 24시간 실시간으로 추적할 수 있는 '국제물류 위치정보 시스템'(GCPS: Global Customer Portal System)을 최근 오픈했는데, 1,000개의 화물을 동시에 추적할 수 있다. 노트북, 스마트폰 등 인터넷이 가능한 모든 디바이스를 통해 전세계 화물의 이동 경로를 알 수 있고 운송 거점별 자동 문자메시지 알림 서비스도 제공한다.

국내외 파트너사들에게 예약 · 선적 · 화물경로 및 정산정보를 실시간으로 제공함으로써 업무 효율을 크게 높일 수 있다.[9]

 개별생산시스템의 일정계획

4.1 개별생산의 일정계획 문제

개별생산에서 제품(또는 서비스)의 품질 · 시방 · 수량 · 납기 · 가격 등은 고객의 요구에 의해서 결정되며, 이들 조건들은 수주시에 확정되므로 일정관리가 매우 어렵다. 일정관리는 개별생산 공장에서뿐만 아니라 서비스업체에서도 중요한 문제이다.

개별생산의 일정(공정)관리 기능은 절차(순서)계획 · 공수(부하)계획 · 일정계획 · 작업배정 · 능력관리 · 진도관리로 나눌 수 있다. 현실적으로 순서계획과 공수계획을 포괄한 일정계획 문제가 주로 거론되는데, 이는 개별생산의 일정계획이 복잡하기 때문이다.

연속생산에 비해서 개별생산에서 일정계획이 **복잡한 이유**는

① 다양한 일감들을 여러 작업장에서 상이한 가공방법 및 순서로 생산하며,
② 사용되는 기계설비는 여러 일감(제품 · 서비스)의 생산을 위하여 공용되며,
③ 상이한 작업배정규칙에 따라 배정이 이루어지기 때문이다.

이상의 요인들로 인해서 개별생산시스템에서는 절차계획과 일정계획 특히 작업순서의 결정(job sequencing)과 부하의 결정(loading) 문제는 매우 중요하다.

---

9) "현대로지, 전세계 화물 실시간 위치추적 시스템 가동", *Newsis*, 2015.8.25.
10) R. B. Chase & N. J. Aquilano, *Production and Operations Management*, 7th ed., Irwin, 1995.

4.2 작업순서의 결정(job sequencing)

개별생산 공장에서 작업장의 효율을 높이고 납기를 지키기 위해서는 주어진 기계(작업장)에서 어떤 순서로 일감을 처리해야 하는가를 결정하는 것이 중요하다. 대부분의 주문생산이나 일부 뱃치생산에서는 생산이 다양하여 기계나 작업의 순서가 일감(job)에 따라 다르기 때문이다.

M대의 기계에서 N개의 일감을 처리하는 작업순서는 조합의 문제로 $(N!)^M$개의 대안이 있다. 가령 8대의 기계에서 5개의 일감을 처리하는 작업순서는 $(5!)^8 ≒ 4.3 \times 10^{16}$가지의 대안이 나올 수 있다.

이 경우 컴퓨터를 사용해서 대안을 구하는 것도 실용적이지 못하므로, 모델을 기본으로 하여 이론적 해석을 통해서 개발된 규칙이나 방법을 사용하는 것이 일반적이다.

4.2.1 작업순서의 결정규칙(작업배정규칙)

작업순서의 결정이나 현장, 즉 기계나 작업장에 일감을 할당(배정)하는 규칙(dispatching rule)으로 보편적인 것이 **우선순위규칙**(priority rule)이다.

① 선착 우선(first come first served: FCFS). 일감의 도착순서에 따라 처리하는 것으로 '공정성(公正性)'에 입각한 규칙이다.

② 최소작업시간 우선(shortest operation time: SOT). 작업시간이 짧은 것부터 처리함.

③ 최대작업시간 우선(longest operation time: LOT). 작업시간이 긴 것부터 처리한다.

④ 최소 납기우선(earliest due date: DD). 납기가 이른 것부터 처리한다.

⑤ 최소 여유시간 우선(least slack: S). 여유시간이 없는 것부터 처리한다.

$$여유시간 = 잔여납기일수 - 잔여작업일수$$

⑥ 잔여작업의 최소여유시간 우선(least slack per remain operation: S/O).

$$우선순위 = \frac{잔여\ 납기일수 - 잔여\ 작업일수}{잔여\ 작업의\ 수} = \frac{여유시간}{잔여작업의\ 수}$$

⑦ 랜덤 우선(random selection: RAND). 무작위로 작업순서를 정한다.

우선순위규칙이나 일정계획의 효과를 측정하는 데 이용되는 **평가기준**은 다음과 같다.

① 납기이행

② 작업진행시간(flow time)의 최소화

③ 재공작업 내지 공정품(WIP)의 최소화

④ 기계 및 작업 유휴시간의 최소화

이들 평가기준에 준해서 제시된 우선순위규칙들을 시뮬레이션한 결과에 의하면, ②의 '최소작업시간 우선규칙'이 능률과 진행률(flow rate)면에서 우수하고, ⑥의 'S/O 규칙'은 납기이행률에서 우수한 것으로 평가되었다. 반면에 흔히 이용되는 ①의 '선착우선'규칙이 모든 면에서 낮게 평가되었다.[11]

어떤 방법으로 작업순서를 결정하든간에 문제는 추구하는 목표가 무엇이냐에 달려

표 12-6 **일정계획의 평가기준**

기준	정의	목표
총소요시간	일련의 작업들을 수행하는 데 소요되는 시간	소요시간의 최소화
작업진행시간	특정 작업을 시작해서 끝나는 작업시간	평균흐름시간의 최소화
지연시간*	그 작업이 납기를 초과한 시간의 분량	작업지연과 최대지연의 최소화
늦은시간	납기와 작업 완료시간의 차이	평균 지각시간과 최대지각시간 최소

* 작업이 납기전에 완료될 경우는 지연시간은 0임.

---

11) E. LeGrande, "The Development of a Factory Simulation Using Actual Operating Data", *Management Technology*, Vol. 3, No. 1, May 1963.

있다. 〈표 12-6〉의 4가지 기준은 개별생산 작업장의 일정문제 평가에 적용된다.

동태적인 우선순위규칙으로 긴급률(critical ratio)규칙이 있는데, 이 규칙은 전술한 ⑥의 S/O규칙과 유사하나, 긴급률(CR)지수는 정확한 숫자의 의미를 지닌다는 점에서 구분된다. 가령 CR = 2.0이면 잔여 납기일수가 잔여 작업일수의 2배가 됨을 뜻한다.

긴급률 규칙은 MRP시스템과 관련해서 작업순서 내지 작업배정규칙으로 널리 사용된다. 긴급률과 S/O규칙이 개별생산에서 널리 적용되고 있음은 주문생산에서는 능률이나 진행률에 앞서 납기이행이 중요하기 때문이다.

📖 >> 참고 **정태적 · 동태적 작업배정 규칙**

동적인 작업장 상황에서 적용되는 작업배정규칙은 작업처리시간이나 작업량과 같은 작업속성이나 특정기간에 작업하는 작업장의 특성을 토대로 한 것이다.

전자인 작업속성에 해당되는 사항은 정태적 규칙(static rules)이라 하며 후자인 작업장 특성에 관련된 사항은 동태적 규칙(dynamic rules)이라고 한다. 후자의 경우 작업이 진행되고 시간이 경과함에 따라 우선순위가 바뀌기 때문이다.

동태적 우선순위규칙인 긴급률(critical ratio: CR)규칙은 주문생산에서 적용되는 작업순서 결정규칙이다. 이 경우 긴급률은 잔여납기를 잔여 작업일수로 나누어 산정한다.

$$\text{긴급률}^*(CR) = \frac{\text{잔여 납기일수}}{\text{잔여 작업일수}} = \frac{\text{납기일} - \text{오늘 날짜}}{\text{잔여 작업일수}}$$

* 긴급률(CR)이 $CR < 1$이면 예정보다 뒤진 것이고, $CR > 1$이면 여유가 있음을 나타낸다.

📊 설례 ▶ **우선순위규칙의 적용**

납기·작업시간·여유시간이 각기 다른(〈표 12-7〉 참조) A, B, C 작업의 처리순서를 정하고자 ① 선착우선(FCFS), ② 최소작업시간우선(SOT), ④ 최소납기우선(DD), ⑤ 최소여유시간우선(S) 규칙들을 적용하여 진행시간(flow time)과 지연시간을 산정 · 비교한 것이 〈표 12-8〉이다.

이에 따르면 ②와 ④의 규칙이 진행시간이 짧고 지연시간도 유리하다.

표 12-7 **일정의 평가기준**

작업	납기	작업시간	여유시간
A	5	2	3
B	8	6	2
C	3	3	0

표 12-8 우선순위 규칙별 효과 측정

규칙별작업순서		작업시간	진행시간	납 기	지연일수
① 선착순	A	2	2	5	0
	B	6	8	8	0
	C	3	11	3	8
	(평 균)	(7.0)			(2.7)
② 최소작업 시간	A	2	2	5	0
	C	3	5	3	2
	B	6	11	8	3
	(평 균)	(6.0)			(1.7)
④ 최소납기	C	3	3	3	0
	A	2	5	5	0
	B	6	11	8	3
	(평 균)	(6.7)			(0.3)
⑤ 최소여유	C	3	3	3	0
	B	6	9	8	1
	A	2	11	5	6
	(평 균)	(7.7)			(2.3)

A · B · C작업의 긴급률(CR)은 각기 A$=\dfrac{5}{2}$, B$=\dfrac{8}{6}$, C$=\dfrac{3}{3}$로서 CR의 짧기에 따라 작업순서를 정하면 C · B · A가 된다.

4.2.2 작업순서의 결정기법

개별생산시스템의 일정계획기법 특히 작업순서의 결정(sequencing)기법은 일감의 흐름에 따라 작업순서가 일정한 흐름공정형(flow shop pattern)의 문제와 그 흐름이 불규칙적인 개별(랜덤)공정형(job shop or random pattern)의 문제에 대한 기법으로 대별

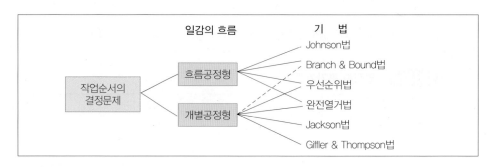

그림 12-9 작업순서의 결정기법

된다([그림 12-9] 참조).

흐름공정형의 문제로서 2개 공정의 문제는 존슨법(Johnson's method)으로 풀 수 있으며, 3개공정의 경우에도 조건에 따라서 최적해를 구할 수가 있다. 3개 공정이상의 문제는 분단해법(branch and bound method), 정수계획법, 동적계획법(dynamic programming), 완전열거법 등에 의해서 최적해를 구할 수 있지만, 공정수나 일감의 수가 늘어나면 계산량은 기하급수적으로 불어나서 실용화하기가 곤란하다.

개별공정(랜덤)형의 문제로서 n개의 일감과 2개 공정의 문제에 대해서는 잭슨법(Jackson's method)과 애커스와 프리드만(S. B. Akers & J. A. Friedman)의 알고리즘[12] 등이 제시되고 있다. 일반적으로 랜덤형의 문제에 대해서는 정수계획법에 의한 정식화 등이 행하여지고 있지만 사용상 앞서와 같은 문제점이 있으므로, 이 경우 부분적으로 열거된 스케줄에서 최선의 스케줄을 구하는 방법 즉 완전열거법, 기플러와 톰슨(B. Giffler & G. Thompson)의 알고리즘[13] 우선순위법 등이 이용된다([그림 12-9] 참조).

4.2.3 작업의 순서 결정

개별생산공장의 일정계획 문제 내지 작업순서의 결정문제는 복합 대기행렬 문제로 볼 수 있다. n개의 일감을 단일 기계로 가공하는 경우와 복수의 기계로 가공하는 경우의 일정계획 문제를 간단한 작업순서 결정기법으로 풀어보기로 한다.

1) n개의 일감을 단일기계로 가공하는 경우

(단, 일감은 모아서 처리하며, 일감의 흐름은 흐름공정형에 따른다.)

이 경우 일정계획의 평가기준은 '평균처리시간(APT)'으로서 n개의 일감을 단일기계로 생산하는 데 소요되는 평균작업(처리)시간 $\overline{T}$를 최소화하는 작업순서를 결정하여야 한다.

평균 처리시간(APT): $\overline{T} = \dfrac{\sum\limits_{i=1}^{n} T_i}{n}$

일감 i의 처리(작업)시간: $T_i = t_i + x_i$
일감 i의 작업시간: t_i
일감 i의 작업대기 시간: x_i

12) S. B. Akers & J. A. Friedman, "A Non-Numerical Approach to Production Scheduling Problems", *Operations Research*, 3 #4, Nov. 1955.
13) B. Giffler & G. Thompson, "Algorithm for Solving Production Scheduling Problem", *Operations Research*, 8, Apr. 1960.

A병원의 임상병리실에서는 병원체검사 의뢰를 1일 평균 5건씩 받고 있다. 검사기로 검사하는 각 검사물의 분석검사 소요시간은 다음과 같다.

검사물(i)별	A	B	C	D	E
분석검사시간(b)	1.5	0.6	1.1	0.8	0.5

병리실의 분석담당자는 고객(병원·환자 등)들로부터 검사의뢰를 받은 후 결과를 통보할 때까지의 소요시간을 단축하는 것이 서비스를 개선하는 것이라 믿고 조직검사의 평균처리시간(APT)을 최소로 단축시키는 조직검사 처리순서를 정하려 한다.

표 12-9 분석순서에 따른 처리시간

우선규칙	검사물	분석시간	대기시간	처리시간
① 선착우선	A	1.5	0	1.5
	B	0.6	1.5	2.1
	C	1.1	2.1	3.2
	D	0.8	3.2	4.0
	E	0.5	4.0	4.5
				15.3
② 최소작업우선	E	0.5	0	0.5
	B	0.6	0.5	1.1
	D	0.8	1.1	1.9
	C	1.1	1.9	3.0
	A	1.5	3.0	4.5
				11.0
③ 최대작업우선	A	1.5	0	1.5
	C	1.1	1.5	2.6
	D	0.8	2.6	3.4
	B	0.6	3.4	4.0
	E	0.5	4.0	4.5
				16.0

①안: 평균처리시간
$$\overline{T} = \frac{T_E + T_D + \cdots\cdots + T_A}{n} = \frac{15.3}{5} = 3.06$$

②안: 평균처리시간
$$\overline{T} = \frac{T_E + T_B + \cdots\cdots + T_A}{n} = \frac{11.0}{5} = 2.2$$

③안: 평균처리시간
$$\overline{T} = \frac{T_E + T_D + \cdots\cdots + T_A}{n} = \frac{16.0}{5} = 3.2$$

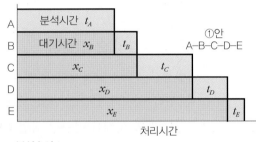

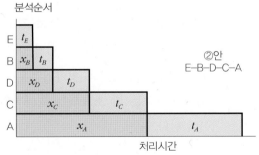

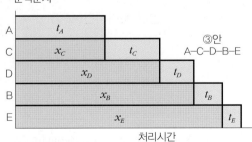

그림 12-10 분석시간과 대기시간

오전 9시까지 접수된 검사물을 모아서 하나씩 차례로 검사를 하고 있는데, 이들의 검사소요시간이 각각 다르기 때문에 각 검사물의 분석순서에 따라서 1일 평균처리시간(APT)이 다르다는 것을 알게 된 분석주임은 〈표 12-9〉에서와 같은 세 가지의 분석순서를 검토하였다.

간트 차트에 분석순서별로 총처리시간을 도시하면 ([그림 12-10] 참조) 뚜렷하게 알 수 있다. ①안인 ABCDE의 접수순(선착우선; FCFS)으로 분석할 경우, 1일 평균처리시간은 3.06시간인데 비해서, ②안의 '최소작업시간 우선(SOT)규칙'으로 정한 EBDCA의 순서는 지체시간을 최소로 줄일 수 있어 APT는 2.2시간이 된다(〈표 12-9〉와 [그림 12-10] 참조).

그러나 응급환자가 발생했을 때에는 긴급을 요하므로 긴급 우선순위를 고려하여 처리하는 경우를 생각할 수 있다. 이 경우 긴급의 정도를 가중치(W_i)로 나타내고 처리시간 t_i를 가중치 W_i로 나누어 구한 비율($\frac{t_i}{W_i}$)이 작은 것부터 분석·처리하는 방법이 있다.

[설례]의 자료로써 〈표 12-10〉과 같이 가중치를 주어 분석순서를 정할 경우, 최선의 처리순서는 C→D→B→A→E가 된다.

표 12-10 가중치를 고려한 경우의 처리순서

검사물	분석시간 t_i	가중치 W_i	비율 t_i/W_i	분석순서
A	1.5	4	.375	4
B	0.6	2	.3	3
C	1.1	10	.11	1
D	0.8	5	.16	2
E	0.5	1	.5	5

2) n개의 일감을 2대의 기계로 가공하는 경우: 존슨 룰의 적용

(단, 일감은 모아서 처리하며, 일감의 흐름은 일정한 순서(흐름공정형)에 따른다)

2개의 작업장이나 2대의 기계에서 순차로(가령, A일감을 #1기계에서 가공한 다음 #2기계에서 가공) n개의 일감을 처리하는 경우이다.

n개의 일감을 2대의 기계로 가공하는 경우는 「존슨 룰」을 이용할 수 있는데, 그 내용은 다음과 같다.

① 각 작업의 기계별 작업시간치를 표에 기입한다.

② 표에서 최소작업시간치를 갖는 일감을 찾는다(단, 수치가 같을 때는 임의로 선택한다).

③ 그것(최소시간치)이 기계 1의 작업시간치일 때에는 첫 번째에 두고, 기계 2의 것일 때에는 마지막에 둔다.

④ ③에서 선택된 일감의 작업시간치를 표에서 지운다.

⑤ 순서의 모든 위치가 결정될 때까지 ②③④단계를 반복한다.

설례 ▶ 존슨 룰에 의한 가공순서의 결정

5개의 일감을 2대의 기계로 가공하는 작업장에서 〈표 12-11〉의 자료로써 기계가공시간을 최소화하는 가공순서를 존슨 룰(Johnson's rule)을 이용하여 결정하기로 한다.

표 12-11 기계 가공시간표 　　　(단위: 시간)

기계 ＼ 일감	A	B	C	D	E
기계 1	5	1	9	3	10
기계 2	2	6	7	8	3

(1) 최소시간치를 갖는 일감을 표에서 찾는다.(존슨 룰의 단계 ②와 ③)

일감 B를 기계 1로 가공하는 시간이 1시간으로 최소치이므로 첫번째에 둔다

(2) 선택된 일감의 시간치를 표에서 지운다.(존슨 룰의 단계 ④)

순서결정의 중복을 없애기 위해서 기계 1과 기계 2의 것을 표에서 함께 지운다.

(3) 순서의 모든 위치가 결정될 때까지 반복한다.(단계 ⑤)

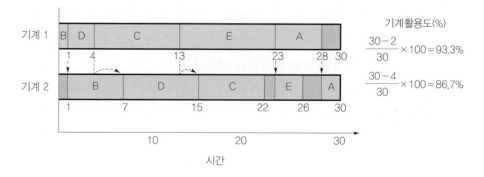

그림 12-11 존슨 룰에 의한 기계 1, 기계 2의 가공순서

②③④단계를 반복하여 결정된 일감의 가공순서는 B→D→C→E→A이다.

이 경우 작업 진행시간(flow time)은 30시간이며 기계의 이용률(MU)은 기계 1은 93.3%이고, 기계 2는 86.7%이다([그림 12-11] 참조).

4.3 기계 및 작업장 부하의 결정

공수계획 내지 부하계획의 목적은 작업장이나 기계설비의 능력을 경제적으로 활용함에 있다. 즉, 고객의 요구(시기와 수량)를 충족시키면서 생산시스템의 능력을 최대한 활용하는 것이다. 그러기 위해서는 작업(기계)능력과 작업량(부하)을 조정할 필요가 있는데, 이것이 부하의 결정(공수계획)문제이다.

부하 결정(loading)이란 쉽게 말해서 기계나 작업장의 능력에 맞게 일감을 적절히 할당하는 것을 말한다. 기계부하의 결정방법에는 간트 차트나 기계부하표를 이용한 도시법을 비롯하여 선형계획법, 할당법, 지수법 등의 수리적 방법이 있는데, 여기에서는 도시법과 할당법에 대해서 기술하기로 한다.

4.3.1 도시법(圖示法)에 의한 부하의 결정

도시법에서 사용하는 도표에는 간트 차트와 이를 이용한 기계부하표 등이 있는데, 후자에 의한 부하의 결정절차를 보기로 한다(간트 차트에 대해서는 제13장 2절을 참조).

작업을 각 기계에 적절히 배정하려면 그 기계의 능력은 물론 현재의 부하상태를 정확히 알고 있지 않으면 안된다. 일정계획에서 작업별로 작업의 착수와 완료시기가 정해진다 하더라도 각 기계별로 상세한 부하상태를 고려하기는 힘들다. 이 경우 기계부하표가 필요한 것으로 이에 의하여 일정계획의 효율을 보다 높일 수 있다.

기계부하표(machine load chart)는 기계의 종류별로 능력과 부하상태를 일별로 나타내고 있어 능력과 부하의 차이를 쉽게 알 수 있다. 가령 예시한 기계부하표(〈표 12-12〉 참조)를 보면, 터릿 선반(포탑선반)의 경우 8월 2일에는 8시간, 3일에는 24시간, 5일에는 68시간의 여유가 있다.

이때 터릿선반으로 사이클당 표준작업시간이 3분씩 소요되는(준비시간 포함) 부분품을 1,100개 제조하라는 지시가 있다고 하자. 이 작업을 위해서는 55시간의 기계작업 시간이 필요하다는 것을 다음 계산으로 알 수 있다.

60분÷3분=20개(기계시간당 작업량)

표 12-12 기계부하표

기계명	기계대수	일당능력 (기계시간)	8월, 예정부하(시간)				
			1	2	3	4	5
터릿선반	20	170	170	162	146	170	102
형삭반	4	24	24	24	24	0	0
평삭반	2	8	8	6	6	6	6

주: 형삭반은 Shaper, 평삭반은 planer임.

표 12-13 개별 기계부하표

기 계	예정부하(시간) 8월				
	1	2	3	4	5
터릿선반(#1)	107 91	109	41	41	
터릿선반(#2)	116	107	107	107	

$$1,100개 \div 20개 = 55시간(기계시간)$$

이 기계부하표(〈표 12-12〉 참조)로는 각 기계별로 작업내용을 표시할 수 없기 때문에 〈표 12-13〉의 개별기계부하표를 작성하는데, 이 표에 의하면 특정의 기계에 대해서 계획한 작업시간뿐만 아니라 각 기계에 대하여 계획한 일을 나타내기가 용이하다. 예시한 개별기계부하표에 의하면, 1호 터릿선반의 경우, 8월 1일 오전 5시간은 제조지령서 #107에 사용하도록 계획되었으며, 오후 1~4시까지 3시간 동안은 제조지령서 #91의 작업을 하도록 계획되어 있음을 알 수 있다.

도시법은 일정계획 기법 중에서 가장 오래된 방법으로 단순하여 널리 이용되고 있는 기법이다. 이 방법은 사용하기 용이하고 이해하기 쉽다는 **장점**이 있으나 시행착오의 방법을 통해서 대안을 모색해야 되며 대안의 평가 또한 쉽지 않으며 일감의 수가 많으면 처리하기 어렵고 신뢰도가 떨어진다는 **결점**이 있다.

4.3.2 할당법(割當法)에 의한 부하의 결정

할당법(assignment method)은 선형계획법(LP)의 특수 형태로서 개별생산시스템의 일정계획에서 작업장에 일감을 할당하거나 기계에 작업을 할당하는 기법으로 이용된다. 여기서는 쌍대성이론에 기초를 둔 간단한 해법인「헝가리 해법」(Hungarian method)[14]이 적용된다.

헝가리 해법으로 부하의 결정문제를 풀려면, 다음의 조건이 충족되어야 한다.

① 각 일감은 각각의 작업장이나 기계에 할당된다(n개의 일감=n개의 작업장(기계)).
② 단일의 평가기준(예, 최소비용·최대이익·최소완성일)이 사용된다.
  ※해법절차에 대해서는 이순룡, *생산관리론*(3판), 법문사, 1989, pp.552~555를 참조.

4.4 애로공정의 일정계획 기법: OPT

OPT(Optimized Production Technology)는 애로공정을 규명하여 생산(물자 또는 작업)의 흐름을 동시화(同時化)하는 데 주안점을 둔 일정계획시스템이다. 이는 이스라엘의 물리학자 골드랏트(Eliyahu Goldratt)가 생산현장의 일정계획용으로 1970년대에 개발한 소프트웨어 시스템이다.

4.4.1 OPT와 제약이론(制約理論)

OPT의 근본은 「제약이론」(theory of constraints: TOC)과 「제약자원 관리」(constraints management)에서 찾을 수 있다.[15]
제약이론은 다음 3가지의 경험적 관찰을 토대로 한 것이다.

① 다단계 생산시스템의 단계별 생산능력은 동일하지 않다.
② 생산시스템의 변동과 무작위성은 생산능력과 생산효율을 떨어뜨린다.
③ 전통적 생산시스템에서 사용되는 절차는 능력의 불균형과 생산변동을 해결하기 보다는 악화시킨다.

제약자원 관리의 주요목표는 동시생산을 통한 지속적 개선과정을 수립하는 것이다. 여기서 **제약**(constraints)이란 조직의 개선능력을 제약하는 모든 것을 말한다. 물적 자원으로는 기계능력·자원의 유용성 등을 꼽을 수 있고, 관념적 자원으로는 방침·절차·태도 등을 꼽을 수 있다.
OPT는 제약이론(TOC)을 발전시킨 것으로, 제약이론은 OPT의 소프트웨어에서 원용한 OPT의 9가지 원칙으로 요약할 수 있다.

---

14) 이 명칭은 헝가리의 수학자 D. König에 의해 최초로 기초 이론이 제시된 데서 비롯된 것 같다.
15) S. E. Fawcett & J. N. Pearson, "Understanding and Applying Constraints Management in Today's Manufacturing Environments", *Production and Inventory Management Journal*, 32, No. 3, 1991.

> **≫참고** **OPT의 소프트웨어 프로그램**

S/W 프로그램은 4개의 모듈로 구성되는데 진행순서대로 설명하면 다음과 같다.
① Buildnet. 생산공정의 흐름을 나타낸 것으로 원자재·제품·부분품·작업능력·고
  객주문 등이 망라된다.
② Serve. 네트워크내의 애로공정(작업장)을 식별하는 모듈로서, 각 작업장의 부하와
  능력의 비교로써 이루어진다.
③ Split. 애로(critical)작업과 일반(non-critical)작업으로 나누어 일정계획을 수립하는
  단계로서, 애로자원의 최선활용을 도모한다.
④ Brain. 일정관리를 실행하는 일련의 알고리즘을 내포한 모듈이다.

4.4.2 OPT의 원칙

OPT 소프트웨어 로직의 대부분은 애로공정을 파악하고 자원들이 충분히 활용되도
록 하고 애로공정과 비애로공정을 동시에 이용하도록 일정계획을 수립하는 것과 관
련이 있다. OPT로직의 대부분은 기업에서 소프트웨어 없이도 적용할 수 있는[16] 다음
9가지 원칙으로 요약된다.

① 공정의 능력보다는 흐름을 균형시킨다. 라인밸런싱에서처럼 공정의 능력을 균형
  시키는 것보다는 작업이나 물품의 흐름을 동시화하는 것이 더욱 중요하다.
② 비애로공정의 이용률은 시스템내의 다른 제약자원에 의해 결정된다. 비애로공정
  (non-bottleneck)에서 가공되는 물품이 애로공정에서 가공되는 물품과 함께 조립
  된다면 결국 애로공정의 영향을 받게 된다.
③ 자원의 이용률(utilization)과 활성화(activation)는 같은 의미가 아니다. 자원의 이용
  률(활용도)은 필요한 것을 만드는 것이고(making what is needed), 활성화는 생산
  자원이 바쁘게 돌아가도록 부품을 만드는 것(making parts to keep the resources
  busy)이다.
④ 애로공정의 한 시간 손실은 전체 시스템의 한 시간 손실이 된다. 애로공정은 능
  력이 모자라므로 지체하는만큼 제품생산이나 판매에 지장을 준다.
⑤ 비애로공정의 시간단축은 무의미하다. 비애로공정은 여분의 능력이 존재하므로
  시간단축의 의미가 없다. 오히려 시간단축을 위해 투입된 생산자원의 소비로 애
  로공정의 능력증대 기회손실을 야기할 수 있다.

---

16) F. R. Jacobs, "OPT Uncovered: Many Production Planning Scheduling Concepts Can be
   Applied With or Without the Software", *Industrial Engineering*, Oct. 1984.

⑥ 애로공정이 시스템의 산출량(throughput)과 재고를 결정한다. 재고(특히 재공품)는 애로공정을 돌아가게 하는 하나의 필요한 기능이다.

⑦ 이동뱃치(transfer batch)와 생산뱃치(process batch)의 크기가 동일해야 하는 것은 아니다. 이동뱃치란 이동중의 물품수량으로, 가급적 한 단위로 이동하는 것이 유리하다.

⑧ 생산뱃치(로트)의 크기는 고정되지 않고 변화가 가능해야 한다. 생산뱃치나 로트 크기는 수요량과 부가적인 준비시간에 따라 다를 수 있다. 애로공정의 생산로트 는 준비시간을 줄이기 위해 가급적 커야 하지만, 비애로공정은 반대이다.

⑨ 시스템상의 모든 제약을 고려해서 생산일정을 수립(우선순위 결정) 한다. 조달기간 은 로트의 크기, 이동뱃치, 우선순위 등의 요인들의 함수로 볼 수 있다. 조달기 간은 일정에 의해서 달라질 수 있다.

4.4.3 OPT의 전개과정(展開過程)

전술한 OPT의 원칙을 중심하여 **전개과정**을 3단계로 제시하면 다음과 같다.

(1) 애로공정을 식별(규명)한다.

애로공정은 수요가 능력을 초과할 경우에 엄청난 대기행렬을 이루거나 가장 바삐 돌아가는 작업장이다. 이 단계에서 애로자원과 비애로자원으로 구분한다.

애로자원(critical resources)이란 애로공정이후의 최종조립공정에서 사용되는 자원들 을 말한다. 이들 자원에서 제외된 자원들은 비애로자원이 된다.

(2) 애로공정에서 애로자원이 충분히 활용되도록 일정이 수립 · 운영되어야 한다.

이 경우 유한부하 일정계획(finite scheduling)이 수립된다.

(3) 비애로공정의 자원은 애로공정이 잘 돌아가도록 지원해야 한다.

※ 가령 대기행렬이 없는 3개의 작업장에서 순차로 로트당 300개씩 작업을 한다고 가정하 자([그림 12-12] 참조). 그런데 각 작업장에서 개당 작업시간이 1분이라면 각 작업장별 작 업시간은 300분 즉 5시간이 소요되어 모두 15시간 만에 작업이 완료된다. 가공로트의 크 기를 100개씩 나누어 작업을 할 때는 3개 작업장 모두에서 작업이 완료되는 시간은 500 분 즉 8.33시간이면 가능하다.

재공품과 조달기간이 작도록 비애로자원의 로트크기를 줄일 때 부가적인 준비시간 이 소요되지만, 비애로자원의 경우 능력이 남기 때문에 준비시간의 증대로 인한 비용 증대는 고려되지 않는다.

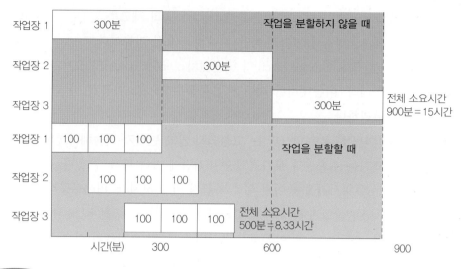

그림 12-12 후속 작업장의 작업시간 분할 효과

4.4.4 OPT와 TOC의 장단점

OPT와 TOC(제약조건 이론)의 **장점**을 제시하면 다음과 같다.[17]

① 일정계획의 수립과 분석이 단순하고 이용하기에 간편하다.
② 신속하고 용이한 계획수립 · 분석은 상황변화에 보다 유연하게 대응할 수 있게 한다.
③ 애로공정과 비애로공정을 식별, 관리하므로 생산자원의 효율적인 이용이 가능하다.
④ 산출량이 10%이상 증대되고 재공품이 20%이상 감소된다.

이들의 **단점**은 다음과 같다.

① 조직(개념적)과 제도(자료처리 · 보고제도 · 관리방식 등)의 재편성이 필요하다.
② 전통적 원가회계제도와 평가제도가 배제된다.
③ 새로운 제도와 분석 및 평가 보고방식을 익혀야 한다.

---

17) G. Plenett & T. D. Best, "MRP, JIT and OPT: What's Best?", *Production & Inventory Management*, 27, No. 2, 1986.

5 서비스 부하와 능력의 관리

5.1 서비스 부하와 능력의 균형문제

현실적으로 서비스 수요는 변화가 많고 일시적으로 몰리는 현상이 있다. 수요변화를 흡수하는 데 재고를 활용할 수 없을 뿐더러 한정된 서비스 능력은 소멸성 능력(perishable capacity)이어서 제공된 시간에 수요가 없으면 그 능력은 소멸된다(예: 비어 있는 항공기 좌석이나 극장의 좌석). 따라서 변화가 심한 서비스 수요(부하)와 한정된 서비스 능력이 균형을 이루도록 관리(일정관리)하기는 쉽지 않다.

중기계획(中期計劃)에서 서비스능력에 관한 결정이 이루어지지만, 본질적으로 서비스능력은 고정된 것으로 보고 단기간의 일정계획에 관심을 가질 필요가 있다. 서비스 일정관리의 주요 목표는 고객의 서비스수요와 서비스능력을 일치시키는 것, 즉 서비스능력을 효과적으로 활용하여 고객의 서비스요구를 최대한 수용하는 것이다. 서비스 시스템의 운영·관리면에서 볼 때, 서비스의 부하와 능력의 균형은 매우 중요한 것으로 이의 **접근방법**들을 요약하면 〈표 12-14〉와 같다.

표 12-14 서비스부하와 능력의 관리

부하의 조절(수요의 변경)	능력의 조절
• 지정제도의 활용	• 작업조의 일정관리
• 관리기능 수요의 관리	• 고객참여 증대
• 예약제도의 개발	• 서비스 능력의 가변화
• 가격유인제도의 활용	• 서비스 능력의 공동이용
• 비수기수요의 촉진	• 요원의 다기능화
• 부대서비스의 개발	• 임시고용제의 활용
• 미납·대기제도의 운영	• 서비스 제공순서의 변경
• 고정스케줄의 유지	

5.2 서비스 부하(수요)의 관리

5.2.1 서비스 수요관리의 접근방법

수요가 불규칙적으로 변동할 경우, 서비스 능력을 얼마나 잘 활용하는가 하는 것이 서비스일정관리의 관건이 된다. [그림 12-13]은 수요의 주기적 변동이 서비스능력에 미치는 영향을 그린 것이다. 상부에 그어진 실선(수평선)은 최대 가용능력이며 그 밑의 점선은 적정능력을 나타낸다.

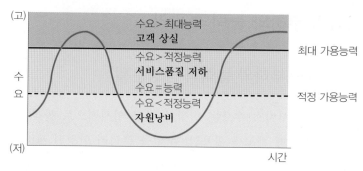

그림 12-13 서비스 수요변동과 서비스 능력

서비스수요의 주기적 변동이 가용능력에 미치는 영향에서 볼 때, 서비스능력이 고정되어 있는 상황에서([그림 12-13] 참조) 서비스시스템이 당면할 수 있는 4가지 상황을 보여주고 있다.

① 서비스수요가 최대 가용능력을 초과하면, 고객상실의 기회손실을 초래한다.
② 서비스수요가 적정 가용능력을 초과하면, 고객상실의 기회손실은 없더라도 서비스가 거칠고 품질이 조잡할 수 있다.
③ 서비스수요가 적정능력 수준일 때는, 수요와 공급이 균형된다.
④ 서비스수요가 적정능력 수준 이하이면, 생산자원이 남아도는 만큼 원가부담이 커지며 고객들은 서비스가 허술하여 손님이 적다고 생각하기 쉽다.

5.2.2 수요관리 전략

서비스 수요는 다음의 수요관리 전략들을 전개하여 서비스 부하(수요)를 가급적 능력에 맞추도록 도모해야 한다.

1) 관리가능 수요의 분할관리

비수기의 수요촉진과 밀접하게 관련된 접근방법은 분할수요(partitioning demand) 전략이다. 서비스수요는 보통 동질의 원천에서 발생하지 않기 때문에 관리자는 예정된 수요(planned demand)와 랜덤수요(random demand)를 구분하여 관리한다. 예약이나 지정제도로 예정된 수요를 관리하며 남은 시설능력으로 랜덤수요를 수용한다.

종합병원의 서비스 수요를 고객의 도착유형으로 구분할 때, 예정된 도착수요와 랜덤 도착수요로 나눌 수 있다. 병원을 찾는 환자의 경우, ① 예약을 하고 찾아오는 환자와 ② 그대로 오는 환자가 있는데, 일반적으로 ①의 예정도착은 예측과 통제가 가능한 관리가능 수요이다.

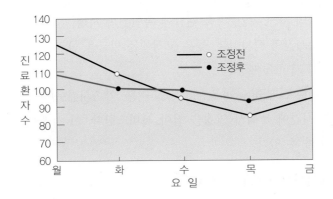

그림 12-14 **예약시간의 조정효과**

8장의 2.4.1 「환자진료 능력의 평가와 조정 사례」에서, 예약환자들의 예약시간을 요일별로 조정한 결과 [그림 12-14]와 같은 서비스 부하의 개선이 있었다.

시내의 대형호텔은 비수기인 여름에 외국 관광회사와 저렴한 요금으로 단체예약을 받고 남은 시설은 내국인 수요에 활용한다. 자동차정비업소 중에는 일부능력을 보험회사와 장기수리계약을 맺어 시설유지비를 충당하고 나머지 능력으로 찾아오는 고객들에게 서비스를 제공한다.

2) 지정약속제도의 활용

선진국에서 개인적인 서비스 성격의 많은 수요들 가령 진료와 상담 등은 예약이나 약속에 의해 제공된다. 최근 전문서비스를 제공하는 의사·변호사·회계사들은 지정약속제도를 이용하여 서비스수요를 조절한다. 지정제도를 이용하면 환자나 고객수요를 고루 분산시켜서 비수기와 성수기의 수요를 조절할 수 있다.

지정약속제도(appointment system)는 서비스 능력의 이용률을 높이면서 고객의 대기시간을 최소화하기 위해 고객 도착시간을 통제하려는 것이다.

지정제도를 실시하는 데 야기되는 **문제**들은 다음과 같다.

① 고객이 약속시간에 나타나지 않는다.
② 약속시간보다 늦거나 일찍 오는 고객들이 있다.
③ 고객 서비스시간이 예정보다 많이 걸린다.

이에 대한 **대책**으로는

① 약속 불이행에 대한 불이익. 약속을 지키지 못할 때는 벌금부과 또는 고객대우의 차별화

② 약속의 사전 확인. 약속 전날에 확인전화 시행

③ 약속시간의 정시이행. 늦은 고객에는 벌금을 물리고 일찍 도착한 고객이라도 정시에 서비스 제공

④ 웨이브 스케줄(wave schedule)을 이용. 약속시간을 지키지 못한 고객에게는 적당한 시간에 늦춰서 일정을 잡아 서비스한다. 이 사례는 병원의 외래진료에서 흔히 볼 수 있다.

3) 예약제도의 개발과 활용

예약제도는 항공기, 철도, 택시와 마찬가지로 레스토랑, 호텔, 콘도, 예식장 등에서 폭 넓게 적용된다. **예약제도**(reservation system)는 서비스시스템이 일정 기간중의 서비스수요를 보다 정확히 예측하고, 고객의 지나친 대기와 서비스 행위의 불가능으로 인한 고객의 실망을 최소화하도록 설계된 제도이다.

최근 조선일보가 식당, 미용실, 병원, 고속버스, 소규모공연장 등 전국 서비스업 사업장 100여곳을 설문 조사한 결과,[18] 예약 부도율이 평균 15%에 이르고 식당 부도율은 20%에 달했다. 유럽이나 미국 보다 3~4배가 높은 수준이다. 예약 부도로 발생하는 서비스 부문 매출 손실은 매년 4조5,000억원에 이를 것으로 추산된다.

예약을 받는 것은 잠재 서비스 수요를 확보(예정)하는 것과 같다. 예약으로 시간과 장소가 정해지므로 이는 서비스 능력관리에 매우 유용한 수단이 된다. 예약은 고객의 대기시간을 줄이고 서비스능력을 높이는 효과가 있다. 서비스업자는 능력에 맞추어 작업일정을 수립하여 능력을 효율적으로 이용할 수 있다. 예약을 받는 것은 서비스 능력을 미리 매각하는 것으로 이 경우 재고수요(inventorying demand)의 성격을 띠고 있다.

지정약속(appointments)은 고객의 서비스시간을 제공자가 지정하는 데 반해, 예약은 식당이나 비행기예약에서 볼 수 있는 것처럼, 주어진 시간에 능력의 일부를 이용하도록 배정하는 것이다. 따라서 예약제도에서는 예약취소율을 감안하여 능력보다 초과(over booking)하여 예약을 받는 것이 보통이다. 이 경우 오버부킹에 대한 대책을 세우고 아울러 대기고객을 지정한다. 예약취소율을 줄이려면, 지정약속제도처럼 벌금제도나 사전에 예약금을 받는 방법이 있다.

4) 가격유인제도(價格誘引制度)의 활용

서비스 수요를 관리하는 가장 단순한 전략은 가격유인제도(price incentives)이다. 서

---

18) "No-show 사라진 양심 '예약 부도'", 조선일보, 2015.10.14.

비스의 비수기에는 가격을 낮추고 성수기에는 가격을 높여서 수요조절을 도모하는 방법이다.

그 사례를 제시하면,

① 스키장에서 시즌이 지나면 스키 대여료나 리프트요금을 할인해 준다.
② KTX 열차는 주말에 비해 좌석이 남는 주중의 시간대에는 할인하여 준다.
③ 극장에서는 이른 아침에 조조할인하여 준다.
④ 골프장이나 테니스장에서는 내장객이 많은 주말에는 할증요금을 받는다.
⑤ 원자력발전은 24시간 가동을 멈출 수 없다. 전력수요가 적은 심야에는 전력요금을 할인해 준다.

이러한 할인제도를 실시할 경우에는 수요의 상이한 변화 내지 기복과 패턴을 예의 검토하여 공급에 비해 수요가 작을 때에 실시한다.

5) 비수기 수요의 촉진

비수기 수요(off-peak demand)의 촉진은 비수기의 요금할인을 비롯하여 미사용 능력(unused capacity)을 활용하기 위한 다양한 수요를 추구하는 수요창출전략과 관련이 깊다. 가령 스키장에는 많은 숙박시설과 회의장이 있는데 비수기인 여름이나 가을에 골프장이나 수영장, 삼림욕과 체력단련, 연수교육 및 세미나 장소로 이용하거나, 골프강습, 수영강습, 강변가요제, 강강수월래, 달맞이 행사 등을 열어 유휴시설을 활용한다.

6) 부대 서비스의 개발

스키장이나 호텔·콘도 등에서 고객을 위해 수영장이나 워터파크, 사우나·헬스장을 시설하고 약국·특산품·기념품점·서점을 열어 고객의 편의를 제공한다. 이 밖에 바·탁구장·노래방 등을 두어 고객의 무료함을 달래 주기도 한다. 대중 목욕탕내에 휴게실과 이발소를 설치하여 바쁜 생활을 하는 직장인 고객의 편의를 도모한다. 이와 같은 부대 서비스(complimentary services)로부터 수입을 올리는 것은 물론이다. 우리나라 골프장에서는 식당이나 골프 코스내의 그늘집에서 음료수와 음식물을 제공하고 관련 상품들을 판매하여 상당한 수입을 올리고 있다.

7) 미납주문·대기제도의 운영

서비스 성수기에는 수요에 비해 능력이 모자란다. 냉장고나 에어컨 수리의 경우, 성수기인 여름철에는 서비스 콜을 받고 방문하는 시간간격은 길어진다. 능력이 절대적으로 모자랄 때에는 대부분의 고객들은 미납주문, 즉 대기행렬에 응할 수밖에 없다.

대기행렬(queueing system)은 서비스업체가 재고수요를 이용할 수 있는 또 하나의 방법이다. 수요가 많을 때 고객들에게 대기할 용의가 있는가를 묻고 선착순 기준으로 서비스한다. 비행기좌석의 대기자 명단(waiting list)이 그 한 예이다.

효과적인 대기제도는 운영관리자가 고객이 기다릴 최대의 대기시간을 정해 두고 가급적 빨리 진행하여 고객이 불쾌감을 갖지 않게 한다. 은행이나 A/S센터 등의 서비스 업체는 대기실의 분위기 · 시설 · 음식물 · 독서물 · 영상물 · 오디오 등을 마련하고 차례가 언제 올 것인가를 알 수 있도록 정보를 수시로 제공해야 한다. 또한 비행장에서 비행기의 이착륙을 알리는 출발 · 도착 표시판은 탑승객 및 마중나온 고객의 지루함을 덜어 주는 역할을 한다.

슈퍼마켓에는 수많은 품목을 구매하는 고객과 소량의 물품을 구매하는 고객이 차례를 기다린다. 이 경우 「최소작업시간 우선규칙」에 따라 한두 가지 물품을 구매하는 고객을 대상으로 '빠른 창구'에서 서비스한다. 공항에서 짐이 많은 고객과 짐이 없는 고객의 접수창구를 구분하여 접수하는 것도 같은 예이다.

8) 고정 스케줄의 유지

항공사 · 철도 · 버스 · 여객선 · 극장 · 구내식당 등에서는 보편적으로 그들이 서비스할 수 있는 능력에 맞추어 서비스일정을 고정시킨다. 이 경우 장거리 항공기에서처럼 일정표(schedule)를 고객에 널리 공지하는 것이 중요하다. 서비스 수요가 집중되어 능력이 모자라거나 차별화된 서비스가 제공될 때에는 고객이 스케줄에 맞추어야 한다.

반대로 경쟁이 심할 때에는 고객수요에 맞춰 서비스시간을 조정하기도 한다. 고객이 몰리는 시간에 대형 항공기를 취항시킨다든가 운항횟수를 늘리는 경우이다.

5.3 서비스 능력의 관리

불규칙적으로 발생하는 서비스의 수요는 그의 시한성으로 수요변동을 재고로 조절할 수도 없다. 수요변동에 대한 중요한 전략변수 중의 하나는 서비스 능력이다.

변동이 심한 서비스 수요의 충족은 현실적으로 어려운 일이다. 서비스 수요는 일시적으로 몰리는 경향이 있는데, 이 경우 최대수요(peak demand)에 맞추어 서비스 능력을 확보하는 것이 경제적으로 불리하기 때문이다. 따라서 서비스 수요에 능력을 맞춘다는 것은 힘든 일이지만 다음의 접근방법으로 부하와 능력간의 차이를 접근시킬 수 있다.

1) 작업 교대조의 일정관리

병원 · 전화국 · 탄광 · 소방서 · 항공사 · 철도 · 운송회사 등 서비스 기관에서 작업조(work shift)의 일정관리는 서비스 능력의 관리 내지 원활한 서비스 제공에 긴요하다. 성수기의 수요를 최대한 흡수하기 위한 방법의 하나가 능력을 최대한 늘이는 것인데, 시설능력의 제약을 받을 때 그 하나의 방법으로 교대조의 인원과 시간을 조정하여 대응하는 방법이 있다.

일일 **작업교대조의 일정관리**는 다음 순서로 행한다.

① 주간 · 주말 · 휴일 등의 계절성을 고려하여 일일수요를 예측한다.
② 일일수요를 시간별 요원소요량으로 바꾼다. 일일 수요예측치는 시간별로 필요한 작업자수로 나타낸다.
③ 작업교대조의 일정을 짠다. 휴식 및 식사시간을 포함한 필요 작업시간을 산정한 다음 이를 교대조별로 시간별 소요 작업자수로 나타낸다.
④ 특수 요원이 필요한 경우 이들을 필요한 작업조에 배정한다.
⑤ 작업조별 작업 담당자를 요일별로 정한다. 비번과 잔업도 함께 표시한다(〈표 12-15〉참조).

표 12-15 새한병원의 작업교대조 일정계획

작업자	월	화	수	목	금	토	일
이정화	○	○	○	○	○	×	×
김을숙	○	○	○	○	○	×	×
신재호	×	×	○	○	○	○	○
명화원	○	○	○	○	○	×	×
김영신	○	×	×	○	○	○	○
안명숙	○	○	○	×	×	○	○
서정화	○	○	○	○	×	×	○
이상식	×	○	○	○	○	○	×
능력(C)	6	6	7	7	6	4	4
소요량(R)	6	5	6	6	6	4	3
여유(C-R)	0	1	1	1	0	0	1

○ : 근무   × : 비번

2) 임시고용 종사자의 활용

식당이나 슈퍼마켓에는 특정시간에, 스키장에는 눈오는 겨울철에 고객이 몰린다. 임시직(part-time staff)은 일손을 덜어주며 과잉고용을 억제하는 역할을 한다.

버거킹 식당에서 점심시간 바쁠 때에는 시간당 800개의 버거를 만들 수 있는데, 이 시간을 제외하고는 시간당 40개 정도를 만든다. 이 경우 피크수요에 대비해서 시설을 한다. 인력계획은 말할 것도 없이 매우 중요한 요소이다. 피크타임에는 임시고용직을 대부분 이용한다. 정상고용인으로 피크타임에 대비하려면 그 비용은 감당하기 어렵다.

미국 버거킹 본사에서는 시뮬레이션으로 수요에 맞추어 표준시간을 최대로 충족시킬 수 있는 적절한 충원수준과 작업할당량을 결정한다. 생산성 향상으로 연간 매출액의 1%에 해당하는 비용을 줄일 수 있었는데, 이는 250억 달러의 1%인 2천5백만 달러에 이른다.[19]

3) 다기능 부동요원(浮動要員)의 활용

은행에서는 일손이 모자랄 때 일손의 여유가 있는 후선부서의 지원을 받아서 성수기수요를 흡수한다. 시중은행의 경우 점심시간대에 고객이 밀리는데, 이 경우 교대시간을 조정하고 아울러 후선 업무요원을 일선업무나 지원근무에 투입한다.

모자라는 서비스능력을 효과적으로 이용하는 방법으로 서비스 요원이 여러 업무를 수행할 수 있도록 교육·훈련시켜(cross-training) 이들 다기능부동요원(multi-skilled floating staff)으로 하여금 필요시 지원근무를 하도록 한다. 병원에서는 부서나 병동별·계절별로 간호요원수의 변화가 발생한다. 이 경우 유휴능력 내지 부동능력을 활용할 수 있다. 간호요원의 일정관리는 교대조의 변동 등으로 다룬다. 환자는 전반간호(total-care), 부분간호(partial-care), 자립(self-care)환자로 구분할 수 있다. 전반간호환자의 간호는 부동간호요원이 전담한다.

4) 고객의 참여와 셀프서비스 확대

서비스 과정에 고객의 참여를 유도하여 고객의 역할증대를 도모하면(예: 슈퍼마켓·뷔페식당·자동현금인출기 등) 서비스의 능력증대에 도움이 된다. 변동하는 수요(non-uniform demand)에 대응하여 능력을 조정하는 방법의 하나는 고객 스스로 서비스(customer self-service)하도록 하는 것이다.

우체국에서 '해외'와 '국내'우편물로 구분하고 국내우편물은 다시 '시내'와 '지방'으

---

19) R. D. Filley, "Putting the Fast in Fast Foods", *Industrial Engineering*, Jan. 1983.

로 나누어 접수한다. 모든 우편물에는 행선지의 지역별 우편번호(zip code)의 표시를 요구하며, 규격봉투에 바코드를 부착하여 우편분류시간을 줄인다.

5) 보조능력과 하청능력의 이용

손님이 많이 몰리는 설렁탕집에서는 설렁탕 그릇에 양념과 밥을 담아놓고 쟁반에는 반찬을 미리 담아 놓는다. 주문이 있으면 그릇에 뜨거운 국물만 부으면 된다. 미국의 맥도날드(McDonald)나 버거킹(Burger King) 같은 패스트푸드 점포에서는 드라이브인(drive in) 입구에서 전화로 주문을 받는다. 자동차가 전진하는 동안 주방에서는 주문받은 대로 조리를 하여 출구의 픽업창구에 이르면 주문한 음식을 내 준다.

서비스 시설능력의 한계를 극복할 수 있는 방법으로 아웃소싱(outsourcing) 내지 하청이 있다. 운송능력이 모자랄 때 하청을 주어 늘어난 수요에 대처하거나 지방 운송업체에 운송을 위탁할 수 있다. 상당수의 토목·건설업체는 하청업체를 거느리고 있다. 가령 고속도로 건설을 공사구간이나 내용별로 하청을 주어 능력의 한계를 극복한다.

특히 업무가 계절적이거나 일시적으로 몰리는 경우 자체인력이나 설비를 이용하는 것보다 외부용역(outsourcing)을 주는 것이 효과적이다.

6) 서비스 능력의 조절과 공동이용

변동하는 서비스수요에 효과적으로 대응하는 방법으로 수요변동에 따라 서비스능력을 조절하고 공동으로 이용하는 방법이 있다. 고속도로 톨 게이트(toll gate)에서 차량이 몰릴 때에는 톨 게이트를 많이 열어 준다. 그리고 요금정산은 '하이패스'나 종착지에서 정산하는 제도로 시간과 장소를 분산하여 대기행렬을 줄인다. 시내의 가변차선제도는 출퇴근시간 차량의 통행량에 따라 차선을 변경하여 교통의 흐름을 원활하게 해 준다. 이들은 시스템 설계단계에서 서비스 능력을 부분적으로 조절하는 방법들이다.

이 밖에 공항대합실·비행장의 활주로·램프·소하물 청구대(baggage claim) 등과 고속버스의 정류장과 매표소·대합실을 공동으로 이용하는 것은 서비스 능력을 공유하는(sharing capacity) 사례이다.

7) 서비스 제공순서의 변경

다단계의 서비스가 제공되는 시스템(예: 동물원·박물관·전시장·골프장·종합건강진단 등)에서 서비스의 제공순서를 바꾸어 고객의 대기행렬을 줄이며 서비스 진행시간과 진행률(flow rate)을 높인다.

단체로 행하는 종합건강진단의 경우, 12개 부서가 건강검진을 받는다면 6개 부서나 4개 부서 단위로 라인을 편성하면 진행률을 훨씬 높일 수 있다. 18홀이 설치된 골프장에서는 ①~⑨홀과 ⑩~⑱홀의 2개 라인으로 나누어 동시에 티 업하여 대기행렬을 줄이고 진행률을 높인다.

6 서비스 자원의 일정관리

서비스 일정계획의 주요 목표는 고객에 유용한 서비스를 적기에 제공하는 것이다. 그런데 고객의 서비스수요는 불규칙적으로 변동하며 대부분 관리불능변수이므로 서비스 능력을 조절하고 관리하는 데 치중하지 않을 수 없다. 서비스 능력의 원천인 서비스 자원은 대별해서 인적자원인 서비스요원과 물적자원인 서비스시설로 구분할 수 있다. 이 중에서 핵심이 되는 자원은 서비스 요원이다. 따라서 서비스 일정계획에서 가장 중요한 문제는 인력 일정계획에 관한 것이다. 업종에 따라 다른 것으로, 가령 운송서비스의 경우는 차량 일정계획이 긴요하다.

6.1 인력 일정계획

서비스요원의 충원계획(staffing plan)을 구체적인 개인별 작업일정계획으로 변환시킨 인력일정계획(personnel scheduling)은 노동집약적인 서비스에서 흔히 다루어지는 문제이다. 가령 경찰서·운송회사·항공사·병원·호텔·은행·백화점·식당·미장원 등에서 서비스요원의 일정계획은 중요한 문제이다. 특히 고객의 서비스 수요가 변하는 경우에 인력 일정계획은 매우 중요하다.

인력일정계획의 **목표**는 최소의 비용으로 주어진 서비스수요에 적절히 서비스할 수 있도록 유용한 인력을 배치하는 것이다. 서비스요원의 일정계획은 근무일정이 고정된 고정일정계획(fixed scheduling)과 일련의 작업일정에 따라 작업자들을 순환시키는 순환일정계획(rotating scheduling)이 있다.

인력일정계획의 일반적인 **접근단계**를 제시하면 다음과 같다.

① 수행할 작업량을 결정한다.
② 작업을 수행하는 데 필요한 인원을 결정한다.
③ 가용 인원을 파악한다.

④ 필요인원과 가용인원을 맞추어 작업일정계획을 수립한다.

6.2 복합자원의 일정계획

서비스 제공을 위해 여러 자원이 필요한 경우, 투입될 자원들을 조정할 필요가 있다. 가령, 외과병원에는 외과의사·수술실·수술실 요원·마취사·회복실 요원·간호사 등이 미리 예정되어 있어야 한다.

서비스 능력에 계획된(scheduled) 자원의 수가 많을수록 문제가 복잡해지며, 최적 일정의 달성 가능성이 점점 줄어든다. 학교나 병원들은 바람직한 일정계획을 고안하기 위해 컴퓨터 프로그램을 사용하는데, 일부는 성공을 하지만 직관적인 접근방식을 모색하는 경우도 흔히 본다.

항공사의 서비스는 복합자원에 대한 일정관리가 요구되는 서비스이다. 비행승무원, 항공기, 수하물 운반장비, 탑승권 카운터, 게이트출입 통제요원, 탑승트랙 및 보안요원 등이 갖추어져야 한다. 이 밖에 비행승무원의 스케줄, 항공기의 정비와 운항스케줄, 공항의 항공기 트래픽, 관제탑의 지시 등 복잡하게 얽혀 있다.

6.3 운송차량의 경로 및 일정계획

여러 조직과 기관에서 물자나 인원의 운송업무는 매우 중요하다. 우편·물품의 배달, 신속한 출장수리, 병원응급차·소방차와 같은 응급서비스, 통근·통학, 여객·승객·화물의 운송 등 그 예는 헤아릴 수 없이 많다. 다수의 운송차량을 관리하는 서비스시스템으로는 화물 및 여객운송업체·우유처리장·농수산물집하장·시멘트 및 철강생산업체·유류공급업체·청량음료업체·우체국 등을 꼽을 수 있다.

이들 업체에서는 신속하고 경제적인 운송수단과 운행경로를 정하는 것이 중요하다. 즉, 운송차량의 합리적인 운행경로와 일정을 예정하는 차량경로 및 일정계획 (vehicle routing & scheduling)은 이들 조직에서 매우 중요한 업무이다.

차량 일정계획에서 고려할 사항들은 다음과 같다.

(1) 고객의 배달요구사항 및 위치, 운송할 고객수를 정확히 알고 있어야 한다.

특별히 고려되어야 할 고객요구사항의 예로서 통학버스는 여러 곳에 멈추어 학생을 태울 수 있도록 노선이 정해져야 한다.

(2) 각 고객 및 경로별 운송거리 · 운송시간 · 운임 등을 알고 있어야 한다.

차량운행시간을 최소화하는 데 전산화된 경로계획(절차계획)이 이용될 수 있는데, 차량배차에서 종종 사용되는 접근방식으로 크라크–라이트의「운송경로 단축탐색법」이 있다.[20]

6.4 운송경로의 단축탐색법

크라크–라이트의 운송경로 단축탐색법(Clarke-Wright savings heuristic)은 중앙의 본사나 창고로부터 n명의 고객이나 배달지점까지의 운반경로를 결정하는데 이용된다.

초기가정(initial assumption)은 n명의 고객 각각에게 특정차량이 배치될 수 있을 만큼 충분한 운송차량을 보유하고 있다는 점이다. 이는 n명의 고객들에게 n대의 차량이 배차될 수 있음을 의미한다. 또한 운송지점간에 소요되는 시간 · 비용 · 거리는 대칭적이라고 가정한다.

지점 i에서 지점 j까지의 관련비용(거리)이 C_{ij}일 때, 대칭적 비용은 $C_{ij} = C_{ji}$로서 $2C_{ij}$가 된다.

중앙(창고) 위치는 0이며, n명의 고객들에 대한 n대의 운송차량 배차를 보인 것이 [그림 12–15]이다. 이 경우 각 운송차량은 고객에 배달하고 다시 원래 위치로 되돌아와야 하기 때문에 비효율적이다.

n대의 차량을 운행하는 초기가정의 **총비용**(시간)은 ①식과 같다.[21]

$$2C_{01} + 2C_{02} + \cdots + 2C_{0n-1} + 2C_{0n} = \sum_{j=1}^{n} 2C_{0j} \quad \cdots\cdots\cdots\cdots\cdots\cdots\cdots\cdots\cdots\cdots \quad ①$$

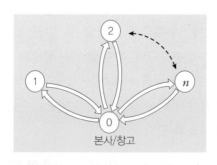

그림 12–15   초기의 운송경로

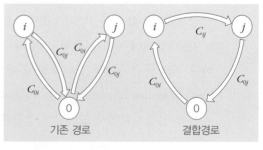

그림 12–16   단축 운송경로

---

20) G. Clarke & J. W. Wright, "Scheduling of Vehicles from a Central Depot to a Number of Delivery Points", *Operations Research* 12, July-Aug. 1964.

21) 비용(C) 대신에 시간(t)로 표현할 수도 있다. 이 경우 산식은 $2t_{01} + 2t_{02} + \cdots + 2t_{0n}$이 된다.

해결책은 불필요하게 되돌아오는 경로를 제거하기 위하여 결합경로를 택하는 것이다([그림 12-16] 참조). 즉, $C_{0i}+C_{0j}+C_{ij}<2C_{0i}+2C_{0j}$일 때, 결합경로(combined route)는 초기경로보다 적은 비용(시간)으로 운송이 가능하다.

이 경우 **순절약비용**(S_{ij})은 ②식과 같다.[22]

$$S_{ij}=C_{0i}+C_{0j}-C_{ij} \cdots\cdots\cdots\cdots\cdots\cdots\cdots\cdots\cdots\cdots\cdots\cdots\cdots\cdots\cdots\cdots\cdots\cdots\cdots\cdots ②$$

경제적 운송비용(시간)과 고객요구사항을 해결하기 위한 크라크-라이트의 **접근방법**을 단계별로 제시하면 다음과 같다.

(1) 각 고객 쌍(경로)의 순절약비용(시간)을 ②식을 이용하여 계산한다.

계산결과, 비용(시간) 절약이 많은 경로(고객)부터 순차적으로 나열한다.

(2) 순절약비용이 가장 큰 고객들의 쌍을 선택하고, 두 지점의 연결이 타당한지를 알아본다.

양자간 연결이 가능하면(제약조건이 주어질 때는 이를 충족시켜야 한다) 이들을 연결하는 새로운 경로를 구축한다. 불가능하면 그 다음으로 가장 큰 절약비용을 가진 쌍(경로)을 선택한다.

(3) 순절약비용이 나타나는 한, (2)단계를 반복한다.

이 방법은 절약된 시간이나 비용을 근거로 단축경로 문제를 해결하는 방법이다.

📋📊 설례 ▶ **운송경로의 개선**

SM콜라에서는 영업사원들이 루트세일(route sale)을 하고 있는데, 북부지역을 담당하는 이상래씨는 5개의 거래처에 중형트럭으로 음료수를 공급하고 있다. 하루 전에 들어온 주문의 거래처별 운송예정량과 운송시간은 각각 〈표 12-16〉 및 〈표 12-17〉과 같다.

트럭의 적재능력은 80상자로서 1일 8시간 근무한다(이상은 제약조건이다).

운행시간을 최소로 하는 운행경로를 정하고자 한다. 먼저 ①식으로 창고와 각 거래처간 왕복 운송시간을 산정하면,

표 12-16 **거래처별 음료수 운송량** (단위: 상자)

거래처	1	2	3	4	5	합계
운송량	16	55	40	53	26	190

---

22) 비용(C)을 시간(t)으로 표현할 때는 $S_{ij}=t_{0i}+t_{0j}-t_{ij}$가 된다.

표 12-17 운송경로간 운송시간 (단위: 분)

거래처	0	1	2	3	4	5
0	–					
1	20	–				
2	45	51	–			
3	50	10	50	–		
4	60	55	20	50	–	
5	85	53	47	49	10	–

$$2(t_{01}+t_{02}+t_{03}+t_{04}+t_{05}) = 2(20+45+51+60+85) = 522분이 된다.$$

즉, 이와 같은 운송경로로는 하루 8.7시간이 소요되어 0.7시간이 초과된다.

결합경로(combined route)로서 운반경로의 개선을 모색해 보기로 하자.

1 단계: 먼저 거래처 1과 2를 연결한 결합경로에서 단축되는 시간을 ②식으로 구해보면, $t_{01}+t_{02}-t_{12}=20+45-51=14분$이나 된다. 이와 같은 요령으로 각 운송경로간 단축시간을 산정하여 매트릭스표로 옮긴 것이 〈표 12-18〉이다.

2 단계: 〈표 12-18〉에서 절약시간이 가장 큰 거래처 쌍은 거래처 4와 5를 연결하는 운송경로(89시간)이다. 이들 거래처 4와 5의 운송량은 79상자이므로 제약조건(트럭 적재능력 80상자)을 충족시킨다.

3 단계: 그 다음으로 절약 시간이 높은 경로는 거래처 2와 4를 연결하는 결합경로(단축시간 86분)이다. 거래처 2와 4의 운송량을 보면 거래처 2(65상자)과 거래처 4(53상자)의 운송량은 모두 108상자로 트럭의 적재능력(80상자)을 초과하므로 제외된다. 이와 같은 요령으로 각 운송경로별로 제약조건 충족여부를 검토한 결과, 다음과 같이 개선된 운송경로를 제시할 수 있다.

운송경로	소요시간	운송량(상자)
0 – 1 – 2 – 0	116분	16+55=71

표 12-18 운송경로간 단축시간 (단위: 분)

거래처	1	2	3	4	5
1	–				
2	14	–			
3	60	11	–		
4	25	86	20	–	
5	52	57	48	89	–

$$0 - 3 - 5 - 0 \qquad 185분 \qquad 40 + 26 = 66$$

$$0 - 4 - 0 \qquad 120분 \qquad 60 + 60 = 120$$

이 경우 총운송시간은 당초안 보다 106분이 단축된 416분, 즉 6시간 56분이다.

이 장의 요약

이 장에서는 계획기간이 1개월 미만이 되는 생산활동의 계획과 통제, 즉 일정(공정)관리를 다루었다. 1절에서 공정관리의 유형과 기능들을 기술하고, 2절과 3절에서 계획기능과 통제 기능으로 나누어 설명하였다. 개별생산의 일정관리를 4절에서 다루고, 5절에서 서비스 부하와 능력관리, 6절에서 서비스자원의 일정관리를 다루었다.

이 장에서 다루어진 주요내용들은 다음과 같다.

- 일정관리는 생산자원을 합리적으로 활용하여 제품(서비스)을 예정한 시간에 생산할 수 있도록 생산활동을 계획하고 통제하는 것이다.
- 공정관리에는 절차계획기능이 포함되고 일정관리에는 생략된다. 따라서 주문생산에는 공정관리, 예측생산에는 일정관리란 표현이 합당하다.
- 일정(공정)관리의 기능은 계획기능(공수계획·절차계획·일정계획)과 통제기능(작업배정·여력관리·진도관리)으로 나눌 수 있다.
- 특정 생산공정에서 여러 제품을 생산하는 복합생산라인이나 로트생산에서는 경제적 생산로트의 결정문제와 제품의 생산순위 결정문제가 제기된다.
- 여력관리는 진도관리와 밀접한 관계가 있는 것으로 양자는 평행적으로 추진할 필요가 있다. 여력관리는, 계획수립이 어렵고 계획변경이 심한 주문생산에 필요한 통제기능이다.
- 투입률은 재공품(WIP)의 독립변수가 된다. 생산능력의 변동이 없는 한 조달기간·능력의 이용률·공정품 등을 통제하는 열쇠는 투입률이다.
- 개별(주문)생산에서는 다양한 일감들을 여러 작업장에서 상이한 방법 및 순서로 가공·생산하므로 작업순서의 결정과 부하의 결정문제가 중요시 된다.
- 작업순서를 결정하는 작업배정규칙에는 선착우선·최소작업시간 우선, 최대작업시간 우선, 최소납기 우선, 최소여유시간 우선 등의 배정규칙이 있다.
- 애로공정의 일정계획기법(OPT)은 애로공정을 규명하여 생산의 흐름을 동시화하는데 주안점을 둔 일정계획시스템이다.
- 서비스 일정계획의 목표는 서비스 수요와 서비스 능력을 맞추는 것, 즉 서비스 능력을 최대로 활용하는 것이다.
- 서비스자원은 인적자원인 서비스요원과 물적자원인 서비스시설로 구분되며, 노동집약적 서비스에는 인력일정계획이, 운송서비스에는 차량일정계획이 중요하다.
- 서비스 수요와 능력차를 줄이기 위해서 임시고용, 작업교대조 일정관리, 다기능 부동요원의 활용, 셀프서비스 확대 등의 접근방법을 적용한다.

제 13 장
프로젝트 관리

무궁화 인공위성 발사, 세계 최대 높이의 버즈칼리파(Burj Khalifa) 빌딩 건축, 영종도 신공항 건설, 시장조사, 신제품 개발, 공장건설, 이 모든 것이 프로젝트이다.

프로젝트(project)는 보편적으로 규모가 크고 사업 내용이 복잡하며 1회성으로 비반복적이라는 특성을 갖고 있다. 다양하고 급격한 경영환경의 변화에 유연하게 대처하기 위해서는 혁신을 해야 하며 이러한 혁신활동 역시 프로젝트라고 봐야 하며 프로젝트를 누가 더 빨리 성공시킬 수 있는가에 따라 경쟁판도가 달라지고 있다.

1 프로젝트 관리

1.1 프로젝트 관리 개요

프로젝트는 구체적이고 한정적인 과업이기 때문에 지속적이고 반복적인 업무를 수행하는 일상 운영과는 많은 차이가 있다. 프로젝트의 **특성**으로는 목표지향성, 복잡성, 불확실성, 특이성, 일시성 등을 갖는다.[1]

프로젝트 관리(project management)는 이들 목표의 최적화를 모색하고 개별 프로젝트 목표가 달성되도록 기술 · 원가 · 시간 등의 제약을 충족시키는 소요 자원들(인력, 장비, 원자재, 자금 등)의 투입계획을 수립하고, 프로젝트 추진 과정에서 계획에 따라

---

1) 프로젝트에 대해서 ISO 10006(Quality Management Systems-Guidelines for quality management in projects)에서 내린 정의를 보면 "일련의 조정 관리되며 개시일과 종료일이 있는 활동으로서 시간, 원가 및 자원의 제약을 포함한 특정 요구사항에 적합한 목표를 달성하기 위하여 실시되는 유일한 프로세스"라고 했다.

이루어지는 작업이나 업무활동을 통제[2]하는 것이다.

프로젝트에 대한 관리 단계는 프로젝트 생애주기라고 부르기도 한다. ① 프로젝트 계획 단계에서는 해당 프로젝트가 조직에 제공하는 비즈니스 가치에 초점을 두어 프로젝트 목적을 정의하고 자원을 할당받을 수 있도록 프로젝트의 범위 · 일정 · 예산 등에 대한 상세계획을 수립한다. ② 프로젝트의 실행단계에서는 프로젝트 진척 상황에 따라 성과물들이 문서화되며 주기적으로 프로젝트 계획과 실제 진행 사항들을 관리 영역별로 비교하여 현재 프로젝트의 진척 현황을 파악하게 된다. ③ 프로젝트 종료 및 평가 단계에서는 약속된 인도물(deliverables)이 모두 완료되어 품질기준을 만족시켰음을 경영층이나 고객(수주된 프로젝트일 경우)에게 최종 보고하고 프로젝트 팀이 프로젝트 성과물 자체에 대해서 평가한다.

프로젝트가 **실패**하는 주요 **이유**를 보면 다음과 같다.

① 프로젝트의 정확한 목적과 목표가 정의되어 있지 않거나 지나치게 목표를 높게 잡아 달성하기가 어렵다.
② 원가 산정방법이 확립되어 있지 않으며 정확도가 낮다.
③ 프로젝트의 규모와 난이도를 감안하지 않고 무리한 일정 계획을 설정한다.
④ 관리기준이나 평가기준이 없고, 특히 정량적인 관리지표가 미비하다.
⑤ 요구사항 변경이 많지만 변경관리를 하지 않는다.
⑥ PM(project manager), 팀 구성원의 경험과 기량이 부족하여 요구를 정확하게 정의하지 못하고, 프로젝트 이슈, 리스크를 찾아내고 분석하는 역량이 부족하다.
⑦ 이해관계자 간의 의사소통이 부족하다.

1.2 프로젝트 관리 세부 영역

프로젝트 관리를 세분화하면 다음 7가지 영역으로 구분된다.

1) 범위관리

범위관리(scope management)란 '프로젝트를 성공적으로 완료하기 위해 반드시 필요한 작업을 빠짐없이 프로젝트에 포함시키는 프로세스'이다. 범위는 산출물 범위(product scope)와 프로젝트 수행 범위(project scope)로 구분된다. 산출물 범위는 프로젝트 수행결과로 얻을 수 있는 제품, 서비스, 문서 그리고 기능과 관련된다. 프로젝트

---

2) F. Jacobs & B. Chase, *Operations and Supply Chain Management: The Core*, 3rd ed., McGraw-Hill, 2013.

수행 범위는 산출물을 획득하기 위하여 수행해야 하는 대상 작업 목록을 의미한다.

프로젝트 범위는 범위 기술서(scope statement)에 정의되며 WBS(work breakdown structure)로 상세화된다.

2) 일정관리

프로젝트 일정관리(time management)는 산출물의 목표 납기일을 기준으로 프로젝트 수행 활동들의 일정(schedule)을 수립하고 진척사항을 관리한다. 또한 일정 중간중간에 중간보고나 워크숍과 같은 주요 mile stone을 포함시켜 이해당사자들 간의 의사결정이나 소통이 원활하게 진행되어 프로젝트 지연이 발생되지 않도록 사전 준비를 강화시킬 수 있다. 프로젝트 추진과정 동안에는 이를 기준(baseline)으로 하여 일정을 관리 통제한다.

일정을 통제하는 보편적인 방법은 간트차트나 PERT · CPM이다. 그러나 프로젝트 규모가 크면 간트차트나 PERT 등으로 관리하기가 어렵기 때문에 WBS를 활용하는 경우가 최근 증가하고 있다.

3) 비용관리

기본적으로 기업차원의 비용관리와 마찬가지로 품질수준을 유지하면서 주어진 기간 내에 승인된 예산범위 내에서 프로젝트를 완료할 수 있도록 비용을 관리하는 제반 활동이다.

WBS의 최하위 단위인 작업요소(work element)별로 산정한 비용을 전체 프로젝트에 대해 합산한 것이 [그림 13-1]의 비용기준선(cost baseline)이 되며 보편적으로 S곡

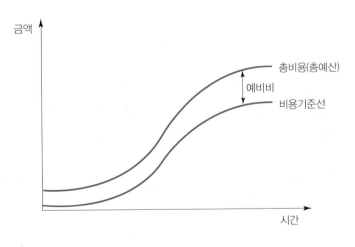

그림 13-1　비용기준선과 총예산

선의 형태를 갖는다. 비용기준선과 관련하여 추가로 고려할 것이 예비비(contingency reserve)이다. 예비비는 범위 변경이나 일정변경 등으로 인해 발생할 수도 있는 알려지지 않은 사건(unknown)에 대응하기 위해서 준비해 놓은 비용으로 통상적으로 프로젝트 시작 시점에 잠재 리스크 수준에 따라 일정 비율을 예비비로 할당해 놓는다.

4) 품질관리

프로젝트 품질관리는 회사 차원의 품질관리 규정·매뉴얼을 기반으로 프로젝트가 요구하는 사항을 만족시키기 위하여 품질정책, 목표, 책임과 실행 등을 결정하는 관리기능의 모든 행위를 포함한다. 프로젝트 품질관리는 품질보증팀과 PM(project manager)과의 긴밀한 협조하에 이루어져야 한다.

5) 인력관리

프로젝트 조직은 프로젝트 관리를 담당하는 PMO(project management office)와 프로젝트 수행 팀으로 구분되며 프로젝트 수행 팀은 프로젝트 범위에 따라 세분화 될 수 있다.

PM(project manager)은 프로젝트에 대한 총괄 책임을 갖는다. 따라서 인적자원관리에서 가장 중요한 토픽이 바로 PM의 선정이며, **PM의 책임**은 다음과 같다.[3]

① 작업. 모든 필요한 활동들이 프로젝트 계획에 따라 이루어지고 성과 목표가 달성되도록 한다.
② 인적자원. 프로젝트에 참여하는 사람들이 성과를 낼 수 있도록 동기부여시키고 헌신하도록 리딩한다.
③ 의사소통. 프로젝트 팀 내의 사람들이 자신들이 해야 하는 것이 무엇인지에 대해서 분명하게 소통할 수 있도록 정보를 제공하며, 프로젝트 팀 외부의 사람들과 이슈를 소통하고 갈등을 해결한다.
④ 품질. 프로젝트의 성과 목표를 달성하도록 한다.
⑤ 시간. 프로젝트가 일정에 맞춰 완료되도록 한다.
⑥ 비용. 프로젝트가 예산 범위 내에서 완료되도록 한다.

6) 의사소통관리

프로젝트 의사소통 관리는 팀 내부 의사소통과 이해관계자들을 대상으로 하는 외부 의사소통으로 구분된다.

---

3) W. J. Stevenson, *Operations Management,* 11th ed., McGraw-Hill, 2011.

팀 내부 의사소통을 위해 스티어링 커미티(steering committee)와 같은 의사결정 체계를 확정하여 프로젝트 추진 현황과 각종 이슈를 보고하며 이슈 해결을 위해서 필요한 의사결정을 내리게 된다.

외부 의사소통은 주로 프로젝트에 의해서 영향을 받는 현업부서, 고객, 미디어, 프로젝트와 관련이 있는 타 프로젝트, 공급업체 등이 될 수 있는데 프로젝트의 목적에 따라 대상이 달라지게 된다. 따라서 프로젝트가 Kick off되기 전에 프로젝트와 관련된 이해관계자들이 누구이며 이들에게 언제 어떠한 정보를 어떻게 전달할지에 대한 계획수립이 이루어져야 한다.

7) 리스크 관리(risk management)

한시적이고 독특한 특성을 지닌 개별 프로젝트의 목적을 달성하는 것을 방해하는 프로젝트 추진 과정에 존재하는 리스크를 관리하는 것이 리스크 관리이다.

프로젝트 리스크는 프로젝트에 존재하는 불확실성에 기인하므로 알려진 리스크와 알려지지 않은 리스크가 존재한다. 과거에 수행한 프로젝트 수행 경험으로부터 학습한 발생 가능한 잠재적 리스크를 사전에 규명하여 리스크에 대한 우선순위를 결정할 수 있다. 주요 리스크에 대해서는 비상 계획(contingency plan)을 수립하여 발생여부를 지속적으로 모니터링한다.[4]

② 프로젝트 관리기법

2.1 간트차트(프로젝트 관리의 전통적 기법)

공정관리나 일정관리는 생산활동을 주로 시간적인 측면에서 관리하는 것이기 때문에 도표에 의한 관리가 효과적이다. 일정관리 기법으로 널리 이용되고 있는 간트차트는 계획과 실제 작업량을 작업일정이나 시간으로 견주어서 가로선으로 표시하여 계획과 통제기능을 아울러 수행할 수 있도록 마련된 일종의 막대도표(bar chart)이다.

간트차트(Gantt chart)는 사용 목적에 따라 대별해서 다음 3가지로 나눌 수 있다.

① 작업자 및 기계기록도표(man and machine record chart). 각 기계나 작업자별로 계획작업량과 실제작업량의 관계를 나타내는 간트차트이다. 이 도표로써 작업

---

4) L. J. Krajewski, L. P. Ritzman, and M. K. Malhotra, *Operations Management: Processes and Supply Chains*, 10th ed., Pearson, 2012.

자나 기계의 유휴상태와 그 원인을 알 수 있다.

② 능력활용을 위한 작업부하도표(load chart). 작업자 특히 기계설비별로 현재 능력에 대해서 어느 정도의 작업량(또는 계획량)이 부하되어 있는가를 보여주는 막대도표이다. 즉 기계부하표를 간트 차트로 나타낸 것이다.

③ 진도관리를 위한 작업진도표(process chart). 작업공정이나 제품별로 계획된 작업이 실제로 어떻게 진행되고 있는가를 보여주는 도표이다. 즉 계획과 실적을 비교하여 작업의 진행상태를 나타냄으로써 전체적인 시간관리를 가능케 하는 막대도표이다.

2.1.1 간트차트의 작성

간트차트의 작성형식은 사용목적에 따라 다소 다를 수 있다.

도표의 상단에는 옆으로 일자와 시간을 나타내는 '일자란'이 있는데 우선 여기에 예정된 일자를 기입한다. 도표의 좌측란에는 아래로 계획내용이나 기계 또는 작업내용 등을 기입한다([그림 13-2] 참조). 계획과 실적을 도표상에 기입할 때 간단 명료하게 나타낼 수 있도록 [그림 13-2]와 같은 기호들이 사용된다.

2.1.2 막대도표의 취약점

작업이 복잡하지 않은 소규모의 프로젝트는 간트차트가 작성이 간편하고 비용도 적어서 쓸만하다. 그러나 프로젝트의 규모가 크고 소요작업의 종류가 많으면 이들의 상관관계가 복잡하여 간트차트로는 다루기가 힘들다. 즉 간트차트와 같은 막대도표

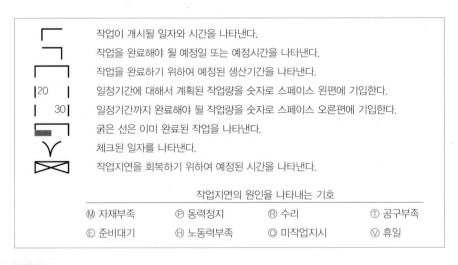

그림 13-2 간트차트에서 사용되는 기호

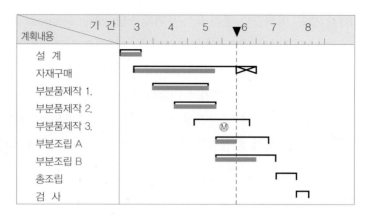

계획내용	기 간	3	4	5	6	7	8
설 계							
자재구매							
부분품제작 1.							
부분품제작 2.							
부분품제작 3.					Ⓜ		
부분조립 A							
부분조립 B							
총조립							
검 사							

그림 13-3 간트차트

로는 작업의 전후관계와 그들 소요시간의 이원적 요소를 함께 다룰 수 없는 취약점을 지니고 있기 때문이다.

간트차트가 지니고 있는 **결점**(취약점)은 다음과 같다.

① 계획변경에 대한 적응성이 약하다.
② 복잡하고 세밀한 일정계획 수립이 곤란하다.
③ 일정의 중점관리가 막연하다.
④ 작업 상호 간의 유기적인 연관성과 종속관계를 파악하기 힘들다.
⑤ 사전예측이 어렵고 정확한 진도관리가 힘들다.

이러한 막대도표의 결점들을 보완하기 위해 개발된 것이 네트워크 계획기법(network programming)으로 컴퓨터의 발전에 힘입어 그 적용이 확대되고 있다.

2.2 PERT·CPM

2.2.1 네트워크 기법의 발전과 적용

1) PERT와 CPM의 발전

네트워크 계획기법에서 대표적인 것이 PERT(Program Evaluation & Review Technique)와 CPM(Critical Path Method)이다. 이들 계획기법은 프로젝트를 효과적으로 수행할 수 있도록 네트워크(network)를 이용하여 프로젝트를 일정·노력·비용·자금 등과 관련시켜 합리적으로 계획하고 관리하는 기법으로 주로 비반복적인 대규모 프로젝트의 관리에 적용된다.

PERT 기법은 미해군의 폴라리스 무기시스템(Polaris weapons system)의 종합계획관리를 목적으로 개발된 것으로[5] 프로젝트를 시간적으로 관리하려는 목적으로 개발되었다. 1962년 미국방성과 NASA(미국항공우주국)가 합동으로 비용의 절감을 함께 고려할 수 있도록 개량되었으며 전자를 PERT/time 후자를 PERT/cost라 한다.

한편 CPM은 1957년에 공장건설 및 설비보전에 소요되는 자원(자금, 노동력, 시간, 비용 등)의 효율 향상에 주안점을 두어 개발된 것이다. 그 후 CPM은 토목, 건설분야를 비롯한 여러 분야에 적용되었다.

2) PERT와 CPM의 적용

1957년과 1958년에 걸쳐서 개발된 CPM과 PERT는 사용목적이나 모델면에서 다소 차이는 있지만 네트워크라는 기본원리는 같다. 즉 PERT가 적용된 연구개발 업무는 새로운 것이 대부분이므로 확률적 모델을 전개하여 최단기간에 목표를 달성시키고자 의도한 것이다. CPM은 공장건설 등에 관한 과거의 실적자료나 경험 등을 이용하여 활동중심(activity oriented)의 확정적 모델을 전개하여 일정의 단축과 비용의 최소화를 의도한 것이다.

PERT의 확률적 모델이나 CPM의 확정적 모델(deterministic model)은 어느 것이나 두 기법 모두에 적용시킬 수 있다. 따라서 근래에는 활동(activity)의 소요시간 추정시 PERT에서도 확률적인 시간추정치 대신에 이보다 단순한 확정적 시간치를 사용하는 경향을 볼 수 있다.[6] 뿐만 아니라 비용을 고려한 PERT/cost가 개발됨으로써 당초 다른 용도로 개발된 PERT와 CPM은 서로 접근하게 되었다. 따라서 근래에는 양자를 총괄하여 PERT · CPM이라 한다.

이들 PERT · CPM은 특히 비반복적인 대규모 공사의 계획, 관리기법에 적합한 것으로서 기업에서의 **적용분야**는 다음과 같다.

① 단속적 생산(비반복적인 대형 주문생산, 예 : 항공기 제조업, 조선업 등)의 일정관리
② 토목, 건설 공사
③ 시설개선 및 설비보전
④ 연구개발, 제품 및 시스템 개발
⑤ 마케팅 활동(마케팅 계획 및 판촉활동 등)
⑥ 새로운 시스템(공장시설, 컴퓨터시스템 등)의 도입

---

5) J. J. Moder & C. R. Phillips, *Project Management with CPM and PERT*, 2nd ed., Van Nostrand Reinhold Co., 1970.
6) NASA에서 발전시킨 NASA-PERT system은 CPM의 단일시간추정치를 채용하고 있다.

한국기업의 PERT · CPM기법 도입은 1966년 대림산업이 미군비행장 공사를 맡았을 때 PERT · CPM에 의한 계획공정도(network diagram)를 작성한 것이 처음이다.[7] 근래에는 다수의 토목, 건설업체에서 공사의 일정관리 내지는 공정관리에 이용되고 있다.

PERT · CPM을 계획 및 통제업무에 적용했을 때의 **기대효과**는 다음과 같다.

① 업무수행에 따른 문제점을 예견할 수 있어 사전에 조치를 취할 수 있다.
② 작업(업무) 상호 간의 유기적인 연관성이 명확해지므로, 작업배정 및 진도관리를 보다 정확히 할 수 있다.
③ 계획 · 일정 · 자원 · 비용 등에 대해서 간결 명료하게 의사소통할 수 있다.
④ 최적계획안의 선택이 가능하며 자원배분에 있어 그 효과를 미리 예측할 수 있으므로 한정된 자원을 효율적으로 사용할 수 있다.
⑤ 최저의 비용으로 공기단축이 가능하다.
⑥ 애로공정(critical path)에 관한 정보제공으로 시간적으로 여유있는 작업과 여유없는 작업을 구분할 수 있으므로 일정관리를 효과적으로 할 수 있다.

PERT · CPM은 간트차트의 결점을 보완한 것으로 프로젝트의 규모가 크고 복잡할수록 적용효과가 크다.

2.2.2 PERT 네트워크의 구성요소

프로젝트 관리에서 선행되어야 할 일은 활동이나 작업 간의 상호관계를 나타내는 네트워크의 작성이다. 네트워크 즉 계획공정도(network)는 PERT · CPM의 중추로 제시된 목표달성을 위해 일련의 작업(활동)을 O의 마디(node)와 →의 가지(arc)로 나타낸 체계적인 도표이다.

> 📖 **»참고** 네트워크의 작성방법은 단계지향적인 PERT의 AOA(activity-on-arc)방식과 활동지향적인 CPM의 AON(activity-on-node)방식의 두 가지가 있다.
> AOA방식은 마디(O)로 단계(event)를 나타내고 가지(→)로 활동(activity)를 나타낸다.
> AON방식은 마디(O)로 작업 · 활동을 나타내고 가지(→)로 활동의 선후관계를 나타낸다.

PERT의 계획공정도는 주로 단계(O)와 활동(→)으로 구성된다.

---

7) 정복규, *PERT · CPM기법에 의한 Time Scheduling과 Slack Time 처리에 관한 연구*, 영남대학교 대학원, 1973.

1) 단계(event 또는 node)

단계란 작업활동을 수행함에 있어서 활동의 개시 또는 완료되는 시점을 말한다.

이 경우 활동이 개시되는 시점을 착수단계(beginning event), 완료되는 시점을 완료단계(ending event)라 한다.

그러나 전체 계획공정도에서 볼 때, 최초단계(initial event)와 최종단계(terminal event)가 아닌 단계는 선행활동의 완료단계와 후속활동의 착수단계를 겸하게 된다. 이들 단계들을 네트워크상에 표시하면 다음 [그림 13-4]와 같다.

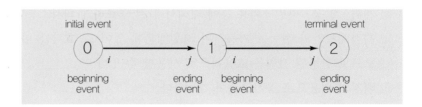

그림 13-4 착수단계와 완료단계

따라서 이들 **단계의 특성**을 다음과 같이 요약할 수 있다.

① 작업이나 활동의 시작 또는 완료되는 시점을 나타낸다.
② 다른 작업(활동)과의 연결시점을 이룬다.
③ 시간이나 자원을 소비하지 않는 순간적인 시점이다.

2) 활동(activity 또는 job)

활동은 과업수행상 시간 및 자원(인력, 물자, 설비 등)이 소비되는 작업이다. 활동은 도표상에 실선 화살표(→)에 의해서 작업진행 방향으로 표시된다.

이들 활동에 의해서 단계들이 분리 또는 연결되기도 하는데, 두 개 이상의 활동으로 분리되는 단계를 가리켜 **분기단계**(burst event)라 하고, 두 개 이상의 활동이 하나의 단계로 연결되는 단계를 **합병단계**(merge event)라 한다.

[그림 13-5]에서 요소작업 A와 B의 활동으로 갈라진 마디 ①은 분기단계이며, C와 D의 활동이 합쳐진 ④는 합병단계가 된다.

활동의 특성을 요약하면 다음과 같다.

① 전체 프로젝트를 구성하는 하나의 요소작업(개별작업)을 표시한다.
② 선행단계와 후속단계를 하나씩 갖는다.
③ 하나 또는 여러 활동이 한 단계에서 착수도 되고 완료도 된다.

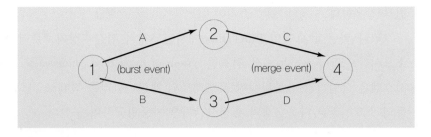

그림 13-5 분기단계와 합병단계

이들 활동 중에는 시간이나 자원이 필요치 않은 **명목상의 활동**(dummy activity)도 있다. 이것은 그 다음의 활동을 제약하여 선후관계를 나타내는 데 사용되며 도표상에는 점선 화살표(- - - ➤)로 표시된다.

2.2.3 PERT 네트워크의 작성절차

네트워크(계획공정도)는 다음 세 가지 **작성절차**에 따라 작성된다.

(1) 프로젝트 목표를 밝히고 이에 따라 필요한 작업활동을 구분하고 선정한다.

여기에는 프로젝트의 내용을 단계별로 분해한 작업분해구조(WBS)를 이용하는 것이 효과적이다

(2) 작업(활동) 목록표(activity list)를 작성한다.

네트워크의 기본요소는 단계와 활동이므로 진행되는 프로젝트의 여러 단계와 활동들을 작업 순으로 목록표를 작성하여 정확한 네트워크를 작성한다.

(3) 활동과 단계를 연결한 네트워크를 만들고, 활동 및 단계의 명칭을 기입한다.

네트워크 작성의 마지막 단계는 활동과 단계를 서로 관련이 있는 것끼리 연결하여 프로젝트의 전체 구조를 나타내는 네트워크를 작성하는 것이다. 네트워크가 작성되면 단계명칭과 활동명칭을 구체적으로 기입하고 각 단계에 번호를 기입함으로써 계획공정도가 완성된다([그림 13-8] 참조).

2.2.4 작업(활동)시간의 추정

프로젝트의 계획공정도가 작성되면, 그 다음에는 각 작업활동의 소요시간을 추정하게 된다. CPM이나 PERT/cost에 있어서 작업의 소요시간추정은 1점 견적법(system of single time estimate), 즉 하나의 작업활동에 대해서 단일시간 추정치를 견적하는 방

법을 적용한다.

그러나 확률적 모델인 PERT/time에서는 3개의 시간추정치로부터 구한 평균치를 소요시간으로 추정하는 3점 견적법(system of three time estimate)을 적용한다. PERT 시스템은 작업기간이 불확실한 프로젝트의 계획·관리를 전제로 하므로 이들 작업활동의 소요시간은 다음 3개의 추정시간치를 가중평균하여 구한다.

① 낙관시간치(optimistic time, t_0 또는 a). 작업활동을 수행하는 데 필요한 최소시간, 즉 모든 일이 예정대로 잘 진행될 때의 소요시간이다.
② 정상시간치(most likely time, t_m 또는 m). 작업활동의 정상적인 소요시간, 즉 최선의 시간치이다. 1점 견적법을 취할 경우는 이 시간치를 택하게 된다.
③ 비관시간치(pessimistic time, t_p 또는 b). 작업활동을 수행하는 데 필요한 최대시간으로 모든 일이 뜻대로 되지 않을 때의 소요시간이다.

이상 세 가지 추정시간치의 값을 비교하면 다음과 같다.

$$t_0 \leq t_m \leq t_p \quad \text{또는} \quad a \leq m \leq b$$

이들 3개의 추정시간치가 구해지면 그 다음은 이들을 가중평균하여 기대시간치(expected time) t_e를 구한다. 즉 기대시간치(t_e)는 전술한 3개의 추정치의 소요시간 분포가 [그림 13-6]의 A와 같은 베타분포(β distribution)를 그린다고 보고[8] 다음의 근사식으로 구한다.

$$t_e = \frac{a + 4m + b}{6} \quad \cdots\cdots\cdots\cdots\cdots\cdots\cdots\cdots\cdots\cdots\cdots\cdots\cdots\cdots\cdots\cdots \text{①}$$

PERT에서 기대시간치는 3개의 추정시간치를 사용하기 때문에 t_e의 불확실성의 정도를 가늠할 필요가 있다. 가령 [그림 13-6]의 A활동의 추정 소요시간분포는 B활동에 비해서 훨씬 크다. 바꾸어 말해서 t_e의 불확실성의 정도가 B활동보다 훨씬 높다(B활동의 경우는 단일시간추정치로 이용할 수 있다).

전술한 기대시간치(t_e)의 분포는 다음 산식으로 구하는 것이 일반적이다.

$$\sigma^2 = \left(\frac{b-a}{6}\right)^2 \quad \cdots\cdots\cdots\cdots\cdots\cdots\cdots\cdots\cdots\cdots\cdots\cdots\cdots\cdots\cdots\cdots \text{②}$$

---

8) 경험에 따르면 시간추정시 낙관적인 경향에 빠지기 쉽기 때문에 적정시간치를 초과하는 것이 보통이므로 β분포를 그린다고 보는 것이다.

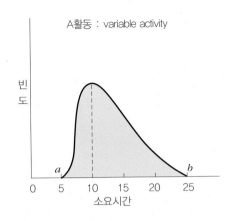

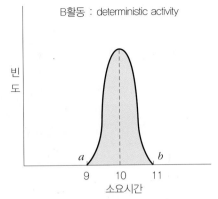

그림 13-6 상이한 소요시간분포를 가진 활동

이 경우 분산(σ^2)의 크기에 따라 te의 불확실성 정도를 가늠할 수 있다. 가령 [그림 13-6]에서 A활동의 분산은 11.11이고 B활동의 그것은 0.11로서 A활동 기대시간치 t_e의 불확실성이 훨씬 높음을 알 수 있다.

$$\text{A활동의 분산}(\sigma^2) = \left(\frac{25-5}{6}\right)^2 = 11.11 \qquad \text{B활동의 분산}(\sigma^2) = \left(\frac{11-9}{6}\right)^2 = 0.11$$

설례 ▶ 활동의 소요시간 산정

전차를 운행하고 있는 관광도시 K시에서는 도시가 급속도로 발전함에 따라 정거장을 신설하고 아울러 전차를 증차시키려고 한다.

우선 활동목록표를 작성하고 이들 활동의 소요시간을 〈표 13-1〉과 같이 예정했다면, 기대시간치(t_e)와 이들의 분산(σ^2)을 앞서 제시한 산식 ①, ②로 구할 수 있다.

가령 전동차 조립에 소요되는 시간을 낙관치(a)로 5일, 정상치(m)로는 6일, 비관치(b)로는 7일을 추정했다면 이 때의 기대시간치(t_e)는 6일이 된다.

$$t_e = \frac{a+4m+b}{6} = \frac{5+4\times6+7}{6} = 6$$

아울러 기대시간치의 분산(σ^2)은 0.11이 된다.

기대시간치가 구해지면 활동목록표(〈표 13-1〉)에 기입하고 네트워크를 작성하여 일정 계산에 착수하게 된다(본 설례에 의한 네트워크는 [그림 13-7]과 [그림 13-8]을 참조 바람).

표 13-1 **활동목록표**

활 동		활동내용	추정시간치			기대 시간치 t_e	분산σ^2
선행단계	후속단계		a	m	b		
1	2	a. 전동차 조립	5	6	7	6	0.11
1	3	b. 정거장 구축	10	12	14	12	0.44
1	4	c. 운전사 충원	4	6	8	6	0.44
2	5	d. 전동차 시험	1	2	3	2	0.11
3	5	e. 정거장 시설	7	8	9	8	0.11
4	5	f. 운전사 훈련	8	10	12	10	0.44
5	6	g. 증차운행테스트	1	2	3	2	0.11

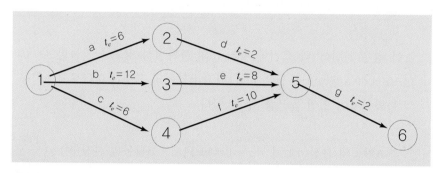

그림 13-7 **'설례'의 활동별 기대시간치**

2.3 PERT·CPM의 일정계산

전술한 작업(활동)의 소요시간 추정, 즉 기대시간치(t_e)는 계산이 끝나면 그 다음은 각 작업활동의 기대시간치를 집계하여 프로젝트의 일정을 산정한다. 다시 말해서 어떤 작업활동(activity)을 행하는 혹은 어떤 단계(event)에 도달되는 가장 이른 시각과 완료해야 될 시각을 계산하는 것이다.

PERT 방식의 단계를 중심(event oriented)으로 행하는 일정계산 방식으로 PERT 시스템에서 사용하는 단계시간에는 '가장 이른 예정일(earliest expected date: TE)'과 '가장 늦은 완료일(latest allowable date: TL)'이 있다.

2.3.1 PERT 단계시간에 의한 일정계산

1) 가장 이른 예정일(TE) 계산

가장 이른 예정일(TE)은 네트워크상의 한 작업이 개시되거나 완료될 수 있는 가장 빠른 날짜를 말한다.

TE의 계산은 네트워크의 최초 단계(initial event)로부터 전진해 가면서 선행단계의 TE에 그 다음의 작업(활동) 소요시간 te를 가산하여 최종 단계(ending event)까지 계산하여 나아간다. 따라서 이를 가리켜 **전진계산**(forward pass computation)이라 한다.

전진계산의 룰은 다음과 같다.

(1) 최초 단계의 TE는 0이다(최초 단계 이전에는 어떤 활동도 존재하지 않기 때문이다).

(2) 각 후속단계의 TE_j는 선행단계의 TE_i에 이들 양 단계 사이의 활동에 소요되는 시간 te_{ij}를 가산하여 구한다.

[보기 예] $TE_j = TE_i + te_{ij} \rightarrow TE_2 = TE_1 + te_{1,2} = 0 + 6 = 6$

(3) 단, 합병단계의 경우 각 경로(path)별로 선행단계의 TE_i에 활동소요시간 te_{ij}를 가산해서 얻은 수치 중에서 최대치를 취한다.

[보기 예] $TE_5 = 최대(6+2,\ 12+8,\ 6+8) = TE_3 + te_{3,5} = 12 + 8 = 20$

2) 가장 늦은 완료일(TL)의 계산

가장 늦은 완료일(latest allowable date: TL)이란 프로젝트를 일정계획대로 추진함에 있어서 최종완성기일에 영향을 주지 않는 범위내에서 작업이 끝나도 되는 '가장 늦은 허용완료일'을 말한다.

TL의 계산은 일반적으로 최종완료일로부터 거꾸로 후진하면서 계산한다. 따라서 **후진계산**(backward pass computation)이라 부른다. 후진계산은 네트워크의 최종단계(terminal event)로부터 거꾸로 뒷걸음질하면서 후속단계 TL_j에서 선행활동의 소요시간 t_e를 감산하여 최초단계까지 거슬러 올라간다.

후진계산의 룰은 다음과 같다.

(1) 최종단계의 TL은 예정달성기일(scheduled completion date: TS)[9]의 지시가 없을 때는 최종단계의 TE와 동일하다($TL_j = TE_j$).

〔보기 예〕 $TL_6 = TE_6 = 22$ ([그림 13-8] 참조)

(2) 선행단계의 TL_i는 후속단계의 TL_j로부터 양 단계의 사이의 te_{ij}를 차감하여 구한다.

〔보기 예〕 $TL_i = TL_j - t_e \rightarrow TL_5 = TL_6 - te_{5,6} = 22 - 2 = 20$

---

9) TP(projected completion date)라고도 한다.

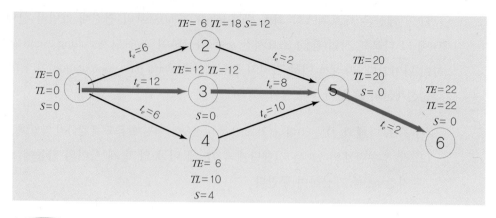

그림 13-8 보기 예

(3) 단, 분기단계(burst event)일 때에는, 후속단계의 TL_j로부터 경로별로 활동소요시간 t_e를 감한 수치 중에서 최소치를 취한다.

[보기 예] $TL_1 = $ 최소$(18-6, 12-12, 10-6) = TL_3 - te_{1,3} = 12 - 12 = 0$

이상의 후진계산률이나 전진계산률은 명목상의 활동(dummy activity)에 대해서도 적용되며, 명목상 활동의 소요시간 t_e는 0을 적용한다.

3) 단계여유 s의 계산

최종단계에서 최종완료일을 변경하지 않는 범위 내에서 각 단계에 허용할 수 있는 여유시간을 가리켜 단계여유(slack: S)라 한다.

단계여유 S는 $TL - TE$로 계산하는데, S의 값에 따라 다음과 같이 분류된다.

① 정여유(positive slack). $TL - TE > 0$, 즉 $S > 0$인 경우로서 그 단계에 여유가 있는 상태로서 자원의 과잉을 나타낸다.

② 영여유(zero slack). $TL - TE = 0$, 즉 $S = 0$인 경우로서 그 단계에 여유가 없는 상태로서 자원의 적정을 나타낸다.

③ 부여유(negative slack). $TL - TE < 0$, 즉 $S < 0$인 경우로서 그 단계에 여유가 부족한 상태로 자원의 부족을 나타낸다.

4) 주공정(critical path)의 발견

계획공정도(network)를 작성하고 가장 이른 예정일(TE)과 가장 늦은 완료일(TL)을 비교한 $TL - TE$로써 각 단계의 여유시간(S)을 구한다. 여유시간의 값이 최소(대개는 영의 값을 가짐)가 되는 단계를 연결한 경로가 주공정(主工程)이 된다. 이들 최소의 여유를 갖고 있는 작업활동들은 계획일정보다 늦어지면 최종단계의 프로젝트 완성이 그만큼 지연되므로 이들 주공정을 애로공정이라고도 부른다.

따라서 네트워크상에서 주공정은 굵은 선으로 표시하여 중점관리를 행한다. 네트워크상에 주공정은 1개 이상이 존재하는데, 주공정선은 도중에 끊어져서는 안되며 반드시 최초단계와 최종단계에 연결되어야 한다.

전술한 [보기 예]의 경우, 여유단계 S 및 주공정은 [그림 13-8]과 같다.

5) 예정달성기일의 성공확률 추정

가장 늦은 완료일(TL) 대신에 예정달성기일(scheduled or projected completion date: TS)이 주어지는 경우, 주어진 TS의 성공확률(probability of success: P_R)을 추정할 필요가 있다. 왜냐하면 이 성공확률에 따라서 자원의 적정배분을 도모할 수 있기 때문이다. 가령 프로젝트의 성공확률이 너무 낮으면($P_R < 0.4$일 때) 주공정의 시간을 단축시킬 수 있도록 자원을 추가하고, 반면에 성공확률이 상당히 높을 때는($P_R > 0.65$) 그만큼 자원이 낭비되고 있으므로 관리상의 조처가 필요하다.

예정달성기일(TS)의 성공확률은 주공정을 이루는 각 활동의 te의 분산 σ^2과 가장 이른 완료일 TE, 그리고 예정달성기일 TS(TP)를 알고 있으면 쉽게 산정할 수 있다.

먼저, 확률 팩터(probability factor)인 z의 값을 산식 ③으로 구한다.

$$z = \frac{TS - TE}{\sqrt{\sum \sigma^2}} \quad\cdots\cdots\cdots\cdots\cdots\cdots\cdots\cdots\cdots\cdots\cdots\cdots\cdots\cdots\cdots\cdots\cdots\cdots\cdots\cdots \text{③}$$

z값이 구해지면, 그 값을 표준정규분포표(부록 Ⅱ 참조)로부터 찾아서 예정달성기일의 성공확률 P_R을 추정한다.

가령 앞의 [보기 예]에서 $TL = 22$일 대신에 $TS = 23$일로 주어졌다고 가정하면, 이 때의 성공확률은 ③식으로 다음과 같이 구한다.

$$z = \frac{23 - 22}{\sqrt{0.44 + 0.11 + 0.11}} = \frac{1}{\sqrt{0.66}} ≒ 1.52$$

$z = 1.50$을 [부록 Ⅱ]의 표준정규분포표에서 구하면 P_R은 $0.9332 = (0.5 + 0.4332)$이며 1.52는 $94\%(0.5 + 0.4357)$ 정도가 된다.

2.3.2 CPM 활동시간의 일정계산

앞서 설명한 '단계 중심의 계획공정도'는 완성일정이나 관리 대상에 관심이 큰 상부관리층이 이용하기에 편리하다.

사실 활동중심의 일정계산으로 활동에 대한 일정과 순서가 정확히 표시되면 이에 따라 단계를 확인할 수 있지만, 단계중심의 일정계산을 하고 여기에 활동에 대한 고려를 하려면 힘들다. 따라서 실무자는 활동중심의 일정계산을 중심으로 전개하는 것이 보통이다.

활동중심의 일정계산을 하려면 활동과 연관된 시간개념을 이해해야 한다.

설례 ▶ 토끼와 거북이의 경주

이솝 우화에 나오는 토끼와 거북이의 내용은 달리기에 뛰어난 토끼가 느림보 거북이에게 패했다는 이야기이다.

그러면 토끼가 낮잠을 자되 최소한 거북과 비길 수 있을 만큼만 잘 수는 없을까?

목적지까지 뛰는데 거북이는 60분, 토끼는 10분이 소요된다고 하자. 이 경우 토끼와 거북이가 오후 1시 정각에 출발한다면, 목적지까지 거북이는 2시에 도착할 수 있으며 토끼는 낮잠을 자지 않고 뛰면 1시 10분이면 도달할 수 있다. 그러나 낮잠을 자고 뛸 경우는 늦어도 1시 50분에 출발해야 한다. 약 50분 정도의 낮잠을 즐길 수 있다.

여기에서 토끼의 경우로 따져볼 때([그림 13-9] 참조),

① 가장 이른 개시시간은 오후·1시이며, 가장 이른 완료시간은 오후 1시 10분이다.
② 가장 늦은 개시시간은 오후 1시 50분이며, 가장 늦은 완료시간은 오후 2시이다.
③ 따라서 낮잠을 즐길 수 있는 여유시간은 50분이 된다.

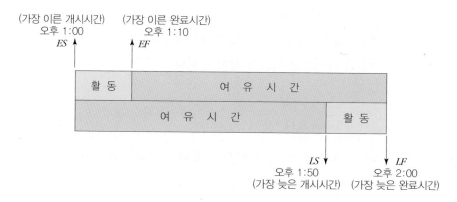

그림 13-9   토끼의 활동시간 개념도

1) 활동시간의 계산

(a) 가장 이른 개시시간(earlist start time: ES_{ij}). 어떤 활동이 개시될 수 있는 가장 빠른 시간이다. 전술한 단계중심의 시간계산에서 볼 때, 선행단계의 가장 이른 예정일(TE_i)과 같다.

$$ES_{ij} = TE_i$$

(b) 가장 이른 완료시간(earliest finish time: EF_{ij}). 가장 이른 개시시간(ES_{ij})에 어떤 활동을 개시했을 경우, 그 활동이 완료될 수 있는 가장 이른 예정완료일이다. 이 시간은 가장 이른 개시시간(ES_{ij})에 활동의 경과시간(duration time, D_{ij} or te_{ij})을 부가함으로써 구해진다.

$$EF_{ij} = ES_{ij} + D_{ij} = TE_i + te_{ij}$$

(c) 가장 늦은 개시시간(latest start time: LS_{ij}). 어떤 활동이 개시될 수 있는 가장 늦은 시간으로 이보다 늦게 시작되면 일정에 영향을 주는 한계시간이다. 이 시간은 가장 늦은 완료시간(LF_{ij})에서 그 활동의 경과시간을 차감하여 구한다.

$$LS_i = LF_{ij} - D_{ij} = TL_j - te_{ij}$$

(d) 가장 늦은 완료시간(latest finish time: LF_{ij}). 어떤 활동을 반드시 완료해야 할 한계시간이다. 단계시간 일정계산에서 후속단계의 가장 늦은 완성일(TL_{ij})과 같다.

$$LF_{ij} = TL_{ij}$$

이상의 활동시간 개념에 따라 앞서 단계시간의 일정계산에서 제시했던 [보기 예]의 활동시간을 계산해 보기로 하자.

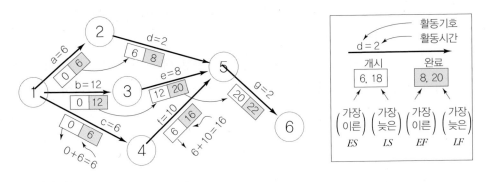

그림 13-10 [보기 예]의 전진계산

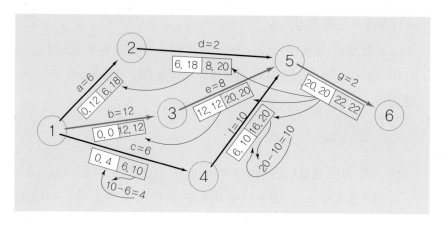

그림 13-11 [보기 예]의 후진계산

활동시간에 의한 네트워크를 작성함에 있어 활동시간별로 계산, 표시될 숫자들이 많아서 혼란스러울 수 있으니 [그림 13-10]과 [그림 13-11]의 계산방법을 이용하는 것이 편리하다.

2) 활동여유(float or activity slack)의 계산

앞서 설명한 단계여유(S)는 각 단계에서의 여유시간을 나타내지만 실질적으로 여유의 유무와 관계 있는 것은 활동여유라 할 수 있다.

활동여유에는 총 여유시간, 자유 여유시간, 독립 여유시간(independent float), 간섭 여유시간(interfering float) 등이 있으나, 이 중 총 여유시간과 자유 여유시간의 개념이 중요하다.

(a) 총 여유시간(total float or total activity slack: TF or S$_{ij}$)

한 활동이 전체 프로젝트의 최종완료일에 영향을 주지 않고 지연될 수 있는 최대 시간이다. 즉, 이(*TF*) 이상으로 작업이 정체되면 공기(工期)를 지킬 수 없는 활동여유 시간으로 전술한 '토끼와 거북이'의 경우, 토끼가 낮잠을 최대한 잘 수 있는 여유시간 50분이 총 여유시간이다.

이의 계산은 가장 늦은 개시시간(LS_{ij})과 가장 이른 개시시간(ES_{ij})과의 차에서 구하거나, 가장 늦은 완료시간(LF_{ij})에서 가장 이른 완료시간(EF_{ij})을 감하여 구한다.

$$TF_{ij} = LS_{ij} - ES_{ij} = LF_{ij} - EF_{ij}$$

(b) 자유여유시간(free float or activity free slack: FF or FS)

전술한 총 여유시간(*TF* or S_{ij})을 이용하면 선행활동들은 가장 이른 개시시간에 착수하여야 하고 후속활동들은 가장 늦은 개시시간에 착수되어야 한다. 그렇지만 자유여유시간은 일련의 공정에 있어서 모든 활동이 가급적 빨리 개시될 때 해당활동에 대한 이용 가능한 활동여유시간이 된다.

이렇게 함으로써 한 활동은 어떤 후속활동에도 영향을 주지 않고 자유여유시간의 범위 내에서 지연될 수 있으며, 또한 모든 후속활동들은 가장 이른 개시시간에 개시될 수 있다.

자유여유시간은 후속단계의 가장 이른 개시시간(ES_{jk})에서 해당 활동의 가장 이른 완료시간(EF_{ij})을 감하여 구할 수 있다.

$$FF_{ij}=ES_{jk}-EF_{ij}$$

자유여유시간은 합병단계에서 흔히 볼 수 있는데, [그림 13-12]의 경우 ①-②활동의 자유시간은 0이고, ②-⑤의 자유여유시간은 12이며 ④-⑤활동의 그것은 4로서 ⑤는 합병단계이다.

활동	$ES_{ij}-Ef_{ij}=FF_{ij}$
①-②	$6-6=0$
②-⑤	$20-8=12$
②-⑤	$20-16=4$

자유여유시간은 총 여유시간의 전부 또는 일부가 될 수 있는데, 이들의 관계를 다음과 같이 나타낼 수 있다.

총 여유시간(TF)≥자유여유시간(FF)

3) 주공정의 발견

주공정의 개념에 대해서는 단계시간의 일정계산에서 설명한 바 있다. 주공정은 총 여유시간이나 자유여유시간의 값이 최소가 되는 작업활동, 즉 여유시간이 거의 없는 공정들로서 이들을 연결하면 주공정(critical path)이 된다.

국회의사당 본설계의 작업(활동)목록표를 제시하면 〈표 13-2〉와 같다.

1) AOA방식의 일정계산

가장 이른 예정일(TE)과 가장 늦은 완성일(TL)을 계산하고 이로써 단계여유(S)를 계산한 결과, [그림 13-12]의 계획공정도가 작성되었다. 주공정(cp)은 a-c-e-h-k 활동을 연결하는 단계들은 ⓪→①→③→④→⑦→⑧ 단계이다.

표 13-2 작업(활동)목록표

활동			활동소요시간	작업명
활 동	선행단계(i)	후속단계(j)		
a	0	1	2	계획구상
b	1	2	2	구조계획
c	1	3	3	본 설 계
d	2	4	4	구조설계
e	3	4	5	상세설계
f	3	5	7	전기설계
g	3	6	1	모형제작 · 재료구입
h	4	7	6	도면수정
i	5	7	3	위생 · 난방설계
j	6	8	2	모형제작
k	7	8	4	견 적

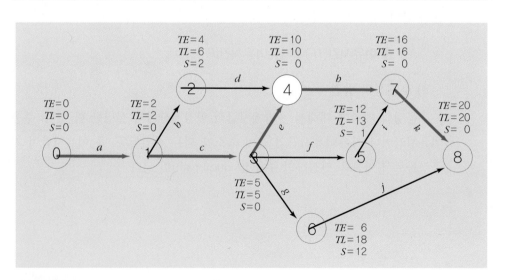

그림 13-12 단계시간에 의한 계획공정도

2) AON방식의 일정계산

활동시간 중심의 계획공정도를 AON방식으로 작성하면 [그림 13-13]과 같다.

이로부터 활동별 각 활동시간치와 여유시간을 정리한 것이 〈표 13-3〉으로 주공정(cp)은 a—c—e—h—k의 활동들을 연결하는 작업이다.

표 13-3 활동시간 일정표

주공정	활 동(ij)			소요시간 (D_{ij})	개시시간		완료시간		총여유 시간(TF)
	활 동	선행단계 (i)	후속단계 (j)		(ES_{ij})	(LS)	(LF)	(EF)	
☆	a	0	1	2	0	0	2	2	0
	b	1	2	2	2	4	4	6	2
☆	c	1	3	3	2	2	5	5	0
	d	2	4	4	4	6	8	10	2
☆	e	3	4	5	5	5	10	10	0
	f	3	5	7	5	6	12	13	1
	g	3	6	1	5	17	6	18	12
☆	h	4	7	6	10	10	16	16	0
	i	5	7	3	12	13	15	16	1
	j	6	8	2	6	18	8	20	12
☆	k	7	8	4	16	16	20	20	0

※위 표는 컴퓨터 출력으로 작성된 것임.

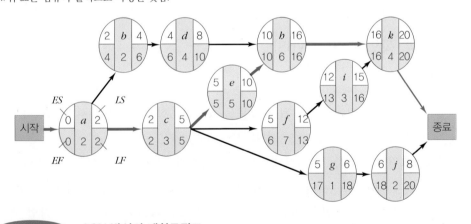

그림 13-13 AON 방식의 계획공정도

2.3.3 컴퓨터의 적용

이제까지 기술된 네트워크의 일정계산 절차는 주로 수작업 계산 위주로 설명하였다. 하지만 PERT와 CPM은 컴퓨터의 적용을 전제로 하여 개발된 것으로, 최근에는 주로 컴퓨터에 의해서 처리되고 있다. PERT/CPM을 위한 컴퓨터용 소프트웨어 팩키지(software package)가 PC용을 포함하여 상당히 보급되어 있다.

팩키지 사용자가 각 활동의 선후관계와 활동별 소요시간에 관한 데이터를 입력(input)하면 컴퓨터로부터 필요한 정보와 보고서(〈표 13-3〉 참조)를 쉽게 얻을 수 있다. 이들로부터 얻을 수 있는 보고서로는 간트차트 및 PERT · CPM 네트워크, 프로젝트 현황 및 요약보고서, 추적보고서(tracking report)[10] 등이 있다.

PERT와 CPM처리에 있어 컴퓨터의 이용이 바람직한 경우는 다음과 같다.

① 프로젝트의 규모가 매우 크고 복잡한 경우. 작업활동이 200개를 넘을 때는 수작업계산으로는 곤란하다. 작업활동이 100개가 넘고 자원배분문제를 고려할 경우에는 컴퓨터 처리가 바람직하다.
② 자원의 적정배분과 최소비용에 의한 일정계획이 요구된다.
③ 빈번한 진도보고가 필요한 경우. 프로젝트의 규모가 크고 복잡하면 수작업으로는 신속 · 정확한 보고가 힘들다.
④ 빈번한 업데이팅(up-dating)을 요하는 프로젝트이다.

업데이팅은 진도보고와 밀접한 관계가 있는 것으로, 공정순서의 변경이나 작업활동 결과의 계획수정 및 조정을 포함한다.

2.4 작업분해도(WBS)

WBS(work breakdown structure)는 프로젝트 목표를 달성하고 계획된 인도물(결과물)을 산출하기 위해서 수행될 활동들을 계층구조화시켜 세분화시킨 것이다. 또한 각 활동을 하기 위해서 필요한 자원을 정의해 둔다.

[그림 13-14]는 작업분해도를 도식화시킨 것으로 프로젝트를 레벨4까지 세분화시켰다. 프로젝트는 과업들로 구성되며 하나의 과업(task)은 다시 여러 작업(sub task)들로 구성되며 작업은 최하위 단계인 작업요소(work element) 또는 작업 팩키지(work package)로 구성된다.

작업분해도(WBS)는 프로젝트 범위 기술서가 작성된 후에 작성되는데 대부분 프로젝트 계획단계에서 작성하며 일정, 중요 마일스톤(project milestone)을 포함시키고[11]

---

10) 일정, 예산, 인력 등의 관점에서 활동의 완성도를 가시화시켜 제공하는 보고서로서 자원을 공동으로 사용할 경우 매우 중요한 보고서이다.
11) F. Jacobs & B. Chase, *Operations and Supply Chain Management: The core*, 3rd ed.,

1단계		프로젝트		
2단계			과업(Task)	
3단계				작업 (sub Task)
4단계				작업요소 (work element)

그림 13-14   프로젝트의 작업분해도(WBS)

고객과 합의가 된 최종 작업분해도는 프로젝트 실행의 기준선이 되어 일정관리를 할 때 진척여부를 파악할 수 있게 하며, 품질과 예산 등에 영향을 주게 된다.

WBS는 1962년 미국방성, NASA, 항공우주 산업에서 WBS 접근방법에 따른 PERT/COST 시스템 구축을 위해 만든 문서에서 처음으로 언급되었고[12] 이후로 계속해서 다양한 산업에서 적용되어 왔다.

WBS를 작성할 때에는 다음의 **원칙**을 준수해야 한다.

① 100% 법칙. 모든 산출물(deliverables)을 만들기 위해 프로젝트 범위 내에 정의된 활동 모두가 포함되어야 한다. 계층구조상에서 모든 'child 활동'의 합은 100이 되어야 하며 100을 넘어서도 안된다.

② 각 활동은 1개의 그룹에만 속해야 함. 가장 낮은 계층의 활동은 특정 그룹(parent)에만 포함되어야 하며 복수 그룹에 속할 수 없는데, 이것은 활동 책임을 모호하게 할 수 있게 하며 '100% 법칙'을 깰 수도 있기 때문이다.

③ 산출물 중심으로 작성해야 함. WBS를 작성할 때 활동 중심으로 목록을 만들게 되면 너무 많은 활동들이 나열될 수 있기 때문에 산출물을 만들기 위해서 필요한 활동 중심으로 나열해야 한다.

McGraw-Hill, 2013.

12) DOD and NASA Guide, *PERT/COST System Design*, June 1962.

3 자원과 일정의 최적배분

투입자원의 제약 내지 일정의 제약으로 프로젝트를 수행하기가 어려울 때가 있는데, 이 경우 자원조정(일정제약의 경우)과 일정조정(자원제약의 경우)으로 실마리를 풀수 있다.

3.1 자원의 평준배분

프로젝트를 수행하기 위해서는 자원, 즉 시간·인력·자금·설비·자재 등이 필요하다. 이들 자원들을 실제로 활용함에 있어서 특정기간에는 사용할 수 없다거나, 한자원을 동시에 여러 작업에 사용한다거나 혹은 공기(工期)의 제한을 고려하여야 하는여러 제약이 따른다. 따라서 기본적인 PERT만으로 수립된 계획을 실행계획으로 적용할 수 없는 경우가 많다.

자원의 효율면에서 볼 때, 주어진 일정(공기)내에 프로젝트를 수행할 수 있는 최소의 자원을 투입하여 충분히 활용할 수 있어야 한다. 결국 자원소요량과 투입가능한자원량을 조정하고 자원의 유휴비용을 최소화함으로써 자원의 효율을 높이고 프로젝트를 원활히 수행하도록 하는 것이 **자원**의 **배분목표**이다.

한정된 자원을 필요로 하는 프로젝트를 수행함에 있어서 프로젝트의 작업량이 평준화(load levelling)되도록 작업일정이나 작업내용을 조정할 필요가 있다. 반대로 작업일정이 고정되어 있는 경우에는 자원의 투입량이나 작업내용을 조정할 수 밖에 없다.

자원의 **배분문제**를 ① 일정(日程)이 고정되었을 때 자원의 투입량을 조정하는 경우와, ② 한정된 자원에서 일정을 조정하는 경우를 다루기로 한다.

3.1.1 주어진 일정내에서 자원배정을 하는 경우

특정의 공기(工期)가 주어질 때에는 주공정(CP)상의 작업들은 여유가 없으므로 일정을 조정할 수 없다. 주공정이 아닌 활동에 대해서만 일정을 조정할 수 있다.

그리고 자원투입량의 기복이 크거나 자원소요량과 투입량의 불균형이 심할 경우에는 활동별로 우선순위(priority)를 정하여 자원배정을 할 필요가 있다.

자원배정 순위는 다음과 같은 활동에 우선적으로 배정하는 것이 보통이다.

① 여유시간(float)이 가장 적은 활동
② 활동의 소요시간(duration)이 짧은 활동

일정계획에 의해서 자원소요량을 산출하거나 배정하는 방법에는 '빠른 일정(early schedule)' 배정방법과 '늦은 일정(late schedule)' 배정방법이 있다.

설례 ▶ 시행착오 방법에 의한 자원배정

6일간의 공기(工期)가 주어진 공사의 활동별 소요인원과 공기는 [그림 13-15]와 같다.

주어진 공기내에서 가급적 인원을 평준하게 투입하려고 한다. 빠른 일정과 늦은 일정에 의한 인원배정을 쉽게 하기 위해서 각 활동의 개시시간(ES, LS)과 완료시간(EF, LF)을 산출한 것이 〈표 13-4〉이다.

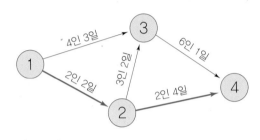

그림 13-15 활동별 인원과 공기

표 13-4 활동일정표

활동	소요기간	ES	LS	EF	LF	TF
①—②	2	0	0	2	2	0
①—③	3	0	2	3	5	2
②—③	2	2	3	4	5	1
②—④	4	2	2	6	6	0
③—④	1	4	5	5	6	1

이상의 자료로써 공기별로 인원배정 상황을 [그림 13-15]에서 살펴보면, 빠른 일정계획(ES와 EF에 의한 계획)에서는 투입인력이 전반부에 몰리고 늦은 일정계획(LS와 LF에 의한 계획)에서는 후반부에 몰린다.

이 경우 전술한 우선배정순위를 고려하여 시행착오의 방법으로 가급적 평준화한 인원배정을 한다. 즉, 여유가 있는 요소작업을 가장 빠른 개시시간(ES)에 의하여 수행할 때와 가장 늦은 개시시간(LS)에 의하여 수행할 때를 비교하여 시행착오의 방법에 의하여 적합한 자원배정안을 찾아낼 수 있다([그림 13-16] 참조).

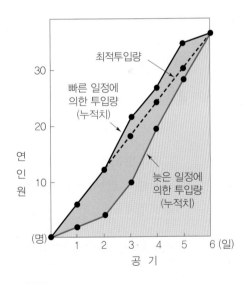

그림 13-16 ES, LS, 최적 스케줄 비교

3.1.2 투입자원이 제한된 경우

자원의 유용성(resource availability)이 극히 제한된 경우에는 여유가 전혀 없는 주공정(主工程)상의 활동이라도 지연시키지 않을 수 없다. 따라서 전체 공기가 어느정도 지연될 수 있는가를 고려하여 허용된 지연기간(allowed delay)내에서 일정을 조정한다. [설례]에서 투입가능 인원이 6명으로 제한된 경우에는 주어진 공기 6일로는 공사를 수행할 수 없다. 이 경우 공기를 1일 더 연장해야 한다.

특히 프로젝트가 크고 복잡한 경우 한정된 자원의 적정배분을 위해서 컴퓨터 시뮬레이션(computer simulation)을 하거나 자원의 적정배분을 다룬 소프트웨어 패키지를 이용한다.

3.2 최소비용에 의한 일정단축

정상적인 계획(normal program)에 의해 수립된 공기(일정)가 계약기간보다 긴 경우나 공사가 지연되어 전체 공기의 연장이 예상되는 경우 일정단축이 불가피하다.
이러한 경우에는

(1) 각 활동, 즉 요소작업(activity)의 소요공기 추정치(te)를 재검토하고
(2) 주공정(critical path)상의 활동병행 가능성을 검토하며
(3) 계획공정 로직(logic)의 변경 등을 우선 검토하여 공사비의 증가없이 전체 일정을 단축할 수 있는지를 점검해야 한다.

비용을 고려한 **일정단축 기법**으로는

① 최소비용계획법(minimum cost expedition: MCX)
② 지멘스개산법(Simens approximation method: SAM)
③ 선형계획법(LP) 등이 있다.

여기에서는 최소비용계획법(MCX)에 대해서 기술하기로 한다.

3.2.1 최소비용계획법(minimum cost expedition: MCX)

이 기법은 주공정(CP)상의 요소작업 중 비용구배(cost slope)가 가장 낮은 요소작업(activity)부터 단위시간만큼 단축해가는 방법이다. 일정단축시 주의해야 할 점은 변경된 주공정(CP)을 확인해야 하며 특급공기(特急工期) 이하로는 일정을 단축할 수 없다

는 점이다.

최소비용에 의한 일정단축을 모색하는 최소비용계획법(MCX)의 **기본원리**는 작업시간과 비용을 대칭시킨 비용구배(cost slope)에서 비롯된다.

쉽게 말해서 작업일정을 단축시키는 데 소요되는 단위시간당 소요비용이 비용구배이다.

예컨대 [그림 13-17]에서 작업활동의 시간과 비용은 다음과 같다.

구분	정상작업	특급작업
시간(일)	5일	2일
비용(원)	120만원	270만원

이 활동을 3일 단축시키는 데 150만원이 추가로 소요되므로 일정을 1일 단축시키는 비용, 즉 비용구배는 50만원이다.

$$비용\ 구배 = \frac{270만원 - 120만원}{5 - 2} = 50만원$$

비용구배는 작업활동(activity)마다 다르므로 전체 프로젝트의 일정을 단축시키고자 할 때에는 비용구배가 가장 완만한, 즉 단위시간당 비용증가액($\Delta c / \Delta t$)이 가장 작은 활동을 대상으로하여 단축함으로써 최소비용에 의한 일정단축이 가능하다.

이 경우 긴급시간이 요구되는 애로공정은 주공정이므로 일정단축의 주대상은 주공정(critical path)이 된다.

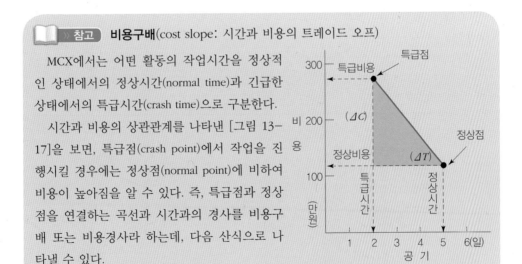

>> 참고   **비용구배**(cost slope: 시간과 비용의 트레이드 오프)

MCX에서는 어떤 활동의 작업시간을 정상적인 상태에서의 정상시간(normal time)과 긴급한 상태에서의 특급시간(crash time)으로 구분한다.

시간과 비용의 상관관계를 나타낸 [그림 13-17]을 보면, 특급점(crash point)에서 작업을 진행시킬 경우에는 정상점(normal point)에 비하여 비용이 높아짐을 알 수 있다. 즉, 특급점과 정상점을 연결하는 곡선과 시간과의 경사를 비용구배 또는 비용경사라 하는데, 다음 산식으로 나타낼 수 있다.

$$비용구배 = \frac{특급비용 - 정상비용}{정상시간 - 특급시간}$$

그림 13-17   비용구배

최소비용에 의한 일정단축 내지 MCX의 **전개과정**을 요약하면 다음과 같다.

우선 활동별로 정상시간·특급시간·정상비용·특급비용을 기입한 계획공정자료표와 계획공정도를 준비한다.

(1) 계획공정자료표에서 각 활동의 비용구배를 산정한다.

(2) 계획공정도에서 주공정(critical path)을 산정한다.

(3) 주공정에서 비용구배가 가장 낮은(단위시간당 긴급비용이 가장 작은) 활동을 찾는다.

(4) 이 활동의 시간을 ① 더 단축 할 수 없거나, ② 다른 경로가 주공정이 되거나, 시간단축으로 인한 절감액이 직접비의 증가분에 이를 때까지 단축시킨다.

(5) (2)단계로 되돌아 간다. 일정단축 절감액이 직접비 증가분에 이르지 못하면 중단한다.

설례 ▶ 최소비용계획법에 의한 공기단축

〈표 13-5〉는 당초 정상적인 상태에서 작성한 공기 및 공사비(직접비)와 공기단축을 위한 특급계획(crash program)의 계획공정자료표이다. 이들 자료로써 작성한 공사의 계획공정도는 [그림 13-18]과 같다.

표 13-5 활동별 공기와 비용

활동		정상계획		특급계획		비용구배
활동	(①—①)	시 간	비 용	시 간	비 용	
a	①—②	4	40만원	3	80만원	40만원
b	①—③	8	60	5	240	60
c	②—③	6	100	5	120	20
d	②—④	9	70	8	140	70
e	③—④	5	120	2	270	50
계			390만원		850만원	

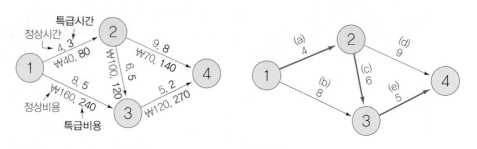

그림 13-18 공사의 계획공정도   **그림 13-19** 공기 15일의 계획공정도

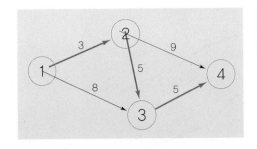

그림 13-20 공기 13일의 계획공정도

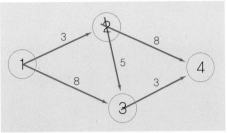

그림 13-21 공기 11일의 계획 공정도

5개의 활동(a·b·c·d·e)으로 구성되는 공사의 기간을 당초 15일로 잡았으나([그림 13-19] 참조) 자재부족으로 공사가 지연되어 공기를 13일로 단축시키려 한다.

공기 15일의 경우 주공정은 단계 ①-②-③-④를 잇는 활동 a, c, e이다([그림 13-19] 참조). 이들 중 비용구배가 가장 낮은 활동은 c이므로 1일 단축시킨다. 그 다음으로 낮은 활동은 a 이므로 1일을 단축시킨다. 즉, 최소비용계획법(MCX)에 의한 공기 13일의 계획공정도는 [그림 13-20]과 같이 된다. 이 경우 2일간의 공기단축비용은 60만원으로 직접비는 합계 450만원이 된다(〈표 13-6〉 참조).

만일 공기를 11일로 단축시킨다면, 그 다음 단축활동은 e로서 3일을 단축시킬수 있지만 요구되는 공기는 11일이므로 2일만을 단축시킨다([그림 13-21] 참조). 공사비용을 고려하지 않고 공기단축만을 추구할 경우 자칫 불필요한 손실을 초래할 수 있다. 최소비용을 고려함

표 13-6 공기별 최소비용계획

공기	활동별 구 분	a	b	c	d	e	공기 단축비용	정상비용	활동별 직접비
14일	활동시간(일)	4*	8	5*	9	5*			
	단축공기(일)			1					
	단축비용(만원)			20			20	+ 390	= 410
13일	활동시간(일)	3*	8	5*	9	5*			
	단축공기(일)	1		1					
	단축비용(만원)	40		20			60	+ 390	= 450
12일	활동시간(일)	3*	8*	5*	9*	4*			
	단축공기(일)	1		1		1			
	단축비용(만원)	40		20		50	110	+ 390	= 500
11일	활동시간(일)	3*	8*	5*	8*	3*			
	단축공기(일)	1		1	1	2			
	단축비용(만원)	40		20	70	100	230	+ 390	= 620

*는 critical path표시임.

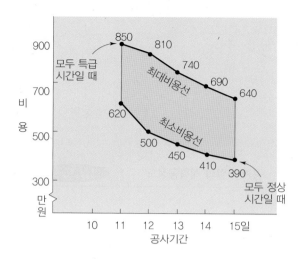

그림 13-22 공사기간과 공사직접비

이 없이 11일간의 특급공사를 할 경우 직접비는 최대 850만원이 소요된다.

그러나 비용구배가 적은 요소작업(활동)을 중심하여 공기단축계획을 세울 경우([그림 13-21] 참조) 같은 공기(11일)에 620만원이 소요된다(산출근거는 〈표 13-6〉을 참조).

최소비용계획법(MCX)에 의해 공기별(11, 12, 13, 14일)로 직접공사비를 구하여(〈표 13-6〉 참조), 도표상에 연결한 것이 [그림 13-22]의 최소비용선이다.

반대로 비용구배가 큰 것으로 계획을 세울 경우 최대비용선이 형성되며, 공기를 11일~15일로 잡고 공사계획을 세울 때 제시될 수 있는 대안들을 [그림 13-22]의 그늘진 부분에서 구할 수 있다. 요컨대 최소비용선의 비용구배가 작은 활동(작업)을 중심으로 일정계획을 수립하는 것이 최소비용계획법(MCX)이다.

3.2.2 최적 공사기간(일정)의 결정

프로젝트를 수행함에 있어서 발생되는 비용(예, 공사비)은 프로젝트 수행에서 직접 발생되는 인건비·자재비·장비사용료 등의 직접비와 프로젝트와 직접적인 관계없이 발생하는 경상비·현장 관리유지비 등의 간접비가 있다.

전술한 최소비용계획법(MCX)에서는 직접비만을 고려하였으나 프로젝트 수행을 위해서는 전체 프로젝트에 관련되어 발생하는 간접비도 고려할 필요가 있다. 다시 말해서 직접비와 간접비의 합이 최소가 되는 최적 공기(optimum duration)를 추구하는 것이 바람직하다.

앞의 [설례]에서 구한 직접비에 간접비를 합하여 구한 총비용이 [그림 13-23]과 같다면, 이 경우 최적공기는 총비용이 최저가 되는 14일이 된다.

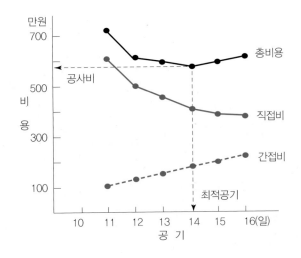

그림 13-23 최적 공사기간

3.3 PERT/cost

　전술한 PERT/time기법은 프로젝트를 관리함에 있어서 시간요소를 주요 변수로 하여 일정을 계획하였다. 미국방성과 NASA(미국항공우주국)가 공동 개발한 PERT/cost는 시간과 비용을 함께 계획하여 프로젝트를 관리하는 기법이다. 즉, PERT/time에서 사용하는 계획공정도(network)상에 각 활동에 대한 비용견적액을 추가하여 일정 및 비용면에서 프로젝트를 관리하도록 한 기법이 PERT/cost이다.

　PERT/time과 비교한 PERT/cost의 **특징**은 다음 구성요소들을 사용하는 점이다.

① PERT/time 계획공정도의 수정(비용견적치 추가)
② 작업분해도(work breakdown structure)
③ 워크 팩키지(work package)(예산통제용)
④ 일련의 투입 · 산출 보고서

이 기법의 **전개절차**를 간단히 설명하면,

(1) 전체 프로젝트를 단계(level)별로 분해한 작업분해도(work breakdown structure)를 작성한다. 기능적으로 독립된 워크팩키지의 단위까지 세분한다([그림 13-24] 참조).
(2) 워크 팩키지가 포함된 각 활동을 토대로 PERT의 계획공정도를 작성한다.
(3) 각 활동의 추정시간치(te)와 단계시간(TE, TL, S)을 구하여 프로젝트의 일정계획

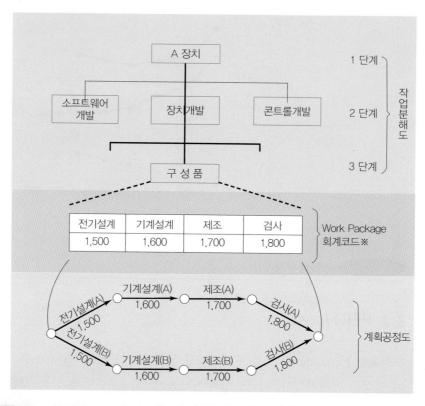

그림 13-24 **작업분해도, 워크 패키지, 제획공정도의 관계**

※ 코스트를 책임단위별로 집계하기 위해 회계코드가 필요하다.

을 수립한다.

(4) 각 활동의 일정계획이 수립되면 비용견적과 예산화(budgeting)가 뒤따른다.

가령 전기설계(#1500)의 활동비용에서 A활동 5만달러, B활동 12만 달러로 견적되었다면 워크패키지 #1500의 비용이나 예산은 17만 달러가 된다.

PERT/cost는 다른 네트워크 계획기법에 비해서 비용이 많이 소요되고 전개절차가 복잡하여 기업에서 적용하기에는 다소 문제가 있다.

이 장의 요약

　이 장에서는 보편적으로 내용이 복잡하고 규모가 큰 1회한의 비반복적 업무라는 특성을 지닌 프로젝트의 일정관리를 다루었다.

　프로젝트의 전통적 관리기법인 간트차트를 간단히 다루고 대표적인 프로젝트 관리기법으로 꼽히는 PERT · CPM에 초점을 맞추었다. 뒤에서는 자원의 평준배분과 일정단축 문제를 중심으로 자원과 일정의 최적배분 문제를 다루었다.

　이 장에서 다루어진 주요내용을 요약하면 다음과 같다.

- 프로젝트 관리란 프로젝트의 목표인 비용 · 일정 · 품질이 최적화되도록 소요자원들을 계획하여 작업이나 업무활동을 통제하는 것이다.
- 프로젝트의 관리는 일정관리가 중심이 되는데, 이에는 간트 차트나 PERT · CPM의 네트워크계획기법이 주로 적용된다.
- 간트 차트는 프로젝트의 규모가 크고 내용이 복잡하면 그의 작성 및 적용이 어렵다. 작업의 선후관계와 작업소요시간의 이원적 요소를 함께 다룰 수 없기 때문이다.
- 간트 차트의 결점을 보완하기 위해 개발된 것이 네트워크 계획기법으로 PERT와 CPM을 예로 들 수 있다.
- 네트워크계획기법은 프로젝트를 효과적으로 수행할 수 있도록 네트워크(network)를 이용하여 프로젝트를 일정 · 노동력 · 자금 등과 관련시켜 계획 · 관리하는 기법으로 주로 비반복적인 대규모 프로젝트 관리에 적용된다.
- 연구개발용으로 미해군에서 개발된 PERT는 3점견적법으로 활동의 소요시간을 추정하여 단계(event)중심의 일정계산을 행한다. 즉, 가장 이른 예정일(TE)과 가장 늦은 완료일(TL)을 구하여 일정관리를 한다.
- 한편 공장건설 및 설비보전을 위해 듀퐁에서 개발 · 적용된 CPM은 단일시간 추정치를 이용하여 활동(activity)중심의 일정계산을 한다. 활동시간 계산은 활동의 가장 이른 개시시간(ES)과 완료시간(EF) 그리고 가장 늦은 개시시간(LS)과 완료시간(LF)을 구한다.
- 네트워크 작성방법에는 AOA방식과 AON방식이 있다. AOA는 마디로 단계를 나타내고 가지로 활동을 나타내는데 PERT에서 주로 사용한다. AON은 마디로 작업(활동)을 나타내고 가지로 활동의 선후관계를 나타내는데 CPM에서 주로 사용된다.
- 프로젝트를 수행함에 있어 투입자원과 일정의 제약을 받는데, 이 경우 자원조정과 일정조정으로 접근할 수 있다.
- 최소비용에 의한 일정단축을 모색하는 최소비용계획법(MCX)의 기본원리는 작업시간과 비용을 대칭시킨 비용구배에서 비롯된다. 즉 주공정에서 비용구배가 가장 낮은 활동부터 일정을 단축한다.

제 14 장
재고관리

① 재고관리 시스템

1.1 재고의 목적과 유형

재고관리의 대상인 재고자산에는 원재료·부분품·소모품·공구·연료·공정품·반제품·제품·상품·저장품·시설 보전용품 등이 망라된다. 흔히 원자재로 통칭되는 원재료와 부분품 등의 재료비가 제조원가에서 차지하는 비중은 20~90%에 이르고 있으며 보통 65%이상을 점하고 있다.[1] 그래서 원자재의 관리, 즉 자재관리는 제조공장에서뿐만 아니라 전력회사, 광산, 운수회사, 신문사, 호텔, 식당, 병원, 군대 등에서도 매우 중요한 기능이다. **재고**(inventory)를 "물품(재고자산)의 흐름이 시스템 내의 어떤 지점에 정체되어 있는 상태를 시간적 관점에서 파악한 관리개념"으로 정의할 때, 유휴상태에 있는 자원(idle resources)인 재고는 낭비임에 틀림 없다.

그러나 기업이 보유하고 있는 전체 자산 중에 재고자산이 차지하는 비중은 업종에 따라 차이가 큰데, 제조업의 경우 평균 10~15% 정도가 되며, 상품 유통업에서는 대부분을 차지한다.

재고유지면에서 볼 때는 최소한의 재고만을 보유하는 것이 가장 바람직하다. 그럼에도 불구하고 기업에서 엄청난 재고자산을 보유하고 있는 이유는 무엇인가?

재고를 보유하는 목적이나 기능에서 **재고의 유형**을 다음과 같이 나눌 수 있다.

① 불확실한 수요변화에 대처하는 안전재고. 이는 수요와 공급의 불확실성에 대처

---

1) 우리나라 제조업의 2014년도 재료비는 제조원가의 68.54%이다. 한국은행, *기업경영분석*, 2014.

하여 보유하는 재고이다. 이를 가리켜 흔히 완충재고(buffer stock) 또는 안전재고(safety stock)라고 부른다. 안전재고는 품절 및 미납주문을 예방하고 납기준수와 고객서비스 향상을 위해 필요하지만 재고유지비의 부담이 크므로, 재고의 적정수준 유지는 긴요하다.

② 미래에 대비하는 예비재고. 계절적으로 수요가 절정에 이를 때를 예상해서 제품이나 자재를 비축하든가, 계획적으로 공장의 가동을 중지할 때를 대비하여 자재나 제품을 사전에 마련할 때 생기는 예비재고(anticipation stock)를 말한다.

③ 경제적 구매를 위한 주기재고. 기업에서는 경제적 구매량(생산량)을 확보하려고 당장 필요한 것보다 많은 양을 구입하거나 생산한다. 가령 연간 주문(생산준비) 횟수를 줄여서 주문(준비)비용을 절감하려면 1회 주문(생산)량이 늘어나는데, 이로 인하여 발생하는 재고가 주기재고(cycle stock or inventory) 내지 로트사이즈 재고(lot size stock)이다.

④ 수송기간 중 생기는 수송중 재고. 외국에서 수입되는 대부분의 물자는 상당한 조달기간을 요하는데, 대금을 지불한 물품으로 수송중에 있는 재고(transit or pipe line stock)를 말한다. 따라서 수송중 재고는 조달기간과 함수관계에 있다.

설례 ▶ 평균 주기재고와 수송중 재고

어떤 공장에서 구매 로트사이즈가 500개인 물품을 매월 미국의 생산자로부터 수입하고 있다. 이 공장의 평균 수요율(d)은 주당 90개로 미국에서 공장까지 이르는 조달기간(L)은 5주이다.

이 경우 주기재고와 수송중 재고는 다음과 같다.

평균 주기재고: $\dfrac{Q}{2} = \dfrac{500}{2} = 250$

수송중 재고: $\overline{D_L} = dL = 90 \times 5 = 450$

1.2 재고관련 비용

재고와 관련해서 발생되는 비용은 연간 30%가 넘는다. 미국기업의 경우 재고자산 가액의 30%정도를 재고관리비로 꼽는 견해[2]도 있다. 이 경우 100억원 상당의 재고를

---

2) 재고유지비를 재고가액의 12~30%로 꼽고 있다.

　D. T. Johns & H. A. Harding, *Operations Management*, Gower Technical, 1989.

보유하고 있는 기업이라면 1년에 약 30억원의 재고유지관리비가 발생하는 셈이다.

재고비용은 대별해서 재고획득과정에서 발생되는 구매비용이나 생산준비비의 고정비성 비용과 재고유지과정에서 발생되는 재고유지비나 재고부족비와 같은 변동비성 비용으로 나눌 수 있다.

1) 발주 · 구매비용(ordering or procurement cost: C_p)

물품의 주문 · 구매 · 조달과 관련해서 발생하는 비용들이 이에 속한다.

① 주문과 관련해서 발생되는 비용(예: 신용장 개설비용, 통신료)
② 가격 및 거래처에 대한 조사비용(예: 물가조사비, 거래처 신용조회비용)
③ 물품수송비, 하역비용, 입고비용
④ 검사 시험비, 통관료

2) 준비비용(set-up or production change cost: C_p)

특정제품을 생산하기 위하여 생산공정의 변경이나 기계 및 공구의 교환 등으로 발생하는 비용이다. 준비시간중 기계의 유휴비용이나 준비요원의 직접노무비, 사무처리비, 공구비용 등을 예로 들 수 있다.

이는 경제적 생산량의 결정에서 주로 이용되는 비용요소이다. 1)과 2)의 비용은 새로 발주(생산)할 때마다 발생되는 고정비적 성격을 띤 비용으로 발주(생산)횟수의 크기에 비례한다.

3) 재고유지비(carrying or holding cost: C_H or P_i)

재고를 보관하고 유지하는 데 수반되는 비용이다. 이에는 재고에 투입된 자본비용, 보관비용, 도난이나 변질 등에 의한 재고감손비 등이 포함된다.

① 자본비용: 재고자산에 투하된 자금의 금리
② 보관비용: 창고의 임대료 및 유지 경비 내지 보관료, 재고와 관련된 보험료 및 세금
③ 재고감손비: 보관 중 도난이나 변질 또는 진부화 등으로 발생되는 손실

재고유지비는 재고량에 비례해서 발생하는 변동비로서 흔히 가격(P)×유지비율(i)로서 제시되는데 재고유지비율은 연간 15~30%에 이른다.

M. K. Starr, *Operations Management: A Systems Approach*, Boyd & Fraster Publishing Co., 1996.

4) 재고부족비(shortage or stockout cost: C_S)

재고부족, 즉 품절로 인해서 발생되는 손실이다. 이는 재고부족으로 야기될 판매기회 내지 고객 상실을 비용으로 파악한 일종의 기회비용이다. 이에는 납기지연으로 인한 주문거절이나 긴급조처에 따른 추가비용, 재고부족으로 조업을 중단했을 때의 손실액도 포함된다.

5) 총재고비용(total inventory cost: TIC)

가격할인과 같이 물품의 가격이 발주량의 크기에 따라 달라지는 경우에는 구매가액을 고려하여 총재고비용이 최소로 되는 수준에서 재고정책을 결정할 필요가 있다.

가격할인이 없는 경우에는 구매가액(재고가액)은 발주량의 크기에 관계없이 일정하므로, 다음의 총증분 재고비용(total incremental inventory cost: TIC)을 고려하는 것이 보통이다(이하 TIC를 관계총비용으로 표기한다).

총증분 재고비용＝발주(준비)비용＋재고유지비＋재고부족비

$$TIC = C_p + C_H + C_S$$

1.3 재고관리의 주요 문제

막대한 재고비용을 지출하면서도 재고자산을 보유하고 있는 것은 그것이 필요한 시기에 필요한 수량을 필요로 하는 곳에 조달하기 위함이다. 이 경우 재고가 필요 이상 많거나 적으면 과대한 재고유지비 내지 품절로 인한 손실이 발생한다. 물론 수요가 확정적이거나 수요예측을 정확히 할 수 있고 수요에 맞추어 제때에 조달될 수만 있다면 재고를 보유할 필요는 없다.

재고관리(inventory control)란 수요에 신속히 그리고 경제적으로 적응할 수 있도록 재고를 최적상태로 관리하는 절차라고 할 수 있다. 시장의 제품수요 동향에 신속히 적응할 수 있는 생산체제를 갖추고 아울러 제품·공정품·부분품·원재료 등의 재고량을 경제적 관점에서 가능한 한 최저로 유지하는 것이 바람직한 재고관리이다. 즉 고객(수요)의 서비스 수준을 충족시키면서, 품절로 인한 손실과 재고유지비용 및 구매(준비)비용을 최적화하여 총재고비용(품절로 인한 손실, 재고유지비용 및 구매비용)을 최소로 하는 것이 재고관리의 **기본목표**이다.

생산·판매시스템의 **재고관리 문제**들은 다음 세 가지의 것이 대부분이다([그림 14-1] 참조).

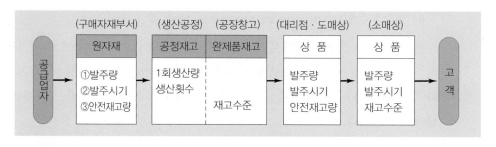

그림 14-1 **생산 · 판매 시스템에서의 주요 재고문제**

① 1회 주문(생산)량을 얼마로 하여야 하는가? **경제적 발주량**(생산량)

② 언제 주문(생산)하여야 하는가? **발주점**(시기)

③ 어느 정도의 재고수준을 유지해야 하는가? **안전재고 수준**

1.4 수요패턴과 재고관리 시스템

물품의 수요는 그의 발생형태에 따라 독립수요와 종속수요로 구분할 수 있다.

독립수요(independent demand)는 물품 수요가 외부의 힘, 즉 시장작용에 의해서 발생할 때의 수요로서, 가령 시장에서 판매되는 제품의 수요는 독립수요이다.

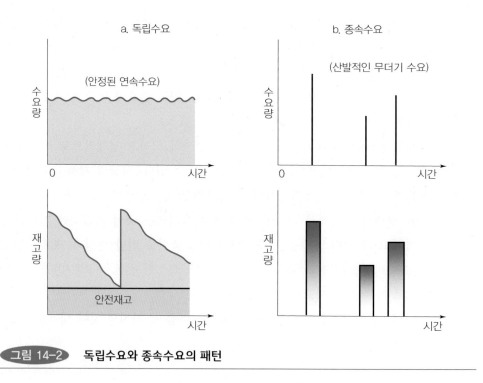

그림 14-2 **독립수요와 종속수요의 패턴**

종속수요(dependent demand)는 어떤 물품의 수요에 의존(dependent)하는 수요로서, 가령 자동차와 같은 제품을 구성하는 부분품이나 원자재 및 부분조립품 등의 수요는 완제품의 그것과 종속수요관계에 있다.

[그림 14-2]에서처럼 독립수요와 종속수요는 서로 상이한 수요패턴을 갖고 있다. 독립수요는 수요량 면에서 안정된 연속수요를 보이지만, 이는 불확실한 시장수요를 바탕으로 한 것이어서 정확한 수요예측과 안전재고를 필요로 한다. 한편 종속수요는 산발적인 무더기수요(lumpy demand)를 보이고 있지만, 상위품목(parent item)의 수요에 따라서 수요가 발생하므로 수요예측이나 안전재고의 필요성이 적다.

따라서 재고관리시스템은 물품의 수요패턴에 따라 구분·적용하는 것이 합리적이다. 즉 시장에서 거래되는 독립수요품의 재고관리에는 정량발주형이나 정기발주형의 재고관리시스템을 적용하며, 종속수요품의 재고관리에는 MRP(material requirements planning)시스템을 적용한다.

재고관리에서 전개되는 재고모델(inventory model)은 수요량·재고량·발주량이라는 세 변수간의 상관관계에서 총비용이 최소가 되는 「적정재고량을 결정하는 방식」을 보통 추구한다. 즉 재고보충개념(replenishment philosophy)에 입각한 독립수요품의 재고관리에서는 주로 재고량과 발주량의 관계에서 전개되며, 수요요구개념(requirement philosophy)에 입각한 종속수요품의 재고관리에서는 수요량과 발주량의 관계에서 재고모형이 구축된다.

1.5 재고관리 시스템의 기본 모형

독립수요품의 재고관리 모델에는 ① 정기발주형, ② 정량발주형, ③ 절충형(s·S 시스템) 등이 있는데, 가장 일반적인 것은 ①, ②의 모델이다. 따라서 이들을 재고관리시스템의 기본적인 재고모델로 삼고, 이들의 특징을 밝히면서 아울러 재고관리에서 제기되는 문제를 지적하고자 한다.

1.5.1 정량발주형 재고관리시스템: 계속실사방식

정량발주시스템(fixed-order quantity system)은 발주점 방식(order point system)으로 알려져 있는 것으로, "재고가 일정수준(발주점)에 이르면 일정 발주량(경제적 발주량)을 발주하는 시스템"이다. 이는 발주량 중심의 방식이라 하여 Q 시스템으로 불리기도 한다. 그런데 발주점 방식은 계속적인 실사를 전제로 하므로 계속실사방식(perpetual or continuous review system)으로 분류하기도 한다.

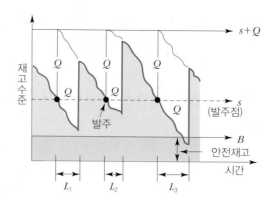

그림 14-3 정량발주형(Q시스템)

정량발주(定量發注)시스템은 발주량(Q)과 발주점(s)에 의해서 작용되는데, 이 경우 Q는 경제적 발주량(Q_o)이 된다. 주문점(order point)으로도 표현되는 발주점(s)은 ① 발주하여 입고되기까지, 즉 조달기간(lead time) 중 소비되는 재고량(D_L)과, ② 이 기간 중 소비율(수요율)이 변동하는 경우에 대비한 재고량, 즉 안전재고(B)의 합이 되는 재고수준($s = D_L + B$)이 된다([그림 14-3] 참조).

이 시스템은 계속적인 재고조사와 이에 따른 재고기록 유지를 위해 많은 노력과 비용이 투입되는 불리점이 있으므로, 실사와 기록유지가 용이한 품목이나 계속 실사를 요하는 중요품목, 또는 실사를 간소화할 수 있는 금액이 높지 않은 B급이나 C급품으로서 수요변동의 기복이 작은 품목에 적용되는 경우가 많다.

정량발주형과 계속실사방식을 간략화한 「투 빈 시스템」이 있다.

> **〉참고 투 빈 시스템(two bin or double bin system)**
>
> 소매점이나 백화점에서 많이 사용되는 재고관리 방식으로, 제조업에서는 볼트·넛트와 같이 수량이 많고 부피가 적은 저가품에 적용된다.
>
> 이 방식은 재고를 2개의 용기(bin)에 나누어 넣고 한쪽 용기의 재고가 바닥이 나면, 발주와 동시에 그것이 보충될 때까지 나머지 다른 용기의 재고를 사용하는 것을 차례로 반복하는 방식이다.
>
> 예컨대 甲과 乙 2개의 통에 각각 400개의 볼트를 넣고 甲의 통이 바닥이 나면, 600개(경제적 발주량)를 주문하고, 그것이 조달될 때까지 나머지 400개가 들어있는 乙통의 것을 사용한다. 조달기간 중의 수요량이 300개라 하면 100개 정도의 재고(안전재고)가 남을 즈음 앞서 주문했던 볼트 600개가 입고되는데, 이 때 비어있는 甲 통에 400개를 우선 보충하고 나머지는 乙 통에 넣어 그것부터 사용한다. 그 후 乙 통의 재고가 바닥이 나면 다시 600개를 발주하고 앞에서와 같이 되풀이한다.

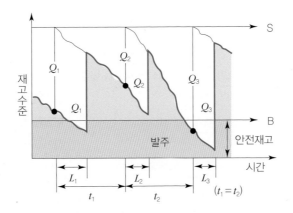

정기발주형(P시스템)

1.5.2 정기발주형 재고관리시스템: 정기실사방식

정기발주시스템(fixed-time period system)은 '일정 시점마다, 즉 정기적으로 부정량(최대재고량－현재고량)을 발주하는 방식'으로 P 시스템이라고도 한다. 이 경우 재고조사는 정기실사방식(periodic review system)을 적용한다.

P시스템은 발주주기(T)와 최대재고량(S)[3]에 의해서 작용되는데([그림 14-4] 참조), 이 경우 발주량(Q)을 산정하는 산식은 다음과 같다.

$$발주량(Q) = 최대재고량(S) - (현재고량(I) + 발주분의 \ 예정입고량(R))$$

> **참고** **발주주기(T)의 산정**
>
> 주문해서 입고되기까지의 기간인 발주주기(T)는 발주량(Q)을 동기간 중의 수요량(D)으로 나누어 구할 수 있다. 따라서 적정 발주주기(T_0)는 경제적 발주량(Q_0)을 수요량으로 나누어 구할 수 있다.
>
> $$적정 \ 발주주기(T_0) = \frac{경제적 \ 발주량(Q_0)}{수요량(D)} = \frac{1}{D}\sqrt{\frac{2D \cdot C_p}{C_H}} = \sqrt{\frac{2 \cdot C_p}{D \cdot C_H}}$$

1.5.3 정량발주형과 정기발주형의 차이

정기발주형은 부정기적으로 정량을 발주하는 앞서의 정량발주형과는 구별된다. 양자의 근본적인 차이점은 〈표 14-1〉에서처럼 정량발주형(Q system)에서는 부정기적으

---

3) 최대 재고량(S) = 발주주기 중의 수요량 + 조달기간 중의 수요량 + 안전재고량 = 수요율(발주주기 + 조달기간) + 안전재고량

시스템 \ 구분	정량발주시스템	정기발주시스템
개요	재고가 발주점에 이르면 정량을 발주	정기적으로 부정량을 발주
발주시기	부정기(不定期)	정기(定期)
발주량	정량(경제적 발주량)	부정량(최대 재고량 − 현재고)
재고조사방식	계속실사	정기실사
안전재고	조달기간 중 수요변화 대비량	조달기간 및 발주주기중 수요변화 대비량

표 14-1 정량발주시스템과 정기발주시스템의 차이

로 정량(定量)을 발주하는데 반해서, 정기발주형(P system)에서는 정기적으로 부정량(不定量)을 주문하는 점이다.

재고조사방식은 정기발주형에서는 정기실사방식이 무난하지만 정량발주형에서는 계속실사방식을 적용한다.

안전재고(安全在庫)의 경우, 정량발주형은 조달기간(L) 중의 수요변화에 대비하는데 반해, 정기발주형은 발주주기와 조달기간(T+L) 중의 수요변화에 대비하여 보다 많은 재고수준을 보유한다.

설례 ▶ Q시스템과 P시스템의 안전재고량

발주량 3,000단위에 조달기간 10일인 경우, Q시스템과 P시스템의 안전재고수준의 움직임을 보기로 하자.

[그림 14-5]와 [그림 14-6]의 점1(제20일)에서 정상수요(1일 100단위)를 예상하여 3,000단위의 자재를 주문하였는데, 그로부터 점 6′의 기간까지 최대수요율(1일 130단위)을 보이고 있다(그림의 점선).

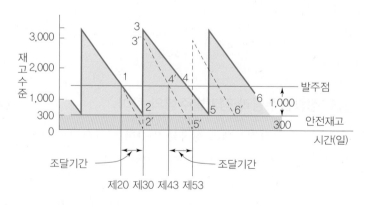

그림 14-5 Q시스템의 안전재고

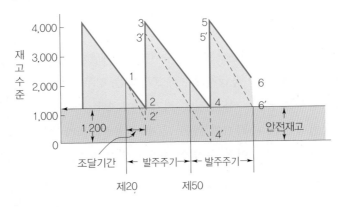

그림 14-6　P시스템의 안전재고

(a) 정량발주 시스템의 경우: [그림 14-5]에서 발주시점인 제20일 이래 수요율이 130단위로 불어났으므로 조달기간(10일) 중의 수요량은 1,300단위로 정상수요시보다 300단위가 더 필요하다. 제30일에 발주량 3,000단위가 입고되어 발주점(점 4')에 이르는 기간은 종전(점 4)보다 5일이 단축되지만 조달기간 중의 수요량은 앞서와 같이 1,300단위가 필요하므로 이 경우(최대수요율 130단위일 때) 300단위의 안전재고가 필요하다는 것을 알 수 있다.

(b) 정기발주 시스템의 경우: 발주시점 내지 발주간격이 고정되고 그대신 발주량을 변화시킬 수 있다. 이 경우 발주간격과 조달기간 중의 수요증가를 고려한 안전재고의 설정이 필요하다. [그림 14-6]에서 발주주기(30일)와 조달기간(10일) 동안의 수요증가에 대비해서(30+10)×30=1,200 단위의 안전재고가 필요하다. 따라서 1,200단위의 안전재고가 있는 경우를 가정하여 [설례]를 전개하면, 재고수준 900단위(점 2')일 때 앞서 발주한 3,000단위가 보충되어 재고는 3,900단위(점 3')로 불어나지만 이로부터 30일 후인 제60일(점 4')에 이르러 재고가 바닥이 날 즈음 재보충된다.

위의 [설례]로서 정기발주시스템의 안전재고수준이 정량발주시스템보다 높은 이유가 설명되었다고 본다.

정량발주시스템은 수요의 변동에 따라서 발주시기를 조정함으로써 일정수준의 재고를 유지하는 안전기능이 있다. 이에 대해서 정기발주시스템은 발주시기가 고정되어 있기 때문에 발주량으로 조정할 수밖에 없다. 따라서 발주할 때는 미래의 수요량을 예측하여 결정한 재고한도(최대재고수준 S)에서 현재고수준(I)을 차감하여 필요한 수량만을 발주하여야 한다.

Q시스템과 P시스템은 독립수요품의 재고관리에 널리 적용되는 재고모델로서, 다

음의 경우 P시스템(정기발주시스템)이 보다 **선호**된다.

① 주기적으로 조달되는 물품(예: 슈퍼마켓에 배달되는 상품)
② 여러 물품을 동일 공급자로부터 조달받는 경우
③ 계속실사를 필요로 하지 않는 저가품(예: 볼트 · 넛트)
④ 실사간격 및 발주간격이 짧은 때(예: 주일별로 조사 또는 주문)는 Q시스템보다 엄격한 관리가 이루어질 수 있어 중요도가 높은 A급 품목에 적용할 수 있다.

P시스템은 계속적인 재고기록 유지가 필요치 않으며 계획적인 재고보충을 할 수 있다는 이점이 있으나 안전재고수준이 Q시스템보다 높다는 **결점**이 있다.

따라서 Q시스템과 P시스템은 1) 재고의 보충시기, 2) 재고기록방식의 유형, 3) 재고품의 가격 등에 따라서 선택 · 적용되어야 할 것이다.

1.5.4 절충형 재고관리시스템

정량발주형과 정기발주형의 특성을 절충한 재고관리시스템(hybrid inventory control system)이 있다.

절충형의 대표적인 시스템에는 흔히 'Min-Max 시스템'이라 불리우는 's · S재고 시스템'(s · S system)을 꼽을 수 있다. 이는 정기발주형과 같이 "정기적으로 재고수준이 검토되지만 사전에 결정된 발주점(s) 이하에 이를 때만 발주하는 방식"이다. 그러나 이 방식은 정량발주형과 같이 발주량이 고정되어 있지 않고 현재고(I)가 발주점 이하($I<s$)일 때 미리 정해진 최대재고수준 S에 이르도록 $S-I$ 만큼을 발주하는 방식이다([그림 14-7] 참조).

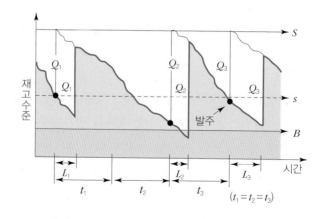

그림 14-7 s·S 재고시스템

이 시스템은 정량발주형과 정기발주형이 갖고 있는 결점을 보완한 것으로, 이상적인 재고관리시스템이라 할 수 있지만 그의 적용에는 몇 가지 문제가 있다. 가령 정량발주시스템에 비하여 발주량의 계산이 번거로우며, 발주량이 변하기 때문에 많은 양의 안전재고를 필요로 한다는 것 등이다.

② 경제적 발주량 및 생산량의 결정

재고관리에서는 자재나 제품의 구입 내지 제조에서 수반되는 관련비용이 최소가 되는 경제적인 구매(생산)로트의 크기를 가리켜 경제적 발주량 또는 경제적 생산량이라 한다. 이들은 적정재고수준의 결정에서 중요한 개념이다.

2.1 경제적 발주량의 결정모델

경제적 발주량(economic order quantity: EOQ)은 구매비용과 재고유지비의 합이 최소가 되는 발주량(구매량)을 말한다.

EOQ모델은 수요가 비교적 안정된 상태에서는 유용한 모델이지만, 수요의 변화가 심한 경우에는 바람직하지 못하다. 이 모델의 역사가 매우 오래되었지만 아직까지 기업에서 애용되고 있는 이유는 계산의 간편성 때문이다.

1915년에 제시된 해리스(F. W. Harris)의 고전적인 재고모델은 다음과 같은 가정(假

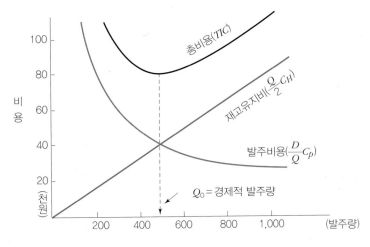

그림 14-8 경제적 발주량의 결정 모델

定)에서 이용될 수 있다.

① 발주비용은 발주량의 크기와 관계없이 매주문마다 일정하다.
② 재고유지비는 발주량의 크기와 정비례하여 발생한다.
③ 구입단가는 발주량의 크기와 관계없이 일정하다.
④ 수요율과 조달기간이 일정한 확정적 모델이다.
⑤ 단일품목을 대상으로 한다.

이상과 같은 가정 아래 발주비용과 재고유지비의 합계가 최소가 되는 경제적 발주량을 구하는 것이 본 모델의 목적함수이다([그림 14-8] 참조).

2.1.1 연간 발주비용

연간 발주횟수(연간 수요량(D)을 발주량(Q)으로 나눈 것)에 1회당 발주비용(C_p)을 곱하여 다음과 같이 구한다.

$$\text{연간 발주비용:}\ \frac{DC_P}{Q} = \frac{\text{연간 수요량}(D)}{\text{1회 발주량}(Q)} \times \text{1회당 발주비용}(C_p)$$

2.1.2 연간 재고비용

평균재고량($\frac{Q}{2}$)을 구한 다음, 단위당 재고유지비(C_H)를 곱하여 구한다([그림 14-8] 참조). 단위당 재고유지비를 구할 수 없을 때는 평균재고량($\frac{Q}{2}$)에 구입단가 P를 곱하여 평균재고액을 산정한 후 여기에 단위당 재고유지비율(i)을 곱하여 구한다.

단가 P를 곱하여 평균재고액을 산정한 후 여기에 단위당 재고유지비율(i)을 곱하여 구한다.

(1) 단위당 재고유지비(C_H)를 알고 있을 때,

$$\text{재고유지비:}\ \frac{QC_H}{2} = \text{평균재고량}(\frac{Q}{2}) \times \text{단위당 재고유지비}(C_H)$$

(2) 단위당 재고유지비 대신 연간 재고유지비율(i)을 알고 있을 때,

$$\text{재고유지비:}\ \frac{QPi}{2} = (\frac{Q}{2}) \times \text{구매단가}(P) \times \text{연간 재고유지비율}(i)$$

따라서 연간 관계총비용(TIC: total incremental cost)은

$$TIC = \frac{DC_p}{Q} + \frac{QPi}{2} \quad \text{..} \quad ①$$

가 된다(이 경우 Pi 대신에 C_H를 대입할 수도 있다).

전술한바 재고관리의 기본목표는 총재고비용을 최소화하는 것이므로 이를 위하여 총비용(TIC)을 Q로 미분한다.

$$\frac{d(TIC)}{dQ} = -\frac{DC_p}{Q^2} + \frac{Pi}{2}$$

여기에서 $\dfrac{d(TIC)}{dQ} = 0$으로 하여 총비용곡선의 최저점을 구하면 다음과 같다.

$$-\frac{DC_p}{Q^2} + \frac{Pi}{2} = 0$$

$$\frac{DC_p}{Q^2} = \frac{Pi}{2}$$

$$Q^2 = \frac{2DC_p}{Pi}$$

$$\therefore \ Q = \sqrt{\frac{2DC_p}{Pi}} \quad (Pi \text{ 대신에 } C_H \text{를 대입하여 사용할 수도 있다})$$

따라서 **경제적 발주량** Q_o을 구하는 모델은 다음 ②식이 된다.

$$Q_o = \sqrt{\frac{2DC_p}{C_H}} \quad \text{또는} \quad \sqrt{\frac{2DC_p}{Pi}} \quad \text{.......................................} \quad ②$$

적정 발주횟수 N_o와 발주간격(발주주기) T_o를 구하는 산식은 다음과 같다.

적정 발주횟수: $N_o = \dfrac{D}{Q_o} \quad \text{...} \quad ③$

적정 발주간격: $T_o = \dfrac{Q_o}{D} = \dfrac{1}{N_o} \quad \text{...} \quad ④$

설례 ▶ 경제적 발주량의 계산

연간 수요량이 1,000개 되는 S자재의 발주비용은 매 주문마다 20,000원, 단위당 재고유지비는 연간 160원일 때, 경제적 발주량 Q_o와 적정 연간 관계총비용 TIC_o 그리고 적정발주횟수 N_o 및 적정 발주간격 T_o를 구하려 한다.

먼저 경제적 발주량 Q_o를 ②식에 대입하여 구한다.

$$Q_o = \sqrt{\frac{2DC_p}{C_H}} = \sqrt{\frac{2 \times 1,000 \times 20,000}{160}} = \sqrt{250,000} = 500개$$

이 경우 경제적 발주량은 500개로서 이때의 적정 연간 관계총비용 TIC_o는 ①식을 사용하여 다음과 같이 구할 수 있다.

$$TIC_o = \frac{DC_p}{Q_o} + \frac{Q_o C_H}{2} = \frac{1,000 \times 20,000}{500} + \frac{500 \times 160}{2} = 80,000원$$

또는 다음 ⑤식으로 간단히 구할 수 있다.[4]

$$TIC_o = \sqrt{2DC_P C_H} \quad 또는 \quad \sqrt{2DC_P Pi} \quad \cdots\cdots\cdots\cdots\cdots\cdots\cdots\cdots\cdots\cdots\cdots\cdots ⑤$$

$$TIC_o = \sqrt{2 \times 1,000 \times 20,000 \times 160} = 80,000원$$

이 경우의 적정 발주횟수 N_o는 ③식에 따라

$$N_o = \frac{D}{Q_o} = \frac{1,000}{500} = 2회/년이고$$

적정 발주간격 T_o는

$$T_o = \frac{1}{N_o} = \frac{1}{2}년 = 6개월이 된다.$$

본 [설례]의 발주량을 달리할 때의 비용구조를 발주량의 크기에 따라 비교한 것이 〈표 14-2〉이며, 이를 도표로 나타낸 것이 앞의 [그림 14-8]이다.

표 14-2 발주량과 연간 관계총비용 TIC

Q	$\frac{D}{Q} \times C_P$	$\frac{Q}{2} \times C_H$	TIC
100	200,000	8,000	208,000
200	100,000	16,000	116,000
300	66,667	24,000	90,667
400	50,000	32,000	82,000
$500 = Q_o$	40,000	40,000	$80,000 = TIC_o$
600	33,333	48,000	81,333
700	28,571	56,000	84,571
800	25,000	64,000	89,000
900	22,222	72,000	94,222
1,000	20,000	80,000	100,000

4) ⑤식은 ①식 $TIC = \frac{DC_p}{Q} + \frac{QPi}{2}$에서 Q 대신 $Q_o = \sqrt{\frac{2DC_p}{C_H}}$를 대입하여 구한 것이다.

2.2 수량할인이 있는 경우의 경제적 발주량

전술한 경제적 발주량의 결정 모델은 물품의 구입단가 P를 고정된 것으로 가정하였다. 그러나 대부분 대량구입할 때는 구입단가를 할인받는 것이 현실이다. 발주량의 크기에 따라 차등가격에 의한 수량할인(quantity discount)이 있을 경우에는 경제적 발주량의 크기도 달라진다. 이는 발주량의 크기에 따라서 구입단가가 달라지기 때문이며, 수량할인을 고려한 EOQ모델에서는 연간 구입원가(DP)를 포함시킬 필요가 있다.

따라서 이 경우의 연간 관계총비용(TIC)의 산식은 ⑥과 같다.

$$TIC = \frac{DC_p}{Q} + \frac{QPi}{2} + DP \quad \text{...} ⑥$$

이 경우의 경제적 발주량 Q_o는 앞의 ②식과 동일하다.

적정 연간관계총비용 (TIC_o)은 다음 ⑦식과 같다.

$$TIC_o = \sqrt{2DC_pPi} + DP \quad \text{...} ⑦$$

이 경우 연간 구매원가선은 주어진 차등가격에 따라서 계단모양의 변동을 보이며, 재고유지비 또한 계단형의 비용곡선을 나타내어 결국 연간 관계총비용곡선은 불연속적인 비용곡선을 이룬다([그림 14-9] 참조). 따라서 수량할인이 있는 경우에는 전술한 경제적 발주량 모델(②식)을 일률적으로 적용할 수 없다.

수량할인이 있는 경우에 경제적 발주량을 구하는 과정은 다음과 같다.

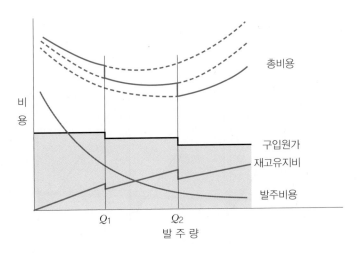

그림 14-9   수량할인이 있는 경우의 발주량별 재고비용

(1) 주어진 구입단가 중에서 가장 낮은 단가에 대한 EOQ를 산정한다.

(2) 할인조건을 충족시킬 수 없으면, 그 다음 낮은 단가에 대한 EOQ를 구한다.

(3) 그것이 할인조건을 충족시키는 수량이면, 이의 연간 관계총비용(TIC)을 구하고 아울러 그보다 한 계층 낮은 단가의 할인조건을 충족시키는 최저발주량에 대한 TIC를 산정·비교한다.

(4) 비교결과 연간 관계총비용(TIC)이 낮은 대안의 경제적 발주량이나 할인조건의 한계수량을 구한다.

2.3 재고부족을 고려한 경우의 발주량 모델

이제까지는 재고부족(품절)을 고려하지 않고 재고모델을 설명하였다. 재고부족이 일어날 수 있는 경우를 고려한 경제적 발주량 모델을 보기로 한다.

[그림 14-10]에서 t_1기간(재고보유기간) 중의 평균재고량은 $\dfrac{I}{2}$이고 재고유지비는 $\dfrac{I}{2}C_H t_1$이다. 한편 t_2 기간(재고부족기간) 중의 평균 재고부족량은 $\dfrac{Q-I}{2}$이므로 재고부족비는 $\dfrac{Q-I}{2}C_s t_2$이다. 따라서 발주주기(T) 중의 관계총비용(TIC)은 $\dfrac{I}{2}C_H t_1 + \dfrac{Q-I}{2}C_s t_2 + C_p$가 된다(단, I : 재고보충수준, C_s : 재고부족비용)

이 경우 연간 발주횟수는 $\dfrac{D}{Q}$이므로 연간 관계총비용은

$$\frac{D}{Q}\left(\frac{I \cdot C_H t_1}{2} + \frac{(Q-I)}{2}C_s t_2 + C_p\right) \cdots\cdots\cdots\cdots\cdots\cdots\cdots\cdots\cdots\cdots ⑧$$

[그림 14-10]의 닮은 삼각형에서

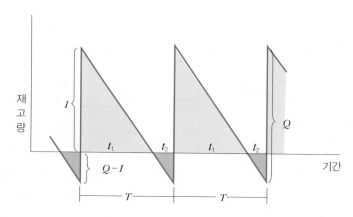

그림 14-10   재고부족을 고려한 발주량 모델

$$\frac{t_1}{I}=\frac{T}{Q} \text{와} \quad \frac{t_2}{Q-I}=\frac{T}{Q} \text{ 의 관계를 찾을 수 있는데,}$$

이로부터 $t_1=\dfrac{I}{Q}T$와 $t_2=\dfrac{Q-I}{Q}T$를 이끌어낼 수 있다.

t_1과 t_2의 값을 ⑧식에 대입하면

$$\frac{D}{Q}\left(\frac{I^2 C_H T}{2Q}+\frac{(Q-I)^2 C_S T}{2Q}+C_p\right) \text{ 가 된다.}$$

그런데 T는 연간 발주횟수의 역수인 $\dfrac{Q}{D}$와 같으므로 T 대신에 이를 대입하면 연간 관계총비용(TIC)은

$$TIC=\frac{I^2 C_H}{2Q}+\frac{(Q-I)^2 C_S}{2Q}+\frac{D}{Q}C_p \quad\text{...}\;\text{⑨}$$

위의 ⑨식을 Q와 I에 대해서 각각 편미분한 것이, 다음의 발주주기중 품절을 고려한 경제적 발주량(Q_o)과 최대 재고수준(I_o)을 구하는 모델이다.

$$Q_o=\sqrt{\frac{2DC_p}{C_H}}\sqrt{\frac{C_H+C_S}{C_S}} \quad\text{...}\;\text{⑩}$$

$$I_o=\sqrt{\frac{2DC_p}{C_H}}\sqrt{\frac{C_S}{C_H+C_S}} \quad\text{..}\;\text{⑪}$$

또는 ⑩식의 Q_o를 알고 있을 때 $I_o=Q_o\times\left(\dfrac{C_S}{C_H+C_S}\right)$ 로서 계산할 수 있다.

Q대신에 $D\cdot T$를 대입하면 발주간격, 즉 발주주기를 구하는 모델을 얻을 수 있는데, 적정 발주주기(T_o)를 구하는 모델은 다음과 같다.

$$T_o=\sqrt{\frac{2C_p}{DC_H}}\sqrt{\frac{C_H+C_S}{C_S}} \quad\text{...}\;\text{⑫}$$

📋 설례 ▶ 품절을 고려한 경우의 발주량

연간 10,000단위의 물품을 계열기업에 납품하고 있는 기업이다. 이 물품의 구매비용은 200달러이며 연간 재고유지비는 단위당 5달러이다. 그런데 재고부족(품절)으로 주문량 전량을 제때에 납품하지 못하였을 때 발생하는 연간 재고부족비는 단위당 8달러이다.

적정발주량(Q_o)와 최대재고수준(I_o)을 ⑩식과 ⑪식으로 다음과 같이 구한다.

$$Q_o = \sqrt{\frac{2DC_p}{C_H}} \sqrt{\frac{C_H + C_S}{C_S}} = \sqrt{\frac{2(10,000)200}{5}} \sqrt{\frac{5+8}{8}} = (894)(1.27) = 1135단위$$

$$I_o = \sqrt{\frac{2DC_p}{C_H}} \sqrt{\frac{C_H + C_S}{C_S}} = (894)(0.784) = 701단위$$

이 경우 T기말의 품절량$(Q-I)$은 $Q-I = 1,135 - 701 = 434$단위이고
적정 발주주기(T_o)는 다음과 같다.

$$T_o = \sqrt{\frac{2C_p}{DC_H}} \sqrt{\frac{C_H + C_S}{C_S}} = \sqrt{\frac{2(200)}{10,000(8)}} \sqrt{\frac{5+8}{8}} = 0.113년$$

2.4 경제적 생산량의 결정

경제적 구매량 또는 발주량은 기업 외부로부터 조달하는 물품의 발주량 크기를 경제적으로 결정하는 문제이다. 이와는 달리 기업자체내에서 필요한 자재를 직접 제조하거나 제품을 생산·조달하는 경우의 경제적 생산량, 즉 **경제적 생산 로트의 크기**(economic lot size: ELS)를 결정하는 문제이다(ELS는 EPQ(economic production quantity)라고도 한다).

흔히 EOQ와 ELS(또는 EPQ)를 함께 설명하는 것은 이들이 공통점이 있기 때문이지만, 다음과 같은 점에서 구별된다.

(1) EOQ의 경우 재고의 입고가 순간적으로 행해지는데 반해서, ELS의 경우는 점차적으로 이루어진다([그림 14-11] 참조).
(2) ELS모델에서는 구매비용 대신에 준비비용을 계상한다(준비비용도 발주비용과 같이 고정비용이므로 모델에서는 C_p를 그대로 사용한다).

ELS모델은 다음과 같은 **가정** 아래에서 이루어진 것이다.

① 준비비는 생산량의 크기와 관계없이 로트마다 일정하다.
② 재고유지비는 생산량의 크기에 정비례하여 발생한다.
③ 생산단가는 생산량의 크기와 관계없이 일정하다.
④ 수요량과 생산율이 일정한 확정적 모델이다. 단 생산율은 수요율보다 크다.
⑤ 생산품은 생산기간 t_1 중에 점진적으로 생산·입고된다. 출고(소비)는 t_1, t_2기간에 계속된다.

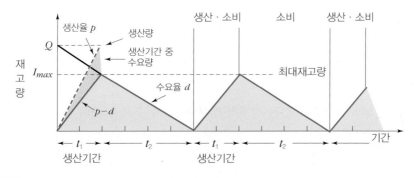

그림 14-11 ELS모델에서의 생산율과 수요율의 가정

[그림 14-11]에서 생산율 p는 1일 생산량이고, 수요율 d는 1일 소비량이라 하면, 하루 동안의 재고는 $p-d$가 된다. 생산기간 t_1동안의 재고는 $t_1(p-d)$로서 이 기간중 최대재고량(I_{max})이 되며, 이 때의 평균재고량은 $(\frac{Q}{2})$은 $\frac{1}{2}t_1(p-d)$가 된다.

이 경우 t_1을 생산량 Q와 생산율 p로 표시하면, $Q=p \cdot t_1$이므로 $t_1=\frac{Q}{p}$가 된다.

앞서의 평균재고량을 구하는 식 $\frac{Q}{2}$에 이를 대입하면

$$\frac{1}{2}t_1(p-d)=\frac{1}{2}Q\frac{p-d}{p}=\frac{Q}{2}\left(1-\frac{d}{p}\right)$$가 된다.

따라서 이 때의 재고유지비용은, $\frac{Q}{2}C_H\left(1-\frac{d}{p}\right)$로 나타낼 수 있다.

연간 준비비용은 경제적 발주량을 구할 때와 같이 $\frac{D}{Q}\times C_p$이므로, 연간 관계총비용(TIC)은 다음 ⑬식과 같다.

$$TIC=\frac{D}{Q}\times C_p+\frac{Q}{2}C_H\left(1-\frac{d}{p}\right) \quad \text{⑬}$$

경제적 생산로트의 크기 (Q_o)는,

$$Q_o=\sqrt{\frac{2DC_p}{C_H\left(1-\frac{d}{p}\right)}} \quad \text{또는} \quad \sqrt{\frac{2DC_p}{Pi\left(1-\frac{d}{p}\right)}} \quad \text{⑭}$$

TIC(⑬식)에 Q_o(⑭식)를 대입하여 적정 연간 관계총비용(TIC_o)을 구하면,

$$TIC_o=\sqrt{2DC_p\times C_H\left(1-\frac{d}{p}\right)} \quad \text{또는} \quad \sqrt{2D\times C_p\times Pi\left(1-\frac{d}{p}\right)} \quad \text{⑮}$$

이 때의 최대재고량 (I_o)은 다음 산식으로 구한다.

$$I_o = \sqrt{\frac{2DC_p}{C_H}\left(1-\frac{d}{p}\right)} \quad \text{..} \ ⑯$$

ELS의 생산주기(T_o)는 경제적 생산량(Q_o)과 수요율(d)의 함수로써 나타낸다.

$$T_o = \frac{Q_o}{d} \quad \text{..} \ ⑰$$

생산기간(t_1)은 경제적 생산량과 생산율(p)의 관계로 나타낸다.

$$t_1 = \frac{Q_o}{p} \quad \text{..} \ ⑱$$

경제적 생산로트의 크기(ELS)는 앞의 가정에서 기술한 바와 같이 확정적 모델이므로, 수요율이나 생산율이 불확실한 상황에서는 이용하기 어렵다는 **제약점**이 있다.

ELS가 갖고 있는 몇 가지 **성질**을 제시하면 다음과 같다.

수요율 d가 생산율 p에 가까워짐에 따라 ELS, 즉 Q_o는 점점 커지며, 이들이 같아지면($d=p$) Q_o는 무한대가 된다. 따라서 이 경우는 계속해서 생산하여야 한다. 한편 생산율 p가 수요율 d보다 엄청나게 클 경우($p>>>d$)에는 ELS는 경제적 발주량과 거의 같아진다(ELS ≒ EOQ).

설례 ▶ 경제적 생산로트의 계산

1일 500개의 비율로 사용되는 부분품이 있다. 이 부분품은 1일 1,000개의 비율로 생산할 수 있다. 준비비용은 8,000원이며 이 부분품의 제조원가는 개당 900원이다. 재고유지비율은 연간 20%이며 조업일수는 연간 250일이다.

이와 같은 상황에서 경제적으로 생산할 수 있는 로트의 크기(Q_o)와 연간 관계총비용 (TIC_o)을 ⑭식과 ⑮식으로 구할 수 있다.

$D = 125,000$개(500개$\times250$일) $C_p = 8,000$원 $P = 900$원 $C_H = Pi = 180$원

$p = $일당 $1,000$개$=$연간 $250,000$개 $d = $일당 500개$=$연간 $125,000$개

$$Q_o = \sqrt{\frac{2DC_p}{C_H\left(1-\frac{d}{p}\right)}} = \sqrt{\frac{2\times125,000\times8,000}{180\times\left(1-\frac{500}{1,000}\right)}} = 4,714\text{개}$$

$$TIC_o = \sqrt{2DC_p \times C_H\left(1-\frac{d}{p}\right)} = \sqrt{2\times125,000\times8,000\times180\times\left(1-\frac{500}{1000}\right)} = 390,000\text{원}$$

경제적인 생산로트(ELS)는 4,714개이며, 연간 관계총비용은 390,000원이 된다.

이 때의 최대재고량(I_o), 생산주기(T_o), 생산기간(t_1)을 ⑯, ⑰, ⑱식으로 구한다.

$$I_o = \sqrt{\frac{2DC_p}{C_H}\left(1 - \frac{d}{p}\right)} = \sqrt{2 \times 125,000 \times \frac{8,000}{180}\left(1 - \frac{500}{1,000}\right)} = 2,357개$$

$$T_o = \frac{Q_o}{d} = \frac{4,714}{500} = 9.4일$$

$$t_1 = \frac{Q_o}{p} = \frac{4,714}{1,000} = 4.7일$$

2.5 1회성 상품의 발주량(단일기간 재고모델)

EOQ나 EPQ 모델 등은 연속수요를 전제로 하는 연속기간 재고모델(multi-period model)이다. 이와 달리 **단일기간 재고모델**(single-period model)은 신문·생선·과일과 같이 그 물품의 수요가 일회적이며 재고기간 내지 수명이 짧은 1회성 재고의 발주량 (생산량)이나 재고수준을 결정하는 모델이다.

단일기간 재고모델은 다음과 같은 경우에 **적용**될 수 있다.

① 부패(변질)성 물품. 식품점의 과일, 우유, 채소, 생선, 혈액 등
② 사용기간이 제한된 물품. 신문, 잡지, 통조림, 예비부분품 등
③ 유행 및 계절 상품. 패션의류, 에어컨, 스키 세트, 크리스마스트리 등
④ 한시성 서비스. 열차 및 항공기 좌석예약, 연휴일의 호텔예약 등

위에서 열거된 일회성 상품들은 단일기간중 통상 1회 발주(생산)되는데, 발주량(생산량)이 수요량보다 적을 때는 기회비용인 품절로 인한 기회손실(재고부족비)이 생기고, 반대로 클 때에는 잉여재고로 인한 손실(재고과잉비)이 발생한다.

따라서 적정 발주량(생산량)의 문제가 제기되는데, EOQ 모델에서처럼 구매비용과 재고유지비의 문제가 아닌 재고부족비(shortage cost: C_S)와 재고과잉비용(excess cost: C_E)의 트레이드 오프(trade off) 문제가 된다. 따라서 단일기간 재고모델의 **목적함수**는 재고부족비와 재고과잉비의 합이 최소가 되는 발주량 내지 재고수준을 결정하는 것 으로 볼 수 있다.

재고부족비와 재고과잉비의 균형문제는 한계이익(marginal profit: MP)과 한계손실 (marginal loss: ML)의 균형을 추구하는 한계분석으로 전개할 수 있다. 즉 구매(생산)로 추가되는 한 단위의 재고로 증분되는 단위당 한계이익이, 그로 인해 발생되는 한계손

실보다 크거나 같아야 한다는 점에서 한계분석에서는

한계이익(MP) ≥ 한계손실(ML)로 나타낸다.

판매확률(p)을 고려할 때, 한 단위를 추가로 구입(생산)해서 팔 때(판매될 확률=p) 기대되는 한계이익은 $p(MP)$이며, 이것이 안 팔릴 때(판매되지 않을 확률=$1-p$) 기대되는 한계손실은 $(1-p)(ML)$이 된다.

$p(MP) ≥ (1-p)(ML)$이므로 발생(판매)확률 p에 대해서 풀면, ⑲식이 된다.

$$P ≥ \frac{ML}{ML+MP}$$ ·· ⑲

이는 추가되는 단위의 판매확률(p)이 ⑲식의 값보다 크거나 같게 될 때까지 발주량이나 재고수준의 크기를 늘려야 됨을 뜻한다.

전술한 단위당 재고부족비(C_S)를 한계이익으로 보고 단위당 재고과잉손실(C_E)을 한계손실로 보면, 적정 품절률을 산정하는 모델로 원용할 수 있다.

$$p ≥ \frac{ML}{ML+MP} → 품절률 = \frac{재고과잉비(C_E)}{재고과잉비(C_E) + 재고부족비(C_S)}$$

따라서 품절률의 역수($1-p$)인 서비스율(수준)은 다음 산식으로 구한다.

$$서비스수준(SL) = \frac{재고부족비}{재고과잉비 + 재고부족비} = \frac{C_S}{C_E + C_S}$$

📋 설례 ▶ **서비스율에 의한 판매량(재고량) 산정**

점심시간에 설렁탕만을 파는 '명동설렁탕'은 준비한 설렁탕만을 파는 것으로 유명하다. 어떤 날은 그냥 돌아가는 손님이 많은데, 이 경우 판매기회의 상실(재고부족비 발생)이며, 반대로 준비한 음식이 남을 때는 재고과잉손실이 발생한다(남은 음식은 대중식당에서 1,500원(잔존가치)을 받을 수 있음).

설렁탕 한 그릇에 4,000원을 받는데, 재료비 등의 원가는 그릇당 2,000원이 소요되며, 설렁탕의 하루 평균판매량은 500그릇 정도(표준편차 50그릇)가 된다.

이 경우 서비스수준(SL)은

$$서비스수준(SL) = \frac{C_S}{C_S + C_E} = \frac{(4,000 - 2,000)}{(4,000 - 2,000) + (3,000 - 1,500)} = 0.80이다.$$

따라서 한계이익과 한계손실의 균형점인 적정판매량(S_o)은

$$S_o = \text{평균판매량} + Z \cdot \text{판매량의 표준편차} = \overline{D} + Z \cdot \sigma$$
$$= 500 + 0.84 \times 50 = 542 \text{그릇이다.}$$

(※ 안전계수 Z는 〈표 14-3〉에 보면 서비스율 80%일 때 0.84이다.)

 발주점과 안전재고수준의 결정: 확률적 모형

경제적 발주량(생산량)의 결정문제들은 수요와 조달기간의 확실성을 전제로 하고 안전재고는 없는 것으로 하였다. 현실적으로 수요는 불확실하며 조달기간 또한 확실치 못한 경우가 많다. 재고관리로서 수요의 변화와 조달기간의 변동에 대비하려면 발주점의 조정이나 안전재고가 필요하다([그림 14-12] 참조).

문제는 발주시기를 언제로 하며 안전재고의 크기를 얼마로 할 것이냐에 있는 것으로, 이 경우 품절로 인한 손실과 재고유지비 및 발주비용의 합계가 최소가 되는 수준에서 결정되어야 할 것이다.

따라서 본 절에서는,

① 발주점의 결정
② 서비스수준의 결정
③ 안전재고수준의 결정에 대해서 설명하기로 한다.

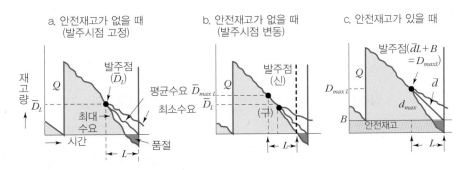

그림 14-12 발주점 모델(조달기간은 일정하나 수요가 변하는 경우)

3.1 발주점(發注點)의 결정

EOQ(경제적 발주량)나 EPQ(경제적 생산량)모델은 얼마를 발주(생산)할 것인가에 대한 것으로, 언제 발주할 것인가(발주점)는 제시하지 않는다. **발주점**(order point; OP or s)은 재발주점(reorder point) 또는 재주문점이라고도 하는데 시간적 관점에서 볼 때는 발주시점이지만, 재고수준으로 볼 때 '조달기간(L) 동안의 수요량'이다.

3.1.1 발주점 모델

발주점의 결정변수는 수요율(demand rate: d)과 조달기간(lead time: L)이다.
현실적으로 이들은 변하므로, 다음 경우의 발주점 개념이 제시될 수 있다.

① 수요율과 조달기간이 일정한 경우
② 수요율이 변하고 조달기간이 일정한 경우
③ 수요율은 일정하나 조달기간이 변하는 경우
④ 수요율과 조달기간이 모두 변하는 경우

1) 수요가 일정한 경우의 발주점(조달기간 일정)

수요가 일정한 경우ⓐ의 발주점(OP)은 다음 산식으로 나타낼 수 있다.

발주점＝조달기간 중의 수요량＝수요율×조달기간

$$OP = D_L = d \times L \quad \text{··} ①$$

2) 수요가 변동하는 경우의 발주점(조달기간 일정)

수요가 변동하는 경우ⓑ에 발주점의 재고수준을 흔히 조달기간 중의 최대수요량(D_{maxL})으로 나타내는데, 이 경우의 발주점은 ②식으로 나타낼 수 있다.

발주점＝조달기간 중의 최대수요량＝최대수요율×조달기간

$$OP = D_{maxL} = d_{maxL} \times L \quad \text{··} ②$$

한편 조달기간 중의 최대수요량(D_{maxL})은 이 기간 동안의 평균수요량($\overline{D}_L$)과 최대수요에 대비한 안전재고(B)를 합한 것이라 볼 수 있으므로 발주점을 구하는 모델을 다음과 같이 정리할 수 있다.

$$발주점 = OP = D_{maxL} = \overline{D}_L + B \quad \text{··} ③$$

안전재고(safety or buffer stock: B)는 수요율이 정규분포를 나타내고 있는 경우에는 다음의 산식으로 안전재고 수준을 결정하는 것이 보통이다.

$$안전재고(B) = 안전계수(Z) \times 조달기간 \ 중 \ 수요량의 \ 표준편차(\sigma_L)$$

따라서 가장 일반적인 발주점 모델은 다음의 ④식이다.

$$발주점: OP = \overline{D}_L + B = \overline{D}_L + Z \cdot \sigma_L \ \cdots\cdots\cdots\cdots\cdots\cdots\cdots\cdots\cdots\cdots\cdots\cdots\cdots\cdots \ ④$$

3.1.2 발주점의 결정절차

일반적인 발주점 모델(④식)에 따른 발주점의 **결정절차**는 다음과 같다.

(1) 허용품절률(또는 서비스수준)을 만족시키는 안전계수 Z를 구한다.

정규분포표나 안전계수표(〈표 14-3〉 참조)로부터 현실의 수요가 최대수요를 초과하는 확률, 즉 주어진 재고부족 확률(품절률)의 난에서 안전계수 Z를 구한다.

(2) 조달기간 중 수요량의 표준편차 σ_L을 과거의 실적자료에서 구한다.

(3) 안전재고 수준(B)을 $B = Z \cdot \sigma_L$에 의거 산정하다.

(4) 발주점(OP)을 ④식 $\overline{D}_L + Z \cdot \sigma_L$으로 구한다.

이 경우 안전계수인 **Z값**은 발주점과 평균수요량의 차이를 표준편차로 나눈

$$Z = \frac{OP - \overline{D}_L}{\sigma_L} \ 이 \ 된다.$$

표 14-3 안전계수표

서비스율	안전계수=Z		서비스율	안전계수=Z	
	표준편차	절대평균편차		표준편차	절대평균편차
50.00	0.00	0.00	98.00	2.05	2.56
75.00	0.67	0.84	99.00	2.33	2.91
80.00	0.84	1.05	99.18	2.40	3.00
84.13	1.00	1.25	99.38	2.50	3.13
85.00	1.04	1.30	99.50	2.57	3.20
90.00	1.28	1.60	99.60	2.65	3.31
94.00	1.56	1.95	99.70	2.75	3.44
94.52	1.60	2.00	99.80	2.88	3.60
95.00	1.65	2.06	99.86	3.00	3.75
96.00	1.75	2.19	99.90	3.09	3.85
97.00	1.88	2.35	99.93	3.20	4.00
97.72	2.00	2.50	99.99	4.00	5.00

설례 ▶ 발주점과 안전재고 수준의 결정

영광산전에서 생산하는 스마트TV의 평균 수요율은 20단위/주로서 1회 발주량은 100단위이고 조달기간은 5주이다. 과거의 자료에서 조달기간(5주)중 수요량의 표준편차(σ_L)는 9.5단위임을 알았다.

허용품절률 5%(서비스율 95%)일 때의 안전재고수준(B)과 발주점을 산정하려 한다.

(1) 「표준 정규분포표」에서 얻어지는 안전계수표(〈표 14-3〉 참조)로부터 품절률 5%일 때의 안전계수 $Z=1.65$를 구한다.

(2) L기간 중 수요량의 표준편차 σ_L은 이 [설례]에서 9.5단위로 주어진 바 있다.

(3) 안전재고 수준을 산정한다.

$$B = Z \cdot \sigma_L = 1.65(9.5) = 15.675 ≒ 16단위$$

(4) 따라서 발주점에 이르는 재고수준을 ④식으로 구하면,

$$OP = \overline{D}_L + Z \cdot \sigma_L = 20(5) + 16 = 116단위이다.$$

한편 발주점을 이용해서 안전계수 Z를 구하면,

$$Z = \frac{OP - \overline{D}_L}{\sigma_L} = \frac{116 - 100}{9.5} = 1.68로서 서비스율 95\% 수준이다.$$

3.2 서비스 수준(품절확률)의 결정

재고부족에 대비하여 안전재고 수준을 결정하는 기준으로는

① 일정 서비스 수준(또는 허용품절률)을 토대로 하여 결정하는 경우와,

② 품절로 인한 손실과 안전재고의 유지비를 최소화하는 수준에서 결정하는 경우가 있다.

서비스 수준(service level)은 품절확률에 대칭되는 확률(1-품절률)로서, 말하자면 고객의 요구에 대한 서비스율이다. 서비스 수준을 높이면 재고부족으로 인한 기회손실이 줄어드는 반면에 안전재고량이 늘어나므로 재고유지비는 증대된다.

서비스 수준과 재고수준과의 관계는 비선형적이어서([그림 14-13] 참조) 합리적인 서비스 수준의 결정은 쉬운 일이 아니지만, 경제적인 입장에서의 결정이 요구된다(가령 서비스 수준을 95%에서 99%로 4% 높이는 데 자그만치 32%의 재고증대가 있어야 한다).

즉, 품절로 인한 손실과 안전재고의 유지비가 균형을 이루는 수준에서 적정 발주점과 안전재고를 정할 필요가 있다.

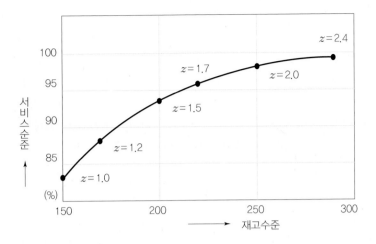

그림 14-13 서비스 수준과 재고의 관계

한계비용분석으로 적정 발주점을 구함에 있어서 재고유지비와 재고부족비가 균형을 이룰 때까지 안전재고량을 하나씩 증가(감소)할 때 발생하는 한계비용, 즉 증분(감분) 재고유지비(C_H)는 일정하다고 가정한다. 발주점의 재고수준보다 조달기간 중의 수요가 클 때는 품절이 되는데, 이 재고부족 확률을 P_r이라고 하면 각 발주주기의 재고부족비는 $P_r \cdot C_S$가 된다. 따라서 연간 재고부족비를 구하려면, 발주주기의 재고부족비에 연간 발주횟수($\dfrac{D}{Q}$)를 곱해야 한다.

발주점에 이르는 재고수준이 높아지면 안전재고가 늘어나므로 그만큼 연간 재고유지비가 늘어나는 대신 연간 재고부족비는 떨어진다. 이 경우 안전재고를 증감함으로써 발생하는 한계비용 성격의 재고유지비(C_H)가 연간 재고부족비(C_S)와 같게 될 때까지 안전재고를 증감시킨다고 할 때, 이들 비용의 상관관계를 다음의 산식으로 나타낼 수 있다.

$$C_H = P_r\, C_s\, \frac{D}{Q} \quad \text{(한계재고유지비=한계재고부족비)}$$

이것을 **재고부족확률**(P_r)을 구하는 산식으로 바꾸면 ⑤식이 된다.

$$P_r = \frac{C_H}{C_S} \cdot \frac{Q}{D} \quad\text{...} ⑤$$

이는 곧 적정발주점에 이르는 재고부족확률을 구하는 산식이 된다.

(재고부족확률은 후술하는 바와 같이 수요율의 확률분포에서 구할 수도 있다.)

설악식품에서는 제품의 원료로서 쌀을 사용하고 있는데, 사용량이 비교적 일정하여 조달기간(1주) 중의 수요는 정규분포를 보이고 있다. 주평균 수요율은 400가마이고 표준편차는 40가마로서 연간 수요량은 20,000가마이다. 발주비용은 15,000원이며 재고유지비는 가마당 1,800원이고 재고부족으로 인한 기회손실은 가마당 3,000원이 예상된다.

재고부족비를 고려함이 없이 경제적 발주량(Q_0)을 구하면

$$Q_o = \sqrt{\frac{2D \cdot C_p}{C_H}} = \sqrt{\frac{2 \times 20,000 \times 15,000}{1,800}} = 577.3$$

다음은 ⑤식으로 적정 품절확률 P_r을 구한다.

$$P_r = \frac{C_H}{C_S} \cdot \frac{Q_o}{D} = \frac{1,800}{3,000} \times \frac{577.3}{20,000} = 0.02$$

품절확률 0.02, 즉 서비스 수준 98%에 대한 안전계수 $Z = 2.05$이므로

발주점: $OP = \bar{D}_L + Z \cdot \sigma_L = 400 + 2.05(40) = 482$가마

안전재고: $B = D_{maxL} - \bar{D}_L = 482 - 400 = 82$가마

또는 $B = Z \cdot \sigma_L = 2.05 \times 40 = 82$가마이다.

3.3 안전재고수준의 결정

안전재고는 수요의 변화와 조달기간의 변동으로 인한 재고부족에 대비하기 위한 것으로 다음과 같은 경우에 보유하는 것이 바람직하다.

① 재고부족으로 인한 손실이 안전재고의 유지비보다 클 경우
② 안전재고의 유지비가 소액인 경우
③ 수요가 불확실하거나 변동이 심한 경우
④ 품절의 위험이 점차 높아지는 경우

안전재고수준의 **결정문제**는 수요와 조달기간의 변동에 따라 다음 3가지 경우로 고찰할 수 있다.

(1) 수요율이 변하고 조달기간이 일정한 경우
(2) 수요율은 일정하나 조달기간이 변하는 경우
(3) 수요율과 조달기간이 변동하는 경우[5]

---

5) (2)(3)은 다음을 참조. 이순룡, *생산관리론*, 법문사, 19장 4.3.

실제수요량의 확률분포를 알고 있으면 서비스수준에 대한 경제적인 안전재고를 결정할 수 있다. 그러나 품목수가 많을 때 수많은 품목에 대해서 실적자료의 확률분포를 얻기는 어렵다. 따라서 실무에서는 실제 확률분포에 대체되는 정규분포나 포아슨분포 또는 부(負)의 지수분포 등이 사용된다.

이 경우 안전재고를 **결정**하는 **절차**는 다음과 같다.

① 조달기간 중의 수요패턴을 나타낼 수 있는 이론확률분포, 가령 정규분포나 포아슨분포 또는 부의 지수분포 중에서 적절한 분포형을 정한다.

② 품절확률(서비스 수준)을 결정한다.

③ 결정된 품절확률이나 서비스 수준에 따른 최대수요 D_{max}를 결정한다.

④ 조달기간 중에 필요한 안전재고를 산정한다.

1) 수요율이 정규분포를 그리고 있는 경우

제품을 생산·판매하는 공장에서 흔히 볼 수 있다. 수요율이 정규분포를 이룰 경우 조달기간 중 평균수요량($\overline{D}_L$)과 수요율의 표준편차(σ_L)로서 수요의 확률분포와 조달기간(L) 중 수요가 발주점인 최대수요량(D_{max}) 즉, $\overline{D}_L + Z \cdot \sigma_L$을 초과하는 확률(재고부족확률)등을 구할 수 있다([그림 14-14] 참조).

즉, 수요율이 정규분포를 이룰 때, 희망하는 서비스수준 내지 품절률(재고부족확률)을 만족시키는 안전재고 수준을 구하는 산식은 다음과 같다.

안전재고: $B = Z \cdot \sigma_L$ ⋯⋯⋯⋯⋯⋯⋯⋯⋯⋯⋯⋯⋯⋯⋯⋯⋯⋯⋯⋯⋯⋯⋯ ⑦

따라서 발주점은 $OP = \overline{D}_L + Z \cdot \sigma_L$이 된다.

조달기간(L) 중의 수요가 일련의 독립된 일일수요들로 구성된다고 볼 때, 안전재고

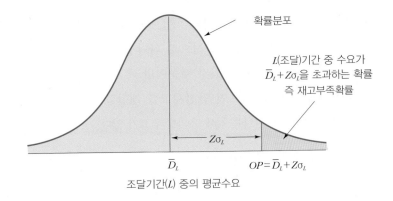

확률분포

L(조달)기간 중 수요가
$\overline{D}_L + Z\sigma_L$을 초과하는 확률
즉 재고부족확률

$Z\sigma_L$

$\overline{D}_L$ $OP = \overline{D}_L + Z\sigma_L$

조달기간(L) 중의 평균수요

그림 14-14 정규분포곡선

모델은 다음과 같다.

$$\text{안전재고}: B = Z \cdot \sqrt{L} \cdot \sigma_d \quad \cdots\cdots\cdots\cdots\cdots\cdots\cdots\cdots\cdots\cdots\cdots\cdots \text{⑧}$$

(σ_d는 수요율의 표준편차임)

이 경우 발주점은 $OP = \overline{D}_L + Z \cdot \sqrt{L} \cdot \sigma_d$ 이다. $\left(\text{안전계수 } Z = \dfrac{OP - \overline{D}_L}{\sqrt{L} \cdot \sigma_d}\right)$

설례 ▶ 일일수요의 변동을 고려한 안전재고

하루 50톤의 설탕을 사용하는 제과공장에서 설탕의 사용실적을 검토한 결과, 1일 5톤 정도의 표준편차를 보이고 있지만 전반적인 사용률은 정규분포를 보이고 있다. 조달기간은 4일로서 재고가 부족되는 확률은 1% Z=2.33를 넘지 않는다.

이 경우 안전재고 수준은 일일수요의 표준편차를 알고 있으므로 ⑧식으로 구한다.

$$B = Z \cdot \sqrt{L} \cdot \sigma_d = 2.33 \times \sqrt{4} \times 5 = 23.3\text{톤}$$

따라서 발주점: $OP = \overline{d} \cdot L + Z \cdot \sqrt{L} \cdot \sigma_d = 50 \times 4 + 23.3 = 223.3$톤이다.

발주점 215톤일 때의 재고부족확률을 구하는 경우에는 $Z = \dfrac{OP - \overline{D}_L}{\sqrt{L} \cdot \sigma_d}$ 를 이용한다.

$$Z = \frac{OP - \overline{D}_L}{\sqrt{L} \cdot \sigma_d} = \frac{215 - 200}{\sqrt{4(5)}} = 1.5$$

「안전계수표」(〈표 14-3〉 또는 부록 Ⅱ 참조)에서 $Z = 1.5$를 찾으면 93.32%, 즉 6.7%의 재고부족확률이 있음을 알 수 있다.

---

2) 수요율이 포아슨분포를 그리는 경우

이 경우는 흔히 소매상에서 볼 수 있으며, 수요율이 포아슨분포에 따른다고 가정할 때, 안전재고는 아주 간단한 산식으로 나타낼 수 있다. 왜냐하면 이 경우의 표준편차 σ_L은 $\sqrt{\overline{D}}$로 쉽게 산출할 수 있기 때문이다.

따라서 $\overline{D}$만을 알고 있으면 안전재고를 계산할 수 있다(포아슨분포를 이용할 때는 평균치가 20 이하이어야 한다는 점에 유의할 필요가 있다).

$$\text{안전재고}: B = Z\sqrt{\overline{D}} \quad \cdots\cdots\cdots\cdots\cdots\cdots\cdots\cdots\cdots\cdots\cdots\cdots\cdots\cdots \text{⑨}$$

따라서 발주점 $OP = \overline{D} + Z\sqrt{\overline{D}}$로 산정한다.

4 재고관리의 개선과 혁신

재고관리기법 중에서 가장 흔히 사용되고 있는 것으로는 ABC관리방식, 발주점방식, EOQ방식, 그리고 MRP방식이 꼽힌다. 특정한 재고모델이나 재고관리 시스템들을 적용할 경우, 다음 사항들을 고려할 필요가 있다.

(1) 합리적인 재고모델이라도 이를 모든 기업·업종·재고품목에 적용할 수는 없다. 각 기업의 생산시스템, 생산·판매·구매품의 수요성격, 물품(제품·상품 또는 자재 등)의 가치 등에 따라서 적용되는 재고관리 기법들은 효과가 다르다.
(2) 재고품목 모두를 철저하게 관리할 수는 없기 때문에 중요도가 높은 품목들에 대해서 중점적으로 관리할 필요가 있다.
(3) 신속·정확한 재고관리를 위해서 재고관리의 전산화 내지 자동화를 고려할 필요가 있다.
(4) 재고관리시스템은 생산·유통시스템의 일부이므로 전체 시스템의 입장에서 운영해야 한다.

4.1 재고조사와 재고기록

국내외를 막론하고 재고기록의 정확도는 의외로 높지 않다. 부정확한 재고정보의 대부분은 거래기록의 오류에서 비롯된다고 한다. 이들 오류는 바코딩(bar coding)으로 줄일 수 있으며, 순환실사(cycle counting)로 오류의 원인이 식별될 수 있다.

재고조사방식은 재고조사를 기말이나 연말 등에 정기적으로 실시하는 정기실사방식과 계속적으로 실시하는 계속실사방식으로 구분된다. 재고관리시스템과 관련해서 볼 때 정기실사방식(periodic review system)은 정기발주시스템에서 흔히 적용되며, 계속실사방식(continuous review system)은 정량발주시스템에서 적용된다.

재고조사는 보편적으로 기말이나 연도말에 실시되는 관행에 따라 정기재고회계방식(periodic inventory accounting system)에 입각하여 처리되어 왔다. 그러나 최근 바코드, 스캐너, RFID, 컴퓨터 등을 연결한 온라인시스템의 보급과 더불어 계속재고회계방식(perpetual inventory accounting system)을 이용하는 기업이 늘고 있다.

재고조사를 자주하면 할수록, 기록은 더욱 정확해진다. 재고품목의 중요도에 따라 실사횟수를 달리하는 **순환실사**(循環實査, cycle counting)는 합리적인 재고관리방식이다. 중요한 품목과 중요도가 낮은 품목을 똑같이 연말에 한번 실사하는 것은 문제가 있다. 즉, 중요한 A품목은 자주 실사하고 중요치 않은 C품목은 1년에 한 두번 실사하는 것이다.

4.2 자재 및 재고자산의 차별관리(ABC 관리방식)

제품생산에 사용되는 자재류는 다종다양하다. 제품이 다양화됨에 따라 사용되는 원자재의 품목수는 계속 늘어나고 있어 자재관리 내지 재고관리는 더욱 복잡해지고 있다. 이들 다종다양한 재고자산의 전품목에 대해서 일일이 관리하는 번거로움을 가급적 덜고 또 그것이 능률적으로 행해질 수 있도록 자재의 중요도나 가치를 중심으로 자재의 품목을 분류해서 적절한 관리시스템을 적용할 필요가 있다.

원자재의 구매 내지 재고관리에 통계적 방법을 적용하여 물품의 중요도에 따라 차별적으로 관리하는 방식을 가리켜 **ABC관리방식**(ABC control method)이라 한다. 이를테면 자재의 품목별 연간 사용액을 산출해서 품목별 금액이 가장 높은 자재의 그룹을 A급자재, 그 다음으로 높은 그룹을 B급자재, 그리고 가장 낮은 그룹을 C급자재로 구분하여 그들 중요도에 따라 차별관리하는 방식이다.

ABC관리방식은 다수의 경미(trivial many)품목보다는 소수의 중요(vital few)품목을 중점관리하는 방식으로, 중요도의 구분은 **파레토분석**(Pareto analysis)으로 행한다.

4.2.1 ABC분석(파레토분석)의 절차

원자재를 A · B · C급으로 분류하여 분석하는 순서를 적으면 다음과 같다.

① 품목별로 사용금액(단가×사용량)을 산출한다.
② ABC분석표(〈표 14-5〉 참조)에서 금액이 큰 품목순으로 기입한다.
③ 품목순으로 순번을 기입하고 누계품목의 백분율을 기입한다.
④ 누계금액의 백분율을 기입한다.
⑤ 누계품목 백분율을 가로축으로 하고 이에 대한 누계금액 백분율을 세로축으로

표 14-4 ABC 등급의 분류

등급	내용	전품목에 대한 비율	총가치에 대한 비율
A	고가치품	10~20%	70~80%
B	중가치품	20~40	15~20
C	저가치품	40~60	5~10

하여 ABC분석표에 기재된 데이터를 그래프에 옮겨 파레토곡선을 그린다.

⑥ 끝으로 이들을 분류기준에 따라 ABC의 3등급으로 분류한다.

분류기준은 기업에 따라 다소 차이가 있지만 〈표 14-4〉와 같이 분류한다.

 설례 ▶ ABC분석도표의 작성

ABC분석의 순서대로 〈표 14-5〉의 ABC분석표를 작성하였다. A급자재는 사용금액의

표 14-5 ABC 분석표

| 등급 | 품 목 | | 품목 번호 | 단가 a | 연간사용률 b | 연간사용 금액 | | |
	순번호	누계품목 백분비				금액 a×b	누계금액	누계금액 백분비
A	1	10.0%	22	250원	380	95,000원	95,000원	40.7%
A	2	20.0	68	120	625	75,000	170,000	72.8
B	3	30.0	27	50	500	25,000	195,000	83.5
B	4	40.0	63	50	300	15,000	210,000	90.0
B	5	50.0	82	20	650	13,000	223,000	95.6
C	6	60.0	54	50	150	7,500	230,500	98.7
C	7	70.0	36	10	150	1,500	232,000	99.4
C	8	80.0	19	4	200	800	232,800	99.7
C	9	90.0	23	5	85	425	233,225	99.9
C	10	100.0	41	5	45	225	233,450	100.0
합계						233,450		100.0

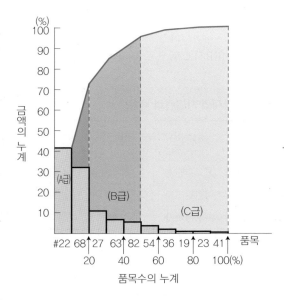

그림 14-15 ABC 분석도표

72.8%를 차지하고 있지만, 품목수에 있어서는 20%에 지나지 않는다. 반대로 C급자재는 품목수에 있어서는 50%를 차지하면서도 전체 사용금액의 4.4%에 불과하다.

ABC분석표의 데이터로 파레토도를 작성하면 [그림 14-15]와 같은 도표가 된다.

4.2.2 A·B·C급 자재의 관리방법

파레토분석 내지 ABC분석에 의해서 분류된 A·B·C급의 자재들은 각기 적절한 관리를 하여야 하는데, 이들 자재별 차별관리의 내용을 요약한 것이 〈표 14-6〉이다.

A급 자재에 대해서는 정밀한 재고관리시스템을 적용한다. 수시로 필요한 수량과 재고수준을 검토하여 정밀한 재고관리를 하여야 하므로 발주간격이 짧은 정기발주시스템을 적용한다. 중소기업에서와 같이 자금사정이 원활하지 못한 경우에는, 필요할 때 필요량만을 보충발주하는 경우도 있다. 정기발주시스템을 적용할 경우 안전재고의 비중이 높아질 가능성이 있으므로 발주빈도를 늘리고 품절의 위험이 없는 한도내에서 재고를 최소한 줄이도록 노력해야 한다.

B급 자재는 A급 자재에 비해서 중요도가 낮은 중가치품이므로 일반적인 재고관리시스템을 적용한다. 가령 정량발주시스템에 의해서 경제적인 구매와 재고유지를 행하는 것 등이다.

C급 자재는 품목이나 재고량은 많지만, 저가치품이므로 발주간격이 뜬 정기발주시스템이나 투 빈 시스템(two bin system)과 같은 간단한 관리시스템을 적용하는 것이 일반적이다. 안전재고를 충분히 고려하여 경제적인 수준에서 수개월분을 일괄 구입하는 것 등이다.

ABC관리방식은 MRP시스템으로 관리되는 종속수요품에는 적용되지 않는다.

표 14-6 ABC급 자재의 차별관리 내용

자재구분	관리정도	구매승인	조달우선순위	로트크기	발주주기	안전재고	재고조사
A급	엄격정밀관리	최고경영층	최우선	소량	주별	소량	수시(정기)
B급	정상관리	중간관리자	긴급시 우선	중량	격주/월별	중량	주기적
C급	대강관리	하부관리자		대량	분기/반기별	대량	간헐적

4.3 재고관리의 전산화와 자동화

수많은 원자재나 제품·상품들을 신속·정확하게 관리하기는 어렵다. 즉, 물품의 가지 수가 많고 수불빈도가 높을수록 이들을 신속·정확하게 관리하기는 힘들다. 신속·정확한 재고관리를 위해서 재고관리의 전산화가 필요하다. **재고관리의 전산화**는 ① 재고흐름의 자동판독시스템(automated identification system), 재고정보를 신속 정확히 제공하는 ② 유통 및 재고정보시스템, 재고거래의 갱신, 연산, 분석, 기록을 수행하는 ③ 재고관리 프로그램, 그리고 ④ 컴퓨터와 정보통신 등에 의해서 수행된다.

4.3.1 재고흐름의 자동판독시스템

슈퍼마켓, 할인점, 백화점 등에서는 UPC(universal product code)와 같은 바코드를 인식하는 스캐너(scanner) 내지 RFID와 컴퓨터를 연결한 전산화된 체크아웃시스템 (check-out system)으로 재고흐름을 파악하고 컴퓨터와 인터넷 등을 연결하여 관리하고 있다.

바코드 방식(bar code system)이란 상품에 제품별·상표·생산연도·색상·규격·원자재 구성 등을 나타내는 「바코드」를 부착해서 유통시킴으로써 판매정보 및 재고정보의 신속·정확한 관리와 효율적인 유통관리 내지 재고관리를 도모하는 방식이다. 각 상품에 부착된 바코드는 판매시점에서 레이저 스캐너(scanner)로 읽혀서 판매정보 내지 재고정보로 제공된다.

[그림 14–16]의 바코드는 대한제분(주)에서 제조된 3kg짜리 중력 밀가루에 부착된 바코드이다. 왼편의 880은 대한민국을 뜻하며 나머지 10자리 숫자 중 4자리(1176)는 제조업체 코드이고 나머지 5자리(10103)는 상품코드이며, 끝의 1자리(2)는 판독오류

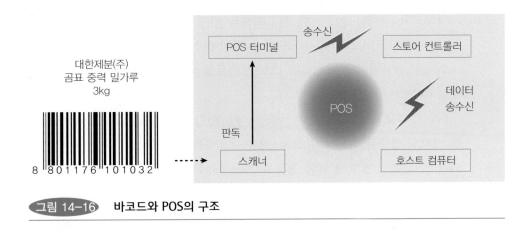

대한제분(주)
곰표 중력 밀가루
3kg

8 801176 101032

그림 14–16 **바코드와 POS의 구조**

를 방지하기 위한 체크 디지트(check digit)이다.

바코딩(bar coding)은 소매상 이외의 다른 부분에서도 중요한 역할을 한다. 제조 및 서비스 산업은 단순화한 공정관리 및 재고관리로부터 이득을 본다. 바코드를 이용한 자동적인 순서계획 및 일정계획의 운영은 물론 자동 분류 및 포장도 가능하다.

4.3.2 유비쿼터스 유통정보시스템: POS와 RFID

최근 제품(상품)을 비롯한 물자의 흐름정보를 신속·정확히 제공해주는 유통정보시스템으로 POS, VAN(value added network), EDI(electronic data interchange), QR(quick response), RFID(radio frequency identification) 등이 개발되어 사용되고 있다.

사례 ● 월마트의 '무재고 판매'를 지원하는 RFID

월마트의 사이먼 랭퍼드 이사는 2007년 5월 25일 코엑스에서 열린 'RFID 리더스그룹 회의'에서 3년전(2004년)부터 일부 매장에서 시행해 온 RFID 기술의 적용 성과를 발표했다.

재고비용만 하루 3천억원에 이르는 월마트는 RFID 적용 이후 품품률 15~20%감소, 결품률 30% 감소, 과잉주문 10~15%감소의 성과를 거두어 '무재고 판매' 목표에 한걸음 한걸음 다가서고 있다고 밝혔다. 2009년에는 RFID를 월마트에서 판매되는 전체 품목의 아이템 수준으로 확대하였다.[6]

슈퍼마켓, 백화점, 전문점 등의 유통업체에서 지금까지는 정기적인 재고조사를 토대로 해서 재고관리를 하여 왔으나, 최근 들어 POS 내지는 VAN, RFID 등의 판매 및 재고정보의 전산화로 신속·정확한 정보처리가 가능해졌다.

바코드와 스캐너를 연결한 재고흐름의 판매시점 정보관리시스템인 POS(point of sale)는 재고관리시스템의 주요변화를 의미한다. POS시스템은 자동판독기인 스캐너(scanner), POS터미날(terminal), 스토어 컨트롤러(store controller) 및 호스트 컴퓨터로 구성되어 있다([그림 14-16] 참조).

POS의 **주요기능**으로는 ① 단품관리(單品管理),[7] ② 자동판독, ③ 정보입력 및 갱신, ④ 정보의 집중관리 기능이 있다. 이를 이용하면 재고계산의 신속성과 정확성이 향상되는 것 외에도 재고에 관한 정보를 지속적으로 제공해 줌으로써 재고조사와 발주량

---

6) "월마트 '재고없는 판매' RFID로 실현", 연합뉴스, 2007.5.25.
7) 단품관리란 점포에 진열되어 있는 상품 하나하나의 판매 및 재고동향을 파악하는 것을 말한다.

결정의 필요성을 감소시킨다. 아울러 고객의 영수증에 구입한 품목별 수량과 가격을 제시함으로써 고객 서비스의 수준을 개선시킨다.

바코드 방식을 대체할 일명 '전자태그'라 불리는 RFID가 최근 유통 물류산업을 중심으로 확산되고 있다. RFID는 무선주파수를 전송하는 방식이므로 제품을 일일이 꺼내 스캐너로 읽는 바코드방식과 달리 태그나 칩이 부착된 물품이 RFID 리더(reader) 근처로 지나가면 상품명, 원산지, 생산지 등 각종 정보가 무선으로 전송되어 일괄처리가 가능하다. 따라서 도난방지와 창고·재고관리, 유통 및 물류관리에 크게 기여하고 있다.

미국 국방성은 2004년부터 군수물자의 재고관리 효율성을 높이고 인력절감을 위해 1차 상품을 제외한 모든 물품에 RFID 태그 부착을 의무화하고 있다. 월마트, 질레트, 인텔, 타겟 등에서 유통 및 재고관리에 RFID를 적극 도입하고 있다.

4.3.3 생산 · 유통 · 물류분야의 RFID와 재고관리

전 세계 RFID 수요는 생산·물류·유통분야에서 가장 크다.

생산·유통분야의 경우, [그림 14-17]처럼 공장에서 태그가 부착된 제품이 생산라인을 빠져 나오면서 자동으로 파악되고, 차에 실려 이동되는 과정에서 안테나를 통해

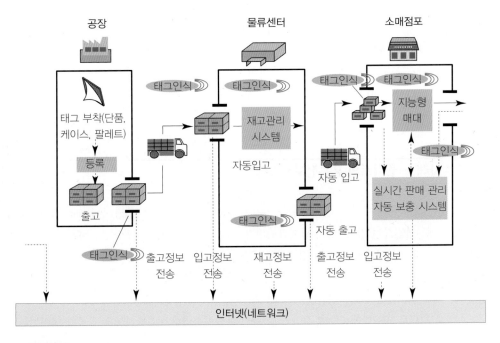

그림 14-17 유통 RFID 시스템의 기본 프로세스

출고되는 제품과 수량이 자동으로 체크된다. 태그가 부착된 운송 화물차의 입출차 관리도 자동으로 수행된다. 출고된 제품은 물류센터나 창고에 보관되고, 소매점 등에서 판매된다. 이때, 소매점의 지능형 매대와 RFID 장비들이 유기적으로 연결되어 판매관리는 물론 부족한 제품·상품의 보충이 이뤄진다. 공장과 물류센터, 소매점 등에서 처리되는 모든 데이터는 인터넷을 통해 데이터가 공유되어, 단순한 유통관리가 아닌 종합적 관리와 통제가 수행된다.[8]

물류 분야에서 RFID태그가 부착된 화물은 추적성(Traceability)이 확보되어 오배송과 도난을 방지하고 이동과정을 추적 관리할 수 있다.

생산 및 재고관리에 RFID를 도입함으로써 효과적인 재고관리가 가능하다. 생산에서 보관, 유통에 이르기까지 모든 상품의 유통이 실시간으로 관리되기 때문에 최저 수준의 재고를 유지하면서 효율적인 관리를 할 수 있다. 과다재고로 인해 발생하는 제품의 손실이나 변질 등도 미연에 방지할 수 있다. 입출고 및 검수과정에서 자동으로 대량 판독이 가능하여 불필요한 리드 타임을 줄이고 정확성을 높일수 있다.

제품·상품의 수량과 위치를 실시간으로 파악할 수 있기 때문에 도난 손실을 막을 수 있다. 그리고 반품이나 불량품의 처리 현황 등을 추적 조회할 수 있다. 이들 모든 과정이 네트워크를 통해 자동으로 이루어지므로 원격지에서도 정확한 정보를 실시간으로 확인하고 관리할 수 있다.

RFID의 본격적인 활용 보급에 가장 큰 **걸림돌**은 아직 국제규격이 없어, 미국에서 사용하는 주파수와 유럽, 일본에서 사용하는 주파수가 달라 서로 호환성이 없다는 점이다. 그리고 개개인의 프라이버시 보호를 이유로 RFID 도입을 반대하는 여론과 칩의 가격이 개당 50원을 넘는다는 점이다.

사례 ● **월마트의 유통정보시스템**

월마트는 미국의 디스카운트 스토어(discount store) 업계 3인방(Wal mart · K mart · Target) 중 물건값이 가장 싸다. 판매관리비가 가장 낮기 때문이다. 판매관리비를 낮추기 위해 물류센터·위성통신시스템·컴퓨터센터 등을 설립했다. 물류센터 건립으로 물류비를 3% 절감했다.

물류센터의 효율성을 높이는데 가장 유용한 수단은 위성통신망이다. 소매기업으로는 처음으로 1987년에 위성통신망(6개 채널)을 설치하였다. 이 통신망은 컴퓨터 데이터는 물론 음

---

8) 유통 물류산업의 RFID, *micro software*, RFID 산업 활성화 지원센터.

성·화상 정보를 본사와 납품업자·일선 점포·창고 등의 통신망을 연결하여 실시간으로 주고 받을 수 있다.

점포별 판매정보가 신속·정확하게 처리되므로 재고도 크게 줄었다. 위성통신망은 배송차량의 위치를 15분 간격으로 추적하여 점포도착시간을 정확히 예측해 재고비용도 크게 줄이고 있다.

월마트와 납품업자를 연결하는 EDI시스템을 1990년에 도입하여 2천5백개 점포의 방대한 상품 데이터와 수발주 데이터를 컴퓨터로 교환하고 있다. 1991년에는 실시간(real time)의 판매시점(POS)정보를 주고 받는 Retail Link system을 설치하여 공급업자가 각 점포를 연결하여 재고와 상품정보를 있는 그대로 파악할 수 있도록 하였다.

EDI를 발전시킨 「퀵 레스폰스」(quick response: QR)라는 자동보충시스템을 대형 공급업자인 P&G(Proctor & Gamble)와 공동 개발하여 점포별 POS데이터를 납품업체에 제공하여 적시 생산에 이용하도록 하였다. 이로써 납품업자는 적시(JIT) 생산으로 재고를 줄이고 납품가격도 낮출 수 있었다. 점포의 결품률도 크게 줄었다.[9]

4.3.4 전산화 재고관리시스템

재고관리 업무는 컴퓨터에 의해서 자동적으로 수행될 수 있다. 재고관리용으로 개발된 시스템(software system) 중에서 대표적인 것으로 IBM에서 개발된 IMPACT와 MRP시스템을 꼽을 수 있다. 전자가 독립수요품을 위한 것이라면, 후자는 종속수요품의 재고관리를 위한 것이다.

IMPACT(inventory management program and control technique)는 생산·분배시스템의 분배단계에 치중해서 개발되었으므로 판매업에도 적합한 시스템이다. 이 시스템은 독립수요의 입장에서 개발되었기 때문에 전통적인 재고분석 방법이 사용된다. 이들 모델은 외부의 영향과 관계없이 독자적으로 주문이 이루어지는 기본원자재의 공급자 내지 도·소매업에서 이용될 수 있다.

재고관리 프로그램에는 사용자가 개발한 것도 있고 패키지화한 것도 다수 있다. 이들 프로그램의 **주요기능들**을 보면 다음과 같다.[10]

① 재고기록 갱신. 거래가 발생할 때마다 재고량과 예정입고량을 컴퓨터가 갱신한다.

---

9) "Going beyond EDI: Wal Mart Cited for Vendor Links", *Chain Store Age*, Mar. 1993.
   "월마트 가격파괴로 美소매점 업계 평정", 주간매경, 1994.11.9.
   "활용사례: 위성 유통정보관리-물류시스템", 조선일보, 1995.12.26.
10) L. J. Krajewski & L. P. Ritzman, *Operations Management*, 4th ed., p.543.

② 관리용 보고서 작성. 관리자들은 재고현황을 재고가액 · 공급일수 · 재고회전율 등의 형태로 작성된 보고서를 이용하여 전기(前期)의 수치와 비교할 수 있다.

③ 자동 주문(생산지시). 재고수준이 발주점에 이르거나 발주일자에 이르면(MRP의 경우), 주문서나 생산지시서가 자동으로 발부된다.

④ 의사결정 매개변수 재산출. 원가 · 조달기간 · 수요량이 변할 경우 컴퓨터프로그램으로 의사결정 매개변수(예, 발주시점, 발주량)를 재산출할 수 있으며, 상황별로 시뮬레이션할 수도 있다.

4.4 과다재고의 원인과 대책

4.4.1 과다재고(過多在庫)의 원인

재고란 유휴상태의 물품을 가리키는 말로서 원칙적으로 재고는 없는 것이 이상적이다. 그러나 재고가 없거나 모자랄 때는 판매 내지 가치창출 기회를 상실하게 되며 납기가 지연되고 가동률이나 생산성은 떨어지게 된다.

따라서 재고를 보유하지 않을 수 없는데, 필요 이상 재고를 보유하는 것도 문제이다. 과장품(過藏品, over stock) 내지 사장품(死藏品, dead stock)[11]은 우리나라 대다수 기업에서 흔히 볼 수 있는 현상이다. 이 경우 자금의 유휴화 · 재고유지비의 증대 · 재고자산의 감손 등으로 원가의 증대요인이 된다.

이른바 **과다재고의 원인**을 열거하면 다음과 같다.

① 인플레시의 매점매석
② 수요예측 · 조달 및 자재계획의 불충분
③ 과대구입(구매관리의 불충분)
④ 자재분류체계의 불완전
⑤ 재고관리의 불충분

특히 재고관리의 불충분은 부적당한 재고관리시스템의 도입, 재고관리의 미숙, 형식적이며 느린 재고파악, 관리소홀, 이중보관 등으로 원인을 세분할 수 있다.

---

11) 과장품은 재고수준에 비해 불출이나 사용실적이 훨씬 적은 품목이며, 사장품은 일정기간 동안 불출이나 사용실적이 전혀 없는 품목이다.

4.4.2 재고의 감축대책

재고감축 전술 지렛대를 제시하면 다음과 같다.[12]

여기서 1차레버는 재고를 절감하려면 반드시 실행해야 하는 것이고, 2차레버는 1차레버에 따른 비용을 감소시키고 재고의 필요성을 감소시킨다.

(1) 주기재고

주기재고 내지 로트사이즈재고를 줄이는 1차레버는 발주량이나 생산량의 크기를 줄이는 것이다. JIT 생산의 경우 전통적인 경제적 생산로트보다 훨씬 작다.

발주량(생산량) 감축에 따른 부작용은 구매비용이나 생산준비비용이 늘어날 수 있다는 점이다. 따라서 준비비용을 줄이는 2차레버가 필요하다(〈표 14-7〉 참조).

(2) 안전재고

1차레버는 가급적 필요한 시점에 맞추어 필요량만 발주하는 것이다. 이 경우 품절가능성이 있으므로 공급ㆍ조달의 불확실성을 최소화해야 한다.

2차레버는 다음과 같다.

① 재고의 과부족을 예방하기 위한 수요예측방법의 개선과 고객주문정보의 사전입수.
② 수요불확실성을 흡수하도록 조달기간을 최대한 줄인다(예: 공급사슬관리로 공급의 불확실성을 줄인다).

표 14-7 재고의 감축 대책

재고의 유형	1차 레버(기본 대책)	2차 레버(보완 대책)
주기재고 (cycle stock)	발주량ㆍ생산량 감축	발주방식 및 생산준비 방법 개선 물품의 공용성과 작업의 반복성 증대
안전재고 (safety stock)	필요한 때 필요량만 발주ㆍ생산	수요예측방법 개선과 주문정보 사전입수 조달기간 단축으로 수요 불확실성 흡수 납기관리와 공정개선으로 공급 불확실성 감축, 다기능공과 여유 생산능력 확보
비축재고 (anticipation stock)	수요율과 생산율의 일치 노력	비수기 능력의 활용 성수기와 비수기능력의 조절
수송중 재고 (pipeline stock)	조달기간 감축	조달기간 줄이는 수송 경로ㆍ수단ㆍ업체ㆍ방법의 모색

---

12) L. J. Krajewski & L. P. Ritzman, *Operations Management,* 4th ed.
한국과학기술원 생산경영연구실 역, *생산관리,* 석정, 1997.

③ 공급의 불확실성 감축, 생산공정의 개선, 예방정비 및 납품업체에 생산계획을 사전 제공하여 조달기간에 차질이 없도록 예방한다.

④ 다기능공과 여유 생산능력을 갖추어 수요변동에 대비한다. 특히 재고비축이 어려운 서비스산업에서 절대로 필요하다.

(3) 비축재고(예상재고)

1차레버는 수요율과 생산율을 일치시키는 것이다.

2차레버는 비수기 능력의 활용과 성수기와 비수기능력을 조절하는 것 등이다.

(4) 수송중 재고

생산관리자가 조달기간은 통제할 수 있지만 수요율은 직접 통제할 수 없다. 수송중 재고는 조달기간의 함수이므로 1차레버는 효과적인 공급사슬관리로 조달기간을 줄이는 것이다(2차레버는 〈표 14-7〉의 내용 참조).

적질(適質)의 자재를 적기(適期)에 적량(適量)을 확보한다는 입장에서 비롯된 재고관리방식으로 MRP 내지 JIT시스템을 꼽을 수 있다. JIT시스템을 도입하여 부품 공급자로부터 필요한 때 필요한 양만을 조달받는 일본 도요타자동차의 1978년 재고자산은 총자산의 2%로서 재고회전율은 99회전이었다(같은 해 미국 제너럴 모터스(GM)는 9회전이었다).

MRP와 JIT시스템은 모두 소요개념에 입각한 재고관리방식이라는 공통점이 있다. 구미의 기업들은 급변하는 소비·판매환경에 적응해 나가기 위해 생산형태를 주문생산체제로 바꾸고 있다. 예측생산 제품의 판매부진으로 1994년 한해에 6억 달러의 PC재고가 발생한 IBM을 비롯하여 휴렛 패커드, 컴팩 등은 PC생산라인을 대부분 주문생산체제로 바꾸었다. 이에따라 IBM의 평균 재고율은 전년보다 65%가 떨어지고 반품비율도 40%가 줄었다.[13]

재고의 낭비는 창고에 있는 원자재에 국한되지 않고 제조과정중의 공정품, 수송중의 물자, 대리점 및 도매상에 쌓여 있는 상품(제품)재고에서도 볼 수 있다. 이들 재고의 낭비를 줄이는 지름길은 정확한 재고정보를 신속히 활용하는 것에서 찾을 수 있다. 즉 대리점이나 도매상 등의 영업망에서 입력되는 수주(판매)정보가 배송센터→공장 제품창고→생산공정→원자재 창고→원자재 공급업체 등으로 온 라인(on-line)화가 되면, 각 공정간의 중간재고를 최소화 할 수 있고 고객수요에 맞춰 즉시 납품이 가능하며 원가절감과 매출증대의 효과를 기대할 수 있다.

최근 인터넷과 스마트폰의 급속한 확산과 함께 점포도 없고 물건도 손에 잡히지

---

13) "재고부담 덜자…. 미국기업 주문생산 폭발", 기업경영, 1996년 1월호.

않는 가상공간속의 '사이버 쇼핑'(cyber shopping)이 각광을 받고 있다. 이 경우 구매자가 원하는 상품을 주문하면 공급업체 내지 배송센터에서 곧바로 배달되므로 상점에 진열하고 창고에 쌓아 두는 상품재고를 줄일 수 있다.

4.4.3 재고관리 지표

재고의 현황과 수입·불출에 관한 정보는 재고관리에 긴요하다. 재고를 합리적으로 관리하려면 재고의 움직임이 바르게 측정·평가되어야 한다.

재고의 움직임을 측정·평가하는 **재고관리 지표**로 다음 세 가지가 있다.

(1) **평균 총재고가액**(average aggregate inventory value)

일정기간 동안 보유하고 있는 모든 품목의 평균재고의 가치를 말한다.

$$\text{평균 재고가액} = \frac{\text{기초재고액} + \text{기말재고액}}{2}$$

관리자들은 과거의 자료나 동종기업과의 비교 또는 경영판단에 의해 재고가액의 많고 적음을 판단한다. 이 경우 수요를 고려해서 판단해야 되는 것으로, (2)의 공급주수나 (3) 재고회전율이 긴요하다.

(2) **공급주수**(供給週數, weeks of supply)

평균 재고가액을 주당(週當)[14] 매출원가로 나눈 값이다. 이 경우 분자인 재고가액에는 원자재·재공품·제품의 재고가 포괄되지만 분모인 매출원가는 제품의 그것만으로 산정된다.

$$\text{공급주수} = \frac{\text{평균재고가액}}{\text{평균매출원가}/52\text{주}}$$

(3) **재고회전율**(inventory turnover)

효율적인 재고관리의 길잡이가 되는 성과측정 척도로 재고회전율을 꼽을 수 있다. 고객의 수요충족 내지 경제적 생산을 도모하려면 매출액과 재고자산의 관계개선, 즉 재고자산 회전율을 높이는 것과 관련이 있기 때문이다.

재고회전율은 연간 매출액을 평균 재고자산가액으로 나눈 값이다.

$$\text{재고자산 회전율} = \frac{\text{(연간)매출액}}{\text{(평균)재고자산액}}$$

---

14) 주간(weekly) 대신 일간(daily)으로 재고를 측정할 수도 있다.

재고자산은 원자재·재공품·제품 등이 주요 구성요소가 되므로 재고자산 회전율은 필요에 따라 원자재회전율, 공정품회전율, 제품회전율로 나눌 수 있다. 따라서 재고회전율을 개별적으로 산출하여 각기 그들 특성에 적합한 관리가 가능할뿐 아니라, 관리목적에 대응하는 자료를 이용함으로써 보다 효율적인 재고관리가 전개될 수 있다.

재고회전율은 나라마다 업종에 따라 차이가 있는데, 2014년 우리나라 제조업의 재고회전율은 연간 10.1회로 1997년의 7.5회보다 빨라졌으며 상(제)품회전율 역시 2014년은 20.4회로 1997년 16.6회보다 빨라진 것으로 나타났다.[15] 하지만 JIT구매를 행하는 일본의 자동차회사는 연간 40회의 재고회전율을 보이기도 한다.

삼성전자의 재고자산회전율은 1998년 6.6회에 불과했지만, SCM의 혁신이 이루어지면서 2007년 14.3회로 2배 이상 상승했으며, 2013년에는 18.5회로 3배에 가까운 놀라운 성과를 올렸는데[16] 이것은 우리나라 제조업 평균회전율보다 배 정도 높은 수치이다.

15) 한국은행, 기업경영분석, 1997년, 2014년.
16) 김진백, "글로벌 전자기업의 SCM 혁신을 통한 경쟁력 강화: 삼성전자 사례연구", 생산관리학회지, 24권 3호, 2013년 9월호.

이 장에서는 1절에서 재고관리의 개념과 본질을 정리한 다음, 2절에서 재고관리시스템의 본질을 밝혔다. 재고관리의 기본문제가 되는 경제적 발주량(2절)과 발주점 및 안전재고(3절)를 나누어 설명하였다. 재고관리의 현실적인 적용문제는 4절에서 다루었다.

이 장에서 기술된 주요내용을 요약하면 다음과 같다.

- 재고란 물품의 흐름이 시스템 내에 어떤 지점에 정체되어 있는 상태를 시간적 관점에서 파악한 개념이다.
- 고객의 수요를 만족시키면서 품절로 인한 손실과 재고유지비용 및 구매비용을 최적화하여 총재고비용을 최소로 하는 것이 재고관리의 목표이다.
- 필요한 시기에 필요한 양을 최소의 비용으로 조달·유지하기 위해서 재고관리에서 발주량과 발주시기를 관리변수로 이용한다. 즉, 정량을 부정기로 발주하는 방식은 정량발주형(Q시스템)이고, 부정량을 정기로 발주하는 방식은 정기발주형(P시스템)이다.
- 경제적 발주량(EOQ)은 구매비용과 재고유지비의 합이 최소가 되는 발주량이다. 이 경우 단위당 구매가격이나 재고유지비는 발주량의 크기와 관계없이 일정하다는 가정에 따른다.
- 수요율이 정규분포를 이룰 때 희망하는 서비스수준(또는 품절률)을 만족시키는 안전재고는 $B = Z \cdot sL$이다. 이 경우 발주점은 $OP = DL + Z \cdot sL$이 된다.
- 물품의 수요패턴에 따라 독립수요품의 재고관리와 종속수요품의 재고관리로 구분된다. 전자에는 Q시스템과 P시스템이, 후자에는 MRP시스템이 보통 지목된다.
- 물품의 중요도에 따라 차별적으로 관리하는 방식을 ABC관리라 한다. 이는 소수중요품목을 중점관리하는 방식으로 중요도의 구분은 파레토분석으로 한다.
- 신속·정확한 재고관리를 위해서 재고관리의 전산화가 필요하다. 재고흐름의 자동판독시스템, 유통 및 재고 정보시스템, 재고관리프로그램, 컴퓨터 등을 이용한 전산화가 요구된다.
- POS(판매시점), VAN(부가가치통신망), 신속반응유통정보(QR), RFID 등의 판매 및 재고정보의 전산화는 신속·정확한 정보처리가 가능하며 재고의 낭비를 줄일 수 있다.
- 재고를 보유하지 않을 수 없지만 과다재고 보유도 심각한 문제가 된다. 재고의 감축대책은 기본대책(1차레버)과 보완대책(2차레버)으로 나누어 제시할 수 있다.
- 재고관리의 성과측정 척도로 일반적인 것은 재고회전율이다. 이 회전율은 필요에 따라 원자재회전율·공정품회전율·제품회전율로 나누어 적용된다.

제 15 장
종속수요품의 재고관리

1 종속수요품의 자재소요계획(MRP)

1.1 종속수요품의 재고관리

시장에서 독립적으로 거래되는 스마트폰, 자동차, TV, 냉장고와 같은 독립수요품의 수요와 달리 이들 제품을 구성하는 부품들(예: 핸드폰 카메라, 자동차 타이어, TV 패널, 냉장고 컴프레서) 즉 종속수요품의 수요는 상위품목(parent item)의 수요에 따라서 발생한다. 종속수요는 산발적으로 발생하는 불연속수요라는 특징이 있다. 그대신 수요량과 시기는 상위품목의 생산계획이나 MPS(대일정계획)로부터 알 수 있다.

독립수요품의 재고관리방식인 발주점방식을 종속수요품 재고관리에 적용할 때의 **불리점**을 열거하면,

① 과다재고나 재고부족을 유발하기 쉽다.
② 구성자재 개개별로 수요예측을 할 필요가 없다.
③ 연속수요가 아닌 산발적인 불연속수요에는 적합하지 않다.
④ 생산 능력이나 일정 등을 고려해서 조달우선순위를 정하기가 어렵다는 점이다.

14장에서 기술한 독립수요품의 재고관리시스템인 발주점방식이 갖고 있는 취약점들을 줄이기 위해서 특히 종속수요품의 재고관리에 적합하게 개발된 재고관리시스템이 MRP(material requirement planning), 즉 자재소요계획이다. MRP시스템은 1960년대에 어릭키(J. A. Orlicky)에 의해 개발되었다.[1] 그후 제조자원계획(MRP Ⅱ)과 ERP(전사

---

1) Orlicky는 컴퓨터에 기초한 MRP 시스템의 개발 및 설치는 1960년에 시작되었다고 주장한다.

적 자원관리)로 발전되었는데, ERP를 사용하는 기업의 수는 전 세계적으로 확산되고
있다.

1.2 MRP시스템의 기능

자재소요계획(material requirements planning: MRP)은 제품(parent product)의 생산 수
량 및 일정을 토대로 그 제품생산에 필요한 원자재·부분품·공정품·조립품 등의
소요량 및 소요시기를 역산해서 일종의 자재조달계획을 수립하여 일정관리를 겸하여
효율적인 재고관리를 모색하는 시스템이다. 이 시스템의 적용은 그 대상물품의 수요
가 종속수요관계에 있는 종속수요품에 적절하다. 다시 말해서 완제품과 같은 독립수
요품보다는 제품의 구성자재와 같은 종속수요품에 유리하다.

종속수요품의 재고관리에 MRP시스템을 적용했을 때의 **이점**(利點)은

① 종속수요품 각각에 대해서 수요예측을 별도로 행할 필요가 없다.
② 공정품을 포함한 종속수요품의 평균재고 감소
③ 부품 및 자재부족 현상의 최소화
④ 작업의 원활화 및 생산소요시간의 단축
⑤ 상황변화(수요·공급·생산능력의 변화 등)에 따른 생산일정 및 자재계획의 변경
　용이
⑥ 적절한 납기이행 등을 들 수 있다.

MRP 시스템의 **임무** 내지 **목적**은 재고관리의 그것과 마찬가지로 필요한 물자를 필
요한 때에 필요한 양을 필요한 곳에 조달하는 것이다. 이 밖에 일정계획(우선순위계
획)과 능력계획(공수계획)을 수립하는 데 필요한 정보를 제공하는 것도 MRP의 주요
목표가 된다.

MRP 시스템의 **주요 기능**들을 열거하면,

① 필요한 물자를 언제, 얼마를 발주할 것인지를 알려준다.
② 주문 내지 제조지시에 앞서서 경영자가 계획들을 사전에 검토할 수 있다.
③ 언제 주문을 독촉하고 늦출 것인지를 알려준다.
④ 상황변화에 따라서 주문의 변경을 가능하게 한다.
⑤ 상황의 완급도에 따라 우선수위를 조절하여 자재조달 및 생산작업을 적절히 진

J. Orlicky, *Material Requirement Planning*, McGraw-Hill, 1975.

행시킨다.

⑥ 능력계획에 도움을 준다.

　　이들 여섯 가지 기능 가운데 ①②는 재고관리와 관련된 기능이며, ③④⑤는 일정
관리 내지 우선순위 결정과 관련된 것이며, ⑥은 생산능력과 관련된 기능으로, MRP
시스템은 재고관리기능 · 우선순위계획기능 · 능력계획기능의 세 가지 기능을 수행
한다.

1.3 MRP시스템의 유형

　　당초 재고관리시스템으로 개발된 MRP시스템은 그의 적용범위가 점차 확대되고 있
는데, 대별해서 다음 세 가지 유형으로 나눌 수 있다.

1) 제 1 유형 MRP(재고관리시스템)

　　필요한 물자의 적기생산 및 조달을 목적으로 한 재고관리시스템 성격의 MRP 시
스템이다. 이 시스템은 능력계획과 연결되어 있지 않은 것이 2, 3 유형의 MRP 와 크

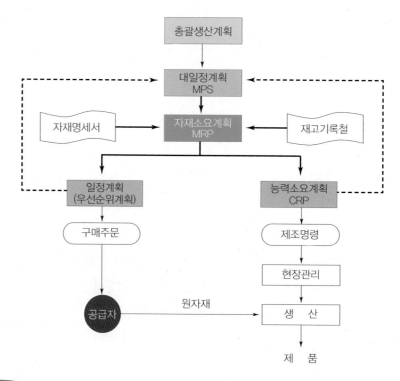

그림 15-1　클로즈드 루프(closed loop) MRP 시스템

게 다른 점이다(그래서 제1유형의 MRP를 open loop MRP라 하고, 2, 3 유형의 것을 closed loop MRP라 한다).[2]

2) 제 2 유형 MRP(생산·재고관리시스템)

생산기업에서 재고와 생산능력의 계획·관리에 이용되는 정보시스템이다. 부품전개(部品展開) 순서대로 발주를 행할 때 생산능력의 이용가능 여부가 검토되는데, 이때 생산능력의 차질이 발생하면 이를 생산계획에 반영(feedback)해서 MPS를 변경시킨다. 이 시스템은 발주(order release)와 MPS(대일정계획)간에 생산능력의 이용도를 조절하는 feedback loop가 있는데([그림 15-1] 참조), 이러한 유형의 시스템을 closed loop system이라 한다.

3) 제 3 유형 MRP(제조자원계획시스템: MRP Ⅱ)

이 시스템은 재고는 물론 생산능력·자금·인력·시설·생산설비 등의 생산자원 모두를 계획·관리하는 데 이용되는 정보시스템이다. 그래서 제조자원계획(manufacturing resources planning, MRP Ⅱ)시스템이라 하여 자재소요계획시스템인 'MRP'와 구분한다(본장 3절의 3.2 참조).

2 MRP시스템의 구조와 전개

2.1 MRP시스템의 구조

MRP시스템은 대별해서 투입자료와 MRP프로그램 그리고 산출보고서로 구분할 수 있다.

투입자료로는 ① 대일정계획 또는 기준생산계획(master production schedule: MPS), ② 자재명세서(bill of materials: BOM), ③ 재고기록 파일(inventory record file)의 세가지가 있다([그림 15-2] 참조).

MRP시스템을 운영하는데 우선 필요한 것이 대일정계획(MPS)이다. 이로부터 생산에 기본이 되는 제품별 생산일정과 생산량에 관한 정보를 얻을 수 있다. 그 다음에 각 제품의 자재구성이라든가 생산·가공 순서를 알기 위해서는 제품별 자재명세서(BOM)가 필요하다. 이 밖에 재고관리에 기본이 되는 이들 자재별 수불현황(受拂現況)이라든가 현재고 그리고 조달기간(lead time) 등은 재료원장이나 자재대장 등과 같은

---

2) R. G. Schroeder, *Operations Management*, 3rd ed., McGraw-Hill, 1989.

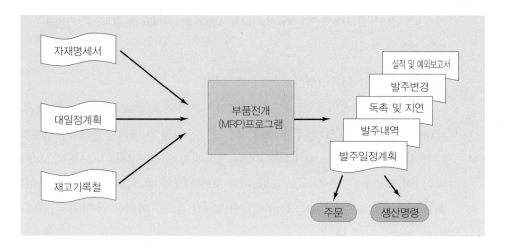

MRP시스템의 투입요소와 산출보고서

재고기록철에서 파악될 수 있다.

이상 열거한 세 가지 자료들은 MRP시스템을 운영하는데 기본이 되는 투입요소들이다(생산능력을 고려하는 제2유형 MRP(closed loop MRP)시스템에서는 이들 세 가지 요소 외에 능력계획자료를 필요로 한다).

MRP시스템을 컴퓨터로 전개[3]함에 있어 산출결과로 제시되는 보고서는 기본보고서와 보조보고서로 구분된다.

기본보고서(primary report)는 일정관리와 재고관리용 보고서들로서 발주량과 발주시기를 나타내는 발주일정보고서, 발주상황을 알려주는 발주내역보고서, 발주의 취소 및 발주량 변경을 제시하는 발주변경보고서 등을 들 수 있다.

보조보고서(secondary reports)로는 실적보고서와 예외보고서 등을 들 수 있다. 이상의 보고서들을 토대로 해서 발주(order release), 즉 구매주문과 생산명령이 내려지게 된다.

2.2 MRP시스템의 전개절차

MRP시스템은 전술한 기본요소들을 토대로 하여 전개되는데, 그 전개절차를 순서대로 설명하면 다음과 같다.

---

3) 부품전개(parts explosion)는 MRP의 핵심이 되는 과정으로서 대일정계획, 자재명세서, 재고기록철을 투입자료로 하여 구매주문과 생산(제조)명령의 산출결과를 낳는다.

(1) 제품의 생산일정과 생산량 파악

제품을 생산하는 데 있어서 어떤 자재가, 언제, 얼마만큼 필요한가를 알기 위해서는 우선 대일정계획(MPS)을 살펴보아야 한다. 즉, MPS(〈표 15-2〉 참조)로부터 제품별 생산량과 생산일정을 파악한다.

(2) 제품분석(product explosion)

제품생산에 필요한 구성자재의 종류별 수량과 이들의 전후 구성관계를 정확하게 파악하기 위해서 제품분석을 행할 필요가 있다. 제품분석에 필요한 자료들은 주로 자재명세서(〈표 15-3〉 참조)로부터 얻을 수 있는데, 이들 자료로써 구성자재의 단계별 전후관계를 알 수 있는 제품분석도([그림 15-4] 참조)를 작성할 수 있다.

(3) 품목별 재고현황과 조달기간의 파악

재고관리에 가장 기본이 되는 자재별 수불현황, 재고수준 그리고 조달기간은 자재대장이나 재료원장 등의 재고기록철에서 구할 수 있다.

(4) MRP 계획표의 작성(부품전개)

이제 (1)~(3)까지의 절차, 즉 제품의 생산일정과 생산량이 파악되고 구성자재의 제품분석과 이들의 재고현황이 파악되면, 그 다음 절차는 MRP시스템의 산출(output)이 되는 MRP계획표(MRP schedule)(〈표 15-1〉 참조)를 작성한다.

MRP계획표의 **작성 요령**을 중요 항목별로 기술하면 다음과 같다.

① 총소요량의 결정. 우선 총제품소요량(gross requirements)을 대일정계획으로부터 생산일정에 맞추어 옮긴다. 그 다음은 제품을 생산하는 데 필요한 각 구성자재 (조립품 · 부분품 · 원자재 등)의 총소요량을 바로 상위단계 품목(parent item)의 주문량을 토대로하여 산출한다(〈표 15-1〉 참조).

② 예정입고(scheduled receipts). 이미 발주되었으나 아직 입고되지 않은 주문량이다. 수송중이거나 납품수속을 밟고 있는 확정주문(open order)이 이에 해당된다.

③ 현재고(現在庫)의 결정. 여기서 말하는 현재고(projected on hand)는 특정시점의 보유재고로서 그 산식은 다음과 같다.

$$\text{현재고} = \text{기초재고} + \text{예정입고량} - \text{총소요량}$$

④ 순소요량의 결정. 당해품목의 재고가 있을 때에는 현재고를 그 품목의 총소요량에서 차감하여 순소요량(net requriements)을 산출한다.

표 15-1 MRP 계획표의 작성 예

항목 \ 월별 주별	3월					4월				
	8	9	10	11	12	13	14	15	16	17
품명: 화일·캐비넷 # 0001 LT=1주일										
총 제 품 소 요 량						170				160
현 재 고 (40)						40	10	10	10	10
순 제 품 소 요 량						130				150
계 획 입 고 량						(140)	40+140−170			(150)
발 주 량					140	조달기간(1주)		150		
품명: 케 이 스 # 1001 LT=2주일					140×1					
총 자 재 소 요 량					140				150	
현 재 고 (0)					0				0	
순 자 재 소 요 량					140				150	
계 획 입 고 량					(140)				(150)	
발 주 량				140	조달기간(1주)		150			
품명: 서랍받침대 # 2001 LT=3주일				140×6						
총 자 재 소 요 량				840			900			
현 재 고 (0)				30			0			
순 자 재 소 요 량			조달기간(3주)	810			900			
계 획 입 고 량				(810)			(900)			
발 주 량	810				900					

$$순소요량 = 총소요량 - 현재고$$

⑤ 계획입고량의 결정. 아직 발주하지 않은 신규발주(⑥의 계획발주량)에 따라 예정된 시기에 입고될 계획량이다. 계획입고량(planned-order receipts)은 로트별 발주방식(lot for lot ordering)에서는 순소요량이 되지만, 경제적 발주량(생산량)에서는 순소요량을 초과한다.

⑥ 발주량과 발주일자의 결정. 계획발주량(planned order release)은 대부분의 경우 계획입고량과 일치한다. 그러나 경제적발주량(EOQ)을 고려하는 것이 유리할 경우에는 EOQ가 발주량이 된다.

발주일자는 상위단계품목(parent item)의 생산착수일이나 납품일자로부터 생산조달기간이나 구매조달기간을 차감하여 결정한다(〈표 15-1〉 참조).

2.3 MRP시스템의 전개 설례

(주)서양강철에서는 각종 캐비닛, 책상, 사무용비품 등을 생산·판매하고 있는데, 주종제품의 하나인 3단식화일 캐비닛([그림 15-3] 참조)의 일정관리와 재고관리를 위해 오는 2/4분기부터 MRP시스템을 적용하기로 하였다.

1) 계획자료

2015년 2/4분기에 대한 3단식 파일 캐비닛의 주문접수분과 시장예측자료를 토대로 해서 작성된 2/4분기 대일정계획(MPS)은 〈표 15-2〉와 같다.

2) 제품구성 자료

이 제품에 사용될 자재의 구성관계를 나타내는 자재명세서(BOM)는 〈표 15-3〉과 같다. 이 표에 의하면 3단 케이스 1조와 서랍 3개 및 자물쇠 1개로 구성되어 있는데, 이 자료를 토대로 제품의 자재구성 관계를 단계별로 나타낸 것이 [그림 15-4]의 제품분석도(製品分析圖)이다.

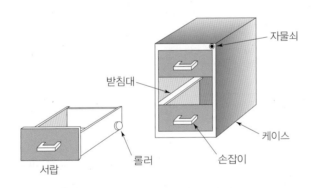

그림 15-3 삼단 파일 캐비닛

표 15-2 대일정계획(MPS)

품명 \ 월 주	4월				5월				6월			
	13	14	15	16	17	18	19	20	21	22	23	24
삼단식 파일 캐비닛	170				160				180			
캐 비 닛		300				250				280		
책 상				200			300				270	

표 15-3	자재명세서	

제품명: 삼단식 파일 캐비닛
품목번호: 0001

표 15-4	품목별 재고와 조달기간

(2015년 3월말 현재)

품목번호	품 명	소 요 량	품목번호	품 명	현 재 고	조달기간
0001	(파일 캐비닛)		0001	파일캐비닛	40	1주일
1001	케이스	1	1001	케이스	0	1
1002	자물쇠	1	1002	자물쇠	15	3
1003	서 랍	3	1003	서랍	0	2
1001	(케이스)		2001	서랍받침대	30	3
2001	서랍받침대	6	2002	재공케이스	0	1
2002	재공케이스	1	2003	재공서랍	6	2
1003	(서 랍)		2004	손잡이	10	2
2003	재공서랍	1	2005	지지용롤러	20	3
2004	손 잡 이	1	3001	강 판	5	3
2005	지지용롤러	2	3002	강 판	0	3
2002	(재공케이스)					
3001	강 판	1				
2003	(재공서랍)					
3002	강 판	1/2				

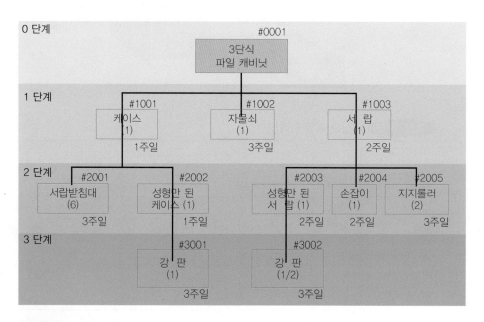

그림 15-4	제품분석도

3) 재고현황 자료

자재대장에 기재된 품목별 재고와 조달기간은 〈표 15-4〉와 같다.

4) MRP 계획표의 작성

앞의 자료들을 투입하여 MRP프로그램으로 전개된 MRP계획표가 〈표 15-5〉이다.

5) 자재주문 및 생산지시

본 [설례]에서 작성된 MRP계획표 〈표 15-5〉에 의하면 제13주, 즉 4월 첫 주에 '3단식 파일 캐비닛'(#0001) 170조를 생산·출하하기 위해서 제품출하 8주전인 제5주에 서랍(#1003) 순소요량 420개(140조×3개)를 만드는 데 필요한 강판(#3002) 210장을 발주하도록 되어 있다.

MRP계획표에 나타난 결과로써 구매 및 생산활동을 일정에 맞추어 조립도(組立圖)로 표시한 것이 [그림 15-5]이다.

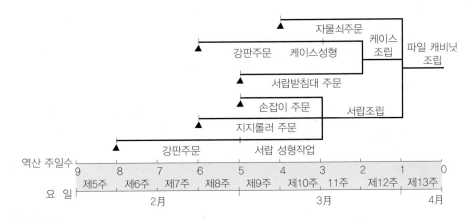

그림 15-5 **파일 캐비닛 조립도**

표 15-5 MPS계획표

품명 \ 주	5	6	7	8	9	10	11	12	13	14	15	16	17	18	19	20	21	22	23
(월)	2월				3월				4월				5월				6월		
품목 # 0001 LT=1																			
총제품소요량									170				160				180		
현재고(40)									40	10	10	10	10				0		
순제품소요량									130				150				180		
계획입고량									(140)				(150)				(180)		
발주량								140				150				180			
품목 # 1001 LT=1																			
총자재소요량								140				150				180			
현재고(0)								0				0				0			
순자재소요량								140				150				180			
계획입고량								(140)				(150)				(180)			
발주량							140				150				180				
품목 # 1002 LT=3																			
총자재소요량								140				150				180			
현재고(15)								15				0				0			
순자재소요량								125				150				180			
계획입고량								(125)				(150)				(180)			
발주량					125				150				180						
품목 # 1003 LT=2																			
총자재소요량							420				450				540				
현재고(0)							0				0				0				
순자재소요량							420				450				540				
계획입고량							(420)				(450)				(540)				
발주량					420				450				540						
품목 # 2001 LT=3																			
총자재소요량							840				900				1,080				
현재고(30)							30				0				0				
순자재소요량							810				900				1,080				
계획입고량							(810)				(900)				(1,080)				
발주량				810				900				1,080							
품목 # 2002 LT=1																			
총자재소요량							140				150				180				
현재고(0)							0				0				0				
순자재소요량							140				150				180				
계획입고량							(140)				(150)				(180)				
발주량						140				150				180					
품목 # 2003 LT=2																			
총자재소요량							420				450				540				
현재고(6)							6				0				0				
순자재소요량							414				450				540				
계획입고량							(414)				(450)				(540)				
발주량					414				450				540						
품목 # 2004 LT=2																			
총자재소요량							420				450				540				
현재고(10)							10				0				0				
순자재소요량							410				450				540				
계획입고량							(410)				(450)				(540)				
발주량					410				450				540						
품목 # 2005 LT=3																			
총자재소요량							840				900				1,080				
현재고(20)							20				0				0				
순자재소요량							820				900				1,080				
계획입고량							(820)				(900)				(1,080)				
발주량				820				900				1,080							
품목 # 3001 LT=3																			
총자재소요량							140				150				180				
현재고(5)							5				0				0				
순자재소요량							135				150				180				
계획입고량							(135)				(150)				(180)				
발주량				135				150				180							
품목 # 3002 LT=3																			
총자재소요량				207				225				270							
현재고(0)				0	3	3	3	3	8	8	8	8	3	3	3	3	3	3	3
순자재소요량				207				222				262							
계획입고량				(210)				(230)				(265)							
발주량	210				230				265										

3 전사적 자원관리(ERP)

3.1 능력소요계획: CRP

능력소요계획(capacity requirements planning: CRP)은 공장의 생산능력에 맞추어 자재소요계획을 수립하기 위해 작업장의 능력소요량을 시간대별로 예측하는 것이다. 이 기법은 이미 발주된 예정입고(scheduled receipts)와 발주예정의 계획발주량 (planned order release)을 완성하는 데 필요한 작업부하(능력소요량) 산정에 이용된다.

능력소요계획(CRP)의 **기능**은 다음과 같다.

예정 완료시점에서 각 품목별로 작업순서를 거꾸로 추적하여 각 작업장에서 예정입고나 계획입고의 가공일정을 가늠한다. 그리고 준비시간과 가공시간을 감안하여 각 작업장의 부하를 추정한다. 이와 같은 계산과정을 모든 품목의 계획입고와 예정입고에 적용하여 각 작업장별로 부하를 산정한다.

그래서 CRP에는 [그림 15-6]과 같이 ① MRP의 계획발주 정보(MRP planned order), ② 절차계획 정보(routing file), ③ 확정주문 정보(open order file)가 입력된다.

MRP의 계획발주정보는 MRP에서 얻어지며, 이미 발주된 확정주문정보는 주문파일에서 입수할 수 있다. 어떤 작업을 어느 기계로 어떻게 행하는가를 계획한 정보는 절차계획 파일에서 얻을 수 있다. 이들 정보들을 토대로하여 능력소요계획(CRP)에서는 각 작업장이나 기계별로 작업부하표(load profile)를 작성하여 착수된 확정주문과 계획발주를 작업장 능력에 맞추어 비교한다.

기업에 따라서는 생산계획 단계에서 능력계획을 수립하는 경우도 있다. 총괄생산계획의 일환으로 자원소요계획을 수립하고 개략능력계획(rough-cut capcity planning)을 대일정계획의 승인에 앞서 작성하기도 한다. 일반적으로는 자재소요계획에 이어

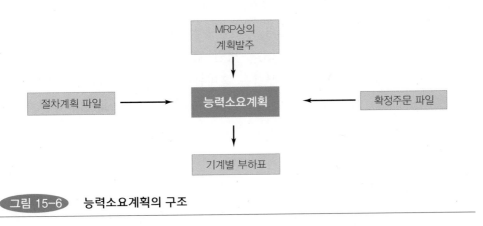

그림 15-6 능력소요계획의 구조

서 능력소요계획이 작성되는데, 여기서 새로운 자원을 개발하기보다는 기존자원을 미세조정(fine-tuning)하는 역할을 하는 것이 보통이다.

일단 자재소요계획(MRP)의 타당성이 능력소요계획(CRP)에 의해서 검증되면 계획대로 발주할 수 있다. 초창기의 MRP시스템은 그 계획의 성공을 보장할만한 메카니즘이 없었지만, 근래의 MRP Ⅱ에서는 일정계획에 대한 정교한 능력과 보고형식을 갖추고 매일 매일의 작업소요량을 모니터링할 수 있다.

3.2 제조자원계획: MRP Ⅱ

당초 재고관리의 기능을 강화할 목적으로 입안된 자재소요계획(MRP)은 효율적인 생산활동을 위해 일정계획과 능력계획간의 유기적인 전개가 필요하다. 생산기능 역시 마케팅과 재무기능과의 상호유기적인 관련이 없이는 변화에 유연하게 대처하기 힘들다.

재고는 물론 생산능력 · 시설 · 설비 · 자금 · 인력 등의 생산자원 모두를 계획 · 관리하는데 이용되는 정보시스템을 **제조자원계획**(manufacturing resources planning: MRP Ⅱ)이라 하여 자재소요계획인 MRP와 구분한다.[4] MRP Ⅱ는 제조활동의 계획 · 관리뿐만 아니라 재무 · 마케팅에서의 계획과 관리를 포괄하는 시스템으로 기업의 모든 자원을 관리하는 전사적 정보시스템으로 확장되고 있다.

제조자원계획(MRP Ⅱ)은 기본적인 MRP시스템을 재무시스템으로 격상시킨다. 대일정계획, 예정입고, 발주량에 대한 정보를 활용하여 현금흐름을 예측할 수 있으며 이를 제품군별로 예측할 수 있다. 이를 예측하기 위해서는 품목별로 재고량에 단위원가를 곱한 값을 제품군별로 더하면 된다.

MRP Ⅱ의 정보는 생산 · 구매 · 영업 · 재무 · 기술 부서의 경영자들이 이용한다. MRP Ⅱ 보고서들은 이들 경영자들이 전반적 사업계획을 개발하고 점검하는 데 도움을 주며, 판매목표나 생산능력 및 현금흐름 제약을 인식하는 데도 도움을 준다.

오늘날 MRP Ⅱ는 교육, 건축, 병원, 유통 등 여러 서비스분야에서 적용되고 있음에도 제조자원계획이라 부름은 흥미롭다. 그래서 이들을 구분하여 SRP(service requirements planning)나 DRP(distribution requirements planning)라 부르기도 한다.

---

4) 종래의 MRP와 구분하기 위해서 제조자원계획을 MRP가 아닌 MRP II로 표기한다.

3.3 전사적 자원관리: ERP

　MRP Ⅱ의 기능에 기업의 기간업무 기능을 부가하여 기업자원을 광범하게 다루도록 발전시킨 ERP가 국내외에서 각광을 받고 있다.[5] ERP(enterprise resources planning)는 종래 독립적으로 운영되던 생산·재무·유통·인사 등의 정보시스템을 하나로 통합하여 수주에서 출하까지의 공급망(supply chain)과 기간업무를 지원하는 통합정보시스템이다.[6]

　[그림 15-7]에 보인 것처럼 생산 및 자재관리, 품질관리, 설비관리, 영업 및 고객관리, 회계 및 자금관리, 인사관리 등 기업내의 모든 업무프로세스를 통합한다.

　이 경우 각 부서에서 입력된 데이터는 데이터베이스를 구축하여 전부서에서 공동으로 이용할 수 있다.

　MRP Ⅱ를 발전시킨 ERP의 등장은 프로세스 혁신에 이은 기업자원의 전사적 관리와 관리도구로서의 정보기술 발달이 잘 어울려진 결과이다. 비즈니스 프로세스를 재설계하고 전 프로세스를 일관되게 통합하는 새로운 기업정보시스템에 대한 요구에 응하여 등장한 것이 ERP개념이다.

　ERP는 MRP를 발전시킨 시스템이다. 1970년대에 '필요한 자재를 필요한 때에 필요한 량'을 조달하기 위한 '자재소요계획'(MRP) 개념으로 비롯된 것이, 1980년대에는 제조설비, 인원, 자금 등 제조자원들을 계획하는 MRP Ⅱ로 발전하였다. 여기에

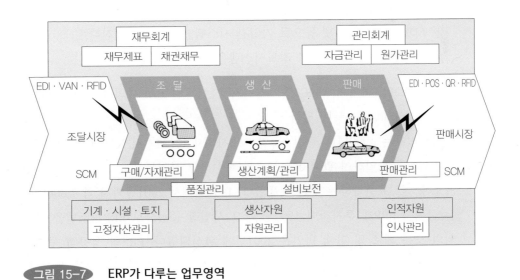

| 그림 15-7 | **ERP가 다루는 업무영역** |

---

5) "인기 끄는 새 경영기법 ERP", *주간 매경*, 1997.7.9.
6) APICS(American Production & Inventory Control Society)의 ERP 정의.

표 15-6 **MRP와 ERP의 비교**

구 분	MRP	MRP II	ERP
도입연대	1970년대	1980년대	1990년대
관리대상	자재	자재 · 기계 · 요원 · 자산 등	기업내 전 경영자원
적용영역	공장내	기업내	기업내, 기업간
기 능	자재소요계획	제조자원계획, 물류계획	공급망관리＋글로벌화

재무, 회계, 영업, 인사관리 등 기간업무를 부가한 기업간 공급망관리(supply chain management)와 글로벌한 대응을 목표로 하는 ERP가 1990년대에 등장하였다.

ERP는 생산, 구매, 영업 · 물류, 회계, 재무, 인사 등 여러 부문에 걸쳐 있는 기업의 자원들을 하나의 체계로 통합함으로써 기업의 생산성과 경영성과를 증진시킨다. MRP시스템과 달리 ERP는 기업의 경영자원계획으로 수주에서 출하까지의 공급망관리와 기간업무를 기업내와 기업간에서 수행한다(〈표 15-6〉 참조).

기업의 통합정보시스템인 ERP의 **특징**은 다음과 같다.

① 기업수준의 기간업무(생산, 영업, 재무, 인사 등)를 지원한다.
② 모든 응용프로그램이 서로 연결된 리얼타임 통합시스템이다.
③ 오픈 클라이언트 서버 시스템(open client server system)이다.
④ 세계 각국의 유수한 기업에서 도입 · 운영되고 있다.
⑤ 하나의 시스템으로 복수의 생산 · 재고 · 물류 거점을 관리한다.
⑥ EDI, CALS, 인터넷 등으로 기업간 시스템연결이 용이해진다.
⑦ 경제적인 아웃소싱으로 정보시스템을 개발 · 보수한다.

ERP 소프트웨어의 대표적인 패키지로는 독일 SAP사의 R/3와 미국 Oracle의 Oracle Application 등이 있다

삼성전자는 1990년대 중반, 독일 SAP사의 ERP 패키지 R/3를 통하여 선진기업의 프로세스를 도입하여 관리 프로세스를 혁신하고 사업부문과 국가별로 상이했던 업무 프로세스를 표준화하는 성과를 올렸다. 1993년에서 2001년까지 약 7,000억원에 달하는 금액을 ERP에 투자하여 1997년 주요 사업장 중심으로 ERP시스템을 구축하고 해외의 모든 제조 및 판매 법인은 2001년에 완성되었다. ERP의 성공적 구축은 고객주문과 원자재 재고, 제품재고 등 수요 및 공급 관련 정보의 정확성을 높이고 이를 실시간에 가깝게 전사적으로 공유하는 것을 가능하게 했다.[7]

---

7) 김진백, "글로벌 전자기업의 SCM 혁신을 통한 경쟁력 강화: 삼성전자 사례연구", *생산관리학회지*, 24권 3호, 2013년 9월호.

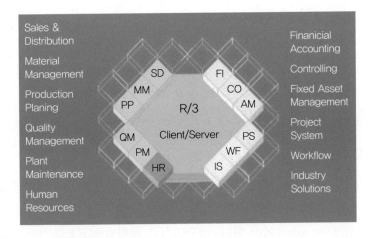

SAP R/3의 구성 모듈

SAP R/3는 1992년에 출시되어 2006년 R/3 6.0으로 발전하였다. SAP R/3의 주요 모듈은 [그림 15-8]처럼 판매관리(SD: Sales and Distribution), 자재관리(MM: Material Management), 생산관리(PP: Production Planning), 품질관리(QM: Quality Management), 설비관리(PM: Plant Maintenance), 인사관리(HR: Human Resources), 재무회계(FI: Financial Accounting), 관리회계(CO: Controlling), 자산관리(AM: Asset Management), 프로젝트관리(PS: Project System)를 내장하고 있다.

4 MRP 시스템의 적용

4.1 MRP 시스템 운영상의 문제

1) MRP 계획의 갱신

자재를 발주(order release)하는 데 있어서, 밖으로는 제품(parent product)의 수요와 자재의 조달기간, 안으로는 생산능력 및 생산일정의 변화로 인하여 MPS(대일정계획)와 MRP계획을 갱신(updating)할 필요가 생긴다. 계획의 갱신방법으로는 정기적으로 계획을 갱신하는 재계획법(再計劃法)과 수시로 변경사항만을 수정하는 순변경법(純變更法)이 있다.

재계획법(regenerative system)은 일정기간중 생긴 모든 변경사항(예: 신규주문)을 뱃치방식(batch system)으로 처리하여 MRP계획을 갱신하는 방식이다. 이 방식은 1주일 정도의 시간간격을 두고 갱신되므로 그만큼 자재계획에의 반영이 더디며 전반적인 계획수정(재계획)이 번거롭다. 그러나 비용이 저렴한 이점이 있다.

순변경법(net change system)은 계획변경사항이 생길 때마다 변경이 필요한 품목에 한하여 부분적으로 수정하는 방식이다. 변경사항을 수시로 처리하기 위해서 컴퓨터를 온라인(on line)상태로 운영하므로 처리비용이 재계획법보다 소요된다. 그러나 변경사항을 MRP계획에 즉각 반영시켜 관리할 수 있다.

2) 발주(생산)로트의 크기 결정

기간별 순소요량을 그대로 발주로트(생산로트)로 할 경우에는 매회 발주한다. 그러나 이러한 발주는 비경제적이므로 발주방침에 따라 로트를 편성하는데 이를 로트의 크기결정(lot sizing)이라 한다. 발주방식은 매회발주(로트별 발주), 정기발주, 정량발주 방식으로 구분되는데, 이는 발주방침에 의해 결정된다.

정량발주가 분할발주나 정기발주에 비해 유리한 경우나 물품의 수요율(사용률)이 일정할 때는 경제적 발주량(EOQ)이 고려될 수 있는데, 고정비 성격의 구매비용을 최소한으로 감축해서 로트의 크기를 최소로 줄이는 것이 최선책이다.

이 경우 로트단위의 구매(생산)가 전제되는 것으로, 그때 그때 소요량을 발주하는 로트별 발주방식(lot-for-lot ordering)과는 대립된다. 발주량을 소요량에 접근시키는 로트별 발주방식은 재고투자는 작지만 발주횟수가 많고 안전재고가 없는 것이 결점이다. 따라서 발주비용(구매비용이나 준비비용)이 작은 품목에 적합하다.

3) 안전재고

종속수요품의 재고관리에서는 이론상 안전재고는 필요치 않다. 현실적으로 애로공정, 수요율 변동, 자재부족, 노사분규 등으로 생산 및 공급상의 차질이 있을 때 원활한 생산을 위해 최소한의 안전재고를 보유할 필요가 생긴다.

이 경우 변동(variability)의 내용을 파악해서, 조달기간이 변동적이면 안전재고 대신 안전조달기간(safety lead time)이 고려될 수 있다. 즉, 조달기간을 늘려서 발주시기를 앞당길 수 있다. 불확실한 변동에 대비한 또 하나의 방법은 여분의 생산능력으로 안전능력(safety capacity)을 확보하는 것이다. 그러나 재고나 유휴능력이 커지면 MRP의 장점은 반감된다.

4) 기록의 정확성

MRP시스템의 성패를 좌우하는 것 중의 하나는 정확한 기록의 유지이다. 즉, 자재명세서(품목번호·품목별 소요량 등), 재고기록파일(품목별 재고량·조달기간 등), 대일정계획(품목별 생산량·생산일정 등)을 비롯해서 발주일자와 발주량 그리고 생산능력 등의 기록이 정확해야 한다.

MRP시스템은 대일정계획을 토대로 해서 전개되는데([그림 15-1] 참조), 주문의 변경, 지연, 취소 등으로 계획내용이 바뀔 때는 실제수요와 납기가 반영되도록 대일정계획을 수정할 필요가 있다.

4.2 발주점방식과 MRP방식의 적용

발주점방식과 MRP방식의 차이점(〈표 15-7〉 참조)은, 전자는 보충개념(replenishment philosophy)에 입각한 독립수요품의 재고관리 방식이며, MRP방식은 소요개념(requirement philosophy)에 입각한 종속수요품의 재고관리방식이다.

재고관리시스템으로 발주점방식을 적용할 것인지 아니면 MRP시스템의 적용여부는 그의 관리대상이 되는 제품이나 자재의 수요성격에 의해서 주로 결정된다. 즉, 다른 물품의 수요와 관계없이 소비(판매)되는 완제품이나 예비부품과 같이 독립수요품의 성격을 갖는 물품에는 발주점방식이 적합하다. 반면에 원자재나 구성부품 내지 조립 부품들과 같이 상위품목(제품)과 종속수요관계를 갖는 물품은 MRP시스템이 적합하다.

표 15-7 발주점방식과 MRP 방식의 비교

특징 방식	발주점방식	MRP방식
개　　요	보충개념에 입각한 독립수요품의 재고관리방식	소요개념에 입각한 종속수요품의 재고관리방식
발 주 개 념	보충(replenishment)개념	소요(requirement)개념
대 상 물 품	완제품 · 예비부품	원자재 · 부분품 · 재공품
물품의 수요	독립수요	종속수요
수 요 패 턴	연속적	산발적
예 측 자 료	과거의 수요실적	대일정계획(MPS)
발주량 크기	EOQ	소요량(이산량)
통 제 개 념	차별관리(예: ABC관리)	구분없이 전품목관리

4.3 MRP시스템의 적용분야

MRP는 여러 분야에서 적용되고 있는데, 기계, 금속가공, 전자, 전기, 수송설비 산업에서 많이 적용되고 있다. 특히 수많은 자재나 부품으로 구성되는 발전기, 선박, 산

표 15–8	MRP의 산업별 적용과 기대이익		
산업 유형	생산 제품 예		기대이익
예측조립생산(assemble to stock)	시계, 공구		높음
주문조립생산(assemble to order)	트럭, 발전기, 모터		높음
주문생산(manufacture to order)	터빈발전기, 중기공구		높음
장치산업(process industry)	고무 프라스틱, 특수제지, 화공약품		중간

주: 장치산업의 경우 석유나 철강 같은 연속생산공정은 포함되지 않음.

업기계 등의 주문생산공장이나 단속생산 환경의 여러 산업분야에서 각광을 받고 있다(〈표 15–8〉 참조). 미국에서 조사된 자료에 따르면, 생산유형별 적용률은 개별생산 38.8%, 연속생산 9.1%, 조립생산 22.4%, 혼합생산 29.7%이었다.[8]

미국에서 MRP Ⅱ를 활용하는 회사의 비율을 보면,[9] 제약업계가 80%로서 1위이다. 우주항공이 70%, 자동차 60%, 전기 44% 순이다. 전체적으로 미국산업의 11%에 해당하는 65,000개의 회사가 MRP Ⅱ 시스템을 사용하고 있다.

서비스조직에서도 제조업과 비슷한 상황에서는 MRP를 적용할 수 있다.

자재소요계획(MRP)은 서비스산업인 의료 · 교육 · 식음료 부문에서의 적용이 가능하다. 그러나 문제는 서비스의 조달기간과 자재명세가 다소 불확실하다는 점이다. 일부 서비스업에서는 표준실행시간을 산정하기도 하지만 서비스완료시간은 정확히 예측하기 어렵다.

서비스의 불확실성을 완화시키는 한 가지 방법은 서비스를 공통부분과 선택부분으로 나누는 것이다. 공통서비스는 최종상품 형태에서 항상 나타나는 부분을 말하며 자재소요계획을 통해 분해된다. 그러나 선택적 서비스는 고객의 독특한 요구사항에 따라 달라질 수 있으므로 그때 그때 예측되어야 한다.

4.4 MRP시스템의 적용효과

MRP시스템이 지니고 있는 **장점**은 다음과 같다.

① 상위제품(parent product) 생산계획에서 부품의 소요량을 정확하게 예측한다.
② 능력계획과 자금소요 예측에 필요한 정보를 제공한다.

---

8) J. C. Anderson et al., "Material Requirement Planning Systems: The State of Art", *Production & Inventory Management*, 4th Quarter 1982.

9) D. A. Turbide, *MRP+: The Adaptation, Enhancement and Application of MRP II*, Industrial Press, 1993.

③ 상위품목의 생산계획이 바뀌면 부품의 수요량과 재고보충시기를 자동적으로 갱신하여 시장수요변동에 빠르게 대응한다.

④ 불필요한 재고유지를 억제한다.

특히 MRP Ⅱ와 ERP에서 중요한 기능은 조직전체를 통하여 신속하게 정보를 통합하고 공유하여 시스템을 운영하는 것이다. 따라서 충분한 용량의 컴퓨터를 비롯하여 적절한 소프트웨어가 필요하다. MRP Ⅱ로 상용화된 것으로는 IBM의 MAPICS(manufacturing accounting and production information control system)와 휴렛 패커드의 HP제조관리 Ⅱ시스템(manufacturing management Ⅱ system)을 꼽을 수 있다. 우리나라에서 개발된 MRP용 소프트웨어로는 중소기업형 PI-Manager[10] 등 몇 가지가 있다.

미래창조과학부의 "2014년 국내기업 IT활용 실태조사"에 나타난 ERP와 SCM의 도입률을 보면(⟨표 15-9⟩), CRM을 도입한 기업이 2004년 3.6%에서 2014년 22.4%로 증가하였으며, SCM은 2.2%에서 15.7%로, ERP는 같은 기간 10년 동안에 14.8%에서 38.4%로 2배 이상 증가한 것으로 나타났다.[11]

당초 재고관리용으로 개발된 MRP는 제조자원들을 관리하는 MRP Ⅱ로 발전하였지만, 최근에는 통합정보시스템인 ERP의 하위기능으로 흡수되어가고 있다. ERP시스템은 [그림 15-7]처럼 기업 내부시스템(판매, 생산, 재무, 회계, 인사 등)과 공급망 관리(SCM)와 고객관계관리(CRM)를 유기적으로 연동하여 움직이는 전사적 통합관리체계를 이루어 운영되어야 전사적자원관리의 소임을 다할 수 있을 것이다.

표 15-9 한국산업의 ERP · SCM · CRM 도입률

구분(%)	2004년	2006년	2008년	2010년	2012년	2014년
ERP	14.8%	24.8%	25.6%	27.7%	34.1%	38.4%
SCM	2.2	3.6	4.8	7.1	13.6	15.7
CRM	3.6	3.5	5.8	9.5	10.5	22.4

출처: 2014년 IT활용 실태조사, 미래창조과학부, 2015.

---

10) 한국의 제조기업 실정에 맞도록 한국기계연구원(KIMM)과 바스크(BASC)가 1994년에 공동으로 개발한 중소기업형 생산 · 재고관리 시스템이다.

11) "2014년 IT활용 실태조사 발표", 미래창조과학부 보도자료, 2015.2.9.

이 장의 요약

이 장에서는 1절에서 종속소요품에 적용되는 자재소요계획(MRP)의 기능과 유형을 기술하고 MRP시스템의 구조와 전개절차(2절) 및 그 적용분야, 적용상의 문제 및 효과(4절)를 다룬다. 또한 제조활동 외에 재무·마케팅 계획/관리를 포괄하는 전사적 자원관리(ERP)를 3절에서 기술하였다.

이 장에서 다루어진 주요 내용을 요약하면 다음과 같다.

- 발주점 방식은 보충개념에 입각한 독립수요품의 재고관리방식이며, MRP는 소요개념에 입각한 종속수요품의 재고관리방식이다.
- MRP는 제품의 생산수량 및 일정을 토대로 제품생산에 필요한 자재의 소요량 및 소요시기를 역산하여 수립되는 자재소요계획이다.
- MRP시스템은 재고관리기능을 비롯하여 우선순위계획과 능력계획기능을 수행한다.
- MRP시스템에는 제1유형(재고관리시스템), 제2유형(생산·재고관리시스템), 제3유형(제조자원계획시스템: MRP Ⅱ)으로 구분된다.
- MRP시스템은 자재명세서, 대일정계획, 재고기록화일을 투입하여 기본보고서와 보조보고서인 산출보고서를 얻는다.
- MRP시스템은 제품의 생산일정과 생산량파악 ① 제품분석 ② 품목별 재고현황과 조달기간의 파악 ③ MRP계획표의 작성순서로 전개된다.
- MRP Ⅱ는 재고는 물론 생산자원(생산능력, 인력, 자원, 자원) 모두를 관리하는 데 이용되는 정보시스템이다.
- ERP는 생산·재무·유통·인사 등의 정보시스템을 통합하여 수주에서 출하까지의 공급망관리와 기간업무를 지원하는 통합정보시스템이다.
- MRP시스템을 운영할 때는 MRP계획의 갱신 시기, 발주로트의 크기, 안전재고 기록의 정확성 유지 등을 고려해야 한다.
- MRP는 주문(개별)생산이나 조립생산에서 흔히 적용되는데 기계·금속가공·전자·전기·수송 설비산업에서 다수 적용된다.

제 16 장
JIT와 린생산 시스템

1 JIT와 린생산의 본질

1.1 도요타생산방식과 린 생산방식

1.1.1 도요타생산방식의 사상과 배경

포드(H. Ford) 이래 자동차생산은 대량생산방식에 줄곧 의존해 왔다. 그러나 도요타자동차의 도요다에이지(豊田英二)와 오노다이이치(大野耐一)는 "대량생산방식은 일본에서 적용될 수 없다"는 결론을 내리고[1] 1950년 이후「도요타생산방식」, 즉 린 생산방식을 구축하여 놀라운 경쟁력을 발휘하였다. 도요타자동차의 경쟁력이 막강해지면서, 대량생산방식과 린 생산방식의 차이를 규명하기 위해 MIT대학은 1985년 국제자동차산업연구프로그램(IMVP)을 추진하였다. 이 IMVP(International Motor Vehicle Program)의 연구책임자로 5년의 세월을 보낸, MIT공대의 워맥(J. P. Warmack)은 도요다에이지와 오노다이이치가 '린 생산방식'의 개념을 개척하였다고 밝힌 바 있다.[2]

도요타생산방식은 오노(大野)가 연역적인 접근방법으로 포드시스템을 뒤집어 생각하여 JIT와 자동화(自働化)라는 개념을 도출하고 이를 달성하기 위한 다양한 생산기술 및 조직을 만들어 내는 과정에서 비롯된 것이다. 도요타생산방식은 소로트생산으로 생산현장의 낭비를 제거하고 다양한 소비자 요구를 충족시키는 소로트생산과 다

---

1) 1950년을 전후하여 자동차생산이 침체되면서 도요타자동차의 도요다에이지와 오노다이이치는 미국에서 가장 크고 능률적인 포드의 루지공장(Ford Rouge Plant)을 직접 관찰하고, 일본 본사에 "생산방식을 개선할 여지가 있다"고 보고하였다.
2) J. P. Warmack et al., *The Machine that changed the world*, Macmillan Publishing, 1990. 제임스 P. 워맥 외 2인 공저, 현영석 역, *생산방식의 혁명*, 기아경제연구소, 1991, 1장.

품종소량 생산체제를 지향한다. 그래서 구미에서는 도요타생산방식을 '린 생산(lean production)방식'이라 부르기도 한다.

린 생산(lean production)은 대량생산에 비해 '작은(lean)' 것이라는 뜻에서 비롯된 말로서, 이는 IMVP(국제자동차산업연구프로그램)의 연구원이었던 크랩식(J. Krafcik)이 이름을 붙인 것이다.[3]

도요타생산방식에서 고품질 다품종소량생산, 즉 just in time 생산방식의 **탄생배경**은 다음과 같다.

1949년 도요타자동차는 협소한 국내시장과 업체 간의 치열한 경쟁으로 심각한 경영위기에 직면하였고 파산직전까지 갔다. 도요타는 은행에 지원을 요청했고 그 대신 은행은 도요타에 자동차제조회사로부터 독립된 판매회사를 설립하고 자동차 생산대수를 판매대수에 맞출 것을 요구하였다. 팔린 만큼 생산하는 just in time 생산방식은 제3자에 의해 기업의 존속조건으로 제시된 것이다.[4] 도요타가 풀어야 할 과제는 '생산량을 늘리지 않으면서 생산성을 향상시키는 것'이었다.

그러나 당시 도요타의 공장 내부는 생산계획 및 중간제품의 재고관리가 엉망이었다. 모든 부품이 부족했던 당시에 필요한 부품을 제때에 확보할 수 없어 공장은 제대로 돌아가지 못했다. 때문에 모든 부품이 확보되는 월말에 생산을 서두르는 '하키 스틱(hockey stick) 현상'[5]이 발생하였다. 이러한 월말 집중생산은 재고 내지 대기의 낭비를 수반하므로 오노(大野)는 '생산의 평준화'를 추구하였다.

이와 같이 모든 자원이 제약된 여건 속에서 필요한 것을 필요한 때에 필요한 만큼만 생산하는 JIT(just in time) 사고와 실천방법이 나오게 되었다. 「도요타」의 JIT 사고방식은 '고객이 필요로 하는 상품을 필요한 만큼 골라서 대금을 지불하는' 슈퍼마켓방식에서 비롯된 것이다. 즉 생산에 필요한 부품을 필요한 때 필요한 양을 생산공정이나 현장에 인도하여 '적시에 생산하는 방식'(just in time production)으로 전환시킨 것이다.

이는 불필요한 생산요소를 철저히 배제하면서 부가가치를 높이기 위한 것으로, 도요타생산방식이나 린 생산방식은 본질적으로 다음 **7가지 낭비**(waste)의 제거를 목적으로 한다.

① 불량의 낭비
② 재고의 낭비

---

3) J. P. Warmack et al., *The Machine that changed the world*, 생산방식의 혁명, 전게서, 1장.
4) 전병유, 도요타, 길벗, 1994.
5) 월말이나 연말에 집중되는 작업(생산)량 곡선이 하키 스틱과 같다고 해서 붙여진 이름이다.

③ 과잉생산의 낭비

④ 가공의 낭비

⑤ 동작의 낭비

⑥ 운반의 낭비

⑦ 대기의 낭비

낭비를 배제하기 위해 도요타생산방식에서 주로 사용되는 수단으로는 JIT생산, 小로트생산, 자동화, TQC 및 현장개선 등의 하위시스템을 꼽을 수 있다.[6)]

JIT생산은 생산과잉·대기·재고의 낭비를 제거하며, 小로트생산은 재고의 낭비를 배제하는 데 매우 효과적인 수단이다. 자동화는 불량을 비롯한 가공 및 동작의 낭비를 배제하며, TQC 및 현장개선으로 운반·가공·동작·불량의 낭비를 줄인다. JIT생산은 불필요한 자원낭비의 제거와 가치증대를 목표로 추진되므로 린 생산방식의 근간이 되는 시스템이라 할 수 있다.

1.1.2 린 시스템의 철학과 원칙

린 시스템(Lean System)은 일련의 테크닉이라기보다는 '낭비의 최소화를 통한 가치창출을 강조하는 경영철학'이라고 할 수 있다.[7)]

린 시스템은 위에 서술한 7가지 낭비를 제거하는 목적 달성을 위해 구성원들이 공유하는 신념과 가치관들을 비롯하여, 다음의 다섯 가지 **린사고의 원칙들**(The Five Principles of Lean Thinking)로 이루어진다.

(1) 고객 관점에서 제품·서비스의 가치를 규명한다(Identify Customer and Specify Value). 비부가가치, 즉 낭비가 없는 제품이나 서비스의 가치 제공을 목표로, 최종 고객의 관점에서 이들의 가치를 규명한다.

(2) 제품·서비스의 가치흐름을 밝히고 가치흐름도를 작성한다(Identify and Map the Value Stream). 제품이나 서비스가 이루어지는 가치흐름, 즉 원자재–공정품–제품이 이루어지는 공정이나 서비스 프로세스의 가치흐름을 그린 가치흐름도(value stream map)를 작성한다. 이로써 낭비요소, 즉 비부가가치 활동이나 요소들을 밝히기 위함이다.

(3) 낭비를 제거하는 가치흐름을 창출한다(Create Flow by Eliminating Waste). 프로세

---

6) 田中一成, *生産管理システム: SNS法*, 日刊工業新聞社, 1984.

7) Morgan Swink et al., *Managing Operations: Across the Supply Chain*, McGraw-Hill, 2011. 박승욱 외 옮김, 생산운영관리, 교보문고, 2013.

스의 흐름이 단순하고 지체없이 원활하고 불량이나 실수가 없는, 즉 낭비가 없는 가치창출 흐름을 도모한다. 위에 열거한 7가지 낭비가 없는 활동이나 프로세스의 가치창출에 힘쓴다.

(4) 고객의 다양한 요구에 대응한다(Respond to Customer Pull). 이는 고객 요구에 따라가는 풀 시스템(pull system)에 입각한 원칙이다. 제품이나 서비스에 대한 고객의 요구나 반응에 대해 충분히 이해하고 대응해야 한다. 고객들이 바라거나 원하는 것을 제대로 이해하지 못하면 그들을 만족시킬 수 없다.

(5) 완벽을 추구한다(Pursue Perfection). 고객관점에서 제품이나 서비스의 가치를 규명하고, 가치흐름을 밝히고, 낭비가 없는 가치흐름을 창출하여, 고객의 요구에 대응하면, 낭비없는 가치에 도달할 수 있다. 그러나 이와 같은 개선활동은 끝이 없는 것으로, 결국 지속적 개선(kaizen)이 필요하다.

1.1.3 JIT와 린생산 방식의 차이

포드의 대량생산시스템을 일본 실정에 맞추어 도요타자동차의 생산공장을 JIT(just in time) 방식으로 변혁을 이룬 것이 JIT 내지 TPS(Toyota Production System)라고 할 수 있다. 워맥(J. P. Warmack)은 IMVP(국제자동차산업연구프로그램)에서 대량생산방식과 린 생산방식의 차이를 규명하고, 1990년대에 TPS를 원용한 린 시스템(Lean System)을 제시하였다. 따라서 TPS와 린 시스템은 사상과 철학이 유사하다. 특히 양자는 '낭비의 제거'를 목적으로 하고 있다는 점이다.

JIT는 필요한 때에 필요한 만큼 생산하는 방식으로서, 유연성(다품종 소로트생산)과 생산성(재고 및 낭비의 감소)을 추구하면서 생산비용 최소화에 주력한다. 반면 린 시스템은 비부가가치, 즉 낭비가 없는 제품이나 서비스의 가치 제공을 목표로, 고객관점에서 낭비가 없는 가치창출에 주력한다.

TPS는 생산현장의 변혁에 치중하는데 비해서, 린 시스템은 서비스를 비롯한 경영시스템의 변혁도 추구한다. 즉 린 방식은 생산현장뿐만 아니라 연구개발, 신제품 개발, 유통부문, 경영에 이르기까지 매우 광범위하게 적용되고 있다. 린 시스템은 일련의 테크닉이기보다는 '낭비의 최소화를 통한 가치창출'을 강조한다.

이상 양자의 차이에 대해 기술하였지만, 현실적으로 양자는 장단점을 보완하면서 접근하는 현상을 보이고 있다. 현대자동차를 비롯한 세계의 자동차업체들은 TPS와 린 시스템을 도입하거나 벤치마킹하여 발전시키고 있다. 5장 5.3 [사례](현대차의 모듈화를 이끄는 현대모비스)에서 서술한 현대모비스의 JIS(just in sequence)는 TPS의 JIT보다 효율적이고 진화된 생산방식으로, 세계 완성차업체들과 부품업체들이 본격적으로 도입하고 있다.

1.2 도요타 생산의 두 기둥: JIT와 자동화

도요타생산방식은 낭비의 철저한 배제를 추구하는 JIT와 자동화를 지주(支柱)로 한다. 이들은 도요타생산방식의 기본원리이자 사상이다. 특히 JIT생산으로 필요한 물품을 필요한 때 필요한 만큼만 생산하며, 자동화(自働化; autonomation)[8]로 자율적인 품질관리가 전개되므로, JIT생산과 자동화는 도요타생산방식의 두 기둥이 된다. JIT생산과 자동화의 하위시스템으로 도요타생산방식에서 운영하는 관리방법 내지 구체적인 수단들을 열거하면[9] 다음과 같다([그림 16-1] 참조).

① JIT생산을 유지하기 위한 간판방식
② 수요변화에 적응하기 위한 생산의 평준화
③ 생산 및 조달기간을 줄이기 위한 생산·준비시간의 단축

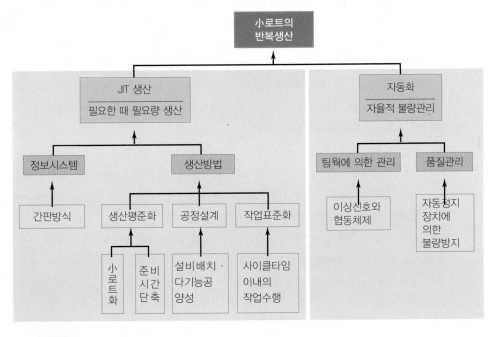

그림 16-1 도요타생산방식의 개요

---

8) 인위적인 자동화라 하여 일본사람들은 "動"자에 "人"을 붙여 自働化라 표기한다. 영어로 autonomation이라 표기하는데 자동화의 automation과 자율성의 autonomy의 복합어이다.

9) 門田安弘, トヨタシステム, 講談社, 1985.

④ 라인 동기화(同期化)를 달성하기 위한 작업의 표준화

⑤ 각 라인의 작업자를 유연하게 활용하기 위한 설비배치와 다기능공 제도

⑥ 작업자는 동기부여시키기 위한 소집단활동과 제안제도

⑦ 자동화개념을 실현하기 위한「눈으로 보는 관리」방식

⑧ 전사적 품질관리를 추진하기 위한「기계별 관리」방식

①②③④⑤는 'JIT생산'의 구체적 수단이 되며, ⑥⑦⑧은 '자동화'의 수단이 된다.

JIT와 자동화 그리고 지속적인 개선활동은 상호보완관계에 있다. 도요타 생산활동이 지속적으로 발전할 수 있었던 것은 끊임없는 개선활동 때문이다. 지속적인 '개선활동'은 '자동화'를 보완하고, '자동화'는 'JIT'를 보완하며, 'JIT'는 '개선활동'을 보완한다. 이렇듯 JIT · 자동화 · 개선활동은 상호 보완적인 역할을 담당하면서 도요타생산방식의 주축을 이룬다.

> **참고** **JIT생산을 위한 자동화(自働化)**

JIT생산이나 간판방식의 성공을 보증하려면 불량품의 발생을 최대한 억제해야 한다. 즉 100% 양품을 공급하는 품질보증의 생산체제가 필요한 것으로 이는 감지자동화(感知自働化)를 통해서 이룩된다.

감지자동화, 즉 자동화(自働化)란 간단히 말해서 현장의 자율적 품질관리시스템이다. 기계나 공정에 이상이 있을 때 곧바로 정지해서 불량을 막는 시스템이다. 도요타공장의 대부분 기계에는 정위치정지방식, 풀워크시스템(full work system), 착각예방 및 불량제거장치(ポカヨケ, fool-proof) 등이 달려 있다.

도요타에는 어느 라인이나 라인 스톱 버튼이 달려 있다. 라인에 초심자가 배치되면 맨 먼저 가르치는 것이 라인을 세우는 요령이다. 라인이 세워지면 머리 위에는 '안돈(Andon)'이라는 표시등이 켜진다. 스톱버튼과 표시등(전광판)을 병용함으로써 라인의 상태를 한눈에 알 수 있어 이른바 '눈으로 보는 관리'가 가능해진다.

자동화의 역사는 도요타의 사조(社祖)인 도요다사키치(豊田佑吉)가 발명한 자동직기(自動織機)에서 비롯되었다.[10] 도요타의 자동직기는 날실이 끊어지거나 씨실이 빠지면 즉시 기계가 멈춰서 불량품을 내지 않는다.

---

10) 日本能率協會編, トヨタの生産管理, 日本能率協會, 1978.

2 JIT 시스템의 구성요소

도요타생산방식의 주축을 이루는 JIT 생산방식의 구성요소들은 [그림 16-1]에서 보는 것처럼 여러 가지가 있다. JIT시스템을 구성하는 **핵심요소**는 ① 간판방식, ② 생산의 평준화, ③ 小로트생산, ④ 설비배치와 다기능공 제도이다.

2.1 간판방식(kanban system)

'필요한 것을 필요한 때에 필요한 만큼만'이라는 JIT 사상을 실현하기 위해 도요타에서 창안된 간판방식(看板方式)은 JIT생산의 핵심을 이루는 정보시스템이다. 즉 JIT 생산에서 어떤 제품(부품)이 언제 얼마나 필요한가를 알려 주는 역할을 하는 것이 간판(看板: kanban)이다. 이는 발주점 방식을 응용한 것으로[11] 재고를 최소로 하기 위해 「간판방식」이라는 눈으로 보는 관리방식을 채용한 것이다.

사례 ● 순댓국집의 간판(看板)방식

뜨끈한 순댓국이 생각날 때 찾는 집이 있다. 맛있을 뿐 아니라 대응이 빠르고 정확하다. 이 집에는 특이한 상자가 홀과 주방 쪽 선반에 각각 한 개씩 놓여 있다. 군번 표식만한 크기의 울긋불긋한 플라스틱 카드가 담긴 상자다. 종업원이 홀 쪽 상자에서 주문 받은 손님 수만큼 카드를 꺼내 주방 쪽 선반 위에 올려놓으면, 주방에서는 음식을 낸 뒤에 이 카드를 주방 쪽 상자 안에 다시 집어넣는 일을 반복한다.

파란색 카드는 순대탕, 빨간색은 순대·내장이 함께 들어간 순댓국, 하얀색은 내장탕을 의미한다. 카드는 세로 방향으로 놓는 게 기본인데, 가로로 놓으면 '머리 고기도 넣어달라', 뒤집어 놓으면 '국·밥 따로'라는 말이다. 카드 끝이 노랗게 칠해진 것은 '여자 손님'이라는 뜻이다. 예를 들어 한쪽 끝이 노랗게 칠해진 빨간색 카드를 뒤집어 가로로 놓으면 '순댓국, 여자 손님, 국·밥 따로, 머리 고기 추가'라는 의미를 한 번에 전할 수 있다.

이 카드에 관심이 가는 것은 '도요타생산방식(TPS)'의 핵심 개념이 모두 들어 있기 때문이다. TPS는 '효율을 추구하되, 비용은 최소화하고, 누구나 쉽게 일을 이해하고 공유할 수 있도록 하는 것'이 기본이다. 순댓국집 카드에는 세 가지가 전부 담겨 있다.

---

11) 전통적인 발주점 방식은 계획에 따라 일정량을 사전에 확보하는 push system에서 적용되는 push형 발주점방식이다. 간판방식은 필요(요구)에 따라 필요량만을 확보하는 pull형 발주점 방식이다.

순댓국집의 플라스틱 카드 역시 TPS의 '간반(看板)' 기능 그대로다. 순댓국집 카드는 단말기를 설치해 전산 관리하는 POS(Point of Sales)에 비해 단순하고 구닥다리 같지만, 비용 대비 효율을 강조하는 TPS 개념에 충실하다. 아크릴판은 한번 만들어 놓으면 반영구적으로 쓸 수 있기 때문이다. POS는 전 직원이 매출 발생 상황을 공유·체감하기 어렵다. 반면 순댓국집 카드는 종업원들이 카드를 직접 보고 만지면서 일의 흐름을 공유하고 스스로 일을 통제하고 있다고 느끼게 할 수 있다. 이는 TPS의 또 다른 핵심인 시각화(視覺化), 즉 일의 흐름이 눈에 보이게끔 만드는 작업과 맥이 통한다.

순댓국집 주인에게 "TPS를 아느냐"고 물었더니 "처음 듣는 얘기"라고 한다.[12]

재고를 최소로 함은 재고의 낭비를 없애기 위한 것으로, 재고의 낭비란 재고로 인한 모든 손실을 의미한다. 이에는 원자재·재공품·제품의 재고유지비를 비롯해서 재고로 인해서 발생하는 기회손실이 망라된다. 기회손실이란 품질불량·기계고장·작업자 결근 등이 여분의 재고로 신속하게 보충되지 못하여 발생하는 손실이다. 즉 [그림 16-2]에서 재고에 해당하는 물이 없다면 이들 문제가 수면 위로 노출됨으로써 즉시 조치될 수 있는 손실들을 말한다.

간판(看板; 일본에서는 '간반'이라 읽는다)은 엽서크기의 카드나 전표로 작업지시표 내지 이동표의 역할을 함으로써 작업이나 운반에 관한 정보제공기능과 물품의 관리기능을 수행한다. 생산현장에서 사용되는 간판은 현품표와 작업지시표의 역할을 하는 '생산간판'(production kanban)과 현품표와 이동표의 기능이 있는 '인수(이동)간판'(withdrawal or conveyance kanban)으로 구분된다. 따라서 인수간판은 뒷공정이 앞공정으로부터 물품을 인수할 때 사용되며([그림 16-3] 참조), 생산간판은 생산부문(가

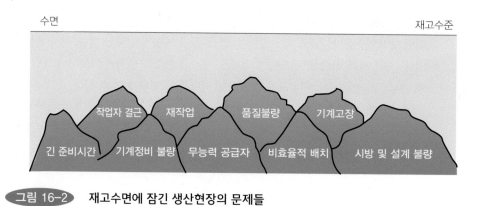

그림 16-2　재고수면에 잠긴 생산현장의 문제들

---

12) "순대국집의 생산방식" 데스크에서(최원석), 조선일보, 2014.9.26.

| 品番 41211-36090 | | | 前工程 |
| 品名 ドライブピニオソ | | | 鍛造 A-3 |

收容數	箱 錘	發行枚數	
15	C	3/8	YA 後工程

① 기계가공공정에서 사용되는 인수
   간판임.
② 이 부품의 전공정은 단조공정이며,
   후공정은 YA(燒入)공정임.
③ 15개씩 들어가는 C형 상자로 운반됨.
④ 8장의 간판 중 3번째 것임.

그림 16-3   인수간판의 예

공 또는 조립공정)에 대한 생산지시용으로 쓰인다.

2.1.1 간판의 흐름과 운영규칙

도요타생산방식에서는 완성품재고를 최소로 하기 위해, 뒷공정이 앞공정에서부터 필요량만을 가져다 쓰는 이른바 '인수방식'을 채용하고 있는데 간판의 흐름은 [그림 16-4]와 같다.

간판방식에서는 뒷공정에서 앞공정으로 거슬러 가면서 인수간판과 생산간판의 교환이 연쇄적으로 전개된다. 따라서 최종공정에서 '계획변경'을 지시하면 앞공정으로 연쇄반응을 일으키게 된다. 간판방식은 수요변동이 있을 때 최종공정에 대한 지시만으로 간단 명료하게 앞공정에 파급되는 것으로, 간판의 사용은 사무간소화의 효과도 크다.

간판방식을 효과적으로 운영하기 위한 **간판의 운영규칙**(rule)은 다음과 같다.

① 뒷공정에서 앞공정으로 가지러 간다(필요시 필요량만을 생산하고 인수해 가도록 하기 위함이다).
② 앞공정은 뒷공정에서 가져간 만큼 생산한다(공정품재고를 최소로 하기 위함이다).

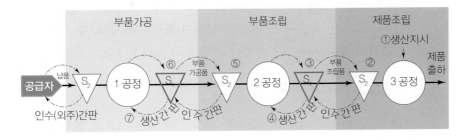

그림 16-4   간판의 흐름

③ 불량품은 뒷공정에 보내지 않는다(불량으로 인한 손실을 막고 간판의 흐름을 보증하기 위함이다).

④ 생산을 평준화한다(①②의 규칙이행과 JIT생산을 위해 필요하다).

⑤ 간판은 세부적인 조정기능(fine tuning capability)이 있다(수요변화 내지 생산현장 사정에 적응하는 능력을 갖추기 위함이다).

⑥ 공정을 안정화하고 합리화한다(생산현장의 안정성유지와 낭비제거를 위함이다).

2.1.2 간판수의 산정

간판방식의 특징은 관리상태가 눈에 보인다는 점이다. 모든 부분품은 일정 크기의 상자(container)에 들어 있는데, 대기중인 빈 상자가 쌓여 있을 때는 앞공정의 생산이 늦는 경우이고, 반대로 부품이 들어 있는 상자가 쌓여 있는 경우는 뒷공정의 생산이 늦거나 정지될 때이다.

부품상자마다 1장씩의 간판이 발행되는데, 간판의 수는 수요량·상자의 크기·간판(부품상자)의 순환시간(cycle time)과 함수관계이다. 따라서 간판의 수(n)는 다음 산식으로 구할 수 있다.

$$n = \frac{DT}{C}$$

n : 간판의 수(장)
D : 수요량
C : 상자의 크기(개)
T : 간판의 순환시간

가령 부품의 수요율(D)은 분당 2개, 부품상자의 표준용량(C)은 20개, 부품상자에 부품을 재보충하는 순환시간(T)은 100분이 소요된다.

이 경우 부품상자의 수, 즉 발행되는 간판의 수 $n = \dfrac{DT}{C} = \dfrac{2 \times 100}{20} = 10$장이다.

최대재고(I_{max})는 상자의 크기(C)와 상자수 또는 간판수(n)를 곱하거나, 부품수요량(D)과 간판의 순환시간(T)을 곱하여 구한다(이 경우 최대재고는 200개가 된다).

$$I_{max} = n \cdot C = D \cdot T$$

위의 산식에서 재고는 부품수요율 내지 간판 순환시간의 함수이므로, 재고감소의 열쇠는 부품의 조달기간 내지 순환시간(T)을 줄이는 것이다.

2.1.3 생산의 흐름 만들기

도요타생산방식의 특징은 생산의 흐름을 만드는 데 있다. 간판방식의 중요한 기능은 간판에 의해 제조공정의 흐름이 거꾸로 흐르게 하는 것 외에 앞공정으로부터 뒷공정으로의 물품 흐름과 뒷공정으로부터 앞공정으로의 정보흐름이 동기화되고 병행화되도록 한다. 이로써 간판방식의 최대 공헌인 무재고(無在庫)의 원리가 실현된다. 간판의 규칙대로 뒷공정에서 필요한 때 필요한 만큼 가지고 가면 앞공정은 인수된 분량만큼만 만들면 되기 때문에 원리적으로는 재고가 쌓이지 않게 된다. 그러나 이것은 원리일 뿐이고 이를 실현하기 위해서는 자동화와 생산 평준화, 소로트생산, 설비배치와 다기능공의 육성, 작업의 표준화 등의 뒷받침이 있어야 한다.

도요타생산방식의 원리를 구현하는 도구인 **생산의 흐름 만들기**를 주목할 필요가 있다. 기술적 측면에서 볼 때, 생산의 흐름 만들기는 도요타생산방식에서 유연성(다품종 생산)과 생산성(재고 및 낭비의 감소)의 획득에서 가장 본질적인 조건이기 때문이다.

도요타생산방식 내지 JIT생산이 지향하는 목표는 수요(주문)변화에 유연하게 대응할 수 있도록 생산자원(설비와 작업자)을 배치하여 재고와 낭비를 줄이는 것이다. 이를 위해서는 JIT에 어울리는 생산의 흐름 만들기 기술이 필요하다.[13] JIT를 실현하기 위해서는 간판을 운영하는 두 가지 규칙, 즉 '뒷공정이 앞공정으로 가지러 간다'와 '앞공정은 뒷공정이 가져간 만큼 생산한다'가 이행되어야 한다. 다시 말해서 생산의 흐름만들기와 평준화생산이 뒷받침되어야 한다.

2.2 생산의 평준화

일반적으로 공장에서는 현장의 생산능력을 작업량의 평균치에 맞게 유지하기보다는 피크에 맞추려는 경향이 있다. 피크수요에 맞추어 생산자원(사람 · 설비 · 자재)을 확보해 놓는 경우 작업량이 적을 때는 유휴능력이 발생하고 과잉생산의 낭비를 초래할 수 있다. 이 경우 평준화생산(平準化生産)이 필요하다.

도요타생산방식은 「간판」을 통해 공장 내의 각 생산공정은 물론 부품공급업체의 생산공정과 동기화 개념에 따라 운영되기 때문에 제품의 수요변동 내지 최종 공정의 생산변동이 있을 때는 앞공정으로 거슬러 올라가면서 연쇄반응을 일으킨다. 이러한 악순환이 일어나지 않기 위해서는 최종 조립라인의 산(山)을 허물어 골짜기를 메워서 흐름의 표면을 고르게 하는 평준화 생산 내지 **생산의 평준화**(smoothing of production)

---

13) 전병우, 도요타, 길벗, 1994.

가 필요하다.[14] 즉 최종조립을 지원하는 모든 작업장에 균일한 부하를 부과하기 위해 평준화생산이 필요하다. 도요타 생산에서는 수량과 종류의 평균화를 평준화라 하는데, 평균화의 기준으로 보편적인 척도는 사이클 타임이다. 따라서 사이클 타임(cycle time)의 산정은 평준화생산에서 중요하다.

도요타자동차 공장의 경우, 연간 생산계획과 수요예측에 근거해서 2개월 전에 어떤 차종을 얼마나 생산할 것인가가 제시되고 1개월 전에 월차생산계획이 구체화된다. 확정된 월차생산계획은 동시에 외부의 부품 공급업체에도 전달된다. 월별생산계획에 의해서 일정계획이 결정되는 도요타생산방식에서 월차생산계획은 매우 중요하다.

생산의 평준화는 월차적응과 일차적응의 2단계로 전개된다.

① 월차적응(月次適應). 수요변동에 대한 월별적응으로 월차생산계획에 의해 전개된다. 즉 분기별 내지 월별 수요예측에 의거해서 작성된 기준생산계획(MPS)을 토대로 해서 각 공정의 일당 평균생산량을 1차로 지시한다.
② 일차적응(日次適應). 일일 수요변동에 대한 적응으로 일별 생산지시로 전개된다. 일일생산지시는 「간판」을 통한 인수방식을 활용한다.

일일생산량은 월간 완성차 생산량을 가동일수로 평균하여 차종 라인별의 일일생산량으로 분할한다. 이 분할은 평준화생산을 위한 것이다.

설례 ▶ 최종 조립라인의 평준화 생산

현실적으로 자동차의 생산모델은 다양하지만, 편의상 A · B · C · D의 4가지 모델을 하루 8시간씩 월 20일간 생산한다고 하자.

월차생산계획에 의하면 A=5,000, B=2,800, C=1,600, D=800대로 월 필요생산량은 10,200대이다. 이들을 월 생산일수(20일)로 나누면 ($\frac{월간 필요량}{월 생산일수}$), 각 모델별 일일 필요생산

표 16-1 일일평균 생산량과 사이클 타임

모델별	월간수요량	일일평균생산량	사이클 타임
A	5,000대	250대	2분
B	2,800	140	4
C	1,600	80	8
D	800	40	16
전 체	10,200	510	30

---

14) 고재건, 다품종소량생산에 있어 JIT시스템의 적용에 관한 연구, 동국대대학원, 1986.

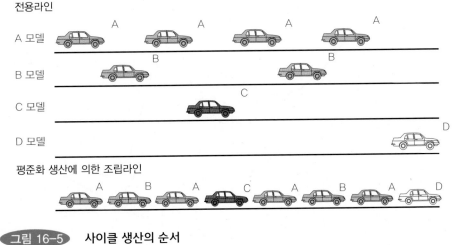

전용라인

A 모델

B 모델

C 모델

D 모델

평준화 생산에 의한 조립라인

그림 16-5 사이클 생산의 순서

량은 A=250, B=140, C=80, D=40대이다.

모델별로 전용라인에서 각각 조립한다면 모델별 사이클 타임은 A모델 2분, B모델 4분, C 모델 8분, D모델 16분으로 가령 A라인에서는 2분마다 B라인에서는 4분마다 1대씩 조립된다. 그러나 평준화생산에 따른 혼류생산·조립라인에서는 0.94분마다 1대씩 혼합모델의 자동차가 나온다

$$\text{사이클타임} = \frac{1\text{일 생산(가동)시간}}{1\text{일 생산량(필요량)}} = \frac{8 \times 60}{510} = 0.941\text{분}$$

생산·조립순서는 [그림 16-5]와 같이 D A B A C A B A …의 순서로 진행된다.

2.3 소로트생산(생산준비시간과 로트의 축소)

생산의 평준화를 달성하기 위해서 될 수 있는대로 로트를 작게 하는 소로트생산이 뒷받침되어야 한다. 전통적인 반복생산인 대량생산에서 단위당 평균생산비에 관심을 두는 것처럼, 단위당 평균 생산시간(run time)의 단축에만 관심을 두어 왔다.

이는 생산준비시간을 고정된 것으로 보기 때문이다. 가령 경제적 생산량(EPQ 또는 ELS)을 구함에 있어, 생산준비비를 고정비로 하여 생산량에 배분함으로써 통상 EPQ는 커지고 재고유지비는 비례적으로 늘어나기 마련이다([그림 16-6]의 a).

JIT생산을 위해 유연하고 신속한 생산을 하려면, 리드 타임을 대담하게 단축할 필요가 있다. 생산에서 **리드 타임**(lead time)이란 '가공시간＋정체시간'으로 표현되는데, 리드타임을 짧게 하면 가공·정체시간 외에 재고가 줄고 문제의 소재가 분명해진다.

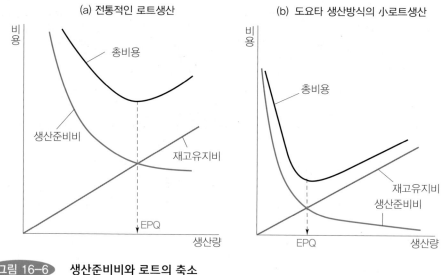

그림 16-6 생산준비비와 로트의 축소

생산시간을 단축하려면 준비시간(set-up time)을 단축해야 한다. 준비시간을 당초시간의 1/n로 줄이면 로트사이즈도 해당 공정의 부하량을 바꾸지 않고 당초의 1/n로 줄일 수 있다. 로트당 가공시간은 1/n까지 단축되며 이로써 생산 리드타임도 크게 단축되어 고객의 주문에 신속히 대응할 수 있다.

가령 작업준비시간이 60분인 경우, 제품 단위당 가공시간이 1분이고 생산로트가 1,500단위이면 총생산시간(준비시간＋총가공시간＝60분＋1,500분)은 26시간이 된다. 이 경우 준비시간을 당초의 1/10인 6분으로 줄이면, 로트의 크기도 1/10인 150개씩 생산하여 1,500개를 26시간에 생산할 수 있다.

그래서 도요타생산방식에서는 재고의 낭비를 배제하고 평준화 생산을 위해서 생산준비시간을 단축시켜 소로트화를 도모하는 소로트생산을 추진한다([그림 16-6]의 b). 로트의 크기를 크게 하면 생산준비비의 단위당 부담이 적지만 그대신 과잉생산과 재고의 낭비가 있을 수 있다. 소로트생산에서는 수요변화에 대응이 쉬운 반면 생산준비 횟수가 증대되므로 준비시간의 단축이 매우 중요한 과제이다.

도요타생산방식에서는 '단일준비'(single set-up)의 개념을 도입하여 생산준비시간을 시간단위에서 분단위로 단축하기에 이르렀다(다음 [사례] 참조).

1950년 포드자동차공장을 살펴 본 도요타자동차의 도요다에이지는 대량생산방식이 일본에 적용될 수 없다는 것을 깨달았다. 이 문제의 해결을 위해 오노다이이치는 2~3개월이 소요되는 금형(金型) 교환시간을 2~3시간에 줄이는 작업에 들어갔다. 미제 중고 프레스 기계를 몇대 사서 끊임없이 실험을 거듭한 결과 50년대 후반에 이르러 종전의 하루에서 3분으로 줄일 수 있었다. 그는 이 과정에서 뜻밖의 새로운 사실을 발견하였다. 즉 프레스 제품을 한꺼번에 대량으로 생산하는 경우보다 소량으로 생산할 때 단위당 생산비가 실제로는 더 적게 든다는 것이었다.

그 이유는 ① 소로트로 생산하면 대량생산방식에서처럼 막대한 양의 프레스제품 재고가 발생하지 않아 재고유지비를 절감할 수 있다. ② 자동차조립 직전에 소량을 생산하므로 프레스 공정에서 불량이 발생하면 곧바로 눈에 띈다는 점이다. 품질에 문제가 있으면 바로 나타나므로 현장에서 품질에 더욱더 신경을 쓰게 되지만, 대량생산은 한참 지나서 불량이 발견되므로 막대한 비용을 들여 수리하거나 경우에 따라선 폐기처분해야 하는 큰 낭비를 사전에 방지할 수 있다.[15]

도요타 방식에서 **준비시간의 단축**은 기계가동을 중지해야 하는 내적 준비와 기계가동과 관계없이 진행되는 외적 준비로 나누어 전개한다.

① 내적 준비의 철저. 불가피하게 기계를 정지시켜야 되는 준비작업은 분리해서 집중적으로 대비한다.
② 외적 준비의 병행. 금형(金型)이나 치공구(治工具)는 미리 준비하고 교환된 금형이나 치공구는 기계 가동 중에 정리한다. 이 밖에 가장 합리적인 방법을 개발(개량)하여 표준화하고 이를 작업자에게 반복 훈련시켜 준비시간을 단축한다.

2.4 설비배치와 다기능작업자의 활용

도요타생산방식의 특징 중 하나는 수요변화에 따라 인원조절이 가능하도록 생산시스템을 구축하는 점이다. 도요타에서는 생력화(省力化)보다는 생인화(省人化) 더 나아가 소인화(少人化)를 추구한다. 소인화는 소수인화를 줄인 말로서 인력절감이나 무조

---

15) J. P. Warmack et al., *The Machine that changed the world*, Macmillan Publishing, 1990.
P. 워맥 외 2인 공저, 현영석 역, 생산방식의 혁명, 기아경제연구소, 1991.

건적인 감원보다는 생산량의 변동에 따라 인원을 맞춘다는 뜻으로 정원화하지 않는다는 의미가 숨어 있다.

소수인화는 각 라인의 작업자 수를 탄력적으로 증감시키기 위한 설비배치와 다기능작업자(multi-functioned worker)를 통해서 달성된다. 수요변동에 따라 어떤 기계의 작업은 필요없는 대신에 다른 기계의 작업이 필요하게 되고, 수요가 적을 때는 여러 기계를 동시에 다룰 수 있어야 한다.

소수인화를 이룩하기 위한 **전제조건**으로 다음 세 요소가 충족되어야 한다.

① 수요변동에 유연한 설비배치
② 다기능작업자의 양성
③ 표준작업의 평가와 개정

JIT생산에 있어서 소수인화를 위한 기계배치유형은 U자형이 일반적이다. U형배치는 라인의 흐름이 부품의 공정 순에 따라 이루어지며, 라인의 입구와 출구가 서로 마주보고 있어 유연성을 통한 생산성 향상을 보장하는 수단이 된다.

[그림 16-7]은 일본의 오리엔탈 모터의 U형 생산라인에 의한 소수인화 과정을 보인 것이다.[16]

U형 배치에서는 작업자의 작업범위를 늘이거나 줄이는 것이 용이하다. 그러나 이 배치가 충분히 기능을 발휘하려면 여러 기계를 유연하게 다룰 수 있는 다기능작업자가 필요하다. 도요타자동차에서는 특유의 직무순환(job rotation)을 통해서 이들을 양성하고 있다.

표준작업의 개정은 작업 및 기계의 계속적인 개선을 통해서 가능해지는데, 이러한 개선활동은 수요 증대시에 작업자수를 증가시키지 않아도 될 수 있다.

끝으로 JIT 생산이 효과적으로 전개되려면 공장이나 작업장의 정리·정돈이 뒷받

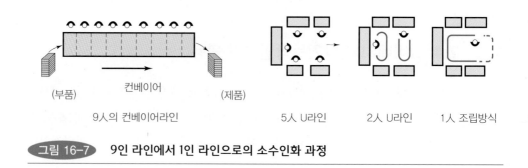

(부품)　　　컨베이어　　　(제품)
　　　9人의 컨베이어라인　　　　　5人 U라인　　　2人 U라인　　　1人 조립방식

그림 16-7　9인 라인에서 1인 라인으로의 소수인화 과정

---

16) 福島惠友, "1個作リ生産方式 成功させた オリェンタルモ-タ-", 工場管理, 1984.1.

침되어야 된다. 이로써 구성원 모두의 마음가짐을 눈으로 확인할 수 있을 뿐만 아니라 문제를 쉽게 노출시킬 수 있기 때문이다. 지속적인 정리 · 정돈을 위해서는 항상 주변을 깨끗하게 청소하고 이들을 유지하는 청결이 필요하다. 이와 같은 활동을 항상 생활화하는 이른바 5S활동이 필요하다([그림 16-8] 참조).

5S란 다음 5가지 실천사항의 첫 단어음이 'ㅅ(s)자 발음'이란 뜻에서 유래된 것이다.

① 정리(せぃり)
② 정돈(せぃとん)
③ 청소(せぃそぅ)
④ 청결(せぃけっ)
⑤ 생활화(せぃかっか)

여기에 정량 · 정품 · 정위치의 3정을 추가한 3정 5S운동이 우리 현장개선활동에 활용되고 있다.

이제까지 기술한 JIT 생산방식의 구성요소들을 물적 시스템으로 표현한 것이 [그림 16-8]이다.

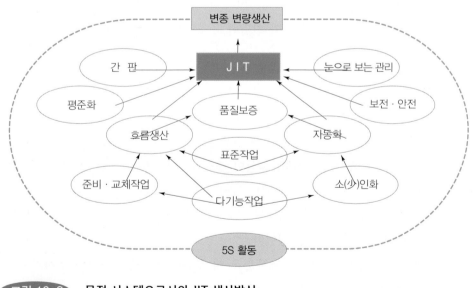

그림 16-8 물적 시스템으로서의 JIT 생산방식

3 JIT시스템의 적용

3.1 JIT시스템의 장·단점

도요타생산방식은 포드시스템의 사고를 뒤엎은 유연하고 효율적(lean)인 생산방식이며 다품종 소량생산의 시대를 연 뛰어난 생산방식으로 평가되고 있다.

도요타생산방식 내지 JIT시스템의 **장점**을 다음과 같이 요약할 수 있다.

① 변종변량(變種變量)생산으로 수요변화에 신속하고 유연하게 대응한다.
② 생산상의 낭비제거로 원가를 낮추고 생산성을 향상시킨다.
③ JIT생산으로 원자재 · 재공품 · 제품의 재고수준을 낮춘다.
④ 자동화와 소로트생산으로 불량을 줄이고 품질을 향상시킨다.
⑤ 준비시간 단축으로 생산 리드타임을 단축시킨다.
⑥ 간판방식과 생산평준화로 생산의 흐름을 원활하게 한다.
⑦ 혼류생산(混流生産)으로 공간과 설비 이용률을 높인다.
⑧ 유연한 설비배치와 다기능공으로 작업자 수를 소수인화한다.
⑨ 라인스톱시스템 등으로 문제해결에 작업자를 참여시킨다.
⑩ 한정된 수의 공급업자와 친밀한 유대관계를 구축한다.

이상의 장점들이 있음에도 비판도 제기되고 있다. 간판방식은 하청업체를 괴롭힌다고 비판받을 뿐만 아니라 도요타공장은 노동자에게 과중한 노동을 강요하는 것으로 묘사되었다. 도요타방식이 도로적체와 환경파괴의 주범으로 몰린 적도 있다.[17)]

특히 필요한 부품을 필요한 때 필요량만을 조달하는 JIT방식은 공급자가 부품조달을 제대로 납품하지 못하면, 생산이 중단될 수도 있다. 지난 1997년 도요타자동차의 하청공장인 아이신정기의 화재로 브레이크 부품공급이 중단되는 바람에 도요타의 생산라인은 물론 300여개에 달하는 연관 업체들의 가동이 사흘 이상 중단되고 2천2백억엔의 손실을 입은 적이 있었다.[18)]

우리나라에서도 1988년 노사분규 때 부품공급이 끊겨 자동차회사가 조업을 중단했는가 하면 자동차회사의 파업으로 부품업체들이 곤욕을 치른 일도 있다.

---

17) 전명유, *도요타*, 길벗, 1994.
18) "JIT 생산방식 문제제기", *한국일보*, 1997.

3.2 JIT와 MRP시스템의 적용

3.2.1 JIT와 MRP의 차이점

JIT와 MRP시스템은 소요개념(requirement philosophy)에 입각한 관리방식이라는 점에서 공통점이 있다. 즉 필요한 물품을 필요한 때 필요량을 확보한다는 점에서는 같지만, JIT는 주문이나 요구에 따라가는 풀시스템(pull system)이고, MRP는 계획대로 밀고가는 푸쉬시스템(push system)이라는 점에서 구분된다(〈표 16-2〉 참조).

이들 시스템이 **추구하는 목표**에서 볼 때, MRP는 차질없는 계획수행을 위해 소요개념을 제시하고 있음에 비해 JIT는 낭비제거, 즉 불필요한 생산요소(재고·과잉생산·불량 등)의 배제를 목표로 한다. MRP는 **관리수단**으로 컴퓨터 처리를 주축으로 하고 있음에 반하여, JIT는 간판방식과 같은 '눈으로 보는 관리'를 전개한다.

생산계획에 있어서 JIT는 안정된 MPS(기준생산계획)를 필요로 하는데, MRP는 컴퓨터를 이용하므로 변경이 잦은 MPS의 수용이 가능하다. 한편 JIT에서는 간판방식을 이용하여 신속하고 수월하게 수요변동에 대처한다.

표 16-2 JIT와 MRP 시스템의 차이점

비 교 내 용		J I T 시 스 템	M R P 시 스 템
관리 시스템		요구(주문)에 따라가는 pull시스템	계획대로 추진하는 push시스템
관리목표		낭비제거(최소의 재고)	계획 및 통제(필요시 필요량 확보)
관리도구		눈으로 보는 관리(예: 간판방식)	컴퓨터 처리
생산시스템		생산 사이클타임 중심	MPS 중심
생산계획		안정된 MPS 필요	변경이 잦은 MPS 수용
계획 집행	생산계획	생산간판	작업전표·생산지시서
	자재계획	인수(외주)간판	주문서
계획 우선순위		평준화 생산을 기초로 한 품목별 일차 적응(日次適應)	MPS에 기초한 필요 품목 중심의 일정 계획
통제 우선순위		간판의 도착순	작업배정 순서
자재소요 판단		간 판	자재소요계획(MRP)
발주(생산)로트		준비비용축소에 의한 小로트	경제적 발주량(생산량)
재고수준		최소한의 재고	조달기간 중 소요재고
공급업자와의 관계		구성원 입장에서의 장기거래	경제적 구매위주의 단기거래
품질관리		100% 양품추구, 품질문제는 현장에서 근원적으로 해결	약간의 불량은 인정, 품질문제는 품질 담당 요원에 의해 규명
적용분야		반복적 생산	비반복적 생산(업종 제한 없음)

JIT는 준비시간(비용) 축소에 의한 小로트화로 재고수준의 최소화를 추구하는데, MRP는 경제적 발주량(생산량)이나 조달기간 중의 재고유지를 추구한다.

공급업자와의 관계(vendor relations)를 보면, JIT에서는 구성원의 입장에서 공급자와 장기거래를 유지하는데 반해, MRP에서는 경제적 구매위주의 단기거래가 주로 이루어지므로 품질이나 공급이 불안정하기 쉽다.

끝으로 **적용분야**에서 볼 때, JIT는 반복적 생산에서 적용효과가 크지만, MRP는 주문생산이나 로트생산 등의 비반복적 생산에서 특히 효과가 크다.

3.2.2 JIT와 MRP의 적용

곧다아드(Walter Goddard)는 JIT와 MRP를 다음과 같이 비교·평가하였다.[19]

① 간판방식(JIT)은 반복적 생산에 적합하다. 그러나 MRP II는 주문품은 물론 예측 생산품목에도 적용가능하다.

② MRP II는 간판방식보다 훨씬 광범위한 분야에 적용가능한 도구이지만 비용면에서는 불리하다. JIT는 자재계획, 능력계획, 작업배정 등을 컴퓨터없이 수작업으로 수행할 수 있다.

MRP와 JIT를 결합하거나 절충해서 적용할 수는 없을까?

JIT 시스템은 비용이 저렴하고, 현장에서 자재흐름을 통제하는 데 있어 좀더 효과적인 방법이다. 간판시스템은 재고수준을 낮추고 생산율을 조정하기 위해 사용할 수 있다. 반면에 MRP II는 전반적인 자재계획과 데이터 관리에 효과적인 방법이다.

JIT나 간판방식의 주요 이점은 단순성에 있다. 한편 MRP의 장점은 복잡한 계획을 빠르고 효율적으로 처리할 수 있는 능력이 있다. MRP는 컴퓨터를 통해 요구사항을 객관화하고 처리능력을 계획하며 조정한다.

생산공정의 특성에 따라 적절한 시스템을 결정하여야 한다. 현장수준의 계획에는 풀시스템이 MRP보다 바람직하다. 자재흐름이 복잡하고 수요가 변동적인 개별 작업장에서는 MRP가 유리하다. JIT를 사용하기에는 자재흐름이 너무 복잡하고 풀시스템으로는 수요와 리드타임의 변동에 대응할 수가 없으며 현장에는 정교한 주문추적과 일정계획능력이 필요하기 때문이다. 일정변경에 의한 발주나 납기가 긴 품목에 대한 납품업체와의 조절에 MRP를 이용하고 현장의 자재흐름관리에는 풀시스템을 사용할

---

19) W. E. Goddard, "Kanban vs. MRP II: Which is Best for You?", *Modern Material Handling*, Nov. 1982.

표 16-3	MRP와 JIT시스템이 적용			
시 스 템	(저)	MPS의 안정성 자재명세서의 안정성	(고)	적 용 분 야
MRP	←	→		비반복적 생산(뱃치 또는 주문생산)
Synchro MRP		← →		준반복적 생산
JIT			← →	반복적 생산

수 있다. 싱크로 MRP(Synchro-MRP)는 이러한 절충형을 묘사하기 위한 것이다.[20]

JIT가 반복적 생산에 가장 적합하다면, MRP는 개별생산부터 조립생산에 이르기까지 여러 분야에 적용된다. 반복생산과 비반복생산의 중간형태인 준반복생산(semi-repetitive production)에서는 MRP와 JIT의 절충방식인 싱크로 MRP가 바람직하다(〈표 16-3〉 참조). 이 경우 자재계획 수립은 MRP를 이용하고 생산현장관리는 JIT를 적용하는데, 일본의 야마하(Yamaha Motors Co.)에서 시도된 바 있다.[21]

3.3 JIT시스템의 적용과 한계

도요타자동차에서 개발·적용된 JIT시스템은 자동차·오토바이·기계·전자 및 전기제품·카메라 등을 만드는 반복적 생산공장에서 도입·적용되고 있다. 일본의 생산기업은 물론 미국의 포드(Ford)·GM(General Motors)·크라이슬러(Chrysler)를 비롯한 한국 및 유럽의 자동차업체, 제너럴 일렉트릭(GE)·RCA·웨스팅하우스·모토로라(Motorola) 등의 전자업체, 휴렛패커드(HP)·IBM 등 여러 기업에서 도입 적용되었다. 미국기업의 JIT 적용률은 1992년 현재 55% 이상 되는 것으로 추정되었다.[22]

JIT시스템 내지 도요타시스템은 모든 경우에 효과가 있는 것은 아니다. JIT방식의 적용에는 예외적 원칙을 필요로 하는데, 그 이유는 JIT가 안정되고 신뢰할 수 있는 조건에서 유효하기 때문이다. 예를 들어 간판방식은 부하가 10%이상 변동해서는 안되며 일일계획이 바뀌어도 안된다.

도요타생산방식을 도입해서 적자로 전락한 기업도 있으며, 적자에 이르지는 않았

---

20) L. J. Krajewsky & L. P. Ritzman, *Operations Management*, 4th ed., Addison-Wesley Publishing, 1996.

21) R. W. Hall, "The Toyota Kanban System", in San Lee & Gary Schwendiman, *Management by Japanese Systems*, Praeger Publications, 1982.

22) J. R. Evans, *Applied Production & Operations Management*, 4th ed., West Info Access, 1994.

수단의 실현조건 목적추구수단	판매력	하청관리력	기술력	평준화생산 가능체제	생산관리의 체제정비
Just In Time	●	●		●	●
자동화(自働化)			●		
소로트화			●	●	●
현장개선			●		

표 16-4 도요타생산방식의 성립조건

어도 성과가 신통치 않은 예는 의외로 많다. 목적은 같더라도 수단(관리방식)이 다르거나 잘못 사용하면 성과는 크게 다를 수 있다.

앞서 제시된 도요타생산방식의 수단, 즉 하위시스템(JIT · 소로트화 · 자동화 · TQC 및 현장개선)이 제대로 역할을 수행하려면 ① 판매력, ② 하청관리력, ③ 기술력, ④ 생산평준화가 가능한 체제, ⑤ 생산관리 체제의 정비 등 여러 조건이 갖추어져야 한다(〈표 16-4〉 참조).[23]

JIT시스템이 성립되기 위해서 정밀도가 높은 판매계획이 필요하며 이에는 강력한 판매력이 뒷받침되어야 한다. 하청관리력도 불가결한 조건 중의 하나인데 사실 필요한 때 필요한 양을 납품받기란 쉬운 일이 아니다. 이를 위해 하청업체는 원청업체 대신에 재고를 보유하고 적기 공급을 위해 많은 비용과 노력을 떠맡게 된다. 따라서 하청업체 측의 입장에서 볼 때 도요타생산방식은 매우 부담스러운 존재임에 틀림없다(이와 같은 부담은 납품가격에 직접 · 간접으로 반영된다).

小로트화를 위해서 생산준비시간을 단축해야 하는데, 이에는 기술력이 최대 관건이 된다. 자동화와 현장개선을 위해서도 기술력이 필요한 것은 말할 필요도 없다. 이 밖에 평준화 생산이 적절히 이행되고 생산관리체제가 제대로 운영되어야 JIT생산은 실현될 수 있다.

이상의 조건들이 구비되지 않고 도요타시스템 내지 JIT시스템을 모방적으로 전개한다면 많은 위험부담을 안을 수 있다. 간판방식의 단순성으로 인해서 이를 모방하는 기업을 보는데, 일견해서 간판방식은 소일정계획 내지 작업배정 기능에 지나지 않지만, 이것은 상위의 계획시스템과 관련성이 없으면 전혀 무의미한 것이 되기 쉽다. 가령 간판방식에서 재고는 철저하게 줄여야 하는데 공정품 재고를 적게 유지하려면 정밀도가 높은 상위 계획시스템이 필수조건이 된다.

---

23) 田中一成, 前揭書, pp. 3~6.

도요타 판매원들은 고객주문을 사무실 내의 자동차전시장에서 기다리는 것이 아니고 유망 고객들을 찾아서 가가호호 방문하므로 공장에 생산주문을 연속적으로 내보내는 것이 가능하다. 주문이 줄면 판매원들은 더욱 열심히 뛰며 수요가 변할 때는 자사 상품을 구매할 것으로 예상되는 고객을 집중공략한다.

도요타 판매시스템은 도요타 차 구매자를 제품개발 과정과 직접 연계시킨다. 도요타는 반복구매고객에게 끊임없이 판매노력을 경주하는데 저 유명한 '쇼겐(證言)'이라 불리우는 엄격한 차량검사제도가 있어 6년 사용 후 모든 차가 폐기처분되어야 하는 일본 같은 나라에서 반복구매 고객을 잡는다는 것은 지극히 중요하다.

도요타는 한번 자사 제품을 구매한 고객을 절대 놓치지 않으려는 부단한 노력을 한다. 구체적으로 한번 구매한 고객의 자료은행을 만들어 가족수입 · 가족수 · 운전습관 · 취미 등이 변화할 것을 고려하여 다음 번에는 어떤 종류의 차를 구매할 것인가를 예측하여 이에 대비한다.[24]

3.4 서비스 산업에서의 적용

도요타생산방식에서 전개된 JIT(just in time) 사고와 실천방법들은 서비스 활동이나 시스템에도 적용될 수 있다. 이들 JIT 원리와 사고방법들은 원활한 서비스제공 및 시스템 운영, 신속한 서비스준비는 물론 수요변화에 대한 신속하고 유연한 대응 등에 유용하게 이용될 수 있다. 재고의 낭비뿐만 아니라 서비스활동에 있어서 동작 · 불량 · 대기 · 운반 · 가동 · 과잉서비스의 낭비를 제거할 수 있다.

서비스 혁신이나 개선을 위해 다음의 JIT 원리와 실천방법이 적용될 수 있다.

① 신속 정확한 JIT 서비스. 불필요한 고객대기와 서비스의 낭비를 제거.
② 자동화. 표준화와 감지자동화 그리고 종사원의 자율적 품질관리로 일관된 고품질 서비스를 제공.
③ 감지자동화. 종사원이 없는 서비스자동화는 문제가 발생할 때 오히려 고객의 불만을 사기 쉽다. 24시간 가동되는 엘리베이터나 현금자동인출기에는 사고를 감지 · 예방하는 감지자동화가 필요하다.
④ 간판방식의 활용. 음식점의 카운터에서 주방으로 고객의 주문을 전표로 전달(본

---

24) P. 워맥 외 2인, 현영석 역, *생산방식의 혁명*, 기아경제연구소, 1991.

장 2.1 [사례] 순댓국집의 간판방식 참고).

⑤ 눈으로 보는 관리. 서비스는 눈에 보이지 않으므로 서비스나 서비스관리를 유형
화한다. 서비스에 대한 고객의 반응을 계시하거나 서비스 콜 표시등을 설치, 횡
단보도 건널목의 여유시간 눈금표시.

⑥ 서비스 부하의 평준화. 비수기 서비스능력의 전용, 예약시스템과 가격차별화 정
책 등을 실시, 은행출납창구의 대기번호 제시로 부하 조절.

⑦ 리드 타임의 단축. 내적준비와 외적준비로 구분하여 준비시간 단축. 예: 점심시
간에 대비한 설렁탕이나 냉면 등의 식사준비, 병원의 수술시간 단축.

⑧ 다기능작업자의 활용. 백화점, 자동차, 전자제품의 A/S센터에서 다기능작업자를
양성·배치.

⑨ 유연한 시설배치. 서비스 시설의 유연한 배치. 예: 고객접수대의 원형 배치.

⑩ 작업 표준화. 서비스업무가 반복적일 때 작업표준화로 능률 향상. 예: 우편분류
작업

⑪ 공급업자와 긴밀한 협조. 유통 및 기술정보를 공유하고 협조한다.

⑫ 시설의 예방보전. 설비 의존율이 높은 서비스는 예방보전이 긴요하다. 예: 놀이
동산의 회전목마, 스키장의 리프트, 고층빌딩의 엘리베이터.

⑬ 정리와 정돈. 제조공장과 마찬가지로 서비스산업에서도 정리·정돈을 비롯한
5S활동은 긴요하다.

다음은 JIT 원리와 실천방법의 일부를 서비스에 **적용**할 수 있는 **분야**들이다.

① 유통업체의 신속 정확한 대 고객서비스
② 안전하고 믿음이 가는 신속·정확한 은행서비스
③ 건설업체에서의 소요자재의 적기 조달과 신속 정확한 시공
④ 백화점에서의 다기능종사원(경리·판매·구매·관리 등)의 활용
⑤ 의료시설에서의 다양한 업무 처리와 의료사고 예방
⑥ 청소대행업체의 신속하고 청결한 청소
⑦ 연말 연시 카드 및 달력제조업자의 적기 인쇄와 출시
⑧ 신문의 신속·정확한 발행 및 정시 배달
⑨ 설렁탕이나 냉면 전문음식점의 신속한 준비와 접대
⑩ 운송업체의 신속·정확한 배달

4 동시생산(同時生産)

4.1 동시생산의 철학과 원칙

골드랏트(E. Goldratt)가 친구의 사업을 위해 개발했던 OPT(Optimized Production Technology)[25]와 제약자원관리(constraint management)가 미국의 많은 기업에 도입되어 그 효과를 인정받으면서, 1980년대 중반 GM을 비롯한 미국의 몇몇 제조업체에서 「동시생산」(同時生産)으로 발전되었다.

전통적인 일정계획에서 공정이나 생산자원의 이용률에만 초점을 맞추는 것은 바람직하지 못하다는 것이 골드랏트의 견해이다. 경영자들은 생산(throughput)의 제약이 되는 애로공정이나 제약자원들을 식별하여 생산(물자나 작업)의 흐름을 동시화해야 한다는 것이다. 즉 "생산자원을 효율적으로 관리하기 위해서 제약자원에 초점을 맞춘다"는 사상[26]이 「동시생산」으로 발전된 것이다.

동시생산(synchronous production or manufacturing)이란 기업의 목표를 달성하기 위하여 제약자원에 초점을 맞추어 전체 생산시스템이 조화를 이루면서 생산의 흐름을 동시화하는 데 주안점을 둔 시스템이다. 동시생산의 로직은 생산시스템을 이루는 모든 자원들이 함께 조화를 이루는 생산활동의 동시화이다.

OPT의 「9가지 원칙」(12장 4.4.2 참조)을 근거로 한 **동시생산**의 **기본 원칙**을 요약 제시하면 다음과 같다.

〔원칙 1〕애로공정이나 제약자원에 생산속도(production pace)를 맞춰라. 작업장 간에 능력이 다를 경우, 일부 작업장에 재공품이 쌓이게 마련이다. 이때 애로공정을 중심으로 작업의 흐름을 균형화시키면 재공품을 줄일 수 있다. 동시생산에서는 생산능력을 충분히 이용하는 것보다 작업의 흐름을 균형화시키는 것이 우선이다. 애로공정이 전체 공정의 능력을 좌우하기 때문이다.

OPT원칙: 애로공정에서의 1시간 손실은 전체 공정의 1시간 손실이 된다.

〔원칙 2〕공정품 재고와 시스템 산출량을 제한하는 데 가변적 로트(뱃치) 크기를 사용하라. 생산로트의 크기를 줄이면 생산준비비는 늘지만 재공품재고가 줄므로 재고유지비를 줄일 수 있다. 애로공정 생산로트의 크기는 준비시간을 줄일 수 있을만큼 커야 하지만, 비애로공정의 준비시간은 생산시스템에 영향을 별로 주지 않으므로 비애

---

25) OPT에 관한 논술은 12장 4.4 '애로공정의 일정계획기법' 참조.
26) E. M. Goldratt & J. Cox, *The Goal*, North River Press, 1986.

로공정의 생산로트 크기를 작게 할 수 있다.

OPT원칙: 생산로트(뱃치)의 크기는 고정되지 않고 변화가 가능해야 한다.

〔원칙 3〕 애로공정이나 제약자원들의 처리능력을 향상시키는 데 초점을 맞춰라. 애로공정의 개선 및 예방보전이나 준비시간 단축 그리고 다기능공의 양성 등으로 애로공정의 효율을 높인다. 애로공정에 원자재 불량으로 인한 조업중단이 없도록 대처한다.

OPT원칙: 애로공정이 산출량과 재고를 결정한다.

〔원칙 4〕 전략적으로 고려된 재고를 통해 애로공정이나 제약자원의 생산성을 확보하라. 애로공정이 전체공정의 산출을 지배하므로 애로공정의 생산성을 높이는 것은 중요하다. 겨울철 언덕길에 모래주머니를 두어 눈오는 날의 교통체증에 대비하는 것처럼 병목공정에는 만일에 대비해서 완충재고를 비치한다. 완충재고는 병목공정 앞에 비치하여 애로공정의 정지로 인해 전체 공정에 미칠 영향을 흡수한다.

〔원칙 5〕 지속적 개선 노력의 방향을 잡아주기 위하여 완충재고의 실제 내용을 사용하라. 완충재고가 충분히 있을 때는 애로공정의 문제가 노출되지 않지만, 부족할 때는 문제가 노출되어 근원적인 해결에 이를 수 있다. 그리고 시스템이 개선됨에 따라서 장애가 줄어들면 이에 따라 완충재고를 줄일 수 있다. 완충재고가 적으면 적을수록 생산리드타임은 짧아진다.

이상 제약자원이나 애로공정에 초점을 맞추어 동시생산의 원칙을 제시했으나 생산시스템은 종종 문제를 확대시키는 방향으로 운영된다. 기계고장 · 자재부족 · 작업자 결근 등으로 인한 변동은 생산시스템의 능률을 떨어뜨리고 재고와 생산시간을 증대시킨다. 이들 변동은 비애로자원을 애로자원으로 만들 수도 있다.

4.2 제약자원의 관리과정

골드랫트의 「제약이론」(TOC)을 토대로 한 동시생산의 철학은 병목공정과 제약자원에 초점을 맞추고 있다. 동시생산 철학에 입각한 제약자원 관리(constraint management)는 기업의 목표달성을 위한 다음 5단계 과정으로 전개된다.[27]

〔단계 1〕 시스템의 제약을 파악한다. 제약은 금전이나 원자재 · 시설과 같은 물적자원이 될 수도 있으며, 제도나 정책과 같은 관념적 자원이 될 수도 있다.

〔단계 2〕 시스템의 제약을 개발(타개)하는 방법을 강구한다. 제약자원의 개발방법은

---

27) E. M. Goldratt, *Theory of Constraint*, North River Press, 1990.

목표달성을 위해 최대로 산출될 수 있도록 강구한다. 가령 원자재라면 자원이 효율적으로 활용되도록 하고 기계라면 설비생산성을 최대로 발휘하도록 운영하는 것 등이다. 즉, 제약자원 단위당 성과를 최대로 하는 것이 일반적 접근방법이다.

〔단계 3〕 그 결정(2단계에서 내린 결정) 이외에 다른 결정은 하위에 둔다. 하위 (subordination)에서는 종종 일정계획과정을 다룬다. 이는 곧 제약자원이 항상 움직일 수 있는 방법으로 작업이 착수되고 진행됨을 의미한다. 하위기법의 하나가 「드럼·완충재고·로프」(DBR)로서 제약공정 바로 앞에 완충재고를 비치하고 공정의 요소요소에서 원자재부족으로 제약자원(공정)이 유휴되지 않도록 강구한다.

〔단계 4〕 시스템의 제약을 개선한다. 시스템의 제약을 개선한다는 것은 시스템의 목표와 관련되는 시스템 성과를 개선할 수 있는 방법을 모색하는 것을 의미한다. 제약자원이 작업장인 경우의 개선(elevation)은 부가적인 예방보전이나 능력개선을 위해 기계를 추가로 구입하는 것 등이다.

〔단계 5〕 앞 단계에서 제약이 제거되면 〔단계 1〕로 돌아간다. 대부분 기업에서 보건대 하나의 제약이 해소되면 또 다른 제약이 뒤따르게 마련이다. 기업내부의 제약이 제거되면 시장의 제약이 등장하기도 한다. JIT의 지속적인 개선과 마찬가지로 개선은 끊임없이 이루어져야 한다.

이상의 과정은 대기업에서 소기업에 이르기까지 기업의 규모를 막론하고 적용될 수 있다.

> 📖 **참고** **DBR 메카니즘(drum-buffer-rope mechanism)**
>
> 이는 제약자원관리에서 각 단계 간 생산흐름이 균형을 이루고 재고가 최소로 유지되도록 생산활동을 조정하는 메카니즘이다.
> ① 드럼(drum). 생산속도를 조종하는 메카니즘으로, 드럼소리는 말하자면 생산리듬이다. 드럼은 간판방식(JIT)에서 '최종제품의 실제수요량'에 해당된다.
> ② 완충재고(buffer). 생산계획을 아무리 세심하게 짜더라도 생산시스템의 변동은 있게 마련으로 예정된대로 정시에 생산하기 힘들다. 따라서 병목공정 앞에는 생산에 지장이 없을만큼 안전재고를 항상 유지한다.
> ③ 로프(rope). 드럼이 생산리듬을 맞춘다고 할지라도 모든 단계에서 같은 페이스로 일하려면 단계들을 잇는 통신연결이 필요하다. 로프는 병목공정과 선행작업장을 연결하는 통신망이다. 로프는 JIT생산의 '간판'과 같은 역할을 한다.

A·B·C·D의 작업장에서 [그림 16-9]와 같이 甲, 乙 두 제품을 생산하는 소규모 생산공장이다. 이들 두 제품의 판매가격, 제조원가, 잠재이익은 〈표 16-5〉와 같다.[28]

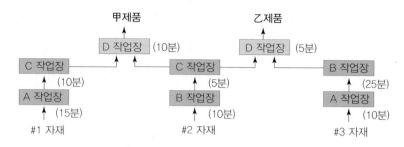

그림 16-9 갑·을 제품의 생산시스템

표 16-5 갑·을 제품의 원가 및 잠재이익

	갑	을	합계
시장수요/주	120개	80개	200개
판매가격	9,500원	10,000원	
자재비	5,500	4,500	
#1 자재	(3,000)		
#2 자재	(2,200)	(2,500)	
#3 자재		(3,000)	
한계이익	480,000원	360,000원	840,000원
제조경비			−600,000
순이익/주			240,000(잠재이익)

주: 잠재이익 240,000원은 생산능력이 시장수요를 충족시키는 것을 전제로 한 것임.
　각 작업장의 가용 작업시간 3,000분.

〔단계 1〕 시스템의 제약을 파악한다.

먼저 작업장별 작업시간과 부하율을 집계·분석한다(〈표 16-6〉 참조). B작업장의 부하율이 117%로 B 능력이 17% 부족한 반면에 A·C·D는 충분한 능력이 있다. 따라서 애로공정은 B작업장으로 밝혀졌다.

〔단계 2〕 시스템의 제약을 타개하는 방법을 강구한다.

시스템이 추구하는 이익을 극대화하려면 B작업장이 효율적으로 운영되어야 하므로, 甲·乙 두 제품의 한계이익과 작업시간(분)당 공헌도를 분석한 결과는 〈표 16-7〉과 같다.

---

28) B. J. Finch & R. L. Juebbe, *Operations Management*, The Dryden Press, 1995.

표 16-6　생산시스템의 능력 분산표

작업장	甲의 작업시간	乙의 작업시간	전체 소요시간	가용시간	부하율
A	1,800	1,200	3,000	3,000	100%
B	1,200	2,300	3,500	3,000	117%
C	1,800	400	2,200	3,000	73%
D	1,200	400	1,600	3,000	53%

　전통적 판단기준에 따르면 제품별 수익성은 乙제품의 한계이익이 6,000원으로 갑제품의 5,000원에 비해 1,000원이 높지만, 제약자원인 B작업장의 시간당 한계이익은 甲제품의 그것이 乙보다 거의 2.5배나 높다. 따라서 제약자원의 효율적 배분을 위해 甲제품에 1,200분(10분×120개)의 능력을 우선배정하고 남은 능력 1,800분(3,000분−1,200분)으로 乙제품을 60개(1,800분÷30분) 생산한다.

　이에 따른 이익은 주당 360,000원이 예상된다(〈표 16−8〉 참조).

표 16-7　B작업장의 작업시간당 한계이익　**표 16-8　주간 예상이익**

제품별	한계이익	작업 소요시간	작업시간당 한계이익
갑	5,000원	10분	500원
을	6,000	30	200

	甲제품	乙제품	합 계
생산량	120개	60개	
한계이익	5,000원	6,000원	
한계이익 계	600,000원	360,000원	960,000원
제조경비			600,000원
순이익/주			360,000원

　〔단계 3〕그 결정 이외에 다른 결정은 하위에 둔다.

　다른 기업에서와 마찬가지로 이 회사의 구성원들도 제약자원의 성과개선을 위해 계속 노력하고 있는데, 일련의 후속적인 노력들이 이 단계에서 고려된다.

　〔단계 4〕시스템의 제약을 개선한다.

　문제의 중요성을 인식한 기술부서는 제약자원 개선안을 다음과 같이 제안하였다.

　① B작업장의 #2 자재 투입시간을 10분에서 5분으로 줄인다. 설비개량비용으로 100,000원이 소요된다.

　② 그 대신 B작업장으로부터 작업물을 넘겨 받아 작업하는 C작업장은 여유능력이 있으므로 작업시간을 5분에서 10분으로 늘린다. 설비개량비용 50,000원이 소요된다.

　③ 능력의 여유가 많은 D작업장의 작업시간은 甲·乙제품에 각각 2분씩 늘린다. 추가비용은 소요되지 않는다.

〔단계 5〕 앞단계에서 제약이 제거되면 새로운 〔단계 1〕로 넘어간다.

※ 〔단계 4〕의 제약자원 개선안에 대한 해법전개는 지면관계로 생략.

4.3 동시생산과 JIT생산

4.3.1 동시생산의 두 가지 통찰

골드랏트(Eli Goldratt)가 제시한 「OPT의 원칙」과 「제약이론」(TOC)에서 동시생산의 두 가지 통찰을 엿볼 수 있다.

1) 일정계획 문제의 단순화

골드랏트의 첫 번째 통찰은 일정계획 문제를 단순화하여 고려되는 변수를 간소화한 점이다. 그는 투입된 생산자원들이 고르게 사용되지 않는다는 사실을 알고 생산시스템의 능력을 균형시키는 대신에 작업(물자)의 흐름을 균형시키는 데 주력하였다. 우선 생산자원들을 애로공정(bottleneck)과 비애로공정(non-bottleneck)으로 규명하고, 시스템내의 작업(물자) 흐름을 애로공정으로 관리할 수 있음을 간파하였다.

애로공정에서 1시간의 생산손실이 발생되면 생산시스템의 산출에서도 그만큼의 손실이 발생됨을 지적하였다. 반면 비애로공정의 손실은 생산시스템의 생산성과에 영향을 주지 않는다는 것이다. 이와 같은 사실의 인식에서 일정계획 문제를 단순화시킬 수 있다. 그는 우선 애로공정 자원에 대한 일정계획을 수립한 후, 애로공정을 지원하는 비애로공정의 일정계획을 수립하도록 했다. 애로공정과 전체 시스템의 요구에 맞추어 생산의 동시화를 도모하였다.

2) 생산로트 크기의 가변화(可變化)

두 번째로 꼽을 수 있는 것은 생산 로트 내지 뱃치의 크기에 대한 통찰이다. 그에 의하면 로트(뱃치)의 크기를 고정시킬 이유가 없다는 것이다. 그는 생산되는 물품의 수량인 생산뱃치(process batch)와 이동 중의 물품 수량인 이동뱃치(transfer batch)로 구분하였다.[29)]

애로공정 생산로트의 크기는 준비시간을 줄일 수 있을만큼 커야 하지만, 비애로공정의 준비시간은 생산시스템에 영향을 별로 주지 않으므로 비애로공정의 생산로트 크기를 작게 할 수 있다는 것이다.

---

29) 생산뱃치와 이동뱃치의 크기가 반드시 일치될 필요는 없다. 이동뱃치는 가급적 대단위로 이동되는 것이 이상적이다.

4.3.2 동시생산과 JIT 생산의 비교

동시생산(同時生産)은 생산변동의 축소, 소로트화, 생산율 등으로 생산흐름을 원활히 하려는 점에서 JIT생산과 유사하다. 그러나 동시생산은 다음 두 가지 면에서 JIT와 다르다.

(1) 시스템 내의 변동이나 불균형을 제거하기보다는 효율적으로 적응하는 데 초점을 맞춘다.
(2) 일정계획의 접근방식은 JIT의 풀시스템과 전통적인 푸쉬시스템의 절충형을 취한다.

제품과 절차계획이 다양한 개별생산공장에 JIT의 일정계획은 부적합하지만, 동시생산의 생산흐름을 관리하는 「드럼 · 완충재고 · 로프(DBR)방식」이 적합하다.

이들은 서로 접근방식은 다소 다르지만 모두 낮은 수준의 재고, 적기 생산, 품절을 회피한다는 점에서 추구하는 목표가 일치한다.

JIT생산과 추구하는 목표들은 전반적으로 유사하나 그들이 지향하는 초점은 다르다. JIT생산은 낭비의 제거와 군살빼기(leanness)를 강조하고, 동시관리는 주요 목표달성에 제약이 되는 모든 제약(contraints)에 집중한다. 대체로 이들은 지속적 개선을 지향하지만, 추진방식은 다르다. JIT는 재고감축을 비롯한 낭비제거를 추구하며, 제약관리는 5단계 과정에 초점을 맞추어 추진한다.

하지만 동시생산과 JIT생산은 상호배타적인 접근방식이 아니다. 이들 초점이나 기법들은 종종 중복되기도 한다. 사실 JIT는 TQM의 이행을 긴요한 것으로 보고 있으며, 동시관리의 철학은 JIT나 TQM과 상당부분 일치된다. 더욱이 이들 시스템은 공정개선과 단순성 못지 않게 작업자의 참여를 강조한다.

JIT는 도요타생산방식의 일환으로 전개되는 동시생산 관리시스템이다. 이 장에서는 JIT와 린 생산의 본질을 규명하고(1절), JIT의 주요 구성요소들을 설명하였다(2절). 3절에서 JIT의 적용문제에 대해 설명하고, 4절에서 동시생산의 이론과 원칙들을 기술하였다.

이 장에서 기술된 주요내용을 요약하면 다음과 같다.

- 생산공정에서의 낭비에는 불량 · 재고 · 과잉생산 · 가공 · 동작 · 운반 · 대기의 7가지 낭비가 있다.
- 도요타생산방식은 낭비의 제거를 목적으로 JIT생산 · 소로트생산 · 자동화 · TQC 및 현장개선의 수단을 전개한다.
- JIT시스템을 구성하는 핵심요소는 간판방식, 생산평준화, 소로트생산, 설비배치와 다기능공제도이다. 반복생산에 있어 수요변동에 대응하는 생산평준화에는 소로트생산이 뒷받침되어야 한다. 이 경우 생산준비시간의 단축이 중요과제가 된다.
- 간판방식은 JIT생산의 핵을 이루는 정보시스템으로 「눈으로 보는 관리방식」인 간판을 이용하여 신속하고 수월하게 수요변동에 대처한다. 간판의 흐름은 간판운영규칙에 따른다.
- 도요타자동차에서는 수요변화에 따른 인원조절을 위하여 생력화보다는 생인화 더 나아가 소수인화를 추구한다.
- JIT와 MRP는 소요개념에 입각한 관리방식이라는 점에서 공통점이 있으나, 전자는 주문(요구)에 대한 시스템이고 후자는 계획에 대한 시스템이라는 점이다. MRP는 비반복적 생산에 적절하며, JIT는 반복적 생산에 효과가 크다.
- JIT 내지 도요타시스템은 모든 경우에 효과가 있는 것은 아니다. 즉 판매력 · 하청관리력 · 기술력 · 생산평준화 · 생산관리 체제 등이 갖추어져야 한다.
- 동시생산이란 기업목표달성을 위하여 제약자원에 초점을 맞추어 전체생산시스템이 조화를 이루어 생산의 흐름을 동시화하는 데 주안점을 둔 시스템이다.
- 골드랏트가 제시한 동시생산의 두 가지 통찰은 일정계획 문제의 단순화, 가변적인 생산로트의 크기이다.
- JIT생산은 낭비제거와 군살빼기를 강조하고, 동시관리는 목표달성에 제약이 되는 모든 제약에 집중한다. 이들은 대체로 지속적 개선을 지향하지만 개선추진 방법이 각각 다르다.
- 린생산 방식은 낭비를 지속적으로 제거하고 고객의 욕구에 맞추어 합리적 생산을 통해 운영을 효율화하여 조직의 성과를 높이는 것이다. 적시생산시스템은 필요한 때에 필요한 만큼 생산하는 방식으로서 원자재를 필요한 만큼 공급하여 낭비를 근본적으로 제거하여 원가를 절감하고 재고를 최소화하는 시스템으로서 무재고 생산시스템이라고도 한다.

제 17 장
통계적 품질관리

1 품질의 통계적 관리

소비자가 요구하는 품질의 제품을 경제적으로 만들어 내기 위해서는 통계적 기법을 중심으로 하는 통계적 품질관리가 핵심을 이룬다. 품질관리에서 통계적인 사고방식이 중요한 것은 품질이 끊임없이 변동하기 때문이다.

똑같은 원자재를 가지고 정밀한 기계로 아무리 주의깊게 만들어도 제품품질에는 산포(dispersion)가 있게 마련이다. 다행히 그들 산포에는 통계적인 규칙성이 있기 때문에, 품질의 분포를 통계적으로 파악하여 통계적인 추리에 의거하여 행동하는 것이 통계적 품질관리의 근본이다.

통계적 품질관리(SQC: Statistical Quality Control)에서 흔히 이용되는 **기법**으로 ① 도수분포도, ② 파레토도, ③ 관리도, ④ 샘플링 검사, ⑤ 실험계획법 등을 열거할 수 있는데, SQC의 핵심기법은 ③과 ④이다.

1.1 품질관리 데이터

1.1.1 데이터(수량화된 정보)

통계적인 추리를 하려면 수량화된 정보, 즉 데이터(data)가 있어야 한다. 데이터를 취하는 목적[1]에 따라 통계적 추리는 달리 이루어진다. 의사결정에는 반드시 정보를 필요로 하는데 **정보**에는 정성적 정보와 정량적 정보가 있다.

---

[1] 품질관리에서 데이터를 취하는 목적은 ① 공정의 관리, ② 공정의 해석, ③ 검사 등으로 대별된다.

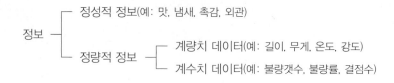

품질관리에서는 관능검사와 같이 정성적 정보를 필요로 하는 경우도 있지만 대개는 정량적 정보인 데이터를 필요로 한다. 데이터는 그 성질에 따라 계량치(variables)와 계수치(attributes)로 구분된다.

계량치(計量値)는 연속량으로 측정되며 연속적인 값을 갖는다. 측정기로 측정이 가능한 데이터로서 측정치를 그대로 데이터 값으로 표시한다. 가령 길이·무게·습도·순도·강도·두께 등은 계량치이다.

계수치(計數値)는 불량품수나 결점수와 같이 불연속적인 값을 갖는 측정치로서 대개 정수로 나타낸다. 그래서 계수치의 분포를 이산분포(discrete distribution), 계량치의 분포를 연속분포(continuous distribution)라 한다.

1.1.2 품질변동과 데이터의 산포

같은 설계, 원료, 기계에 의해서 동시에 생산된 제품들일지라도 그들 제품의 품질특성이 꼭 같을 수 없다. 이는 품질의 변동 내지 산포(dispersion)에 기인한 것으로, 이 경우 품질특성을 나타내는 데이터는 산포(散布)되어 나타난다.

품질변동의 원인은 크게 우연원인(偶然原因)과 이상원인(異常原因)으로 나눌 수 있다. **우연원인**(chance cause)은 표준화된 제조조건 하에서 생산됨에도 불구하고 품질변동이 생기는 이른바 피할 수 없는 원인이다. **이상원인**(assignable cause)은 전자와 달리 제조조건을 갖추지 못하여 일어나는 변동으로, 가령 관계자가 합심해서 노력하면 피할 수 있는 원인, 즉 보아 넘길 수 없는 원인을 가리킨다.

이 두 가지 원인 때문에 제조공정이나 제품품질을 나타내는 데이터의 산포에도 두 종류의 산포가 나타난다. 표준화된 제조조건에서 생산되는 경우, 우연원인에 의한 제품집단의 품질특성치는 보통 정규분포(normal distribution)를 이룬다. 이것을 가리켜 관리된 산포(controlled variability)라고 하며, 관리된 산포만을 나타내는 공정의 상태를 안정상태 또는 관리된 상태(controlled state)라고 한다.

이에 반하여 제조공정의 이상으로 나타나는 이상한 분포를 관리되지 않은 산포(uncontrolled variability)라고 하며, 이러한 산포의 결과를 나타내는 공정의 상태를 관리되어 있지 않은 상태(uncontrolled state)라고 한다.

1.2 데이터의 도표화

데이터를 도표로 정리하는 방법에는 도수분포도, 파레토도, 특성요인도, 산포도, 관리도 등이 있다.

1.2.1 도수분포도(度數分布圖)

품질관리에서 흔히 이용되는 간단하면서도 효과적인 통계기법이다.

가령 압연철판 100매의 두께를 측정한 결과 〈표 17-1〉과 같은 데이터를 얻었다고 하자. 이들 데이터는 불규칙하게 나열되었기 때문에 이들을 같은 값끼리 모아서 값의 크기에 따라 빈도수를 나열(도수분포표의 작성)하면 데이터의 분포상태를 쉽게 파악할 수 있다. 도수분포표의 수치를 막대그림으로 나타낸 것이 [그림 17-1]의 **히스토그램**(Histogram)이다.

도수분포를 수량적으로 나타내는 경우, 중심적 경향을 나타내는 척도로서 평균치와 중앙치가 이용되고, 변동을 표시하는 척도로서 분산, 표준편차, 범위 등이 이용된다.

도수분포도 내지 히스토그램을 작성하면, ① 품질이나 데이터의 분포상태를 쉽게 알 수 있고, ② 공정능력을 파악할 수 있으며, ③ 공정관리에 이용할 수 있다는 **이점**이 있다.

반면에 이 방법은 정태적인 분석방법이어서 ① 데이터의 시간적 변동원인을 알 수 없고, ② 관리도에서 볼 수 있는 데이터의 군내변동이나 군간변동의 개념이 희박하며, ③ 데이터의 분포를 파악하기 위해서 많은 데이터(적어도 50 또는 100개 이상)가 필

표 17-1	철판두께의 측정 데이터			
20.5	19.5	20.5	20.0	20.0
18.5	21.0	20.5	21.0	19.0
21.0	20.5	23.0	20.5	19.5
20.0	21.5	22.0	19.0	20.0
21.0	19.5	22.5	21.5	20.5
18.5	20.5	22.5	21.5	21.5
23.5	21.5	21.0	21.0	19.0
21.0	20.5	22.0	20.0	21.0
21.5	23.5	19.0	20.5	20.0
20.0	20.5	20.0	20.0	22.0
19.5	20.5	22.0	19.5	22.0
21.5	22.5	21.0	19.0	20.5
21.5	20.5	21.0	22.0	20.0
22.0	22.0	21.0	19.0	21.0
21.0	19.5	24.0	22.0	22.5
21.0	19.5	21.0	22.0	22.5
20.0	23.5	22.0	22.0	18.0
20.5	20.0	23.0	20.5	19.0
19.5	20.5	19.5	19.5	21.5
18.5	23.0	21.0	18.0	21.5

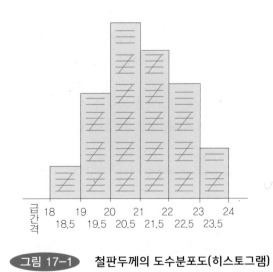

그림 17-1 철판두께의 도수분포도(히스토그램)

급간격: 18 18.5 19 19.5 20 20.5 21 21.5 22 22.5 23 23.5 24

요하다는 결점이 있다.

1.2.2 파레토도(Pareto's graph)

품질에 대한 문제가 발생했을 때, 제조현장에서 원인을 찾아서 대책을 세우고 조치를 하지 않으면 안된다. 이럴 때 무엇부터 착수해야 될지 문제의 초점을 알려줄 수 있는 것으로 파레토도가 있다.[2]

불량품의 불량원인이나 불량상황별로 층별해서 데이터를 취하여 그 영향이 큰 것 순(빈도수 또는 금액)으로 나타낸 도표이다. 이 도표의 가로축에는 불량, 로스(loss). 클레임 등의 발생원인이나 상황을 취하고, 세로축에는 각각(원인별)의 손실금액이나 건수 또는 비율을 취하여 막대그림의 기둥이 높은 순으로 좌로부터 우로 나란히 그린 다음, 그것을 순차로 누적한 기둥의 정점을 연결하는 누적도수곡선을 그린다(도표의 작성요령은 제14장 4.2.1에 설명한 'ABC분석의 절차' 참조).

파레토도는 품질관리활동에서 손실액이 적은 많은 항목, 즉 '다수경미'(trivial many)항목보다는 소수의 중요항목, 즉 '소수중요(vital few)항목에 대해서 중점적으로 관리할 수 있는 것이 특징이다.

파레토도의 작성 및 사용에 있어 유의해야 될 점은, 불량원인을 가급적 장소별·기계별·시간별 등으로 층별하여 불량원인에 대한 조치를 할 수 있도록 하는 것이다.

📊 설례 ▶ 파레토도의 분석

태양전자 TV생산공장의 수리일지에 집계된 1~3월까지 3개월 평균 TV수상기의 불량항목별 발생건수와 손실액을 근거로 작성한 발생건수별 파레토도와 손실액별 파레토는 [그림 17-2]의 a와 b이다.

손실 발생건수로 볼 때 브라운관의 목파손이 53.5%, 휴즈단선이 30.7%이지만, 발생액으로 보면 브라운관 목파손이 97.1%이고 코일불량은 2%에 불과하다.

이에 브라운관의 목파손 원인을 [그림 17-3]의 특성요인도 등으로 원인분석을 하고 약 1년동안 3차의 대책을 강구한 결과, 브라운관 파손이 월평균 4건으로 대폭 감소되어 전체불량률은 0.46%에서 0.21%로 줄었다.

---

[2] 이탈리아의 V. F. D. Pareto가 1897년 이 도표를 이용하여 소득의 크기와 소득지수의 관계를 일반화한 소득곡선에 관한 법칙을 발표한 데서 비롯되었다.

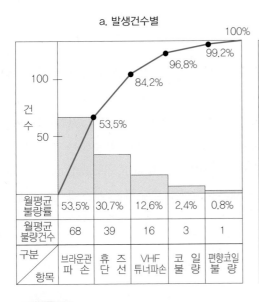

a. 발생건수별

구분 / 항목	브라운관 파 손	휴 즈 단 선	VHF 튜너파손	코 일 불 량	편향코일 불 량
월평균 불량률	53.5%	30.7%	12.6%	2.4%	0.8%
월평균 불량건수	68	39	16	3	1

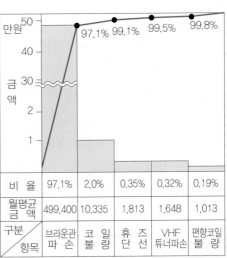

b. 손실금액별

구분 / 항목	브라운관 파 손	코 일 불 량	휴 즈 단 선	VHF 튜너파손	편향코일 불 량
비 율	97.1%	2.0%	0.35%	0.32%	0.19%
월평균 금 액	499,400	10,335	1,813	1,648	1,013

그림 17-2 불량상황별 파레토도

1.2.3 특성요인도(特性要因圖)

문제가 되는 특성(결과)과 이에 영향을 미치는 요인(원인)과의 관계를 알기 쉽게 도표로 나타낸 것을 특성요인도라 한다. 이 경우 문제가 되는 특성을 결과로 보고 이에 대한 원인분석을 하는 도표라 하여 구미에서는 인과관계도(cause and effect diagram)라 한다.

이 특성요인도는 결과나 문제점에 대한 원인을 계통적으로 나타낼 수 있어서, 사고

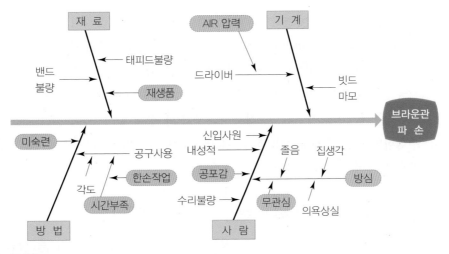

그림 17-3 브라운관 목파손의 특성요인도

의 대책 및 예방, 불량제거, 작업이나 공정의 관리·개선 등에 전술한 히스토그램이나 파레토도 등과 함께 이용된다.

앞의 [설례]에서 제시한 '브라운관 목파손'의 원인분석을 위하여 작성된 특성요인도를 제시한 것이 [그림 17-3]이다.

이 도표는 특성, 즉 결과를 우측 화살표 끝에 표시하고 그의 원인들은 화살표 방향을 거슬러서 요인별로 계통적으로 나타낸다. 이때 요인의 분류는 분석하려는 대상목적의 특성, 즉 문제점에 따라 상이하나 대개는 4M(man, material, method, machine)을 토대로 계통적으로 가지를 쳐서 세부요인까지 추구하는 시스템 접근방법을 적용한다.

② 통계적 공정관리(SPC)

공정품질의 변동축소를 위해 공정품질변동 데이터를 통계적으로 분석하고 관리하는 통계적 기법을 통틀어서 **통계적 공정관리**(statistical process control: SPC)라 한다. 이의 근원은 1926년 슈하트(W. A. Shewhart)가 관리도를 이용하여 공정품질의 변동을 관리한 데서 비롯된다.

2.1 공정능력의 분석과 개선

공정을 관리하고 개선하려면 공정의 관리상태와 능력을 알아야 한다. 공정의 관리상태나 능력을 파악하려면 관리도의 작성과 공정능력 분석이 필요하다. **공정능력분석**(process capability analysis)은 생산공정의 품질변동 정도를 측정하여 이들 변동폭을 줄이기 위해 규격(시방)과 비교·분석하는 것이다.

공정능력 분석에서 보편적으로 사용되는 공정능력 지수는 C_p와 C_{pk}이다. 시방에 일치하는 제품을 생산하려는 공장에서는 사전에 잠재 공정능력(process capability: C_p)을 추정하여 이를 실제 공정능력(C_{pk})과 비교하여 공정의 효율을 측정·평가함으로써 공정을 관리하고 개선할 수 있다.

2.1.1 공정능력 비율(process capability ratio): C_p

공정능력(공정변동)에 대한 규격공차의 비율인 공정능력 비율 C_p를 다음과 같이 산정한다.

$$C_p = \frac{규격공차}{공정변동} = \frac{USL - LSL}{6\sigma}$$

USL: 규격상한, *LSL*: 규격하한

일정의 규격공차 한계를 유지하는 범위 내의 공정변동으로 공정능력 값을 나타낸 공정능력 비율 C_p는 주어진 시방의 변화성과 공정의 자연적인 변화성을 단순히 비교하여 공정능력의 가능성 내지 잠재력을 나타낸 척도이다. C_p값이 1.0 이하이면 그 공정은 능력이 부족하며, 1.33 이상이면 능력이 있는 것으로 판정한다.

2.1.2 실제공정능력 지수: C_{pk}

잠재능력으로 측정된 공정능력 비율 C_p는 추정치이다. 실제공정능력을 나타낸 C_{pk}는 공정변동 폭의 중앙(평균)에서 벗어난 크기를 가늠하는 보다 유용한 척도이다.

C_{pk}를 간단히 산정하는 방법으로 다음의 최소 C값 방식이 있다.

$$C_{pk} = \frac{C_{min}[(USL - \bar{x}), \, (\bar{x} - LSL)]}{3\sigma}$$

공정이 목표치에서 중심을 이루면, 이때 C_p값은 공정이 규격한계내에서 생산할 수 있는 능력이 있음을 나타낸다. 그러나 공정이 목표치를 벗어나서 운영될 때에는 공정중심과 가장 가까운 규격한계와의 거리를 취하고자 공정능력을 나타내는 C_p값을 상부한계상에 있는 C_p와 하부한계상의 C_p값 중에서 최소치를 취하여 C_{pk}로 지정하는 방식이다. $C_p = C_{pk}$일 때 공정평균은 목표치(중심)와 동일하다.

📊 설례 ▶ **C_p와 C_{pk}의 산정**

서울볼트의 제조공정이다. 4인치 Y볼트의 측정자료는 다음과 같다.

규격한계: 규격상한(*USL*) = 4.20인치

　　　　　 규격하한(*LSL*) = 3.90인치

공정품질: 공정평균($\bar{x}$) = 4.08인치

　　　　　 표준편차 σ = 0.03인치

이 경우 제조공정의 추정공정능력 C_p를 구하면 1.67이다.

$$C_p = \frac{규격공차}{공정변동} = \frac{USL - LSL}{6\sigma} = \frac{4.20 - 3.90}{6 \times 0.03} = 1.67$$

※ 공정능력이 있는 것으로 판정된다.

실제공정능력 C_{pk}를 '최소 C값 방식'으로 구하면 1.33이다.

$$C_{pk} = \frac{C_{min}[(USL - \overline{x}),\ (\overline{x} - LSL)]}{3\sigma} = \frac{[(4.20 - 4.08),\ (4.08 - 3.90)]}{3\sigma} = \frac{0.12}{0.09} = 1.33$$

※ 공정평균이 중심에서 약간 우측으로 벗어나고 있다.

2.2 관리도(管理圖)와 관리한계선

관리도(control chart)는 품질의 산포가 우연원인에 의한 것인지, 이상원인에 의한 것인지 바꾸어 말해서 공정이 안정된 상태에 있는지를 밝혀주는 역할을 한다. [그림 17-4]와 같이 관리도에는 관리한계(control limit)를 나타내는 한 쌍의 한계선(관리상한선과 관리하한선)을 그어두고 여기에 공정품질의 측정결과를 타점하여 제조공정의 상태파악과 공정관리에 이용한다.

공정이 안정상태에 있는 경우에, 여기에서 제조되는 제품의 길이, 무게, 인장강도 등과 같은 계량치의 데이터를 취하여 히스토그램을 그리면 좌우대칭의 교회종 모양의 정규분포(normal distribution)를 이룬다.

정규분포(正規分布)의 어느 구간을 취할 때 그 속에 포함된 전체에 대한 비율을 알 수 있다. 가령 평균치 $\overline{x}$로부터 양측에 표준편차의 1배(1σ), 2배(2σ), 3배(3σ)로 구간의 폭을 취하면, 그 구간내에 들어갈 부분의 전체에 대한 비율은 각각 68.26%, 95.46%, 99.73%가 된다([그림 17-5]의 a 참조).

공정상태가 안정된 경우 데이터의 평균치로부터 3배의 표준편차 범위($\overline{x} \pm 3\sigma$) 안에 들어갈 확률은 0.9973으로, 이를 벗어나는 확률은 0.0027이다. 따라서 품질특성치의 표본평균이 일정한 범위($\overline{x} \pm 3\sigma$) 밖으로 나가는 확률은 0.0027이므로, 이 범위 밖으로 빠져 나가는 것이 있을 때, 그 로트(lot)는 품질에 이상이 있는 것으로 볼 수 있다.

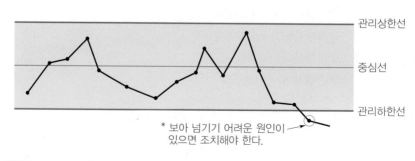

그림 17-4 관리도와 관리한계선

이는 슈하트(W. A. Shewhart)의 **3σ법의 원리**라 하는 것으로 다음에 설명하는 관리도에서 관리한계선을 정하는 데 사용되는 중요한 원리이다.

📋 **설례** ▶ **관리한계선의 결정**

관리도를 작성함에 있어 우선 99개의 제품을 측정하였더니 중심선이 되는 평균치가 4인치, 표준편차가 0.002인치였다([그림 17-5]의 a 참조).

3σ법에 따라 중심선으로부터 3배의 표준편차(0.006) 밖으로 각각 관리한계선을 정하면 관리상한선은 4.000+0.006=4.006인치, 관리하한선은 4.000-0.006=3.994인치가 된다([그림 17-5]의 b 참조).

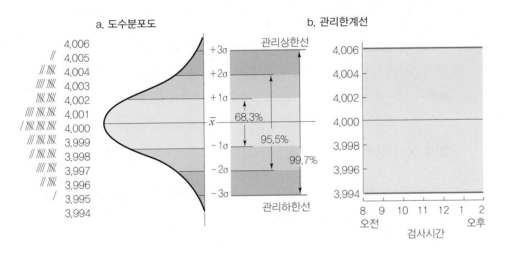

그림 17-5 측정데이터의 도수분포와 관리한계선의 결정

2.3 관리도의 종류

관리도는 그의 용도에 따라 공정상태를 파악하는 해석용 관리도와 공정관리를 위한 관리용 관리도로 구분되며, 사용하는 데이터(측정치)의 특성에 따라서 계량치 관리도와 계수치 관리도로 대별된다.

계량치 관리도에는 $\bar{x}-R$관리도, $\bar{x}-\sigma$관리도, x 관리도 등이 있는데(〈표 17-2〉 참조), 대표적인 것은 $\bar{x}-R$관리도이다. 계량치 관리도는 정규분포이론을 적용한다.

$\bar{x}-\sigma$관리도는 품질의 산포를 보다 자세히 나타낼 수 있는 장점이 있으나, 표준편차를 계산하기가 번거롭다. x 관리도는 데이터의 발생간격이 길어서 데이터가 그룹으로 구분되지 않을 때, 생(生)데이터를 그대로 사용하는 관리도이다.

표 17-2 관리도의 종류

데이터의 종류		관 리 도	적용이론
계량치 관리도	길이, 무게, 강도, 화학성분, 압력, 수율, 원단위, 생산량	$\bar{x} - R$ 관리도(평균치와 범위의 관리도)	정규분포
		$\bar{x} - \sigma$ 〃 (평균치와 표준편차의 〃)	
		$\tilde{x} - R$ 〃 (중앙치와 범위의 〃)	
		x 〃 (생데이터의 관리도)	
계수치 관리도	불 량 률	p 〃 (불량률 관리도)	이항분포
	불량갯수	pn, np 〃 (불량갯수 〃)	
	결점수(샘플크기가 같을 때)	c 〃 (결점수 〃)	포아슨분포
	단위당 결점수(단위가 다를 때)	u 〃 (단위당 결점수 〃)	

계수치 관리도에는 p관리도, pn관리도, c관리도, u관리도 등이 있는데, 보편적인 것은 p관리도이다. p관리도와 pn관리도는 이항분포의 이론을 적용하며, c관리도와 u관리도는 포아슨분포의 이론을 적용한다(〈표 17-2〉 참조).

2.4 $\bar{x} - R$(평균치와 범위) 관리도

계량치 관리도에서 대표적인 $\bar{x} - R$관리도는 평균치의 변화를 관리하는 $\bar{x}$관리도와 산포의 변화를 관리하는 R관리도로 구성된다. $\bar{x} - R$관리도는 관리항목으로서 길이, 무게, 시간, 인장강도, 순도, 수율 등과 같이 양을 측정할 때 사용한다(한국산업규격 KS A3201).

(1) $\bar{x} - R$관리도의 작성순서는 다음과 같다.

① 데이터를 수집한다. 일정기간 발생한 데이터를 샘플 크기(n) 4~5개 정도로 약 20~25군 정도를 발취하여 측정한 측정치들을 데이터 시트(data sheet)에 기입한다(〈표 17-3〉 참조).

② 각 군의 평균치 $\bar{x}$를 계산한다(〈표 17-3〉 참조).

$$\bar{x} = \frac{x_1 + x_2 + x_3 + \cdots\cdots + x_n}{n} = \frac{\sum\limits_{i=1}^{n} x_i}{n}$$

③ 각 군의 범위 R을 계산한다(〈표 17-3〉 참조).

$$R = x_{max} - x_{min}$$

표 17-3 $\bar{x}-R$관리도 자료표(Data Sheet)

일시	샘플군의 번호	측정치					계 Σx	평균치 $\bar{x}$	범위 R	적요
		x_1	x_2	x_3	x_4	x_5				
1-9	1	2.1	1.9	1.9	2.3	2.0	10.2	2.04	0.4	
10	2	1.9	2.2	2.1	2.0	2.1	10.3	2.06	0.3	
11	3	2.1	1.7	1.8	1.9	2.2	9.7	1.94	0.5	
12	4	1.8	2.0	2.0	1.9	1.9	9.6	1.92	0.2	
14	5	2.1	2.2	1.9	2.0	1.9	10.1	2.02	0.3	
15	6	2.0	1.8	2.1	1.9	2.0	9.8	1.96	0.3	
16	7	1.9	1.7	2.0	2.0	1.7	9.3	1.86	0.3	
2-9	8	1.8	2.0	1.9	2.4	2.1	10.2	2.04	0.6	
10	9	1.9	2.2	2.1	2.1	2.0	10.2	2.04	0.3	
11	10	2.2	1.9	1.6	1.9	2.0	9.6	1.92	0.6	
12	11	2.0	1.9	2.1	2.1	1.8	9.9	1.98	0.3	
14	12	1.9	1.8	2.1	2.2	2.0	10.0	2.00	0.4	
15	13	1.6	1.8	1.9	2.0	2.1	9.4	1.88	0.5	
16	14	2.1	2.0	2.1	2.0	1.8	10.0	2.00	0.3	
3-9	15	1.8	1.8	1.7	2.1	2.2	9.6	1.92	0.6	
10	16	2.4	2.1	2.1	2.2	2.0	10.8	2.16	0.4	
11	17	2.1	1.9	1.9	1.9	2.0	9.8	1.96	0.2	
12	18	2.0	2.1	1.9	2.0	2.2	10.2	2.04	0.3	
14	19	2.0	2.0	2.2	2.2	1.8	10.2	2.04	0.4	
15	20	2.3	2.2	2.0	1.8	2.2	10.5	2.00	0.5	

$\bar{x}$ 관리도:	R관리도:	계	39.88	7.7
$UCL=\bar{\bar{x}}+A_2\bar{R}=2.216$	$UCL=D_4\bar{R}=0.814$	$\bar{\bar{x}}=1.994$		$\bar{R}=0.385$
$LCL=\bar{\bar{x}}+A_2\bar{R}=1.772$	$LCL=D_3\bar{R}=$ −			

④ $\bar{x}$의 총평균치 $\bar{\bar{x}}$를 계산한다.

$$\bar{\bar{x}}=\frac{\bar{x}_1+\bar{x}_2+\bar{x}_3+\cdots\cdots+\bar{x}_n}{n}=\frac{\sum_{i=1}^{n}\bar{x}_i}{n}=\frac{39.98}{20}=1.994$$

단, k는 샘플군의 수

⑤ R의 평균치 $\bar{R}$를 계산한다.

$$\bar{R}=\frac{R_1+R_2+R_3+\cdots\cdots+R_k}{k}=\frac{\sum_{i=1}^{k}R_i}{k}=\frac{7.7}{20}=0.385$$

표 17-4　관리도의 관리한계 계수표

샘플의 크기	$\bar{x}$ 관리도		$\tilde{x}$ 관리도	x 관리도	R 관리도		σ 관리도	
	$UCL=\bar{\bar{x}}+A_2\bar{R}$ $UCL=\bar{\bar{x}}-A_2\bar{R}$		$UCL=\bar{\bar{x}}+m_3A_2\bar{R}$ $UCL=\bar{\bar{x}}-m_3A_2\bar{R}$	$UCL=\bar{x}+E_2\bar{R}$ $UCL=\bar{x}-E_2\bar{R}$	$UCL=D_4\bar{R}$ $LCL=D_3\bar{R}$		$UCL=B_4\bar{\sigma}$ $LCL=B_3\bar{\sigma}$	
n	A_1	A_2	m_3A_2	E_2	D_3	D_4	B_3	B_4
2	3.760	1.880	1.880	2.659	–	3.267	–	3.267
3	2.394	1.023	1.187	1.772	–	2.575	–	2.568
4	1.880	0.729	0.796	1.457	–	2.282	–	2.266
5	1.596	0.577	0.691	1.290	–	2.115	–	2.089

⑥ $\bar{\bar{x}}$, $\bar{R}$를 관리도용지에 실선으로 기입한다([그림 17-6] 참조).

　$\bar{\bar{x}}$는 $\bar{x}$관리도의 중심선이며, $\bar{R}$는 R관리도의 중심선이다.

⑦ 관리한계를 계산한다.

　※ A_2, D_3, D_4 등의 계수는 〈표 17-4〉 관리한계 계수표에서 샘플의 크기 n에 맞는 값을 구한다.

　$\bar{x}$관리도는 관리상한선: $UCL=\bar{\bar{x}}+A_2\cdot\bar{R}=(1.994)+(0.577)(0.385)=2.216$

　　　　　　　관리하한선: $LCL=\bar{\bar{x}}-A_2\cdot\bar{R}=(1.994-(0.577)(0.385)=1.772$

　R 관리도는 관리상한선: $UCL=D_4\cdot\bar{R}=(2.115)(0.385)=0.814$

　　　　　　　관리하한선: $LCL=D_3\cdot\bar{R}=(0)(0.385)=0$

　따라서 LCL은 고려하지 않는다.

⑧ $\bar{x}$관리도 및 R관리도상에 관리상한선(UCL)과 관리하한선(LCL)을 점선이나 청선

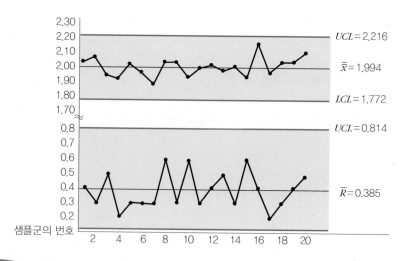

그림 17-6　$\bar{x}-R$관리도

으로 기입한다([그림 17-6] 참조).

⑨ 관리도상에 $\bar{x}$와 R의 값을 군번호 순서대로 타점(plot)한다.

⑩ 관리도에 의하여 제조공정의 관리상태를 판정·조치한다. 타점한 점이 관리한계 밖으로 나오는 것이 있을 때는 그 원인을 찾아서 조치한다.

⑪ 관리한계 밖으로 나간 점을 제거하고 관리선을 재계산한다. 한계를 벗어난 타점에 대한 원인이 밝혀지고 조치되면 이것을 제외하고, ④~⑩까지의 순서에 따라 관리선을 재계산하고 조치한다.

2.5 p 관리도(불량률 관리도)

계수치 관리도인 불량률 관리도는 불량률($p = \dfrac{\text{불량갯수}}{\text{검사갯수}}$)을 품질특성으로 하여 불량률이 통계적으로 안정되어 있는가를 판정하기 위한 관리도이다(한국산업규격 KS A 3201).

불량률 관리도를 효과적으로 활용하기 위해서는 물품을 검사에 의해서 양품과 불량품(defective)으로 구분할 경우 원인별 불량수를 분류해서 기록할 필요가 있다.

(1) p 관리도의 작성순서는 다음과 같다.

① 불량률로 나타나는 데이터를 수집한다. 이때 데이터는 검사갯수 n과 불량갯수 pn을 알고 있어야 한다.

② 데이터를 군(群)으로 구분한다. 보통 로트별로 군 구별을 한다. 군의 수는 20~100개 정도에서 각 군의 불량갯수가 평균 1~5개 정도가 들어가도록 잡는 것이 좋다.

③ 각 군의 불량률 p를 계산한다.

$$p = \frac{pn}{n} = \frac{\text{불량갯수}}{\text{검사갯수}}$$

④ 평균불량률 $\bar{p}$를 계산한다.

$$\bar{p} = \frac{\sum pn}{\sum n} = \frac{\text{총불량갯수}}{\text{총검사갯수}}$$

⑤ 관리도용지([그림 17-7] 참조)에 불량률 p를 검사순으로 타점하고 평균불량률 $\bar{p}$를 실선으로 기입한다. 이것이 중심선이 된다.

⑥ 관리한계를 계산한다.

$$관리상한선:\ UCL = \bar{p} + 3\sqrt{\frac{\bar{p}(1-\bar{p})}{n}}$$

$$관리하한선:\ LCL = \bar{p} - 3\sqrt{\frac{\bar{p}(1-\bar{p})}{n}}$$

⑦ 관리도상에 관리한계를 점선으로 기입한다. n이 일정하면 상하의 관리한계선도 일정하지만, n의 크기가 검사(샘플군)마다 다를 경우에는 관리한계선은 요철(凹凸)형으로 된다.

⑧ 관리도에 의하여 제조공정의 관리상태를 판정 · 조사한다.

⑨ 관리한계 밖으로 나간 점을 제거하고 ④~⑨까지의 순서로 관리선을 재계산한다.

📊 **설례 ▶ p 관리도의 작성**

〈표 17-5〉의 데이터 시트는 도금품(鍍金品)의 외관불량갯수와 불량률에 관한 자료이다.

표 17-5 도금품의 외관불량갯수와 불량률

일 시	샘플군의 번호	샘플의 크기(n)	불량갯수(np)	불량률(p)
1	1	200	10	0.05
2	2	200	5	0.025
3	3	200	10	0.05
4	4	200	12	0.06
5	5	200	11	0.055
6	6	200	9	0.045
7	7	200	20	0.10
8	8	200	4	0.02
9	9	200	12	0.06
10	10	200	18	0.09
11	11	200	21	0.105
12	12	200	15	0.075
13	13	200	8	0.04
14	14	200	14	0.07
15	15	200	4	0.02
16	16	200	10	0.05
17	17	200	10	0.055
18	18	200	11	0.055
19	19	200	26	0.13
20	20	200	13	0.065
	계	4,000	243	

이들은 매일 200개씩의 샘플을 20일간 채취한 것으로 일별로 표시되었다. 이들 자료로써 p 관리도를 작성하려고 한다.

우선 불량률은 알고 있으므로 평균불량률 $\bar{p}$를 계산한다.

$$\bar{p} = \frac{\sum pn}{\sum n} = \frac{243}{200 \times 20} = 0.06075 \fallingdotseq 0.061$$

다음은 UCL과 LCL을 구한다.

$$UCL = \bar{p} + 3\sqrt{\frac{\bar{p}(1-\bar{p})}{n}} = 0.061 + 3\sqrt{\frac{0.061(1-0.061)}{200}} = 0.112$$

$$UCL = \bar{p} - 3\sqrt{\frac{\bar{p}(1-\bar{p})}{n}} = 0.061 - 0.051 = 0.010$$

이에 따라 관리한계선(실선)을 긋고 일별로 불량률을 타점한 것이 [그림 17-7]이다. 그러나 19일의 불량률이 관리상한선(UCL)을 벗어나므로 이들을 제외하고 관리선을 재계산한다. 즉 $\bar{p}$, UCL , LCL을 재계산한다.

$$\bar{p} = \frac{217}{200 \times 19} = 0.057$$

$$UCL = 0.057 + 3\sqrt{\frac{0.057 \times 0.943}{200}} = 0.106$$

$$LCL = 0.057 - 3\sqrt{\frac{0.057 \times 0.943}{200}} = 0.008$$

재계산된 수치에 따라 관리선을 다시 그은 것이 [그림 17-7]의 점선이다.

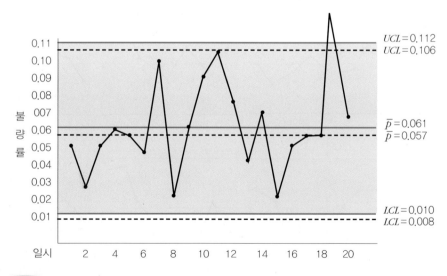

그림 17-7 p 관리도

2.6 관리도의 판단

관리도를 작성한 다음에는 이로써 공정의 운영·관리상태를 판단한다. 공정이 관리상태를 벗어났을 경우 이상원인을 찾아서 제거해야 한다. 그러기 위해서 관리도를 보는 요령이 필요하다.

관리도의 **판단원칙**은 다음과 같다([그림 17-8] 참조).

① 점이 관리한계내에 있으면, 원칙적으로 공정은 관리상태(controlled state)에 있다고 본다.

② 점이 관리한계 밖으로 나올 때([그림 17-8]의 b)는, 공정에 분명히 이상원인이 있음(out of control)을 나타내므로 그 원인을 찾아서 조치하여야 한다. 관리한계선상에 있는 점도 'out of control'로 본다.

③ 그러나 점이 중심선에 대하여 한쪽에만 연속해서 나타날 경우(이를 연(連), 즉 run이라 함), 특히 점이 7개 이상 연속 한쪽에 몰리는 경우([그림 17-8]의 c) 이상원인이 있다고 판단한다. 한쪽 관리한계가 없는 경우는 예외이다.

④ 점이 상승 혹은 하강하는 경향이나 주기적인 변동을 나타낼 때([그림 17-8]의 d) 무엇인가 이상이 있다.

⑤ 3점중 2점이 연이어 한계선에 접근해서 나타날 때([그림 17-8]의 e) 공정에 이상

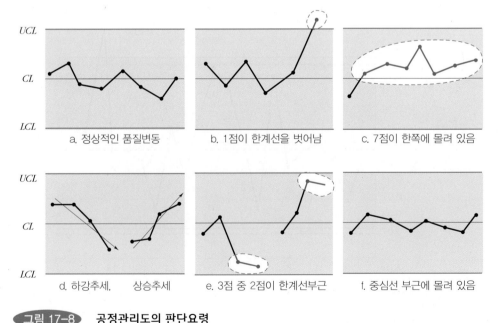

| a. 정상적인 품질변동 | b. 1점이 한계선을 벗어남 | c. 7점이 한쪽에 몰려 있음 |
| d. 하강추세,   상승추세 | e. 3점 중 2점이 한계선부근 | f. 중심선 부근에 몰려 있음 |

그림 17-8 **공정관리도의 판단요령**

이 있다고 보아야 한다.

⑥ 점이 관리한계 밖으로 반 이상이 나가 있거나 대부분 중심선 부근에 몰려 있는 경우([그림 17-8]의 f)에는 공정에 이상이 있다기보다는 관리도의 작성방법, 가령 군별 내지 층별 방법에 이상이 있는 경우이다.

③ 샘플링 검사

3.1 전수검사와 샘플링검사

검사(inspection)란 다음 공정이나 고객에 대한 품질보증을 목적으로 검사표준을 정하고 물품(서비스)의 품질을 측정하여 그 결과를 표준과 비교하여 개개 물품의 양·불량 또는 로트의 합격·불합격의 판정을 내리는 것이다.

검사는 ① 전수검사와 ② 샘플링검사로 분류된다.

전수검사(total inspection)는 검사로트 전체에 대하여 행하는 검사이다. 검사의 대상이 되는 물품전체에 대해서 하나하나 검사함으로써 품질을 완전히 보증할 수 있다는 입장에서 실시된다. 따라서 이 검사는 불량품이 조금이라도 있어서는 안 되는 경우라든가, 검사항목수가 적고 로트의 크기가 작을 때 행해진다.

샘플링검사(sampling inspection)는 로트로부터 샘플을 발취하여 측정한 결과를 로트의 합격판정기준과 비교하여 그 로트의 합격·불합격을 판정하는 검사이다. 샘플링검사에서는 합격판정샘플링(acceptance sampling)이 기본이 된다.

합격판정샘플링의 절차는 다음과 같다.

① 로트에서 샘플을 무작위로 발취하여 검사결과 판정기준을 통과하면 그 로트 전체를 합격시킨다.
② 그렇지 못하면 그 로트 전체를 불합격시키거나, 전수검사를 실시하여 불량품을 조치한다.

샘플링검사는 다음과 같은 경우에 유리하다.

① 전수검사가 불가능한 경우(예: 파괴검사)
② 기술적으로 개별검사가 무의미한 경우(예: 금형(金型)으로 가공된 물품검사)
③ 전수검사에 비해 신뢰도가 높은 결과를 얻을 수 있을 때(예: 검사수량과 검사항목

표 17-6 전수검사와 샘플링 검사의 비교

조건 검사	전수 검사	샘플링 검사
검사항목	검사항목이 적고 간단한 검사	검사항목이 많고 복잡한 검사
로트의 크기	작을 때	클 때
불량이 있어서는 안되는 것	적합	부적합
검사비용	많다	적다
생산자에 대한 품질향상 자극	작다	크다

이 많은 경우)

④ 샘플링 검사가 경제적으로 유리한 경우

⑤ 생산자나 납품업자에게 품질향상의 자극을 주고 싶은 경우

전수검사와 샘플링검사의 특징을 비교하면 〈표 17-6〉과 같다.

3.2 샘플링 검사의 분류

샘플링검사는 품질의 판정방법, 검사의 실시방식, 검사횟수 등에 따라서 〈표 17-7〉과 같이 분류된다. 이들은 대개 조합을 이루어 사용된다(예: 계수 규준형 1회 샘플링 검사).

3.2.1 계수샘플링검사와 계량샘플링검사

검사로써 품질을 판정하는 경우 측정데이터의 성질, 즉 계량치로써 판정하는 경우와 계수치로써 판정하는 경우로 나눌 수 있는데, 전자는 계량샘플링검사이며, 후자는 계수샘플링검사이다.

샘플링검사는 품질의 표시방법, 즉 검사단위의 표시방법에 따라서 ① 불량갯수, ② 결점수, ③ 품질특성치의 세 가지로 분류할 수 있다.

표 17-7 샘플링검사의 분류

품질의 측정특성별	검사의 실시방식(목적)별	검사횟수별
계수 샘플링검사 　: 불량갯수, 결점수로 판정 계량샘플링검사 　: 품질특성치로 판정	규준형 샘플링 검사 선별형 샘플링 검사 조정형 샘플링 검사 연속생산형 샘플링 검사	1회 샘플링 검사 2회 샘플링 검사 다회 샘플링 검사 축차 샘플링 검사

계수샘플링검사 ┬ ① 불량갯수에 의한 계수샘플링검사
            └ ② 결점수에 의한 계수샘플링검사

계량샘플링검사 ── ③ 품질특성치에 의한 계량샘플링검사

3.2.2 샘플링검사의 형태(검사의 실시방식에 의한 분류)

샘플링검사를 실시함에 있어 적용되는 방식은 대별해서 ① 규준형(規準型), ② 조정형(調整型), ③ 선별형(選別型), ④ 연속생산형의 네 가지 유형이 있다.

(1) 규준형 샘플링검사(sampling inspection based on OC)

공급자에 대한 보호와 구매자에 대한 보증의 정도인 기준을 각각 규정하고 양자의 요구가 다 만족되도록 짜여진 것이 특징이다. 즉, OC곡선상의 불량률 p_0와 같은 좋은 품질의 로트가 불합격될 확률 α(생산자 위험)를 5%로 정하여 공급자를 보호하고, 불량률 p_1과 같은 나쁜 품질의 로트가 합격될 확률 β(소비자위험)를 10%로 정하여 구매자를 보호한다([그림 17-10] 참조).

(2) 조정형 샘플링 검사(sampling inspection with adjustment)

구매자가 샘플링검사를 수월하게 하거나 엄격하게 조정하는 것을 특징으로 한다. 일반적으로 구매자가 합격시키고 싶은 바람직한 로트의 품질(합격품질수준: AQL)을 정하고, 이 수준보다 좋은 품질의 로트를 제출하는 한 모두 합격시킬 것을 공급자에게 보증한다. 품질이 좋다고 생각되는 공급자에 대해서는 엄하지 않은 샘플링검사를 하여 공급자를 장려하고, 반대로 품질이 나쁘다고 생각되는 경우에는 엄격한 샘플링검사를 적용하여 공급자의 품질향상을 촉구한다.

(3) 선별형 샘플링검사(sampling inspection with screening)

어떤 샘플링방식으로 검사를 하는 경우, 그의 판정기준에 따라서 판정한 결과 샘플의 불량품수가 합격판정갯수 이하인 로트는 합격시키고, 반대인 경우 그 로트는 전수선별을 행하는 검사이다. 이 방식은 공급자를 선택하지 않는 구입검사와 공정검사 및 출하검사 등에 적용된다.

(4) 연속생산형 샘플링검사(sampling inspection for continuous production)

제품이 연속적으로 생산되는 연속생산 상태에서 적용하는 것을 특징으로 한다. 가령 처음에는 한 개씩 검사하여 양품이 일정갯수 계속되면 일정갯수씩 묶어서 검사하고, 불량품이 나오면 다시 1개씩의 검사로 되돌아 오는 방식이다.

3.2.3 샘플링검사의 형식(검사횟수에 의한 분류)

로트의 합격 · 불합격을 판정하는 데 샘플을 몇 번 뽑는가 하는 발취횟수에 의해서 샘플링검사의 형식을 다음과 같이 분류할 수 있다.

① 1회 샘플링검사(single sampling inspection). 단 1회의 샘플을 조사한 결과로 로트의 합격 · 불합격을 결정하는 방식이다.

② 2회 샘플링검사(double sampling inspection). 1회 검사에는 합격 · 불합격이 확실한 경우에만 판정을 내리고, 그 중간 결과를 보일 경우에는 2회째 샘플의 결과를 추가하여 합격 · 불합격을 결정하는 방식이다.

③ 다회샘플링검사(multiple sampling inspection). 2회 샘플링검사의 형식을 확장한 것으로, 매번 정해진 크기의 샘플을 뽑아 각 회의 샘플을 조사한 결과를 일정한 기준과 비교함으로써 합격 · 불합격 · 불확정의 세 가지로 분류하면서 일정 횟수까지 합격 · 불합격을 결정짓는 방식이다.

④ 축차 샘플링검사(sequential sampling inspection). 하나씩 또는 일정 갯수씩 샘플을 뽑아 검사하면서 누적성적을 그때그때 판정기준과 비교하여 로트의 합격 · 불합격 · 불확정(검사 계속)으로 분류해 가는 검사이다. 즉 다회샘플링검사는 판정기준으로서 판정갯수(c)를 설정하는데 반해, 이 방식은 판정영역을 설정하여 로트의 합격 · 불합격을 결정하며 이들 영역에 속하지 않을 때는 판정기준에 맞을 때까지 계속 검사하는 방법이다.

3.3 샘플링방식과 OC곡선

어떤 로트로부터 일정 크기(n)의 샘플을 뽑을 때, 그 속에 불량품이 많이 섞여서 뽑힐 때도 있고 적게 뽑힐 때도 있다. 샘플을 뽑아내는 일을 같은 로트에 대하여 여러 번 반복할 때 그 결과(예: 불량품의 검출수)는 같지 않다. 이러한 현상을 **샘플링요동**(sampling fluctuation)이라 한다.

그러나 샘플링요동의 정도는 긴 눈으로 볼 때, 로트의 크기(N), 샘플의 크기(n), 합격판정갯수(c) 등을 알면 통계적으로 어떻게 되는지 계산할 수가 있으므로, 특정 불량률을 갖는 로트가 합격되는 확률을 구할 수 있다. 샘플링 방식(sapmling plan)[3]에 따라 샘플링 검사의 특성을 곡선으로 나타낸 것이 *OC곡선*(operating characteristic curve),

---

3) 로트의 합격 · 불합격을 결정하기 위해서 샘플의 크기(n)와 합격판정기준(c)을 규정하는 것을 샘플링 검사방식 또는 줄여서 샘플링방식이라 한다.

즉 검사특성곡선이다.

OC곡선을 검사특성곡선이라 함은 검사방식, 즉 샘플링검사방식을 사용할 때의 성질을 나타낸다는데서 비롯된 말이다. OC곡선에 의해서 어느 정도의 품질을 갖는 로트가 검사를 받으면 얼마의 확률로 합격하고 불합격되는가를 알 수 있다. 샘플링검사에서 품질이 좋은 로트가 잘못되어 불합격으로 되는 확률을 알 수도 있다.

OC**곡선의 작성요령**은 다음과 같다.

불량품이 20개 들어 있는 크기 1,000개의 로트($N=1,000$)에서 "샘플을 50개 뽑아서, 그 가운데 불량품의 수가 1개 이하이면 그 로트를 합격시키고 2개 이상이면 불합격" 시키는 샘플링방식($n=50$, $c=1$)의 OC곡선을 「누적포아슨분포표」를 이용하여 작성해 보기로 한다.

① 불량률 p의 크기별로 샘플크기 n을 곱하여 np를 구한다.
② 누적포아슨분포표의 $c=1$의 행에서 np값에 해당하는 확률을 찾는다. 샘플링방식 $n=50$, $c=1$일 때의 로트가 합격되는 확률을 불량률의 크기에 따라 제시한 것이 〈표 17–8〉이다. 이 표에 나타난 불량률을 가로축으로 하고 로트가 합격되는 확률을 세로축에 옮겨서 그래프를 그리면 [그림 17–9]와 같은 OC곡선이 된다.

이상과 같은 요령으로 OC곡선을 작성할 수도 있지만, [그림 17–10] 포아슨분포의 누적확률곡선(Thorndike's curve)을 사용하면 간편하게 확률의 근사치를 얻을 수 있다.

표 17–8 불량률 p의 로트가 합격하는 확률

p	np	P_a
0%	0.0	1,000
1	0.5	0.910
2	1.0	0.736
3	1.5	0.558
4	2.0	0.406
5	2.5	0.287
6	3.0	0.199
7	3.5	0.136
8	4.0	0.091
9	4.5	0.061
10	5.0	0.041

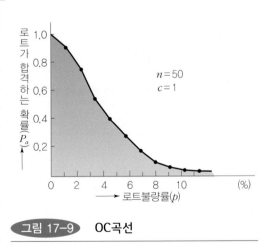

그림 17–9 OC곡선

설례 ▶ 누적확률곡선에 의한 합격확률계산

샘플의 크기 $n=50$, 합격판정계수 $c=1$의 샘플링방식으로 불량률 $p=0.02$의 로트가 합격하는 확률 P_a를 [그림 17-10] 누적확률곡선으로 구해보자.

① 샘플의 불량품수 np를 구한다.

$np=50 \times 0.02=1.00$

② 누적확률곡선의 가로축 np의 값과 c의 곡선이 만나는 점의 세로축의 값 P_a를 읽는다. 즉, 가로축 1.0에서 위로 보이는 $c=1$의 곡선과 만나는 점의 세로축 값은 0.74이므로, 이때의 로트가 합격하는 확률 $P_a=0.74$가 된다. 이 값은 앞서 수표로 구한(〈표 17-8〉 참조) 로트 불량률 2%인 경우의 0.736과 비교할 때 근사값임을 알 수 있다.

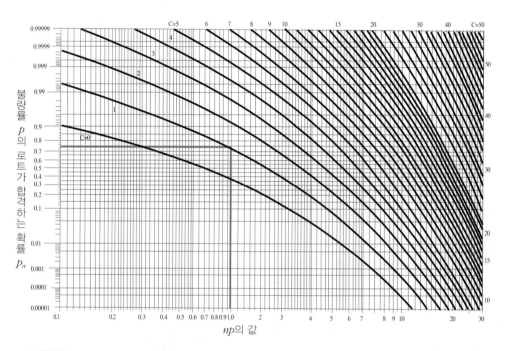

그림 17-10 포아슨분포의 누적확률곡선

3.4 샘플링방식과 이해관계자의 보호

합격판정 샘플링검사에서는 '샘플링 요동'으로 실제 품질과는 다소 다른 결과를 초래하여 생산자와 소비자 또는 판매자와 구매자간의 거래에서 불공평한 위험부담을 줄 수 있다. 이 경우 이들 이해관계자가 원하는 수준 내지 위험부담을 줄일 수 있는 수준에서 보증품질[4]을 정하고 경제적인 샘플링방식을 설계할 수 있다.

3.4.1 합격품질수준(AQL)과 로트허용불량률(LTPD)

샘플링검사에는 '샘플링 요동'으로 어느 정도의 나쁜 로트가 합격되고 좋은 로트가 불합격되는 것이 불가피하다. [그림 17-11]의 OC곡선에서 볼 때, 구매자에게 가장 바람직한 품질수준은 p_0(또는 AQL) 이상이지만, 그들이 허용할 수 있는 최저한의 품질수준은 p_1(또는 $LTPD$)이다.

합격판정 샘플링검사에서 AQL(acceptable quality level)은 공정평균의 품질수준으로 구매자가 만족할 수 있는 최대한의 불량률로서 흔히 합격품질수준이라 부른다(이 때 로트의 합격확률은 보통 95% 정도 된다).

한편 RQL(rejection quality level)은 구매자의 입장에서 불합격시키고 싶은 품질수준으로 흔히 로트허용불량률(lot tolerance percentage defective: $LTPD$)이라 부른다(이 경우

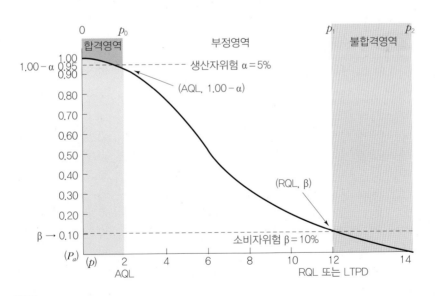

그림 17-11   OC곡선상의 AQL과 LTPD(RQL)

---

4) 보증품질이란 구매자나 소비자의 입장에서는 보증받고 싶은 품질이며, 판매자나 생산자의 입장에서는 보증하고 싶은 품질이다.

로트의 합격확률은 10% 정도이다).

3.4.2 생산자위험과 소비자위험

샘플링검사에서는 로트불량률이 낮은 OC곡선상의 p_0, 즉 AQL 이상의 품질을 갖는 로트를 전부 합격시키고 싶어도 '샘플링 요동'으로 이들 가운데 일부가 잘못되어 불합격으로 판정(제1종 오류)되는 수가 있다. 이 경우 공급자(생산자)로서는 좋은 로트가 불합격되는 것이므로, 이 확률(α=5%)을 생산자위험(producer's risk)이라 한다.

한편 로트불량률이 높은 p_1, 즉 LTPD 이하의 품질을 갖는 로트를 불합격시키려 해도 합격판정(제2종 오류)되는 수가 있다. 이 경우 구매자(소비자)로서는 나쁜 로트가 합격되는 것으로서 이 확률(β=10%)을 소비자위험(consumer's risk)이라 한다.

3.4.3 샘플링검사표에 의한 샘플링방식 결정

샘플링검사에서 샘플링방식에 따라 공급자와 구입자에게 어느 정도의 보증품질(생산자위험 및 소비자위험)을 줄 것인지를 수량적으로 명확히 할 수 있다. 이와는 반대로 사전에 생산자위험과 소비자위험을 정해 놓고 아울러 이에 대응되는 불량률, 즉 AQL과 LTPD를 지정하여 샘플링방식을 결정할 수도 있다. 여기서는 샘플링검사표로써 샘플링방식을 간단히 결정하는 방법을 보기로 한다.

표 17-9 계수규준형 1회 샘플링검사표 (α = 0.05, β = 0.10)

AQL(%) \ LTPD(%)	4.51~5.60		5.61~7.10		7.11~9.00		9.01~11.2		11.3~14.0		14.1~18.0		18.1~22.4	
	n	c	n	c	n	c	n	c	n	c	n	c	n	c
0.451~0.560	80	1	60	1	60	1	50	1	15	0	15	0	10	0
0.561~0.710	100	2	80	1	50	1	50	1	40	1	10	0	10	0
0.711~0.900	100	2	80	2	50	1	40	1	40	1	30	1	7	0
0.901~1.12	120	3	80	2	60	2	40	1	30	1	30	1	25	1
1.13~1.40	150	4	100	3	60	2	50	2	30	1	25	1	25	1
1.41~1.80	200	6	120	4	80	3	50	2	40	1	25	1	20	1
1.81~2.24	300	10	150	6	100	4	60	3	40	2	30	2	20	1
2.25~2.80			250	10	120	6	70	4	50	3	30	2	25	2
2.81~3.55					200	10	100	6	60	4	40	3	25	2
3.56~4.50							150	10	80	6	50	4	30	3
4.51~5.60									120	10	60	6	40	4

품질수준을 *AQL* 0.8%, *LTPD* 12%로 하는 납품계약을 맺고(구매자는 1.0%의 불량률을 추구하되 로트 불량률이 12% 이상이면 인수를 거절함을 뜻한다) 이를 만족시키는 샘플링방식을 구하려 한다.

이 경우 *LTPD*와 *AQL*의 값에 따라 n과 c의 값을 사전에 기입한「샘플링 검사표」를 사용하면 매우 편리하다. 〈표 17-9〉는 $\alpha = 0.05$, $\beta = 0.10$에서 n과 c의 값이 구해진 표이다.

이 표에서 AQL 0.8%와 LTPD 12%의 경우, $n = 40$, $c = 1$를 쉽게 찾을 수 있다.

3.5 평균출검품질(AOQ)

계수선별형 샘플링방식에 따르면 일정한 품질수준을 유지할 수 있다. 이는 샘플 중의 불량품수가 합격판정 갯수를 넘을 경우 로트 잔량에 대해서 전수선별을 하기 때문이다.

이 경우 전수선별된 로트는 불량품이 제거되므로 전수선별을 거치지 않고 합격된 로트의 것이 포함된다 하더라도 이들의 평균불량률은 검사 전의 불량률에 비하여 낮아진다. 즉, 검사후의 평균불량률을 가리켜 평균출검품질(average outgoing quality: *AOQ*)이라 한다. *AOQ*는 샘플링검사방식의 성과를 사전 점검하는 데에 이용할 수 있다.

AOQ는 다음의 산식으로 구할 수 있다.

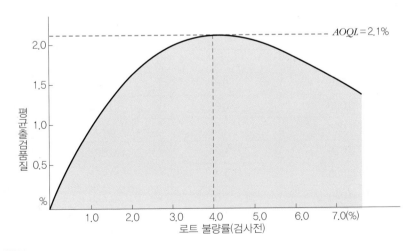

그림 17-12 AOQ곡선과 AOQL

$$AOQ = \frac{\text{평균불량품수}}{\text{로트의 크기}} = \frac{P_\alpha \times p(N-n)}{N} \fallingdotseq P_\alpha \times p$$

P_α : 로트가 합격하는 확률, N : 로트의 크기
p : (검사전) 로트의 불량률, n : 샘플의 크기

평균출검품질(AOQ)은 검사 전의 로트불량률(incoming quality percent defectives)인 p값에 관계없이 AOQ의 최대값을 넘지 않는데, 이 값을 **평균출검품질한계**(average outgoing quality limit: AOQL)라 한다([그림 17-12] 참조).

📊 설례 ▶ AOQL의 산정

계수선별형 샘플링방식을 채택하고 있는 구매자가 현재의 샘플링검사방식($n=40$, $c=1$)으로 앞으로 공급자로부터 공급되는 최악의 평균품질, 즉 $AOQL$을 알려고 한다.

① 로트불량률(p)의 크기별로 불량품수(np)를 산정한다.
② 「누적 포아슨분포표」에서 $c=1$에 해당하는 각 로트불량률(p)에 대한 합격확률을 구한다(〈표 17-10〉 참조).
③ 로트불량률 p에 대한 AOQ를 위의 개략산식($AOQ \fallingdotseq p \times P_\alpha$)으로 계산한다.
④ AOQ값 중에서 가장 큰 값이 $AOQL$이 된다.

〈표 17-10〉에서 $AOQL$은 AOQ의 값이 제일 큰 0.021이다. 즉, 생산자로부터 공급받을지도 모를 최악의 평균품질($AOQL$)은 0.021을 넘지 않을 것이라는 것을 알 수 있다.

표 17-10 AOQ의 계산

p	np	P_α	$AOQ \fallingdotseq p \times P_\alpha$
0.010	0.4	0.938	0.0094
0.015	0.6	0.878	0.0132
0.020	0.8	0.808	0.0162
0.025	1.0	0.736	0.0184
0.030	1.2	0.662	0.0199
0.035	1.4	0.592	0.0207
0.040	1.6	0.525	0.0210 (AOQL)
0.045	1.8	0.463	0.0208
0.050	2.0	0.406	0.0203

　품질관리의 요체는 통계적 품질관리(1절)로서 핵심기법은 관리도(2절)와 샘플링검사(3절)이다.

　이 장에서 기술된 주요내용을 요약하면 다음과 같다.

- 품질변동 원인은 우연원인(피할 수 없는 원인)과 보아넘길 수 없는 이상원인(피할수 있는 원인)으로 구분된다.
- 측정된 데이터를 도표로 정리하는 방법에는 도수분포도, 파레토도, 특성요인도, 산포도, 관리도 등이 있다.
- 통계적 공정관리(SPC)란 공정품질의 변동축소를 위해 공정품질 변동데이터를 통계적으로 분석하고 관리하는 통계적 기법으로 슈하트(W. Shewhart)를 기원으로 볼 수 있다.
- 공정의 관리상태나 능력을 파악하려면 관리도의 작성과 공정능력분석이 필요하다. 잠재공정능력(C_p)을 실제공정능력(C_{pk})과 비교하여 공정의 효율을 평가 · 관리 · 개선할 수 있다.
- 공정능력지수를 이용하여 행하여지는 공정능력분석은 생산공정의 품질변동 정도를 측정하여 이들 변동폭을 줄이기 위해서 규격(시방)과 비교 · 분석하는 것이다.
- 관리도는 계량치관리도와 계수치관리도로 대별된다. 계량치 관리도는 정규분포이론을, 계수치관리도는 이항분포와 포아슨 분포이론을 이용한다. 계량치관리도는 관리도가 대표적이며, 계수치관리도에는 p관리도 · p_n관리도 · c관리도 · u관리도가 있다.
- 샘플링검사는 로트로부터 샘플을 발췌하여 검사결과를 기준과 비교하여 그 로트의 합격 · 불합격을 판정한다. 측정치에 따라 계수샘플링검사와 계량샘플링검사로 구분되며, 검사방식에 따라 규준형 · 조정형 · 선별형 · 연속생산형 샘플링검사로 분류된다.
- OC곡선(검사특성곡선)이란 샘플링검사방식을 사용할 때의 성질을 나타내는 것에서 비롯된 말이다. 즉, 한 샘플링방식에 대해서 반드시 하나의 곡선이 나타나기 때문에 어느 정도의 품질을 갖는 로트가 얼마의 확률로 합격되는지를 알 수 있다.
- 생산자와 소비자 또는 판매자와 구매자간의 거래에서 불공평한 위험부담을 줄이도록 적정한 보증품질수준을 정하고 경제적 샘플링방식을 설계한다. 보증품질은 합격품질수준(AQL)과 로트허용 불량률(LTPD)로 정한다.
- 계수선별형 샘플링검사에서 검사후의 평균불량률은 평균출검품질(AOQ)로서 샘플링검사방식의 성과를 사전 점검하는 데에 이용한다. AOQ의 최대값은 평균출검품질한계(AOQL)가 된다.

IV

제조기업의
공급사슬관리

제 18 장
SCM 및 운영 네트워크 관리

① 공급사슬관리 개요

1.1 공급사슬의 구조와 관리

가트너(Gartner, Inc.)는 전세계 주요 기업을 대상으로 공급사슬 역량을 평가하여 글로벌 공급사슬 상위 25(Supply Chain Top 25) 업체를 발표하는데, 〈표 18-1〉은 2008년부터 2018년까지 발표된 공급 사슬 Top 25를 취합한 자료이다.[1]

표에서 순위와 관련된 몇 가지 특징을 살펴보면 다음과 같다. 2007년 순위에서 유통기업은 5개(월마트, 테스코, 베스트바이, 로즈컴퍼니, 퍼블릭스 슈퍼마켓)에서 2018년에는 2개(월마트,홈디포)로 줄었다. 또 다른 특징은 제조와 판매를 함께하는 기업들이 증가했다는 점이다. 2007년 1개 기업(나이키)에서 2018년에는 4개 기업(나이키, 인디텍스(Zara), H&M, 아디다스)로 증가했으며 의류산업이라는 공통점을 갖고 있다. 2007년에는 서비스 기업이 1개도 없었지만 2014년에는 1개 기업(스타벅스)으로 늘어났다. 삼성전자는 2007년 10위에서 2018년에는 17위로 순위가 떨어 졌다.

〈표 18-1〉에서 공급사슬 관점에서 본 **시사점**은 두 가지다. 첫째, 공급사슬 내에서 제조기업의 역할이 확대되고 유통기업의 역할은 축소되고 있다. 제품 라이프 사이클이 짧거나 박리다매 제품을 생산하는 제조기업들이 유통계열화를 통해 소비자에게 자신의 제품을 직접 판매하고, 유통경로의 다양화로 오프라인 중심의 유통기업의 입지가 줄어들고 있는데 이런 추세는 점점 증가할 것으로 보인다. 둘째, 서비스 공급사

---

1) AMR 리서치에서 2004년부터 매년 발표를 했지만, 2011년 가트너가 AMR 리서치를 인수하면서 2011년 부터 '가트너 Supply Chain Top 25'가 되었다.

표 18-1 가트너 Supply Chain Top 25

순위	2007년	2010년	2012년	2014년	2018년
1	노키아	애플	애플	애플	유니레버
2	애플	P&G	아마존 닷컴	맥도날드	인디텍스
3	P&G	시스코시스템즈	맥도날드	아마존 닷컴	시스코시스템즈
4	IBM	월마트	델	유니레버	콜게이트
5	도요타자동차	델	P&G	P&G	인텔
6	월마트	펩시코	코카콜라	삼성전자	나이키
7	안호이저부시	삼성전자	인텔	시스코시스템즈	네슬레
8	테스코	IBM	시스코시스템즈	인텔	펩시코
9	베스트바이	리서치 인 모션	월마트	콜게이트	H&M
10	삼성전자	아마존 닷컴	유니레버	코카콜라	스타벅스
11	시스코시스템즈	맥도날드	콜게이트	인디텍스(Zara)	3M
12	모토롤라	마이크로소프트	펩시코	나이키	슈나이더일렉트릭
13	코카콜라	코카콜라	삼성전자	H&M	노보 노디스크
14	존슨&존슨	존슨 & 존슨	나이키	월마트	HP
15	펩시코	HP	인디텍스(Zara)	펩시코	로레알

출처: 가트너 홈페이지에 게시된 연도별 발표 순위를 취합하여 재 작성했으며, 지면관계로 15위까지만 표시함, 2018년 삼성전자(17위).

슬의 확대이다. 숙박 및 음식점업, 금융업처럼 프랜차이즈나 네트워크를 구축하고 있을 경우에는 식자재(음식점업)와 다양한 객실용품(숙박) 그리고 IT관련 기기, 서비스 및 지점관련(금융업) 상품의 구매과정에서 교섭력을 발휘하여 이윤을 향상시키기 때문에 공급사슬의 효율성이 경쟁무기가 될 수 있다.

공급사슬(supply chain)은 소비자 요구를 충족시키는 제품이나 서비스를 제공하는 과정에 참여하는 직·간접 관계자들로 구성되며, 이들은 각각 생산, 원자재·부품의 납품, 부품 및 최종 제품의 재활용, 그리고 서비스 기능을 담당한다. 그래서 공급사슬에는 완제품 생산자뿐만 아니라 부품이나 원료 공급업자, 수송, 창고, 도매, 소매 그리고 심지어 소비자까지도 포함된다.

[그림 18-1]은 청바지를 생산·판매하는 의류제조 기업의 **공급사슬 개념도**이다. 한 소비자가 특정 매장에서 청바지를 구매하거나 TV 홈쇼핑에서 전화로 주문하면 도미노의 연쇄반응처럼 해당 공급사슬에 있는 기업들에 연쇄적으로 필요품목에 대해서 주문이(소매기업 → 도매기업 → 제조기업 → 재단기업 → 직조기업 → 방적기업) 발생하게

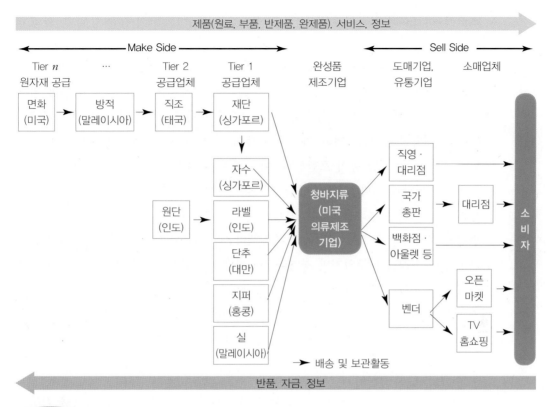

제품(원료, 부품, 반제품, 완제품), 서비스, 정보

| Make Side | | | | | Sell Side | |
| Tier n
원자재 공급 | ... | Tier 2
공급업체 | Tier 1
공급업체 | 완성품
제조기업 | 도매기업,
유통기업 | 소매업체 |

면화
(미국) → 방적
(말레이시아) → 직조
(태국) → 재단
(싱가포르)

자수
(싱가포르)

원단
(인도) → 라벨
(인도)

단추
(대만)

지퍼
(홍콩)

실
(말레이시아)

청바지류
(미국
의류제조
기업)

직영·
대리점

국가
총판 → 대리점

백화점·
아울렛 등

벤더

오픈
마켓

TV
홈쇼핑

소비자

→ 배송 및 보관활동

← 반품, 자금, 정보

그림 18-1 **공급사슬 개념도**

출처: 민정웅, *미친 SCM이 성공한다*, 영진닷컴, 2014의 내용을 재구성.

된다. 공급사슬 스펙트럼에서 소비자의 반대쪽 끝에 있는 공급업체에 주문이 도착하면 청바지 원재료인 면화가 방적과 직조과정을 거쳐 재단된 후 미국으로 납품이 된다. 그러면 싱가포르와 대만에서 납품된 지퍼와 단추와 함께 재봉되어 청바지 형태를 갖춰 다시 전 세계 유통매장으로 배송이 됨으로써 또 다른 소비자가 구매할 수 있게 된다.

공급사슬 구조는 제품 유형과 완제품 생산기업의 전략적 의사결정에 따라 달라질 수 있지만 통상 소비자, 소매자, 유통기업, 완제품 제조기업, 부품 제조기업, 원재료 공급자로 구성이 된다. 각 기업은 제품 유형별로 복수 개의 공급사슬을 구축할 수도 있다.

1개의 공급업체 그리고 1개의 고객만을 갖는 제조기업은 없다. 현실적으로 완제품 제조기업은 복수 공급자로부터 자재와 부품을 공급받으며 복수의 유통업체에 제품을 공급하기 때문에 공급사슬은 네트워크의 형태를 갖게 된다. 더군다나 글로벌화의 확장으로 인해 네트워크 구조는 점점 더 복잡해지고 있다.

공급사슬관리란 공급사슬의 운영이 효과적으로 이루어지도록 관련된 활동을 계획하고 실행하며 통제하는 것인데, 관리의 대상관점에서 볼 때 흐름관리(flow management)라고 볼 수 있다. 흐름관리의 대상인 원자재·제품·자금·정보가 공급사슬의 양방향으로 흘러 다닌다. 원자재의 흐름에는 제품의 정(→)방향 흐름과 함께 반품, A/S, 리사이클링, 폐기와 관련된 역(←)방향 흐름도 포함된다. 정보의 흐름에는 주문내역, 배달상태, 생산 계획, 재고수량 등이 포함된다. 재무흐름에는 신용상태, 지불일정, 현금이나 어음 등이 포함된다. 이들 흐름은 기업 내 및 기업 간 복수의 관련 부서에서 발생하게 된다. 그래서 공급사슬 내에 포함된 모든 참가자들이 긴밀하게 협조할 때 만족스러운 성과를 낼 수 있다.

현재의 공급사슬 구조는 과거에도 존재했다. 과거에는 개별 기업들이 자신의 운영성과 향상에 초점을 맞추었지만 경영환경이 바뀌며 공급사슬 전체의 운영성과가 중요한 이슈로 떠올랐다. 과거와의 차이점은 공급사슬 내에 속한 기업들이 공급사슬 전체의 이익을 최대화시키기 위해 유기적으로 연대하여 최적화된 활동을 한다는 점이다.

다음과 같은 문제들이 제기되면서 공급사슬관리에 대한 필요성이 대두되었다.

① 증가하는 글로벌화. 글로벌화로 공급자들의 위치와 소비자의 위치가 점점 더 넓어졌고 하나의 공급사슬 길이가 늘어났다. 이것은 고객이 원하는 제품을 적시에 배송하는 것이 더욱 중요해짐을 뜻한다.

② 공급사슬의 복잡성 증가. 글로벌화로 공급사슬에 포함되는 기업 숫자가 늘어나면서 복잡성이 증가하고 있다.

③ e-비즈니스의 확대. 시간적 공간적 제약을 받지 않는 e-비즈니스로 비즈니스 수행방식이 역동적으로 전환되고 있다.

④ 아웃소싱 증가. 비용절감과 핵심역량 집중을 위해 아웃소싱이 증가하게 되었고 아웃소싱 제품의 품질관리와 안전성에 대한 문제들이 증가하게 되었다.

⑤ 재고관리의 중요성 증가. 공급사슬의 성패는 재고가 큰 역할을 한다. 따라서 공급사슬 전반에 걸쳐 재고수준을 적정수준으로 조정하는 것이 중요해졌다.

⑥ 리스크 관리. 공급망이 복잡해지면서 충격이 발생하면 그 여파는 엄청나게 확대될 수 있다. 2011년 동일본 지역을 강타한 지진을 비롯해서 홍수, 화산분화, 「같은 원인 다른 대응」의 [사례]에서 발생한 대형화재와 같은 위기는 공장, 물류센터, 운송 과정 어디라도 발생이 가능하다. 공급망관리에서 중요한 것은 충격으로부터의 신속한 정상 회복이다.

2000년 3월 17일 낙뢰가 떨어져 미국 뉴멕시코주 앨버커키 필립스 반도체 공장에서 발생한 화재는 세계 휴대폰 시장을 두고 각축을 벌이던 노키아와 에릭슨의 운명을 갈랐다. 화재는 곧 진화됐지만 반도체 공정의 핵심인 클린룸과 웨이퍼가 진화 과정에서 오염됐다. 연기와 그을음으로 인해 생산라인 4개 중 2개의 기능이 마비됐다. 공장 생산 물량의 40%를 납품 받을 예정이던 노키아와 에릭슨은 비상이 걸렸다.

바로 위기대응팀을 구성한 노키아는 즉시 문제의 부품을 특별관리 품목에 올리고 전 부서에 이 사실을 알렸고 전 세계에서 대체 부품을 물색했다. 화재 발생 2주일 후 필립스의 생산 공정 정상화에 몇 개월이 더 걸릴 수도 있다는 사실을 알게 됐다. 노키아는 즉시 전 세계 필립스 공장의 생산 여력을 모두 노키아에 배정해 달라고 강력히 요구했다.

반면 에릭슨은 곧 복구될 것이라는 설명만 믿은 채 시간을 흘려보냈고 별다른 조치를 취하지 않았으며 경영진에게 보고하지도 않았다. 결국 한 달 만에 휴대폰 생산을 중단하게 됐다. 에릭슨의 2010년 세계 시장 점유율은 전년 대비 3% 줄어든 9%로 곤두박질쳤고, 노키아는 3%포인트 늘어난 30%를 달성했다. 에릭슨이 그해 입은 손실만 23억4,000만 달러였다. 전문가들이 두 회사의 경험을 업무연속성관리(BCM) 체계를 구축한 기업과 그렇지 못한 기업의 차이를 보여주는 대표적인 사례로 꼽는 이유다.[2]

1.2 채찍효과와 공급사슬

1.2.1 채찍효과 개요

케이스(O. R. Keith)는 1982년에 발간된 논문에서 고객으로부터 공급자까지 비즈니스 프로세스를 통합시킬 필요가 있다는 내용을 설명하기 위해 공급사슬관리라는 용어를 처음으로 사용했다.[3] 1980년대 공급사슬관리와 관련하여 미국의 학계가 산업계에 크게 공헌한 점은 공급사슬관리에 내재되어 있는 '채찍효과'를 발견하여 공급망의 중요성을 부각시킨 점이다.

소비자로부터 시작된 미세한 수요변화가 소매상과 도매상을 거쳐서 제조업체로 넘

---

2) "日 지진을 보았는가? 글로벌 공급망, '충격'에 대비하라-요시 셰피 MIT 교수와의 인터뷰", *DBR*, 78호(2011.4.1).
"美 반도체 공장서 발생한 화재…노키아와 에릭슨의 운명 갈랐다", 한경, 2014.11.21.
3) O. R. Keith & M. D. Webber, "Supply Chain Management: Logistics Catches up with Strategy", *Outlook*, 1982.

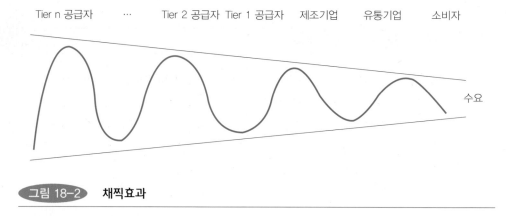

Tier n 공급자   ···   Tier 2 공급자 Tier 1 공급자   제조기업   유통기업   소비자

수요

그림 18-2   **채찍효과**

어오면서 커다랗게 부풀려지는데 이것을 **채찍효과**(bullwhip effect)[4]라고 불렀다([그림 18-2] 참조).

즉 소비자들이 평상시보다 구매를 약간 늘리면 소매상들은 그들이 계속해서 더 많이 구매할 것이라고 기대하며 평상시보다 주문을 조금 더 늘리고 도매상은 소매상의 늘어난 주문을 보면서 계속 소매상들의 주문이 늘어날 것이라는 기대 하에 평상시보다 더 많은 주문을 하게 되어 제조업체는 실제 수요에 비해 엄청나게 늘어난 수량을 생산하게 된다. 즉 '채찍효과'는 수요의 소규모 변동 정보가 제조 기업으로 확대 왜곡되어 전달됨으로써 재고가 쌓이고 고객 서비스의 질이 떨어지는 현상을 일컫는다.

이것은 공급사슬에 참여하고 있는 여러 기업들이 자신의 입장만을 고려하여 독자적으로 비합리적인 의사결정을 내림으로써 수요정보를 왜곡시켜 전체 공급망의 수익성을 떨어지게 만드는 것이다.

Kurt Salmon Associate가 추진하고 P&G와 Campbell Soup Company가 지원한 ECR(Efficient Consumer Response)프로젝트의 결과를 보면, 식료품 잡화점 공급사슬에서 비효율성을 제거하여 슬림화시킬 경우 대략 30조원 정도를 절감할 수 있을 것이라 했으며, 대부분의 비효율은 공급사슬을 타고 증가하는 주문량에 의해서 발생한다고 했다.[5]

---

4) 황소의 엉덩이를 채찍으로 살짝 쳐도 황소는 몸을 크게 요동치면서 날뛰는 현상에 착안해서 지어진 이름으로 미국의 공급사슬관리 부문에서 가장 많이 다루어져 온 주제이다.

5) H. L. Lee, V. Padmanabhabm, and S. Whang, "The Bullwhip Effect in Supply Chains", *Sloan Management Review*, Spring 1997.

1.2.2 채찍효과의 발생 요인

제조기업의 주문을 요동치게 만드는 채찍효과가 왜 만들어지게 되는지를 정확하게 이해함으로써 채찍효과를 해결하는 솔루션을 찾을 수 있다. 구체적으로 채찍효과를 발생시키는 요인에는 다음과 같은 것들이 있다.[6]

① 개별기업 관점에서의 주문. 개별 기업의 관점에서 의사결정을 하면 공급망 전체의 수요에 왜곡현상을 발생시킨다. 재고관리 담당은 재고부족 상황을 사전에 감지하게 되면 안전재고량을 늘리기 시작한다. 이것은 공급망 전체의 주문 폭증을 유발하여 공급망에서 생산을 늘리게 된다.

② 외부 환경의 변화. 공급망은 정부의 정책변경(세금 인하 혹은 인상)이나 해외의 각종 환경 변화(유가인상, 수입금지)와 같은 외부 변화로부터 영향을 받을 수 있다.

③ 하키 스틱 현상과 뱃치 주문. 도매상이나 소매상들이 구매비용 절감을 위해 한꺼번에 모아서 대량으로 주문한다. 주문을 자주 하면 배송도 자주 해야 하기 때문에 주문을 모아서 한꺼번에 하게 되면 '하키 스틱(hockey stick) 현상'이 발생하게 된다. 생산부서와 판매부서는 특정 기간(월, 분기)별로 목표량을 관리하기 때문에 후반에 주문량이 몰리는 하키스틱 현상을 유발한다. 이것은 결과적으로 수요를 더 많이 왜곡시키면서 일정 뱃치 크기의 배수로 주문을 하게 된다.

④ 판매촉진과 선구매. 가격을 할인하는 거래 판촉활동(trade promotion)으로 많은 구매자가 한번에 많은 양을 주문하게 되면 채찍효과를 만들게 된다.

⑤ 과잉 반응적 주문. 구매자가 특정 기간에 평소 수요보다 더 많은 수요에 직면했다고 가정하자. 해당 구매자는 이 현상에 대해 어떻게 반응할까? 제품의 실제 수요가 변했다고 판단될 경우에는 과거보다 수요를 높게 예측하고 주문량을 변경한다. 구매자가 평상시와 다르게 높은 수요를 관찰하면 주문 양을 늘리는 것이 합리적이라고 간주하기 때문에 구매자에 의한 이러한 반응이 채찍효과를 유발하게 된다.

⑥ 부족분 게임. 특정 제품의 수요가 많고 공급이 부족하여 제조업체가 구매자들에게 제품을 할당한다면 구매자는 자신이 필요한 양을 확보하기 위해서 실제보다 더 많은 수량을 구매하게 된다. 이러한 상황을 부족분 게임(shortage gaming) 또는 주문 인플레이션이라고 한다. 제조기업이 충분한 공급능력을 확보하고 있더라도 구매자가 원하는 필요량을 공급받지 못할 수도 있다는 가정 때문에 발생하게 된다.

---

6) Cachon & Terwiesch 저, 김태현 역, *전략적 수요·공급관리*, 지필, 2006.

공급사슬에 참여하는 기업들 간에 협업이 이루어지지 못할 때 그 결과로 드러난 것이 채찍효과이다. 즉 각 기업들이 후속 단계에 미치는 영향을 고려하지 않고 자신의 이익만을 극대화시키고 자신의 입장에 따라 행동을 취한 결과이다. 그래서 채찍효과를 완화시키는 최고의 방법은 공급사슬에 참여하고 있는 기업 간의 **협업**이다.

1.2.3 채찍효과의 피해자는 제조기업

채찍효과의 가장 치명적인 피해자는 제조기업이다. 제조기업은 도매기업이나 유통기업의 주문에 따라 제품을 생산해서 납품을 하거나 판매한다. 채찍효과가 발생했다면 실수요에 비해 지나치게 많은 양의 재고가 창고에 쌓여 있다는 것을 의미한다. 대부분 유통기업들은 특별한 경우가 아니면 위탁판매 방식을 취하기 때문에 창고에 제품이 많이 쌓여 있다 해도 팔리지 않으면 반품시키면 되므로 별로 부담을 갖지 않기 때문에 제조기업만큼 채찍효과에 예민하지 않다.

그래서 채찍효과를 줄이기 위해 제조기업이 중심이 되어 해결방안을 제안하고 여기에 공급자나 도매 기업과 같은 공급사슬 내 참여자들의 동참을 이끄는 방향으로 발전하게 되었다. 더군다나 제품 재고가 넘치게 되면 제조기업은 공급자들에게 발주를 하지 않기 때문에 약소 공급업자에게 치명적이다.

협업을 통해 채찍효과를 줄이는 방법은 19장에서 다루기로 한다.

1.3 공급사슬의 전략적 설계

[그림 18-1]에서 보는 것처럼 공급사슬은 다양한 계층으로 이루어져 있다. 완성품 제조기업의 입장에서 볼 때 공급사슬에 속한 모든 기업들이 동일한 목표를 갖고 자회사처럼 긴밀하게 연결되어 업무처리가 이루어지기를 바라지만, 공급사슬의 상류(Tier n)로 올라갈수록 자신들의 영향력은 줄어들게 된다. 예를 들어 생산공장이 없는 나이키가 고객들의 웰빙 니즈에 부합하는 유기농 면셔츠를 출시하기로 결정했지만 면화를 재배하는 농가는 나이키가 직접 관리할 수 있는 공급자들이 아니기 때문에 그들에 대한 나이키의 영향력은 줄어들게 되어 농가에 유기농 재배방식을 쓰도록 압력을 행사할 수 없다.[7]

더군다나 제조기업이 성장하면 생산하는 품목 수도 증가하게 된다. 이 때 결정해야 하는 것이 공급사슬을 어떻게 구성할 것인가이다. 하나의 공급사슬을 운영할 수도 있

---

7) H. Lee, "Don't Tweak Your Supply Chain-Rethink It End To End", *Harvard Business Review*, Sep.-Oct. 2010.

고 복수 개의 공급사슬을 운영할 수도 있다. 한 기업이 운영하는 공급사슬의 수가 중요하기보다는 어떤 방향성에 따라 공급사슬을 구분하여 관리할 것인가가 중요하다.

공급사슬이 전략적으로 관리되기 위해서는 공급사슬 설계 단계에서부터 전략적 접근이 필요하다. 전략적 접근은 기업 내에 새로운 공급사슬을 추가하거나 기존의 공급사슬을 변화시키고자 할 때 가이드라인으로 활용될 수 있으며 또한 공급사슬에 속한 참여자들에게 전략적 관리 포인트를 공유할 때 용이하다.

제조기업의 생산·운영 부문에서 중요한 것은 무엇(제품)을 어떻게(프로세스) 만들 것인가이다. 공급사슬은 이러한 생산·운영 부문의 방향성을 확대시킨 것이기 때문에 공급사슬 구조의 방향성은 제품 또는 프로세스 중에서 무엇을 중심으로 할 것인지에 따라서 관리가 달라지게 된다. 그래서 공급사슬 설계에 활용할 수 있는 **전략적 접근방법**에는 다음 두 가지가 있다.

① 제품 중심 설계. 공급사슬에서 제공되는 최종 제품의 특성에 따라 네트워크를 구성해야 한다는 관점으로 피셔(Fisher)가 제안했는데, 공급사슬에서 제공되는 제품의 특성을 기능성 제품과 혁신적 제품(〈표 18-2〉 참조)으로 구분하여 공급사슬을 구축해야 한다는 것이다. 기능성 제품에 적합한 효율적 공급사슬을 구성하기 위해서 공급업체 선정 기준이 품질과 원가가 되지만, 혁신 제품을 위한 시장 반응적 공급사슬을 구성하기 위해서는 공급업체 선정 기준이 스피드, 유연성, 품질이 된다는 점이 큰 차이를 보인다.

표 18-2 **기능성 제품 vs. 혁신적 제품**

구분		기능성 제품(수요예측 가능)	혁신적 제품(수요예측 불가)
제품 수명주기		2년 이상	3개월 ~ 1년
평균 품절률		1~2%	10~40%
생산시 평균 예측오류		10%	40~100%
SCM 유형		효율적 공급사슬	시장 반응적 공급사슬
SCM 전략	목표	낮은 가격에 예측가능한 공급	예측할 수 없는 수요에 빠르게 대응
	생산	높은 평균가동률	여유생산능력을 충분히 보유
	재고	높은 재고회전율	완성품과 부품의 재고를 충분히 보유
	리드타임	비용을 증가시키지 않는 수준	시간절약을 위해 모든 수단을 동원
	공급업체	품질과 원가에 따라 선정	스피드, 유연성, 품질로 선정

출처: M. L. Fisher, "What is the Right Supply Chain for your Product?", *Harvard Business Review*, March-April 1997.

② 프로세스 중심 설계. 생산이 어떻게 시작되는가의 프로세스 관점에 따라 네트워크를 구성해야 한다는 것으로 기존 생산운영관리에서 제시한 생산방식인 푸시(push)·풀(pull) 관점을 공급사슬로 확대시킨 것이다. 즉 주문에 의해서 생산이 이루어지는 풀(make to order) 방식과 수요예측에 의해서 생산이 이루어지는 푸시(make to stock) 방식을 공급사슬 전체로 확장한 것으로 보면 된다. 이 관점은 공급사슬 내에서 각 참여자의 역할과 책임, 프로세스를 수행하고 난 후의 결과물이 무엇이며, 시간 흐름에 따라 프로세스가 어떤 순서로 처리되어야 할지를 이해할 수 있게 한다. 즉 전체 공급사슬 단계별로 생산 시작의 트리거를 이해함으로써 공급사슬에 포함되어 있는 주문생산(make to order), 주문조립생산(assemble to order), 주문설계(design to order 혹은 engineering to order) 방식을 보다 효율적으로 관리하여 전체 공급사슬의 성과를 향상시키거나 대량고객화(mass customization)의 솔루션으로 활용할 수 있게 한다.

1.4 공급사슬관리 혁신

미국의 완제품 제조기업들이 자기 혼자서 경쟁자를 이길 수 없다는 것을 깨닫게 되면서, 1980년대부터 공급사슬관리가 중요한 경영전략 툴로서 부각되었다.

사실 공급사슬은 이 시대에 새롭게 나타난 매우 혁신적인 개념은 아니며 포드가 T 자동차를 만들 때에도 존재했지만 단지 관심을 갖지 못했을 뿐이다. 공급사슬관리를 혁신하는 방법은 앞 절에서 언급한 공급사슬의 전략적 설계 방향을 기반으로 하여 **구조적 혁신방법**과 **운영 개선방법**을 적용할 수 있다.

(1) 구조적 혁신방법

구조적 혁신방법은 전체 공급사슬의 구조를 바꿈으로써 공급사슬관리 성과를 향상시키는 방법으로 장기적인 관점에서 추진되어야 하며 많은 자본이 필요하다. 하지만 이것이 미치는 영향은 제조기업 내부뿐만 아니라 공급사슬에 참여하는 참가자들 전체에 영향을 미칠 수 있다.

① 공급사슬 통합. 공급사슬 통합은 전방통합과 후방통합으로 구분된다. 전방통합(forward integration)은 완성품 제조기업이 유통기업을 매입하여 자사제품을 유통하는 방식으로 인디텍스의 자라매장, 삼성전자의 디지털 플라자, 아모레 퍼시픽의 아리따움 등이 그 예이다. 후방통합(backward integration)은 완성품 제조기업이 공급기업을 매입하는 경우로 공급사슬에 포함된 전체 공급기업을 소유한

다면 완전 수직적 통합이 된다(수직적 통합은 20장에서 자세하게 다룬다).

② 공장·창고 등의 입지 재구성. 공장이나 창고의 입지나 유통경로를 변경하여 운영 네트워크 구성을 변경할 수도 있다. 공장을 해외로 이전(off shoring)하는 것도 한 방법이다.

③ 대대적인 제품 재설계. 판매가 저조한 제품을 단종시켜 제품모델의 수를 감소시키거나 모듈방식을 도입할 수 있다. 특히 모듈화를 결정하면 공급업체 선정 기준이 변경되므로 공급업체 변경이 수반된다.

④ 아웃소싱. 생산부문이나 비즈니스 프로세스 일부분을 아웃소싱하는 것으로 제3자 물류를 이용하는 것도 한 방법이다. 예를 들어 IKEA가 국내에 진출하면서 제3자 물류업체로 CJ대한통운, 경동택배 등을 선정함으로써 네트워크를 확장시켰다(아웃소싱은 20장에서 자세하게 다룬다).[8]

(2) 운영 개선방법

공급사슬 내에서 이루어지는 업무를 개선하여 성과를 향상시키는 방법이다. 이 방법은 구조적 혁신에 비하여 자본이 덜 들지만 실질적인 성과향상을 이루기 위해선 지속적인 개선활동을 끊임없이 수행하여 얻은 교훈을 업무에 반영하는 내재화 과정을 통해서(관계자들의 스킬을 향상시켜 역량으로 전환되었을 때) 결실을 얻을 수 있다.

① 공급사슬 참여자들의 협업체계 구축. 공급사슬에서 이루어지는 업무는 기업의 내부에서만 이루어지는 것이 아니라 다양한 기업들이 참여해서 이루어진다. 선도 제조기업들은 고객인 유통기업과 협업을 위해 공급자 재고관리(VMI), 연속 재고보충(CRP), CFPR 등을 추진하고 있으며(19장 참조) 공급자 들과는 공급자 관계 구축을 통해서 협업하고 있다(20장 참조).

② S&OP 체제 도입. 수요와 공급의 균형을 유지하기 위해서 제조기업에 S&OP 체제를 구축할 수 있다. 통상 마케팅, 생산, 구매, 개발, 품질, 재무부서에서 차출된 팀원으로 구성된 다기능팀으로 이루어진 SCM 팀에 의해서 추진된다(자세한 내용은 19장 참조).

③ 프로세스 혁신을 통한 단순화. 운영부문의 보수적 특징으로 인해 프로세스가 한번 확정되고 나면 변경시키지 않으려고 한다. 프로세스가 낙후되어 있다면 프로세스를 과감하게 혁신시켜야 한다. 3M이 'Post it Notes' 공급사슬을 바꾼 사례를 보면, 풀시스템(pull system)으로 전환하여 일별 고객수요에 기초한 반응적 생산일정 수립체계, 신속한 생산품목 교체, 지점 재고의 일별 보충 제도를 도입함

---

8) 물류신문 기자들이 선정한 2014년 물류산업 10대 뉴스, 물류신문, 2014.12.17.

으로써 99%의 주문충족률, 1일분 미만의 재공품 재고, 신제품 도입기간을 80일에서 30일 미만으로 줄이는 성과를 얻었다.[9]

④ 정보기술을 활용한 가시성 확보. (본장 1.5 참조)

이상의 개선안 중에서 공급사슬 참여자들의 협업체계 구축은 성과는 크지만 제조기업 단독으로 이루기는 힘들다. S&OP 체제도입이나 프로세스 혁신을 통한 단순화, 정보기술을 활용한 가시성 확보 등은 제조기업 단독으로 추진할 수 있는 과제들이기 때문에 단계적 접근방법을 활용하여 개선한다면, 공급사슬을 경쟁무기로 활용할 수 있다.

1.5 정보기술을 활용한 공급사슬의 가시성 확보

IBM의 컨설팅 사업부인 GBS(Global Business Service)에서 2010년에 전 세계 400여 명의 CSCO(Chief Supply Chain Officer)들과 인터뷰한 결과를 보면, 이들이 공급사슬관리와 관련하여 가장 고민하고 어려움을 느끼는 영역은 ① 가시성 확보, ② 리스크 관리, ③ 고객 친밀도 확보, ④ 비용 억제, ⑤ 글로벌라이제이션의 순으로 나타났다([그림 18-3] 참조). 특히 인터뷰 대상자의 70%가 가시성 확보의 어려움을 꼽았는데, 가시성을 확보하는 데 있어서 "주요 장벽이 무엇인가"에 대한 질문에 75%가 Silo화된 조

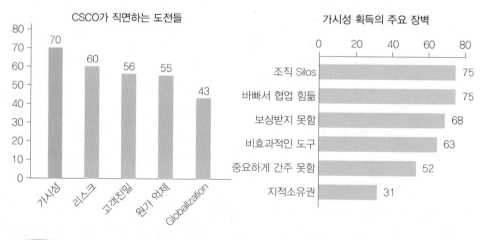

그림 18-3　CSCO가 직면하는 도전들

출처: IBM GBS, "The Smarter Supply Chain of the Future", *Global Chief Supply Chain Officer Study*, 2010.

---

9) R. Schroeder, S. Goldstein, & M. Rungtusanatham 저, 민동권 외 역, *생산운영관리*, 5판, 시그마프레스, 2013.

직이 가장 큰 장벽이라고 응답했다.

가시성(Visibility)이란 공급사슬에 참여하고 있는 다양한 기업들이 자신들의 조직경계를 넘어서 흘러 가는 주문 정보, 생산계획 정보, 재고(보관 재고, 이동 재고) 정보 등이 공급사슬 전체에서 계획대로 실행되고 있는지를 눈으로 볼 수 있도록 실물의 흐름을 컴퓨터에서 실시간으로 확인할 수 있게 하는 것이다.

이를 위해서는 관련 정보가 공급사슬의 단계마다 효과적으로 확보되어야 하며 관리되고 분석되어 정보를 필요로 하는 사람들에게 적시에 제공되어야 한다. 그러나 정보를 획득해서 의사결정에 참고하기 위해서는 반드시 공급사슬 내 참여자들 간의 **협업**이 긴밀하게 이루어져야만 한다.

결국 공급사슬의 성패는 그 사슬에 참여하는 모든 기업들이 얼마나 자신들의 역할을 잘 수행하고 유기적으로 협업하고 있는지에 의해서 좌우된다.

② 글로벌 기업의 공급사슬관리

2.1 공급사슬 네트워크의 글로벌화

지난 50여 년 동안의 세계 교역량 증가는 전 세계 GDP 성장을 추월했다.[10]

세계 교역량 증가와 글로벌화는 기업의 매출을 증가시키고 동시에 비용을 감소시킬 수 있는 기회를 제공한다. 노키아(Nokia)의 경우, 2007년도 순매출액을 기준으로 하여 가장 큰 시장은 중국과 인도였으며 총 매출의 19%가 이 두 나라에서 이루어졌고, 브릭스(BRICs)에서 25% 이상을 판매했다. 노키아는 글로벌화를 통해서 놀랄만한 성장을 할 수 있었다.

글로벌화와 공급사슬은 동전의 양면처럼 분리시킬 수가 없다. 이는 특정 기업이 생산한 제품을 판매할 시장이 전 세계이며 제품을 생산하기 위해서 다양한 국가로부터 원자재를 조달하고, 시장 대응성을 향상시키기 위해서 현지에서 외주생산을 하거나 직접 생산을 해야 함을 의미한다. 그래서 본사가 위치한 연고지 시장을 벗어나 전세계 시장을 대상으로 운영활동을 하는 기업들을 글로벌 컴퍼니라고 부른다. 우리가 잘 알고 있는 삼성전자, 코카콜라, GE 등의 기업들은 모두 글로벌 컴퍼니이며, 이들 글로벌 기업 브랜드의 시장 지배력은 점점 더 증가하고 있다.

글로벌 기업의 목표는 명확하다. 시장을 확대함으로써 사업영역을 확장하고 동시

---

10) 임세헌 외, 물류와 *SCM*, 4판, 도서출판 청람, 2011.

에 구매와 생산에서 규모의 경제 및 집중화된 제조, 조립공장 혁신을 통한 비용절감을 추구하는 것이다. 그러나 이들 기업은 두 가지 문제점에 직면하고 있다.

첫째, 전 세계 시장은 동질적이지 않으며 현지 특성에 따라 요구조건이 달라진다는 것이다. 둘째, 글로벌 기업들이 높은 수준의 조정기능을 갖고 있지 못하면 복잡한 글로벌 공급사슬을 효율적으로 관리하기 위해 많은 비용을 지불해야만 하며, 물류체계가 복잡해짐으로 인해서 리드타임 역시 증가할 수 있다는 것이다.

이들 문제점은 상호 관련되어 있다. 현지시장 여건에 맞는 제품을 제공하고 동시에 표준화된 글로벌 생산의 이점을 얻기 위해서는 공급자로부터 최종 사용자까지의 글로벌 공급사슬을 효과적으로 관리함으로써 해결될 수 있다.

사례 ● 애플의 SCM 혁신

컴팩(Compaq)에서 영입한 티모시 쿡이 처음으로 취한 공급사슬 운영전략은 재고 삭감, 물류센터 통폐합과 축소, 아웃소싱을 기반으로 한 생산체제 운영이었다. 1997년 창고와 공장에 쌓여 있던 70일 분량의 재고를 1998년에 30일 수준으로 감축시켰다. 또한 인쇄회로기판과 같은 핵심 모듈뿐만 아니라 애플이 생산하던 제품의 절반 이상을 아웃소싱했다. 물류센터 10여 개를 폐쇄했으며, 핵심 납품업체 수를 24개로 대폭 줄였고 1998년 3억 달러의 수익을 기록하며 흑자로 전환시켰다. 공급사슬 운영의 가장 큰 문제는 과도한 재고 보유라고 보고 현재까지 이 기조를 유지하여 1998년 이후 매출액 대비 재고보유 비율을 1% 미만으로 유지하고 있다.

애플은 수요예측을 통해 적정 재고 수준을 관리하며 차세대 제품이 출시되기 전에 기존 제품의 재고가 모두 소진되게 한다. 이를 위해 애플은 제품의 판매 현황을 정기적으로 모니터링하고 물류상의 제품 흐름을 실시간으로 파악한다. 안정적인 물량 수급을 위해 계약생산업체 및 부품 공급자와의 관계를 원활히 유지하는 데에 중점을 두고 있다.

공급자 관계와 관련해서는 규모의 경제를 통한 대량 구매와 막대한 현금을 통한 공급자를 통제한다. 2005년 iPod 나노 제품을 출시할 당시 플래시 메모리와 같은 중요 부품의 업체들과 연간 물량과 납품가격을 미리 계약한 후 대금을 현금으로 선 결제했다. 2011년 3월 일본 대지진이 발생했을 당시 일본 공급업체들은 생산시설의 타격에도 불구하고 최대 고객인 애플에 우선적으로 납품했고 그 결과 애플은 별다른 차질이 없었다.

10개월 정도가 소요되는 제품 디자인은 산업디자인팀과 하드웨어 및 소프트웨어 엔지니어, 오퍼레이션 조직 산하에 있는 공급사슬팀의 협업에 의해 진행된다. 외양과 내부 전자부품 배치가 설계도로 완성되면 하드웨어 엔지니어는 완제품에 사용될 부품과 모듈별로 규격과 기능적 요구사항을 상세하게 기술하는 BOM(Bill of Materials)을 생성한다. 그리고 이 시점에 부품의 구매와 완제품의 생산을 관리하는 공급사슬팀과의 협업이 시작된다.

공급사슬팀은 1차적으로 완성된 BOM 데이터를 분석하여 제조원가를 파악한 후 생산공정 상의 제조용이성을 고려하여 최종적인 제품 설계를 산업디자인팀, 엔지니어와 함께 확정한다. 공급사슬팀은 설계단계부터 제품 디자인, 하드웨어 및 소프트웨어 엔지니어링, 부품의 원활한 수급을 위한 공급계획, 조달원가 등을 종합적으로 조율하고 분석하는 역할을 담당한다. 제품의 생산이 본격적으로 시작되면, 수백 개에 달하는 납품업체로부터 그들의 부품과 모듈이 적기에 납품될 수 있도록 관리한다.[11]

2.2 운영 네트워크 설계

2.2.1 글로벌 전략과의 연계

운영 네트워크 설계 시 반드시 고려해야 하는 것은 기업이 현재 어떤 글로벌 전략을 채택하고 있는가이다. 해외에 진출하는 기업들이 채택하는 글로벌 전략은 요소투입(factor input) 전략이나 시장접근(go to market) 전략 중 하나이다.

요소투입 전략은 조직의 전반적인 비용개선을 위해 전 세계 자원(예, 저비용 노동력)을 획득하는 것이 목적이다. 반면에 **시장접근 전략**은 생산이나 판매거점 설치 등 해외 직접투자를 통해 조직의 글로벌 시장점유율을 확대하는 데 초점을 둔다. 따라서 어떤 글로벌 전략을 선택하는가에 따라 해외 시설의 역할, 입지, 구성도, 타부문과의 협업(예를 들어 구매, 마케팅 · 세일즈, R&D 등) 등이 달라지게 된다([그림 18-4] 참조).

요소투입 전략에 근거하여 비용절감 목적으로 해외시설을 건설할 경우에는 해외시설 간 물량흐름은 없을 것이며, 해외시설의 수가 늘어날 경우에는 노동비 절감으로 인한 혜택을 수송비 증가로 상쇄하게 될 수 있다. 반대로 시장 접근 전략은 시설 간 물량흐름이 존재하지만 정확한 가시성 확보와 함께 본사 통제 수준 결정이 중요해진다.

요소 투입 전략과 시장 접근 전략을 혼용하는 글로벌 컴퍼니는 좀 더 정교하게 운영 네트워크를 설계해야 하며, 운영 네트워크의 구조는 배송 네트워크에도 영향을 미치게 된다.

운영 네트워크의 구조는 비용구조, 자산가동률, 납품리드타임, 시장 대응성, 안전성, 유연성, 고객서비스, 기업의 재무성과에 매우 중요한 역할을 한다.

---

11) 민정웅, *미친 SCM이 성공한다*, 영진닷컴, 2014.
"New Apple 수수께끼", *조선일보*, 2012.3.24.
"잡스가 경의와 신뢰를 표했던 두 사람…쿡과 아이브", *조선일보*, 2011.10.25.
"'승자독식' 성장…애플신화의 두 얼굴", *한경*, 2012.10.28.

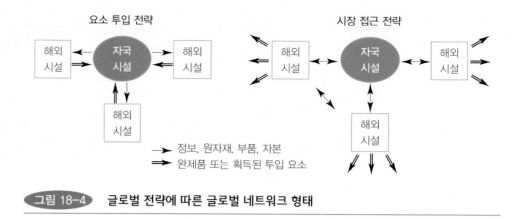

요소 투입 전략   시장 접근 전략

→ 정보, 원자재, 부품, 자본
⇒ 완제품 또는 획득된 투입 요소

그림 18-4 글로벌 전략에 따른 글로벌 네트워크 형태

2.2.2 운영 네트워크의 설계 의사결정

제조기업이 운영 네트워크 설계에서 가장 고려해야 하는 것은 자재의 흐름을 효율적으로 관리함으로써 재고를 통제할 수 있는 최적의 구성안을 도출하는 것이다.

보편적으로 공급사슬의 운영 네트워크 **설계**와 관련된 **의사결정**[12]에는 아래와 같이 생산, 보관 또는 배송과 관계된 시설들의 위치와 생산능력의 할당, 그리고 각 시설들 간의 역할할당이 포함된다.

① 시설의 역할. 각 시설별로 담당할 역할은?
② 시장과 공급 할당. 각 시설들이 활동할 시장은 어디인가?
③ 시설 위치. 각 시설을 어디에 위치시킬 것인가?
④ 생산능력 할당. 각 시설에 얼마나 많은 생산능력을 할당할 것인가?
⑤ 재고 위치. 완제품 재고를 어디에 둘 것인가?

운영 네트워크 설계 의사결정은 공급사슬 성과에 중요한 영향을 끼치며 공급사슬의 형태와 공급사슬의 비용을 감소시키거나 효과를 증가시키는 데 사용되는 공급사슬의 제약들을 결정하게 된다. 게다가 네트워크 설계 의사결정에서 각 요소들은 상호영향을 준다. 각 시설의 역할에 대한 의사결정은 공급사슬에서 수요량을 충족시키는 방식의 유연성을 결정하기 때문에 매우 중요하다. 도요타의 경우, 1997년 이전의 공장은 개별 시장에 대응하여 서비스와 재화를 공급하도록 설계되었는데, 아시아 경제 침체로 1990년대 후반에 이 방식으로 큰 손실을 보았다.

시장에 어떤 제품을 얼마나 할당할 것인가 역시 성과에 중대한 역할을 하며, 특히

---

12) S. Chopra & P. Meindl, *Supply Chain Management: Strategy, Planning, and Operation*, 4th ed., Prentice Hall, 2009.

수송비용에 영향을 주게 된다. 이 때 고려해야 하는 것은 할당과 관련된 의사결정이 시장이나 공장의 생산능력 변화에 따라 변경될 수 있도록 사전에 고려되어야 한다는 것이다.

위치선정 의사결정은 공급사슬 성과에 장기간에 걸쳐서 영향을 미치며, 시설을 닫거나 시설을 다른 위치로 이동하게 되면 많은 비용이 소요된다. Amazon.com은 시애틀에 하나의 창고만을 운영함으로써 집중화 효과를 얻고자 하였으나 미국 전역에 도서를 공급하는 데 타사보다 가격우위를 지키기가 어려워서, 후에 여러 지역에 복수의 창고를 세움으로써 비용을 낭비했다(개별 시설의 위치와 관련해서는 9장 시설·공장 입지와 설비 배치를 참조하며, 글로벌 기업의 시설 입지는 본장의 2.3절을 참고 바람).

특히 생산능력 할당과 관련된 의사결정은 공급사슬의 성과에 중요한 영향을 미친다. 생산능력 할당이 위치선정보다는 변경이 용이하지만 생산능력과 관련된 의사결정은 여러 해에 걸쳐 영향을 미치게 된다.

특히 회사가 M&A를 수행하여 2개 회사가 합병되거나 신규사업을 시작하여 급작스럽게 성장할 때 네트워크 설계 의사결정에 새로운 변화가 생길 수가 있다. 고객 중복으로 인해서 시장이 중복될 때 또는 고객 차이로 시장이 다를 경우 회사시설을 통합하거나 위치를 변경함으로써 고객에 대한 대응도를 높일 수 있다.

2.3 해외 공장의 입지

2.3.1 해외 직접투자와 공장의 입지

해외 직접 투자액은 2011년도 말 290억 달러로 약 29조원에 이르고 있지만, 타 아시아 국가들에 비해 해외투자액이 늘어난 것은 아닌 것으로 나타났다([그림 18-5] 참조).

개별 기업의 입장에서 보면 해외 직접 투자는 각 기업이 갖고 있는 동기와 목적에 따라 차이를 보일 수 있다. 이러한 동기와 목적은 투자국의 기업환경에 따라 변화하며 복합적으로 작용한다.

게다가 이러한 직접 투자의 과정 중에서 개발된 제품 아이디어나 공정 개선안이 다른 나라로 이전되기도 하는 장점이 있다. 글로벌 기업이 생산하고 판매하는 제품이라도 현지 고객의 취향이나 요구에 맞추어 설계를 바꾸고 원자재의 구성이나 가공방법을 바꾸거나 품질을 달리하는 경우도 있다. 그래서 글로벌화 과정에서 생산의 해외입지는 매우 중요한 역할을 하게 된다.

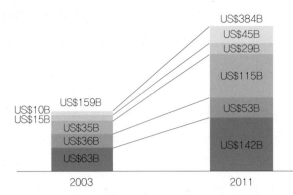

구분	2003년	2011년	증가분
인도	10	45	350%
대한민국	15	29	93%
중국	35	115	229%
ASEAN	36	53	47%
일본	63	142	125%
	159	384	142%

■ 인도　■ 대한민국　■ 중국　■ ASEAN　■ 일본

그림 18-5　각국의 해외투자 변화(US $, Billion)

출처: Accenture, "Growth Journey", *Outlook*, 2013.

2.3.2 해외 공장입지의 선정전략과 고려요인

해외에 공장을 직접 세울 경우에는 투자효과가 장기적으로 지속되고 큰 위험부담이 없이 운영될 수 있는 지역을 신중하게 선정하는 것이 중요하다. 스토바우(Robert B. Stobaugh, Jr.)는 **모방지체기간**(imitation lag)[13]이라는 개념을 사용하였는데, 모방기간에 영향을 주는 요인에는 해외에 공장을 세우려는 특정국가에 관한 요인과 그 곳에서 생산하려는 특정 제품에 관한 요인으로 대별하였다.[14]

1) 특정 국가에 관련된 요인

특정 국가에 관련된 요인으로는 그 나라의 시장규모, 투자환경, 기술수준, 해외시장과의 거리 등으로 나눌 수 있다.

시장규모는 그 나라의 1인당 국민소득이나 공업제품 생산액이 척도가 된다. 우리나라 가전업계는 당초 국내의 고임금과 인력난을 피해 중국에 진출했으나 거대한 소비시장으로 변모하면서 중국업체와의 경쟁이 치열하다.

투자환경이란 그 나라의 투자여건으로 경제적, 정치적, 법률적, 사회적 환경 등으로 볼 수 있다. 가령 투하자본의 인출자유, 외국인 소유에 대한 허용범위, 외국기업에 대한 관세정책, 물가 및 통화의 안정성, 정치적 안정성 등을 말하며 이들은 측정이 곤란한 질적 요인이 대부분이다.

---

13) 모방효과란 어떤 제품이 처음으로 생산 판매된 후, 이와 유사한 제품을 특정 국가에서 생산 판매하기까지 걸리는 기간을 의미함.

14) R. B. Stobaugh, Jr., "Where in the World Should We Put That Plant?", *Harvard Business Review*, Jan.-Feb. 1969.

1990년대에는 삼성이나 LG 등이 영국투자에 열을 올렸는데, 그 이유는 보호무역장벽을 높이는 EU 시장의 진출을 비롯해서 대지 및 시설장비에 대한 영국의 재정적 지원, 낮은 물가, 높은 생산성 등 투자환경이 유리했기 때문이다.

진출하고자 하는 국가의 기술수준이 높으면 비교적 짧은 기간에 기술개발이 가능하기 때문에 기술수준이 낮은 국가에 비해서 모방기간이 짧다. 우리의 신발산업은 1980년대 말의 노사분규 이후 높은 임금을 피해 중국으로 생산기지를 옮긴 지 얼마 안되어, '신발왕국'의 자리를 중국에 넘겨주게 되었다.

해외시장과의 거리가 멀면 현지에서 생산되는 것보다 불리한 경우가 많다. 특히 수송기간이 길거나 수송비가 많은 비중을 차지하는 제품의 경우 경쟁 면에서 불리하다.

2) 특정 제품에 관련된 요인

해외 공장에서 생산하려는 특정 제품에 관련된 요인에는 수송비용, 경제적 생산규모, 필수품인가 고급품인가 등이 있다.

특정 제품의 생산공장이 해외에 진출하는 데 있어서 중요한 요인이 수송비와 물류비용이다. 수송비용이 제품가격에서 점하는 비중이 크면 모방기간이 짧다고 보아야 한다. 가령 원자재를 특정 국가로부터 수입해서 제품을 수출할 경우(합판공장) 다른 글로벌 기업이나 현지 기업에 비해서 불리하다.

경제적 생산규모가 상대적으로 작은 경우도 모방기간은 짧다고 보아야 한다. 생산규모가 작으면 비교적 적은 자본으로 시장규모가 적은 국가에서도 쉽게 경쟁자가 나설 수 있기 때문이다. 필수품인 경우 역시 일반적으로 모방기간은 짧다.

2.3.3 해외 입지 고려사항

공장의 입지를 결정할 때 국내에서는 문제가 되지 않았던 사항들이 외국에서는 문제가 될 수 있다. 예를 들어 정정불안으로 철수하는 경우 소유재산과 자원들을 포기하는 경우도 있기 때문이다.

해외 공장 입지 선정에서 고려해야 하는 중요한 사안 중 하나가 현지화의 문제이다. 현지화는 현지인의 협력 없이는 불가능하다. 그러나 나라마다 현지인의 기질이나 관습 등이 달라서 현지인의 관리는 해외입지에서 우선 해결되어야 할 과제이다.

해외에서 사업을 하거나 생산한다는 것은 쉬운 일이 아니다. 다음의 체크리스트는 해외에 공장 입지를 정할 때 고려할 사항이다.

1) 현지 정부의 정책

① 생산시설의 외국인 소유를 허용하는가? 외국인과의 공동소유를 허용하는가?

② 생산에 사용되는 원자재의 수입제한이 있는가? 수출제한은 없는가?

③ 통화유통의 제한은 없는가? 과실송금에 제한은 없는가?

④ 제품을 다른 국가로 수출할 때 관세상의 규제는 어떤 것이 있는가? 수출대상국을 한정하고 있는가? 있다면 어떤 나라인가?

⑤ 준수해야 될 제품표준이나 정부승인 사항이 있는가?

⑥ 노조에 대한 규제가 있는가? 노조의 경영참여를 인정·요구하는가?

⑦ 모기업의 국가에서 추방된 종업원의 채용을 제한하고 있는가?

2) 현지 소비자들의 선호사항

① 현지의 소비자들이 갖고 있는 독특한 제품 선호사항이 있는가?

② 현지 생산제품(자국제품)에 대한 문화적 편애는 없는가?

③ 제품의 명칭, 슬로건 등은 현지언어로 특별한 의미를 지니고 있는가?

④ 현지인의 관습과 경쟁제품에 맞추기 위해서 제품 특성을 바꿔야 할 필요성은 없는가?

3) 종업원들의 기능 및 문화적 측면의 차이점

① 현지 작업자들의 교육수준과 기능수준은 어느 정도인가?

② 모기업의 국가나 기업자체에 대해서 역사적으로 호감이나 적대감을 갖고 있지 않는가?

③ 표준적인 업무절차로는 어떤 것들이 있는가? 주당 및 연간 작업일수와 연 휴가 일수는 얼마나 되는가? 이로써 생산활동에 지장은 없는가?

④ 작업이나 작업방법에 영향을 주는 종교행사는 없는가?

4) 현지 자원

① 필요한 부품 및 원자재와 서비스를 공급하는 업체가 현지에 있는가?

② 특별히 따라야 할 사업상 관례나 이용해야 되는 유통경로가 있는가?

3 운영네트워크의 가교: 물류

매출액 대비 물류비 비중은 2011년 기준 8.03%[15]로 제조기업에서 물류비용 증가가 매출액 증가율을 상회하고 있어 원가 압박요인으로 작용하고 있다. 물류비의 증가이유를 보면, ① 제품의 종류가 증가하면서 수송 및 보관 효율이 크게 저하되었고, ② 신제품의 경쟁적 출시로 재고량이 급격히 늘어나고 多빈도 小물량 수송이 필요하게 되었으며, ③ 글로벌화로 배송지역이 전 세계로 확장됨으로써 물류비용이 증가하고 있기 때문이다.

물류비용의 절감이 기업 경쟁력 제고의 원천 및 새로운 이익의 원천으로 대두되게 되었다.

3.1 물류관리

물류관리(Logistics Management)란 공급지와 소비지 간에 제품, 서비스, 물자 및 관련 정보의 효과적인 전후방 흐름과 저장을 계획·실행·통제하는 공급사슬관리 분야이다.[16] 경쟁이 치열해질수록 유통기업이 주문한 제품을 납기일에 전달하는 것이 완성품 제조기업에게 더욱 중요해지고 있다. 유통기업은 납기약속을 전제로 해서 비즈니스를 수행하기 때문이다. 따라서 대부분 기업에서 물류부문의 관리 목표는 고객서비스 향상과 물류비용 최소화라는 두 가지 측면을 다루게 된다.

1) 제3자 물류(3rd party logistics: 3-PL)

최근에 수송을 포함한 전체 물류기능을 FedEx, CJ대한통운과 같은 물류 전문기업에 아웃소싱하는 추세가 늘고 있다. 물류 기능 중 일부 또는 전부를 외부 전문기업에 아웃소싱하는 것을 **제3자 물류**라 한다. '2012년 제3자 물류 활용 실태조사'에 따르면, 59.6%의 기업이 제3자 물류를 활용하고 있는 것으로 나타났는데, 2005년(35.6%)에 비해 2배 가까이 사용률이 증가하였다.

---

15) 산업통상자원부와 국토교통부가 주관하고 한국무역협회가 시행한 '2011년 기업물류비 실태조사'와 '2012년 제3자 물류 활용 실태조사' 결과보고서.
16) 권오경, 공급사슬관리, 박영사, 2010. 마케팅분야에서는 유통과정상 상품의 실체적 이동이나 보관 등과 관련되는 모든 활동을 물적 유통(physical distribution: PD)이라 하고, 이의 관리를 물적유통관리(physical distribution management: PDM)라 한다.

사례 ● **세멕스, 우리 레미콘 사업은 야채 사업이다**

백년이 넘는 역사를 지닌 세멕스(Cemex)는 세계 시멘트시장에서 '빅3'를 형성하고 있는 시멘트 제조기업이며 멕시코에서 가장 존경 받는 기업이다. 세계 4개 대륙 50여 국가에 시멘트 공장 65개, 레미콘 회사 1,700개, 400여 개 채석장, 187개 물류센터, 88개 항구를 보유하고 있으며 연평균 15% 이상 성장률을 달성하고 있다.

레미콘 사업부 슬로건은 "우리 레미콘 사업은 야채 사업이다. 야채는 시들면 못 팔고 레미콘은 굳으면 못 판다. 우리의 핵심 경쟁력은 스피드!"이다. 세멕스의 고객은 기업고객과 개인 고객으로 구분되는데, 그 중 기업고객의 경우 세멕스의 시멘트 배송 시간은 2일이었다. 하지만 멕시코의 불안정한 기업 환경으로 인해 절반이 넘는 고객사 들이 막판에 주문을 취소하곤 했었다. 그럴 경우 고객들은 위약금을 물어야 했고 세멕스는 물류에 문제가 발생한다. 세멕스는 이를 해결하기 위해 GPS 기반 통합업무시스템을 개발했다. 트럭마다 컴퓨터를 설치하고 고객의 공장에 위성 통신 시스템을 달았다. 고객이 주문을 하면 가장 인접한 곳에 있는 트럭을 연계시켜 주었다. 또한 전국의 주문현황을 추적할 수 있는 인터넷 포털 사이트도 만들었다. 교통 정체로 배송이 지연될 때나 배달 마지막 순간에 고객이 주문 변경을 요청해도 즉시 내용을 변경하거나 행선지를 바꿀 수 있게 되었다. 이러한 기술이 전 세계 세멕스 공장에 적용됨으로써 배송 소요시간을 평균 30분으로 단축시킬 수 있었다. 이 때문에 '시멘트 업계의 도미노피자'로 불린다.

이 회사 로렌조 잠브라노 회장은 "시멘트 산업은 단순히 모래와 자갈을 섞는 데서 끝나서는 안 된다"며 "어디든 정확한 기한 내에 제품을 공급하는 것이 중요하다"고 강조한다. 그는 "멕시코는 1980년대 중반에 심각한 경제 위기 속에서 자유화 조치를 취하기 시작했다"며 "이 때문에 우리가 해외로 나가지 않으면 외국 기업이 멕시코에 들어와 우리를 집어 삼키거나 우리 시장을 빼앗아 갈 상황에 처했다"고 말했다.[17]

3.1.1 제조기업의 물류 의사결정

제조 기업 입장에서 볼 때 물류의 핵심 역할은 고객의 주문을 적시에 충족시키기 위한 자재와 제품의 이동과 관련되는데, 이를 위해서 고려해야 하는 **핵심 물류 의사결정**에는 다음과 같은 것이 있다.

① 물류 소유권. 수송 대상에 대한 소유권과 물류 프로세스 자체의 소유권으로 나

---

17) IGM, "세멕스 '시멘트계(契)'로 수요 창출…골리앗 울린 멕시코 토종 '지역밀착AS'", 한국경제, 2009.8.14.
박남규, "레드오션 서도 年15% 성장할 수 있다", 매경, 2014.5.22.

눌 수 있다. 수송 대상에 대한 소유권은 조달물류에서 특히 중요하며 소유권 보유 시점에 따라 회계에 미치는 영향이 달라지게 된다.

② 운송수단 선택. 운송수단에는 선박, 항공기, 철도, 트럭, 파이프라인이 있는데, 기업의 경쟁전략과 연계되어 결정되어야 한다.

③ 운송 용량. 물류 프로세스의 성과는 물류 용량(선적 물량)과 직접적으로 연계된다. 특히 적시에 수송이 필요한 물류 용량만큼 운송수단이 준비되어 있지 못할 경우에는 납품지연을 이끌 수 있기 때문이다.

④ 포장과 운반. 이송하거나 보관할 제품을 보호할 방법이 적절하게 준비되어 있지 못할 경우 제품에 손상을 가져올 수 있다. 환경문제와 관련된 브랜드 인지에서 포장이 소비자 선택에 중요한 마케팅 도구로 활용되고 있다.

⑤ 창고설계. 제품을 특정 목적지로 보내기 위해서는 다양한 크기의 화물을 적재할 수 있는 창고가 필요하다. 하지만 유통기업 등은 물류 효율과 비용을 절감하기 위해서 크로스도킹(cross docking) 방식을 고려할 수도 있다.

⑥ 역물류. 최근 인터넷 쇼핑몰의 이용 증가로 소비자가 반송한 제품을 이동, 보관, 처리하는 '역물류(reverse logistics)'가 증가하고 있다. 반송은 불량, 제품수명 종료, 재활용 때문에 발생하는데 이 중에서 재활용은 환경문제와 직접적으로 관련된다.

경쟁사보다 탁월한 기술을 가진 신제품이 있다고 해도 고객에게 적기에 공급되지 않으면 그 제품의 판매는 실패할 수도 있다.

3.1.2 제조기업의 물류 프로세스

완성품 제조기업은 제품을 만들기 위해서 원자재를 조달하고 생산단계를 거쳐 소비자에게 제품을 전달하게 되는데, 현물을 관리하기 위해서 처리하는 프로세스를 **물류 프로세스**라 한다. 조달물류, 생산물류, 판매물류로 구분하는 경우와 인바운드(In Bound) 물류와 아웃바운드(Out bound) 물류로 구분하는 경우가 있다.

① 인바운드 물류 프로세스(In bound logistics). 제조기업이 생산이나 조립활동을 적시에 수행할 수 있도록 공급자가 공장이나 물류센터로 부품이나 자재를 공급하는 프로세스이다.

② 아웃바운드 물류 프로세스(Out bound logistics). 고객기업이나 소비자에게 제품이나 자재를 효과적으로 전달함으로써 판매나 마케팅 활동을 촉진하는 프로세스이다.

물품, 즉 원자재와 제품의 종류에 따라 인바운드와 아웃바운드 물류 프로세스의 구조와 특징이 다르게 나타날 수 있다. 자동차산업의 경우 차종별로 20,000여 개에 달하는 부품의 조달과 이에 관련된 수많은 공급자를 효과적으로 관리해야 하기 때문에 인바운드 물류 프로세스가 복잡해진다. 반면에 대리점이나 딜러를 통해 소비자에게 차량을 판매하는 경우, 유통구조가 비교적 단순해서 아웃바운드 프로세스는 단순해 진다. 석유산업의 경우에는 석유생산을 위한 원유의 조달은 단순하지만 정제과정을 통해 산출되는 수많은 종류의 제품과 이를 다양한 기업들에게 공급하는 유통구조가 복잡하기 때문에 아웃바운드 프로세스가 복잡해진다.

3.2 배   송

배송은 고객과의 접점에서 서비스 만족도를 좌우하는 SCM 기능의 마지막 단계로 운영 네트워크가 실행되는 단계이다. SCM 스피드를 올리고 싶더라도 공장에서 고객인 유통업자에게 제품을 배달하는 마지막 프로세스인 배송 부문이 제 역할을 하지 못한다면 고객만족은 낮아 지게 된다.

고객이 원하는 배송기능 만족도는 2가지로, 약속된 날짜에 정확한 물량이 도착하는가와 제품이 움직이는 동선을 가시적으로 보여주는 것에 의해서 좌우된다. 특히 제품이 현재 이동하는 경로를 추적(tracking)하는 서비스는 전체 구간에 대해서 구간단위로 보여주어야 한다.

3.2.1 기업물류의 수송 수단별 특성

① 화물차 수송(motor carriers). 화물차나 트럭은 가장 융통성 있는 수송수단으로 미국의 경우 전체 화물 경비 지출의 80%를 차지하고 있다. 화물차는 대형 선적화물 수송뿐만 아니라 Door to Door 서비스, 지역 픽업과 배송, 규모가 작은 선적 수송도 제공한다.

② 철도 수송. 선적화물이 무겁고 부피가 있으며 장거리를 수송할 때 항공이나 화물차 수송보다 저렴하기 때문에 철도 수송이 적합하다. 하지만 환적시간이 오래 걸리고 제품을 최종 목적지로 운반하기 위해서는 다시 도로운송을 이용해야 한다는 단점을 갖고 있다.

③ 항공 수송. 비용이 비싸지만 신속하고 장거리의 경우에 적합하다. 장거리를 신속하게 수송해야 하는 가벼운 반도체 칩과 같은 고가 제품 또는 긴급 제품 수송에 최적이다. 수송은 선적화물 훼손 발생률이 아주 낮지만 지리적 측면에서 이

표 18-3 수송방법의 비교

수송특성	도로	철도	항공	해운	파이프라인
신속성	2	3	1	5	4
근접성	2	3	4	5	1
신뢰성·품질	2	3	4	5	1
경제성·비용	3	4	5	2	1
경로의 유연성	1	2	3	4	5

주: 숫자는 수송방법의 유리한 순서임.

용 가능한 지역이 제한되어 있다.

④ 해상 수송. 운임이 매우 저렴하지만 너무 느리고 융통성이 없다. 원양 수송은 초대형 유조선과 컨테이너의 개발 및 이용으로 더욱 증가하고 있다. 수송시간은 안정적이지만 선적 및 하역작업의 신속한 서비스 및 후속 수송수단이 빠르게 연결되느냐의 여부에 따라 거래선에 인도하는 리드타임에 결정적인 영향을 미친다.

⑤ 파이프라인 수송. 물품이 액체 혹은 기체 상태의 물질만을 수송하는 데 이용된다. 파이프라인이 독특한 이유는 흐름이 끊기지 않고 이어진다는 점이다.

수송수단의 특성에서 볼 때, 항공운송은 신속성에서 가장 유리하지만 경제성 측면에서 불리하다. 반면 신속성에서 열세인 해운과 철도운송은 부피가 크고 무거운 물자를 장거리 수송하는 데 유리하다(〈표 18-3〉 참조).

3.2.2 배송 네트워크 설계의 영향 요인

배송 네트워크란 제품을 유통기업에게 이동시키기 위해서 중계지점을 어디에 입지시키고 몇 개의 거점을 보유할 것인가와 관련된다. 중간 거점의 수가 증가되면 고객 대응시간은 줄어들겠지만 재고비용은 증가하게 되며 거점별 수송비용은 줄어들 수 있지만 전시관점의 수송비용은 증가할 수 있다. 따라서 적절한 배송 네트워크는 낮은 가격에 높은 대응을 할 수 있어야 한다.

배송 네트워크의 구조를 설계할 때, 다음 고객 서비스 요인들을 고려해야 한다.[18]

① 대응시간. 고객이 주문한 상품을 받는 데 걸리는 시간

② 제품다양성. 배송 네트워크에 의해 제공되는 제품의 수

---

18) Sunil Chopra & Peter Meindl, *Supply Chain Management*, 5th ed., Pearson, 2013.

③ 제품가용성. 고객의 주문이 발생했을 때 제품을 보유하고 있을 확률

④ 고객경험. 고객이 주문하고 제품을 받는 과정의 용이성뿐만 아니라 이 경험의 고객화까지 포함

⑤ 시장 진입시간. 신제품이 시장에 나오는 데 걸리는 시간

⑥ 주문 가시성. 발주부터 배송까지 고객이 주문의 진행과정을 추적할 수 있게 하는 능력

⑦ 반송능력. 고객이 불만족한 제품을 반송시키는 과정의 용이성과 네트워크가 이러한 반송을 다루는 능력

배송 네트워크 구조를 바꾸는 것은 재고, 수송, 시설 및 운영, 정보와 같은 공급사슬 비용에 영향을 주며 외주결정과 가격결정 또한 배송 체계 선택에 영향을 준다.

제조기업이 적용할 수 있는 배송 네트워크 설계 시 고려할 수 있는 유형에는 다음과 같은 것들이 있다.

① 생산자가 생산자 창고로부터 고객 창고(예, 유통기업)로 배달

② 수송자가 도매 · 소매의 창고 이용

③ 소비자가 생산자 창고 또는 도매 · 소매자 창고로부터 직접 픽업

④ 소비자가 구매하는 매장으로 배송. 소비자가 전화, 온라인으로 주문하거나 또는 직접 매장을 방문하여 자신이 원하는 제품을 구매할 수 있도록 생산자가 매장에 직접 제품을 배송한다.

3.3 창고관리

외부에서 조달된 원자재가 창고를 거치지 않고 곧바로 생산현장으로 옮겨져서 완제품이 되어 시장에 곧장 출하될 수 있다면 그야말로 이상적이다. 그러나 현실적으로 창고 없이 양질의 물품이 필요한 때 필요한 양만큼 조달되기란 어려운 일이며, 제품이나 상품이 생산즉시 판매되기도 쉽지 않다. 변화하는 수요 속에서 생산 · 판매 · 유통활동이 원활하게 이루어지려면, 수요와 공급을 시간과 공간적으로 조절하는 **창고관리**가 필요하다.

3.3.1 창고의 주요 기능

창고에는 생산공장 안에서 원자재와 제품을 보관하는 ① 원자재 · 제품 창고, 유통

기관의 ② 상품창고, 운송기관이나 창고업을 전업으로 하는 업자들의 ③ 물류창고, 군수품의 ④ 보급창고 등이 있다. 이 밖에 농수산물의 비축창고, 채소나 청과물의 저온창고, 수산물의 냉동창고 등 다양한 창고들은 각기 용도에 따라 기능을 달리하고 있다.

창고의 저장(stockpiling) 기능은 위에서 열거한 창고 모두가 갖고 있는 대표적 기능이다. ①의 원자재 · 제품창고는 생산지원(production support) 기능을 수행하는 생산지원창고로 생산공장이나 인근에 위치한다. 물류, 즉 물적 유통(physical distribution)에서 ②③④의 창고는 유통센터(distribution center)의 역할을 하는데, 특히 물류 창고는 창고간 유통물품(제품 · 상품)의 환적(transshipment) 거점이 된다. 물류센터나 유통센터에서 환적이 이루어지는 곳에서 고객 요구에 맞게 유통 물품들의 수령 · 보관 · 선적이 이루어진다.

환적의 거점인 유통센터나 물류창고에서는 ① 대량물품의 분리, ② 창고통합, ③ 크로스도킹이 이루어진다.[19]

① 대량물품의 분리(break-bulk): 물류창고의 대량운송물품은 공급자가 운송비와 시간을 줄이려고 동일 시장이나 지역에 위치한 창고에 대량으로 운송하는 경우에 생길 수 있다. 이 경우 창고나 유통센터에서 운송물품을 고객별로 분리하는 브레이크 벌크를 행한다([그림 18-6] a 참조).

② 창고통합(warehouse consolidation): 반대로 다수의 공급자로부터 운송된 물품들을 한 창고에서 모아서 특정 지역의 고객에 운송하는 경우로 창고→고객 간의 운송비가 절감된다([그림 18-6] b 참조).

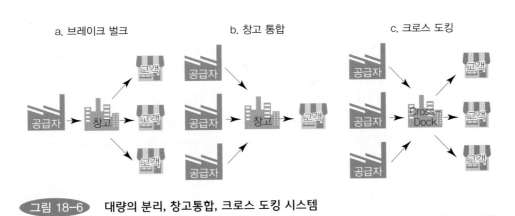

a. 브레이크 벌크   b. 창고 통합   c. 크로스 도킹

그림 18-6   대량의 분리, 창고통합, 크로스 도킹 시스템

---

19) M. Swink et al., *Managing Operations: Across the Supply Chain*, McGraw-Hill, 2011.
박승욱 외 옮김, *생산운영관리*, 교보문고, 2013.

③ 크로스도킹(cross-docking): 다수의 공급자로부터 운송된 물품들이 다수의 소매업체로 배송될 수 있도록 물품을 실을 때, 최종목적지별로 포장하고 배송트럭을 배정하여 운송효율을 높이려는 방식이다. 이는 월마트가 성공적으로 도입한 운송방식(6장 1.2.4 [사례] 월마트의 유통서비스 혁신전략 참조)으로 전술한 ① 브레이크 벌크와 ② 창고통합의 절충방식이다([그림 18-6] c 참조).

3.3.2 창고관리의 주요 고려사항

① 리스크 풀링(risk pooling: 제곱근 법칙 또는 포트폴리오 효과라도 한다). 거리의 경제 내지 규모의 경제를 통해 효율성을 높이는 집중화(centralization)와 고객 가까이 위치시킴으로써 반응성을 향상시키는 분산화(decentralization) 사이에서 무엇을 선택하느냐와 관련이 있다. 예를 들어 재고를 다수의 지역창고에 분산시키는 것보다는 소수의 물류센터에 집중시키는 경우 지역별 수요발생패턴에 따라 품목별로 재고가 부족할 수도 있고 남을 수도 있다. 그러나 한 곳의 대형 물류센터에 재고를 집중시키면 수송비용은 다소 증가하겠지만 전체적인 재고는 현저히 줄어들고 품절로 인한 고객서비스 저하현상을 방지할 수 있는 리스크 풀링 효과를 얻을 수 있다. [20)

② 창고 여유능력. 창고 또는 물류센터가 충분한 여유 수용능력을 갖고 있을 경우에는 수요변화에 유연하게 대처할 수 있다. 그러나 여유 수용능력은 비용을 증가시키며 효율성이 낮다. 반대로 100% 가까운 가동률을 나타내는 경우 수요변화에 대처하는 데 어려움이 따른다. 따라서 각각의 창고에 대해 수요의 규모와 변화폭에 대한 정보를 바탕으로 반응성과 효율성 간의 상충관계를 고려해야 한다.

③ 크로스 도킹. 월마트와 같은 유통기업은 상품을 창고에 보관하지 않고 제조기업의 트럭에 실려온 상품을 하역하여 소로트로 분할한 다음 곧장 소매점으로 배송하는 트럭에 실어 운반하는 크로스도킹(cross-docking) 방식을 이용한다. 개별 제조기업이 보내야 하는 상품량이 한 트럭분에 미치지 못하더라도 여러 공급업체 것을 모아 배송하기 때문에 규모의 경제를 도모할 수 있다. 게다가 크로스도킹은 상품 파손이나 오류 가능성을 방지해 주는데 월마트는 약 85%의 상품을 크로스도킹 방식으로 처리하며 물류센터 한 곳이 반경 300마일 이내에 있는 80~100개의 매장에 상품을 공급한다. 또한 배송중인 상품의 이동경로와 배송 소요시간을 통제함으로써 거리의 경제를 달성할 수 있다.

---

20) 김태웅, *생산·운영관리의 이해*, 3판, 신영사, 2010.

3.3.3 자동창고관리시스템

컴퓨터를 비롯한 유통정보시스템의 발전과 자동창고관리시스템 등의 등장으로 창고관리 분야에서 변화가 일고 있다. 제품(상품) 등 물자의 흐름정보를 신속 정확히 제공해주는 유통정보시스템으로 POS, EDI, QR, RFID 등이 개발 사용되고 있어, 물품의 입·출고시점에서 컴퓨터에 입력되고 재고기록이 온라인시스템으로 갱신되고 자동저장 및 검색시스템(automated storage and retrieval system: AS/RS)을 통하여 재고의 입출고가 자동으로 관리되고 있다.

공장자동화(FA)의 주요 부분의 하나인 자동창고시스템은 재고관리 특히 대량생산에 따른 물류의 합리화 문제를 해결해 준다는 점에서 각광을 받고 있다. 의약품·전자·자동차 등과 같이 재고품목과 수량이 많고 복잡하여 체계적인 재고관리가 요구되는 분야, 의류와 같이 적기에 입출고 물량을 조절하는 것이 사업의 관건이 되는 분야, 타이어와 같이 다양한 규격의 부피가 크고 무거운 물품의 효과적인 보관과 입출고가 요구되는 분야에서 긴요한 시스템으로 인식되고 있다.

자동창고 시스템은 원자재와 제품의 창고보관 및 입출고, 재고관리 등을 컴퓨터를 통해 자동으로 제어하고 원자재-생산-유통-소비에 이르기까지 물적 자원의 흐름을 체계적으로 관리하는 통합관리시스템으로 발전하고 있다. 자동창고 시스템은 일반적으로 화물적재 선반인 랙(rack), 화물을 담는 용기인 팔렛트(pallet), 팔렛트를 집어넣고 꺼내는 스태커 크레인(stacker crane), 무인반송차(automatic guided vehicle: AGV)나 컨베이어를 비롯한 운반시스템, 컴퓨터와 제어통신시스템 등으로 구성된다.

3.4 시설 내 이동(운반: material handling)

3.4.1 운반시스템의 설계와 운영문제

물품을 들어올리고(picking up), 내리고(putting down), 이동(moving)하는 것이 운반(material handling)이다. 공장 내에서의 물자의 흐름은, 물의 흐름과 같아서 그 흐름이 원활하지 못하면 공정의 지연이나 작업지연이 생기며 생산능률은 떨어진다. 물자의 흐름을 크게 좌우하는 것은 운반시스템으로 생산시스템의 설계 시에 신중히 결정되어야 한다.

운반시스템의 문제가 중요시되는 이유는 제조원가 중에 운반코스트가 차지하는 비중이 일반적으로 높다는 점이다. 물류비가 매출액(2011년)의 8%로 경쟁국 일본보다 32%정도 높은 우리 산업의 현실에서 운반시스템의 설계와 운영문제는 중요하다.

운반시스템의 효율을 높이고 아울러 운반코스트를 절감하기 위해서는,

① 가급적 운반을 적게 하도록 시설 및 설비배치를 하며
② 경제적인 운반을 행할 수 있는 운반시스템을 선정하고
③ 운반효율이 높도록 운반시스템(특히 운반설비)을 운용하는 것이다.

앞에서 ①은 9장의 9.2에서 언급되었으므로, 본 절에서는 ②③을 중심으로 설명하기로 한다.

3.4.2 운반개선의 원칙

운반시스템의 설계 · 운영에 길잡이가 되는 운반개선 원칙들은 다음과 같다.

1) 물품의 활성관계(活性關係)에 관한 원칙

활성(liveliness)이란 운반물품의 취급하기 쉬운 정도, 즉 운반중의 하물(荷物)을 산(活) 상태로 두는 것으로, 운반원칙 가운데 대표적인 원칙이다.

① 활성하물의 원칙(live load principle). 화물을 운반하기 쉽게 산(活) 상태로 두는 것, 즉 화물의 활성지수(index of liveliness)를 높이라는 것([그림 18-7]의 '활성지수표' 참조).
② 단위하물의 원칙(unit load principle). 운반작업에서 취급되는 운반 단위나 중량이 크면 클수록, 단위당 또는 중량단위당 운반코스트가 감소되며 아울러 운반 시간도 단축된다는 원칙.
③ 재취급의 원칙(rehandling principle). 이 원칙은 재운반을 하지 말라는 것으로 재취급의 회피와 활성의 유지는 서로 밀접한 관계에 있다.

화물상태의 예	활성지수	분석기호	화물상태의 예	활성지수	분석기호
땅(마루)바닥	0	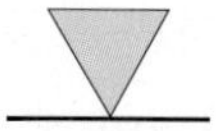	차 량	3	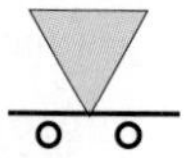
용기(container)	1	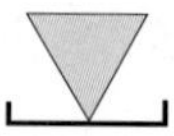	컨베이어(conveyor)	4	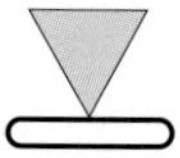
팰릿(pallet)	2	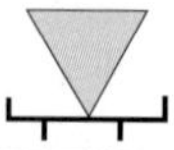	파이프라인(pipe line)	5	

그림 18-7 **활성지수표**

④ 팰릿화방식(palletization system). 화물을 팰릿에 싣고 팰릿 채로 운반함으로써 화물의 활성지수를 높이라는 것.

⑤ 트레일러 열차방식. 물건을 바닥에 내려놓았다가 다시 차에 옮겨 실을 필요없이 미리 준비된 트레일러에 실어 이들을 트랙터로 끌어서 목적지로 운반하는 방식.

2) 자동화관계에 관한 원칙

인간 이외의 다른 힘을 운반에 사용하라는 뜻에서 자동화란 말을 사용했다.

① 중력화의 원칙(gravity principle). 운반에 중력을 이용하여 동력이나 인력을 절약하라는 것.

② 기계화의 원칙(mechanization principle). 인력운반을 기계화하여 운반효율을 높이라는 것.

③ 자동화의 원칙(automation principle). 기계화원칙을 보다 발전시킨 것으로 운반을 자동화하라는 것.

3) 대기관계에 관한 원칙

작업자나 기계의 대기시간과 헛 운반을 피하라는 원칙이다.

① 팀웍의 원칙(team work principle). 구성원의 협동으로 시너지효과를 올리라는 것.

② 시계추 방식(pendulum system). '트레일러 열차방식'에서 좀더 진보한 것으로, 동력차(트랙터) 1대로 트레일러 3조를 움직이는 방식.

③ 정시운반방식(diagram handling system). 헛 운반을 안하도록 운행시각표를 정해 놓고 운반하는 방식.

④ 가동률의 향상(machine in motion). 운반설비의 가동률을 높여야 한다는 것.

4) 운반경로에 관한 원칙

운반효율을 높이려면 운반거리를 단축하는 것이 효과적인데, 운반거리는 시설배치에 의해서 상당히 좌우된다.

① 배치의 원칙(layout principle). 배치의 적정화로 운반거리를 단축시키고 운반을 간편하게 할 수 있다는 것.

② 흐름 또는 직선화의 원칙(flow or straight line principle). 운반경로는 직선적인 흐름으로 정하라는 것이다.

5) 기타의 원칙

① 스피드화의 원칙. 운반속도를 높이라는 것.

② 안전의 원칙(safety principle). 안전한 운반을 중요시하라는 것.

③ 자중경감의 원칙(dead weight principle). 운반수단의 자체중량을 경감하라는 것.

④ 보전의 원칙(repair principle). 운반설비의 예방보전과 신속수리 및 응급대책을 강구하라는 것.

3.4.3 운반설비의 종류

운행양식별 분류방식에서는 운반설비를 통로의 유연성 여부에 기준을 두어 ① 고정통로용 운반설비와 ② 자유통로용 운반설비로 대별한다.

① 고정통로용 운반설비(fixed path equipment). 고정통로용 운반설비는 중량이 무거운 물품이나 많은 물품을 일정한 통로로 계속 운반할 때 사용된다. 그러나 이

체인 호이스트   전기호이스트   집크레인   가교형 크레인

버킷 컨베이어   롤러 컨베이어   벨트 컨베이어   벨트 컨베이어

포크 리프트 트럭   핸드 리프트 트럭   트랙터

그림 18-8 **운반설비의 여러 종류**

들 운반설비는 고정된 통로를 떠나서 운반할 수 없을 뿐만 아니라 설비의 이용면에서 유연성이 적다는 제약점이 있다. 고정통로용 운반설비로는 컨베이어(conveyor), 궤도차(rail road cars), 승강기(elevators), 기중기(cranes), 호이스트(hoist), 파이프라인(pipe line) 등을 꼽을 수 있다([그림 18-8] 참조).

② 자유통로용 운반설비(varied path equipment). 고정통로용에 비해서 운행통로면에서 융통성이 많은 운반설비로서, 물자의 흐름이 일정치 않은 다품종소량생산에서 많이 볼 수 있다. 자유통로용 운반설비로는 수동하차(hand equipment), 트럭, 핸드 리프트 트럭(hand lift truck), 포크 리프트 트럭(fork lift truck), 트랙터와 트레일러(tractor and traitors) 등을 들 수 있다.

이 밖에 자유통로용과 고정통로용을 겸비한 운반수단으로는 유연생산시스템의 총아(寵兒)인 무인반송차(automatic guided vehicle: AGV)가 있다.

이 장의 요약

공급사슬관리를 다루는 본 장에서, 1절은 공급사슬관리(SCM)의 개요로 공급사슬의 구조와 채찍효과 전략적 설계를 다룬다. 2절은 글로벌 기업의 공급사슬관리에 대해서 다루며 3절은 운영 네트워크의 가교 역할을 담당하는 물류에 대해서 설명한다.

이 장에서 기술된 주요내용을 요약하면 다음과 같다.

- 공급사슬관리란 공급사슬의 운영이 효과적으로 이루어지도록 관련된 활동을 계획하고 실행하며 통제하는 것인데, 관리의 대상관점에서 보았을 때 흐름관리(flow management)라고 볼 수 있으며 대상에는 원자재·제품·자금·정보가 공급사슬의 양방향으로 흘러 다닌다.
- 공급사슬 구조는 제품 유형과 완제품 생산기업의 전략적 의사결정에 따라 달라질 수 있지만 소비자, 소매기업, 도매/유통기업, 완제품 제조기업, 부품 제조기업, 원재료 공급자로 구성이 된다. 각 기업은 제품 유형 별로 복수 개의 공급사슬을 구축할 수도 있다.
- 소비자로부터 시작된 미세한 변화가 소매상과 도매상을 거쳐서 제조업체로 넘어오면서 커다랗게 부풀려지는데 이것을 '채찍효과(bullwhip effect)'라고 하며, 공급사슬에 참여하고 있는 여러 기업들이 자신의 입장만을 고려하여 독자적으로 비합리적인 의사결정을 내림으로써 수요정보를 왜곡시켜 전체 공급망의 수익성을 떨어지게 만드는 것이다.
- 공급사슬 설계에 활용할 수 있는 전략적 접근방법에는 제품 중심 설계와 프로세스 중심 설계 방식이 존재한다.
- 공급사슬관리의 혁신 방안에는 구조적 혁신방안(공급사슬 통합, 공장, 창고 등의 입지 재구성, 대대적인 제품 재설계, 아웃소싱)과 운영 개선방안(공급사슬 참여자들의 협업체계 구축, S&OP 체제 도입, 프로세스 혁신을 통한 단순화, 정보기술을 활용한 가시성 확보) 등이 있다.
- 글로벌 기업이 운영 네트워크 설계 시 반드시 고려해야 하는 것은 기업의 글로벌 전략과의 연계이며 자재의 흐름을 효율적으로 관리함으로써 재고를 통제할 수 있는 최적의 구성안을 도출해야 한다.
- 글로벌 기업이 해외에 공장을 세울 때, 투자효과가 장기적으로 지속되며 위험부담이 적은 지역을 선정해야 하는데 '모방지체기간' 개념을 이용할 수 있으며 현지정부 정책, 소비자들의 선호사항, 종업원들의 역량, 문화적 차이점을 고려해야 한다.
- 물류관리(Logistics Management)란 공급지와 소비지간 제품, 서비스, 물자 및 관련 정보의 효과적인 전후방 흐름과 저장을 계획·실행·통제하는 공급사슬관리분야이다.
- 공장 내, 물자의 흐름을 크게 좌우하는 것은 운반시스템으로 생산시스템의 설계 시에 신중히 결정되어야 한다. 운반시스템의 문제가 중요시되는 이유는 제조원가 중에 운반코스트가 차지하는 비중이 일반적으로 높기 때문이다.

제 19 장
수요와 공급 균형잡기

① 예측 가능한 변동 잡기

1.1 공급사슬관리와 수요변동

최근 혁신적인 공급사슬 사례로 Zara가 많이 언급되고 있는데, 1980년대에서 1990년대까지 패션계를 주름잡았던 베네통의 성공 비결 역시 획기적인 공급사슬관리(SCM)에 있었다. 당시만 해도 대다수 의류업체는 미리 염색된 실로 옷을 만들었다. 이에 비해 베네통은 염색된 실로 제품을 생산하는 전통적 방법을 역발상으로 뒤집어 흰색 스웨터를 먼저 대량 생산했다. 이후 소비자 수요에 맞춰 염색을 실시하는 이른바 '후염(後染) 공정'을 도입했고 이것이 성공의 기반이 되었다. 하지만 원색(color)의 강렬함과 파격적인 광고로 화제를 모았던 의류기업 베네통도 매출 부진을 극복하지 못하고 2012년 상장폐지를 결정했다.[1]

베네통이 Zara([사례] Zara vs. H&M 참조)와 같은 패스트 패션 기업들과의 경쟁에서 밀린 가장 큰 이유는 패스트 패션 브랜드들이 시즌 내 지속적인 상품 추가 공급이 가능한 '신속한' 비즈니스 모델을 추구한 것에 반하여, 전통적인 계절별 기획 상품 생산 방식을 유지했다는 것이다. 즉 베네통은 자신이 예측한 시즌 수요 내에서 공급을 일치시키기 위해 주문이 들어올 때까지 생산공정을 지연시키는 것에 집중했다면, Zara는 유행을 예측하여 옷을 만들어 놓는 것이 아니라 시즌 전 10~20% 디자인만 확정한 후 고객의 반응을 수시로 수렴하여 순발력 있게 생산에 반영할 수 있도록 공급사슬을 구축한 것이다.[2] 결국 베네통은 자신이 수립한 공급계획에 기반하여 공급사슬

---

1) "'컬러 왕국' 베네통 상장폐지 선언…패스트패션 업체에 밀려서 낙오", 매경, 2012.2.20.
2) "[글로벌 이노베이션 DNA] 자라의 속도 우선 공급사슬관리(SCM)", 전자신문, 2013.12.22.

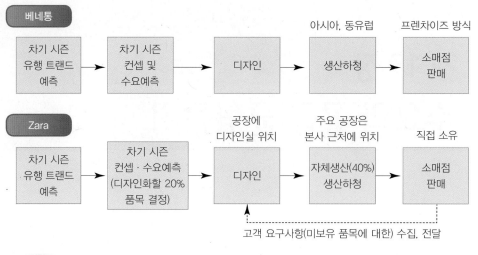

그림 19-1 베네통과 Zara의 SCM 비교

을 운영하는 일방통행식(push) 방식이었다면([그림 19-1] 참조), Zara는 고객의 요구사항이나 피드백을 즉각적으로 반영하여 신제품을 공급할 수 있는 양방향 소통(pull)방식에 기반한 공급사슬을 운영함으로써 경쟁력을 확보한 것이다.

베네통의 SCM 혁신이 1세대 혁신으로 생산단계에 초점이 맞춰진 반면, Zara는 2세대 혁신으로 시장의 살아있는 수요에 공급을 일치시키기 위해서 신제품 디자인부터 배송까지의 전체 공급사슬을 혁신했다.

모든 제조기업은 수요가 있기 때문에 공급을 위해 생산한다. 만일 수요가 안정적이고 변동이 적은 제품을 생산하는 경우라면 제조기업은 안정된 수요를 충족시킬 만큼만 생산하면 되며 이 경우 공급사슬 내 제품 재고의 수준은 낮다. 그러나 대부분 제품들은 다양한 요인에 의해 수요변동을 겪는데, 이들 중 큰 것은 계절 요인과 같은 예측 가능 요인에 의해서 발생되는 변동이다. 이런 형태의 수요 변동을 겪는 제품은 공급사슬 내에서 성수기에는 재고가 부족하고 비수기에는 과도한 재고가 발생하여 생산비용을 증가시키고 공급사슬의 대응력을 약화시킨다.

1.2 수요와 공급 불균형으로 인해 발생하는 문제들

수요와 공급이 균형을 이루지 못하면 다양한 문제가 발생하는데, 수요가 공급에 비해 월등히 많을 때에는 다음의 문제가 발생한다.

"[Weekly BIZ] 잘 팔리는 옷 파악해 실시간으로 제작… 빨리빨리 무기로 年 수십조원 쓸어담는 '패스트 패션'", 조선비즈, 2015.8.29.

1) Zara: 자회사를 통한 수직계열화

Zara는 스페인의 대규모 의류 생산 및 소매기업인 인디텍스(Inditex)사가 소유하고 있는 패션 브랜드 중의 하나로 2015년 90개국에 6,000개가 넘는 매장을 운영하고 있다. 의류산업에서 디자인-판매 주기가 통상 6개월 이상이었던 것에 반해 Zara는 2주로 단축시켰다. 디자이너들은 세계 각국 매장에서 들어오는 POS데이터와 시장조사 정보를 바탕으로 격주로 새로운 디자인을 출시함으로써 매 3~4주마다 전시상품의 75%를 바꾼다.

인디텍스사가 약 40%의 생산능력을 소유하고 나머지는 외주 생산하며, 수요 불확실성이 높은 제품들은 유럽에서 생산하고 수요예측이 가능한 제품은 아시아 지역에서 생산한다. 완제품 40% 이상과 기업 내부생산의 대부분은 판매시즌이 시작되고 난 후에 이루어지는데 이것은 의류기업들이 통상적으로 판매시즌 시작 후의 생산이 20% 미만인 것과 비교하여 커다란 차이를 보인다. Zara는 규모의 경제를 추구하지 않고 여러 제품을 소량으로 제조하여 유통시키며, 디자인과 보관, 유통 및 배송 기능 모두를 직접 관리한다.

2) H&M: 100% 아웃소싱을 통한 공급사슬의 분화

H&M의 성공요인은 '매스티지' 전략인데 '대량 시장(Mass market)'과 '명성(Prestige)'을 합성한 신조어로 고급 브랜드를 저가 대량의 소비 제품으로 연계시키는 전략으로 소비자가 「랑방」이나 「베르사체」와 같은 최고급 디자이너 제품을 싼 가격에 구입할 수 있게 해준다.

H&M은 전통적인 패션 기업처럼 디자인이 선행되는 모델을 지향한다. 디자인 최종 완성 후 재료 구매와 생산이 이뤄지며 기간은 9개월이 걸리고 80%에 가까운 제품을 시즌 이전 미리 생산하며 나머지 20%만 시즌 중 나온다.

H&M은 본사 디자이너가 디자인하고 유럽과 아시아 지역의 30여 개국에 있는 747개 납품업체에 100% 아웃소싱하며 매장은 임차하고 있다. H&M은 2개의 공급사슬을 운영하고 있는데 리드타임이 비교적 긴 제품은 아시아 지역에, 수요 변동성이 크면서 신속한 대응을 요하는 제품을 생산하기 위한 유럽 중심의 공급사슬이다.[3]

<Zara와 H&M 공급사슬 전략 비교>

항목	Zara	H&M
네트워크 구축	자회사 수직계열화	아웃소싱 수평적 분화
공급업체 선정기준	가격, 속도, 유연성	가격, 시장 접근성
공급사슬 운영방식	끌기(pull) 방식	계획(push)과 반응(pull)
디자인, 구매, 생산, 물류관리	중앙집중형	지역별 분산

---

3) "유럽 패션계 구루 프랑코페라로—SPA 다음 무엇이 대세일까?", *Fashionbiz*, April 14, 2014.
　"빌 게이츠 흔든 '자라의 반란'", 헤럴드경제, 2015.10.30.
　"[글로벌 이노베이션 DNA] 자라의 속도 우선 공급망관리(SCM)", 전자신문, 2013.12.22.

① 고객이 원하는 납기에 맞춰 출하하지 못한다. 주문량이 증가할수록 리드타임은 길어지고 결과적으로 판매기회를 잃게 된다.

② 비용을 증가시킨다. 잔업이 발생하고 긴급 수송으로 인해 추가비용이 발생한다.

③ 품질이 나빠진다. 한시적인 임시 외주계약으로 품질이 떨어지는 경우가 발생하며 원자재 구입에 차질이 발생하기도 한다.

수요에 비해 공급이 많을 때에는 다음과 같은 문제가 발생한다.

① 재고가 증가하고, 재고 유지비용이 증가한다.

② 생산성이 감소하고 생산량의 편차가 심해진다.

③ 이익이 줄어든다. 제품의 판매촉진을 위해서 할인판매와 같은 판촉활동을 벌이고, 판매부진이 이어질 때는 가격을 낮추게 된다.

그래서 많은 기업들이 수요와 공급의 균형을 이루기 위한 방법으로 판매 및 운영계획(S&OP: Sales & Operation Planning)을 도입하고 있다.

이외에도 제조기업들은 공급을 관리하거나 수요를 관리함으로써 예측 가능한 변동에 대처하고 있다. 공급관리는 생산능력, 하청, 재고를 통해서도 가능하며 수요관리는 단기적인 가격할인, 판촉행사를 이용할 수 있다.

② S&OP를 이용해 시장변동에 대응하기

2.1 판매 및 운영계획(S&OP) 개요

수요와 공급을 용이하게 관리하기 위해서 수요관리는 영업팀이 공급관리는 생산팀이 분담해서 관리하는데 영업부문과 생산부문은 서로 앙숙인 경우가 많다. 결국 공급과 수요를 좀 더 효과적으로 관리하고 의사결정하기 위해서 책임을 분리시킨 것이 결과적으로 공급사슬을 조정하기 어렵게 만들고 있으며 수익은 줄어들게 만들고 있다.

공급사슬관리 혁신을 시도하는 기업들의 최우선 과제는 이들 생산과 영업 조직 간의 정보 소통을 좀 더 원활하게 하고 **협업**(cooperations)을 하는 것이다. 즉 '하나의 판매계획'으로 기능 간 대화를 나누고 실행하는 것이다.

보편적으로 제조기업은 연간 경영계획을 수립하고 월별 실행계획을 세워 계획대비 실적을 평가하는 방식이 체질화되어 있다. 하지만 시장이 불확실하다는 이유로 판매계획을 반드시 달성해야 한다는 의무감보다는 달성하지 못했을 때 면죄부가 주어지고, 게다가 수요예측 수치가 잘못되었다는 것을 시스템적으로 검증하지도 않는다. 그 결과 수시로 판매계획이 바뀌며 재고는 증가하고 이익에 차질이 발생하며 모든 후속 프로세스인 개발, 생산, 구매, 물류에서 자원낭비나 비효율이 용인되곤 한다. 이런 비효율을 방지하고 하나의 계획 아래 모든 기능들이 계획대로 실행되도록 하며 차질이 발생했을 때 문제점을 찾아 개선하고 변경 사항이 발생하면 즉시 전체 부서가 알게 하여 다시 계획을 세우는 과정을 보다 스피디하게 만들 필요가 있다.

생산부서와 판매부서가 각자 세우던 계획을 관련자가 함께 수립하는 형태로 변화한 것이 S&OP(Sales & Operations Planning)이다. APICS(American Association of Production and Inventory Control Society)에 따르면, S&OP는 판매계획 수준과 생산계획 수준을 일치하도록 설정함으로써 사업계획에 명시된 수익성, 생산성, 리드타임 등의 목표를 달성하는 역할을 한다.

S&OP는 계획 과정의 복잡성을 통제하기 위해서 통상 제품군별, 즉 제품 생산에 필요한 장비와 인력 등 생산공정을 공유하는 비슷한 제품 묶음별로 이루어진다. S&OP는 마케팅, 영업, 운영, 재무부서 등으로 구성되는 다기능팀(cross functional team)이 수립하며 판매예측, 공급계획, 수요와 공급의 조정 방법들을 조율하게 된다. 즉 S&OP 결과에 기반하여 제품 생산량과 재고수준을 결정하며, 이와 함께 채용, 초과근무, 하청 등을 고려한 인력 관련 결정과 정책도 수립한다. 특히 설비 규모가 고정되어 있다고 가정하기 때문에 시장 수요를 맞추기 위해서 설비와 자원을 적절히 사용할 방법을 함께 고려하게 된다.

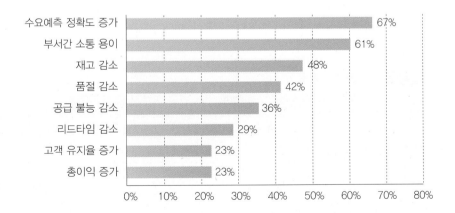

그림 19-2 S&OP 도입 효과

출처: Aberdeen, *The Technology Strategies for Integrated Business Planning Benchmark Report*, Aberdeen group, 2006.

S&OP가 도입되기 이전에 기업들은 11장에서 기술한 총괄생산계획(Aggregate Planning)을 수립한 후 생판(生販; 생산과 판매) 회의를 통해서 계획 정보를 공유하였다. 하지만 그 기준이 월 단위였고 각자의 계획을 관련 부서에 통보하는 형식이었기 때문에 가장 핵심적인 **조정** 역할이 거의 이루어지지 못했다.

Aberdeen Group에서 S&OP를 시행중인 북미 · 유럽 · 아시아 140개 기업들을 대상으로 한 2006년 조사결과에서 S&OP 도입효과를 도식화한 것이 [그림 19-2]이다. "S&OP를 적용하여 얻은 효과가 무엇인가"라는 질문에 대해서 가장 많이 응답한 것이 '수요예측 정확도 증가'(67%)이고 다음이 '부서간 소통 용이'(61%), '재고 감소'(48%)를 꼽았다. '총이익 증가'에 응답한 기업은 23%인 것으로 나타났다. 수익성 확보를 목표로 S&OP를 구축했지만 아직 효과적으로 운영되고 있지는 못하다.

2.2 S&OP 운영 사례

라운드사의 사례를 통해서 S&OP 도입 전과 도입 후 차이를 살펴보자.[4] 라운드사는 가정이나 산업현장에서 사용되는 소형 공구들을 생산하는 제조기업으로 아직 S&OP를 도입하지 않았다.

2.2.1 S&OP 비구축의 경우

마케팅부장이 제품별 판매예측에 대한 분기회의를 주관하고 있다. 그는 전동 드릴에 대한 1분기 판매실적(〈표 19-1〉 참조)이 수요예측치보다 낮아 판매보고서를 확인한 결과, 최근 출시된 다른 제품군에 의해 시장을 잠식당하고 있다고 결론 내렸다. 그래서 2월에서 4월까지의 3개월 판매의 평균인 270,000으로 예측을 수정하고(〈표

표 19-1 수요예측 자료

마케팅부서: 변경된 계획								
항목	2월	3월	4월		5월	6월	7월	8월	9월
예측(단위: 천)	300	300	300	기존 예측	300	330	330	330	330
판매	270	265	275	수정 예측	270	270	270	270	270
차이	−30	−35	−25						
차이누적	−30	−65	−90						

---

4) 톰 왈라스 저, LG CNS 역, *SCM의 중심 판매&운영계획(S&OP)*, 엠플래닝, 2003의 내용을 재구성함.

표 19-2 생산계획 자료

생산부서: 변경된 계획									
항목	2월	3월	4월		5월	6월	7월	8월	9월
예측(단위: 천)	300	300	300	기존 예측	310	330	330	330	330
생산	290	300	305	수정 예측	310	300	300	270	270
차이	-10	0	+5						
차이누적	-10	-10	-5						

표 19-3 재고 현황 & 계획

재고: 변경된 계획										
항목	1월	2월	3월	4월		5월	6월	7월	8월	9월
예상 재고(단위: 천)	300	300	300	300	기존 계획	300	330	330	330	330
실재고(이월+생산-판매)	350	370	405	435	수정 계획	445	475	505	505	505
차이(실재고-예측)	50	70	105	135						

19-1〉의 색칠한 부분) 공장장에게 변경된 계획을 통보했다.

메일을 받은 공장장은 3개월 전에 수립된 마케팅 부서의 수요예측에 따라 6월부터 생산량을 늘릴 수 있도록 준비를 완료시켜 놓았는데, 다시 생산을 줄여야 한다는 내용에 짜증을 내며 마케팅부장과 통화를 했다. 하지만 생산량을 감소시킬 수밖에 없는 상황을 이해한 공장장은 새로운 계획을 세웠지만 이미 5월은 절반이 지났기 때문에 감소시킬 수 있는 수량이 별로 없어서 6월부터 일부 반영(〈표 19-2〉 참조)하기로 했으며 수요예측 수치와 정확하게 일치시키는 시기는 8월로 잡았다.

주거래 은행으로부터 과잉재고와 현금흐름의 악화 등으로 인해 전화를 받은 재무부장은 자신이 직접 나서서 문제를 해결하겠다고 했다. 완제품 재고 현황 보고서(〈표 19-3〉 참조)를 검토한 결과, 전동 드릴의 재고가 계속 증가하고 있으며 4월 재고인 435,000개는 계획했던 재고 물량인 300,000개보다 훨씬 높은 수치였다. 개당 원가를 70달러로 계산하면 약 3천만 달러(300억원)에 이른다. 오후 회의에서 관련자들이 신규계획에 대해서 논의를 한 결과 기존 생산계획에 따를 경우 예상재고가 9월에는 505,000개에 이를 것으로 나타났다.

마케팅, 생산, 재무 부서가 서로 단절되어 자신의 목표 달성에 대해서만 신경을 쓰고 있었고 전사 관점에서 신경을 쓰지 않았기 때문에 이러한 현상이 발생했다. 즉 수요와 공급의 상태가 균형을 이루고 있는지를 정기적으로 검토하는 프로세스가 없었던 것이다.

이번에는 S&OP를 구축하고 있다는 가정하에 위의 예를 검토해 보기로 한다.

2.2.2 S&OP 구축의 경우

다기능팀(cross functional team)인 S&OP 팀은 영업팀으로부터 판매실적 및 예측치를 전달받고 생산부서의 생산계획 및 실적치에 대한 정보를 주기적으로 취합하여 하나의 S&OP 템플릿을 작성한 후에 관련자들에게 발송한다.

S&OP 회의에서 마케팅부장, 생산부장, 재무부장은 가정용 전동 드릴에 대한 동일한 S&OP 템플릿(〈표 19-4〉 참조)을 본다. 이 템플릿의 장점은 제품군의 현황에 대한 전체적인 모습을 한눈에 볼 수 있도록 해 준다. 이 표는 마케팅, 생산, 재고에 대한 상세 정보를 담고 있다. 그래서 각 부서에서는 자신의 수치뿐만 아니라 다른 영역의 수치까지 검토할 수 있다. 각 관리자들은 이 템플릿을 이용해 그들 부서에 대해서만 살피기 보다는 유기적 통합체로서 비즈니스를 훨씬 더 쉽게 검토할 수 있다. 뿐만 아니라 예측치나 계획의 변경이 어떻게 영향을 미치는지를 쉽게 파악할 수 있게 한다.

예를 들어 5월 초에 이 템플릿을 받았다면 따로 전화로 확인해 볼 필요 없이 누구라도 4월 재고가 계획(300,000개)에 비해 훨씬 증가(435,000)하고 있음을 알 수 있으며

표 19-4 S&OP 템플릿

	항목	2월	3월	4월	5월	6월	7월	8월	9월
마케팅	예측(단위: 천)	300	300	300	300	330	330	330	330
	판매	270	265	275					
	차이	−30	−35	−25					
	차이누적	−30	−65	−90					
	항목	2월	3월	4월	5월	6월	7월	8월	9월
생산	예측(단위: 천)	300	300	300	310	330	330	330	330
	판매	290	300	305					
	차이	−10	0	+5		+			
	차이누적	−10	−10	−5		−			
	항목	2월	3월	4월	5월	6월	7월	8월	9월
재고	예상 재고(단위: 천)	300	300	300	445	445	445	445	445
	실재고(이월+생산−판매)	370	405	435					
	차이(실재고−예측)	70	105	135	+				

단, 1월로부터 이월된 재고는 350.

그 원인은 판매가 예측보다 낮기 때문임을 한눈에 알 수 있다. 이러한 통합 템플릿을 매달 또는 매주 검토할 수 있다면, 각 부서는 좀 더 빠른 조치를 취할 수 있다. 결국 이 템플릿을 통해 수요와 공급의 균형을 유지하기 위해 내부적으로 통합된 계획의 수립과 실행이 가능하다.

S&OP 제도를 도입했을 때 얻는 장점은 S&OP 템플릿을 이용해서 정보를 빠르게 획득하고 통합할 수 있다. 하지만 S&OP 제도를 도입했을 때의 진정한 성과는 S&OP 템플릿 작성에 있는 것이 아니라 S&OP 회의체 운영을 통해서 달성된다. 다음 2.3절에서는 S&OP 회의가 진행되는 과정을 설명하고 있다.

2.3 S&OP 프로세스

S&OP는 전략 및 사업계획과 대일정계획(MPS)을 묶어주는 연결고리 역할을 한다 ([그림 11-1] 참조). S&OP가 없는 회사에서는 사업계획과 대일정계획(MPS) 사이의 연결이 끊기는 현상이 종종 발생한다. 즉 최고경영층에서 결정짓고 확정한 계획이 공장 현장과 입고창고, 그리고 가장 중요한 출하창고에서의 일일 활동계획 및 스케줄과 연동되지 않게 된다. 이것이 일부 기업에서 발생하는 사업계획을 달성하지 못하게 하는 원인이 되기도 한다.

S&OP는 수요, 공급 및 재무적 결과(생산비용, 재고비용 등)에 대한 실적 및 예측 정보를 바탕으로 판매·생산·재무 등 분야별 계획들을 상호 조정하여 전체 사업계획과 일치시키는 역할을 한다. 즉 관련 부서간에 합의가 이루어진 하나의 판매&생산·운영 계획을 만들고 이를 바탕으로 인력, 생산능력, 자재, 시간, 자금을 가장 효과적인 방법으로 배분한다.

S&OP 프로세스의 핵심은 S&OP 회의의 운영이다. 기존의 판매·생산 계획의 수립 주기는 월 단위이고, 부문별로 독자적으로 판매계획과 생산계획을 수립한 후에 타 부문에 정보를 제공하므로 조정 작업이 결여되었다. 그러나 S&OP 회의를 통해 관련 부서가 함께 시장 변동에 대처하기 위해 필요한 조정활동을 할 수 있다. S&OP 회의는 주별 S&OP 회의와 월별 S&OP 회의를 함께 운영하여 수요예측 정확도를 증가시키고 조정작업을 정교화한다.

월간 S&OP 회의 **운영 프로세스**는 다음과 같다.

1단계 판매분석 보고서 작성. 이 활동은 월말 직후에 정보시스템 부서가 보고서를 작성한다. 마감 직후 해당 월의 데이터(매출 실적, 생산 실적, 실재고 등)를 파일로 업데이트한다. 마케팅에서 수요예측을 위해 작성한다.

2단계 수요계획. 1단계에서 수집된 정보를 바탕으로 향후 12개월 또는 그 이상의 기간에 대해 수요예측을 수립한다. 여기에는 기존 제품과 신규 제품 모두가 포함된다. 수요 부문의 계획과 실적을 점검하여 차이가 존재하는지를 파악한다. 마케팅, 영업 조직이 3개월 이상의 기간을 대상으로 수립된 판매계획에 대해서 합의된 수요계획을 수립한다.

3단계 공급계획. 공급 부문의 계획과 실적을 점검하여 수요계획과 차이가 존재하는 지를 파악한다. 2단계에서 수립된 수요계획을 충족시킬 수 있는지의 가능성을 파악하기 위해 생산능력을 분석한다. 특히 허용가능 한 기간 내에 제약 사항들을 해결할 수 있는지를 파악해야 한다. 공급계획에 대한 시나리오를 작성하고 관련하여 발생할 수 있는 이슈를 작성한다.

4단계 Pre S&OP. 전사적 차원에서 주요 성과를 파악하고 수요와 공급의 균형을 이루고 있는지를 파악한다. 차이가 발생한 품목에 대해서는 수요계획과 공급계획을 조정하며 전기의 계획을 달성하지 못하게 한 이슈를 파악한 후 해결한다. 또한 각 제품군별로 향후 진행될 활동 목록을 작성하며 신제품 출시 이슈가 존재할 경우 함께 논의 한다.

5단계 임원진 S&OP. Pre S&OP 회의에서 안건으로 제시된 권고사항에 대해서 의사결정을 하거나 새로운 방향을 제안하기도 한다. 중대한 변화가 있을 경우에는 생산과 구매량에서의 변경을 승인하며 사업계획과 연계시켜 차이가 나는 부분에 대해서 수정하도록 결정한다. Pre S&OP에서 상정된 이슈와 관련된 제안을 결정하며 모니터링을 한다.

주 단위 S&OP 회의는 판매 · 생산 · 마케팅 · 개발 등 각 담당 임직원들이 한 자리에 모여 지난 주 실적을 점검하고 향후 계획을 마련하는 것이 핵심이다. 특히 주간계획을 수립하는 것이 월간계획 수립보다 훨씬 중요하다. 주 단위 S&OP 회의를 하면 지난 주에 계획을 일치시키지 못한 제품군과 달성하지 못한 이유가 무엇인지를 파악할 수 있기 때문에 현재 시장에서 일어나고 있는 변화를 이번 주 판매와 생산계획에 반영할 수 있으며 다음 주에 있을만한 변화를 예측해 금주 판매와 생산계획을 수립할 때 사전에 고려할 수도 있다.

통상 1년에 12번 수립하던 판매 · 생산계획을 주 단위로 수행할 경우 52번을 수립할 수 있기 때문에 재고와 품절 및 리드타임을 줄일 수 있다. 주간 S&OP를 운영하게 될 때의 또 다른 장점은 계획의 공유뿐만 아니라 다양한 이슈들을 참석자가 함께 해결할 수 있다는 점이다. 즉 그 자리에서 '지난 주에 합의한 물량을 왜 팔지 못했는지 그리고 왜 생산하지 못했는지', '제조 리드타임이 길어진 이유가 무엇 때문인지', '품질 문제가 발생한 이유가 무엇 때문인지', '납기를 맞추지 못한 이유가 무엇인지' 등에 대한 원인을 함께 공유하고 차주 계획에 반영할 것이 무엇인지를 함께 공유할 수 있으며, 문제를 해결하기 위해서 각 부문이 어떤 개선활동을 수행해야 할지에 대한 합의를 도출할 수 있다.

사례 ● 삼성전자의 S&OP에 의한 일하는 방식 전환

삼성전자가 1993년 신경영 발표 후 20여 년, 7,300일의 긴 일상의 과정 동안 목표를 달성하기 위해서 어떻게 혁신을 추진해 왔는가의 관점에서 도출한 4가지 과정적 성공요인은 다음과 같다.

1) 프로세스 기반의 물·재·정(物·財·情) 일치

선진 프로세스가 내재되어 있는 SAP의 ERP 시스템을 구축하여 실물이 흘러가는 판매, 구매, 제조, 물류 프로세스에서 발생한 실물정보와 재무정보를 일치시킴으로써 물·재·정(物·財·情) 일치를 달성했다. 실물정보와 재무정보를 일치시켜서 얻는 가장 큰 효과는 정확한 데이터를 기반으로 IT 기술이 지원하는 다양한 과학적 접근방법을 시도해 볼 수 있는 시스템 경영체계를 구축했다는 것이다.

2) 표준화를 통한 One Company 달성

실질적인 One Company가 되기 위해서 표준화를 통해서 일하는 방식과 소통 방식을 끊임없이 통합(integration)시켜 나갔다. 절차 표준화를 통해 사업부별, 지역별 특화 프로세스를 최소화시키고 전사 최적화를 달성할 수 있도록 커다란 맥락에서 프로세스를 표준화시켰다. 다음으로 소통 불일치를 해결하기 위해서 기준정보(Master Data)를 일치화시켰다. 각 구성원이 어느 나라, 어떤 부서에 근무하더라도 동일한 언어를 갖고 소통할 수 있도록 기준정보(제품·자재·설비·거래선·벤더 등)를 표준화시켰다.

3) S&OP를 통해서 일하는 방식 전환

① S&OP 회의에 관련 조직 책임자들이 모여 하나의 계획에 따라 실행하고 공급과 수요의 불균형을 이끈 이슈가 무엇인지를 함께 논의하여 "공통의 이해(common understanding)'을 구축하는 소통의 장으로 활용한다. 그 자리에서 SCM 전체에서 발생하는 현황 문제에 대한 개선방안을 제안하고 즉각 의사결정을 내려 바로 실행하는 개선 Tool로 활용하였다.

② CEO가 S&OP 회의를 주관하면서 임원들과 함께 전 세계 사업장의 정보를 컴퓨터로 확인하면서 판매·생산·재고 데이터의 정합도를 따지고 회의석상에서 실시간으로 의사결정

을 내리는 시스템 기반의 일하는 방식으로 바꾸었다.

4) Rule과 System 중심의 원칙중심 경영

글로벌 SCM 체계를 안착시켜 '계획대로 생산하기'의 원칙을 달성하기 위해서 프로세스 & Rule과 System 기반의 운영을 강조했고, 3일 확정 생산 체제 등을 평가와 연계시켜 철저히 지켜나갔다. 예를 들어 대량의 긴급주문을 받기 위해 확정된 생산계획을 수정하지 않으며, 공장을 놀리지 않기 위해 미래의 수요를 당겨서 가동률을 100%로 맞추도록 생산계획을 수정하지도 않았다.[5]

3 협업을 통한 균형잡기

3.1 협업 장려하기

공급사슬의 모든 단계가 공급사슬의 총이익을 증가시키기 위해서 움직인다면 공급사슬의 협력은 개선될 수 있다. 공급사슬의 협업(collaboration)을 위해서는 공급사슬 각 단계에서 각자의 행위가 다른 단계에 미치는 영향을 고려해야 한다.

협업의 결여는 공급사슬의 각기 다른 단계가 서로 대립되는 목적을 가지고 있을

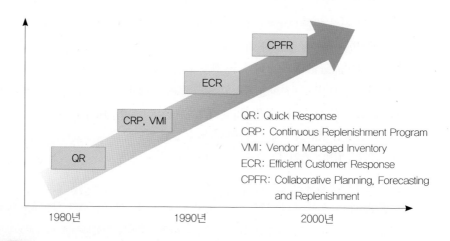

그림 19-3 유통업체와 제조기업간의 파트너십 발전

출처: 권오경, 공급사슬관리, 박영사, 2010을 편집함.

5) 김진백, "글로벌 전자기업의 SCM 혁신을 통한 경쟁력 강화: 삼성전자 사례연구", 한국생산관리학회지, 24권 3호, 2013년 9월호.
   "삼성전자 SCM 대해부", *CIOBIZ+*, 2009.11.23.

때, 혹은 다른 단계로의 정보의 흐름이 지연되거나 왜곡되는 경우에 발생한다. 공급사슬 조정의 불확실성 문제로 드러난 것이 18장에서 설명한 채찍효과로 공급사슬의 각 단계들이 미래 수요에 대해서 서로 다른 예측을 하게 됨으로써 공급사슬 내에서 수요에 대한 정보를 왜곡시키게 만든다.

공급사슬 내에서 협업은 두 개 방향으로 이루어진다. 즉 제조기업과 공급업체 간의 협업(20장 3절 공급자관계관리 참조)과 제조기업과 유통기업 간의 협업(본장 3절 협업을 통한 균형잡기)이다.

협업을 위해 유통업체와 제조기업 간의 전략적 제휴는 지금은 자연스러운 현상이다. 채찍효과를 이해하면서 유통기업들이 제조기업에 비해서 시장 수요에 대해 많은 지식을 가지고 있다는 것을 제조기업들은 이해하게 되었다. 그래서 소매기업과 제조기업이 서로의 정보와 지식을 공유하고 재고보충을 위해 협력한다면 공급사슬 전체의 이익을 증가시킬 수 있다는 합의를 바탕으로 파트너십이 이루어졌고 지속적으로 발전되어 왔다([그림 19-3] 참조).

이하에서는 협업 장애물을 극복하고 협업을 이끄는 관리방안에 대해서 알아보자.

1) 목표와 인센티브의 일치

목표와 인센티브의 일치를 통해서 공급사슬에 참여하는 모든 기업들이 총체적인 공급사슬의 이익을 극대화시키는 데 참여할 수 있도록 이끈다.

① 목표의 일치. 협업이 없는 공급사슬은 비용을 발생시킬 뿐이다. 공급사슬 협업의 핵심은 모든 공급사슬의 수익을 증가시킬 수 있는 윈-윈 전략을 수립하는 것이다.

② 기능 간 인센티브의 일치. 조직 내에서 협력적인 의사결정을 내리기 위해서는 각 기능의 의사결정을 평가하는 목표가 조직의 전체적인 목표가 같아야 한다.

③ 협력을 위한 가격결정. 주문 단위당 고정비용이 상당히 크면 일상용품에 대해 협업을 이끌기 위해 주문량에 기초한 가격 할인정책을 사용할 수 있다. 또한 회사가 시장을 장악하고 있는 특정 제품에 대해서 협업을 이끌기 위해서 이중가격제와 수량 할인을 사용할 수 있다.

④ 영업사원의 성과급여제 기준을 소비자 매출로 변경. 실질적인 이익으로의 환원은 소비자가 제품을 구매했을 때 발생한다. 그러나 기존 제조기업의 영업부문의 성과급여제는 소매 기업에 대한 판매실적 증대에 초점이 맞춰져 있다. 따라서 소매업자에 대한 매출보다 최종 고객에 대한 매출에 성과급여제를 연동시키는

것이 한 방법이다. 또한 영업사원의 성과급여제가 특정기간이 아닌 전체 기간의 매출액에 기준하여 지급된다면 소매기업에 제품을 강매하도록 하는 일은 줄어들게 된다. 이것은 선구매를 줄이고 주문의 변동성을 감소시킨다. [6]

2) 정보 정확성 향상

① POS 데이터의 공유. 공급사슬 전체에서 POS 데이터를 공유하는 것이다. 실제 공급사슬이 충족시켜야 할 수요는 소비자 수요이다. 소매기업이 공급사슬의 참여자들과 POS 데이터를 공유한다면 고객의 실제 수요에 의해서 미래의 수요를 예측할 수 있다.

② 수요예측과 계획의 협업이행. 참가자들은 완전한 협업이 가능하도록 함께 수요예측하고 계획을 수립해야 한다. 협력적인 계획없이 단순한 POS 데이터의 공유는 협업을 보장하지 않는다. 예를 들어 소매기업이 1월에 판매촉진을 해서 수요가 늘었다고 생각해 보자. 다음 달 2월에 판매촉진 행사를 계획하고 있지 않고 이러한 정보를 제조기업이 공유하지 않는다면 소매기업의 예측치는 생산기업의 예측치와 달라지게 된다.

③ 보충결정에 대한 일괄통제 시스템 설계. 전체 공급사슬을 위해 일괄적으로 재고 보충결정을 통제하는 공급사슬을 설계하여 채찍효과를 줄일 수 있다. 가장 중요한 보충은 소매기업의 보충으로 이것은 소비자가 구매를 하는 장소이기 때문이다. 공급사슬의 첫 번째 단계가 전체적인 공급사슬에서 보충결정을 통제할 때, 수요에 대한 서로 틀린 예측이 발생하는 문제를 해소시킬 수 있다.

3) 운영성과 향상

① 보충 리드타임의 감소. 보충 리드타임을 감소시켜 이 기간 중 수요의 불확실성을 감소시킬 수 있다. 리드타임의 감소는 수요 예측의 정확성을 증대시키고 계절 상품에 도움이 될 수 있다. 리드타임을 감소시키기 위해 공급사슬의 각 단계에서 EDI나 인터넷을 통한 전자상거래를 통해 전자주문을 사용할 수 있다.

② 주문량의 감소. 1회 주문량을 감소시킴으로써 변동량을 감소시키고 주문당 수송과 수량에 관련된 고정비용을 감소시킬 수 있다. 또는 소매기업이 자동발주 시스템(CAO: computer assisted ordering)을 사용함으로써 고정비용을 줄일 수 있다. 또는 고객이 주문을 나누어 주문하도록 유도함으로써 제조기업의 주문 흐름을 평준화시킬 수 있다.

---

6) S. Chopra & P. Meindl 저, 정봉주 역, 공급사슬 관리 전략 계획 및 운영, 석정, 2010.

③ 매출기반 할당과 품절 예방을 위해 정보 공유. 공급부족이 발생한 경우에 소매기업이 주문을 인위적으로 증가시키는 것을 막기 위해 현재의 주문이 아닌 과거 소매기업의 매출에 기초해서 제품을 할당하는 방식(turn and earn)을 쓸 수 있다.

3) 주문의 안정화를 위한 가격 전략 고안

① 할인 기준 변화. 주문량 기준의 할인 정책을 특정 기간(예: 1년) 동안의 전체 수량 기준으로 할인을 제공하는 방식이다. 이러한 수량기준 할인은 1회 주문량을 줄이게 됨으로써 주문 변동성을 감소시킨다.

② 가격 안정화. 판매촉진 가격 할인을 없애고 매일 염가 정책을 책정함으로써 채찍 효과를 약화시킬 수 있다. 판매촉진을 없애면 소매상에 의한 선구매를 제거하게 된다. 또는 판매촉진 동안에 구매할 수 있는 양을 제한하는 방법을 쓸 수도 있다.

3.2 제조기업과 유통기업 간의 협업

3.2.1 공급자 재고관리(VMI)와 연속 재고보충(CRP)

재고보충 책임을 공급자에게 할당함으로써 채찍 효과를 감소시키는 방식이다. 이러한 보충 의사결정은 공급사슬 전체의 주문을 관리하는 데 공통된 예측과 가시성을 제공하게 된다. 이 방법이 연속 재고보충 프로그램(CRP: continuous replenishment program)과 공급자 재고관리(VMI: vendor managed inventory)인데, 동일한 프로세스를 표현하는 다른 용어로 보면 이해하기 쉽고, ECR을 위한 하나의 도구로서 CRP가 포함된다.[7]

연속 재고보충 프로그램을 최초로 도입한 예가 P&G와 Wall-Mart이다. 월튼(S. M. Walton)은 1998년 P&G와의 회의에서 "P&G가 월마트에 납품하고 있다는 생각은 버려라. P&G가 월마트의 일선점포를 모두 운영한다는 시각에서 가장 효율적인 물류 프로세스를 찾아라"고 제시함으로써 시작되었다.

제조기업은 유통기업이 재고보충을 위한 발주(Purchasing order)를 하지 않더라도 POS 데이터와 EDI를 통해 전송하여 소매상(혹은 점포)에 제품을 정기적으로 보충함으로써 품절이 발생하지 않도록 한다. 또한 제조기업이 소매상이 소유한 제품 재고에 대해서 모든 의사결정에 대한 책임을 갖고 재고는 소매기업에서 팔릴 때까지는 제조기업 소유로 본다.

CRP나 VMI 제도의 한 가지 약점은 소매기업이 경쟁관계에 있는 제조기업의 제품

---

7) CSCMP(The Council of Supply Chain Management Professionals) 용어사전 중에서 인용.

을 함께 판매할 때에 발생한다. 예를 들어 소비자가 평상시 사용하던 P&G 세제 대신에 유니레버 세제를 구매할 수도 있다. 만약 소매상이 복수의 제조기업과 VMI를 적용하기로 합의했다면, 각 제조기업은 그들의 재고보충 의사결정을 할 때 경쟁사 제품의 대체재 영향을 무시할 수도 있다. 그 결과 소매기업은 적정 재고량보다 더 많은 양을 보유할 수도 있다.

3.2.2 효율적 고객대응(ECR)

1980년대 중반 의류산업의 QR(Quick Response) 확산에 자극을 받은 식료품계(grocery industry)가 경쟁력을 높이기 위해 새로운 소매기업·제조기업간 파트너십 전략인 효율적 고객대응(ECR: efficient customer response) 방식을 도입하게 되었다. ECR 추진을 통해 얻을 수 있는 편익을 보면 재고 감소에 따른 비용을 절감할 수 있는데 공급기간이 반으로 줄어들었다고 한다. 또한 품절 상품이 감소됨으로써 쇼핑 편의가 증가된 것으로 나타났다.

효율적 고객대응(ECR)은 최종 소비자의 만족을 증대시키기 위해 유통업체와 공급업체가 상호 밀접하게 협력하는 전략이다. 즉 유통업체와 제조기업이 경쟁적이거나 적대적이 아닌 파트너십 관점에서 공급사슬에 존재하는 비효율적인 요소들을 제거함으로써 생산성을 높임과 동시에 소비자에게 양질의 제품과 서비스를 제공하는 데 있으며 효율적 매장구색, 효율적 재고보충, 효율적 판매촉진, 효율적 신제품 도입을 중심으로 추진된다.

효율적 고객대응을 달성하기 위해서 다음 활동이 수행되어야만 한다.[8]

① 카테고리 관리(CM: category management)
② 연속재고 보충(CR: continuous replenishment)
③ EDI와 조직들을 연계하는 IT 기술

3.2.3 협력적 계획·예측 및 보충(CPFR)

제조기업이 SCM 프로세스 및 시스템을 도입하여 의사결정 스피드를 높이고 탁월한 납기 대응능력을 보유했다고 하더라도 유통기업이 잘못된 수요예측 수치를 준다면, 매출을 증가시킬 수 없을 뿐만 아니라 그 수치대로 공급대응을 할 경우 기업이 보유하고 있는 자원 낭비를 가중시키게 된다. 따라서 매출을 증가시키고 자원의 낭비

---

8) P. M. Reyes & K. Bhutta, "Efficient consumer response: literature review", *International Journal of Integrated Supply Management*, Vol. 1, No. 4, 2005.

를 최소화시키기 위해서는 시장 유통 정보가 바탕이 되는 실판매 수요 예측 정확도를 높여야 한다.

CPFR(collaborative planning, forecasting and replenishment)의 목적은 수요예측의 정확성 제고와 필요한 제품의 적기 적소 공급, 그리고 전 공급사슬에 걸친 재고 감축과 품절 방지 및 고객서비스 수준 향상을 통한 공급사슬의 최적화이다.

CPFR은 협업체계를 의미하지만 협업이라는 것은 진화된 후의 모습이고 시작은 미국의 선도 유통업체들이 공급업자들의 납기준수를 믿지 못해 시발된 제도이다.

독일 세제 제조기업인 헨켈(Henkel)사와 스페인 소매기업인 에로스키(Eroski)의 CPFR 성공사례를 보자. CPFR을 도입하기 전에 에로스키는 판촉기간 동안 헨켈사 제품의 재고부족으로 인한 품절 경우를 종종 경험했다. 시행 4개월이 지나 예측수치의 70% 수준에서 표준오차의 수준이 20% 미만으로 떨어지게 되었다. 결과적으로 매월 15~20개 품목에 대해서 판촉행사를 벌이고 있음에도 불구하고 CPFR 구축으로 인해 98%의 고객서비스 수준과 5일치의 평균 재고를 갖도록 만들었다.

특히 월마트나 베스트바이(Best Buy)와 같은 선도 유통업체는 공급업자의 신뢰도를 점검하는 차원에서 CPFR을 시도한다. 공급업자로 등록한 후 약속을 지키는가를 CPFR 제도를 통해 점검하고 문제를 공유한다.

제조기업과 유통기업 간의 CPFR이 정상궤도에 진입하고 효과를 발생하기까지는 오랜 시간이 걸려야만 가능하다. 게다가 성과가 가시화되지 않으면 도중에 흐지부지 되는 경우도 많다. 더욱이 유통 채널별로 특성이 다르고 운영방식도 다르기 때문에 상황을 더욱 복잡하게 만들게 한다.

수요와 공급의 균형을 다루는 본 장에서, 1절은 계절 요인과 같은 예측 가능한 변동을 잡는 방법을 다루며 2절은 S&OP 개념 및 추진 방법을 다루며, 3절은 협업을 통해서 수요와 공급의 균형을 다루는 방법을 설명한다.

이 장에서 기술된 주요내용을 요약하면 다음과 같다.

- 대부분 제품들은 다양한 요인에 의해 수요변동을 겪는데, 이들 중 큰 것은 계절 요인과 같은 예측 가능 요인에 의해서 발생되는 변동이다.
- 수요와 공급을 용이하게 관리하기 위해서 생산부서와 판매부서가 각자 세우던 계획을 관련자가 함께 수립하는 형태로 변화한 것이 S&OP(Sales & Operations Planning)이다. S&OP는 판매계획 수준과 생산계획 수준을 일치하도록 설정함으로써 사업계획에 명시된 수익성, 생산성, 리드타임 등의 목표를 달성하는 역할을 한다.
- S&OP는 마케팅, 영업, 운영, 재무부서 등으로 구성되는 다기능팀(cross functional team)이 수립하며 판매예측, 공급계획, 수요와 공급의 조정 방법들을 조율하게 된다.
- S&OP는 전략 및 사업계획과 대일정계획(MPS)을 묶어주는 연결고리 역할을 하며, 관련 부서간에 합의가 이루어진 단일의 판매 & 생산/운영 계획을 만들고 이를 바탕으로 인력, 생산능력, 자재, 시간, 자금을 가장 효과적인 방법으로 배분한다.
- S&OP 프로세스의 핵심은 S&OP 회의의 운영이다. S&OP 회의는 주별 S&OP 회의와 월별 S&OP 회의를 함께 운영하여 수요예측 정확도를 증가시키고 조정작업을 정교화한다.
- 공급사슬의 모든 단계가 공급사슬의 총이익을 증가시키기 위해서 움직이기 위해서는 협업을 해야만 하며, 협업의 방향에는 고객인 유통기업과의 협업(VMI, CRP, QR, ECR, CPFR 등)과 공급자와는 긴밀한 공급자관계 구축의 방향으로 전개된다.

제 20 장
전략적 구매 및 아웃소싱

1 구매 혁신

1.1 구매 환경 및 역할의 변화

공급사슬이 원가경쟁력을 확보할 수 있도록 이끄는 원동력으로 구매를 꼽을 수 있다. **구매**(購買)란 기업이 경영활동을 하는데 필요한 경영자원(원자재, 설비, 서비스, 물품 등)을 확보하는 활동을 의미한다(〈표 20-1〉 참조).

최근 구매활동이 핫 이슈로 떠오르고 있는데 거기에는 두 가지 이유가 있다. 첫째, 경쟁이 치열해지면서 기업 비용의 60~70%가 구매활동에 의해서 발생된다는 사실에

표 20-1 구매 품목별 특징

구매 품목	특징	구입품	방식
생산 원·부자재	원자재는 품목 수는 작지만 물량과 거래비용이 많고, 제품 품질에 직접 영향 미침	완제품 원재료, 부품, 반제품 포장재	구매·아웃소싱
설비·장비	목적에 맞게 설계가 필요한 품목들이 많음	기계 설비류 치공구류	구매
서비스	자사의 요구사항에 따른 맞춤형	마케팅 관련 용역 IT 관련 용역 기타 서비스	구매·아웃소싱
MRO(maintenance, repair and operation)	표준품들이 대부분을 차지함	소모품 각종 사무용품	구매·아웃소싱

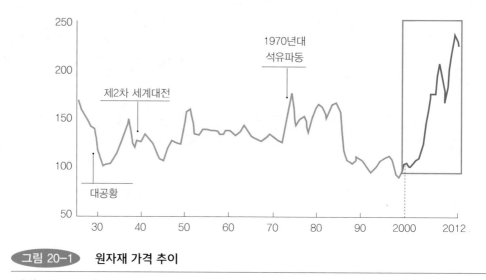

그림 20-1 원자재 가격 추이

출처: McKinsey, "Manufacturing the Future: The Next Era of Global Growth and Innovation", *McKinsey Operations Practice*, 2012.

경영자들이 관심을 갖게 되었기 때문이다. 제조기업이 양질의 저렴한 원자재를 구입해서 제조단가를 낮추는 능력은 제품의 가격경쟁력을 향상시킨다. 그럼에도 구매업무는 부가가치를 창출하지 못하는 단순 업무로 간주되어 왔다.

둘째, 원자재 가격이 2000년 이후 가파르게 상승함으로써([그림 20-1] 참조), 지난 20세기의 가격 하락분을 상쇄해버렸다는 점이다. 향후 20년 동안 대부분 원재료에 대한 수요는 증가할 것으로 예측되며 이러한 수요 확대는 인도와 중국과 같은 신흥 개발국의 성장에 따른 것으로 예상된다. 제조원가에서 직접 재료비 비중이 높은 제조기업에 구매를 통한 원가절감은 결정적 요인이 되었다.

예를 들어 철강산업의 공급사슬을 보면([그림 20-2] 참조), 철강 제조업체의 이익 비중은 2000년 78%에서 2009년 28%로 떨어진 반면, 철강석 공급업체는 2000년 15%에서 2009년 41%로 증가하였다. 이렇게 변화한 가장 큰 이유는 철강석과 석탄의 가격 상승으로, 그 결과 원자재 공급기업의 매출은 증가되었지만 철강제조기업의 이익은 감소했다.

급변하는 경영환경에 대응하기 위해서는 단순히 구매라는 거래 중심의 관점에서 탈피하여 공급사슬관리 관점에서 구매조직이 전략적이며 능동적으로 대응할 필요성이 대두되었다. 즉 양질의 자재와 부품을 납품할 수 있는 공급업체를 발굴하고 업무 흐름을 효과적으로 관리하는 것이 글로벌 공급사슬의 필수적인 요소가 되었다. 게다가 기업들이 경쟁우위를 확보하고 핵심역량에 초점을 맞추기 위해서 부품, 프로세스와 서비스를 외부 조직으로부터 조달하는 방식으로 추세가 변화하면서 구매의 전략

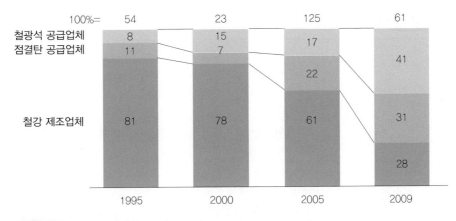

그림 20-2 **철강산업의 세전 이익 비중**(단위: 10억$)

출처: McKinsey, "Manufacturing the Future: The Next Era of Global Growth and Innovation", *McKinsey Operations Practice*, 2012.

적 중요성이 강조되고 있다.

강력한 구매 조직은 품질과 부가가치가 높은 원자재와 서비스를 싸게 구입함으로써 쓸데없는 비용이 발생하는 것을 최대한 억제시킬 수 있다. 그래서 최근 많은 기업들이 구매 조직을 변신시키기 위해서 노력을 하고 있지만 성공하는 경우는 많지 않다. 그 이유는 구매활동이 다음 요인으로 인해 점점 더 복잡해지기 때문이다.

① 부품·원부자재의 고기능화 & 고집적화. 전자제품을 만드는 하이테크 산업에서 증가되고 있는데, 제품의 부가가치를 좌우하는 핵심 부품을 외부에서 구매할지, 자체적으로 만들어 제조할지에 대해서 신중하게 고민하게 한다.

② 빠른 기술 혁신. 기술혁신의 속도가 빠르기 때문에 현재 채택하고 있는 신규 기술이 새로운 기술 출시로 인해 진부화되는데 이는 구매 환경을 복잡하게 만든다.

③ 메카트로닉스(Mechatronics) 부품 증가. 과거에 볼 수 없었던 현상으로 자동차 업계와 디지털 가전 업계 사이에서는 특정한 전자 부품을 놓고 우수한 공급업체를 확보하기 위한 쟁탈전이 벌어지고 있다.

④ 모듈화된 부분품의 납품 증가. 모듈은 수많은 작은 부품들이 모여 구성되기 때문에 어떤 부품에 문제가 발생했을 경우 해당 모듈을 뜯어보기 전에는 그 원인을 알 수 없다. 이 경우 모듈을 교체하는데, 제품의 품질관리 비용이 발생한다.

⑤ 제조물 책임(PL)법 규제 강화. 이들 규제 요소들이 복잡해질수록 구매 복잡성을 증가시킨다.

짧아지는 제품수명주기에 대응해 구매 부문이 제품기획 단계부터 참여하여 신기술

표 20-2 최근의 구매혁신 목표

관점	혁신 내용
정책 관점	협력업체 다원화 & 일원화를 통한 전략적 구매 전략적 소싱(협력업체 개발과 육성) 구매채널 통합
프로세스 관점	단일 계획 기반 구매(계획과 구매 프로세스 연계) S&OP 회의체 참여
시스템 관점	데이터 표준화 ERP & SCM 협력사 정보 연계 모바일 구매시스템 운영

출처: "전 업종으로 확산된 구매 혁신…시스템부터 업무 방식까지", 전자신문, 2012.11.25.

과 우수업체 풀(Pool)을 확보하고 공급업체와 부품정보의 통합 창구 역할을 하며 최적의 구매가격 및 공급조건을 결정한다. 생산단계에서는 공급사 평가 및 피드백뿐만 아니라 주기적인 공급업체 교육을 통한 품질향상 및 기술전수 등, 구매가 담당해야 할 역할이 증가하고 있다.[1]

최근 제조기업들은 〈표 20-2〉와 같은 구매혁신 목표를 수립하고 다양한 혁신활동을 수행함으로써 구매기능의 전략적 핵심역량을 펴고 있다.

사례 ● 사례 해외서 '구매 혁신' 경쟁력 인정

세계적 권위를 자랑하는 '구매 리더 협회(Procurement Leaders)'가 주관한 '아시아태평양지역 구매 리더상'에서 LG전자는 2013년 대상 2개와 최우수상 1개를 수상했다. '조직변화' 부문 대상, '인재육성' 부문 최우수상을 받았다. 특히 조직변화를 통한 구매 혁신력과 구매 전문인재 양성에 대한 투자 등을 높이 평가 받았다.

LG전자는 2008년부터 구매원가 2% 절감이 매출 20% 향상과 같은 효과가 있다는 판단 아래 구매혁신을 경영의 최우선 과제로 삼았다. 2010년 비원자재 구매를 전담하는 '전사 일반 구매(General Procurement)' 조직을 신설해 글로벌 구매 전략 수립, 통합 구매 실현 등 비용 절감으로 2012년까지 3년간 일반구매 비용을 1조원 이상 절감한 바 있다. 또 마케팅, 법무 등 타 부서와 협업해 '글로벌 계약 표준 프로세스'를 구축해 전 세계 사업장에서 동일한 프로세스에 의거해 일반구매를 하게 돼 공정 거래, 구매 객관성 확보, 원가 절감이 용이해졌다.[2]

---

1) 액센츄어코리아, 구매혁신의 기술, 매일경제신문사, 2008.
2) "LG전자, 해외서 '구매 혁신' 경쟁력 입증", EBN, 2013.11.21.
   "불확실성 시대, 구매 혁신이 살길", DBR, Vol.19, Oct. 2008.

1.2 구매 프로세스

구매관리(purchasing management)는 기업 운영을 위해서 필요한 물품(원자재, 상품, 설비, 소모품 등)과 서비스를 필요한 시기에 최소의 비용으로 획득하기 위한 관리활동으로 ① 구매계획·전략(plan), ② 구매수속(do), ③ 구매평가(see)의 순서로 진행된다.

1) 구매계획

구매의 준비계획인 구매계획은 원자재를 구매하기 전에 행하는 계획으로 구입할 원자재를 질·양적으로 조사 검토하는 것이다. 구매계획에서는 주로 제품 생산을 위해 필요한 원자재에 대해서 다음 사항을 적절히 파악하여 자재계획을 구매계획으로 전환시키는 역할을 한다.

① 생산계획상의 자재 소요량을 조사한다.
② 소요자재 중에서 보유 자재를 조사하여 구입할 자재를 정확히 파악한다.[3]
③ 대용자재의 유무를 조사하고 검토한다.
④ 물가조사 및 시장조사를 실시한다.
⑤ 구입수량에 따른 구입가격 차이를 조사하고 검토한다.
⑥ 구입시기를 공급의 계절성 내지는 시장정세에 따라 판단한다.
⑦ 조달기간 및 납기의 적합성을 검토한다.

구매계획에서는 자재계획에 따른 조달자재의 예산액 산출과 적절한 시장조사 내지 물가조사가 선행되어야 한다. 그 다음은 자재의 보유량을 확인하고 적정재고에 입각한 재고수준과 기간을 고려하여 조달계획을 세워야 한다(중소기업에서는 생산계획 담당자가 자재계획과 조달계획을 포괄해서 수립하기도 한다).

사업장이 전국적(전 세계)으로 분산되어 있는 대기업에서는 자재를 구매할 때 본사에서 집중구매할 것인지, 현지에서 분산구매할 것인지에 대해서 구매 방침을 정해야 한다. 이 경우 집중구매와 분산구매의 장·단점(〈표 20-3〉 참조)을 비교하여 유리한 방법을 선택한다. 집중구매는 원가를 절감하고 협상력을 제고할 수 있지만, 다양한 사업을 수행하는 대규모 조직에서는 지나치게 경직화된 방식이 될 수도 있다. 그래서 기업 전체 수준에서는 분산조달방식으로 운영하고 사업단위에서는 중앙집중조달방식으로 운영하는 혼합형 구매조직이 활용되기도 한다.

---

3) ERP 시스템을 도입하고 있어서 BOM에 등록되어 있는 자재라면 ①의 필요 자재소요량, 보유 자재량, 구매자재량은 자동으로 계산된다.

표 20-3 집중구매와 분산구매의 장·단점

구분	유리한 점	불리한 점
집중구매	대량구매로 가격과 거래조건이 유리 공급자로부터 더 나은 서비스를 제공받고 긴밀한 관계 형성 가능 통합구매로 구매비용이 적게 든다 시장조사, 거래처 조사, 구매효과의 측정 등을 효과적으로 수행 가능	사업장별 재고현황을 알기 어려움 사업장별 구매의 자주성이 없고 수속이 복잡해 짐 납품업자가 멀리 떨어져 있는 경우, 조달기간과 운임이 증가됨 자재의 긴급조달이 어려움
분산구매	자주적 구매가 가능 긴급수요의 경우 유리 구매수속을 신속히 처리 가능 납품업자가 공장과 가까운 거리에 있을 때 유리	본사 방침과 다른 자재를 구입할 수 있음 일괄구매에 비하여 구입경비가 많이 들고 구입단가가 비쌈 시장과 멀리 떨어진 사업장에서는 적절한 자재를 구입하기 어려울 수 있음

2) 구매수속(購買手續)

구매계획이 수립되고 나서 이것을 집행하는 절차가 구매수속이다. 중요한 구매수속에는 구매방법 결정과 납품업자 선정이 있다. [그림 20-3]은 발주 프로세스가 어떻게 이루어지는지를 개략적으로 보여 준다.

① 구매방법(계약방식)의 결정. 구매담당자가 어떤 계약방식을 시행하는가와 관련이

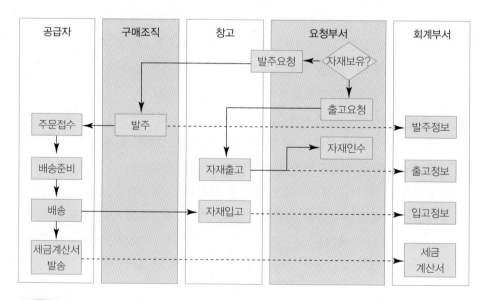

그림 20-3 발주 프로세스

있는데, 경쟁계약과 수의계약으로 구분된다. **경쟁계약**은 계약상대가 될 수 있는 기회를 균등하게 부여한다는 점에서 공정하고 민주적인 계약방식으로 꼽힌다. 경쟁입찰은 가장 좋은 자격을 갖춘 입찰자에게 사업기회를 부여하는데 대개 가격이 주된 선정기준이 된다. 일반경쟁계약은 불특정 다수가 경쟁에 참가하므로 계약이행 능력이 없는 자에게 낙찰될 수도 있다는 우려와 수속이 복잡하기 때문에 거래액이 크지 않을 경우에는 **수의계약** 방식을 적용하기도 한다.

② 공급자 선정. 평가기준으로는 납품가격, 납기이행률, 품질수준, 기술능력, 제조능력, 재무능력, 관리능력, 공장과의 거리 등이 있다. 기존 공급자를 평가할 때는 납품가격, 납기이행률, 품질수준이 주로 적용되며 신규로 공급자를 선정할 때에는 기술능력, 제조능력, 재무능력, 관리능력, 공장과의 거리 등의 기준이 적용된다.

3) 구매평가

구매업무의 능률과 구매성과를 측정하는 객관적 척도는 다음과 같다.

① 예산 절감액
② 납기 이행실적
③ 구입물품의 품질수준
④ 구입물품의 가치
⑤ 표준단가와 실제단가의 비교
⑥ 구매 비용
⑦ 부과된 벌금

구매업무의 보편적인 성과측정은 예산 절감액, 납기 이행률, 품질의 평가가 중심이 되는데, 일반적으로 품질과 납기를 중요시한다.

1.3 구매 전략

전통적으로 구매는 생산에 대한 지원서비스 업무로 여겼으나, 1980년대 글로벌 경쟁이 본격화되면서 구매자재와 재공품 재고의 양이 제조원가와 품질, 신제품 개발, 배송리드타임 등에 영향을 미친다는 것이 밝혀졌다. 그 결과 많은 선도기업들이 경영전략에서 구매를 협의의 지원기능이 아닌 중요한 전략적 경영프로세스로 강조하게 되었다.

선도기업들은 구매전략을 수립하고 있는데, 구매전략은 각 기업이 구매하는 제품의 종류와 해당 제품과 관련된 리스크와 불확실성의 정도에 따라 달라진다.

구매전략에는 What to Buy(어떤 품목을 구매하고 → 품목의 특성), Where to Buy(누구에게 살 것인가 → 공급자), How to Buy(어떻게 구매할 것인가 → 계약조건, 원가절감 방법 등)에 관한 방향이 포함된다. 이 밖에 성공적인 구매 업무 수행을 위해 필요한 역량과 효과적인 구매전략의 요소들도 중요한 내용이다.

이들 질문 중에서 가장 중요한 'What to Buy'에 대한 대답은 크랄직(P. Kraljic)의 '공급 매트릭스'에서 찾을 수 있다. [그림 20-4]를 보면 구매품목을 4가지 아이템으로 나누었다. 수익성에 미치는 영향(구매량, 구매비 비중, 제품 품질에 미치는 영향)과 공급 리스크(공급자 수, 가용성, Make or Buy 기회, 대체 가능성, 저장 리스크 등)에 따라 ① 전략적 품목, ② 병목 품목, ③ 레버리지 품목, ④ 비핵심 품목의 4가지 품목으로 정의했다.

구매품목 범주에 따라 서로 다른 구매 접근방법을 적용해야 한다. 가령 수급부족 발생시 생산활동에 지장을 주는 병목 품목들이 지속적으로 공급받도록 하기 위해서는 장기계약 방식이 적절하며, 비핵심 품목들의 경우에는 구매부서에서 승인한 온라인 카탈로그를 통해서 요청부서가 직접 구매할 수 있다. 기업성과에 영향을 미치며 공급업체가 제한적인 전략적 품목들의 경우에는 최고 경영진이 관심을 갖고 구매 현황을 파악해야 한다. 레버리지 품목들은 시장에서 거래되는 표준 상품이므로 집중구매로 구매비용을 줄인다.

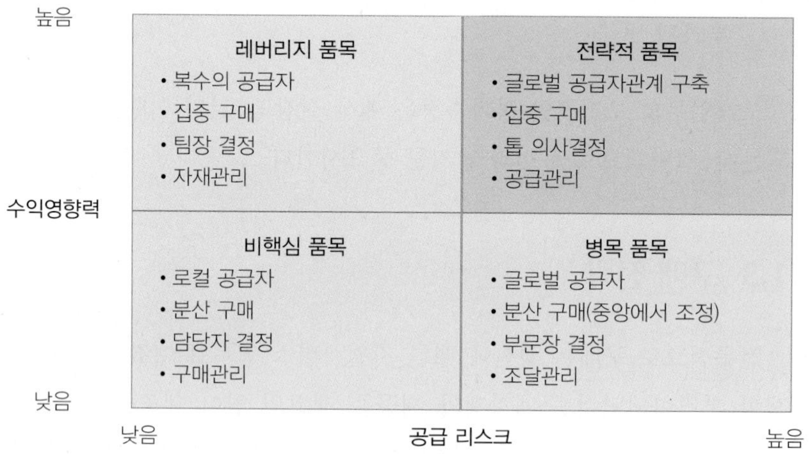

그림 20-4 크랄직의 공급 매트릭스

출처: P. Kraljic, "Purchasing Must Become Supply Management", *Harvard Business Review*, Sep.-Oct. 1983.

기업의 구매전략은 ① 원재료가 총비용(원가)에서 차지하는 비중과 수익성에 미치는 영향, ② 공급 부족, 기술 발전, 대체재 등과 관련된 공급리스크에 근거해야 한다([그림 20-4] 참조).

가령 부품 수요예측 정확성이 높고 공급 리스크가 낮으며, 재무에 미치는 영향도가 높고 기술변화 속도가 느리면, 원가 중심의 구매 전략이 적합하다. 반대로 부품 수요예측 정확성이 낮고, 재무에 미치는 영향도가 높으며 기술변화 속도가 빠르면, 구매 전략은 리드타임 축소에 맞추는 것이 적합하다. 만약 같은 조건에서 공급 리스크가 높으면, 복수 구매, 유연성, 리드타임 감소가 구매 전략의 중심이 될 수 있다.

1.4 전자 조달

인터넷은 저렴한 비용과 접근성으로 광범위하고 신속한 연결성을 제공하는데, 이러한 인터넷의 특성이 전통적인 구매업무에 혁신을 가져왔다. 세계최대의 B2B 온라인 쇼핑몰 알리바바(alibaba.com)를 통해 구매하는 3,670만 명 중 60% 이상이 한국·미국·일본 등의 구매자이다. 반대로 물건을 파는 280만 개(2012년 말 기준)회사의 약 80%가 중국 업체들인데, 알리바바가 글로벌 거래 장터를 틀어쥔 덕분에 중국 구석구석에 있는 중소 제조업체가 이 '파이프라인'을 타고 전 세계로 상품을 팔고 있다.[4]

기업들이 사용하고 있는 전자조달 방식을 보면 e-Marketplace와 e-Procurement가 있다. e-Marketplace가 철강이나 화학과 같이 특정 산업 내에서 원부자재 구매와 관련된 전자상거래 시장이라면 e-Procurement는 각 기업이 보유하고 있는 내부 시스템으로 구매비용 절감과 프로세스 효율화를 통한 구매 리드 타임 감소를 위해 구축되어 사용된다.

1.4.1 e-Marketplace

인터넷 기반의 전자상거래의 확산과 함께 1990년대 후반 B2B(Business to Business)는 공급사슬관리에서 일반적인 모듈로 고려되기 시작했고, 1998년에서 2000년 사이에 화학과 철강으로부터 시작하여 산업별로 특화된 전자상거래 시장(e-Marketplace)이 형성되었다. 이러한 전자상거래 시장은 복수의 공급자와 구매자가 참석하는 가상 시장을 제공함으로써 구매비용을 절감시키고 절차를 간편하게 하여 구매자와 공급자 모두를 만족시켰다. 특히 다수의 공급자들이 e-Marketplace에서 유사한 상품을 가지고 영업을 하기 때문에 경쟁이 매우 치열하지만 구매자들은 공급자들이 유사한 상품

4) "중국 알리바바 통해 물건 사는 코리아", 조선일보, 2014.10.2.

을 가지고 경쟁함으로써 구매 비용을 절감할 수 있다.

1.4.2 e-Procurement

e-Procurement는 특정 회사의 구매 프로세스를 효율적으로 혁신시켜 온라인으로 구매기능을 수행함으로써 구매비용 절감 및 수익성 개선을 목적으로 한다. 즉 오프라인에서 진행되었던 구매요청, 입찰 참가 신청, 적격업체 심사, 낙찰자 선정, 계약, 보증서 제출 업무를 온라인에서 진행한다.

SK텔레콤의 경우, 구매절차 간소화를 통해 연간 3만 건의 서류가 사라지고 업무처리시간이 2일에서 실시간으로 단축되었으며, 거래비용은 연간 20~30%, 구매원가는 5~15% 줄인 바 있다.[5]

인터넷을 기반으로 한 e-Procurement는 구매 과정의 투명성과 공정성을 확보할 수 있고, 구매에 수반되는 모든 문서 형식을 표준화시키고 구매 업무 형식과 절차를 간소화할 수 있으며 구매 원가와 구매 처리 비용을 절감하고, 구매 이행 기간을 단축하고, 공급선 관리와 신규 공급선 확보를 용이하게 하여 기업의 총 조달비용 절감과 이윤을 극대화할 수 있다.

현대자동차 그룹은 '통합구매시스템(Value Advanced Automotive Trade Zone: VAATZ)'을 2001년부터 운영하고 있다. 전자입찰은 부품 협력사의 품질, 납입, 기술 역량을 객관적으로 평가하고 결과를 공개한다. 또한 100만 건이 넘는 구매 품목을 20만 건으로 줄였으며, 협력사들은 현대차의 자재소요계획을 한눈에 파악할 수 있다. 게다가 인적요소의 개입을 최소화하도록 설계되어 공정하고 투명하게 납품업체가 선정되는 것은 물론 전체 구매비용을 절감할 수 있다.[6]

e-Procurement는 e-Marketplace뿐만 아니라 ERP시스템과 연동시켜 정보 공유가 가능하며 공급업체 평가에도 이용한다.

---

5) "SKT 전자조달시스템," 디지털타임스, 2002.4.18.
6) "현대ㆍ기아차 경쟁력의 힘 '상생'", 파이낸셜뉴스, 2010.8.24.
　"한국기업 스스로가 평가하는 경쟁력 원천은…① 인재 ② 협업 ③ 품질", 매경, 2010.7.30.

1.5 글로벌 소싱

글로벌 소싱(global purchasing or sourcing)은 구매활동의 범위를 전 세계를 대상으로 확대하여 경쟁우위 확보를 위한 원가절감 노력의 일환이지만, 원가절감 동인(動因) 이상의 경쟁전략적 동인에 가까운 경쟁무기에 해당된다.

예를 들어 쿠웨이트 플랜트 건설공사를 우선 수주한 우리나라 업체가 공사의 전 공정을 혼자 도맡아 하지 않고, 각 공정별로 쿠웨이트 현지 업체에 하도급을 주어 공사를 추진하는 방식도 글로벌 소싱의 한 예이다. 모든 인력과 장비를 국내에서 공사현장으로 공수해야 하는데 그렇게 되면 엄청난 추가 비용이 소요된다. 현지 쿠웨이트 기업을 활용하면 현장관리를 위하여 투입되는 인건비와 제체 경비, 차량을 비롯한 장비투입경비 등이 감소될 뿐만 아니라 현지에서 부자재 등을 싸게 구입할 수도 있으며 부가가치도 높여 주기 때문에 공사관리(Construction Management)에서 많이 활용되고 있다.

이 밖에도 많은 기업들이 글로벌 소싱을 선호하는 이유 중에는 외국 공급자가 특허를 보유하거나, 해외 배송의 신속성, 양질의 서비스, 양질의 공정 및 제품 기술 제공 등이다. 그러나 기업들이 글로벌 소싱을 하여 외국 공급자로부터 자재와 서비스를 구매하는 가장 큰 이유는 **구매가격**을 낮추기 위해서이다. 해외 공급자들로부터 구매할 경우 20% 이상의 비용을 절감할 수 있다. 해외 공급자로부터 자재와 서비스를 구매할 때 가격이 낮아지는 것은 인건비와 원자재비가 저렴하거나, 유리한 환율, 효율적인 공정 혹은 해외공급자의 헐값 판매 등 때문이다.

글로벌 소싱 초기에는 자재의 조달을 전 세계로 확대시키는 수준이었지만 이제는 아웃소싱 개념을 포함시킨 IT 서비스, 콜센터와 같은 서비스를 해외에서 소싱하는 것까지 범위가 확장되고 있다. 예를 들어 IBM은 '글로벌하게 통합된 회사'(Globally Integrated Enterprise: GIE)라는 개념하에 회계는 말레이시아에서, 인사 업무는 필리핀에서 구매 업무는 중국에서 처리된다. 과거 170개 현지 법인들이 독자적으로 처리하던 13개 지원 업무들을 IBM 전체 글로벌 네트워크 중 이를 가장 효과적으로 처리할 수 있는 지역으로 통합시켜 처리함으로써 규모의 경제를 확보함과 동시에 비용을 절감한다.[7]

하지만 품질, 안전도, 환율 변동과 같은 위협요소도 존재한다. 특히 환율변동으로 인해 수입국의 환율이 급격하게 떨어지면, 자국의 입장에서 오히려 구매가격이 비싸

---

7) "IBM은 지금 평평해지고 있다", *B블로터*, 2007.2.13.
　"글로벌 통합 IBM 시대, 한국IBM의 역할론", *B블로터*, 2008.4.16.

지게 되기 때문에 글로벌 소싱을 할 이유가 없어지게 된다.[8)]

따라서 글로벌 소싱은 가격·품질·납기·부가서비스 등 총소유비용(TCO: Total Cost of Ownership, 본장 3.2절 참조) 관점에서 범세계적으로 경쟁력이 있는 공급사를 찾아 구매선을 다변화하고 원가경쟁력을 확보할 수 있어야 한다. 글로벌 소싱에는 커다란 문제들도 존재하는데 문화차이, 언어차이, 잘못된 의사소통, 프로세스와 통제 문제, 정치적 불안과 자연재해로 인한 업무 중단 등이 그 예이다. 여기에 또 다른 문제점이 재고관리의 어려움이다. 글로벌 소싱에서 재고관리가 어려운 이유는 국내 소싱에 비해서 1회 발주량이 크기 때문에 소요량을 잘못 예측할 경우 재고비용을 증가시키게 된다. 따라서 ERP시스템과 같은 정보시스템을 통해서 가시성을 확보하여 현재 재고 수준을 정확하게 파악하는 것이 필요하다.

사례 ● 보잉 787 드림라이너 글로벌 생산시스템의 문제

2011년까지 보잉 787 드림라이너는 역사상 가장 많은 8,000대 이상의 선주문을 받은 기종이었다. 보잉 787은 기존 알루미늄으로 제작된 비행기와 달리 혁신적인 기술과 카본섬유 합성물을 주재료로 동체를 제작하여 기체의 무게를 줄여 연료 효율이 기존의 비슷한 기종 대비 20%나 높아 꿈의 항공기라 불리며 전 세계의 주목을 받았다. 하지만 이 프로젝트는 첫 번째 계획(2007년 8월)보다 3년이 지난 2011년 말에 첫 비행이 이뤄졌다. 그 결과 보잉은 수조 원의 손실을 보았다.

가장 큰 원인은 글로벌 아웃소싱 생산시스템을 전격 도입한 것이 문제였다. 787기는 보잉사 최초로 설계와 생산 대부분을 아웃소싱한 항공기다. 전체 부품의 70%가 외주 생산됐고 설계와 R&D도 전략적 파트너들에게 위임했다. 22개국에 걸쳐 287개 공급자가 참여한 고도로 복잡한 네트워크를 통해서 제작되었는데 드림라이너의 70%가 미국 밖에서 만들어졌다.

아웃소싱을 대폭 증가시킨 이유는 비행기 개발에 따른 리스크의 분산, 비용 증가의 억제, 해외 판매 가능성을 높임으로써 다양한 이익을 창출할 것을 기대했기 때문이었다. 보잉사의 PM들은 고도화된 컴퓨터 설계 시스템과 통신 시스템을 통해서 전 세계에 흩어져 있는 하도급 업체들을 지휘하는 시스템 통합자(system integrator)의 역할만 담당할 계획이었다.

생산시스템의 운영효율성을 높이기 위해 보잉사는 2006년 하도급 업체를 3,800개에서 절반 이하로 줄였지만 선정된 하도급 업체들이 재하도급 계약을 주면서 보잉사는 전체 생산시스템에 대한 가시성을 잃어버렸다. 한 예로 보잉사의 주 공급업체인 보우트(Vought)사가 이스라엘 업체에 동체 바닥의 설계 및 생산을 재하도급을 맡겼는데 이게 문제가 됐다. 이 회사

---

8) R. G. Schroeder, S. M. Goldstein, and M. J. Rungtusanatham, *Operations Management*, 5th ed., McGraw-Hill, 2013.

가 공급하는 6,000여 개의 부품이 설계 기준에 미달하자 각각의 부품을 재검토하고 승인하는 절차를 거쳐야 했다.

그뿐만 아니라 2007년 첫 787기를 최종 조립하기 위해 각각의 부품이 보잉의 에버렛 공장에 도착했을 때 엔지니어들은 경악을 금치 못했다. 1,200개의 모듈을 받아 조립하기로 한 계획과는 달리 여러 파트들이 모듈상태가 아닌 3만여 개의 부품 상태로 공장에 도착한 것이다. 결국 초도 항공기의 수천 개 부품을 자체 인력으로 생산할 수밖에 없었고 아웃소싱에 반대해 왔던 보잉사 노조는 2008년에 두 달 가까이 파업했다. 이 실패를 통해 보잉은 다음번 비행기 제작에서 대부분의 디자인 작업과 주요 생산을 직접 담당하는 것으로 결정했다.[9]

② 전략적 소싱

2.1 전략적 소싱의 필요성

전략적 소싱(strategic sourcing)은 비용절감을 최우선으로 하는 글로벌 소싱과 달리 재무적 측면이 아닌 전략적인 관점에서 즉 기업의 경쟁전략과 일관성을 유지하고 비즈니스 요구에 효율적으로 반응하기 위해 필요한 생산능력, 자재, 서비스를 안정적으로 확보하고 조달함으로써 비즈니스 영속성을 유지할 수 있도록 공급자를 관리하는 것을 의미하는데, 그 중에서 아웃소싱은 중요한 전략적 도구이다.

아웃소싱의 최대 우위는 전문화(또는 집중)의 경제이다. 기업의 자원과 관심을 좁은 범위의 활동이나 경쟁에 집중시킴으로써 경쟁력을 확보하는 것이다. 또한 아웃소싱은 공급자의 낮은 비용요인(특히 임금)으로 인해 우위를 가질 수 있으며 비용을 절감하고 품질을 향상시킬 수도 있다.

물론 아웃소싱과 관련된 비용과 리스크가 있으며 많은 아웃소싱 성공과는 상반된 예도 존재한다. 아웃소싱을 할 것인지 아니면 수직적 통합을 할 것인지를 결정하는 것은 전략적인 의사결정이며 이 이슈는 점점 더 복잡해지고 있다. 먼저 수직적 통합을 설명하면 다음과 같다.

---

9) A World Economic Forum Task force team & Deloitte Touche Tohmatsu Limited, "The Future of Manufacturing Opportunities to drive economic growth", *A World Economic Forum Report*, 2012.
M. A. Schilling, *Strategic Management of Technology Innovation*, 4th ed., McGraw-Hill, 2013.
김진달래, "오퍼레이션 글로벌화의 함정", *DBR*, No. 139, Oct. 2013.

2.2 수직적 통합

수직적 통합은 두 방향으로 일어날 수 있다. **후방통합**(backward integration)은 기업의 소유영역을 소재와 원재료, 부품 등의 원천방향으로 통합하는 것으로 공급의 위험을 줄이는 효과가 있다. **전방통합**(forward integration)은 소유영역을 유통·배송센터나 소매점과 같은 유통망 쪽으로 확대하는 것을 의미한다(〈표 20-4〉 참조).

외부기업보다 경쟁력이 있는 기술, 생산능력, 자원이 있을 경우 수직적 통합을 선택한다. 전통적으로 수직통합 의사결정은 "Make or Buy(자체제작 또는 구매)"의 자체제작에 대한 의사결정으로 간주되어 왔다. 하버드 대학의 헤이즈(R. Heyes) 교수는 수직통합 의사결정은 자산획득 의사결정과 관련된 것이라고 주장한다. 즉 수직통합은 자산의 소유와 관련되며 아웃소싱은 자산을 소유하고 있는 다른 실체(공급자, 고객, 또는 파트너)와의 계약관계와 관련된 것으로 본다.[10]

수직적 통합을 결정할 때는 다음 요인들을 고려해야 한다.

① 역량·자원. 수직통합 전략을 수립할 때 자원의 제약요인과 조직의 운영역량의 한계를 평가해야 한다. 인텔(Intel)은 엄청난 자본을 지닌 매우 기술적으로 훈련된 조직임에도 반도체 제작에 사용되는 설비개발은 다른 조직에 맡겼다.

② 조정. 포드는 1920년대에 통합된 공급사슬을 구축하였지만 포드의 생산시스템은 원자재 처리, 부품제작, 최종조립라인 사이에 높은 수준의 설계와 스케줄링 조정이 필요했다. 통상 조정 활동은 정보교환을 통해서 이루어지는데, 인터넷은 지리적으로 분산되어 있는 조직들이 조정을 위해서 필요한 핵심적인 특정 유형

표 20-4 수직적 통합의 형태

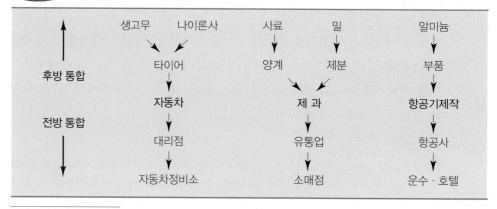

---

10) R. Hayes, G. Pisano, D. Upton, & S. Wheelwright, *Pursuing the Competitive Edge*, John Wiley & Sons, 2004.

의 정보를 빠르고 효과적으로 교환할 수 있도록 한다.

③ 전략적 관리와 리스크. 수직통합은 두 가지 유형의 전략적 리스크를 피하고
자 할 때 정당성을 갖는다. 파트너를 바꿀 때 지불해야 하는 비용과 관련되는
"lock-in" 리스크와 지적자산의 누출과 관련된 리스크이다. 이러한 리스크가 크
면 수직적 통합을 하는 것이 아웃소싱보다 바람직할 수 있다. 결국 조직의 수직
통합 전략은 "장기역량 창출전략"의 일부로 간주되어 추진되었을 때 의미를 갖
게 된다.

기업은 오늘의 핵심역량과 미래의 핵심역량을 구별할 필요가 있다. 1980년대 중
반 이러한 차이를 인식한 기업의 가장 좋은 예가 인텔이다. "자신만의 판짜기전략"
은 인텔이 마이크로 프로세서 설계에 집중하도록 했고, 제조는 외부 파트너에 주었
다. 1980년 대 후반 인텔은 프로세서 개발과 제조에 월드 클래스 역량을 구축하기 위
해서 엄청난 투자를 했다. 이렇게 개발된 역량은 PC컴퓨터 마이크로프로세서 시장의
약 90%를 점유할 수 있도록 했으며, 제품설계에 대한 근본 핵심역량을 넘어선 역량
확장은 인텔의 지속적인 성공을 가능하도록 했다.

사례 ● **혼하이의 제조 수직통합모델**

1977년에 출범한 대만의 혼하이(Hon Hai)는 데스크탑 및 노트북, 라우터 및 스위치 등의
네트워킹 장비, 휴대폰, 게임기, MP3 등의 모바일 기기, LCD 디스플레이 및 모니터 등 전자
산업 대부분의 부품 및 세트를 전문 생산하고 있다. 델, HP, 소니, 인텔, 시스코, 노키아, 모
토롤라, 애플 등 유수의 선진 브랜드 기업들을 주요 고객으로 하고 있으며, 이들 고객들의 히
트 상품들을 상당 부분 위탁 생산하고 있을 만큼 고객들의 신뢰가 대단하다.

이러한 혼하이의 강점 요인 중 최우선적으로 꼽히는 것이 부품과 세트의 수직 통합 모델이
다. 혼하이는 자사가 생산하는 세트 제품에 탑재되는 전체 부품 중 약 1/3 가량을 자체 생산
을 통해 조달한다고 알려져 있다. 수직통합 모델은 제품 경쟁력 측면에서 독자적인 핵심 부
품 채용을 통해 자사 제품을 블랙박스(Black Box)화할 수 있는 원천을 제공하며, 부품과 세트
간의 협업을 통해 각 공정상의 약점을 상호 보완하고 강점을 배가시킬 수 있다.

코스트 측면에서는 부품과 세트 간의 공동 개발과 근접 입지(co-location)로 재료비 및 포
장·물류비를 절감하고, 외부 조달했을 때 발생할 수 있는 가격 변동의 리스크를 줄일 수 있
다. 납기 측면에서는 부품과의 클러스터를 구축하여 물리적 이동 거리 축소, 시스템 통합을
통한 개발 기간 단축, 문제 발생시 신속한 공동 대응 등을 통해 스피드를 크게 향상시킨다.[11]

11) 감덕식, "애플 혼하이를 통해 본 제조모델 변화의 바람", *LG Business Insight* #1091, 2010.5.3.

2.3 아웃소싱

아웃소싱(outsourcing)은 가치 사슬 내에 일부 활동을 외부 공급자에게 이전하는 것을 의미하는데, 이전 대상에는 관련된 인력·시설·설비·기술 등이 포함되며 이에 관련된 사항은 계약서에 명기된다. 통상 아웃소싱은 핵심 역량에 집중하기 위해서 비핵심 역량 활동을 대상으로 이루어진다.

기업들이 아웃소싱을 선택하는 이유는 공급사슬의 이익을 증가시키기 위해서다. 즉 완성품 제조기업이 자체적으로 생산했을 때보다 더 낮은 비용에 제품이나 서비스를 제공함으로써 공급사슬 전체의 이익을 증가시키게 된다.

하지만 규모가 커서 충분한 규모의 경제를 얻을 수 있다면 외주를 주지 않을 가능성이 높다. 예를 들어 월마트는 직접 트럭운영방식을 유지하는데, 규모의 경제를 달성하기 때문에 수송부문을 외주를 주지 않는다. 따라서 불확실성이 높고 규모의 경제를 얻지 못하는 수준의 규모가 작은 요구를 외주기업에게 아웃소싱함으로써 이익을 얻을 수 있다.

2.3.1 사내조달 및 아웃소싱을 선택하는 이유

사내조달을 하거나 혹은 아웃소싱할 것인지에 대한 의사결정은 둘 중에 반드시 하나만을 선택해야 하는 배타적인 의사결정이 아니다. 일부 부품 혹은 서비스는 자체생산하고 나머지는 공급자로부터 구매할 수도 있다.

1) 아웃소싱을 하는 보편적인 이유

① 비용상의 이점. 많은 기업의 경우 아웃소싱을 하는 중요한 이유가 비용이다.
② 불충분한 생산능력. 생산능력을 충분히 보유하지 않은 경우와 수요가 갑자기 증가하여 충족시킬 수 없을 경우에 아웃소싱을 한다.
③ 전문성의 결여. 기업이 특정 품목을 생산할 만한 기술과 전문성이 없을 때, 또는 공급자가 공정이나 제품에 대한 특허를 보유하고 있어서 기업이 생산하는 것이 불가능할 때, 환경이나 안전기준을 충족시킬 수 없어서 생산하지 못하는 경우에도 아웃소싱한다.
④ 품질. 공급자가 우수한 기술과 공정, 숙련된 작업자, 그리고 규모의 경제 이점을 가지고 있어서 구매 부품의 품질이 우수할 수 있다. 하이테크 산업에서는 공급자가 연구개발에 더욱 많이 투자하기 때문에 첨단 고품질 제품의 제공이 가능하다.

2) 사내조달을 하는 보편적인 이유

① 특허기술의 보호. 자체 개발한 설비, 제품, 공정은 기술이 공개되지 않도록 보호함으로써 경쟁자를 압박할 수도 있고 신제품을 시장에 먼저 출시할 수도 있다.

② 경쟁력 있는 공급자의 부재. 우량 부품을 공급하는 공급자가 없거나 부품을 생산하는 기술이나 역량을 갖춘 공급자가 없을 경우 그 부품을 생산할 수밖에 없다.

③ 품질의 직접 관리. 자체 생산을 함으로써 설계, 제조공정, 노동력, 기타 생산요소에 대한 직접적인 통제가 가능하게 되어 고품질의 부품을 생산할 수 있다.

④ 유휴 생산능력 활용. 유휴 생산능력을 가진 기업은 부품을 생산함으로써 과잉 생산능력을 활용할 수 있다.

⑤ 리드타임·수송·창고비의 통제. 자체 생산을 하게 되면 설계, 제조 및 배송 프로세스 등을 통제할 수 있게 되어 리드타임과 물류비를 쉽게 통제할 수 있게 된다.

⑥ 비용절감. 부품을 지속적이고 대량으로 생산하는 경우라면 자체 생산이 더욱 경제적이다.

사례 ● 한국적 아웃소싱으로 다품종·대량 생산하는 홍진크라운

한국적인 아웃소싱 방식을 찾아내 적용한 일등 기업이 있다. 얼핏 보기엔 공장이 있지만 사실은 없다. 홍진크라운(HJC)은 오토바이용 헬멧 분야 세계 1위(세계 시장점유율 15%)로 1992년 세계 오토바이 헬멧시장 점유율 1위를 달성한 이래 현재까지 1위 자리를 유지하고 있는 '히든챔피언'이다.

1971년 오토바이용 의류 제조업체 홍진크라운을 창업한 홍완기 회장은 1974년 서울헬멧을 인수해 헬멧 업계에 발을 들였다. 2013년 150만개의 헬멧을 생산한 홍진은 약 800억원의 매출액 중 97%를 해외에서 벌어들였다.

홍 회장은 "회사의 최대 강점은 다품종 대량생산"이라고 했다. 다품종 대량생산의 비결은 본사 건물 옆 제2공장에 숨어 있다. 2000년 가동하기 시작한 제2공장과 내부 설비는 홍진크라운 소유다. 그러나 이곳에서 일하는 사람들은 외부 업체 직원들이다. 봉제, 페인팅 등 11개 업체가 부품을 생산해 홍진크라운에 납품하고 있다. 홍진크라운 자체 공장은 이 부품을 가지고 완제품을 만든다. 11개 업체 사장은 과거 홍진크라운에서 일하다 소사장(小社長)으로 독립했다. 회사에서 가장 가까운 곳에, 회사를 잘 이해하는 사람들을 모아 놓고, 직접 보면서 관리하는 방식이다.[12]

---

12) "强小기업들의 '新아웃소싱': 공장없는 제조회사 늘어난다", 조선일보, 2004.4.10.

2.3.2 사내조달 및 아웃소싱 의사결정 프레임워크

기업은 아웃소싱(외주)을 할지 또는 자체 생산을 할지를 어떻게 결정하는가? 학자들은 핵심 요소에 기업이 초점을 맞추어야 한다고 한다. 그러나 기업의 핵심요소를 어떻게 식별하고 내부조달을 해야만 하는가? 그리고 어떤 것이 비핵심 요소이고, 무엇을 아웃소싱을 통해서 구입해야 하는가? 의사결정을 체계화시키는 파인(Fine)과 휘트니(Whitney)에 의해서 개발된 의사결정 요인에 따르면 다음 2가지 요인에 의해서 아웃소싱이 결정된다.

① 생산능력(capacity) 기준. 자체생산을 위해서 요구되는 정보 및 기술은 가지고 있으나 생산능력의 부족 등으로 인해서 아웃소싱을 결정한다.

② 지식(Knowledge) 기준. 인력, 기술, 생산을 위해서 필요한 정보를 갖고 있지 않으며 이러한 것들을 가지고 있는 공급자를 통해서 원하는 품목을 충족시킬 수 있다. 물론 구매기업은 고객의 요구를 평가할 수 있는 지식과 정보를 가지고 있어야만 하며 아웃소싱할 때에 이를 이용하여 외주업체를 통제해야만 한다.

이 2가지 요인을 도요타 자동차의 아웃소싱 결정 과정에서 살펴보자. 도요타는 자동차 엔진을 100% 자체 생산하며, 트랜스미션의 경우는 70%를 아웃소싱하고, 자동차 전자시스템은 100% 아웃소싱하고 있어서 전체 관점에서 볼 때 디자인을 포함하여 부품의 30%를 자체 생산한다. 그리고 도요타의 아웃소싱 결정 여부는 핵심요소와 서브 시스템의 전략적 역할에 따라 변하는데 전략적으로 중요한 요소일수록 외주업체의 능력과 지식에 가능한 적게 의존한다.

사례 ● ODM 업체 한세실업의 도약

　ODM(Original Development Manufacturing)과 OEM(Original Equipment Manufacturing)은 모두 브랜드 없이 제품을 만들어 공급한다는 점에서 비슷하다. OEM이 주문자의 주문에 맞춰 단순 생산한다면, ODM은 주문자 요구에 맞춰 기술을 자체적으로 개발해 제품을 만든다.
　한세실업은 나이키·유니클로·H&M 등 글로벌 유명 의류업체를 고객사로 두고 연간 2억6천만 장에 달하는 옷을 수출하면서 세계 톱클래스의 의류 제조업체로 자리매김했다. 연간 100만장 이상 발주하는 주요 고객사 비중이 2006년 37%에서 2012년 62%로 높아졌다. 2003년 2,359억원이던 매출액은 2014년 1조2,300억원으로 5배 이상 뛰었다. 한세실업의 강점

"홍진(홍진HJC), 유럽서 스토리 있는 기부", 조선일보, 2014.6.18.

은 뛰어난 디자인 역량이다. 70여 명의 디자인 연구 인력이 연간 36만여 장의 샘플 의류를 만들어 낸다.

중국계 회사들이 생산성에만 초점을 맞출 때, 한국 업체들은 미국 뉴욕 등 패션 중심지에 디자인센터를 세우며 단순 OEM에서 제조자설계생산(ODM) 방식으로 방향을 틀었다. 고객사가 요청하기 전에 자체 개발한 원단과 디자인을 제안해 생산물량을 확보하고 있다.

해외생산도 지역별 특화에 성공했다. 손재주 좋은 인력이 많은 베트남과 인도네시아에서는 패션 전문브랜드인 나이키, 갭, 아메리칸이글, 리미티드 등의 의류를 만든다. 미국과 지리적으로 가깝고 대미 수출에 무관세 혜택이 있는 중남미에선 대규모 물량을 발주하는 월마트, 타깃 등 대형마트와 백화점 제품을 생산한다. 현재 중미의 아이티 등에 추가로 생산공장을 설립하는 방안을 검토 중이다. 특히 베트남에서는 총 4개 법인을 통해 한세실업의 총생산량 중 60%를 담당하고 있다.[13]

2.3.3 아웃소싱과 EMS에 의한 조달

미국 TV시장에서 저가격 돌풍을 일으키고 있는 비지오(Vizio)는 생산을 아웃소싱하고, 부품의 구매나 유통채널 관리 등에서 뛰어난 공급사슬관리(SCM)로 기존 업체 대비 20~30% 저렴한 가격에 양질의 제품을 공급한다. 델 컴퓨터는 설계도를 하청업체에 주어 생산하는 OEM에서, 일부는 설계도 넘겨주는 ODM으로 발전하여, 연구개발-생산-포장-출하-수송-A/S를 위탁하는 EMS체제로 발전하고 있다. IBM, 모토로라, 노키아, 시스코 등 글로벌 기업의 제조분리 확산추세와 함께 제조수탁전문서비스(EMS) 산업이 급성장하고 있다.

EMS(Electronic Manufacturing Service)는 전자제품의 생산 및 관련 서비스를 외부에 수탁해 처리하는 즉, 제품의 설계 · 제조 · 물류 등에 이르는 과정을 외부에 맡겨 조달하는 경영활동으로 '계약제조'(contract manufacturing: CM)라고도 하지만, 고객의 다양성 및 전략성 등에서 설계와 생산을 제조회사가 주도하는 ODM(Original Design Manufacturing)이나 OEM 등과 구분된다([그림 20-5] 참조). 미국이나 유럽의 대형 전자업체들이 경영효율성을 위해 EMS를 이용하고, 아시아 · 동유럽 국가들은 EMS를 제공하는 거점으로 성장하고 있다. 세계 EMS시장은 연평균 8.5% 성장률을 보여 2007년 1,322억 달러 규모에 이를 전망이다.[14]

최근 EMS내에서 경쟁이 가속화되면서 제조전문기업들의 전후방 확장이 활발히 전

---

13) "[1조클럽] 한세실업, 패션韓流 브랜드로 명품의류 年 3억장 수출", 매경, 2015.4.22.
　"옷으로만 매출 1조원… 수출에도 옷이 날개", 동아일보, 2013.1.4.
14) 선진기업의 EMS 전략, 삼성경제연구소, 2001.9.

그림 20-5   전략성과 다양성에서 본 아웃소싱과 EMS

출처: EMS ビジネス 革命, 日科技研, 2001.6.

개되고 있다. EMS에서 제품 설계를 확장한 ODM모델을 비롯하여, 범용부품 중심으로 수직통합을 추진하는가 하면 핵심부품의 통합, 유통, 고객서비스까지 확장된 사례가 등장하고 있다. 'New Breed EMS/ODM'이라고 불릴 수 있는 수준인데, 혼하이(Hon Hai)가 그 주인공이다.[15]

현재 혼하이가 애플, 델, 인텔, 소니, 노키아 등 브랜드 기업 히트상품의 상당부분을 양산할 수 있는 가장 큰 요인은 특이한 수직통합의 제조 방식이다. 혼하이는 자사가 생산하는 세트 제품에 탑재되는 전체 부품 중 약 3분의 1 가량을 자체 생산을 통해 조달하고 있다. 그리고 부품과 세트 간의 협업을 통해 각 공정상의 약점을 상호 보완하고 강점을 배가시키고 있다.

2.3.4 아웃소싱 리스크

기업이 어떤 기능을 제3자에게 아웃소싱할 때 다음과 같은 리스크를 가질 수 있기 때문에 사전에 고려할 필요가 있다.[16]

① 프로세스의 단절. 아웃소싱할 때 가장 큰 문제는 전사관점에서 프로세스에 대한 통제를 잃을 수 있다는 것이다(사례: 양날의 칼에 베인 도요타).

② 협력비용에 대한 과소평가. 아웃소싱을 할 때 흔히 범하는 실수는 공급사슬의 업무를 수행하기 위해 여러 구성원들의 활동을 통합하는 데 소모되는 노력(회

15) 감덕식, "애플 혼하이를 통해 본 제조모델 변화의 바람", *LG Business Insight*(#1091), 2010.5.5. 국내외 *EMS* 현황 및 시사점, 정보통신정책연구원(KISDI), 2005.5.

16) S. Chopra & P. Meindl, *Supply Chain Management: Strategy, Planning, and Operation*, 4th ed., Prentice Hall, 2009.

의, 재작업 비용 등)을 과소평가하는 것이다.

③ 고객·공급자와의 관계 소원. 중개자를 이용함으로써 공급자와의 긴밀한 관계를 잃을 수 있다.

④ 내부 생산능력의 손실과 제3자의 권한 증가. 아웃소싱을 했을 경우, 제3자의 권한을 지나치게 증가시킨다면 공급사슬의 기능을 사내에 두는 것이 더 바람직하다.

⑤ 민감한 데이터와 정보의 유출. 정보의 유출, 특히 지식 자산에 대한 것이 문제가 된다면 이 기능을 사내에 둘 수 있다.

사례 ● **양날의 칼에 베인 도요타**

공급사슬(supply chain)을 '양날의 칼'로 비유하는데, 공급사슬에서 경쟁력을 갖추면 기업이 흥하지만 문제가 생기면 순식간에 위기에 빠지기 때문이다. 공급사슬의 칼날에 베인 대표적 기업으로 2010년 사상최대의 1,000만대 리콜 사태로 홍역을 치른 도요타자동차가 꼽힌다.

사태발생 직후 도요타아키오 사장은 "급속한 확대정책이 문제의 원인"이라 했다. 해외 생산이 급격하게 확대(2009년 해외생산비중: 58%)되는 가운데 원가절감을 위해 개발기간을 단축하고 아웃소싱을 늘리면서 품질 문제가 더욱 커졌다. 현지에서의 부품 조달 확대가 이번 대량 리콜로 이어졌다는 것이 일본 자동차 업계의 분석이다.

삼성경제연구소는 "도요타가 지속된 엔고와 무역마찰에 따른 수익성 악화를 개선하기 위해 2000년대부터 해외생산을 확대(해외 생산대수 증가속도 연평균 10.2%)하면서 도요타의 생산시스템(TPS)이 완벽하게 전수되지 않아 품질관리에 문제가 발생했다"고 분석했다.[17]

2.4 비즈니스 프로세스 아웃소싱

2007년 액센츄어가 조사한 선도 기업(leading company)과 저성과(low performance) 기업 간의 구매 업무 아웃소싱(BPO) 현황을 도표로 나타낸 것이 [그림 20–6]이다. 선도 기업들이 저성과 기업에 비해서 좀 더 적극적으로 비즈니스 프로세스 아웃소싱을 하고 있는 것으로 나타났다. 저성과 기업들은 헬프 데스크와 같은 업무는 아웃소싱을 추진하고 있지만, 발주관리와 같은 구매 본연의 업무는 아웃소싱을 하고 있지 않은 것으로 나타났다.

---

17) 이순룡, 현대품질경영, 수정판, 법문사, 2012.

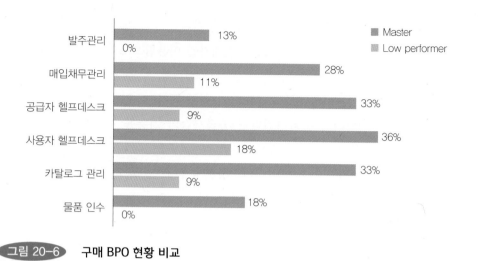

그림 20-6 구매 BPO 현황 비교

출처: Accenture, "Tapping the strategic potential of procurement", *Outlook*, 2007.

비즈니스 프로세스 아웃소싱이 증가하는 이유는 기업의 업무영역이 점차 세분화·전문화됨에 따라 하나의 회사가 모든 업무 영역에서 최고가 될 수 없는 시대가 되었기 때문이다. 조직 내에서 생산 이외의 비핵심 비즈니스 프로세스를 아웃소싱하는 것을 비즈니스 프로세스 아웃소싱(BPO: Business Process Outsourcing)이라고 부른다.

이러한 추세는 기본적인 총무·경비·보안 등의 단순 외주 용역에서부터 인사·정보시스템·구매·물류·마케팅 등 가치사슬의 모든 프로세스를 대상으로 확대되고 있다. 실제로 구매업무의 BPO는 성장가능성이 높은 분야이다. 미국이나 유럽에서는 이미 큰 시장이 형성되어 있으며, 매출로 본 시장규모는 적어도 향후 몇 년간 15~20% 정도의 높은 성장이 전망된다. 단 구매분야의 BPO는 직접 자재가 아닌 간접 자재를 대상으로 한 구매가 중심을 이룬다.

국내의 경우 BPO가 점차 활성화되고 있는데, 외국계 기업 및 외국인의 경영 참여 증가와 산업 전반에 걸친 구조조정이 이와 같은 분위기를 키우고 있다. 국내에서 BPO를 추진하는 산업군을 보면 금융 30%, 제조생산 19%, 공공기관 및 유통업체가 각각 10% 등이다.

3 공급자관계 관리

전통적으로 공급자 관계는 힘있는 구매자가 권력을 행사하는 일방적 관계였기 때문에 협력적 관계가 만들어질 수 없었다. 그러나 일본에서 이루어진 구매자와 공급자

간의 협력적 관계가 1980년대에 들어와서 좋은 품질이라는 결실을 맺었고 그 결과로 미국 시장을 압박하게 되었다.

미국 기업의 경쟁력 약화를 연구하던 미국의 산업전문가들은 일본 기업의 경쟁력 중에 하나가 공급자 관계라는 것을 파악했고, 일본 기업들의 구매자-공급자 관계는 **협력**이라는 것을 알게 되었다. 즉 구매자-공급자 사이에 형성된 가족과 같은 분위기가 서로의 협력을 유도해 양질의 제품을 생산하게 하는 원동력이 되었다. 일본의 강력한 공급자 관계는 새로운 경쟁우위의 핵심으로 간주되었고 구매자-공급자 관계를 전략적으로 유지하고 발전시키는 것이 이제 전략적 이슈가 되고 있다.

3.1 공급자 관계 유형

제조기업의 공급자 관계 포트폴리오를 관리하는 방법에 대해서 실증적 연구를 통해서 제시한 벤사우(M. Bensaou) 교수의 논문[18]에서 공급자 관계 유형을 다루었다([그림 20-7] 참조). 벤사우는 공급자 관계유형을 시장거래적 관계(market exchange), 구매자 지배적 관계(captive buyer), 전략적 동반자 관계(strategic partnership), 공급자 지배적 관계(captive supplier)의 4가지로 구분하였는데 기준은 관계를 유지하기 위해서 거래특유투자(Specific Investments)가 어떻게 이루어지고 있는지를 기준으로 구분하였다. 거래특유투자란 다른 관계로 전환이 어렵고, 전환 시 많은 비용이 소요되거나 혹은 고유가치가 손상되는 투자를 의미한다. 이러한 투자에는 물질적인 혹은 비물질적

그림 20-7   공급자 관계 유형

출처: M. Bensaou, "Portfolios of Buyer·Supplier Relationships", *Sloan Management Review*, Summer 1999.

---

18) M. Bensaou, "Portfolios of Buyer·Supplier Relationships", *Sloan Management Review*, Summer 1999.

제20장 전략적 구매 및 아웃소싱 **663**

인 것 모두를 포함한다.

벤사우는 공급자 관계의 효율적인 관리가 필요하며 이를 위해서는 시장과 제품의 특성에 맞게 공급자 관계 포트폴리오를 균형이 맞도록 구성해야 하며, 각 유형에 맞는 관리방법을 적용해야 하는데 모든 공급자 유형을 하나의 관리방법으로는 관리할 수 없다고 했다. 또한 공급자 유형별 관리 메커니즘에는 정보 공유, 경계확장자(boundary spanner의 직무 특성), 공급자 관계의 긴밀함 수준을 활용할 수 있다고 했다.

3.2 총소유비용

전통적으로 구매자들은 구매가격을 낮추는 것을 목표로 삼기 때문에 최저가를 제공하는 공급자를 선정했고 결과적으로 단기 이익은 발생했지만 품질문제와 유지보수 등의 다양한 문제를 발생시켰다. 하지만 장기간의 관계 구축을 중시하는 기업의 수가 점차 증가하면서 과거의 단순 공급가격에 집중했던 방식에서 벗어나 총소유비용 관점에서 구매를 고려하기 시작했다.

총소유비용(Total cost of ownership)은 구매과정에 포함되는 모든 비용과 구매품목의 사용과 관련된 모든 비용의 총액이다. 이 비용은 회사의 내부 비용뿐만 아니라 넓게는 공급사슬 내의 관련 비용에도 적용된다. 구매과정의 복잡성에 따라 사전 입찰협의, 잠재적 공급자의 사내 방문 및 잠재적 공급자 기업으로의 출장 등은 총비용에 중대한 영향을 미칠 수 있다.

TCO 분석은 [그림 20-8]에 정리되어 있는 획득비용, 소유권 비용, 후기 소유권 비

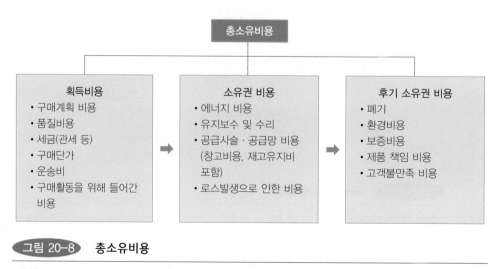

그림 20-8 총소유비용

출처: R. Jacobs & R. Chase, 김정섭 외 역, 생산운영관리, 한경사, 2014의 내용을 보완함.

용으로 구분될 수 있다. 비용에는 정량화될 수 있는 비용도 존재하지만 심미적 요인이나 인간공학적 요소와 관련된 정성적 비용도 존재하기 때문에 현실적으로 엄격하게 총소유비용을 계산하는 것에는 한계가 존재한다.

3.3 공급자관계 관리

공급자관계 관리는 공급자들과 긴밀한 관계를 가질 수 있도록 관련된 프로세스를 관리하는 것을 의미한다. 여기에는 공급자의 선정과 평가, 설계협력, 협상, 정보교환 활동이 포함되며 구매부서가 책임을 갖는다.

3.3.1 공급자 선정과 성과평가

1) 공급자 선정

공급자 선정의 시작점은 총비용분석이며, 후보 공급자를 대상으로 자재구매비용, 운송비용, 재고유지비용, 관리비용을 합하여 총비용이 낮은 기업을 선택하게 된다. 하지만 품질과 같은 요소도 평가요소에 포함시켜야 한다. 공급자가 납품하는 자재가 품질수준이 떨어지면 비용을 유발시키기 때문이다.

2) 공급자 성과평가

보편적으로 구매자가 공급자의 성과를 평가할 때는 다음 항목들을 검토해야 한다.

① 보충 리드타임. 보충 리드타임에 대한 공급자의 성과를 점수화시킴으로써 각 공급자의 안전재고 유지비용에 대한 영향을 평가할 수 있다.
② 정시 성과. 이는 리드타임의 가변성에 영향을 미친다. 신뢰성이 있는 공급자는 리드타임 변동이 작지만 신뢰성이 낮은 공급자는 리드타임 변동이 크다.
③ 공급 유연성. 공급자의 유연성이 부족할수록 주문량이 변화할 때 나타나는 리드타임의 변동성은 커진다.[19]
④ 납기빈도 · 최소 로트 크기. 공급자가 제시하는 납기빈도와 최소 로트 크기는 구매자가 주문하는 보충 로트의 크기에 영향을 미친다. 보충 로트의 크기가 커짐에 따라 기업에서의 주기재고가 커지고 따라서 재고유지비용이 증가하게 된다.
⑤ 공급 품질. 공급 품질의 저하는 구매자에게 가용한 부품 공급의 변동성을 증가시킨다. 결과적으로 높은 품질의 공급자에 비해 낮은 품질의 공급자를 갖는 경

---

19) 공급 유연성이란 다른 성과 요인에 영향을 주지 않으면서 공급자가 견딜 수 있는 주문량의 변동을 말한다.

우 기업은 더 많은 안전재고를 유지해야만 한다.

⑥ 내부수송비용. 공급자를 활용하는 총비용은 공급자로부터 재료를 들여오는 내부수송비용을 포함한다.

⑦ 가격 조건. 지불이 이루어지기 전에 허용되는 시간지연과 공급자에 의해 제공되는 수량 할인이 포함된다.

⑧ 정보 협력능력. 공급자의 정보 협력능력은 계량화시키기 힘들지만 수요와 공급을 대응시키는 기업의 능력에 영향을 미친다.

⑨ 설계 협력능력. 제품원가가 설계에 크게 좌우된다면 공급자의 설계 협력능력은 상당히 중요하다. 공급자의 설계 협력 능력은 제품의 시장 출시 속도에 결정적인 영향력을 줄 수 있기 때문이다.

⑩ 환율, 세금과 관세. 비록 환율, 세금 그리고 관세가 공급자에 의해 좌우되는 것은 아니지만 국제적인 생산과 공급기반을 갖는 기업에게 중요하다.

모든 공급자는 가격 외에도 이들 여러 요인에 따라 평가되어야 한다.

3) 공급자 성과에 대한 보상

훌륭한 성과를 내는 공급자에게 인센티브를 제공할 수 있다. 보상을 받은 공급자들 역시 자신들의 공급자들에게 보상하는 제도를 도입하고 공유하는 인센티브를 제공할 수 있게 된다.

이렇게 성과의 혜택을 공유함으로써 공급사슬을 효과적으로 구축할 수 있다. 공급자 성과에 대한 보상이 없다면 공급자들은 그들이 생산과정에서 학습한 개선 내용을 공개하려 하지 않을 수도 있다.

3.3.2 공급자 인증제

공급자 인증(certification) 프로그램은 구매자가 요구하는 만큼의 서비스·부품을 제공할 능력을 공급자가 보유하고 있는지를 검증하는 것으로 '품질경영시스템−요구사항' ISO 9001(4장 4.1 참조)은 한 예이다. 인증과정은 공급자가 구매자의 요구사항을 충족하는지를 검증하는 과정이다. 특히 구매기업과 공급자가 장기적 관계를 유지하고자 할 때 매우 중요하다.

인증 받은 공급자를 사용하는 가장 큰 이점은 인증 받은 공급자에 의해서 제품 또는 부품을 공급받기 때문에 공급받은 품목이 요구된 품질수준을 만족시킨다고 전제하고 해당 품목의 검사·시험을 추가로 수행하지 않아도 된다는 점이다.

공급자 인증제를 적절하기 유지하기 위해서는 구매 담당자들은 공급자에 대해 주기적으로 감사를 실시한다. 공급자의 생산능력, 서비스능력, 품질, 납품기한 충족여부 등과 같은 성과항목들에 문제가 있는지를 파악한다. 사전에 공급성과 항목에 대해서 상호간에 계약으로 명기하여 오해의 소지가 없도록 의사소통을 한다.

인증의 효과는 영원하지 않다. 회사에 따라 주기적으로 재인증을 받도록 하거나 감사결과가 나쁘거나 성과가 나빠질 경우 재인증을 받도록 한다.

 **이 장의 요약**

전략적 구매 및 아웃소싱을 다루는 본 장에서, 1절은 구매환경 및 구매전략 등을 다루며 2절은 전략적 소싱을 다루고, 3절은 공급자 유형 및 공급자관계관리 방안을 설명한다.

이 장에서 기술된 주요내용을 요약하면 다음과 같다.

■ 구매란 기업이 경영활동을 하는 데 필요한 경영자원(원자재, 설비, 서비스, 물품 등)을 확보하는 활동을 의미하며, 강력한 구매 조직은 품질과 부가가치가 높은 원자재와 서비스를 싸게 구입함으로써 쓸데없는 비용이 발생하는 것을 최대한 억제시킬 수 있다.

■ 구매관리(purchasing management)는 기업 운영을 위해서 필요한 물품(원자재, 상품, 설비, 소모품 등)과 서비스를 필요한 시기에 최소의 비용으로 획득하기 위한 관리활동으로 ① 구매계획/전략(plan), ② 구매수속(do), ③ 구매평가(see)의 순서로 진행된다.

■ 구매전략은 각 기업이 구매하는 제품의 종류와 해당 제품과 관련된 리스크와 불확실성의 정도에 따라 달라진다. 구매전략에는 What to Buy(어떤 품목을 구매하고 → 품목의 특성), Where to Buy(누구에게 살 것인가 → 공급자), How to Buy(어떻게 구매할 것인가 → 계약조건, 원가절감 방법 등)에 관한 방향이 포함된다.

■ 기업들이 사용하고 있는 전자조달 방식을 보면 e-Marketplace와 e-Procurement가 있다. e-Marketplace가 철강이나 화학과 같이 특정 산업 내에서 원부자재 구매와 관련된 전자상거래 시장이라면 e-Procurement는 각 기업이 보유하고 있는 내부 시스템으로 구매비용 절감과 프로세스 효율화를 통한 구매 리드 타임 감소를 위해 구축되어 사용된다.

■ 글로벌 소싱(global purchasing or sourcing)은 구매활동의 범위를 전 세계를 대상으로 확대하여 경쟁우위 확보를 위한 원가절감 노력의 일환으로 외국 공급자로부터 자재와 서비스를 구매하는 가장 큰 이유는 구매가격을 낮추기 위해서이다.

■ 수직적 통합은 두 방향으로 일어날 수 있다. 후방통합(backward integration)은 기업의 소유영역을 소재와 원재료, 부품 등의 원천방향으로 통합하는 것으로 공급의 위험을 줄이는 효과가 있다. 전방통합(forward integration)은 소유영역을 유통·배송센터나 소매점과 같은 유통망 쪽으로 확대하는 것을 의미한다

■ 아웃소싱(outsourcing)은 가치 사슬 내에 일부 활동을 외부 공급자에게 이전하는 것을 의미하는데, 이전에는 관련 된 인력, 시설, 설비, 기술 등도 포함될 수 있는데 이에 관련된 사항은 계약서에 명기된다. 통상 아웃소싱은 핵심 역량에 집중하기 위해서 비핵심 역량 활동을 대상으로 이루어진다.

■ 일본 기업의 경쟁력 중에 하나가 공급자 관계라는 것을 파악했고, 미국 기업과 달리 일본 기업들의 구매자-공급자 관계는 협력이라는 것을 발견했다. 공급자관계 관리는 공급자들과 긴밀한 상호관계를 가질 수 있도록 관련된 프로세스를 관리하는 것을 의미한다. 여기에는 공급자의 선정과 평가, 설계협력, 협상, 정보교환 활동이 포함되며 구매부서가 책임을 갖는다.

V

운영성과의
평가와 관리

제21장 생산·운영 성과의 종합관리

제 21 장
생산·운영 성과의 종합관리

① 현대기업의 원가관리

1.1 원가관리와 원가절감

1.1.1 생산원가의 원인변수

한국산업은 높은 임금과 물가로 인한 고비용과 저효율로 심한 몸살을 앓고 있다. 원유를 비롯한 대부분의 원자재를 수입하는 우리 실정에서 높은 환율은 이중의 원가부담을 안겨주고 있다. 즉 높은 인건비와 물류비, 에너지코스트, 재료비 등은 생산원가의 푸시요인이 되어 가격경쟁력을 약화시킨다. 더불어 밖으로는 내·외 기업 간의 경쟁이 격화되고 정부의 규제강화(공해대책, 가격동결, 공정거래 및 경제력 집중규제) 등으로 수익증대는 고사하고 현상유지도 어려운 것이 현실이다([그림 21-1] 참조).

이들 당면문제의 해결을 위해서 기업측에서 모색할 수 있는 방안으로는,

① 생산원가의 절감
② 품질수준의 향상
③ 부가가치와 생산성의 향상
④ 수요 및 시장의 창조 · 확대 등을 꼽을 수 있다.

생산원가는 제품설계와 제품을 생산할 생산시스템의 설계에 의해서 대부분 결정된다. 즉 제품설계와 공법의 결정, 공정설계, 생산규모와 능력의 결정, 공장입지의 선정, 시설 및 설비의 선정과 배치, 직무설계와 작업방법 등에 의해서 생산코스트가 크게 좌우된다.

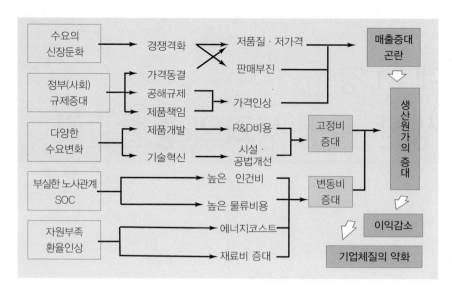

그림 21-1 **제조기업의 당면문제**

생산규모, 공장입지, 공법 및 제조공정의 결정 등은 생산시스템의 경쟁력을 크게 좌우하며, 공장건설이 완료되면 이들은 대개 상수적인 성격을 띠게 되므로 그 개선에는 많은 희생을 각오해야 한다. 따라서 그의 비중은 처음부터 큰 것이므로, 생산시스템의 설계시에 경영자의 의사결정은 신중히 내려져야 한다.

사례 ● **제조공법(코렉스방식)과 기업의 파산**

공장건설비로 장부상 무려 5조원의 자금이 투입된 한보철강 당진공장의 코렉스설비 건설계획이 1997년 전면 백지화된다는 보도가 있었다. 이 방침은 1기 70%, 2기 40%의 공정에 머무르면서 공사가 중단된 코렉스설비에 앞으로도 2조원 이상 추가투자가 필요하나 인수할 업체가 마땅치 않은데다 더 이상 방치하다가는 한보의 기존 코렉스설비가 녹슬어 쓸 수 없게 될 것이란 판단 때문이다.

한보의 당진제철소가 설립초부터 지나친 투자규모와 함께 논란을 빚어왔던 부분이 바로 제조공법이다. 코렉스방식(용융환원법)은 고로와 전기로를 결합한 형태다. 별도의 코크스공정을 거치지 않으므로 공해문제가 적다는 이점이 있다. 이 방식은 남아프리카공화국에서 20만 t 규모로 세계 최초로 가동된 것으로 상용화단계의 검증은 이뤄지지 않은 상태였다.

[후기] 당진공장은 ①2004년 9월에 현대계열의 INI스틸-현대하이스코에 인수되었다. ② 포스코는 용융환원법의 파이넥스 공법을 2003년 상용화단계로 개발하여 2007년 준공한 1공

장(연산150만톤)에 이어 연산 200만t 규모의 파이넥스(FINEX) 공장을 가동중이다(7장 사례: '프로세스 혁신으로 경제성과·환경의 두 마리 토끼 잡은 파이넥스 공법' 참조).[1]

생산시스템의 관리면에서 볼 때 생산시스템의 컨트롤시스템 내지 생산자원의 운용을 어떻게 효율적으로 관리·운영하는가에 따라 생산원가의 절감폭이 결정된다. 가령 생산계획, 공정관리, 품질관리, 설비보전 등에 의해서도 기회손실을 줄일 수 있다.

1.1.2 원가관리와 원가절감

원가관리(cost management)는 '원가수치에 준하여 경영목적을 효과적으로 달성하기 위해서 경영시스템 내지 이들의 하위시스템(예: 생산시스템)을 통해서 기회손실을 최소화하는 관리방식'이다. 광의의 원가관리에는 협의의 원가관리와 원가절감이 모두 포함된다.

협의의 **원가관리**(cost control)는 미리 정해진 표준(물량표준 또는 원가표준)을 목표로 하여 이것에 실제의 생산활동이나 결과를 근접시키려고 노력하는 것이다. 원가관리는 이미 설정된 표준원가의 유지를 중심으로 전개되는 바, 생산관리의 측면에서 볼 때 표준원가에 맞추어 정태적으로 생산활동을 관리하는 것이라 하겠다.

이에 반해 **원가절감**(cost reduction)은 이미 결정된 현재의 표준에 대하여 창의적으로 도전하고 현상타파(breakthrough)하여, 창의적인 원가절감을 통하여 새로운 표준을 만들어 내는 동태적인 원가관리라 할 수 있다(〈표 21-1〉 참고).

표 21-1 원가관리와 원가절감의 비교

원 가 관 리(협의)	원 가 절 감
① 설정된 원가표준을 유지시킨다.	① 원가를 계속 저하시킨다.
② 원가표준은 목표원가가 된다.	② 원가표준은 검토의 대상이 된다.
③ 과거와 현재에 중점이 있다.	③ 현재와 미래에 중점이 있다.
④ 표준을 설정한 범위에 한정해서 전개된다.	④ 경영의 모든 부서에 대해서 전개된다.
⑤ 현재의 조건에서 최저원가를 추구한다.	⑤ 경영조건을 영구불변이라 생각지 않는다.
⑥ 관리하려는 마음가짐이 필요하다.	⑥ 원가의식이 필요하다.

---

1) "한보철강 코렉스공장 백지화, 설비 … 매각키로", 조선일보, 1997.12.16.

1.1.3 전략적 원가관리: 목표원가관리

다양한 고객수요와 기술혁신으로 제품의 수명주기가 단축되고 가격경쟁이 격화됨에 따라, 제품의 기획 및 설계단계에서 원가절감을 도모하는 전략적 원가관리(목표원가관리)의 출현을 보게 되었다. 1963년 도요타자동차가 '원가기획'이라는 명칭으로 신제품의 원가관리 추진을 효시로 일본의 기계·전기·자동차산업[2]과 일부 미국기업에서 적용되고 있다.

제품가격은 보통 생산원가에 이익을 가산하는 원가가산방식(cost-plus pricing)으로 결정하는데, 원가기획에서는 시장에서 팔릴만한 가격을 먼저 정한 다음, 목표로 하는 이익을 차감하여 목표원가를 결정한다.

목표원가관리(target costing)는 제품의 기획 및 설계에서 판매단계에 이르기까지 기술·생산·판매 등 관련부서의 의견을 모아서 시장상황을 고려하여 원가절감을 종합적으로 도모하는 전략적 원가관리기법이다. 이는 고객 및 경쟁기업을 의식하는 가운데, 제품과 제조공정을 지속적으로 개선할 수 있게 해 주고 전사적 차원의 종합적 계획을 수립하고 실행할 수 있게 해준다.

목표원가관리의 과정은 목표원가의 설정과 달성으로 대별된다.

목표원가의 달성은 다음 3단계([그림 21-2] 참조)를 통해 이루어진다.[3]

① 목표원가와 현행원가의 갭을 파악한다.
② 갭을 줄일 수 있는 원가절감 설계안을 창출한다.
③ 설계대로 생산하고 지속적 개선을 도모한다.

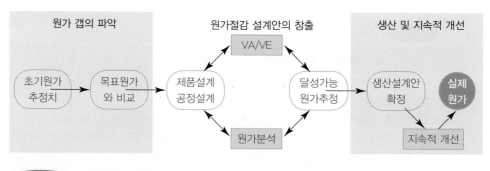

그림 21-2 **목표원가의 달성과정**

---

2) 紳戶大學管理會計研究會, "原價企劃の實態調査", 企業會計, 1991. 5月号.
3) S. Ansari et al., 신홍철·이택수 역, 타겟코스팅, 명경사, 1998.

1.2 생산원가의 요소별 관리

특정 성과 내지 목적을 위해 희생된 경제가치를 원가(cost)로 볼 때, 경영활동 전반에서 발생된 원가를 총원가로 묶을 수 있다. 총원가(total cost)는 생산활동 중 발생한 제조원가, 영업이나 판매활동에 소요된 판매비, 그 밖의 일반관리비로 구성되는데 제조원가가 주류를 이룬다.

제조원가(manufacturing cost)는 다시 재료비 · 노무비 · 제조경비로 분류된다. 이들 제조원가의 구성비는 업종별로 차이가 있는데, 제조업의 2014년도 재료비는 제조원가의 68.54%(자동차 74.6%)이며 제조경비는 24.16%(자동차 16.3%)이다.[4]

1.2.1 재료비의 관리

1) 물량원단위의 관리

제조는 원자재를 가공해서 제품으로 변환하는 과정으로 원자재는 제조과정을 통해 대부분 제품으로 탈바꿈한다.

재료비(제품단위당)의 산식은 다음과 같다.

재료비＝재료단가(재료단위당)×재료사용량(제품단위당)

재료비＝재료단가×(제품생산량÷수율)

제품단위당 재료소비량을 물량단위로 나타낸 것을 물량원단위(物量原單位)라 한다. 물량원단위는 제품설계 · 공정설계 · 생산방법 및 기술 · 제조현장 등 재료비의 영향인자에 대한 물량관리의 주요 지표로 역할한다. 즉 설계나 생산기술을 포함한 기술수준이나 현장의 관리수준 및 기능수준들을 가늠하는 척도가 된다.

표준재료비＝표준물량(제품단위당)×표준단가(재료단위당)

보편적으로 원자재는 생산량에 비례하여 소비된다고 볼 수 있지만, 원자재 전부가 제품으로 되는 것이 아니고 다소의 감손이나 로스가 있게 마련이다.

이때 원자재의 이용능률(산출량/투입량)로 나타나는 계수를 수율(yield percentage)이라 한다.

$$수율 = \frac{원자재완성량}{원자재투입량} \times 100 \qquad 예: \frac{밀가루중량}{밀중량} \times 100$$

---

4) 한국은행, *기업경영분석*, 2014년.

재료의 원단위 관리에 흔히 사용되는 기준은 수율의 개념인데, 이에는 감모율과 불량률의 개념이 포괄되어 있다.

따라서 수율(收率)을 다음 산식으로 변형하여 표시할 수 있다.

$$수율 = 1 - (감모율 + 불량률) = 1 - 로스율$$

수율의 크기를 좌우하는 요소는 감모율과 불량률이라 할 수 있다.

① 감모율. 기업이나 생산시스템이 처한 조건(원자재·설비·작업자·생산방법)에서 불가피하게 발생하는 로스(loss)로 감모율(減耗率)이 있다. 가령 양조·페인트·섬유·고무공장 등에서 산출량은 원자재 투입량보다 적어지기 마련인데, 이는 생산가공 중 불가피하게 생기는 감모로 인한 것이다. 감모율은 생산요소의 배합 내지 기술의 개선 등에 의해서 줄일 수 있다.

$$감모율 = \frac{감모량}{투입량} \times 100$$

② 공손 및 불량률. 제조과정 중 발생하는 공손(工損)과 불량률(不良率)은 공정관리와 품질관리에 의해서 줄일 수 있다. 합리적인 불량방지대책은 원가절감이나 이익제고에 많은 역할을 할 수 있다. 불량률이 $p(\%)$인 경우의 단위당 실제원가 C'는 불량률 p가 작아짐에 따라 감소됨을 알 수 있다.

$$실제원가(C') = 원가 \times \frac{1}{1-불량률} = C \times \frac{1}{1-p}$$

2) 원자재 사용량의 절감

자재사용량의 절감은 주로 제품의 설계부문과 기술부문 및 제조현장에서 추진되어야 한다. 특히 설계 및 기술부문에서는 제품·부분품의 표준화와 공용화를 추진하고, 아울러 VA/VE 기법 등을 중심으로 자재소요량의 절감과 수율향상에 역점을 두어야 한다.

모든 경우 개선은 원류(源流)로부터 착수하는 것이 효과적이다. 제품설계나 공법의 선정, 원료의 배합단계에서 사용량을 절감하는 것이 바람직하다. 제조현장에서는 자재표준, 기술표준, 작업표준의 이행에 따른 원가관리와 불량률 절감에 역점을 둔다.

3) 자재가격 및 재료비의 절감

자재가격의 절감을 위해서 구매부문에서는 경제적인 구매에 역점을 두어야 하며,

기술·설계부문에서는 가치분석기법(VA/VE) 등을 활용하여 경제적인 자재사용에 힘써야 한다.

자재가격 내지 재료비의 **절감 대책**들은 다음과 같다.

① 저렴한 대용자재의 사용(자재가격 인하)
② 가공 및 생산이 용이한 신재료의 사용(가공비 절감)
③ 자재를 적게 쓰고 가공이 용이한 설계(재료비 및 가공비 절감)
④ 자재를 적게 쓰는 방법이나 설비의 사용(수율 증대)
⑤ 소요자재의 필요량 구입(재고유지비 절감)
⑥ 현금구매 내지 공동구매에 의한 염가구매(구매원가 절감)

사례 ● **냉장고 나사를 줄여라**

　　LG전자 창원공장에는 「냉장고 나사를 줄이라」는 특명이 떨어졌다. 냉장고 1대를 조립하는데 필요한 나사는 22개. 나사 하나라도 더 줄여 원가를 낮추라는 명령이었다. 기술진은 즉각 컴퓨터 응용해석(CAE)을 적용한 냉장고 정밀분석에 들어갔다. 불필요한 연결부분은 없는지, 설계변경이 가능한지, 신소재로 대체할 수 있는지, 검토를 거듭했다.

　　이와 같은 노력으로 나사수를 14개로 줄이는데 성공했다. 나사 1개 값은 20원으로 냉장고 한 대에 나사값 160원이 절약되는 셈이다. 연간 1백만대를 판다고 보면 1억6천만원의 원가를 줄일 수 있다. 숙련공이 1분동안 조일 수 있는 나사는 6~8개이므로 인건비도 연간 6천만원 이상 줄어든다.

1.2.2 노무비의 관리

1) 공수원단위의 관리

노무비의 다수를 점하는 임금은 작업시간(또는 근무시간)에 따라 지급되는 것이 보통인데, 이 경우 생산량과 시간은 정확하게 비례되지 않는다.

제품이나 부품 등의 단위당 작업시간(공수)을 인시(人時)나 인분(人分) 등의 시간단위로 나타낸 것을 **공수원단위**(工數原單位)라 하는데, 생산현장 및 사무부서의 원가관리에 주요한 척도가 된다.

임금과 급료는 보통 근무시간이나 작업시간을 토대로 지급되므로 작업시간을 효과적으로 활용해야 한다. 근무(작업)시간의 내용은 대별해서 유효작업시간인 가동시간

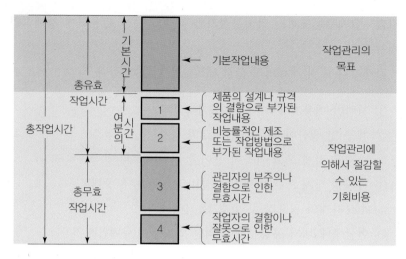

그림 21-3   총 작업시간의 구성내용

과 무효시간인 불가동시간으로 나눌 수 있는데, 관리의 주대상은 불가동시간을 구성하는 간접시간과 여유시간이 된다.

가동시간, 즉 유효작업시간은 실제 생산활동에 소요된 시간으로 이는 가동률의 주요 함수가 된다.

$$가동률 = \frac{유효작업시간}{총작업시간} \times 100$$

따라서 가동률을 높이려면 무효시간을 줄이거나 유효작업시간을 증가시켜야 한다. 그러나 가동률은 표면적으로 나타나는 것이므로 실질적인 성과를 올리려면, 유효작업시간의 내용을 충실히 하고, 생산량을 늘리는, 즉 소요공수를 줄이도록 노력해야 한다.

[그림 21-3]은 국제노동기구(ILO)에서 제시한 제조시간의 내용으로 무효작업시간과 여분의 시간이 대부분임을 알 수 있다. 현실적으로 전체 제조시간 중에는 관리자의 부주의나 작업자의 잘못으로 인한 무효작업시간이 다수 내포되어 있을 뿐만 아니라 유효작업시간에 들어 있는 여분의 시간도 제품설계의 오류나 불충분한 작업방법으로 인한 것이 대부분이다.

2) 노무비의 절감

원가계산에서는 계산의 편의상 과거실적에서 평균임률, 즉 단위시간당 임금 $\left(\frac{월간총지급임금}{월간총작업시간}\right)$을 구하여 이것을 각 제품의 실제 작업시간(또는 표준시간)에 곱하여 노무비를 산정한다.

$$노무비 = 임률 \times 작업시간$$

노무비 절감에서 우선 고려되는 것은 임률이다. 즉 임금이 낮은 노동력의 확보가 우선 고려되어야 하는데, 이에는 노동의 질이나 작업분위기 등 고려해야 될 요인이 많다. 따라서 작업능률의 향상과 소요공수 감소에 중점을 두어야 한다.

제품시방의 개선 · 공정개선 · 작업개선 등으로 작업능률의 향상과 더불어 공수가 줄게 되며 이로써 노무비가 감소되고 아울러 제조원가의 절감도 가능하다. 여기서 유의해야 할 점은 구성원의 작업의욕 고취없이는 작업능률의 향상을 기대하기 힘들다는 점이다. 그리고 중요한 것은 그들 작업자의 노력이 보다 큰 열매를 맺도록 불량을 줄이고 부가가치를 높이는 일이다.

1.2.3 제조경비의 관리

제조경비에는 잡다한 비용이 포함되며, 여러 제품에 공통되는 간접경비가 대부분이다.

비용의 성질에 따라 제조경비의 내용을 열거하면 다음과 같다.

① 생산량과 비례적인 경향이 있는 것. 부자재, 소모품, 수송비 등
② 작업시간과 비례적인 경향이 있는 것. 전력, 연료, 수도 등의 유틸리티 코스트
③ 생산량이나 작업시간과 관계없는 것. 감가상각비, 고정자산의 재산세, 보험료 등

제조경비는 계산의 편의상 과거실적에서 경비율(단위시간당 경비)을 구하여 여기에 작업시간을 곱하여 산정한다.

$$제조경비 = 경비율 \times 작업시간$$

이 경우 표준조업도가 고려되며 조업도를 높이면 상대적으로 경비를 줄일 수 있다. 또한 작업능률 향상으로 단위당 작업시간이 단축되면 경비는 감소된다.

제조경비는 항목이 많고 금액이 작아서 관리를 소홀히 하기 쉽지만 제조원가의 1/4정도에 이르고 있음이 현실이다. 가령 생산준비비, 에너지나 유틸리티 코스트, 외주가공비, 감가상각비 등은 그의 비중이 높은 것으로 이들 비용의 지속적인 관리와 절감이 필요하다.

1.3 종합적 원가관리

1.3.1 종합적 원가절감

기업환경의 변화, 가격하락, 시장지위의 위축, 원자재 가격의 상승 등에 대처하고 새로운 제품개발 내지 시설투자 등을 도모하기 위해서도 장기적인 안목에서 도요타 자동차의 '원가기획'과 같은 종합적 원가절감계획이 마련되어야 한다.

종합적 원가절감계획(integrated cost reduction program)은 모든 구성원의 동기부여를 중심으로 한 원가절감계획으로서, 기업내의 모든 기능과 부문을 대상으로 하는 이른바 종합적 원가절감을 모든 구성원이 참가하여 조직적이며 계속적으로 행하는 활동에 대한 계획이다.

종합적 원가절감(integrated cost reduction: ICR)이란 기업의 모든 기능을 포함한 전체 구성원과 계획·실시·통제의 관리과정을 포괄한 조직화된 계속적인 원가절감 활동이다.

이에는 다음 여러 활동이 포함된다.

① 원가절감을 위한 전반적 조사
② 표준화·단순화에 의한 원가절감
③ 제품계획 및 설계단계에서의 원가절감
④ 생산시스템(제품·공정·시설·설비 등) 개선에 의한 원가절감
⑤ 작업연구(작업방법과 작업표준 개선 등)에 의한 원가절감
⑥ 공급사슬 및 유통시스템의 개선에 의한 원가절감
⑦ 사무작업의 원가절감
⑧ 경영개선에 의한 원가절감
⑨ 예산통제와 원가관리

1.3.2 원가절감의 포인트 결정

원가절감의 공격목표, 즉 절감의 포인트 결정은 원가절감의 지름길이다.

(1) 종합적 중점도의 파악

재고관리나 품질불량의 대책 등에서 흔히 사용되고 있는 파레토도(pareto graph)를 활용하여 원가의 비중이 큰 항목순으로 공격우선순위를 정하고, 이를 다시 세분하여 특성요인도를 사용·분석하면 문제의 초점을 좁힐 수 있다.

(2) 부문별 중점도의 파악

부문별 원가구성비율을 활용하여 중점도를 정한다. 가령 부문원가에서 변동비가 높은 것부터 조처를 취한다.

(3) 제품별 중점도의 파악

제품별 기여도나 한계이익을 분석·집계하여 중점도를 제품별로 파악한다. 전체적으로 변동비 구성이 낮을 경우 경시할 우려가 있으므로, 제품별이나 부문별로 중점도를 파악하여야 한다

이상으로 ① 종합적 중점, ② 부문별 중점, ③ 제품별 중점이 정해지면 원가절감의 실시방법을 구체화하여야 한다.

▶▶ 참고 PPM전략

감량경영에서 제품과 사업을 재정비하고 경영자원 배분의 균형을 유지할 필요가 있을 경우 PPM(product portfolio management)전략이 전개될 수 있다. 이는 불리한 제품을 정리하고 경영자원을 유리한 제품에 중점 배분하는 경영전략이다.

사례 ● 매출기여도가 낮은 제품의 정리

다양한 생활용품을 여러가지 브랜드로 생산·판매하고 있는 미국의 P&G(Proctor & Gamble)는 1980년 후반의 불황기를 맞으면서 엄청난 광고비와 제품관리비용이 심각한 문제로 대두되었다.

이에 제품의 매출기여도를 기준으로 A, B, C의 3등급으로 분류하여, 기여도가 가장 낮은 C그룹 제품을 중심으로 40%의 제품을 줄였다. 그 결과 제품당 매출공헌율이 1992년의 0.8%에서 6%로 개선되었다.

1.3.3 품질향상과 원가절감활동의 전개

특정 제품의 품질수준이나 신뢰성은 고객의 니즈에 맞게 그리고 가장 경제적으로 제공할 수 있는 수준에서 결정되어야 한다. 품질수준이 너무 낮게 설정되면 빈번한 고장 등으로 사용코스트와 유지코스트가 늘어나서 사용자의 부담이 커지며 반대로 표준이 지나치게 높게 설정되면 생산설비 내지 부품 등에 과대하게 투입되는 코스트로 생산자의 부담이 커진다. 그렇지만 생산자와 구매자가 만족하는 수준(최저코스트

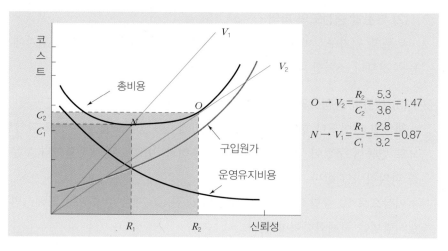

그림 21-4 　**최적가치의 추구**

가 가능한 제품품질의 파라미터들과의 균형점)에서 결정되는 최적의 신뢰성가치(optimum reliability value)가 존재한다면, 코스트와 품질(신뢰성)을 함께 고려한 최적가치를 추구할 필요가 있다.

　신뢰성을 가로축으로 나타내고 코스트를 세로축으로 하여 구입원가(생산코스트)와 운영유지비용곡선을 그어서 이들을 합한 총비용곡선을 나타낸 것이 [그림 21-4]이다. 경제적인 관점에서 구매결정을 행하는 의사결정자들은 총비용곡선의 최저점인 N 점(R_1, C_1)을 추구하는 것이 일반적이다.

　이는 사용자의 입장에서 신뢰성을 고려치 않고 코스트의 최소화만을 추구한 경우로서 O점(R_2, C_2)에 비하여 신뢰성이 떨어져 운영·유지비용이 더 많이 소요된다. 사용자의 입장에서 신뢰성은 일정한 한계가 없이 보다 높은 것이 바람직하다고 볼 때, 결국 생산자와 소비자 모두가 만족할 수 있는 수준에서 신뢰성과 코스트를 함께 고려한 최적가치(V_0)를 모색할 필요가 있다. 이 경우 최적가치는 단위코스트당 신뢰성이 제일 높은 경우로서 위의 예에서 V_2가 된다([그림 21-4] 참조).

　여러 구성요소(부품 등)들로 이루어지는 제품의 경우 각 요소간에 품질수준은 많은 차이가 있으므로 전체시스템의 품질(신뢰성)은 적은 코스트의 투입으로도 신뢰성이 상당히 향상될 수 있다.

　이러한 경우 개개 구성요소들의 신뢰성(품질수준)과 원가수준을 시스템 전체의 입장에서 조절하면, 전체적으로 원가절감과 아울러 신뢰성이 향상되고 원가 대 신뢰성 관계가 개선될 수 있다. [그림 21-5]에서 부품 A의 신뢰성곡선과 같이 신뢰성 향상에 대한 코스트 증가가 완만할 경우에는 코스트가 다소 증가되더라도 신뢰성을 향상

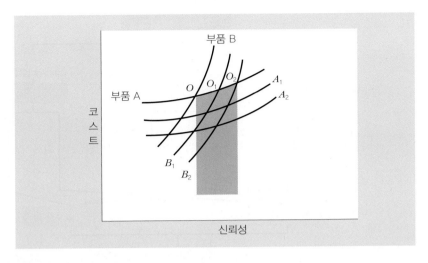

그림 21-5 제품의 가치개선

시키고, 부품 B와 같이 코스트의 증가도가 높을 때 신뢰성을 다소 떨어뜨리면 코스트를 대폭 줄일 수 있다. 이 경우 일차적으로 A곡선과 B곡선의 교차점인 O점을 고려할 수 있으며, B부품에 대한 가치연구로서 대체품 B_1이나 B_2 등을 개발할 경우 점 O_1이나 점 O_2가 제시될 수 있으며, 그 후 A부품에 대한 VE연구로서 A_1, A_2가 제시된다면, 결국 색칠한 부분에서 가치개선을 모색할 수 있다([그림 21-5] 참조).

1.3.4 공정 · 품질 · 원가의 유기적인 관리

생산활동의 컨트롤시스템은 생산시스템의 대규모화 내지 복잡화가 더욱 진전됨에 따라 그 중요성이 강조되고 있다.

생산시스템은 주로 공정(납기와 생산량), 품질, 원가 등을 통해서 생산활동을 컨트롤한다.

생산의 컨트롤시스템은 대별해서

① 생산수량 및 시간에 대한 컨트롤시스템(공정관리)
② 품질에 대한 컨트롤시스템(품질관리)
③ 원가에 대한 컨트롤시스템(원가관리)으로 나눌 수 있다.

그런데 이들은 생산시스템의 목적달성을 위해서 서로 유기적으로 균형있게 운영되어야 한다. 가령 고객이 원하는 품질의 제품을 그들이 요구하는 시기에 필요한 수량만큼 생산하되, 고객이 지불하려는 가격으로 팔고서도 바람직한 이익을 올릴 수 있도

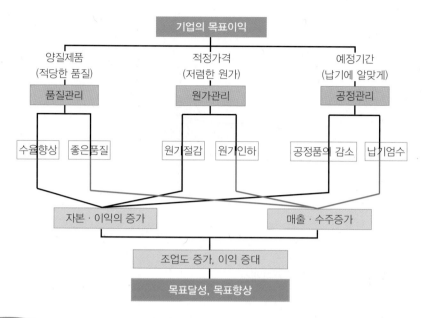

그림 21-6   품질관리 · 공정관리 · 원가관리의 역할과 상호보완

록 생산시스템과 그의 컨트롤 시스템을 설계하고 운영하는 것이다. 이것이 충족될 경우 비로소 생산기업의 목표달성이나 목표향상도 기대할 수 있다([그림 21-6] 참조).

생산목표 달성의 중요한 표적이 되는 품질, 공정(수량 · 납기), 원가는 컨트롤 시스템의 평가요소로서 품질관리(quality control), 공정관리(production control), 원가관리(cost control) 등으로 관리된다. 이들 관리활동들은 각기 독립해서 전개될 수 있더라도 통합된 컨트롤시스템으로 상호유기적으로 관리 · 운영되지 못하면 생산의 전체적 목표를 달성하기 어렵다. 왜냐하면 생산목표의 중요한 표적인 동시에 컨트롤 시스템의 평가요소인 이들 품질 · 공정 · 원가는 서로 배타적인 관계에서 작용하기 때문이다 ([그림 21-7] 참조).

품질과 원가의 관계에서 볼 때 품질을 좋게 만들려면 비용이 더 들게 마련이며, 품질이 일정수준을 넘으면 원가는 급격히 올라간다([그림 21-7]의 l 곡선). 원가와 공정의 관계에서는 로트당 생산량을 늘리면, 제품단위당 원가는 내려가지만(m 곡선), 납기를 단축시키려면 원가는 올라간다(n 곡선). 공정과 품질과의 관계는 생산수량을 많이 하고 빨리 만들면 품질이 떨어지기 쉽다(p 곡선).

이와 같이 품질 · 공정 · 원가는 서로 영향을 주고 받기 때문에, 결국 기업의 입장에서 생산경영자가 이들 3자를 유기적인 관련 아래 관리하지 않으면 안된다.

따라서 생산시스템에서 이들 품질, 공정(납기), 원가(채산)에 대한 컨트롤시스템의

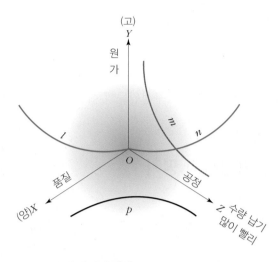

그림 21-7　품질·공정·원가의 상관관계

유기적인 관리와 운영이 중요하다.

1.3.5 지속적인 원가절감 활동의 추진

기업에서 흔히 추진되고 있는 경영개선 내지 원가절감 대책들은 일시적이며 단편적인 성격을 띠고 있어 장기적으로 볼 때 부정적인 효과가 나올 수 있다.

리커트(R. Likert)와 시쇼(S. E. Seashore)는 원인변수로서의 경영자의 행위가 종업원들의 태도, 수행목표, 모티베이션, 의사소통 등의 간섭변수(intervening variables)에 미치는 영향과 이들이 생산성이나 이익, 원가 등의 성과에 어떻게 작용하는가를 3개년간 관찰하여 개선방안을 제시한 바 있다.[5]

이들 연구에 의하면, 경영자가 생산성 향상 내지 원가절감을 성급하게 추진하면, 저항 및 적대감이 증대되어 성과달성에 어려움을 겪게된다. 지속적인 생산성향상과 원가절감을 추구할 수 있는 방안은 경영시스템, 즉 협동하는 시스템을 이룩하는 것이다. 보편적으로 고도의 생산성을 올리는 경영자들은 부하들에게 직접적이고 계층적인 압력을 가하지 않는 대신 협동적인 조직을 이룩함으로써 높은 생산성을 달성한다고 한다. 말하자면 높은 동기부여, 수행목표, 효율적인 의사소통 및 우수한 팀웍을 고루 갖춘 협동적인 조직을 통하여 생산성 향상과 조직목표를 가장 경제적이고 효율적으로 달성할 수 있다는 것이다.[6]

---

5) R. Likert & S. E. Seashore, "Making Cost Control Work", *Harvard Business Review*, Nov.-Dec. 1963, pp. 96~108.

6) 자세한 내용은 이순룡, *제품·서비스 생산관리론*, 법문사, 1998, 24장 3.5 참고.

요컨대 성급한 원가절감계획의 추진은 이를 위한 직접적인 계층별 압력을 수반하므로 변화 내지 개선에 대한 저항과 적대감 등의 반작용이 유발되기 쉽다. 장기적이며 지속적·종합적인 원가절감계획의 추진이 바람직한 것으로, 이에는 참된 인간의 열의와 창의력을 바탕으로 한 구성원들의 협동적인 조직이 뒷받침되어야 한다.

② 생산·운영성과의 평가

2.1 생산시스템의 성과측정

2.1.1 생산·운영성과의 평가기준

생산시스템의 목표는 기업의 목표(수익성과 고객만족)를 달성하기 위해서 고객이 만족하는 제품(서비스)의 경제적 산출을 위해 생산활동을 전개하는 것이다. 이들 생산활동에 대한 성과측정에서 기업 측면에서는 수익성과 생산성 등이 중요시되며 생산시스템에서는 생산목표인 품질·원가·신속성·확실성·유연성 등이 주요 평가요소가 된다(〈표 21-2〉 참조).

표 21-2 생산·운영성과의 평가기준

목 표	평 가 기 준		평 가 척 도
기업목표	수 익 성		자본이익률(ROI)
	생 산 성		종합생산성, 부가가치생산성, 노동생산성
생산목표	원가	경 제 성	제조원가 대 매출액 비율*, 능률
		원 가 차 이	예산－원가, 실제원가－표준원가
		원가 절감·개선	원가절감률, 부가가치, 가치개선율
	품질	불 량 · 결 함	결점수, 불량률, 반품률, 수율, 품질코스트
		신 뢰 성	신뢰도, 고장률, MTBF
		클 레 임	클레임 건수, 서비스 요청률
		서 비 스	서비스율, 품절률, 고객만족도
	유연성	생 산 수 준	생산율(조업도), 가동률, 경제적 생산량
		재 고 수 준	재고회전율, 평균재고, 경제적 발주량
		제품·서비스제공	개발소요시간, 변경시간, 평균 로트크기
	확실성	일 정 · 납 기	일정준수율, 납기이행률, 고객요청 반응시간
	신속성	리 드 타 임	개발·대기·가공·처리시간, 사이클타임

* 제조원가 대 매출액 비율은 경제성(수익/비용)의 역수임.

수익성과 같은 경제적 기준으로 기업목표에 대한 마케팅이나 생산시스템의 공헌도를 가늠할 수 있으며, 생산성 기준으로는 생산시스템의 능률이라든가 생산에 투입된 생산요소들이 생산성과에 어느만큼 기여했는지를 알 수 있다. 그리고 조직별로 생산 능력이나 생산성과를 비교할 때, 생산성 척도는 긴요하다.

생산시스템의 성과는 흔히 생산성이나 생산원가로 제시되며 이로써 생산활동이 얼마나 효율적으로 전개되었는지를 평가한다. 그러나 고객의 만족이나 욕구충족 측면에서 볼 때는 품질·신속성·확실성·유연성이 중요한 평가요소가 된다.

이상의 생산성과는 생산활동 결과 이른 바 '정(正)의 효용(positive utility)'이 창출된 경우이다. 생산과정에서 '부(負)의 효용(negative utility)' 가령 산업재해나 환경오염이 발생되는 경우 또한 생산성과를 평가함에 있어 중요한 고려사항이다.

2.1.2 생산성의 측정과 관리

생산자원을 투입하여 경제재를 산출하는 과정을 생산으로 볼 때, 생산시스템은 투입·변환과정·산출로 나눌 수 있다. 이 경우 생산시스템의 능률은 투입과 산출을 비교한 생산성으로 나타낼 수 있다.

생산성(productivity)은 생산시스템에서 일정기간 동안 만들어진 것과 그동안 그것을 만들기 위해 쓰여진 것과의 비율, 즉 단위시간(t)당 산출(outputs)과 투입(inputs)과의 비율로서 다음과 같이 표시한다.

$$생산성(t) = \frac{산출}{투입}$$

생산의 목적이 경제적 생산에 있다면 생산성의 원칙은 마땅히 투입과 산출의 능률, 즉 최소의 투입으로 최대의 산출을 실현함에 두어야 한다.

사물을 다룸에 있어 사물을 측정(measure)하지 않고 이들을 통제(control)할 수 없으며, 통제함이 없이 관리(manage)할 수 없다. 생산성을 관리하려면, 우선 생산성이 측정되어야 한다. 그 다음 이를 계획이나 목표치와 비교하여 평가하고, 그 결과를 토대로 하여 생산성 향상에 대한 계획을 세워, 이를 계획대로 실행하여 생산성 향상을 이룩하는 다음의 생산성 사이클(productivity cycle) 내지 관리과정이 반복되어야 한다.[7]

생산성 계획 ⇨ 생산성 향상 → 생산성 측정 → 생산성 평가

---

7) D. J. Sumanth, *Productivity Engineering and Management*, McGraw-Hill, 1984.

2.1.3 생산성의 측정모델

생산성은 투입과 산출을 물량으로 나타내는지 혹은 화폐가치로 표시하는지에 따라 물적생산성과 가치생산성으로 구분된다. 한편 투입된 생산요소들을 개별적 혹은 전체적으로 볼 것인지에 따라 요소생산성과 총요소생산성 또는 부분생산성과 종합생산성으로 구분한다.

1) 물적 생산성과 가치생산성

생산성을 측정함에 있어 산출을 물량기준(생산량 기준)으로 측정하는 경우에는 물적 생산성(physical productivity)이라 하고, 가치(화폐)기준으로 측정할 때는 가치생산성(value productivity)이라 한다.

$$물적\ 생산성 = \frac{산출량}{투입} \qquad 예: 1인당\ 생산량 = \frac{제품생산량}{종업원수}$$

$$가치\ 생산성 = \frac{산출액}{투입} \qquad 예: 1인당\ 생산액 = \frac{제품생산액}{종업원수}$$

물적 생산성은 능률이나 생산기술 수준을 살피는 데는 적합한 개념이지만, 품종별로 금액 차이가 많거나 생산 물품이 다를 때는 가치생산성이 유리하다.

2) 요소생산성과 총요소생산성

투입되는 생산요소별로 산출을 비교하는 것을 요소생산성(factor productivity)이라 한다. 노동생산성$(\frac{산출}{노동})$이나 자본생산성$(\frac{산출}{자본})$을 예로 들 수 있다.

노동생산성은 생산활동의 능률을 측정하는데 적용된 대표적인 생산성 비율로서 노동집약적 산업에서 특히 유용한 지표이다. 그러나 자본장비율이 높거나 물적 수단의 영향이 높은 경우에는 이들 장비에 의한 산출부분은 제외하는 것이 바람직하다.

이와 같은 취지에서 제시된 모델이 다음의 부가가치 노동생산성으로 흔히 **부가가치 생산성**(value added productivity)이라 한다.

$$부가가치\ 생산성 = \frac{부가가치}{노동투입량} = \frac{부가가치}{종업원수}$$

※ 총부가가치 = 매출액 − (재료비 + 외주가공비 + 동력비 + 소모품비)
　순부가가치 = 순이익 + 노무비 + 지대 + 이자 + 조세공과

이 모델은 자본장비율의 영향없이 생산능률을 나타내고 경영자와 근로자의 공헌

도를 시장가치로 평가할 수 있는 장점이 있어, 서비스생산성 측정에 유용한 도구가 된다.

요소생산성은 한가지 생산요소만을 고려하므로 전체 생산요소의 영향력을 밝히기 어렵다는 단점이 있다. 가령 노동생산성은 투입된 노동의 질이나 양과 관계없이 외부 여건이나 기계설비의 상태 등에 의해서 영향을 받을 수 있다. 이러한 요소생산성의 결점을 고려해서 제시된 것이 다음의 총요소생산성이다.

$$총요소생산성 = \frac{순산출}{투입노동 + 투입자본}$$

※ 순산출(net output)은 부가가치를 뜻함.

투입요소 총계에 대한 산출의 비율을 총요소 또는 복합요소생산성(total factor or multi-factor productivity)이라 한다.

3) 부분생산성과 종합생산성.

부분생산성(partial productivity)이란 생산에 투입되는 각 투입요소에 관련되는 생산성으로 노동생산성이나 자본생산성과 같은 요소별 생산성을 예로 들 수 있다.

이에 대해서 생산에 투입되는 모든 요소와 이로써 이루어진 전체산출을 비교하는 개념을 종합생산성(total productivity)이라 한다. 전술한 총요소생산성도 종합생산성의 범주로 볼 수 있는데, 대표적인 것은 종합(가치)생산성이다.

$$종합생산성 = \frac{총산출}{총투입} = \frac{매출액 \ 또는 \ 생산액}{노동 + 자본 + 자재 + 에너지 + 서비스}$$

설례 ▶ 생산성의 측정

차량 생산업체인 태일산업의 금년상반기 생산에 투입된 자원과 생산실적은 다음과 같다.

투입 생산자원	생산실적
자재: 800백만원 노동: 400백만원(종업원수 : 200명) 자본: 500백만원 에너지: 150백만원 기타: 50백만원	차량생산: 3,000대 출하가격: 1백만원/대 생산액 = 3,000대×1백만원

이상의 자료로써 요소생산성(노동생산성과 자본생산성), 부가가치생산성, 총요소생산성 그리고 종합생산성을 산정하면 다음과 같다.

(1) 요소생산성

① 노동생산성: 물적노동생산성 $= \dfrac{\text{생산량}}{\text{종업원수}} = \dfrac{3,000대}{200명} = 15대/명$

가치노동생산성 $= \dfrac{\text{생산액}}{\text{종업원수}} = \dfrac{3,000백만원}{200명} = 15백만원/명$

※ 가치노동생산성은 종업원 대신에 노무비를 투입하여 구할 수 있는데,

이 경우 $= \dfrac{\text{생산액}}{\text{노동투입액}} = \dfrac{3,000}{400} = 7.5$이다.

② 자본생산성 $= \dfrac{\text{생산액}}{\text{투입자본}} = \dfrac{3,000}{500} = 6$

(2) 부가가치생산성 $= \dfrac{\text{부가가치}}{\text{종업원수}} = \dfrac{\text{매출액} - (\text{자재} + \text{에너지} + \text{기타})}{\text{종업원수}}$

$= \dfrac{3,000 - (800 + 150 + 50)}{200} = 10백만원$

(3) 총요소생산성 $= \dfrac{\text{순산출}}{\text{노동} + \text{자본}} = \dfrac{\text{부가가치}}{\text{노동} + \text{자본}} = \dfrac{1,000}{400 + 500} = \dfrac{10}{9} = 1.11$

(4) 종합생산성 $= \dfrac{\text{총산출}}{\text{총투입}} = \dfrac{\text{생산액}}{\text{노동} + \text{자본} + \text{자재} + \text{에너지} + \text{서비스}} = \dfrac{3,000}{1,900} = 1.58$

---

4) 서비스의 생산성

일정기간 중 산출된 재화의 생산량이나 생산액을 투입요소로 비교하는 생산성 측정 모델은 재화의 능률을 평가하는 데는 무리가 없지만 일부 서비스에는 부적절하다. 가령 호텔 종사원 1인당 접대고객수, 일당 보험클레임 처리건수, 시간당 우편물 분류건수 등은 제조업의 생산성 척도를 그대로 사용할 수 있다. 그러나 법률상담이나 컨설팅, 연구, 광고기획과 같은 지식업무는 무형의 서비스를 창출하므로 이들 서비스 산출을 측정하기가 쉽지 않다. 이 경우 매출액 같은 산출척도의 객관화가 필요하다.

비영리기관과 같은 서비스기관의 생산성 척도는 편익비용비율(benefit/cost ratio)이 적절할 수 있다. 가령 에너지 절감을 위해 '자동차 함께 타기' 캠페인을 벌이는 경우, 이들 에너지 절약운동의 생산성은 $\dfrac{\text{연간 유류절약량(액)}}{\text{연간 프로그램 비용}}$으로 평가할 수 있다.

생산성 측정문제는 서비스기관의 직무특성과 연관이 많아서 개별적으로 생산성 지표를 개발하는 것도 한 방법이다.

2.1.4 기업생산성의 측정

생산성은 측정목적에 따라 국가별, 산업별, 기업별, 공장별, 부문별로 측정할 수 있는데, 여기서는 생산기업의 성과측정이라는 입장에서 기술하기로 한다.

미국 경쟁력 위원회가 2013년에 발표한 '글로벌 제조 경쟁력 Top 10'의 10년간 (2000~2011) 노동생산성 증가추세를 보인 것이 [그림 21-8]이다.

기업수준에서 생산의 목적을 고객만족과 경제적 생산으로 나누어 볼 때, 생산자원의 효과적 활용, 즉 경제적 생산의 달성도를 함께 측정할 때는 물적 생산성이나 요소생산성이 적용되며 고객의 만족도는 부가가치 생산성과 같은 가치생산성이 이용될 수 있다(흔히 제조업에서는 전자가 적용되며, 서비스업체에서는 부가가치 생산성이 선호된다).

고객의 만족과 경제적 생산을 함께 측정하려면 종합생산성의 측정이 바람직하다. 생산의 목적을 고객의 만족(산출가치의 최대)과 경제적 생산(투입비용의 최소), 즉 $\dfrac{\text{총산출가치}}{\text{총투입가치}}$ = 최대로 볼 때 생산목적의 달성 정도 내지 생산시스템의 유효성(effectiveness)은 종합생산성으로 측정 · 평가하는 것이 합리적이기 때문이다.

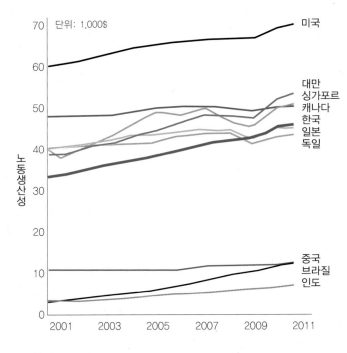

글로벌 Top 10 국가 중에서 노동생산성이 가장 높은 국가는 미국, 다음은 대만이며 우리나라는 5번째로 일본과 비슷한 수준이다.

지난 10년간 미국의 연평균 생산성 증가율(CAGR)은 1.4%, 한국은 2.9%이며, 7위의 중국은 증가율이 8%로 가장 높다.

그림 21-8 **글로벌 Top 10 국가의 생산성 비교**

출처: The U.S. Council on Competitiveness & Deloitte Touche Tohmatsu Global Manufacturing Industry Group, "2013 Global Manufacturing Competitiveness Index", *The U.S. Council on Competitiveness*, 2012.

기업수준에서 생산성을 전체적으로 측정하기는 쉬운 일이 아니다. 이 경우 생산성을 부문별로 나누어 측정하는 것이 비교적 용이하며 부문관리자의 입장에서도 담당부문별로 생산성을 측정하고 관리할 필요가 있다.

부문별로 생산성을 측정할 때 지켜야 할 원칙을 제시하면 다음과 같다.

(1) 해당 부문에 적합한 측정방법이나 모델을 개발해서 적용한다

가령 ① 병원, ② 청소과, ③ 유흥업소(예: 카페), ④ 영업부, ⑤ 작업현장의 생산성을 측정할 때, 다음 모델을 적용할 수 있다.

$$① \frac{진료환자\ 수}{의사수}, \quad ② \frac{총건물면적}{청소원수}, \quad ③ \frac{부가가치}{종사원수}, \quad ④ \frac{매출액}{영업사원수}, \quad ⑤ \frac{생산량(액)}{작업자수}$$

(2) 생산성 측정은 조직계층별로 연계되어야 한다

각 현장의 생산성은 생산공장의 생산성과 관련되고, 생산공장과 영업부문 등의 부문별 생산성은 기업수준의 생산성과 연결됨으로써 궁극적으로 하위계층의 모든 책임을 기업 목표달성과 연계되도록 한다.

(3) 생산성 비율에는 모든 직무의 책임이 포함되어야 한다

이는 생산성 비율을 어떻게 정의하든 간에 전체 직무의 합리적인 척도가 되어야 함을 뜻한다. 따라서 생산성 비율은 경우에 따라 여러 비율이나 하나의 가중치 비율로 측정하는 경우도 생긴다.

2.1.5 생산 · 운영전략과 생산성

맥킨지 연구소(McKinsey Global Institute)가 미국 · 독일 · 일본의 9개 제조업(자동차, 자동차부품, 금속가공, 철강, 컴퓨터, 가전, 세제, 맥주, 식품가공)의 노동생산성을 조사한 보고서(McKinsey Global Leadership Forum)의 결론은 다음과 같다.[8]

① 생산성의 차이는 산업의 전반적인 요소에서 존재하며 단지 자본의 차이에서만 기인한다고 할 수 없다.

② 생산성의 차이는 노동자의 숙련도 차이가 아닌 효율적인 생산방법을 추구하려는 경영자들의 노력의 결과이다.

생산성 통계에서 생산운영전략에 대한 몇 가지 시사점을 발견할 수 있다.

신제품이 다양하게 신속히 출시되어야 하고, 다양한 고객주문에 소량생산으로 따

---

8) "생산성의 국제비교 및 한국에의 시사점", *KDB 산업경제*, 산업은행, 1994년 8월호.

라가는 소규모의 효율적인 유연생산방식이 필요하다는 것이다.

결론은 생산성 향상에서 생산기능이 중심역할을 하며, 생산기능의 성과는 전략이 좌우한다는 점이다. 하버드대학의 스키너(W. Skinner) 교수는 생산성에 의해서 20%정도만이 해결될 뿐이며 대부분의 경쟁력은 기술과 생산전략에 의해서 좌우된다[9]고 하였다. 미국의 선두 유통업체 월마트는 관리기술과 정보통신기술을 전략적으로 이용하여 경쟁력을 강화할 수 있었다.

2.2 자원고갈 및 환경오염(환경친화적 생산)

2.2.1 산업공해의 문제

1) 생산으로 비롯된 사회 비용

생산기업이 비록 생산목적을 달성하였더라도 그의 생산으로 사회가 떠안게 되는 부담이 있는데, 이러한 부담을 사회 비용으로 볼 수 있다. 사회 비용(social cost)이란 기업이 사회에 전가시킨 비용으로 산업공해로 인한 사회의 손실이 대표적인 예이다.

제품이나 서비스를 산출하는 과정(공장)이나 생산물(제품)의 사용으로 비롯되는 사회비용의 발생원천으로 다음의 것들이 있다.

(1) 생산과정 중 인간에게 입히는 손상

작업 중의 산업재해를 비롯하여 생산과정 중 구성원 및 이웃주민에 손상을 입히는 경우이다. 1984년 인도 보팔시의 유니온 카바이드社 살충제 공장의 가스 누출사고로 2천명 이상이 사망하고 20여만명이 피해를 입은 일이 있다.

(2) 생산물(제품)로 인해서 인간이 직접 입는 손상

이른바 '결함상품'의 사용에 기인한 것으로, 가령 브레이크 결함의 인사사고, 인체에 해로운 살충제(예: DDT)나 수은이 함유된 식품 등으로 인간이 입는 손상이다.

(3) 생산과정이나 생산물로 인한 환경오염이 사회에 주는 손실

생산과정 중에 발생되는 공장의 매연 · 가스 · 먼지 · 소음 · 폐수 등과 생산물의 사용으로 생기는 자동차의 배출가스 · 합성세제의 거품 · 농약의 독성 · 수은전지의 수은 등은 대기오염, 수질오염, 토양오염으로 환경을 오염시킨다. 이로 인해서 사회가 입는 손실은 매우 크다.

---

9) 이순룡, *생산경영혁신에 의한 경쟁력 제고 방안*, 한국경제연구센터, 1993, p.128.

(4) 자연자원의 부족이나 고갈로 사회가 입는 손실

한정된 자연자원의 남용이나 독점은 사회에 불이익을 준다. 지방 염색공장에서 하천수와 지하수를 과잉사용하여 주민의 식수용 지하수와 농사용 하천수가 부족하여 분쟁이 생기는 경우가 있다.

이상 열거된 기업의 생산활동으로 비롯된 사회적 비용들은 주로 환경오염((1)(2)(3)) 내지 자원고갈(4)의 문제들로서 산업공해(産業公害)가 주류를 이루고 있다.

2) 산업공해와 제품공해

공해(public nuisance)가 사회적인 문제로 등장한 것은 18세기의 산업혁명 이후부터이다. 즉 에너지원으로 석탄이 대량 소비되고 야금(冶金)공업이나 화학공업의 발달과 더불어 인체에 해로운 가스와 폐수가 공장에서 대량 배출되므로 인해서 사회적인 문제가 되기에 이르렀다.

산업발전과 공해는 상관관계가 깊은데, 오늘날 산업화 내지 도시화가 확산됨에 따라 자연과 생활환경은 더욱 악화되어 가고 있다. 이들 공해는 그의 오염형태나 오염원에 따라 〈표 21-3〉과 같이 분류할 수 있으며 특히 문제가 되는 것은 대기오염과 수질오염이다.

대기오염(air pollution)은 연료의 연소로 생기는 연기·가스·먼지 등이 공장이나 도시에서 집중적으로 배출되어 발생하는데, 우리나라에서는 연료의 3/4을 산업체에서 소비하고 있어 산업이 대기오염의 최대 배출원이 되고 있다.

표 21-3 공해의 유형

오 염 의 유 형	오 염 원
대 기 오 염	공장배기, 자동차배출가스, 먼지
수 질 오 염	공장폐수, 생활하수, 축산폐수
토 양 오 염	농약, 수은전지
열 오 염	냉각수배수, 냉각탑방열, 보일러방열
소 음 · 진 동	자동차, 공작기계, 비행기, 철도, 전동차
전 파 · 방 사 능	자동차, 전기용접, 원자력발전, 방사선
악 취	화학공장, 축산배설물
폐 기 물	산업폐기물, 제품폐기물, 생활폐기물
건 강 장 해	식품, 음용물, 가정용약품

아황산가스와 질소화합물 · 오존 · 일산화탄소 · 분진 등 대기오염물질 때문에 질병에 시달리거나 생산성이 떨어지는 등의 사회적 비용은 연간 2조415억원에 달한다고 한다. 이는 우리나라 GNP의 0.8%수준이다. 대기오염으로 유발되는 사회적 비용중 천식 · 기관지염 · 폐렴 등 호흡기질환 관련 의료비는 1,477억원이며, 치료 및 투병에 따른 노동력 상실비용은 1조 8,093억원으로 추정됐다.[10]

수질오염(water pollution)은 용수량의 증가에 따라 폐수 및 하수가 공장이나 도시에서 집중적으로 배출되어 하천이나 해역의 자정능력(自淨能力)을 초과해서 발생한다(수질오염에는 해양오염이 포함된다). 산업폐수는 수질오염의 최대요인이 되고 있다. 1980년 이래 산업폐수는 연간 15~17%의 증가세를 보이고 있는 가운데 1990년 말 기준으로 1일 728만m³를 배출하고 있는데, 이는 전국 BOD 부하량의 44%를 차지한다.[11]

산업체에서 배출되는 대기오염물은 단순히 연료의 연소가스만이 아니라 각종 유독가스 · 용매 · 금속분진 · 악취 등이 발생되며, 수질오염물은 일반하수와 달리 유독하고 축적성이 높은 중금속(수은 · 납 · 카드뮴 등) · 유분(油分) · 산 · 알카리 · 색소 · 유해 유기물질이 배출된다.

[그림 21-9]에서 볼 수 있는 것처럼 이들 환경오염의 주체는 생산자와 소비자로서 이를 통해 청정생산 내지 환경친화생산의 중요성을 인식할 수 있다.

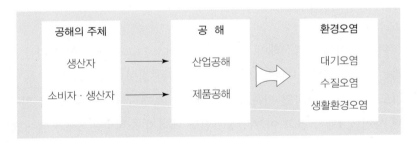

그림 21-9 **환경오염과 공해의 주체**

---

10) 임종수, 대기오염의 사회적 비용, 환경기술개발원, 1996.4.
11) 박정옥, "환경오염규제의 현황과 개선방안", 전경련, 1992.4.

2.2.2 자원고갈과 환경오염의 원인

기하급수적으로 늘어나는 인구팽창과 더불어 경제성장이나 산업발전에 따른 생산활동 및 생산물의 증대는 천연자원의 고갈과 환경오염을 가속화하여 사회가 부담해야될 사회비용이 계속 불어나고 있는 실정이다. 따라서 이들 사회비용의 발생원인을 체계적으로 규명해서 대비할 필요가 있다.

1) 자원고갈의 원인변수

자원문제는 일찍이 맬더스(T. R. Malthus)의 「인구론」(Doctrine of Population)에서 제기되었던 터이지만, 1970년대에 있었던 두 차례의 오일 쇼크를 계기로 세계적인 문제가 되었다. 1973년의 오일 쇼크는 국제적 미래연구기관인 로마클럽(The club of Rome)에서 발표한 「성장의 한계」(Limits to Growth, 1972)가 기폭제 역할을 하였다.

이 보고서에 의하면 현재와 같은 소비추세로 가면 석탄과 철광석을 제외한 대부분 부존자원(동·연·아연·석유·천연가스 등)의 가채년수는 30년 안팎이라고 했다. 그러나 석유는 기술발전으로 새로운 유전이 발견되고 기존유전의 생산량도 증가하면서 가채년수(可採年數)가 늘어났지만 머지않아 고갈될 수밖에 없다.

천연자원의 급속한 소진 내지 고갈현상의 주요원인으로 많은 전문가들은 ① 인구폭발, ② 생활수준의 향상, ③ 기술발전을 꼽는다.[12] 즉 이들 세 가지 요인과 자원의 소진량은 깊은 함수관계가 있다. **천연자원의 소진량**(depletion of natural resources) D에 대한 관계식은 다음과 같다.

천연자원의 소진량: $D = P \cdot C$ ··· ①

P: 인구의 크기
C: 1인당 제품(서비스) 소비량

위의 ①식에서 명심해야 할 사항은 자원소진(고갈)의 원인이 되는 요인들의 결합효과는 산술적이라기보다는 기하급수적이라는 점이다. 즉 요인별로는 더디게 증가하더라도 이들이 결합하면 기하급수적 현상을 초래한다. 예컨대 미국 인구는 1880~1966년 사이에 4배가 늘고 이 기간중 1인당 에너지 소비량은 3배가 늘어났으며 전체 에너지 소비량은 12배가 증가했다.[13]

관계식 $D = P \cdot C$에서 자원소진(D)을 줄이려면, 인구(P)의 증가를 억제하고 1인당 소비량을 줄이는 것이 바람직하다. 이 경우 생산기업에서는 1인당 소비량을 줄이는

---

12) K. N. Dervitsiotis, *Operations Management*, McGraw-Hill, 1981.
13) P. Ehrlich et al., *Human Ecology*, Freeman, 1973, p.207.

데 힘써야 한다.

2) 환경오염의 원인

오늘날 문제가 되는 환경오염은 다음 요인에 의해서 비롯된 것이 대부분이다.

① 인구의 폭발과 도시집중
② 산업화사회(공업국가)의 전례없는 풍요
③ 새로운 기술의 발전
④ 생태계 파괴가 미치는 영향력 평가에 대한 경제시스템의 무능력

이들 요인 가운데 ①②③은 앞에서 지적된 천연자원의 고갈요인들로서, 자원고갈과 환경오염은 서로 밀접한 관계가 있다.

앞서의 ①식에 재화의 생산 및 소비가 환경에 미치는 영향력(environmental impact)을 부가해서 환경오염(E)의 관계식을 다음과 같이 제시할 수 있다.

$$환경오염: \quad E = P \cdot C \cdot I = P \cdot C(I_p + I_c) \quad \cdots\cdots\cdots\cdots\cdots\cdots\cdots\cdots \quad ②$$

I: (소비된) 재화 1단위의 환경 영향력
I_p: (소비된) 재화 1단위의 생산에 따른 환경 영향력
I_c: 재화 1단위 소비에 따른 환경 영향력

위의 관계식에서 환경오염의 주요 요인은 인구의 크기(P), 1인당 소비량(C), 산업공해(I_p), 제품공해(I_c) 등 임을 알 수 있다. 수요나 소비가 없으면 생산이 필요 없듯이 소비($P \cdot C$)를 억제하면 생산이 억제되고 환경오염도 줄 것이다. 그러나 이는 대부분 기업외적 변수이므로, 생산경영자의 입장에서는 환경친화생산으로 '생산과정 중의 환경영향력'(I_p)과 '생산물의 환경영향력'(I_c)을 줄여서 산업공해와 제품공해가 최소화되도록 노력해야 한다.

2.2.3 환경친화적 생산

환경친화생산(environmentally conscious manufacturing)은 자원의 낭비와 유해물질의 생산을 최소화하기 위한 제조산업의 모든 활동을 의미한다.[14] 즉 자원활용의 극대화와 환경오염의 최소화를 목표로 청정기술을 적용한 청정생산이 곧 환경친화생산인 것이다.

---

14) 박영현, "제품수명주기를 고려한 환경친화생산과 사례", *1998 춘계학술대회 발표문집*, 대한품질경영학회, 1997.4.12.

1) 청정생산의 설계

청정생산 내지 청정기술(clean technology)은 특정 제품의 생성-사용-소멸의 순환 과정에서 환경오염을 감소시키기 위해 적용되는 방법과 기술이다.

한 제품을 만드는 데 물·공기·전력 등 자원을 최소로 사용하여 만들고 그 제품이 사용 중에도 적은 자원을 소비하게 하고 폐기될 때는 환경에 손상을 주지 않으며 환경오염이 없도록 재활용할 수 있게 하는 생산기술이 바로 청정기술(淸淨技術)이며 이를 주축으로 하는 생산이 청정생산(clean production)이다.

청정기술은 산업형태에 따라 차이가 있지만 **공통**된 **특징**은 다음과 같다.

① 제품의 생산 및 소비시 소요되는 자원을 최소화하는 기술이다.
② 환경오염이 없거나 적은 원자재를 사용하는 제품이나 공정을 개발하는 기술이다.
③ 재활용이나 재생이 쉽도록 제품을 설계하고 회수를 용이하게 하는 기술이다.
④ 제품 폐기물의 환경오염을 감소하고 폐기물 생성을 줄이는 기술이다.

투입자원과 환경오염을 최소화하는 청정생산이나 환경친화생산은 사후적 처리보다는 사전적 예방의 성격이 강하다. 즉, 기존의 산업공해와 제품공해 대책은 사후적 처리를 위한 대책이 중심을 이루어 왔으나 이로서는 소기의 목적을 달성할수 없을 뿐만 아니라 경제성도 떨어진다. 그래서 환경오염을 사전에 예방하는 청정생산이 강조되고 있다.[15]

따라서 환경친화적 생산은 [그림 21-10]과 같이 예방적 청정설계와 청정생산관리 그리고 자원의 재활용 측면에서 추진될 수 있다. 예방적 청정설계는 효율적인 자원사용과 환경오염을 최대한 줄일 수 있는 제품개선과 공정개선을 설계단계에서 추진하

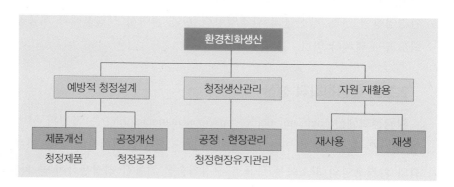

그림 21-10 환경친화적 생산의 체계

---

15) 이병욱, 환경경영론, 비봉출판사, 1997.

는 것이며, 청정생산관리는 공정관리나 현장관리를 통한 현장 청정생산활동의 유지
관리이다. 자원의 재사용이나 재생이 용이하도록 설계된 공정이나 제품을 운영 내지
사용하는 자원재활용은 사전적 의미보다는 사후적 의미가 강하지만 이 또한 환경친
화적 생산임에 틀림없다.

2) 투입 · 산출단계에서의 청정생산

기업에서 취할 수 있는 청정생산 방안으로 환경오염물질의 발생량을 줄이는 방안
과 발생된 공해물질을 처리하여 줄이는 방법이 있다. 생산시스템의 관점에서 볼 때,
전자의 방안은 투입단계와 공정단계에서 다룰 수 있으며, 후자의 그것은 주로 산출단
계에서 다룰 수 있다. 따라서 생산공장에서의 청정생산을

① 투입단계에서의 접근(input approach)
② 공정단계에서의 접근(process approach)
③ 산출단계에서의 접근(output approach)

으로 나누어 기술하기로 한다(〈표 21-4〉 참조).

(1) 투입단계에서의 관리

이는 생산시스템으로 투입되는 원자재와 에너지량에 초점을 맞추어 비경제적인 생
산활동을 배제함으로써 원천적으로 자원의 투입을 줄이고 이로 인한 공해를 줄이려
는 접근방법이다. 이 방법이 적용되려면 우리들의 가치체계나 습관을 비롯하여 경제
구조 등에 수정이 수반되어야 한다.

표 21-4 생산시스템에서의 청정생산관리

투입단계	공정단계	산출단계
• 자원(원자재 · 에너지)의 투입량 억제 • 낭비 많은 투입자원의 제거 • 회수가능 자원의 사용(예: 유리병) • 공해가 적은 자원의 사용(예: 저유황유, 분해가능 농사용 비닐) • 공해물질 제거후 투입(예:석탄 이나 석유의 탈황처리)	• 자원 절약형 공정의 선택 • 폐열 · 폐수의 회수 및 재사용장치 • 공해 배출물을 최소화하는 공정설계(예: 완전연소 엔진 또는 버너) • 공해배출 억제를 위한 공정 개선	• 1회용 상품 및 포장의 배제(예: 1회용 라이터, 건전지, 종이컵, 캔) • 폐기물 산출의 억제 및 처리(예: 집진기설치, 폐수처리장치, 폐열사용장치) • 산업폐기물의 재생 및 최소화 • 제품폐기물의 최소화(예: 용기 및 포장의 개선)

(2) 공정단계에서의 관리

이는 투입물의 변환과정인 생산공정에서 오염물질의 발생을 최소화하거나 발생한 오염물질을 처리하여 환경오염을 억제하는 방법이다. 이 단계에서는 〈표 21-5〉에 제시된 바와 같이 자원절약형 공정의 선택, 공해배출을 최소화하는 공정설계, 공해배출 억제를 위한 기존 공정의 개선 등 여러 방법이 모색될 수 있다.

가령 화학처리공정에서 유해물질 발생이 적은 공법을 선택하는 경우라든가, 제철 공장에서 철의 세척제로 황산대신 염산을 사용하거나, 냉각장치를 수냉식 대신에 공냉식으로 바꾸어 공해를 줄이는 경우이다. POSCO의 FINEX 공법은 용광로 공정을 제외시켜 환경오염을 대폭 줄일 수 있게 되었다(7장 프로세스 혁신으로 경제성과 환경의 두 마리 토끼 잡은 파이넥스(FINEX) 공법 사례 참조).

(3) 산출단계에서의 관리

이는 산출된 생산물이나 폐기물의 공해물질을 처리하여 공해를 줄이려는 방법으로 생산시스템의 큰 변경없이 접근할 수 있어 다수의 기업에서 주로 이용하는 방법이다. 그러나 산출단계에서의 관리나 개선은 경제성이 낮고 처리비용이 높다. 공해물질이 발생한 다음에 절대량을 줄이는 방법을 제시하면 다음과 같다.

① 폐기물의 활용. 예: 조미료를 생산한 폐기물로 비료나 사료생산
② 폐기물의 재생사용. 예: 도금물 세척수에서 중금속 회수, 알루미늄 캔의 재생
③ 폐기물 처리시설의 이용. 예: 폐수재처리 사용

이상 생산기업에서의 청정생산관리 방법을 투입 · 변환 · 산출단계로 나누어 제시하였는데, 이들을 복합 전개할 때 그 효과는 크다.

사례 ● 오존층 파괴의 주범 프레온가스의 대체

미국 듀퐁사가 프레온(Freon)이라는 상표명으로 1938년에 내놓은 CFC는 값싸고 사용하기 편리해서 냉장고와 에어컨의 냉매, 인쇄회로판의 세제, 드라이크리닝 탈취제 그리고 스프레이 분무제에 이르기까지 다양하게 사용되어 왔다. 1990년 세계의 CFC생산량은 110만 톤에 매출액 20억 달러에 이르렀다.

1974년 프레온가스가 오존층을 파괴한다는 연구발표이래 선진국 일부에서 관심을 갖고 부분적인 규제 움직임이 일던 차에, 1985년 남극 상공의 오존층이 줄어들고 있다는 사실이 발견되면서 '오존구멍의 충격'은 세계를 놀라게 했다. 1987년 캐나다 몬트리올에서 채택된

「CFC 사용규제에 관한 몬트리올 의정서」는 20세기 말까지 CFC의 사용을 반으로 줄이기로 했다.

CFC의 대체물질 개발경쟁은 매우 치열한데, 영국의 임페리얼 케미컬 인더스트리(ICI)사는 7년간에 5억 달러의 개발비를 투자하여 1992년 자동차 에어컨용 냉매로 사용할 대체품(HFC 134a)의 대량생산에 들어갔다. 일부기업에서는 프레온을 회수하여 다시 사용하는 사업을 펴고 있다. 미국의 전자공장에서는 인쇄회로판을 비눗물로 씻도록 공정을 바꿔 CFC사용량을 줄이기도 한다.

1993년에 몬트리올 의정서 협정에 가입한 우리나라의 자동차와 전자업체들도 CFC 대체물질 개발을 서두르고 있는데, LG전자는 1993년 말부터 HFC 134a를 사용하는 이른바 「그린 냉장고」를 생산하고 있다.[16]

2.2.4 환경친화적 생산경영

생산경영자는 제품설계, 공정설계, 공장입지의 결정을 통해서 생산시스템을 설계하고 관리하는 기능이 있으므로 생산경영은 환경오염을 최소화하거나 억제할 수 있는 주요 결정변수임에 틀림없다.

공해를 최소화하는 최선의 방법은 톱의 환경친화방침 아래 시스템설계단계에서 원천적으로 예방 내지 개선하는 것이다.[17] 1991년 낙동강물을 페놀로 오염시켜 우리사회에 '식수공포' 증후군을 낳게 했던 두산전자가 우리나라에서 손꼽히는 환경친화기업으로 변신한 것은 환경방침의 강력한 실천에서 나온 것이다. ISO 14000에서 요구하고 있는 것처럼 톱의 환경방침을 기본으로 하여 기획단계에서부터 환경요인을 충분히 반영하는 생산경영이 필요하다.

따라서 생산경영자는 ① 환경을 오염시키는 공해 물질의 발생을 제품설계, 공정설계, 자원의 재사용 및 처리 등으로 최소화하며, ② 제품설계의 개선이나 효율적인 공정의 선택 및 자원의 재활용(recycling)을 통하여 천연자원의 활용률을 높이는 데 기여해야 한다.

그러나 공해규제가 제대로 안되는 사회에서 자발적으로 청정생산에 참여하는 기업은 원가경쟁면에서 불리하기 쉽다. 기업의 청정생산이 제도적으로 의무화되고 기업구성원 모두가 환경오염방지에 대한 기업의 사회적 책임을 질 때, 환경친화적 생산경영은 역량을 충분히 발휘할 수 있다.

---

16) 현원복, "오존층 보호의 길", 사보 유공, 대한석유공사, 1994.5.
17) 김오우, "기업환경방침과 환경목표의 효율적 수립에 관한 연구", 동국논집(동국대), 16집 1호, 1997.

3 종합적 생산경영

3.1 생산성과의 종합평가

21세기 제조업은 경영하기 복잡한 사업이 되었다.[18] 즉 활동범위는 범세계적이며, 사업이 빠른 속도로 이루어지고, 다양한 소비자의 기호가 더 까다로워지고, 고품질이 요구되며, 세계 여러 곳에서 다양한 환경·건강·안전 및 소비자 보호규제에 순응해야 하는 압력에 직면하고 있다. 이에 생산기업은 고객만족을 위해 다양한 품종의 제품이나 서비스를 그들이 원하는 시기와 요구에 맞추어 신속하고 정확한 생산활동을 펴면서 대폭적인 품질향상과 원가절감을 전개해야 한다. 그래서 생산기업은 원가·품질·신속성·확실성·유연성을 경쟁우위요소 내지 생산목표로 표방하고 이들 목표의 효과적인 달성을 위해 활동한다.

기업활동이나 생산활동을 효과적으로 관리하려면 합리적인 성과측정이 필요하다. 여기서 '성과'란 목표달성 정도로서 품질·원가·이익 등 추구하는 목표가 다원화되고 시장이나 생산활동에 따라 상이하여 성과의 평가가 쉽지 않다. 그래서 전략경영에서는 이들 목표를 종합적으로 추구하는 KPI(key performance indicators)와 BSC(balanced scorecard)를 연계하여 전개한다.

3.1.1 비전과 전략의 BSC전개

기업의 경영성과를 나타내는 전통적 재무제표(손익계산서와 대차대조표 등)는 과거지향적이며 지식이나 무형자산의 가치를 제대로 반영하지 못한다. 그리고 성과지표 간의 연계 통합이 미흡하고 전략과의 연계가 불충분하다는 제약점이 있다. 이에 카프란(R. Kaplan) 교수와 노튼(D. Norton)은 새로운 성과측정 방법인 BSC(Balanced Score Card), 즉 균형성과표를 제시하여 산업계로부터 큰 호응을 얻고 있다. 이들이 실증연구를 거쳐 논문과 저서를 발표한 뒤에 Fortune 1000대 기업의 64% 이상이 BSC를 도입하는 성과를 보였다.[19]

BSC는 재무성과지표에 미래의 성과동인(performance drives)들을 보완할 뿐만 아니라, 성과지표(KPI: Key Performance Indicator)를 통해 전략의 의사소통에 적용하면서,

---

18) 토마스 건 지음, 김석용·김대식 역, *21세기 매뉴팩처링*, 동아출판사, 1994.
19) 이들은 10여 업체에 대한 실증연구를 통해 '성과를 창출하는 측정도구'("The Balanced Scorecard Measures That Drive Performance," *Harvard Business Review*, Jan.-Feb. 1992)를 발표하고 4년 후 저서 *The Balanced Scorecard*(1996)로 세계적인 명성을 얻게 되었다.

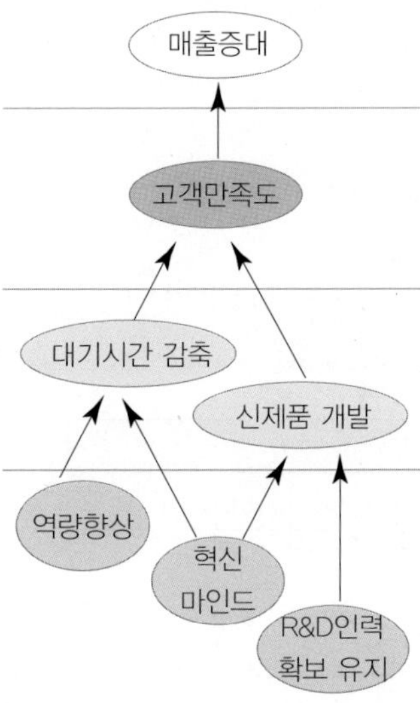

전사기준 4 관점별 전략목표	성과지표(KPI)	사업본부			지원본부	
		영업	R&D	생산	인사	경리
매출증대	전기 대비 매출 증가율	●				
	시장점유율	●				
고객만족도	고객만족도 점수	●				
	반품률		●	●		
	품질코스트			●		●
대기시간 감축 / 신제품 개발	대기시간	●				
	신제품 개발기간 단축		●	●		
	신제품 개발 수		●			
역량향상 / 혁신 마인드 / R&D인력 확보 유지	직무역량 수준				●	
	신제품 아이디어 수	●	●			
	R&D 인력 확보율		●		●	
	R&D 인력 이직률		●		●	

그림 21-11 전략목표의 하부조직연계도

전략을 실행하는 역할을 할 수 있다. 우리나라의 BSC 도입 기업 중 성공사례로 제시된 기업으로는 이랜드그룹, LG 필립스 LCD, 유니베라, 한국타이어, 대림그룹, 포스코, KT, KTF, KOTRA, 해양경찰청, 전북대학병원 등이 있다.[20]

건강의 활력시그널(vital signal)로 혈압, 체온, 맥박, 호흡수를 꼽는다면, 기업의 그것은 현금흐름, 고객만족도, 구성원의 만족도를 꼽을 수 있다. 기업성과는 구성원의 노력과 직결되므로 구성원 몰입도 → 고객만족도 → 현금흐름 → ROI흐름에 비추어, BSC의 관점을 ① 재무적 관점(현금흐름), ② 고객만족(고객만족도), ④ 내부프로세스 관점(구성원 몰입도), ④ 구성원 학습 및 성장(구성원 만족도)으로 제시한다.

[그림 21-11] 좌측의 전략 맵(strategy map)에 나타난 R&D와 신제품개발 전략목표의 인과관계를 통하여 이들 관점별 연계흐름과 성과지표별 담당부서 등을 살펴 볼 수 있다.

3.1.2 BSC의 주요 기능

BSC의 주요 기능은 다음과 같다.

---

20) BSC연구회, 한국형 BSC 성공사례, 삼성경제연구소, 2006.

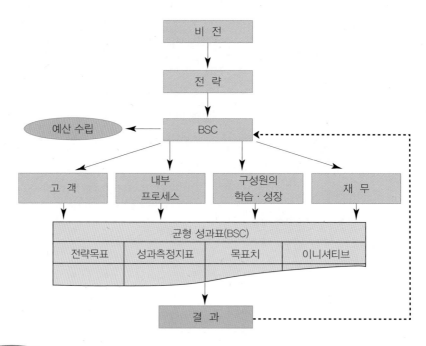

그림 21-12 **비전과 전략의 BSC 전개**

(1) 조직의 사명/비전을 전략목표와 성과지표(KPI: Key Performance Indicator)로 구체화한다. 즉 비전→전략목표→성과지표(KPI)→실행계획으로 전개된다.

(2) 기업경영의 내비게이터 역할, 즉 환경변화에 따른 신속한 경영상황 인식과 전략계획 추진으로 전략적 대응을 한다.

(3) 전략목표의 합리적 선택, 자원(예산, 인원 등)의 최적 배분, 성과의 측정·평가와 피드백으로 전략목표를 효과적으로 달성하도록 한다.

(4) 전략경영 목표에 의해 설정된 조직의 성과지표를 개인의 목표로 체계적으로 배정, 즉 성과목표의 정렬(assignment) 기능을 수행한다.

(5) BSC의 균형, 즉 재무적 지표와 비재무적 지표의 균형, 조직의 내부요소와 외부요소간의 균형, 선행지표와 후행지표간의 균형을 도모한다.

BSC를 통한 비전과 전략의 전개과정은 [그림 21-12]와 같다. 이른바 균형성과표(BSC)는 전략목표와 성과지표를 통해 조직의 전략에 대해 설명해 주는 새로운 틀을 제공함으로써 비전과 전략을 실행계획이나 예산 등으로 전환시켜 준다.

3.2 생산목표의 종합관리

일본의 생산경영 우위점(優位點)을 다음과 같이 주장하는 견해가 있다.[21]

① 품질 · 시간 · 코스트의 생산경영 성능이 높다.
② 개발 · 생산 · 마케팅의 생산경영 과정이 일관해서 융합 운영되고 있다.
③ 설비 · 노동 · 방법의 생산경영 기반이 우수하다.
④ 종업원의 모럴 등 노무적 본질이 우수하다.
⑤ 계열생산 경영체제가 우수하다.
⑥ 생산경영의 개선 향상이 끊임없이 지속된다.

일본기업들이 세계시장을 석권한 것은 전략적 생산경영에 치중하고 있기 때문이다. 대표적인 예가 QCD의 종합관리를 이룩한 「도요타생산방식」으로 이는 생산경영의 전략적 발상에서 비롯된[22] 것이다.

도요타 자동차가 미국시장을 개척함에 있어 세계 제일의 자동차 메이커인 GM, 포드 등과 경쟁하기 위해서 고객이 원하는 품질의 자동차를 그들이 요구하는 시기에 필요량만 생산하되 그들이 지불하려는 가격으로 팔고서도 이익을 올릴 수 있는 생산방식을 이룩한다는 전략이다. 즉 경쟁업체보다 좋은 품질(Q), 낮은 원가(C), 짧은 납기(D)를 이루기 위해서 QCD의 종합적 관리를 전개한 것이다.

사례 ● 일본식경영의 GM NUMMI공장

1980년대에 들어와서 일본의 자동차업계는 해외의 시장거점을 확보하는데 주력하였다. 당시 도요타자동차는 미국의 GM과 합작으로 캘리포니아주 소재 GM 프리몬트공장에 NUMMI(New United Motor Manufacturing Inc.)공장을 세웠다. 이 공장은 UAW(미국 자동차노조)가 주도한 파업으로 6년 동안 폐쇄되었던 공장으로 당시 해고된 UAW 조합원들을 재고용한다는 조건으로 문을 열게 되었다. 운영개시 1년 만인 1986년 이 공장의 생산성은 종업원 1인당 50대를 기록했는데, 이는 GM의 다른 공장 평균치 23대의 배를 넘는 성과였다. 이와같은 성과에 대해 Business Week는 '일본식 경영에서 비롯된 것'이라 하였다.[23]

---

21) 態谷智德, "日本の生産經營の世界的優位の構造", 品質管理, 1991년 7월호.
22) 이순룡, "VE · IE · QC에 의한 QCD 종합관리", 현대경영, 1987년 8월호.
23) 이순룡, 생산경영혁신에 의한 제조업 경쟁력 제고방안, 전게서, pp. 163~164.

도요타는 고객이 지불하려는 가격으로 팔고도 이익을 올릴 수 있는 생산방식을 구축하기 위해 '원가기획'(본장 1.3 참조)으로 목표원가관리를 전개하고 있다.

도요타의 JIT시스템은 TQC와 상호 보완적인 관계가 있다. JIT생산은 치밀한 일정계획에 따라 앞 공정으로부터 부분품이나 반조립품을 가져오는 풀시스템(pull system)이므로 한 개의 불량품도 허용되지 않는다. 이 경우 외주공장은 양품만을 납품해야 하며 현장에서 종업원들(예: QC서클)의 자주적 관리가 이루어지며, 그에 앞서 현장 책임자는 작업표준을 설정해서 유지해야 한다(전자는 QC활동이며 후자는 IE활동이다). 도요타 생산방식은 중요한 보안부품(保安部品)을 제외하고는 과잉품질을 배제하고 있다. 이것은 공수 삭감이나 원가절감과 깊은 연관이 있는 것으로 필요한 기능만을 유지한다는 VE적 사고에서 비롯된 것이다.

도요타 생산방식은 생산목표인 신속성 내지 확실성면에서도 철저하다. 필요한 시기에 필요한 수량만을 제조하기 위해서 ① 준비시간의 단축, ② 가공·조립시간의 단축, ③ 대기시간의 제거 등 제조 소요시간을 대폭 단축시킴에 있어서 IE와 VE·QC를 복합 전개한다. 요컨대 도요타 생산방식은 종합적인 생산경영에 입각한 것으로, 종합적 생산경영은 기업환경 변화에 적응하기 위한 생산전략의 요체로서 생산목표의 종합적 관리가 관건이 된다.

사례 ● 생산경영기술에 강한 일본경영

일본은 세계 제2위의 경제대국이지만 신제품 개발보다는 개선에 주력한다. 일본은 미국과 유럽에서 이미 개발된 제품기술을 수입해 소비자 취향에 맞게 제품을 개량하고 생산공정과 경영방식을 개선하여 생산원가를 낮추는 방법으로 세계시장을 석권했다.

기술은 크게 제품기술과 경영(생산·판매·관리)기술로 나눌 수 있다. 일본기업은 제품기술에서는 미국에 뒤지지만 탁월한 경영기술을 가지고 있다. 일본은 JIT의 린 생산(lean production), TQM의 지속적인 개선(continuous improvement), 대량주문생산(mass customization), 동시병행설계(concurrent engineering), QC 서클, QFD, 다구찌메소드 등 독특한 경영방식을 개발했다. 일본은 미국이나 유럽으로부터 제품기술을 도입한 후 경영기술을 부가하여 최고의 품질과 편의성을 지닌 저렴한 가격의 제품들을 개발한 것이다.

일본식 경영방식의 특징은 '시장정보 → 제품설계 → 생산 → 판매'의 사이클을 단계별로 분리하지 않고 종합적으로 관리함에 있다. 일본에서는 시장정보를 수집하면서 동시에 제품을 설계하고 제품을 설계하면서 동시에 생산공정을 설계하는 식으로 경영활동 각 단계의 시차를 없애는 동시경영(synchronous management)을 추진한다.

> 일본 기업들은 정보교환을 통해 부서간의 장벽을 허물어 제품의 개발·생산·판매에서 모든 부서가 협력하며 그때 그때 시장상황에 맞춰 생산계획을 적절히 조정한다. 이러한 경영혁신에 힘입어 일본의 기업들은 세계를 석권할 수 있었다.[24]

종합적 생산경영(total production management)은 기업경영목표 달성을 위해 환경변화에 대응한 생산전략에 입각해서 생산목표(품질·원가·신속성·확실성·유연성)의 종합적 관리를 지속적으로 행하는 전사적인 생산경영활동이다. [그림 21-13]은 생산관리기능을 중심하여 전개되는 종합적 생산경영의 흐름을 보인 것이다.

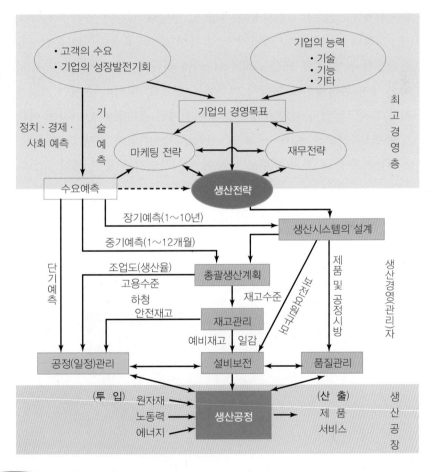

그림 21-13   종합적 생산경영의 기능별 연관도

---

24) 김연석·구형건, *21세기 한국경제 비전*, 매일경제신문사, 1996.

3.3 생산경영의 전략적 접근

일본산업의 경쟁력은 경영기술, 즉 생산전략이 근간을 이루고 있는 것으로 그들은 기술과 전략을 주축으로 전략적 생산경영과 현장의 지속적인 개선활동을 전개하여 부가가치 창출에 주력한다.

오늘날 대다수 성공적인 현대기업들은 혁신(革新)과 개선(改善)을 통해서 경쟁우위를 확보한다. 혁신(innovation)이 도약적인 어프로치라면 개선(improvement)은 점진적인 어프로치로서, 일반적으로 구미의 기업들은 혁신을 선호하고 일본기업은 개선을 선호하는 경향이 있다.

생산성과의 종합척도로 제시되는 부가가치는 [그림 21-14]에 보인 바와 같이 신기술·신제품·신수요·신시장의 개발 및 경영혁신 등에 의한 **혁신**(innovation)과 원자재·노동력·기계설비·에너지 등의 생산요소의 효율증대와 운반·유통·자금 등의 관리개선 등에 의한 **개선**(improvement)에 의해서 창출된다. 고부가가치는 주로 기술혁신 내지 관리개선에 의해서 이룩되는 것으로, 혁신의 주체인 기술자와 경영자·관리자의 적극적인 참여와 구성원들의 헌신적인 공헌없이 단기간에 이루어질 수 없다.

헤이즈와 휠라이트(Hayes & Wheelwright)는 기업의 경쟁요소들을 〈표 21-5〉와 같은 4분위표에 네 가지 범주로 나누어 제시하면서 이들이 생산기업의 성패에 중요한

혁신의 장
신 부가가치의 창출
부가가치
개선의 장
부가가치의 증대
재료비
감가상각비
에너지비용
물류비용
금융비용
QC+VE+IE
5S TPM JIT
부가가치
기술혁신·조직혁신·생산혁신
소비혁신·유통혁신

그림 21-14 **혁신과 개선에 의한 부가가치 향상**

표 21-5 생산기업의 주요 경쟁요소

구 분	외재적(구조적) 요소 (hardware)	내재적 요소 (software)
거시적(macro) (국가차원)	예산 · 조세정책 금융 · 무역 · 산업정책 자본시장 정치적 구조 조직화된 노동력	문화 전통 종교 가치관 사회행동
미시적(micro) (기업차원)	사업분야 및 시장선택 제품설계, 공장 및 설비결정 생산능력 · 시설 입지 · 전문화 프로세스기술 수직적 결합(통합)	관리시스템 고용(인사)정책 하청(공급자)관계 경영자율성 정책 기술예산 및 배분제도 조직구조

역할[25]을 한다고 하였다. 이들은 생산기업의 주요 경쟁요소들을 제시함에 있어서 국가차원의 거시적 요소와 기업차원의 미시적 요소로 나누고 이들을 다시 구조적 요소(hardware)와 비구조적 요소(software)로 나누어 제시하였다.

'거시적-외재적 요소'(제1분위)만으로 기업경쟁에서 이기기는 어렵다고 본다. 일본의 경우 문화 · 전통 · 가치관 등과 같은 '거시적-내재적 요소'(제2분위)가 조직이나 관리체제의 영향인자로 작용했지만, 이것만으로 경쟁우위에 설 수 없다는 것이 전략적 생산경영론자들의 입장이다.[26]

제3분위에 제시된 시장 · 공장 · 생산능력 · 입지 등의 '미시적-구조적 경쟁요소'들은 전통적인 생산경영론자에 의해서 제시되어온 경쟁요소들이 대부분이다. 이들 경쟁요소들은 구조적인 것이므로 실제로 이들을 운영하고 관리하는 소프트웨어의 뒷받침이 필요한데 그것이 바로 제4분위의 '미시적-내재적 경쟁요소'들이다.

피터스와 워터맨(Peters & Waterman)은 오늘날 성장기업에서 미시적-내재적 요소에 치중함으로써 장기적이며 전략적인 경쟁력을 갖게 되었다고 주장한다.[27] 즉 일본의 도요타자동차는 이른바 JIT생산 내지 도요타생산방식으로 고객수요에 맞추어 적기에 적량을 생산하고 생산원가를 낮추어 경쟁력을 강화하였다.

---

25) R. H. Hayes & S. C. Wheelright, *Restoring Our Competitive Edge: Competing Through Manufacturing*, John Wiley & Sons, 1984.
26) A. Weiss, "Simple Truths of Japanese Manufacturing", *Harvard Business Review*, July-Aug. 1984.
27) T. J. Peters and R. H. Waterman, Jr., *In Search of Excellence*, Harper & Row, 1982.

제4분위 경쟁요소들, 즉 생산기업차원의 '미시적-내재적 요소'가 내포된 생산전략 변수들을 중심으로 하여 생산전략을 전개할 때, 생산기업의 경쟁력은 강화될 것으로 믿는다. 특히 기술과 자본력이 구미나 일본의 경쟁기업보다 열세인 우리나라 생산기업은 우선은 내재적 경쟁요소에 초점을 맞추어 생산전략을 전개할 필요가 있다.

산업의 경쟁력 강화요인으로 꼽히는 기술, 생산경영, 생산전략은 전략지향적인 생산경영에 의해서 종합적으로 전개될 수 있다. 즉 우리의 생산시스템을 현장중심의 제조관리 체제에서 전략지향적인 생산경영 체제로 바꾸지 않고서는 고부가가치의 창출을 이룩할 수 없으며 우리산업의 경쟁력 강화를 기대할 수 없다.

이 책 1장 서두에서 경쟁무기로서 "운영 탁월함"(operational excellance)을 제시하였다. 최근 우리 산업의 중견기업인 포스코를 비롯하여, 현대중공업, 대우조선 등은 운영탁월함에서는 뒤처지지 않음에도 적자를 면치 못하고 있음은 가슴아픈 일이다. 불황으로 고전하던 일본 산업이 이른바 아베노믹스에 힘입어 경쟁력을 되찾고 있음을 보면서, "우리는 창조할 수 있다"고 되내어 본다.

사례 ● 인간은 창조(create)할 수 있다

한국 정부가 '대한(對韓)국제제철차관단(KISA)'으로부터 1억 달러 차관을 받아 포항종합제철을 건설하려던 계획이 무산됐다. 세계은행(IBRD)의 '1968년 한국 경제동향 보고서'가 한국의 종합제철소 건설을 부정적으로 평가했기 때문이다.

"한국의 경제 규모와 산업 수준으로는 종합제철소를 성공시킬 수 없다"는 보고서를 영국인 J 자페 박사가 작성했다. 이대환씨가 쓴 「세계 최고의 철강인 박태준」에 1986년 박태준이 영국에서 자페를 만난 이야기가 나오는데, 박태준이 당시 보고서에 대해 묻자, 자페가 대답하기를 "나는 종합제철소를 건설하고 운용하는 데 고려해야 할 내수규모, 기술수준, 원자재 공급가능성, 시장성을 공정하게 분석했다. 다시 쓴다 해도 똑같이 쓸 것이다. 그런데 그때 간과한 것이 있다. 당신 박태준이다. 당신이 상식을 초월하여 프로젝트를 이끌었고 성공시켰다."

결과는 어떤가. 포스코는 KISA 차관 없이 탄생했고, 최근 6년 연속 '경쟁력 세계 1위 철강사'로 선정됐다. 자페가 간과한 것이 박태준뿐이었을까? 사면초가에 빠진 한국 정부와 박태준, 포스코 직원들 모두이다. 위기 속에서 불타오른 의지와 사명감이 지금의 포스코를 만들어냈다.[28]

---

28) 조중식, [태평로] "집이 망하자 학생의 잠재력이 폭발했다", 조선일보, 2016.1.26.

이 장 1절에서 현대기업의 원가관리, 2절에서 생산운영 성과의 평가, 3절에서 종합적 생산경영을 기술하였다.

이 장에서 설명된 주요내용을 요약하면 다음과 같다.

- 생산기업이 환경변화에 대처해서 능동적으로 경영활동을 전개하려면 정태적인 원가유지 관리보다 창조적이며 동태적인 원가절감이 바람직하다.
- 신제품의 기획 및 설계단계에서 원가절감을 도모하는 목표원가관리는 기술 · 생산 · 영업 부서 등의 의견과 시장상황을 고려하여 종합적 원가절감을 전개하는 전략적 원가관리 기법이다.
- 총원가는 제조원가 · 판매비 · 일반관리비로 구성된다. 원가의 주류를 이루는 제조원가는 재료비 · 노무비 · 제조경비로 분류된다.
- 재료비의 관리는 물량원단위의 관리, 자재사용량의 절감, 재료가격의 절하가 중심이 된다. 물량원단위관리에서 흔히 사용되는 기준은 수율로서 이는 감모율과 불량률에 의해서 크게 좌우된다.
- 노무비의 관리는 공수원단위의 관리와 작업능률 내지 가동률의 개선이 중심이 된다.
- 종합적 원가절감(ICR)이란 기업의 모든 기능을 포함한 전체 구성원과 계획 · 실시 · 통제의 관리과정을 포괄한 조직화된 지속적인 원가절감 활동이다.
- 원가절감 포인트결정은 원가절감의 첩경이다. 종합적 중점, 부문별 중점, 제품별 중점을 결정한 후 원가절감 실시방법을 구체화하여야 한다.
- 생산시스템에서 생산목표가 되는 원가 · 품질 · 납기(공정)의 유기적인 관리 · 운영이 필요하다.
- 장기적인 안목에서 지속적이고 종합적인 원가절감이 바람직한 것으로 이에는 경영자의 강한 리더십 아래 참된 인간의 열의와 창의력을 바탕으로 하는 구성원의 협동적인 조직이 긴요하다.
- 환경친화생산(environmentally conscious manufacturing)은 자원의 낭비와 유해물질의 생산을 최소화하기 위한 제조산업의 모든 활동을 의미한다.
- 종합적 생산경영(total production management)은 기업경영목표 달성을 위해 환경변화에 대응한 생산전략에 입각해서 생산목표(품질 · 원가 · 신속성 · 확실성 · 유연성)의 종합적 관리를 지속적으로 행하는 전사적인 생산경영활동이다.
- 선진 경쟁기업보다 열세인 우리 생산기업은 우선은 생산경영이나 관리기술과 같은 내재적 경쟁요소에 초점을 맞추어야 한다. 전략지향적인 생산경영체제로 바꾸지 않고서는 고부가가치 창출과 경쟁력 강화는 기대할 수 없다.

생산경영 계량모델

 1 **생산의사결정과 모델**

1.1 생산의사결정의 특징

경영활동은 경영자의 의사결정을 토대로 해서 이루어진다. 따라서 경영상의 모든 문제들은 곧 의사결정의 문제라 할 수 있다. 근본적으로 경영활동을 가늠하는 경영의사결정은 일련의 관리과정(management process)을 이루는 계획(plan) · 실행(do) · 통제(control)의 기능을 중심으로 전개되는데, 이를테면 계획결정, 실행결정, 통제결정이 그것이다.

생산경영은 '생산시스템의 설계(plan)'와 '생산시스템의 운영(do) 및 관리(control)'의 입장에서 보면, 전자는 계획결정분야로서 장기적이며 전략적인 결정문제를 다루며, 후자는 실행 및 통제결정분야로서 단기적이며 전술적인 결정문제를 다룬다.

> **≫참고** **트레이드-오프 분석**
>
> 생산경영자가 당면하는 의사결정문제들은 트레이드 오프분석을 필요로 하는 경우가 많다. 본 절 1.4에서 [설례]로 제시한 '경제적 발주량의 결정'에는 재고유지비와 구매비용의 합이 최소가 되는 수준에서 이루어지는데, 이 경우 트레이드-오프분석(trade off analysis)이 이용된다. 즉, 구매량의 크기를 크게 하면 단위당 구매비용은 줄지만 재고유지비가 증가된다. 반대로 1회 구매량을 작게 하면 재고유지비는 줄지만 구매비용 부담이 커진다.
>
> 트레이드-오프분석을 요하는 생산의사결정 문제들을 예로 들면 다음과 같다.
> a. 서비스수준의 결정: 서비스비용과 대기비용의 관계
> b. 안전재고수준의 결정: 재고유지비와 품절로 인한 손실과의 관계
> c. 제조품질수준의 결정: 품질관리비용과 불량으로 인한 손실과의 관계
> d. 예방보전수준의 결정: 예방보전비용과 고장으로 인한 손실과의 관계

생산시스템의 목적달성이나 문제해결을 위해 행해지는 생산의사결정(operations decisions)에서는 주로 계량적 분석방법이 이용되고 있다. 그래서 의사결정과정에서 모델, 계량적 방법, 트레이드 오프분석, 시스템즈 어프로치를 적용하는 것을 생산의사결정의 특징으로 꼽고 있다.

사례 ● 시스템 분석에 의한 U보트 격침

2차대전 당시 연합군의 OR팀이 독일의 U보트를 좀처럼 격침시키지 못하는 원인을 조사해 보니, 당시 영국군은 폭뢰의 폭파시 물리적 효과가 가장 큰 100피트 수중에서 폭파되도록 폭뢰를 세팅해 놓고 있었다. 너무 얕은 곳에서 폭발하면 폭발힘이 물 위로 벗어나고, 깊은 곳은 강한 수압으로 효과가 적기 때문이었다.

폭뢰의 성능에서 보면 수심 100피트에서 폭발해야 효과가 크겠지만, U보트가 그곳에 없다면 폭발수심을 100피트로 고집할 필요는 없으므로 폭뢰의 폭발심도를 바꿔 보았다. 폭뢰심도를 35피트로 해보고 다시 25피트로 수정하여 실험한 결과, 불과 몇 시간만에 U보트를 1척 격침하고 1척은 나포하는 전과를 올리게 되었다.

이는 2차 대전 중 영국군이 U보트를 격침한 최초의 전과로서, 이후 월간 20여척의 U보트를 격침할 수 있었다. 사실인즉 독일의 U보트는 영국군의 폭뢰가 100피트에서 폭발한다는 것을 알고 바다 속 깊이 숨지 않고 50피트 이내에 위치하고 있었다.

폭뢰의 폭발측면에서 보면 수심 100피트가 최적이겠지만, 전쟁이란 상대가 있는 것이고 상대의 대응에 따라서 작전은 달라져야 한다는 것을 일깨워 준 최초의 시스템즈 어프로치(systems approach)의 개가[1]였다.

1.2 의사결정의 과정

의사결정(decision making)이란 문제해결 내지 목적달성을 위한 수단으로 제시된 여러 가지 해결방안, 즉 대체안(alternatives) 중에서 최선의 것을 선택하는 활동이다. 따라서 의사결정은 문제(목적)의 인식(intelligent) → 대체안의 설계(design) → 대체안의 선택(choice)과정을 거쳐서 이루어진다.

스티븐슨(Stevenson)은 이들을 다음 7단계 의사결정과정[2]으로 세분하였다.

1) 윤덕균, 생산성 역사를 통해서 본 초우량기업의 성공 이야기, 민영사, 1996.
2) W. J. Stevenson, *Production/Operations Management,* 2nd ed., Irwin, 1986, p. 34.

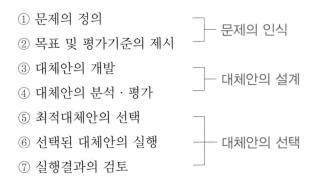

① 문제의 정의
② 목표 및 평가기준의 제시 ┐ 문제의 인식
③ 대체안의 개발
④ 대체안의 분석 · 평가 ┐ 대체안의 설계
⑤ 최적대체안의 선택
⑥ 선택된 대체안의 실행 ┐ 대체안의 선택
⑦ 실행결과의 검토

과학적이고 합리적인 의사결정을 위해서는 우선 문제가 뚜렷이 밝혀져야 한다. 다시말해서 문제의 해결로써 얻으려는 목적이 무엇인가를 밝히는 것으로 문제를 명확하게 인식함으로써 문제와 관련된 결정요인이나 제약요인들을 바르게 인식할 수 있다.

문제를 규명하고 해결방안을 제시하기에 앞서 이를 평가할 평가기준이 바르게 제시되어야 한다. 흔히 제시되는 기준(criteria)으로는 비용 · 이익 · 수익성 · 생산성 등이 있다. 생산경영의 경우, 생산목표(원가 · 품질 · 신속성 · 유연성 · 확실성)가 평가기준으로 제시될 수도 있다.

문제의 해결방안이나 목적달성의 수단이 되는 대체안의 개발은 경험보다는 창의적 사고를 필요로 한다. 이 때 문제에 대한 지식과 관리가능요소(管理可能要素) 등에 초점을 맞추어 해결방안을 다각적으로 모색한다. 대체안의 선택에 앞서 이들 대체안에 대한 분석평가가 수반되어야 하는데 합리적인 의사결정을 목적으로 수리모델과 같은 계량적 분석모델이 흔히 이용된다.

의사결정과정에서 제일 중요한 단계는 문제해결 내지 목적달성에 가장 적합한 대체안(alternative)을 선택하는 것이다. 이 경우 주어진 목적을 최대로 달성하는 최선의 대체안을 선택하는 것이 바람직하지만 차선(次善)의 대체안으로 만족해야 될 경우도

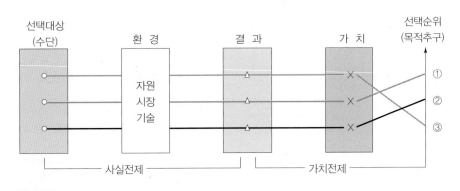

그림 1 **의사결정의 논리구조**

있다. 즉, 평가기준이나 결정 룰이 모호한 경우로서, 가령 판단기준이 윤리도덕과 같은 가치전제(價値前提 , value premise)[3]에 치우칠 때 의사결정자의 가치관에 따라 다르게 나타난다([그림 1] 참조).

1.3 생산경영에 사용되는 모델

우리들은 어린시절부터 장난감과 같은 모형을 통해서 현실에 관해 많은 것을 익혀 왔다. 가령 모형비행기를 통해서 비행기의 생김새와 특징 등을 알았던 것과 같이 모델을 통해서 복잡한 현실을 용이하게 단순화 또는 추상화할 수 있다. 이는 시스템의 현상파악은 물론 장래를 예측하는 데 큰 도움이 된다. 그래서 복잡한 시스템이나 의사결정 문제의 분석을 위하여 가장 보편적으로 활용되고 있는 과학적 기법이 바로 모델(model)이라고 할 수 있다.

생산경영 의사결정에서 흔히 이용되는 모델들은 다음 세 가지 유형[4]이 있다.

① 물리적 모델(physical model)
② 도식모델(schematic or graphic model)
③ 수리모델(mathematical model)

1.3.1 물리적 모델

실체물을 간략화한 시각적인 모형이다. 가령 마네킹, 장난감, 실물축소 모형(비행기 · 자동차 · 기계 등)은 실물의 형태와 주요 특징을 나타내는 현실의 단순화모형이다. 그래서 이러한 모형을 형상(形象)모델(iconic model)이라 부르기도 한다.

1.3.2 도식(圖式)모델

그래프, 도표 등의 형태로 현실을 나타내는 상사형(相似型)모델(analogue model)로서 물리적 모델보다 추상적이다. 도식모델은 도표모델과 그래프 모델로 구분할 수 있는데, 전자는 자재 · 제품 · 작업 및 정보의 흐름을 도표화한 모델로서 가령 조립공정도, 공정분석도표, 경로도(經路圖), 조직도와 같은 것이다.

그래프 모델(graphic model)은 각종 변수를 선의 길이로 나타낸 그래프와 같은 것으

---

3) 의사결정은 판단기준에 의해서 행위의 방향이 선택되는데, 사이먼(H. A. Simon)은 이를 개인의 행위전제라 하고 있다. 그는 의사결정의 행위전제(行爲前提)를 사실전제와 가치전제로 나누었다; H. A. Simon, *Administrative Behavior*, 2nd ed., The Free Press, 1965.

4) M. H. Agee et al., *Quantitative Analysis for Management Decision*, Prentice-Hall Inc., 1976.

로 문제를 그래프화한 모델이다. 이 모델은 변수간의 계량적 관계를 나타내기에 적당한 것으로, 가령 생산·판매곡선, 손익분기도, 간트 차트와 같은 것이다.

1.3.3 수리(數理)모델

이제까지 설명한 모델 중 가장 추상적인 것으로, 현실상황이나 시스템의 작용 및 특성을 수식으로 나타낸 모델이다. 말하자면 현실상황(the real world situation)에 영향을 주는 여러 요인들을 분석하고 요인들 간의 상호관계를 단순·추상화하여, 몇 개의 변수와 상수 그리고 그 사이의 함수관계로 이루어지는 수식으로 나타낸 것이 수리모델이다. 수리모델의 특징은 다른 수법으로는 명확히 알 수 없는 여러 요인들 간의 상호관계를 수학적 조작에 의하여 규명할 수 있는 점이다. 수학적인 형식으로 나타내기 곤란한 경우라든가 모델을 구축할 수 없는 경우에는 휴리스틱접근방법(heuristic approach)을 이용할 수 있다.

이상의 세 가지 모델들은 생산시스템의 설계와 운영·관리에 관한 의사결정에 흔히 이용되는데 그 적용예는 다음과 같다.

표 1 생산관리에 사용되는 OR기법 (단위: %)

기 법 적용분야	선형계획	동적계획	네트워크 분석	시뮬레이션	대기행렬	회귀분석	응답기업
생산계획	53.6	12.5	10.7	46.4	16.1	8.9	56사
공정관리	51.4	8.1	18.9	48.6	10.8	8.1	37
프로젝트 관리	25.0	2.5	70.0	22.5	5.0	0.0	40
재고관리	23.4	6.4	6.4	57.4	8.5	25.5	47
품질관리	7.4	0.0	3.7	7.4	0.0	55.6	27
설비보전	0.0	6.3	18.8	50.0	18.8	25.0	16
설비배치	40.6	0.0	15.6	59.4	15.6	6.3	32
설비구입·갱신	18.2	0.0	4.5	50.0	4.5	0.0	22
제품믹스	94.1	0.0	2.9	17.6	2.9	8.8	34
로지스틱스	65.9	2.4	19.5	58.5	7.3	14.6	41
공장입지	74.4	4.7	18.6	53.5	2.3	11.6	43

출처: W. N. Ledbetter & J. F. Cox, "Are OR techniques being used?" *IE*, Feb. 1977.

설비배치의 결정에 있어서 기계모형이나 템플레이트(template)와 같은 물리적 모델을 이용해서 합리적인 배치를 할 수 있다. 일정계획에서는 간트 차트와 같은 그래프 모델이 이용되기도 하며, 최적제품계열(product mix)의 결정이나 생산계획에는 손익분기도와 같은 그래프모델이 이용된다. 또한 공정을 새로이 설계하거나 기존공정을 분석하는 경우에는 경로도, 조립공정도, 공정분석표 등과 같은 도표모델이 이용된다. 생산자원의 최적배분을 위해서 수리모델 내지는 계량분석모델이 생산계획, 재고관리, 공정관리, 설비보전 등에 많이 이용되고 있다.

미국의 500 대기업을 대상으로 조사한 자료에 의하면(〈표 1〉 참조) 생산경영에 사용되는 계량분석기법 가운데 선형계획, 시뮬레이션, 회귀분석, 대기행렬, 네트워크(network)분석모델 등이 많이 사용되고 있다.

1.4 생산문제의 모델화 과정

의사결정 과정에 맞추어 생산문제의 분석 내지 모델화 과정을 순서대로 적으면 다음과 같다.

① 문제의 정의. 문제와 관련된 변수와 그들의 관계를 밝힌다.
② 평가기준의 제시. 유효성 척도가 되는 평가기준[5](예: 이익)을 정한다.
③ 모델의 작성. 문제의 내용을 정의하는 변수의 함수관계를 이용하여 유효성의 척도를 나타내는 모델을 만든다(모델 작성에 있어 관리가능변수와 관리불능변수로 구분하여 수식을 꾸민다).
④ 모델의 해를 구함. 작성된 모델로써 평가기준을 가장 만족시키는 해결방안을 구한다(유효성 척도의 값이 최대 또는 최소가 되는 변수의 값을 찾는다).

생산문제의 분석에 있어서, 먼저 분석대상이 되는 문제의 내용을 명확히 밝힐 필요가 있다. 문제의 윤곽을 이해하는 데에는 그래프 모델이나 도표모델이 이용될 수 있다. 자재의 경제적 발주량을 결정하는 경우, 자재의 연간 수요량(D)과 1회 발주량의 크기(Q)와의 관계를 그래프 모델로 나타내면 [그림 2]와 같다.

이 경우 연간 수요량 D의 범위 내에서 발주량 Q의 크기를 크게 하면 톱니모양의 산의 수는 적어지며, Q를 작게 하면 산의 수는 많아진다. 이것이 Q와 D의 관계를 모델화한 것이다.

---

5) 평가기준에는 최적성기준과 만족성기준이 있다. 전자는 선형계획과 같은 정형적 결정 문제에서 추구되며, 후자는 비정형적 결정 문제에서 추구된다.

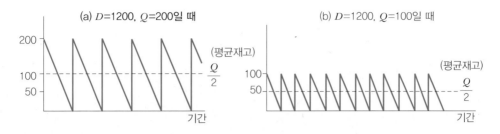

그림 2
1회 발주량과 연간 수요량과의 관계

다음에는 문제에 대한 여러 가지 대체안의 평가기준, 즉 유효성 척도를 정한다. 유효성의 척도는 비용의 경우는 최소, 이익의 경우는 최대의 것이 바람직하다.

변수에는 관리자의 의사대로 관리할 수 있는 변수와 관리할 수 없는 변수가 있다. 앞의 예에서 발주량의 크기 Q는 관리가능변수(管理可能變數)이며, 자재의 수요량 D는 관리자로서는 관리할 수 없는 관리불능변수(管理不能變數)이다.

관리가능변수를 X_i라 하고, 관리불능변수를 Y_i라 할 때 이들 변수와 유효성의 척도 E와의 관계를 나타내는 모델은 다음과 같다.

$$E = f(X_i, Y_i)$$

이 경우 유효성의 척도인 E를 최대 또는 최소로 할 수 있는 것은 결국 관리가능변수 X_i이므로, 유효성의 척도를 만족시키는 X_i의 값을 구하는 것이다.

설례 ▶ 발주량의 크기를 결정하는 모델의 작성[6]

(1) 제시된 문제, 즉 경제적 발주량의 결정에 관련된 요소로서 다음의 것이 있다.

$D =$ 자재의 연간 수요량 $P =$ 자재의 구입단가

$Q =$ 1회 발주량 $i =$ 재고유지비율

$C_p =$ 1회 발주비용 $Q_o =$ 경제적 발주량

전술한 [그림 2]에서 보건대 1회 발주량 Q를 작게 하면 山의 수, 즉 발주회수가 증가하고 아울러 연간 발주비용이 늘어나게 된다. 반면 Q의 크기가 커지면 연간 발주비용은 감소되지만 평균재고가 늘게 되어 연간 재고유지비가 증가된다([그림 3] 참조).

(2) 다음으로 유효성의 척도를 정함에 있어서 연간 발주비용($\frac{D}{Q} \times C_p$)과 연간 재고유지비($\frac{Q}{2} \times P \cdot i$)의 총비용을 최소로 하는 경제적 발주량 Q_o를 결정하는 것이므로, 이 경우 연간 관계총비용은 유효성의 척도 E가 된다.

(3) 전술한 (1)'문제와 관련된 요소'들로서 유효성의 척도, 즉 연간 관계총비용을 나타내는

---

6) 경제적 발주량의 크기를 결정하는 내용은 제14장 '재고관리시스템'의 2.1을 참조하기 바람.

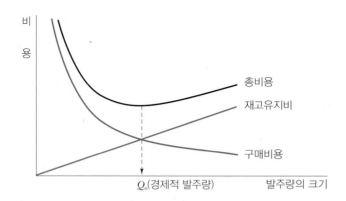

비
용

총비용

재고유지비

구매비용

Q_o(경제적 발주량)   발주량의 크기

그림 3   그래프 모델로 나타낸 경제적 발주량

모델을 작성하면 다음과 같다.

$$E = \frac{D}{Q} C_p + \frac{Q}{2} P \cdot i$$

이 모델에서 관리가능변수는 Q이고, 관리불능변수는 D, C_p, P, i이다.

(4) 결국 유효성의 척도인 연간 관계총비용을 최소로 할 수 있는 경제적 발주량 Q_o를 구하는 모델은 위의 수식을 미분한 결과로서, 다음과 같은 모델을 제시할 수 있다.

$$Q_o = \sqrt{\frac{2D \cdot C_p}{P \cdot i}}$$

이상에서 설명한 것은 수리모델로서, 이것을 그래프 모델로 나타내면 [그림 3]과 같이 문제의 윤곽을 간단히 표시할 수 있다. 따라서 그래프 모델을 수리모델과 함께 의사결정에 이용하면 효과적이다.

1.5 계량분석모델의 한계

수리모델을 중심으로 하는 계량분석모델은 당면한 의사결정의 문제를 단순·추상화함으로써 의사결정자로 하여금 문제의 성격을 명확히 하는 데 도움을 준다.

그러나 문제를 단순·추상화하기 위해서는 정확성을 다소 희생하는 대가를 치루지 않을 수 없다. 가령 단순한 수리모델을 만들기 위해서 문제에 영향을 크게 미치지 않는다고 생각되는 요인들을 고려에 넣지 않거나 함수관계를 변형시키는(예: 비선형 함수관계를 선형함수관계로 가정하고 선형계획법을 쓰는 경우) 방법에 의해서 현실을 단순화시키고 있다. 이와 같은 단순화의 필요성은 때로는 현실과 지나치게 유리된 모델을 만들 위험성을 내포하고 있다.[7]

계량분석의 모델을 의사결정에 사용할 때, 예상되는 한계점은 다음과 같다.

(1) 복잡한 경영현상을 단순한 수리모델로 나타내는 것은 거의 불가능하다.
(2) 계량분석모델은 때때로 여러 가지의 통계자료를 필요로 하기 때문에 정확한 통계자료의 이용이 없이는 바람직한 결과를 얻을 수 없다.
(3) 보통 계량분석모델은 여러 요인간의 일정한 함수관계를 전제로 하기 때문에 경영현상의 구조적 변화가 심한 경우에는 유용하게 활용되기 어렵다.
(4) 인간행위의 요소 모두를 모델에 반영하기 힘들므로 조직행위적 수리모델의 제시가 곤란하다.

이상의 제약점이 있음에도 계량분석모델은 복잡한 상황에서 과학적이고 합리적인 의사결정에 있어 긴요한 수단이 된다.

② 선형계획모델

한정된 자원의 최적배분을 위해서 개발된 선형계획법(linear programming: LP)은 생산경영에서도 널리 적용되고 있는 계량분석모델로서 그의 적용분야는 제품믹스, 생산계획(수량계획 · 일정계획 · 생산자원계획 등), 로지스틱스, 시설입지, 설비배치, 재고관리 등 다양하다(〈표 1〉 참조).

선형계획 문제의 일반적인 해법은 다음과 같다.

① 도시해법(graphic solution method)
② 심플렉스해법(simplex solution method)
③ 수송해법(transportation method)

2.1 도시해법

기하학적으로 그래프에 의해서 최적해를 구하는 이 도시해법은 선형계획법 가운데 가장 간단한 방법이다. 그래서 이 방법은 선형계획모델의 일반구조를 설명하는 데 흔히 사용된다. 도시해법은 그 작성이 용이하며 문제의 제약조건과 목적함수의 선형성

---

7) J. L. Riggs, *Production Systems*, 2nd ed., John Wiley & Sons, Inc., 1976.

(linearlity) 등의 개념을 정확히 이해할 수 있다는 장점이 있다.

그렇지만 도표의 좌표를 읽어서 해를 구하므로 아주 정확하지는 못하며, 변수가 3개 이상일 때는 최적해를 구하기 곤란하다는 결점이 있다.

2.1.1 설례에 의한 도시해법 절차

1) 제약조건의 도시

선형계획 문제를 도시해법으로 최적해를 구하려면 우선 제약조건을 좌표상에 나타내서 실행가능해 영역(feasible region)을 파악한다.

📊 설례 ▶ **제품의 최적구성에 관한 사례**

어린이용 유모차와 세발 자전거를 생산·판매하고 있는 회사가 현재의 생산능력 범위 내에서 이익을 최대로 올릴 수 있는 유모차와 자전거의 생산량을 각각 결정하려 한다.

이들 제품은 기계가공, 용접, 조립의 3개 작업공정을 거쳐서 만들어지는데 공정별 소요시간은 〈표 2〉와 같다. 그런데 각 공정별 월간작업능력은 기계가공 2,400시간, 용접 1,500시간, 조립 2,700시간으로서 이를 초과하여 생산할 수 없다. 제품의 단위당 판매이익은 유모차가 8,000원, 자전거가 4,000원이다.

표 2 **작업공정별 소요시간 및 생산능력**

작업공정	생산소요시간		생산능력(시간)
	유모차(X_1)	자전거(X_2)	
기계가공	6	4	2,400
용 접	2	3	1,500
조 립	9	3	2,700

위 자료를 토대로 선형계획모델을 작성하면 다음과 같다.

목적함수:　최 대 화　$Z=8,000X_1+4,000X_2$

제약조건:　(기계가공)　$6X_1+4X_2 \leqq 2,400$

　　　　　(용　　접)　$2X_1+3X_2 \leqq 1,500$

　　　　　(조　　립)　$9X_1+3X_2 \leqq 2,700$

　　　　　(조　　립)　$X_1 \geqq 0,\ X_2 \geqq 0$

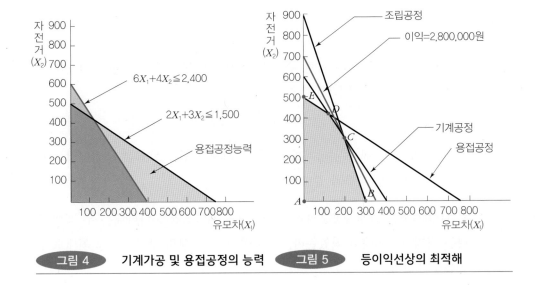

| 그림 4 | 기계가공 및 용접공정의 능력 | 그림 5 | 등이익선상의 최적해 |

X축에는 유모차의 생산량 X_1을 나타내고, Y축에는 자전거의 생산량 X_2를 나타내기로 하고, 먼저 기계가공공정의 제약조건 $6X_1 + 4X_2 \leqq 2,400$을 좌표상에 옮기면 [그림 4]와 같다. 즉, 기계가공공정의 생산능력은 [그림 4]의 진한 청색으로 칠해진 부분 안에서 발휘할 수 있다.

이번에는 용접공정의 제약조건 $2X_1 + 3X_2 \leqq 1,500$을 좌표상에 그려서 기계가공공정의 그것과 함께 도시한다([그림 4] 참조). 유모차와 자전거는 기계가공과 용접공정을 거쳐야 하므로 실행가능해, 즉 생산가능 영역은 [그림 4]에서와 같이 두 개의 그늘진 부분이 겹치는 진한 부분이 된다.

같은 요령으로 조립공정의 제약조건 $9X_1 + 3X_2 \leqq 2,700$을 좌표상에 옮기면 [그림 5]와 같이 3개 공정의 제약조건들을 만족시키는 생산가능 영역은 오각형 ABCDE의 청색으로 칠해진 부분이 된다.

2) 목적함수의 도시

생산가능(실행가능해)영역이 밝혀졌으므로 이번에는 이 영역 안에서 목적함수의 값, 즉 이익을 최대로 올릴 수 있는 X_1과 X_2의 생산량을 구한다. 이는 이익을 나타내는 직선인 등이익선(等利益線, isoprofit line)[8]을 그어서 구할 수 있는데, 이때 이 선의 기울기는 두 변수 X_1과 X_2의 이익기여도에 의해서 결정된다.

제약조건을 나타내는 3개의 직선들과 경계를 이루는 생산가능영역에 자리잡고 있는 어느 꼭지점에서 이익을 가장 많이 올릴 수 있는 등이익선을 찾게 된다.

---

8) 등이익선은 하나의 직선으로서 이 직선상의 모든 점은 같은 양의 총이익을 나타낸다.

[설례]의 경우 $X_1=0$, $X_2=700$과 $X_1=350$, $X_2=0$의 두 점을 잇는 등이익선으로서 이는 꼭지점 C와 접한다. 이 점은 $X_1=200$, $X_2=300$의 좌표로서 주어진 생산능력범위내에서 이익을 최대로 올릴 수 있는 최적제품구성(optimum product mix)인 각 제품의 생산량을 나타낸다([그림 5] 참조).

3) 요 약

본 [설례]의 문제를 선형계획모델의 도시해법으로 풀어 온 과정에서 나타난 사항들을 요약해 보면 다음과 같다.

(1) 최적해는 기계가공공정과 조립공정의 제약조건을 나타내는 두 개의 직선이 만나는 꼭지점(C점)에서 찾았는바, 이는 이들 두 공정의 생산능력을 최대로 발휘할 수 있음을 뜻한다.

$$기계가공공정: 6(200)+4(300)=2,400$$
$$조립공정: 9(200)+3(300)=2,700$$

(2) 그러나 최적해(solution point)의 안에 제약조건을 나타내는 직선이 있을 때는 여분의 능력이 있음을 나타낸다.
1,500시간의 생산능력이 있는 용접공정의 경우,

$$용접공정: 2(200)+3(300)=1,300$$

이 경우, 200시간의 여유시간(slack time)이 있는 것으로 심플렉스해법의 슬랙변수(slack variables)에 해당된다.

(3) 본 [설례]와 같이 목적함수(이익)의 최대화 문제에서는 가능해 영역이 각 제약조건을 나타내는 직선의 경계 안에서 나타나지만 비용과 같은 최소화 문제에서는 경계 밖에서 이루어진다.

2.1.2 도시해법의 한계

도시해법에서는 앞에서도 기술하였거니와 의사결정변수가 3개 이상인 경우, 가령 제품의 종류가 세 가지인 경우에는 3차원도를 이용하지 않으면 안되는데, 이들을 평면상에서 나타내기가 어려울 뿐만 아니라 4종류 이상일 때는 이를 도시화할 수 없는 결점이 있다. 이러한 경우에는 다음에 설명하는 심플렉스해법을 이용한다.

2.2 심플렉스 해법

2.2.1 심플렉스 해법의 개요

전술한 도시해법에서 실행가능해 영역의 각 꼭지점에 대한 계산을 일일이하여 최적해를 찾는 일은 번거로운 일이 아닐 수 없다. 그래서 가능해 영역의 꼭지점을 검토하는 체계적인 방법이 단지히(G.B. Danzig)에 의해서 개발되었는데, 이것이 심플렉스 해법(simplex solution method)이다.

이 방법은 선형계획의 최적해를 구함에 있어서 계산을 쉽게 할 수 있도록 만들어진 틀에 박힌 대수해법(代數解法)절차라 할 수 있는데, 대개는 심플렉스표(simplex table)를 사용하여 최적해가 구하여질 때까지 일정한 연산과정을 반복하게 된다. 이 경우 동일한 연상 과정이 여러 번 반복되므로 수작업으로 계산할 때에는 지루할 뿐만 아니라 변수가 많을 때는 계산하기도 번잡하다. 그렇지만 LP팩키지 프로그램이 있으면 컴퓨터에 의해서 용이하게 풀 수 있기 때문에 LP모델을 올바르게 구축할 수 있는 능력을 키우는 것이 무엇보다 중요하다.

2.2.2 심플렉스 해법의 절차

도시해법의 [설례]를 이용하여 실플렉스해법 절차를 설명하기로 한다.

앞 [설례]에서 제시된 목적함수와 제약조건들은 다음과 같다.

목적함수: 최대화 $Z = 8(천원)X_1 + 4(천원)X_2$

제약조건: 기계가공 $6X_1 + 4X_2 \leqq 2,400$ ·· ①

용접공정 $2X_1 + 3X_2 \leqq 1,500$ ·· ②

조립공정 $9X_1 + 3X_2 \leqq 2,700$ ·· ③

$X_1 \geqq 0, \ X_2 \geqq 0$

1) 부등식 제약조건의 등식화

각 공정의 제약조건을 나타내는 부등식 ①②③을 등식으로 바꾸기 위해서 여유변수(slack variables) S를 도입한다. 각 공정에는 여유의 능력이 존재할 수 있는데, 기계가공, 용접, 조립공정의 여유능력을 각각 S_A, S_B, S_C라 하고, 이들을 각 공정별로 작은 쪽에 더하면 다음과 같은 등식이 된다.

$$6X_1 + 4X_2 + S_A = 2,400$$
$$2X_1 + 3X_2 + S_B = 1,500$$

표 3 심플렉스 표

행＼열	(가)	(나)	(다)	(라)	(마)	(바)	(사)	(아)	(자)
(1)	$C_j \rightarrow$			8	4	0	0	0	
(2)	$C_j \downarrow$	해답변수	V	X_1	X_2	S_A	S_A	S_A	θ_i
(3)	0	S_A	2,400	6	4	1	0	0	
(4)	0	S_B	1,500	4	3	0	1	0	
(5)	0	S_C	2,700	9	3	0	0	1	
(6)		Z_j							
(7)		$Z_j - C_j$							

$$9X_1 + 3X_2 + S_C = 2,700$$

2) 심플렉스표의 작성

① 우선 심플렉스표를 만든다.

② 최초의 기본해를 산출하여 기입한다.

③ 목적함수와 제약조건을 표에 기입한다.

이제까지의 결과를 표로 작성한 것이 〈표 3〉이다.

3) 심플렉스해법의 순서[9]

심플렉스표를 이용한 선형계획법의 최적해를 구하는 순서는 다음과 같다.

(1) 부등식을 등식으로 고친다.

(2) 최초해를 산출한다.

(3) 제약조건식과 목적함수를 심플렉스표에 기입한다.

(4) $Z_j - C_j$의 행에서 부(負)의 값으로 절대치가 가장 큰 수치가 있는 열을 대표열 (key column)로 정한다.

(5) V열의 수치를 대표열(key column)의 값으로 나누어 θ_i를 구한다.

(6) θ_i가 正이고 최소치가 있는 행을 대표행(key row)으로 정한다.

(7) 다음 단계의 계산을 위해 새로운 심플렉스표를 준비한다.

(8) 대표행(key row)의 축출변수를 몰아내고 그 대신 대표열(key column) 중에서 선택된 도입변수를 기입한다. 아울러 C_i의 열도 도입변수에 대응하는 값(C_i)으로 바꾸어 기입한다(이상을 변수변환이라 한다).

---

9) 플렉스표의 자세한 계산과정은 다음을 참조 바람.
이순룡, *생산관리론*(3판), 법문사, 1989, 제4장 2절.

표 4 심플렉스 표

행＼열	(가)	(나)	(다)	(라)	(마)	(바)	(사)	(아)	(자)
(1)	$C_j \rightarrow$			8	4	0	0	0	
(2)	$C_j \downarrow$	해답변수	V	X_1	X_2	S_A	S_A	S_A	θ_i
표 I (3)	0	S_A	2,400	6	4	1	0	0	400
(4)	0	S_B	1,500	4	3	0	1	0	750
(5)	0	S_C	2,700	⑨	3	0	0	1	300
(6)		Z_j	0	0	0	0	0	0	
(7)		$Z_j - C_j$		-8	-4	0	0	0	
표 II (8)	0	S_A	600	0	②	1	0	-2/3	300
(9)	0	S_B	900	0	7/3	0	1	-2/9	385.7
(10)	8	X_1	300	1	1/3	0	0	1/9	900
(11)		Z_j	2,400	8	8/3	0	0	8/9	
(12)		$Z_j - C_j$		0	-4/3	0	0	8/9	
표 III (13)	4	X_2	300	0	1	1/2	0	-1/3	
(14)	0	S_B	200	0	0	-7/6	0	5/9	
(15)	8	X_1	200	1	0	-1/6	0	2/9	
(16)		Z_j	2,800	8	4	2/3	0	4/9	
(17)		$Z_j - C_j$		0	0	2/3	0	4/9	

(9) 새로이 들어온, 즉 변환된 변수의 행(main row)의 계산은 그 행에 해당하는 바로 전단계 심플렉스표의 행(key row)의 수치를 점선으로 둘러싸인 행과 열이 교차되는 난(欄)의 수치(key number)로 나눈다.

(10) 나머지 행의 계산에 있어서는 그 행에 해당하는 전단계표의 같은 행의 수치로부터 (9)에서 구한 행(main row)의 값을 점선으로 둘러싸인 열(key column)과 구하려는 행이 교차되는 난의 값으로 곱한 것을 뺀다.

(11) $Z_j - C_j$의 계산에 있어서는 C_i열의 수치와 같은 행의 각 열의 수치를 곱한 것을 모두 합한 것으로부터 각 열의 C_j를 감한다.

(12) (4)에서 (11)까지의 절차를 $Z_j - C_j$의 행에 부(負)의 값이 없을 때까지 반복하면서 이에 따른 심플렉스표를 단계별로 작성한다.

(13) $Z_j - C_j$의 행에 부의 값이 없을 때는 개선의 여지가 없기 때문에 이 단계에서 각 미지수의 최적해를 구한다.

〈표 4〉의 표 Ⅲ은 앞에서 제시된 [설례]의 심플렉스해법에 의한 최적해로서 이는 도시해법(圖示解法)에서의 결과와 동일하게 X_1, 즉 유모차의 생산량은 200대이고 자전거의 생산량, 즉 X_2는 300대로서 이 경우 최대로 올릴 수 있는 총이익은 2,800천원

을 표 Ⅲ의 해답변수 Z_j행의 해답치의 난에서 구할 수 있다.

그리고 S_B 즉 용접공정의 여유능력은 해답변수 S_B행의 해답치난이 200이므로 아직 200시간이 남아 있음을 알 수 있는데, 이에 대해서 도시해법에서 설명한 바 있다.

③ 대기행렬 모델

3.1 대기행렬 이론

은행이나 병원에서 차례를 기다리는 고객들의 대기행렬(待期行列), 생산공장에서 수리를 기다리는 고장난 기계의 대기행렬, 재료나 일감의 공급을 기다리는 작업공정의 대기행렬 등은 서비스 내지 생산시스템에서 흔히 볼 수 있는 대기행렬 현상이다.

대기행렬(waiting line or queue)은 어떤 서비스를 받으려는 고객의 도착시간과 서비스 시설의 서비스 제공시간이 다르기 때문에 발생한다. 이 경우 도착자(고객)와 서비스시설과의 관계를 확률이론을 적용해서 대기행렬모델을 작성하고 고객의 도착상황에 잘 응할 수 있는 능력 내지 규모를 경제적으로 결정하려는 것이 대기행렬이론 (waiting line or queuing theory)의 입장이다. 고객의 도착률과 서비스 시설의 서비스율이 다를 때 일어나는 대기시간 및 대기행렬의 길이는 비록 특정시점에서의 정확한 예측은 어렵더라도 도착자와 서비스시설과의 관계를 확률적으로 설정한 대기행렬모델에 의하여 일반적 성격을 예측할 수 있다.

3.2 대기행렬모델의 구조

대기행렬모델의 기본적인 구조는 어떤 서비스를 정해진 순서나 규칙에 따라서 제공하는 서비스 시설, 서비스를 받으러 오는 시스템의 투입물(input)로서의 고객(도착자)과 이들에게 제공된 산출물(output)인 서비스 등으로 구분할 수 있다. 대기행렬을 이루고 있는 몇가지 사례들을 기본 구조로 나누어 보면 〈표 5〉와 같다.

대기행렬모델의 기본구조를 이루고 있는 고객·서비스시설·서비스의 내용을 중심으로 보건대, 대기행렬모델을 수학적으로 정식화하는데 필요한 정보는 다음과 같다.

① 서비스시설의 상황
② 고객(도착자)의 도착수와 도착시간 간격

표 5 대기행렬 모델의 기본구조 예시

예	고객(도착자)	서비스 시설	서비스	행렬규칙
항구	선박	부두	하역	선착순
A/S 센터	고장난 기계	AS 요원	기계수리	선착순, 우선순
자재창고	자재 청구	창고	자재 불출	선착순, 우선순
주문생산공장	주문	생산 공정	주문품	납기순, 선착순
정류장	승객	매표 창구	티켓 발권	선착순
전화	발신자	전화회선	통화	선착순, 임의순
병원	환자	의사	치료	우선순, 예약순
은행	고객	예금 창구	예금	선착순

③ 서비스시설에 의한 서비스시간의 길이

④ 행렬의 규칙(queue discipline)[10]

이들 정보 가운데 특히 중요한 것은 ②와 ③으로, 이들을 평균치로 파악하는 것이 아니고 확률분포로서 이해하는 것이 대기행렬모델의 특징이다. 쉽게 말해서 도착시간 간격과 서비스 시간과의 확률론적인 성격을 알고 있는 상황에서 해석하는 것이 대기행렬 모델이다.

3.2.1 서비스시설의 상황

서비스시설의 일반적 상황을 나타내는 대기행렬구조에는 다음 네가지의 기본형태가 있다([그림 6] 참조).

① 단열단단계(單列單段階)인 경우(single channel, single phase case). 가장 단순한 경우로서 도착한 고객들이 한줄로 서서 단일 창구에서 한 단계의 서비스를 받는 경우이다([그림 6]의 a).

② 다열단단계(多列單段階)인 경우(multiple channel, single phase case). 도착한 고객들이 여러 창구에서 한 단계의 서비스를 받는 경우이다([그림 6]의 b).

③ 단열다단계(單列多段階)인 경우(single channel, multiple phase case). 도착한 고객들이 한 줄로 서서 여러 단계의 서비스를 받는 경우이다([그림 6]의 c).

④ 다열다단계(多列多段階)인 경우(multiple channel, multiple phase case). 이상의 네

---

10) 행렬규칙이란 서비스를 행하기 위해서 고객을 선정하는 방법을 말한다. 예컨대 선착순위, 우선순위, 임의순위 등이 있다.

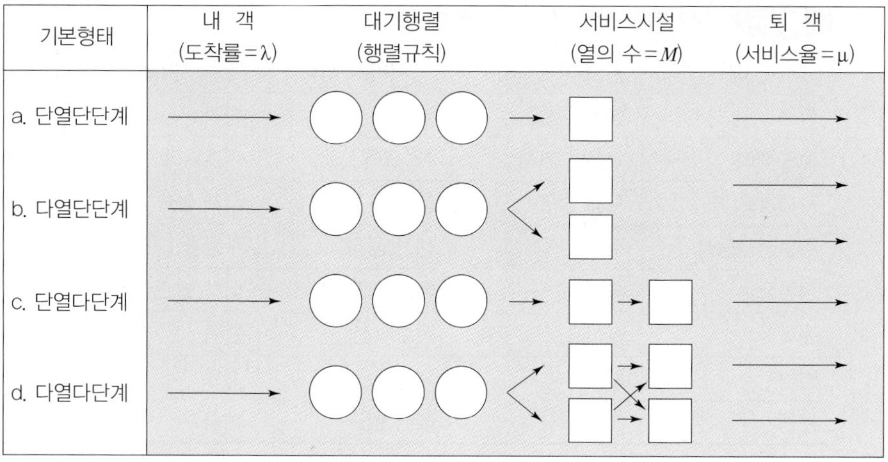

기본형태	내 객 (도착률=λ)	대기행렬 (행렬규칙)	서비스시설 (열의 수=M)	퇴 객 (서비스율=μ)
a. 단열단계				
b. 다열단계				
c. 단열다단계				
d. 다열다단계				

그림 6   **대기행렬의 기본 형태**

가지 형태 중 가장 복잡한 경우로서, 도착한 고객들이 여러 줄로 서서 여러 단계의 서비스를 받는 경우이다([그림 6]의 d).

3.2.2 고객의 도착분포

고객(도착자)의 도착은 대별해서 규칙적으로 도착하는 경우(constant arrival pattern)와 이와는 반대로 불규칙하게 도착하는 경우(variable arrival pattern)가 있다.

불규칙적으로 도착하는 고객의 도착시간은 다음의 두 가지 방법으로 관찰할 수 있다. 하나는 일정시간 동안에 몇 사람(도착단위)의 고객이 도착하는가, 즉 일정시간 중 고객의 도착수(arrivals per time unit)를 관찰하는 것이고, 또 하나의 방법은 고객이 도착하는 도착시간 간격을 관찰하는 방법이다.

생산시스템에서 볼 때, 일정시간 중 도착하는 고객의 도착수 분포는 많은 경우 포아슨 분포(poisson distribution)를 그린다([그림 7] 참조). (아주 짧은 시간간격을 가정할 때, 톨게이트에 도착하는 자동차나 은행 및 백화점을 찾는 고객의 도착은 포아슨 분포를 이룬다.)

생산시스템에서 도착분포가 모두 포아슨분포를 그린다고 볼 수는 없지만, 여기서는 포아슨분포를 그린다고 가정해서 설명하기로 한다.

이제 t 시간 중에서 고객이 n 사람(단위) 도착하는 확률을 $P_t(n)$이라 하면, n의 분포(포아슨분포)는 다음과 같이 된다.

$$P_t(n) = \frac{(\lambda t)^n e^{-\lambda t}}{n!}$$

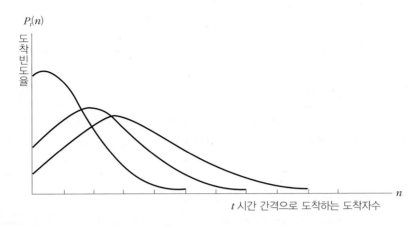

$P_t(n)$

도착빈도율

t 시간 간격으로 도착하는 도착자수

n

그림 7   포아슨분포(n=1, 2, 3일 때)

여기에서 λ(lamda)는 단위시간, 즉 t 시간 중 평균도착수(average arrivals per time unit)를 나타내는 크기로서 평균도착률(average arrival rate)이라 부른다.

고객의 도착수가 포아슨분포에 따를 경우, 고객의 도착시간 간격은 지수분포 (exponential distribution)에 따른다. 이 경우 단위시간으로 표시된 평균도착시간 간격 (mean time between arrivals)은 평균도착률 λ의 역수인 1/λ로서 나타낼 수 있다(가령 고객의 도착률이 시간(60분)당 10인일 때 평균도착시간 간격은 6분이 된다).

고객의 평균도착률(λ)이 1분간에 3인(λ=3)일 때, 1분 동안에 5인(n=5, t=1)이 도착할 확률을 구한다면,

$$P_1(5) = \frac{(3 \times 1)^5 e^{-3 \times 1}}{5!} = \frac{3^5 e^{-3}}{120} = 2.025 e^{-3} = 0.101$$

즉, 1분 동안에 5인의 고객이 도착할 확률은 10.1%이다.

3.2.3 서비스시간의 분포

서비스시간이 안정되었을 경우에는 그 분포를 정규분포로 생각할 수 있다. 그러나 고객의 도착이 포아슨분포를 그리는 경우에는 고객의 도착시간 간격이 지수분포를 형성한다고 가정하므로, 대기행렬이론에서는 서비스시간의 분포도 지수분포로 다루는 것이 일반적이다. 그것은 서비스시간의 분포를 도착시간 간격과 마찬가지로 지수분포로 가정하면 대기행렬의 이론이 수리적으로 간단하여 편리하기 때문이다.

서비스시간의 분포를 지수분포로 가정할 경우, 전술한 고객의 평균도착시간간격

$1/\lambda$에서 λ 대신에 μ(mu)를 사용할 수 있다. 여기에서 μ는 대기행렬모델의 평균서비스율(mean service rate)로서 이는 단위시간당 제공할 수 있는 서비스의 수이다. 즉, 고객의 도착수가 포아슨분포를 그리며 고객의 도착시간 간격이 지수분포를 형성하고, 이에 따라 서비스시설의 서비스시간분포도 지수분포에 따른다고 가정할 경우, 평균서비스시간(mean service time)은 $1/\mu$이 된다(가령 어떤 서비스시설의 서비스율(μ), 즉 시간당 12인의 고객에게 서비스할 수 있다면 평균 서비스시간($1/\mu$)은 5분이 된다).

> **》참고 무한모델과 유한모델**
>
> 은행·극장·백화점·슈퍼마켓 등의 잠재고객은 시스템 내의 고객(서비스를 받거나 대기 중인 고객)보다 크다. 즉 잠재고객의 크기가 시스템 내의 고객수보다 훨씬 클 때에 무한모델(infinite model)이 적용된다.
>
> 한편 입원실 담당 간호원이나 공장내의 기계정비를 맡고 있는 수리공의 경우, 그들이 담당할 환자나 기계는 유한하므로 이 경우 유한모델(finite model)이 적용된다.

3.3 대기행렬모델의 정식화(定式化)

대기행렬모델은 도착방법(도착률)과 서비스형식(서비스율) 및 기타의 전제조건에 따라 그 해법은 달라진다. 일반적으로 보편적인 대기행렬모델에서는 도착률이 포아슨분포를 나타내고, 서비스시간은 지수분포(exponential distribution)를 따른다고 가정해서 전개된다.

대기행렬 문제에 대한 접근방식은 고객의 모집단크기에 따라 무한모델과 유한모델로 구분되는데, 일반적인 것은 무한모델이다.

3.3.1 단열단단계(單列單段階)인 경우의 정식화

이 경우는 서비스시설이 하나인 경우로서, 가령 한 개의 매표 창구에서 차표를 팔고있는 정거장에서 볼 수 있는 경우이다.

대기행렬모델의 해법을 정식화함에 있어서 다음과 같은 상태를 가정하여 전제조건으로 삼아야 한다.

① 서비스를 받으러 오는 고객의 도착률은 포아슨분포를 나타낸다.
② 서비스시설의 서비스시간은 지수분포에 따른다.
③ 서비스시설, 즉 매표창구는 하나이다.

④ 행렬의 규칙은 선착순으로 한다.

⑤ 행렬의 길이에 제한이 없다(이 경우 무한모델이 된다).

⑥ 단, 평균서비스률은 평균도착률보다 크다($\mu > \lambda$).

이상의 전제조건을 갖추고 있는 대기행렬에는 다음의 모델이 적용될 수 있다.

① 대기행렬의 평균길이(고객수)(mean number in waiting line). 서비스를 받으려고 줄을 서서 기다리는 고객의 평균수, 즉 대기 중에 있는 고객의 평균수치이다.

$$\text{대기행렬의 평균길이}(L_q) = \frac{\lambda^2}{\mu(\mu-\lambda)} \quad \cdots\cdots\cdots\cdots\cdots\cdots\cdots\cdots\cdots\cdots\cdots\cdots\cdots ①$$

② 시스템내에 있는 고객의 평균수(mean number in system including the one being served). 서비스를 기다리는 고객과 서비스를 받고 있는 고객의 합계를 평균한 수치이다.

$$\text{시스템내에 있는 고객의 평균수}(L) = \frac{\lambda}{\mu-\lambda} = L_q + \frac{\lambda}{\mu} \quad \cdots\cdots\cdots\cdots\cdots\cdots ②$$

③ 평균대기시간(mean waiting time). 현재 서비스를 받고 있는 고객의 대기시간을 제외한 고객의 평균대기시간이다.

$$\text{평균대기시간}(W_q) = \frac{\lambda}{\mu(\mu-\lambda)} = \frac{L_q}{\lambda} \quad \cdots\cdots\cdots\cdots\cdots\cdots\cdots\cdots\cdots\cdots ③$$

④ 시스템내에 있는 고객의 평균 체재시간(mean time in system including service). 전술한 평균대기시간(W_q)에 서비스 중의 시간, 즉 평균 서비스시간($1/\mu$)을 포함시킨 시간이다.

$$\text{평균 체재시간}(W) = \frac{1}{\mu-\lambda} = W_q + \frac{1}{\mu} = \frac{L}{\lambda} \quad \cdots\cdots\cdots\cdots\cdots\cdots\cdots ④$$

⑤ 시스템내에서 고객수가 n이 될 확률(probability of n units in the system).

$$(P_n) = (1 - \frac{\lambda}{\mu})(\frac{\lambda}{\mu})^n \quad \cdots\cdots\cdots\cdots\cdots\cdots\cdots\cdots\cdots\cdots\cdots\cdots\cdots\cdots\cdots ⑤$$

위 ⑤식은 대기행렬모델의 기초가 되는 것으로서 '시스템내에 있는 고객의 평균

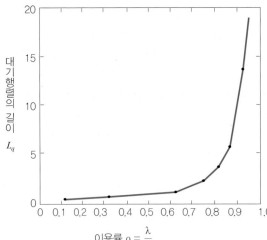

λ	2	5	10	12	13	14	15	16
μ	16	16	16	16	16	16	16	16
ρ	0.125	0.313	0.625	0.75	0.812	0.875	0.938	1.0
L_q	0.017	0.142	1.04	2.25	3.52	6.13	14.0	∞

이용률 $\rho = \dfrac{\lambda}{\mu}$

그림 8 이용률과 대기행렬의 관계

수', 즉 $\lambda/(\mu-\lambda)$는 이 식에서 유도된 것이다. 한편 ⑤식을 적용하여 서비스설비가 유휴될 확률(P_0)을 구할 수 있는바, 즉 시스템내에 고객의 대기행렬이 존재하지 않는 확률(probability of zero units in the system: P_0)은 다음과 같다.

$$P_0 = (1 - \frac{\lambda}{\mu}) = 1 - \rho$$

여기에서 λ/μ는 도착률 λ와 서비스율 μ와의 관계를 나타내는 서비스시설의 이용률(utilization factor: ρ)로서 대기행렬모델의 해법에 있어서 중요한 요소이다.

흔히 ρ(rho)라고 불리어지는 이 이용률(ρ)이 1과 같거나 1보다 클 경우에는 대기행렬은 무한대로 늘어나므로, 이용률은 1보다 작은 것이($\rho < 1$) 바람직하다. 바꾸어 말해서 서비스율 μ는 도착률 1보다 커야($\mu > 1$) 되는 것이다. 만일 [그림 8]에 제시한 바와 같이 도착율이 점차 커져서 서비스시설의 이용한계를 넘어서면, 대기행렬은 끝없는 장사진을 이루게 된다.

⑥ 서비스시간이 고정될 경우(constant service time). 시설의 서비스시간이 지수분포에 따르지 않고 고정된 서비스시간의 조건으로 변하였을 때는, 대기행렬의 평균고객수(L_q)와 평균 대기시간(W_q)의 모델은 다음과 같이 변형된다.

$$L_q = \frac{\lambda^2}{2\mu(\mu-\lambda)} \quad \cdots\cdots\cdots\cdots\cdots\cdots\cdots\cdots\cdots\cdots\cdots\cdots\cdots\cdots\cdots\cdots\cdots\cdots \text{⑥}$$

$$W_q = \frac{\lambda}{2\mu(\mu - \lambda)} \quad \cdots\cdots\cdots\cdots\cdots\cdots\cdots\cdots\cdots\cdots\cdots\cdots\cdots\cdots\cdots\cdots\cdots\cdots\cdots \quad ⑦$$

설례 ▶ 단열 단단계인 경우의 대기행렬

전자제품을 생산 판매하는 K전자의 A/S 센터에 휴대폰 점검·수리를 위해 찾아오는 고객은 한 시간 평균 30명에 이른다. 휴대폰 담당 창구는 하나로 서비스 능력은 시간당 45대 정도라고 한다.

이 때 휴대폰 수리·점검을 받으러 오는 고객들의 도착시간 간격과 점검하는 데 소요되는 서비스시간의 확률분포를 조사하여 보니 지수분포를 그리고 있었다.

이상의 데이터를 전술한 방정식 ①②③④ 및 ⑤식에 적용시켜 대기행렬의 길이와 대기시간들을 계산하여 보기로 한다.

(1) 대기행렬의 평균길이(대기중인 기계공의 평균수)(L_q):

$$L_q = \frac{\lambda^2}{\mu(\mu - \lambda)} = \frac{(30)^2}{45(45 - 30)} = \frac{900}{675} = 1.33$$

즉, 평균 1.33인의 고객이 대기한다.

(2) 시스템내에 있는 고객의 평균수(L):

$$L = \frac{\lambda}{(\mu - \lambda)} = \frac{30}{45 - 30} = 2$$

휴대폰 수리·점검을 받고 있는 고객을 포함하여 평균 2인의 고객이 기다리고 있다.

(3) 기계공의 평균대기시간(W_q):

$$W_q = \frac{\lambda}{\mu(\mu - \lambda)} = \frac{30}{45(45 - 30)} = 0.0444 \times 60 = 2.66$$

따라서 각 고객당 평균 대기시간은 2.67분이다.

(4) 시스템내에 있는 고객의 평균 체재시간(W):

$$W = \frac{1}{\mu - \lambda} = \frac{1}{45 - 30} = 0.066 \times 60 = 4$$

핸드폰 점검을 받고 있는 고객을 포함한 고객들의 평균 체재시간은 4분이다.

(5) 핸드폰 수리·점검자의 유휴율($1 - \rho$):

$$1 - \rho = 1 - \frac{\lambda}{\mu} = 1 - \frac{30}{45} = 0.333$$

수리·점검자의 이용률 ρ는 66.7%로서 유휴율은 33.3%이다.

3.4 최적 서비스수준의 결정

대기행렬 모델의 기본목표는 고객의 요구 또는 도착상황에 부응하는 경제적인 서비스 수준을 결정함에 있다. 쉽게 말해서 당면한 대기행렬 문제의 해결을 위한 서비스시설을 마련함에 있어서 시설의 크기, 즉 서비스 창구의 수를 얼마로 결정하는 것이 경제적인가가 의사결정자의 중요 관심사이다.

서비스 창구를 늘리면, 고객의 대기시간은 줄어들지만 서비스 창구가 늘어난만큼 서비스 비용은 불어나게 마련이다. 이 경우 의사결정자는 서비스시설의 서비스비용과 고객의 대기시간으로 야기되는 대기비용과의 합계가 가장 적은 서비스 수준([그림 9] 참조), 즉 서비스시설의 경제적 크기를 결정하는 것이 원칙이다.

일반적으로 서비스수준을 높이면 이와 관련된 서비스비용도 증가되는데, 이 경우 추가로 소요되는 비용(예: 추가의 인건비)과 고객을 기다릴 때 발생되는 서비스시설의 유휴비용 등이 서비스 비용을 이룬다. 한편 대기비용(cost of waiting)에는 대기 중에 있는 사람이나 시스템의 비용과 대기로 인해 야기되는 판매기회의 손실 내지 고객의 상실 등과 같은 기회비용이 포함된다. 따라서 실제로 이들 비용을 제대로 파악하기는 쉽지 않다. 요컨대 최적 서비스수준은 대기비용과 서비스비용의 합계가 최소화되는 수준으로 이는 의사결정자의 주요 관심사가 된다.

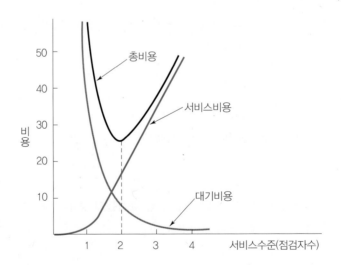

그림 9 　**최적 서비스수준의 결정**

4 시뮬레이션 모델

4.1 시뮬레이션의 개념

경영의사결정의 문제로서 불확실한 요소를 내포하지 않는 경우는 드물다. 확정적 모델로 흔히 꼽히고 있는 전술한 경제적 발주량의 결정 문제도 실제로는 1년간 수요량이나 소요량을 확실히 예측할 수 없을 뿐만 아니라 자재의 조달가격이나 기간 또한 확정적인 것은 아니다. 이 경우 문제를 단순화하기 위해서 확정적인 것으로 보았을 따름이다. 다시 말해서 대부분의 의사결정 문제들은 불확실한 요소들을 내포하고 있는 것이 보통이므로 이들을 고려한 모델을 작성하기도 어려운 일이지만 최적해를 구한다는 것은 더욱 어려운 일이다.

이러한 경우 현실의 시스템을 모사(模寫)할 수 있는 시뮬레이션 모델을 작성하여 여기에 발생할 수 있는 여러 상황에 관한 값을 입력시켜서, 이들 여러 값에 따라 결과가 어떻게 변하는가를 시뮬레이션으로 예측하여 가능해를 검토할 수 있다.

수리모델에 의해서 최적해를 찾기힘든 비정형적 결정(non-programmed decision)에서 그의 문제해결을 위한 '체계화된 시행착오의 방법', 즉 모의실험을 행하는 것이 곧 시뮬레이션(simulation)이다. 시뮬레이션은 연구·실험·훈련·계획 등의 문제해결을 현실을 모사한 상황에서 행하는 것으로, 이에 의하면 현실적으로 시간적 내지 자연적 제약 때문에 현실의 현상이나 시스템의 연구가 곤란한 문제도 다룰 수 있게 된다.

가령 비행 시뮬레이터(flight simulator)에 의한 초기훈련을 거치지 않고 실제의 비행기로 조종훈련을 받는다면 많은 위험과 경제적 부담을 초래할 수 있다. 감정을 예술적인 문장으로 나타내는 시 또한 감정의 시뮬레이션이라 볼 수 있는데, 영화 'Quo Vadis'에서 네로황제는 거꾸로 자기의 시를 현실화하기 위해서 로마를 불태운 결과, 결국 멸망의 대가를 치렀다고 하겠다.

사례 ● 시뮬레이터로 비행조종훈련

비행조종훈련시 처음부터 비행기를 조종하며 훈련한다면 사고 위험과 효과에 비해 값비싼 대가를 감수해야 된다. 그러나 이착륙 등 실제상황을 컴퓨터가 정교하게 재현·체험하도록 하는 '시뮬레이터'를 이용함으로써 위험없이 경제적으로 기초적인 조종훈련을 받을 수 있다.

시뮬레이터의 구조는 조종실과 외부진동을 느끼게 해 주는 5개의 유압장치, 영상시스템,

구동시스템 등으로 모두 컴퓨터에 연결돼 작동한다. 유압장치는 비행기의 움직임을 느끼게 하는 장치로 이륙때 느껴지는 지면과 바퀴의 마찰진동, 가속력 등을 실제처럼 재현한다.

조종석 전면과 측면 창에 설치된 영상장비는 항공기의 속도, 비행상태에 따른 환경과 공항의 활주로, 지형, 시설물 등을 실물과 흡사하게 보여준다.

보잉747기를 훈련하는 시뮬레이터는 120억원이나 하는 고가장비이지만 실제 항공기 값의 20% 미만이고 운영비 또한 5% 수준이다.[11]

4.2 수리모델에 의한 시뮬레이션

시뮬레이션모델에는 비행 시뮬레이터와 같은 물리적 모델이나 도식모델도 있으나, 경영의사결정에 이용되는 시뮬레이션모델[12]은 대부분 수리모델이다. 현실을 모사한 수리모델에 의한 시뮬레이션의 경우는 관리가능변수를 변형시켜 종속변수가 어떻게 변하는가를 보아 현실의 움직임을 예측한다. 이 경우 많은 계산을 하여야 하므로 컴퓨터를 이용하는 것이 일반적이다.

수리모델에 의한 시뮬레이션은 시뮬레이션모델에 대해서 초기치 및 내생변수 등의 값을 넣어 줌으로써 개시된다. 가령 컴퓨터로써 시스템 시뮬레이션(system simulation)을 행하는 경우, 일종의 입력변수(input)가 투입되면 주어진 시뮬레이션 모델에 따라 출력변수(output)인 외생변수가 산출된다. 이것을 목표와 비교해서 그 결과가 만족할 만하면 거기에서 시뮬레이션은 끝나지만, 그렇지 못할 경우에는 입력변수의 값을 바꾸고 앞서와 같은 순서에 따라, 그 결과가 만족스러울 때까지 시뮬레이션을 행한다 (문제에 따라서는 여러 개의 모델을 만들어 이들을 비교평가하여 만족스러운 모델을 선정하는 경우도 있다).

4.3 시뮬레이션의 적용

4.3.1 시뮬레이션의 효과

시뮬레이션을 이용하는 이유는 수식화 및 실험 불가능 등의 곤란을 극복하기 위한

---

11) Computer Life: "시뮬레이터로 실전같은 조종훈련," 중앙일보, 1995.5.28.
12) 경영의사결정에 적용되는 시뮬레이션의 유형에는 ① heuristic approach, ② operational or business game, ③ system simulation, ④ Monte Carlo simulation 등이 있는데 대표적인 것은 ③과 ④이다.

것이라 할 수 있지만, 대체로 다음과 같은 효과가 있기 때문이다.

① 실제로 야기되는 위험이나 큰 부담이 없이 실제의 상황을 체험할 수 있다.
② 복잡하고 동태적인 현상을 모델화하여 다룰 수 있다.
③ 복잡한 상관관계(예: 종속변수의 상호관계 등)를 고려하여 시스템의 동태적인 현
   상을 예측할 수 있어, 이를 토대로하여 합리적인 의사결정을 할 수 있다.

4.3.2 시뮬레이션의 한계

수리모델을 사용하는 시뮬레이션에는 다음과 같은 한계점이 있다.

(1) 시뮬레이션의 가장 큰 결점은 그것이 비록 체계적인 것이라 하더라도 기본적으
로 시행착오의 방법이라는 데 있다. 이 때문에 많은 계산을 필요로 하고 또 반복적인
실험을 하지 않을 수 없다.
(2) 시뮬레이션은 최적화기법이 아니므로 최적해를 보장하기 힘들다.
(3) 경영시뮬레이션을 행하는 경우에 수요·시장·가격·기술변화 등의 상황예측
이 곤란하다는 점이다. 이 경우 시뮬레이션을 행하여 종속변수를 구한다 하더라도 오
차가 크기 때문에 최적의 정책결정을 내리기는 어렵다.

4.3.3 시뮬레이션의 적용분야

(1) 결정문제가 너무 복잡하기 때문에 해석적인 수리모델에 의해서는 문제상황을
정식화할 수 없는 경우(예: 기업 전체의 경영전략 내지는 경영방침의 결정 등).
(2) 결정모델을 구축할 수 있다해도 최적해를 이끌어낸다든가 시스템 장래의 행동
을 예측하는 결정률이 없는 경우(예: 주문생산에 있어서 복잡한 생산예측 문제 등).
(3) 최적화기법으로 다루기에는 문제가 너무 크고 복잡하다든가 이들 문제를 해결
하기에 앞서 실험이 필요한 경우.
(4) 실제로 행하는 것이 시간적·공간적·자연적 제약으로 불가능하다든가 고가의
희생을 필요로 하는 경우(예: 소비자 행태의 추정, 시스템의 설계 등).

고성능 컴퓨터의 등장 이후 시뮬레이션모델은 확정적 모델로는 다루기 힘든 비정
형적 의사결정 문제에 주로 적용되기에 이르렀다.

> 참고   몬테칼로 시뮬레이션

수학의 해석적 방법으로 풀기 어려운 확률적 내지 추계적 문제는 난수(random number)를 이용하여 비교적 수월하게 풀 수 있다. 즉, 예상되는 확률분포에 입각해서 일련의 난수들을 취하여 확률표본을 추출함으로써 현실의 확률현상을 모사할 수 있는데 이러한 기법을 몬테칼로기법이라 한다. 따라서 몬테칼로 시뮬레이션(Monte Carlo Simulation)은 현실상황의 확률적 모델을 설정하고 이에 따라 일련의 샘플링을 행하여 현실을 모사하는 기법이라 할 수 있다.

몬테칼로라는 명칭은 이 기법을 개발한 노이만(J.V. Neumann)에 의해서 붙여진 명칭으로 모나코의 카지노 도박장에서 따온 것이다.

4.4 시뮬레이션의 전개

시뮬레이션은 다음의 순서에 따라 전개하는 것이 일반적이다.

① 문제의 정의   ② 문제에 관한 데이터의 수집과 분석
③ 시뮬레이션모델의 작성   ④ 모델의 평가
⑤ 모델의 프로그램화(단, 컴퓨터 시뮬레이션을 행할 경우)
⑥ 시뮬레이션의 실행   ⑦ 해(解)의 검토

이상의 절차에 따라 다음의 [설례]를 몬테칼로법으로 전개해 보기로 한다.

설례 ▶ 기계수리작업의 시뮬레이션

30대의 기계가 가동되고 있는 생산공장에서 기계수리공(1인)의 서비스수준을 몬테칼로 시뮬레이션으로 검토하려고 한다.

(1) 우선 기계의 고장과 수리시간의 분포를 알아야 하므로 기계의 고장발생간격과 기계수리상황을 조사한 결과, [그림 10]과 [그림 11]과 같이 파악되었다.

(2) 다음은 이들 기계의 고장발생간격과 기계수리상황의 도수분포를 누적확률분포로 파악한다. 누적도수의 합계가 각각 100이므로 누적도수를 백분율로 바꾼 셈이 되었다.

(3) 백분율의 누적도수에 따라 난수의 간격을 00~99까지 설정한다(표 6 참조).

(4) 실제로 기계수리작업이 행해질 때를 가상하여 수리회수와 고장간격을 랜덤으로 샘플을 취하여 추정한다(〈표 7〉의 시간치는 〈표 6〉의 난수간격에서 취한 것임).

(5) 수리작업의 시뮬레이션을 행한다.

이상의 데이터를 중심으로 실제의 수리작업을 모의실험(simulate)한다.

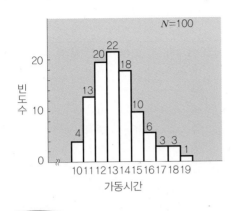

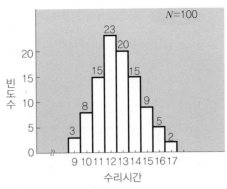

그림 10	기계고장발생간격

그림 11	기계수리상황

표 6	고장과 수리상황의 누적도수

기계의 고장 간격				기계 수리 상황			
가동시간	도수	누적도수	난수간격	수리시간	도수	누적도수	난수간격
10	4	4	00~03	9	3	3	00~02
11	13	17	04~16	10	8	11	03~10
12	20	37	17~36	11	15	26	11~25
13	22	59	37~58	12	23	49	26~48
14	18	77	59~76	13	20	69	49~68
15	10	87	77~86	14	15	84	69~83
16	6	93	87~92	15	9	93	84~92
17	3	96	93~95	16	5	98	93~97
18	3	99	96~98	17	2	100	98~99
19	1	100	99				

표 7	난수에 의한 고장과 수리시간의 추정

고장발생 간격				수리시간			
난수	시간치	난수	시간치	난수	시간치	난수	시간치
79	15	52	13	87	15	25	11
95	17	09	11	02	9	74	14
80	15	64	14	73	14	97	16
13	11	74	14	11	11	70	14
19	12	15	11	42	12	15	11
16	11	47	13	32	12	43	12
24	12	86	15	91	15	42	12
64	14	79	15	29	12	25	11
37	13	43	13	33	12	71	14
62	14	35	12	08	10	14	11
		계	265			계	248

표 8 수리작업의 시뮬레이션

고장시간	수리개시시각	수리완료시각	기계수리대기시간	수리공의 대기시간
0	0	15	0	0
17	17	26	0	2
32	32	46	0	6
43	46	57	3	0
55	57	69	2	0
66	69	81	3	0
78	81	96	3	0
92	96	108	4	0
105	108	120	3	0
119	120	130	1	0
132	132	143	0	2
143	143	157	0	0
157	157	173	0	0
171	173	187	2	0
182	187	198	5	0
195	198	210	3	0
210	210	222	0	0
225	225	236	0	3
235	238	252	0	2
250	252	263	2	0
	계		31	15

표 9 SIMULATION OF REPAIR WORKS

INTERVAL OF MACH.		REPAIR TIME		SIMULATION OF REPAIR WORK			WATING TIME	
RANDOM NO.	TIME	RANDOM NO.	TIME	TROUBLE TIME	REPAIR START	REPAIR END	MACHINE	CREW
29	14	73	13	16697	16697	16710	0	2
54	15	77	13	16712	16712	16725	0	2
62	12	71	13	16724	16725	16738	1	0
29	15	92	12	16739	16739	16751	0	1
38	10	53	9	16749	16751	16760	2	0
							3944	984

※ 이 결과보고서는 컴퓨터로 처리된 것으로 1,250회의 시뮬레이션 중 1,246회 이후의 시뮬레이션 결과임.

즉, 난수에 의한 고장과 수리시간의 추정표(표 7)로부터 수리작업을 모의실험한 기계고장에 따른 수리공의 대기시간과 기계의 대기시간을 구할 수 있다.

20회의 모의실험 결과를 〈표 8〉에 기입한다.

기계의 대기시간은 31시간인 데 비해서 수리공의 그것은 15시간으로 나타났다. 그렇지만 단 20회의 실험으로는 실제상황을 나타낼 수 없는 것이다. 요컨대 시뮬레이션을 전개할 경우 충분한 실험을 행하여야 하는데, 그러기 위해서는 컴퓨터의 도움이 필요하다.

컴퓨터로 1,250회를 시뮬레이션한 결과(〈표 9〉 참조)에 의하면, 기계의 대기시간은 수리공의 대기시간보다 4.4배 정도 높은 것으로 나타났다.

부 록

I. 난수표

<단형형 난수표>

03689	33090	43465	96789	56688	32389	88206	06534	10558	14478
43367	46409	44751	73410	35138	24910	70748	57336	56043	68550
45357	52080	62670	73877	20604	40408	98060	96733	65094	80335
62683	03171	77195	92515	78041	27590	42651	00254	73179	10159
04841	40918	69047	68986	08150	87984	08887	76083	37702	28523
85963	06992	65321	43521	46393	40491	06028	43865	58190	28142
03720	78942	61990	90812	98452	74098	69738	83272	39212	42817
10159	85560	35619	58248	65498	77977	02896	45198	10655	13973
80162	35686	57877	19552	63931	44171	40879	94532	17828	31848
74388	92906	65829	24572	79417	38460	96294	79201	47755	90980
12660	09571	29743	45447	64063	46295	44191	53957	62393	42229
81852	60620	87757	72165	23875	87844	84038	04994	93466	27418
03068	61317	65305	64944	27319	55263	84514	38374	11657	67723
29623	58530	17274	16908	39253	37595	57497	74780	88624	93333
30520	50588	51231	83816	01075	33098	81308	59036	49152	86262
93694	02984	91350	33929	41724	32403	42566	14232	55085	65628
86736	40641	37958	25415	19922	65966	98044	39583	26828	50919
28141	15630	37675	52545	24813	22075	05142	15374	84533	12933
79804	05165	21620	98400	55290	71877	60052	46320	79055	45913
63763	49985	88853	70681	52762	17670	62337	12199	44123	37993
49618	47068	63331	62675	51788	58283	04295	72904	05378	98085
26502	68980	26545	14204	34304	50284	47730	57299	73966	02566
13549	86048	27912	56733	14987	09850	78217	85168	09538	92347
89221	78076	40306	34045	52557	52383	67796	41382	50490	30117
97859	34056	76778	60417	05153	83827	67369	08602	56163	28793
65668	44694	34151	51741	11484	13226	49516	17391	39956	34839
53653	59804	59051	95074	38307	99546	32962	26962	86252	50704
34922	95041	17398	32789	26860	55536	82415	82911	42208	62725
74880	65198	61357	90209	71543	71114	94868	05645	44154	72254
66036	48794	30021	92601	21615	16952	18433	44903	51322	90379
39044	99503	11442	81344	57068	74662	90382	59433	48440	38146
87756	71151	68543	08358	10183	06432	97482	90301	76114	83778
47117	45575	29524	01252	08041	70698	80260	73588	86415	72523
71572	02109	96722	21684	64331	71644	18933	32801	11644	12364
35609	58072	63209	48429	53108	59173	55337	22445	85940	43707
81703	70069	74981	12197	48426	77365	26769	65078	27849	41311
88979	88161	56531	46443	47148	42773	18601	38532	22594	12395
90279	42308	00380	17181	38757	09071	89804	15232	99007	39495
49266	18921	06498	88005	72736	81848	92716	96279	94582	22792
50897	22569	48402	80376	65470	19157	49729	19615	79087	47039
20950	65643	52280	37103	66977	65141	18522	39333	59824	73084
32686	51645	11382	75341	03189	94128	06275	22345	86856	77394
72525	65092	65086	47094	14781	61846	61895	85698	53028	61682
70502	57550	29699	36797	35862	90894	93217	96158	94321	12012
63087	03802	03142	72582	44267	56028	01576	69840	67727	77419
16418	07903	74344	89861	62952	49362	86210	65676	96617	38081
67730	17532	39489	28035	13415	83494	26750	01440	01161	16346
27274	98848	59506	28124	33596	89623	21006	64898	3550	88629
44250	52829	22614	21323	28597	66402	15425	39845	01823	19623
57476	33687	81784	05811	66625	17690	46170	39314	82346	82851

출처: The Rand Corp., *A Million Random Digits*, The Free Press, 1955.

II. 표준정규분포표

표에 제시된 수치는 z=0에서 정(플러스)의 z값을 가진
음영 부분의 면적을 나타내는 비율이다.

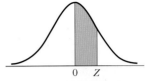

Z	.00	.01	.02	.03	.04	.05	.06	.07	.08	.09
0.0	.0000	.0040	.0080	.0120	.0160	.0199	.0239	.0279	.0319	.0359
0.1	.0398	.0438	.0478	.0517	.0557	.0596	.0636	.0675	.0714	.0753
0.2	.0793	.0832	.0871	.0910	.0948	.0987	.1026	.1064	.1103	.1141
0.3	.1179	.1217	.1255	.1293	.1331	.1368	.1406	.1443	.1480	.1517
0.4	.1554	.1591	.1628	.1664	.1700	.1736	.1772	.1808	.1844	.1879
0.5	.1915	.1950	.1985	.2019	.2054	.2088	.2123	.2157	.2190	.2224
0.6	.2257	.2291	.2324	.2357	.2389	.2422	.2454	.2486	.2517	.2549
0.7	.2580	.2611	.2642	.2673	.2703	.2734	.2764	.2794	.2823	.2852
0.8	.2881	.2910	.2939	.2967	.2995	.3023	.3051	.3078	.3106	.3133
0.9	.3159	.3186	.3212	.3238	.3264	.3289	.3315	.3340	.3365	.3389
1.0	.3413	.3438	.3461	.3485	.3508	.3531	.3554	.3577	.3599	.3621
1.1	.3643	.3665	.3686	.3708	.3729	.3749	.3770	.3790	.3810	.3830
1.2	.3849	.3869	.3888	.3907	.3925	.3944	.3962	.3980	.3997	.4015
1.3	.4032	.4049	.4066	.4082	.4099	.4115	.4131	.4147	.4162	.4177
1.4	.4192	.4207	.4222	.4236	.4251	.4265	.4279	.4292	.4306	.4319
1.5	.4332	.4345	.4357	.4370	.4382	.4394	.4406	.4418	.4429	.4441
1.6	.4452	.4463	.4474	.4484	.4495	.4505	.4515	.4525	.4535	.4545
1.7	.4554	.4564	.4573	.4582	.4591	.4599	.4608	.4616	.4625	.4633
1.8	.4641	.4649	.4656	.4664	.4671	.4678	.4686	.4693	.4699	.4706
1.9	.4713	.4719	.4726	.4732	.4738	.4744	.4750	.4756	.4761	.4767
2.0	.4772	.4778	.4787	.4788	.4793	.4798	.4803	.4808	.4812	.4817
2.1	.4821	.4826	.4830	.4834	.4838	.4842	.4846	.4850	.4854	.4857
2.2	.4861	.4864	.4868	.4871	.4875	.4878	.4881	.4884	.4887	.4890
2.3	.4893	.4896	.4898	.4901	.4904	.4906	.4909	.4911	.4913	.4916
2.4	.4918	.4920	.4922	.4925	.4927	.4929	.4931	.4932	.4934	.3936
2.5	.4938	.4940	.4941	.4943	.4945	.4946	.4948	.4949	.4951	.4952
2.6	.4953	.4955	.4956	.4957	.4959	.4960	.4961	.4962	.4963	.4964
2.7	.4965	.4966	.4967	.4968	.4969	.4970	.4971	.4972	.4973	.4974
2.8	.4974	.4975	.4976	.4977	.4977	.4978	.4979	.4979	.4980	.4981
2.9	.4981	.4982	.4982	.4983	.4984	.4984	.4985	.4985	.4986	.4986
3.0	.4987	.4987	.4987	.4988	.4988	.4989	.4989	.4989	.4990	.4990

참고문헌

1. 국내문헌

권오경, 공급사슬관리, 박영사, 2010.

김태웅, 생산 · 운영관리의 이해, 3판, 신영사, 2010.

로버트 브루너 · 스튜어트 에머리 지음, 최기철 옮김, 애플과 삼성은 어떻게 디자인 기업이 되었나, 미래의창, 2009.

민정웅, 미친 SCM이 성공한다, 영진닷컴, 2014.

비제이 고빈다라잔 & 크리스 트림블, 리버스 이노베이션, 도서출판 정혜, 2013.

스윙크 외 저, 박승욱 외 옮김, 생산운영관리, 교보문고, 2013.

스티븐스 외 저, 강종열 외 역, 생산운영관리, 10판, McGraw Hill Korea, 2009.

쉬로더 외 저, 민동권 외 역, 생산운영관리, 5판, 시그마프레스, 2013.

안사리 외 저, 신홍철 · 이택수 역, 타겟코스팅, 명경사, 1998.

액센츄어코리아, 구매혁신의 기술, 매일경제신문사, 2008.

에이미 에드먼슨 저, 오지연 & 임제니퍼 옮김, 티밍, 도서출판 정혜, 2015.

이병욱, 환경경영론, 비봉출판사, 1997.

이순룡, 가치분석/공학: 이론과 실천사례, 대한상의 산업합리화운동본부, 1976.

_____, 생산관리론(3판), 1989.

_____, 제품 서비스 생산관리론, 1998.

_____, 품질경영론, 제2판, 법문사, 2004.

_____, 현대품질경영, 수정판, 법문사, 2012.

임세헌 외, 물류와 SCM, 4판, 도서출판 청람, 2011.

제임스 P. 워맥 외 2인 공저, 현영석 역, 생산방식의 혁명, 기아경제연구소, 1991.

전병유, 도요타, 길벗, 1994.

짐 콜린스, 좋은 기업을 넘어 위대한 기업으로, 김영사, 2002.

체이스 외 저, 김연성 외 옮김, 생산운영관리, 3판, 한경사, 2013.

초프라 & 메인들 저, 정봉주 역, 공급사슬 관리 전략 계획 및 운영, 석정, 2010.

까숑 & 터비쉬 저, 김태현 역, 전략적 수요 · 공급관리, 지필, 2006.

켄 시걸, 미친듯이 심플, 문학동네, 2014.

클레이튼 크리스텐슨, 딜로이트코리아 역, 성장과 혁신, 세종서적, 2003.

토마스 건 지음, 김석용 · 김대식 역, 21세기 매뉴팩처링, 동아출판사, 1994.

토마스 데이븐포트 저, 프로세스 이노베이션, 21세기 북스, 1993.

톰 왈라스 저, LG CNS 역, SCM의 중심 판매&운영계획(S&OP), 엠플래닝, 2003.

한국산업기술진흥원, *죽기 전에 꼭 알아야 할 세상을 바꾼 발명품 1001*, 마로니에북스, 2010.
히토미 저, 조규갑 역, *생산시스템공학*, 탑출판사, 1980, pp.271~279.

2. 일본문헌

門田安弘, *トヨタシステム*, 講談社, 1985.
日本能率協會編, *トヨタの生産管理*, 日本能率協會, 1978.
田中一成, *生産管理システム: SNS法*, 日刊工業新聞社, 1984.
QCサ-クル本部編, *QCサ-クル活動運營の基本*, 日本科學技術聯盟, 1976.

3. 구미문헌

Barney, J. & W. Hesterly, *Strategic Management and Competitive Advantage: Concepts and Cases*, Pearson, 2012.

Booz, Allen & Hamilton, *New Products Management for the 1980's*, Booz, Allen & Hamilton Inc., 1982.

Chase, B. & Aquilano, N., *Production & Operations Management*, 7th, 13rd ed., 1995, 2011.

Chase, B., & Jacobs, F., *Operations and Supply Chain Management: The core*, 3rd ed., McGraw-Hill, 2013.

Christensen, C.M. et al., *Seeing What's Next: Using Theories of Innovation to Predict Industry Change*, Harvard Business Review Press, 2004.

Chopra, S. & Meindl, P., *Supply Chain Management: Strategy, Planning, and Operation*, 4th ed., Prentice Hall, 2009.

Davenport, T.H., *Process Innovation: Reengineering work through Information Technology*, Ernst & Young, 1993.

Dervitsiotis, K.N., *Operations Management*, McGraw-Hill, 1981.

Ehrlich, P. et al., *Human Ecology*, Freeman, 1973.

Evans, J. R., *Applied Production & Operations Management*, 4th ed., West Publishing Co., 1994.

Finch, B. J. & R. L. Juebbe, *Operations Management*, The Dryden Press, 1995.

Fitzsimmons, J. & M. J. Fitzsimmons, *Service Management for competitive Advantage*, McGraw-Hill, 1994.

Francis, R. L. et al., *Facility Layout and Location: Analytical Approach*, 2nd ed., Prentice-Hall, 1992.

Goldratt, E. M. & J. Cox, *The Goal*, North River Press, 1986.

Goldratt, E. M., *Theory of Constraint*, North River Press, 1990.

Gunn, T. G., *21st Century Manufacturing*, Harper Collins Publishing, 1992.

Halpin, J. F., *Zero Defects: A New Dimension in Quality Assurance*, McGraw-Hill, 1966.

Hansen, B. L., *Quality Control: Theory & Applications*, Prentice-Hall, 1963.

Haskett, J. J., W. E. Sasser, & C. W. L. Hart, *Service Breakthrough*, The Free Press, 1990.

Hayes, R.H. & Wheelright, S.C., *Restoring Our Competitive Edge: Competing Through Manufacturing*, John Wiley & Sons, 1984.

Hayes, R. H. et al., *Pursuing the Competitive Edge,* Wiley, 2004.

Hopeman, R. J., *Production: Concepts, Analysis, Control*, 3rd ed., Merill Inc., 1976.

Johns, D. T. & H. A. Harding, *Operations Management*, Gower Technical, 1989.

Krajewsky, L. & Ritzman, *Operations Management*, 4th, 9th, 10th ed., Addison-Wesley, 1996, 2010, 2012.

Meyers, F. M., *Plant Layout and Material Handling*, Regents/Prentice Hall, 1993.

Miles, L. D., *Techniques of Value Analysis and Engineering*, 2nd ed., McGraw Hill Inc., 1972.

Moder, J. J. & C. R. Phillips, *Project Management with CPM and PERT*, 2nd ed., Van Nostrand Reinhold Co., 1970.

Monks, J. G., *Operational Management: Theory and Problem*, 2nd ed., McGraw Hill, 1982.

Murdick, R. G. et al., *Service Operations Management*, Allyn & Bacon, 1990.

Noori, H. & R. Radford, *Production and Operations Management*, McGraw-Hill, 1995.

Norman, R., *Service Management*, John Wiley & Sons, 1984.

Orlicky, J., *Material Requirement Planning*, McGraw-Hill, 1975.

Peters, T. J. & R.H. Waterman, Jr., *In Search of Excellence*, Harper & Row, 1982.

Schilling, M. A., *Strategic Management of Technology Innovation*, 4th ed., McGraw-Hill Education, 2013.

Shina, S. G., *Concurrent Engineering and Design for Manufacturer of Electronic Products*, Van Nostrand Reinhold, 1991.

Schroeder, R. G. et al., *Operations Management*, 3rd, 5th ed., McGraw-Hill, 1989, 2013.

Sumanth, D. J., *Productivity Engineering and Management*, McGraw-Hill, 1984.

Slack, N. et al., *Operations Management*, Pitman Publishing, 1995.

Stalk, G. Jr. & T. M. Hout, *Competing Against Time*, The Free Press, 1991.

Starr, M. L., *Operations Management: A Systems Approach*, Boyed & Fraser Publishing Co., 1996.

Stevenson, W. J., *Operations Management,* 11th ed., McGraw-Hill, 2011.

Ulrich, K. & Steven Eppinger, *Product Design and Development*, 4th, 5th ed., McGraw Hill, 1993, 2012.

Villers, R., *Dynamic Management in Industry*, Prentice-Hall, 1960.

국문색인

영문색인

저자소개

이순룡

현 동국대학교 경영대학 명예교수, 경제학 박사, 공인회계사
한국품질재단 이사장 역임
한국생산관리학회 회장 역임
한국품질경영학회 품질코스트 연구회장 역임

| 저서 |
생산관리론(제3판, 법문사, 1997), 생산관리문헌상 수상(1990)
제품 · 서비스 생산관리론(수정판, 법문사, 2005)
품질경영론(제2판, 법문사, 2004), 품질경영문헌상(대통령상) 수상(1995)
현대품질경영(제2수정판, 법문사, 2012)

이종호

현 공주대학교 교수, 경영학박사
신용회복위원회 재창업지원위원회 심의위원
『Babson-Kobia BI Program.NBIA Conference』 해외연수 참가
호주 QUT(Australia Queensland University of Technology) 연구교수
경영교육학회장 및 전자상거래학회장
우수연구상 수상(공주대학교 총장)
Best Paper Award(KODISA & SUPSL International Conference)
IJIDB(International Journal of Industrial Distribution & Business) Editor-in-Chief
연구재단 우수평가자 인증

| 저서 |
전자상거래의 이해, 공주대학교출판부
특허와 창업개론, 형설출판사, 2002
서비스경영, 법경사
스마트시대의 정보시스템, 이프레스, 2014

오지연

현 경영컨설턴트, 경영학 박사
한국 IBM, GBS
Deloitte Touche Management Solutions
한국능률협회컨설팅(KMAC)

| 참여 프로젝트 |
KT, KORAIL, 삼성엔지니어링, 삼성코닝정밀소재, 삼양사, 우리은행, 우정사업본부,
한국 GM, 한진해운, 한화 L&C, 호텔신라 외 다수

| 번역서 |
티밍: 조직이 학습하고 혁신하는 스마트한 방법, 도서출판 정혜, 2015
변화면역, 도서출판 정혜, 2012
세스고딘 생존을 이야기하다, 도서출판 정혜, 2011

생산운영관리

2016년 3월 15일 초판 인쇄
2024년 1월 20일 초판 4쇄발행

저 자 이순룡 · 이종호 · 오지연
발행인 배   효   선

발행처 도서
        출판 法 文 社

주 소 10881 경기도 파주시 회동길 37-29
등 록 1957년 12월 12일 / 제2-76호(윤)
전 화 (031)955-6500~6 Fax (031)955-6525
e-mail(영업): bms@bobmunsa.co.kr
   (편집): edit66@bobmunsa.co.kr
홈페이지 http://www.bobmunsa.co.kr

조 판 (주)성 지 이 디 피

정가 33,000원   ISBN 978-89-18-12276-2